LES HIPPODROMES ET LES CONCOURS HIPPIQUES DANS LA GRÈCE ANTIQUE

BCH Supplément
62

LES HIPPODROMES ET LES CONCOURS HIPPIQUES DANS LA GRÈCE ANTIQUE

sous la direction de Jean-Charles MORETTI et Panos VALAVANIS

ÉCOLE FRANÇAISE D'ATHÈNES

2019

ÉCOLE FRANÇAISE D'ATHÈNES

Directeur des publications : Alexandre Farnoux puis Véronique Chankowski

Responsable des publications : Bertrand Grandsagne

Les hippodromes et les concours hippiques dans la Grèce antique/ sous la direction de Jean-Charles Moretti et Panos Valavanis
Athènes : École française d'Athènes, 2019
ISBN 978-2-86958-313-9
(Bulletin de correspondance hellénique. Supplément, ISSN 0304-2456 ; 62)

1. Architecture antique
2. Hippodromes -- Grèce -- Antiquité -- Actes de congrès
3. Courses de chevaux -- Grèce – Antiquité -- Actes de congrès
4. Courses de chars -- Grèce – Antiquité -- Actes de congrès
5. Spectacles et divertissement -- Grèce -- Antiquité -- Actes de congrès
6. Religion -- Antiquité -- Actes de congrès

Bibliothèque de l'École française d'Athènes

Le colloque a bénéficié du soutien de :

 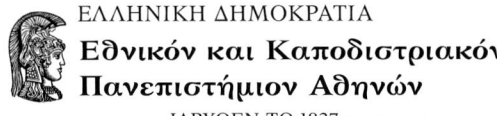

Révision des textes : Jacky Kozlowski-Fournier

Suivi éditorial : EFA et Jacky Kozlowski-Fournier

Conception graphique de la couverture : EFA, Guillaume Fuchs

Prépresse : Scuola Tipografica S. Pio X (Rome, Italie)

Impression et reliure : Corlet Imprimeur (Condé-sur-Noireau, France)

Avant-propos

Ce volume constitue les actes du colloque sur les hippodromes et les concours hippiques dans la Grèce antique qui s'est déroulé du 10 au 12 février 2016 à l'École française d'Athènes, qui a organisé la rencontre avec le Département d'histoire et d'archéologie de l'université nationale et capodistrienne d'Athènes et l'Institut de recherche sur l'architecture antique (CNRS, MOM, UL2, AMU, UPPA).

La recherche de l'hippodrome de Delphes et l'étude de celui de Délos conduites parallèlement par les deux organisateurs ont été à l'origine de cette rencontre, où ont été présentées vingt-huit communications par trente et un collègues, grecs et étrangers. Ces études ont apporté beaucoup de données nouvelles qui modifient en profondeur notre connaissance des concours hippiques qui constituaient pour les anciens Grecs l'une des plus importantes compétitions sportives. Elles font sortir les hippodromes du monde grec antique de leur statut d'édifices fantomatiques et participent à leur donner la place qu'ils méritent dans la bibliographie internationale.

Après une conférence d'ouverture de W. Decker sur la préhistoire des concours hippiques, la première partie de la rencontre a été consacrée à la présentation de nouvelles données archéologiques, topographiques et épigraphiques sur les hippodromes du sanctuaire de Zeus Lykaios en Arcadie, d'Épidaure, d'Athènes, de Délos, de Messène, de Larissa et de Delphes. Une attention particulière a été accordée aux dimensions des pistes et au mode de fonctionnement du célèbre système de départ d'Olympie. La seconde partie du colloque a été dédiée aux relations entre les concours hippiques et la littérature (épinicies de Pindare, *Électre* de Sophocle, épigrammes de Poseidippos), aux organisateurs des rencontres, aux spectateurs, aux chevaux et à leur transport sur de longues distances. D'importantes contributions ont aussi été données sur la dimension politique des concours hippiques, les consécrations des vainqueurs, la forme de certaines épreuves et le culte d'Hermès Hippeios.

Nous remercions tous ceux qui ont soutenu, d'une manière ou d'une autre, la réalisation de ce colloque et la publication de ses actes : en premier lieu, l'École française d'Athènes et ses directeurs, M. Alexandre Farnoux puis Mme Véronique Chankowski, qui ont accueilli et en grande partie financé la rencontre et ont accepté d'en publier les actes dans la collection des *Suppléments du Bulletin de Correspondance Hellénique*. Nous adressons aussi nos remerciements à tous les intervenants qui, par leur communication puis leur article, ont participé au succès de cette rencontre, au personnel de l'EFA et du Département d'histoire et d'archéologie de l'université d'Athènes, ainsi qu'aux doctorants qui ont généreusement aidé au déroulement de l'entreprise. Notre gratitude s'adresse enfin à M. Bertrand Grandsagne, responsable des publications de l'EFA, à tout le personnel de son service et à Mme Jacky Kozlowski, pour la réalisation de ce volume.

HIPPODROMES ET CONCOURS HIPPIQUES GRECS : HISTOIRE DE LA RECHERCHE ET NOUVELLES DONNÉES

Documents of horse- and chariot-racing before the Greek *agones*

Wolfgang Decker

The hippic programme of Greek *agones,* combining horse-racing and chariot-racing, was a major spectator sport for more than one millennium[1] (**fig. 1**). Without doubt, there was a special thrill in a competition among highly specialized units –horse and rider on one side, horses, chariots and driver on the other side. Moreover, there was a permanent struggle among the leading Greek families to be the best horse breeder. This explains the premise that the prize was not given to the best rider or driver, but to the owner of the successful horse or team of horses. In antiquity, the predilection for chariot-racing was carried out in the Roman circus where four *factiones* (racing organizations) were responsible for the races, especially with respect to the *quadrigae.*[2] These events were not only a privilege of the spectators of Rome, who were able to visit the *Circus Maximus* (**fig. 2**), but also of those of the 85 circuses in the Roman Empire (if I counted correctly); some are well preserved, others have fallen into ruins today.[3] It should also not be forgotten that the ancient tradition of chariot-racing survived in the circus (mostly termed "hippodrome") of Byzantium until the peak of the Middle Ages[4] (**figs. 3-4**).

Fig. 1 — Funeral games of Patroclus: chariot race. Black figured dinos, painted by Sophilos, 580-570 BC. Athens, National Museum 15 499 (after VALAVANIS 2004, fig. 38).

---

1. PETERMANDL 2013.
2. THUILLIER 2012.
3. The standard work still is HUMPHREY 1986. For the circus of Colchester see now CRUMMY 2008, or that of Tyrus KAHWAGI-JANHO 2012.
4. For this phenomenon see CAMERON 1976; DAGRON 2000; DAGRON 2011.

Fig. 2 — Chariot-race in the Circus Maximus, Rome. Relief, 3th century AD. Museum Foligno, Toscana (after K.-W. WEEBER, *Panem et Circenses. Massenunterhaltung als Politik im antiken Rom, Zaberns Bildbände zur Archäologie* 15 [1994], fig. 73).

Fig. 3 — Emperor Theodosius (379-394 AD), in the *kathisma* of the circus ("hippodrome") of Constantinople. Base of the obelisk of Thutmosis III (1479-1425 BC). Circus of Constantinople (after K.-W. WEEBER, *Panem et Circenses. Massenunterhaltung als Politik im antiken Rom, Zaberns Bildbände zur Archäologie* 15 [1994], fig. 58).

Fig. 4 — "Hippomania" in the circus ("hippodrome") of Constantinople. Base of the statue of the charioteer Porphyrius, 6th century AD. Istanbul, Archaeological Museum (after K.-W. WEEBER, *Panem et Circenses. Massenunterhaltung als Politik im antiken Rom, Zaberns Bildbände zur Archäologie* 15 [1994], fig. 63).

Our subject requires more research into the sources, which supply information on horse races, chariot races or even on types of hippodromes in pre-Greek antiquity. That means looking in detail into the cultures of the Ancient Orient and Ancient Egypt. In both, horse and chariot were well known from an early date. It is our aim to find out if the horse and the specialised cart were used in a sporting connection before the Greeks. To begin, we take a look at the horse and chariot in early history.

HORSE AND CHARIOT IN EARLY HISTORY

It is not easy to know which of the facts about the origins of horse training and the invention of the chariot are accurate. However, this complicated question is not the focus of this paper.[5] It seems that the definitive design of the spoked chariot drawn by a pair of trained horses (after some experiments with different shapes of the cart) was in use at the beginning of the second millennium BC. Such a vehicle, correctly harnessed to the horses, was an effective mobile platform for an archer "when he knew his business" and when his driver was able to guide the team of horses even in a chaotic situation such as battle. Fortunately, today the aim is not to answer the difficult question as to where the spoked chariot was invented. However, it is important to mention two potential candidates: the Ancient Orient[6] and the Eurasian steps in the north of the Caspian Sea,[7] the second theory having more and more followers in last few years.

THE ANCIENT ORIENT

In the last few decades the Ancient Orient has formed part of the wider research in the discipline of sport history.[8] Despite these new efforts there have been no clear discoveries concerning horse racing or chariot racing. However, in this context, there are exceptions: the Hittites who ruled Anatolia between 1800 and 1200 BC and temporarily challenged the great power of Egypt. In addition, there are also Greek authors from the classical period who have described the excellence of Persian race horses.

The Hittites

Three decades ago, when J. Puhvel mentioned the prefiguration of most of the eight disciplines of the funeral games for Patroclus in the *Iliad* by the Hittites, he noticed a gap in the documentation: "I cannot document at the moment […] athletic horse racing and spear throw…"[9] Since J. Puhvel, this lack of evidence concerning the sporting activity of horses has been resolved. S. Hutter-Braunsar in her contribution *Sport bei den Hethitern*, published in the *Festschrift for Ingomar Weiler*, was able to cite texts describing the appearance of horses in a sporting context.[10] For the springtime festival AN.TAḪ.ŠUM race horses ("Rennpferde") are mentioned as written in *CTH* 604 = *KBo* 10,20:

> [11th day] The next day the chief of the young noblemen brings the year into the hesta-house and the king is following him. He puts the race horses at the way. (19th day) The next day is the day of meat offerings. The king enters the box grove and puts the race horses on their way. After that, the chief of the body-guards or of the young noblemen is setting up the cups before the weather god pihasassi and the sun goddess of Arinna.

---

5. For a survey of the theme see Decker 2012b; Haarmann 2016, pp. 97-106.
6. Littauer, Crouwel 1979, pp. 68, 79, are of this opinion; for more votes in this direction see Raulwing 2000, pp. 66-67.
7. Eder, Nagel 2006; Anthony 2007; Haarmann 2016, pp. 97-101.
8. Rollinger 1994; Rollinger 2011.
9. Puhvel 1988, p. 27.
10. Hutter-Braunsar 2008, pp. 28-29.

The prize for the horse-race, or chariot-race, is also mentioned: *A sickle (of copper) for the victor of the horse-race*[11]. It is not clear, however, how to interpret the term horse race (or chariot race) (*pittiyawas* ANŠE.KUR.RA = *race each other of the horses*) as it could mean a race at full speed or a chariot race. The term "pittye-" = *race each other* is not used in the text of Kikkuli, the famous Hittite training programme for chariot horses. In this text only the following words for paces are mentioned: "zallas uwe-" = *trot*, "penna-" = *let trot*, "parh-" = *let gallop* and "lahlahheskinu-" = *let trot excitedly*.[12] The training programme handed down together with the name of Kikkuli is a document written in the 15th century BC Hittite cuneiform script (recorded at the instigation of the Hittite court). Currently, we are in possession of a copy of the text dating from the 13th century BC written on four clay tablets (**fig. 5**). The text gives details surrounding the extent, intensity and quality of the training measures that were in place for chariot horses. Luckily, the text was preserved until its 184th day. We don't know how many days are missing from the original training period. There is also uncertainty about the real object of the training itself. This may be best exemplified by the first sentence, being more cryptic than revealing: *Kikkuli, the horse trainer of the country Mitanni, [is speaking] as follows.*[13] The structure of the text is comprised of the following elements:[14] days of training and season, day time, training units, feeding and watering, care and regeneration. In more detail, this text includes indications for the individual feed –mixtures of hay and food for energy (barley, wheat, a kind of grist)– and the distances to be completed at different paces (trot, gallop, starting gallop, change of speed, short races). Different methods of washing (including dunking) and anointing are also presented. The first to comment on the text, J.A. Potratz, was of the opinion that it served as a document for training race horses.[15] Even if this opinion is considered to be outdated today, we should not exclude the fact that chariot-racing was actually a side-effect of the training and that the main object of the exercise was clearly the preparation of war horses during the training season –autumn and winter– in preparation for the springtime, the normal start of the war season. The engagements of the horses during different times of day and night can also be explained as exercises for the imponderabilities of martial necessities.

---

11. HUTTER-BRAUNSAR 2008, p. 29 with n. 31: *KBo* 9,91 (*CTH* 241, 5). On prizes at Hittite sporting events in general SINGER 1983, pp. 103-104.
12. HUTTER-BRAUNSAR 2008, p. 29. The source material cited by this author is confirmed by ROLLINGER 2011, pp. 7-8.
13. Tablet I, l. 1; for an analysis of the text see KAMMENHUBER 1961 (with a German translation); STARKE 1995; HORN 1995, pp. 59-107; RAULWING 2000, pp. 113-115; RAULWING, MEYER 2004; MARZAHN 2007 (who does not take into consideration the article of the latter). For the term "horse trainer" see RAULWING, SCHMITT 1998.
14. RAULWING, MEYER 2004, p. 492.
15. POTRATZ 1938.

Fig. 5 — Clay tablet IV of the Hittite Kikkuli-text, 13th century BC. Berlin, Vorderasiatisches Museum (after Decker 2006, fig. 36).

The Persians

Herodotus, a witness of the exceptional quality of oriental horses, the author of the Histories, reports an episode which happened when the Persian king Xerxes led his army into Greece in 480 BC:[16]

> *In Thessaly he organized a horse-race to compare his horses with those of the Thessalians. He had learned that the Thessalian cavalry was the best of Greece. During this competition the Greek horses came in last, by far.*

Xenophon reported of the younger Kyros that he organized a horse-race among the tribes unified under Persian rule, with Kyros being the victor of the Persians.[17] Among the Sakes,

---

16. Herodotus, 7.196; cf. Knauth, Nadjmabadi 1975, p. 100; Knauth 1976, p. 41.
17. Xenophon, *Cyropaedia* 8.3.24-36.

a horseman who won a race exceeded his rivals by nearly half a racecourse.[18] W. Knauth believes that there were hippodromes to train horses in the time of the Achaemenids.[19] In Yašt 5 the last eastern Iranian King Hosravah made a sacrifice to the goddess Anahita, "that I may drive the foremost team of horses over the long race-course measuring nine laps and containing wooden beams when the young nobleman Nrmanah is my rival on his chariot drawn by horses."[20]

There are also indications that the Indo-Aryans, during the second century BC, who came from the Eurasian steppes to India, used to organize chariot races, as we are informed by some texts of the Rig Veda.[21]

It is worth mentioning that in an Urartian text, a remarkable athletic performance by King Minua (810-785/80 BC) has survived: on his horse Arsibini, he jumped a distance of 22 ells (= 11.2m).[22]

ANCIENT EGYPT

It is highly significant that the Hittites under their king Muwatalli II and the Egyptians in the fifth regnal year of Ramses II (1275 BC) fought a battle at Qadesh on the river Orontes in which both sides used great contingents of chariots[23] (fig. 6). The Egyptian reports mentioned 2,500 Hittite chariots and this can be further backed up the battle through illustrations on the walls of some of the big temples of Egypt. The infrastructure necessary for maintaining such a military force became apparent with the discovery of a large stable complex in the Delta Residence of the 19th-20th Dynasty, the so called "City of Ramses" in the eastern Nile Delta[24] (fig. 7). The headquarters of the chariot forces, known from surviving documentary evidence, were provided with a large area for the teams to practice driving, adjacent to which were the repair workshops and the actual stables. The interiors of the stables were divided into boxes and offered sufficient space for six horses each. The allocated fixed places were created by connecting stone slabs (fig. 8). Limestone and lime sludge applied to the ground resulted in remarkable cleanless, a prerequisite for professional husbandry. As many as 460 horses in total could be accommodated here, equating to a maximum force of 230 teams.

18. Xenophon, *Cyropaedia* 8.3.33; cf. KNAUTH, NADJMABADI 1975, p. 101; KNAUTH 1976, p. 41.
19. KNAUTH, NADJMABADI 1975, p. 101; KNAUTH 1976, p. 41. This supposition is based on the Palawi-word "asp-rēs" = *race-course*.
20. HINZ 1961, p. 31 (cited after KNAUTH 1976, p. 49).
21. WINDISCH 1893; KOCH 2003.
22. ZAHLHASS 2007, p. 68.
23. The Egyptian texts are found in English translation in GARDINER A. H. 1960. For the peace-treaty of the two great powers of the regnal year 21 of Ramses II (1259 BC) see EDEL 1997 who edited and commented on both the hieroglyphic and the cuneiform versions of the contract.
24. HEROLD 1999; HEROLD 2001; HEROLD 2004, pp. 131-132.

Fig. 6 — The battle of Kadesh (1275 BC): Ramses II (1279-1213 BC) against the Hittites. Relief in Abu Simbel (after S. CURTO, *L'arte militare presso gli antichi Egizi* [1973], fig. p. 28).

Fig. 7 — View of a section of the royal stables in Qantir/Ramses City, 19th/20th dyn. Reconstruction (after HEROLD 2001, fig. 5).

Fig. 8 — The interior of the royal stables of Qantir/Ramses City with connecting stones, 19th/20th dyn. Reconstruction (after HEROLD 2001, fig. 6).

It is possible to get an accurate impression of the appearance and quality of an Egyptian chariot (**figs. 9-10**) by means of the six originals from the tomb of Tutʿankhamūn (1333-1323 BC).[25] These are the result of an outstanding technical development in the

---

25. LITTAUER, CROUWEL 1985; DECKER, HERB 1994, H 5-11.

Fig. 9 — Hieroglyph of a chariot. Tomb of Ahmose, Elkab, 18ᵗʰ dyn. (photo: W. Decker).

Fig. 10 — Reconstructed chariot (total weight 24 kg). Private tomb, Western Thebes. Firenze, Museo Archeologico 2678 (photo: W. Decker).

art of the wheelwrights.[26] For M.A. Littauer and J.H. Crouwel, leading experts on the history of chariotry, the chariots of Tutʿankhamūn represent a peak in the history of wheelwrighting: "... in the vehicles of Tutʿankhamūn, we may well have examples of the most sophisticated chariots ever made —not just from the point of view of decoration, but also of construction."[27] (**figs. 11-16**). The secret in terms of their excellent construction was the art of bending different kinds of wood needed for the composition of a chariot.[28] The Egyptian wheelwrights executed perfection when handling wood; with the help of hot vapour, the different parts of the chariot requiring special flexibility like the pole, yoke, railing and wheels could be moulded into the desired shape. The technical process can be seen in a (supplemented) fragmentary illustration in the tomb of Intef (Theban Tomb 155)[29] (**fig. 17**). Other tombs display detailed information on the work of the cartwrights (**fig. 18a, b**) and already completed chariots[30] (**fig. 19**).

The Egyptian king is often represented standing in the chariot after its introduction by the Hyksos during the Second Intermediate Period. But due to the king's dogma, he is never involved in competition with horses. The taboo for a pharaoh to compete in a sporting

Fig. 11 — Tomb of Tutankhamun (1333-1323 BC, KV 62), antechamber with chariots, now Cairo, Egyptian Museum (after Littauer, Crouwel 1985, pl. II).

26. Herold 2006, pp. 51-78.
27. Littauer, Crouwel 1985, p. 104.
28. Botti 1951 who has found that seven different kinds of wood were used for the construction of the Egyptian chariot now preserved at the Archaeological Museum of Florence, cf. Littauer, Crouwel 1985, pp. 105-108, pll. LXXII-LXXII; Decker, Herb 1994, H 1.
29. Herold 2006, p. 59 (doc. 5).
30. It is no surprise that the vehicle *de luxe* in this way is part of the decoration of the tombs of Egyptian nobles.

Fig. 12 — Chariot A 3 of Tutankhamun (1333-1323 BC). Cairo. Egyptian Museum JE 61 991 (photo: W. Decker).

Fig. 13 — Chariot A 2 of Tutankhamun (1333-1323 BC). Cairo, Egyptian Museum JE 61 989 (photo: W. Decker).

contest can be explained however, because even a theoretical defeat would infringe the position of his superiority and uniqueness. Nevertheless, he is depicted with a real sporting attitude in connection with the vehicle. He goes towards (for iconographic reasons alone without a driver) copper ingots, serving as targets, piercing them with his arrows. This

Fig. 14 — Chariot A 2 of Tutankhamun (1333-1323 BC), detail. Cairo, Egyptian Museum JE 61 989 (photo: W. Decker).

Fig. 15 — Wheel of chariot A 4 of Tutankhamun (1333-1323 BC). Cairo, Egyptian Museum JE 61 993 (photo: W. Decker).

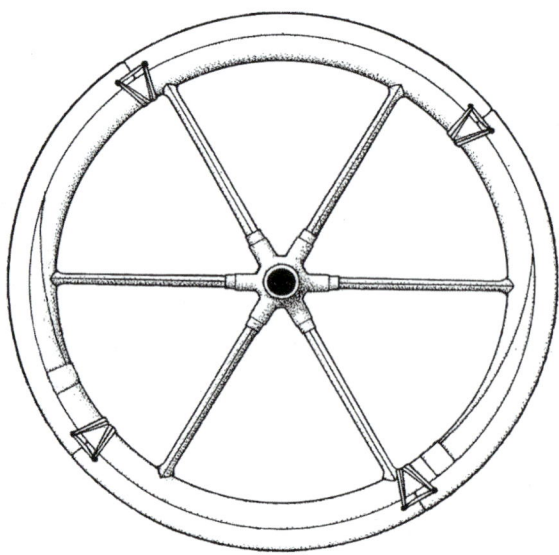

Fig. 16 — Chariot A 4 of Tutankhamun (1333-1323 BC), cross section of wheel. Cairo, Egyptian Museum JE 61 993 (after LITTAUER, CROUWEL 1979, fig. 47).

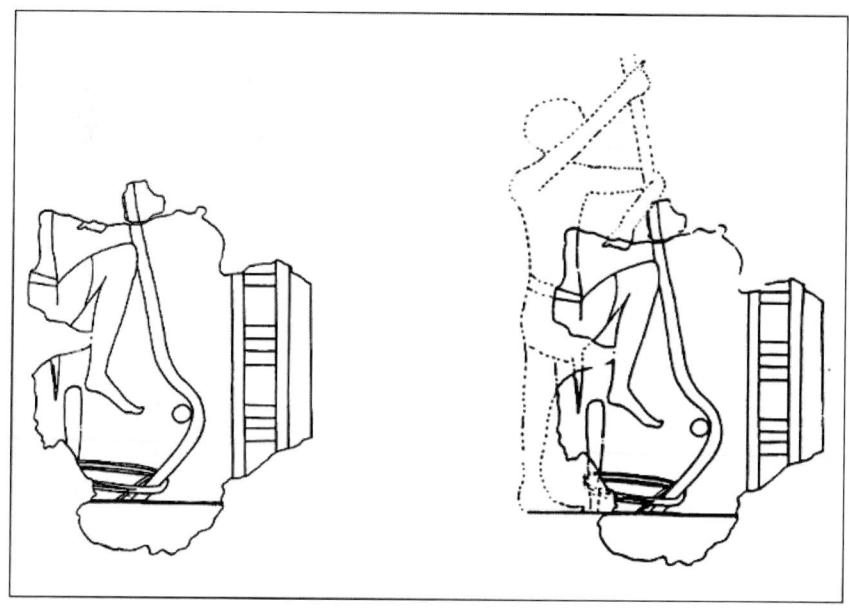

Fig. 17 — Bending a shaft using wood-bending technique. Tomb of Intef (TT 155), 18th dyn. (after HEROLD 2006, 59, 5 [Stellmacherbeleg 2]).

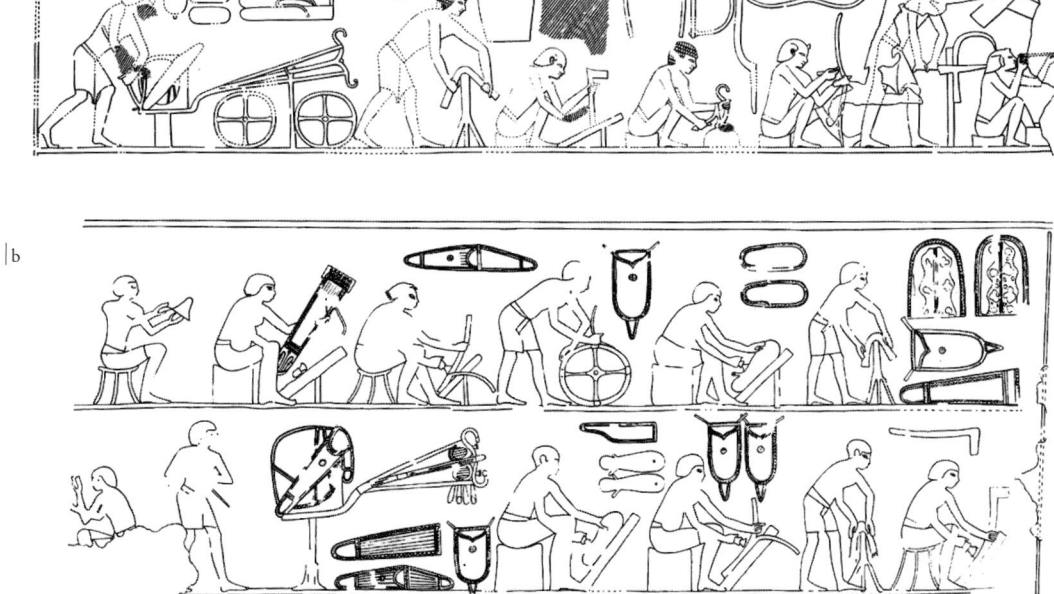

Fig. 18 — Cartwrights at work. **a.** Tomb of Puiemre (TT 39), 18th dyn. (after HEROLD 2006, 63 [Stellmacherbeleg 4]); **b.** Tomb of Hepu (TT 66), 18th dyn. (after HEROLD 2006, 65 [Stellmacherbeleg 6]).

Fig. 19 — Syrians bringing tributes to Egypt: chariot and copper ingot. Tomb of Rekhmire (TT 100), 18th dyn. (photo: W. Decker).

performance (not being realistic) is often mentioned in the official inscriptions of the 18th dynasty so that it is possible to compare the (alleged) achievements of different kings. [31] Amenophis II (1428-1397 BC) was noted in particular as being an outstanding athlete in this discipline. His stela from the third pylon of the temple of Amun at Karnak (now in the garden of the Museum in Luxor) (**fig. 20a** and **b**) preserves the following text:

> *The perfect god, great in strength, who acts with his two hands in the presence of his army, the mighty bowman who shoots to hit and whose arrows do not go astray; when he shoots at a target of copper, he splits it as (one splits) papyrus, without (even) considering (using) any wooden one to […] on account of his strength. Strong of arm, whose equal has never existed; Mentu, when he appears in the chariot.*

The text concerning him piercing an ingot with five arrows (**fig. 21**): [32]

> *The great target of foreign copper at which his Majesty shot, of three fingers in thickness. The one great of strength pierced it with many arrows; he caused three palms' (thickness) to come forth at the back of this target, one who shot every time he aimed, the hero, lord of strength. His Majesty did this pleasure before the entire land.*

What is reported here is surpassed by Amenophis II himself on his Sphinx-stela (**fig. 22**), while the bowman, again in his chariot, is acclaimed to have hit four ingots set up as

---

31. DECKER 1990.
32. EDEL 1979, pp. 33-35; DER MANUELIAN 1987, pp. 204-205; DECKER 2012a, doc. 9. Transl. P. DER MANUELIAN.

a

b

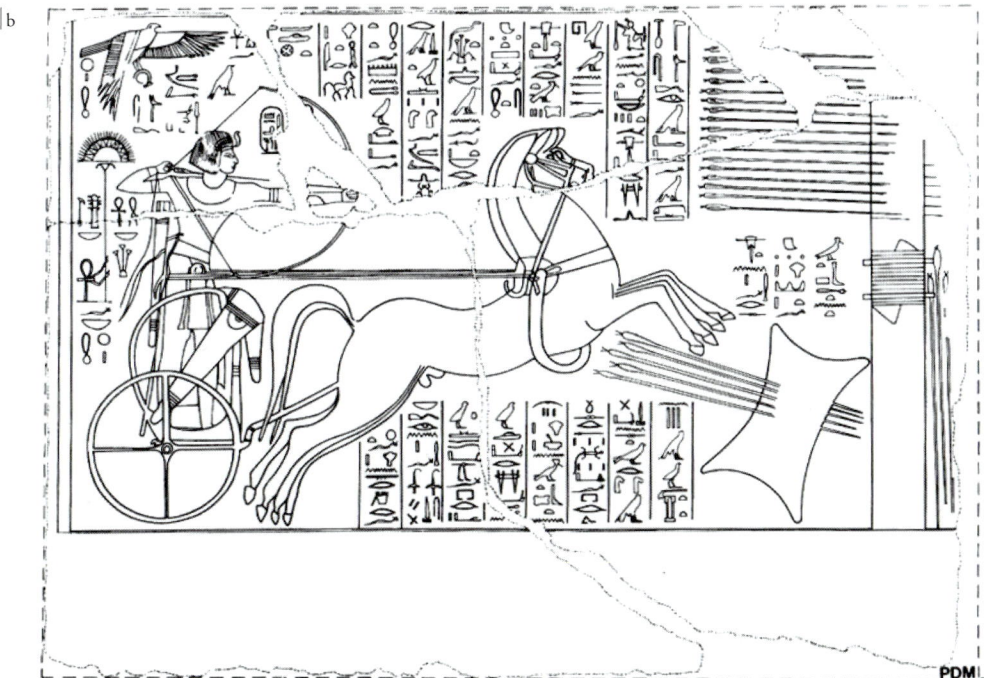

Fig. 20a and **b** — Shooting stela of Amenophis II (1428-1397 BC). Karnak, temple of Amun, now in the garden of Luxor Museum (photo: W. Decker; drawing: Der Manuelian 1987, fig. 44).

Fig. 21 — Copper ingots from the shipwreck of Uluburun, ca. 1300 BC. (after Ü. Yalçın, C. Pulak, R. Slotta [eds.], *Das Schiff von Uluburun. Welthandel vor 3000 Jahren. Katalog der Ausstellung des Deutschen Bergbau-Museums Bochum vom 15. Juli 2005 -16. Juli 2006, Veröffentlichungen aus dem Deutschen Bergbau-Museum Bochum* 138 [2005], fig. 2).

Fig. 22 — Sphinx stela of Amenophis II (1428-1397 BC). Giza, opposite to the Sphinx (4th dyn.) (photo: W. Decker).

targets at short intervals, and pierces them so completely that the arrows fall out of the back of them.[33] The following passage describes this record: "It was a performance never done before, not being mentioned in any narration".[34] The sporting attitude of the Egyptian king, as an archer shooting at copper ingots, left such an impression that centuries later it entered the Odyssey. When Odysseus came back to his island of Ithaca, after an absence of 20 years, he –alone among the suitors– managed to string his bow and to hit the holes of 12 axes. In a similar fashion to a pharaoh cementing his rule through the achievements of his bow and arrow, the performance of Odysseus was intended to regain his wife Penelope and his dominion.[35]

Amenophis II was also an expert of horses and a master of their training. This is exemplified through his Sphinx-stela: "He knew all about horses, not having his equal in this numerous army".[36]

Furthermore, as rejoiced by his father Thutmosis III (1479-1425 BC), also a master with the bow,[37] when he was young he loved his horses and above all to train them: "When he was a crown prince, he loved his horses and rejoiced in them, while he recognized (= could appraise) their exterior, skilled in their guidance and entered in their behaviour".[38]

Fr. Starke is of the opinion that this condensed statement about the king's horse training is directly comparable to that of the Kikkuli-text:[39] where, in the Kikkuli-text, it was deemed that training the horses in the royal stables was appropriate as interpreted from royal father Thutmosis III's advice: "Instruct them, make them obedient and treat them properly when they resist you".[40] The divine patrons of the horses, coming from the Orient, were very satisfied:[41]

> *Reshef and Astarte rejoiced in them, when he did all what his heart wished. He trained horses who had no equals. They did not get tired when he took the reins, and they did not drop with sweat even in the swift gallop.*

Apart from the good condition the king bestowed upon them, here the new experience of high speed is expressed. One could almost speak of an ecstasy of speed, if you compare this to the Sphinx-stela of his son Thutmosis IV (1397-1388 BC):[42]

> *He went in for sport and rejoiced in the desert of Memphis at its southern and northern side, while he shot at the copper ingot, hunted lions and desert game, and drove on his chariot, his horses being swifter than the wind.*

---

33. DECKER 2012a, doc. 7, ll. 61-74.
34. DECKER 2012a, doc. 7, ll. 69-71.
35. For the migration of the motive see BURKERT 1973; DECKER 1977; LASER 1987, pp. 64-68.
36. DECKER 2012a, doc. 7, ll. 51-52.
37. DECKER 2012a, doc. 4 and 5.
38. DECKER 2012a, doc. 7, ll. 75-78.
39. STARKE 1995, pp. 15-20.
40. DECKER 2012a, doc. 7, ll. 89-90; cf. STARKE 1995, pp. 17-18.
41. DECKER 2012a, doc. 7, ll. 92-95.
42. DECKER 2012a, doc. 11, ll. 6-9.

As it appears, the quality of swiftness taken here, typical for a horse, was the base of the word in the original Indo-European language: "*ekuos" (lat. *equus*) = *swift*[43] (**figs. 23-24**).

It was supposed that a track in the Western part of Thebes not far from one of Amenophis III's (1388 BC-1351/50 BC) buildings situated at Kom el-ʿAbd could be a race course for the training of drivers and archers, an opinion full of speculation.[44] It is clear that there was a place suitable for horse training when we look at the scene of the mortuary temple of Ramses III (1183/82-1152/51 BC) in Medinet Habu and read the inscription. The king is represented selecting a pair of horses with which to begin training (**fig. 25**):[45]

> The king, appearing like Montu (= god of war), his strength is like that of the son of Nut (= Seth), to see the horses which his own hands had trained for the [great] stable of the palace made by the lord of the two lands, Ramses III.

The Egyptian term "shpr", here translated as *to train*, literally means *to let arise*, a very good expression for the training process which normally lasted for a long time.

Fig. 23 — Excursion in a chariot. Painted tile, New Kingdom. New York, Metropolitan Museum 17.194 2297 (after W.C. Hayes, *The Scepter of Egypt. A Background for the Study of Egyptian Antiquities in The Metropolitan Museum of Art* II. *The Hyksos Period and the New Kingdom (1675-1080 B.C.)* [1959], front cover).

---

43. Gaitzsch 2011, pp. 257-259.
44. Haider 1988; Decker 1992b, where on p. 68 an alternative opinion of R.W. Johnson is cited explaining the course as a causeway of an unbuilt temple.
45. *Medinet Habu* II, p. 109; cf. Decker 2006, pp. 40-41 ill. 37.

Fig. 24 — Ostrich hunting. Fan, tomb of Tutankhamun (1333-1323 BC). Cairo, Egyptian Museum JE 62 001 (after J. SETTGAST [ed.], *Tutanchamun in Köln. Kölnisches Stadtmuseum 10. Juni – 5. Oktober 1980* [1980], no. 8).

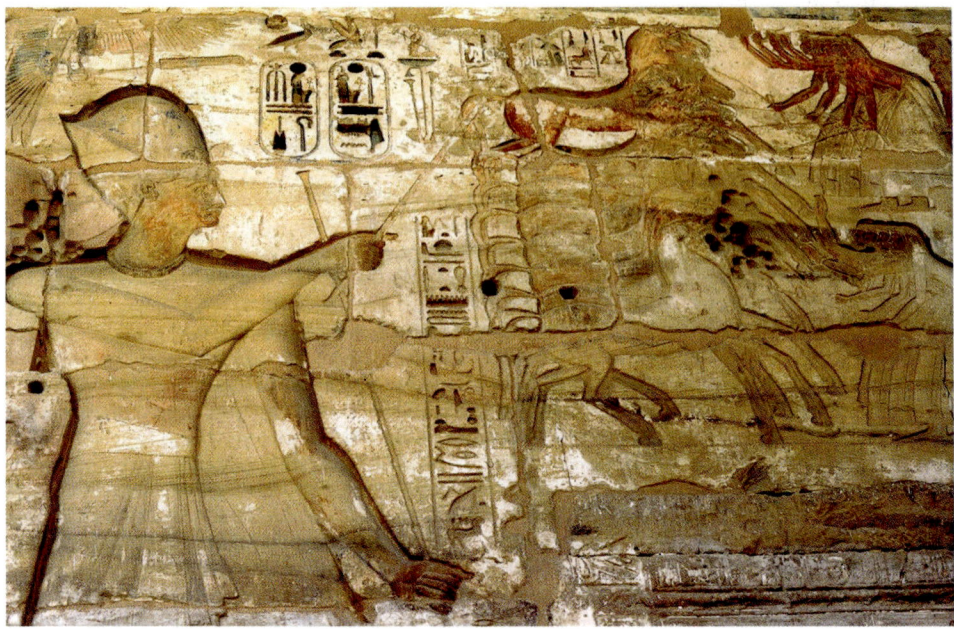

Fig. 25 — Ramses III (1283/82-1252/51 BC) setting of to train his horses. Medinet Habu, mortuary temple of the king (photo: W. Decker).

GREECE BEFORE THE FOUNDATION OF THE *AGONES*

For a long time the *communis opinio* was that the Olympic Games, the oldest and most important Greek *agon*, was founded in 776 BC. This date was invented by Hippias from Elis (also found in Plato's dialogues), a sophist of the 5th century BC who had wanted to distinguish the contest organized by his home town as the oldest.[46] The credibility of this date was questioned in 1988 by A. Mallwitz who corrected it to about 700 BC due to archaeological evidence in the sanctuary of Olympia itself.[47] Now, it seems possible to bring the date closer to the foundation years of the other classical panhellenic *agones* (at Delphi, at the Isthmus of Corinth and at Nemea) which started at the beginning of the 6th century BC.[48] At this date, being also the temporal incision of the subject of this conference, Greece already had a long tradition of conducting chariot races. The atmosphere of such a competition is described in full detail in the Iliad, the oldest literary work written in the Greek alphabetic script. The splendid sport report of book 23 containing the funeral games in honour of Patroclus spends 391 verses on the topic of chariot racing. This is nearly twice as much space as that dedicated to the other

---

46. This date was fundamentally criticized by CHRISTESEN 2007, pp. 45-160.
47. For the first time greater gatherings of men are demonstrable by the existence of wells for fresh water: MALLWITZ 1988.
48. Cf. KYRIELEIS 2011, pp. 132-133.

seven disciplines of the event organized by Achilleus and supplied with very extravagant prizes.[49] The stage-fright of the horses at the start; the skill of the Greek heroes of the first category who drove the horses themselves; the tension of the spectators who were watching the end of the race and were equally anxious about their favourites; the (failed) tricky attempt of hotspur Antilochus to obstruct his opponents; the accident of Eumelos caused by the goddess Athena; the donation of a prize of honour to the old man Nestor – the brilliant verses of the poet make it obvious that he was a witness to such a contest, a wide-spread custom in Greece of the 7th century BC.[50]

Chariot racing was already known in Mycenean times, as demonstrated by documentation on iconographic sources. Inventories of chariots and their parts exist today as signs in the texts of Linear B[51] (**fig. 26**), thus the sporting use of "teams of horses" comes as no surprise. The oldest representation of a race of a biga was found on a bezel of a golden signet-ring from Aidonia (not far from Nemea) dated from the 15th century BC which was repatriated to its country of origin only a few years ago[52] (**fig. 27**). The relatively small scene in deep relief shows two horses going at a quiet pace running before a chariot with two wheels and four spokes. The driver is a person without weapons who is vividly gesticulating and moving his *kentron* in the direction

Fig. 26 — Inscribed clay tablet (Linear B), chariots. Palace of Knossos, 14th/13th century BC, now Herakleion, Archaeological Museum 232 (after TZACHOU-ALEXANDRI 1989, no. 21).

49. Basically for sport in Homer see LASER 1987, for the chariot race pp. 26-30; for the prizes see PAPAKONSTANTINOU 2002.
50. KYRIELEIS 2011, pp. 57-58.
51. PLATH 1994, pp. 5-117. HEROLD 2006, Darstellungsbeleg 2.
52. DEMAKOPOULOU 2006, p. 70.

of the drawn animals, which are guided by the reins. The horses are not shown in a gallop which seems to speak against an interpretation as a race and the absence of a second chariot is further evidence against such an explanation. On the other hand, the "driver without weapons" is represented in a peaceful action, so a sporting excursion or a training trip cannot be excluded. Additionally, the absence of a second driver must not be overrated because the small dimension of the bezel made it difficult to fit in a second vehicle.

Fig. 27 — Chariot drawn by two horses, charioteer holding reins and goad. Gold signet ring, Aidonia, 15th century BC. Athens, National Museum BE 1996/11.1, now in Nemea Museum (after DEMAKOPOULOU 2006, p. 70).

There is one other documentation of the Mycenean period in Greece depicting the scene of a chariot race. This object is a larnax from tomb 22 in Tanagra (now in the Archaeological Museum Thebes, Boeotia, inv.-no. 1) dated from the 13th century BC. Its four main scenes –sacrifice of animals, bull leaping, mourning women and two chariots in opposite directions with a pair of duelists between them– are understood as funeral games in honour of someone who died[53] (**figs. 28a, b**). It seems possible that the chariots were used not only during the *ekphora* but also as tools of later chariot racing.[54]

Considering the last two documents we cannot maintain with certainty that they were in fact chariot races. However, this is the case with the following source; an illustration on a Mycenean amphora from Tiryns dated from the 13th century BC showing fragments of two chariots with two wheels and four spokes drawn by two galloping horses[55] (**fig. 29**). The driver is in the body of the chariot (without weapons), his head bent forward holding the reins and causing the horses to increase their pace. Even if we only see one horse in profile it seems certain that a pair of horses is meant, as seen on the signet ring of Aidonia. In contrast to the illustration of the ring, the presence of two (of originally four) chariots allows us to speak of a race (where several teams are

53. DECKER 1982-1983; TZACHOU-ALEXANDRI 1989, pp. 118-119 (K. DEMAKOPOULOU); IMMERWAHR S. A. 1990, pp. 156-158, pll. XXII-XXIII; VALAVANIS 2004, p. 17; GERMAN 2007, p. 19. ARAVANTINOS 2004, p. 122, is (together with BENZI 1999) of an alternative opinion and sees in the scenes of the larnax "maturation rites" or *rites de passage*. MANSFELD 2013, pp. 170-172, sees in the scene a pact of friendship ("Freundschaftspakt") between a Minoan sovereign and a foreign ruler.

54. TZACHOU-ALEXANDRI 1989, p. 118 (K. DEMAKOPOULOU): "probably a chariot racing scene". More neutral is the opinion of DEMAKOPOULOU, KONSOLA 1981, p. 82, who speak of a "Wagenfahrt zu Ehren des Toten". DECKER 2012c, p. 50: "The presence of a chariot [...] may depict an imminent race."

55. KILIAN 1980; DECKER 1982-1983, pp. 14-15; LASER 1987, p. 30 and 23 together with ill. 2.

Fig. 28 — **a.** Killing of animals, bull-leaping. Tanagra, tomb 22, larnax, 13th century BC. Thebes, Archaeological Museum 1 (after TZACHOU-ALEXANDRI 1989, no. 13); **b.** Mourning women, duel, two chariots. Tanagra, tomb 22, larnax, 13th century BC. Thebes, Archaeological Museum 1 (after TZACHOU-ALEXANDRI 1989, no. 13).

Fig. 29 — Chariot racing, drawing with completion. Tiryns, Mycenaean amphora, 13ᵗʰ century BC, now in Nauplia Museum (after Laser 1987, fig. 2).

competing) and not just a swift training ride. Moreover, it is also possible to see a turning-post in the vertical element. Independent of the interpretation of Kl. Kilian, J.H. Crouwel is also of the opinion that this scene is "... the first indisputable evidence, that chariot racing has Bronze Age antecedents".[56]

---

56. Crouwel 1981, p. 142; two more Mycenean representations of chariot-racing appear in his catalogue: V 13, pl. 52, and V 48, pl. 64.

The hippodrome and the equestrian contests at the sanctuary of Zeus on Mt. Lykaion, Arcadia

David Gilman ROMANO

The Sanctuary of Zeus at Mt. Lykaion is located high in the Arcadian mountains, to the northwest of Megalopolis, near where the ancient and modern borders of Arcadia, Messenia and Elis meet (**fig. 1**).[1] The sanctuary was known in antiquity as the Arcadian "birthplace of Zeus" as both Callimachos and Pausanias talk about the sanctuary in these terms.[2] There were two important elements of the sanctuary, the altar and temenos at the southern peak of the mountain, and the buildings and structures of the lower mountain meadow. It was the lower sanctuary that served during the historical period as the site of a famous athletic festival, the Lykaion Games, Lykaia, that included human as well as equestrian events. K. Kontopoulos in the late 19th century, and subsequently K. Kourouniotis in the early 20th century, worked at Mt. Lykaion, both representing the Archaeological Society of Athens. K. Kourouniotis identified architectural elements of both the hippodrome and the stadium in the mountain meadow and he published promptly the results of his research that have served as a basis of our work.[3]

Our modern research and excavation have added considerably to knowledge about the Sanctuary of Zeus at Mt. Lykaion. Now, after 14 years of continuous fieldwork and research, the southern peak of the mountain (1,382 masl.) is known to be the site of

---

1. The results of the work that I discuss here have been carried out as a synergasia, since 2010, under the direction of the Ephoreia of Antiquities of Arcadia and under the auspices of the American School of Classical Studies at Athens. The current directors of the project are Dr. A. Karapanagiotou, Dr. M. Voyatzis and myself. During the period 2004-2010, Dr. Voyatzis and I collaborated with A. Panagiotopoulou and Dr. M. Petropoulos of the Greek Archaeological Service. We thank our Greek colleagues for their many contributions to our success. A popular article and two preliminary reports have appeared discussing the results of the project, ROMANO, VOYATZIS 2010; ROMANO, VOYATZIS 2014; and ROMANO, VOYATZIS 2015. The website for the project is http://lykaionexcavation.org, accessed on November 27th, 2018.
2. Callimachos, *Hymn* 1.5-14; Pausanias, 8.36.3.
3. It was K. Kourouniotis who published the first description of the hippodrome, KOUROUNIOTIS 1909, pp. 189-192. He also published the results of his excavations at the altar and the temenos, KOUROUNIOTIS 1904.

Fig. 1 — Map of the Peloponnesos indicating the location of Mt. Lykaion (D. G. Romano, M. Pihokker, and A. Mayer, after a map by E. Gaba, Wikimedia Commons).

Neolithic, Early Helladic, Middle Helladic and Late Helladic activity.[4] There is archaeo-logical evidence for a Mycenaean shrine on the altar and cult activity there that appears to continue without interruption from the Mycenaean period into the Hellenistic period. It is possible that during some period of early use of the altar, athletics were held nearby on a lower southwest shoulder of the southern peak of the mountain, some 40 m below the elevation of the altar, an area that we are calling the "proto-stadium" (**fig. 2**).

THE LYKAION GAMES

In a mountain meadow, 200 m lower in elevation from the altar and 600 m to the northeast, is the site of the Lykaia, known from a number of ancient authors and from

---

4.   Romano, Voyatzis 2014, pp. 628-629. The Neolithic pottery is being studied by S. Petrakis, the Early Helladic pottery by J. Forsen, the Middle Helladic pottery by G. Nordquist and the Late Helladic and Iron Age pottery by M.E. Voyatzis.

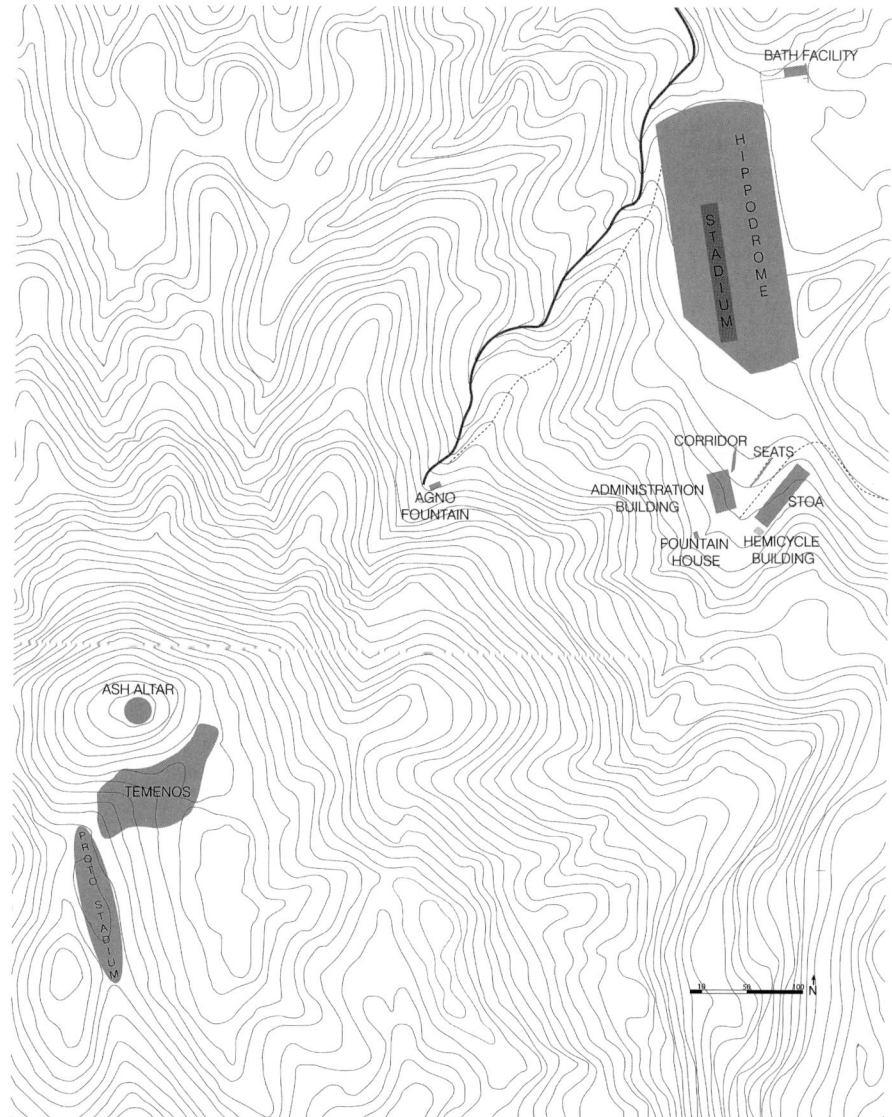

Fig. 2 — Plan of the Sanctuary of Zeus at Mt. Lykaion (D. G. Romano, A. Insua, M. Pihokker, and E. Rodriguez-Alvarez).

several inscriptions.[5] There exists in the meadow a hippodrome, stadium, stoa, seats or steps, administrative building, corridor, fountain house and bath facility (**figs. 2-3**).

---

5. Pliny, *Naturalis Historia* 7.205, mentions that the earliest "gymnastic" games in Greece were started by Lycaon in Arcadia and Pausanias, 8.2.1, adds that Lycaon founded the Lykaion Games and also states that these games were older than the Panathenaic Games in Athens. Pindar, *Nemean* 10.45, and *Olympian* 7.84, notes that the prizes at Lykaion are of χαλκὸς bronze or copper although he doesn't

Fig. 3 — Sanctuary of Zeus including the ash altar in the background and the hippodrome and stadium terrace in the middle ground (photo: D. G. Romano).

The major building phase of this lower sanctuary dates to the time of the construction of Megalopolis in the second quarter of the 4th century BC.[6] Earlier archaeological evidence dating to the 7th century BC has been found in the lower sanctuary suggesting the existence of an earlier phase.[7]

Pausanias (8.35.5) tells us that there is a hippodrome at Mt. Lykaion, when he is talking about a sanctuary of Pan in the area of the lower sanctuary,

ἔστι δὲ ἐν τῷ Λυκαίῳ Πανός τε ἱερὸν καὶ περὶ αὐτὸ ἄλσος δένδρων καὶ ἱππόδρομός τε καὶ πρὸ αὐτοῦ στάδιον· τὸ δὲ ἀρχαῖον τῶν Λυκαίων ἦγον τὸν ἀγῶνα ἐνταῦθα. ἔστι δὲ αὐτόθι καὶ ἀνδριάντων βάθρα, οὐκ ἐπόντων ἀνδριάντων βάθρα, οὐκ ἐπόντων ἔτι ἀνδριάντων· ἐλεγεῖον δὲ

---

mention what form the prize took. Plutarch, *Caesar* 61, mentions that there is a connection between the Lupercalia in Rome and the Arcadian Lykaia.

6.   Romano, Voyatzis 2015, pp. 263-264; Roy 2007, pp. 289-292.

7.   A Corinthian kotyle base and a bone seal, both of the 7th century BC have been found in an area deep beneath the seats or steps. There is also evidence below the level of the later hippodrome from the 7th century BC. See Romano, Voyatzis 2015, pp. 238-245; p. 254 n. 91.

ἐπὶ τῶν βάθρων ἑνὶ Ἀστυάνακτός φησιν εἶναι τὴν εἰκόνα, τὸν δὲ Ἀστυάνακτα εἶναι γένος τῶν ἀπὸ Ἀρκάδος.

There is on Mt. Lykaion a sanctuary of Pan, and around it a grove of trees, and a hippodrome and in front of it is a stadium. In the old days they used to hold here the Lykaion Games. Here there are also bases of statues, with now no statues on them. On one of the bases an elegiac inscription declares that the statue was a portrait of Astyanax, and that Astyanax was of the race of Arceas.

K. Kourouniotis found a number of statue and monument bases in the lower sanctuary and these are being studied and catalogued as a part of our current campaigns.[8] He also found two victor inscriptions in the building that he named the "xenon", what we are calling the "administrative building". These inscriptions are very important for our understanding of the festival itself, including the events and the names and hometowns of the victorious athletes as well as a list of the priests and the magistrates in charge of the festival. The inscriptions that were published by Fr. Hiller von Gaertringen are *IG* V 2, 549 and 550, include six lists, five of victors in the athletic contests and one that is a body of officials. The texts are securely dated to the period 320-304 BC.[9] Based on the information contained in these two inscriptions we know that in addition to the three boys and nine men's athletic events,[10] there were four equestrian events held at Mt. Lykaion, the two-horse chariot race (τελεία συνωρίς), the four-horse chariot race (τέλειον τέθριππον), the four-foal chariot race (πωλικὸν τέθριππον), and the race on horseback (ἵππος κέλης). It appears that the athletic events of the Lykaia were of some importance in the late 4th century BC and specifically the equestrian events based on the lists of victors that are preserved. We know that the illegitimate son of Ptolemy I, Lagos, participated and won the two-horse chariot race (τελεία συνωρίς) in the Lykaia probably in 308-304 BC.[11]

ORGANIZATION OF THE LOWER SANCTUARY

The organization and plan of the entire lower sanctuary suggests that it was likely to have been a design, conceived at one time, making use of the mountain meadow on the eastern slopes of Mt. Lykaion that was naturally fed by two springs from the mountain itself. The plan of the built lower sanctuary is dominated by the hippodrome and

8. The statue bases and monument bases are being studied by I.B. Romano. See ROMANO, DAVIS, ROMANO 2012, pp. 429-436.
9. These inscriptions are currently being restudied by K.W. Mahoney who will publish them in D.G. ROMANO, M.E. VOYATZIS (eds.), *Mt. Lykaion Studies* 1, *American School of Classical Studies at Athens*.
10. The athletic events for boys included wrestling (πάλη), boxing (πὺξ) and the stadion (στάδιον) and the athletic events for men included wrestling (πάλη), boxing (πὺξ), pankration (πανκράτιον), pentathlon (πένταθλον), stadion, (στάδιον), diaulos (δίαυλος), dolichos (δόλιχος) and the race in armor (ὁπλίτης).
11. *IG* V 2, 550, ll. 8-9.

stadium that were located between the bath facility to the north (and which may turn out to be a part of a larger palaistra or gymnasium) and the buildings to the south including the stoa, seats or steps, administrative building, corridor, fountain house and statue bases.

The location of the hippodrome has been visible in the meadow for hundreds of years. A. Blouet, one of a number of early travellers who visited the site, made a drawing of the sanctuary as a part of the *Expédition scientifique de Morée* and published it in 1833 (**fig. 4**).[12] His drawing illustrates the general shape of the hippodrome, indicating its length as well as its width and shows it in respect to the bath facility to the north and the remains of the buildings then visible to the south. A. Blouet's drawing includes what may be interpreted as a long terrace embankment of the hippodrome on its eastern edge, as well as a rounded north end. E. Curtius and Ch.E. Beulé also visited the site of Mt. Lykaion and published their work in 1851 and 1855 respectively.[13]

In 1996 I undertook an architectural and topographical survey of the site in order to create an accurate topographical plan of the sanctuary with its component buildings monuments and structures.[14] With a small crew we surveyed, with an electronic total station, the above ground and visible buildings of the ancient mountaintop sanctuary and, as a result, created an accurate map as well as a digital terrain model. This model indicated that the dromos of the stadium lay within the boundaries of the hippodrome based on the location of the *in situ* stone starting line blocks of the stadium[15] and on the assumption that the entire width of the terrace, 102 m, was the hippodrome, in its entirety.[16] Over the years, the surface of the athletic terraces had been characterized by a series of shallow and mostly curvilinear modern agricultural terraces that divided the space and, as a result, the original locations, divisions between, and elevations of the ancient terraces was not clear. Whereas the northern limit of the broad hippodrome terrace was evident from the topographic relief, and the eastern and western sides were clear from the rising topography on either side, the southern extreme of the athletic terraces was not as apparent. K. Kourouniotes had proposed that the southern end of the hippodrome was to be found near a line of well-cut seat blocks to the north of the stoa and the line of seats or steps.[17]

During our years of continued work, 2004-present, I have modified my understanding of the location and extents of the hippodrome and stadium based on our

12. BLOUET 1833, fig. 33.
13. CURTIUS 1851, pl. 7; BEULÉ 1855, p. 129 ff. A recent topographical study has been undertaken to locate the hippodrome at Delphi, VALAVANIS 2017.
14. My permit was under the auspices of the American School of Classical Studies at Athens and with the permission of the 5th Ephoreia of Prehistoric and Classical Antiquities in Sparta,
15. The starting line blocks were first mentioned by KOUROUNIOTIS 1909, pp. 190-191. See the discussion in ROMANO, VOYATZIS 2015, pp. 245-258.
16. ROMANO 2005a, pp. 381-396.
17. KOUROUNIOTIS 1909, p. 189. These well-cut seat blocks have not been found in our recent work.

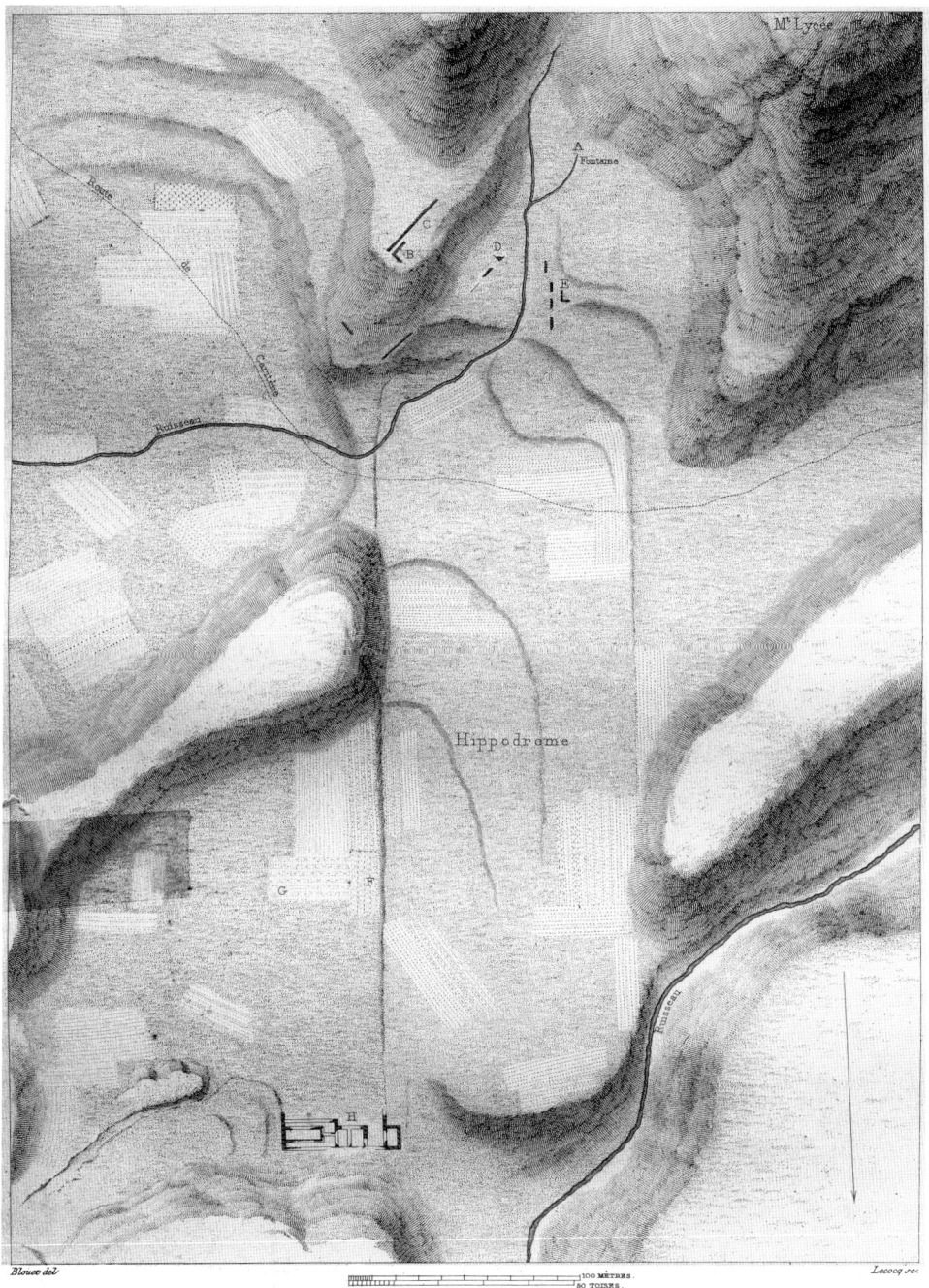

HIPPODROME DU MONT DIAFORTI (LYCÉE)

Fig. 4 — Blouet's 1833 drawing of hippodrome terrace and related structures. North is at the bottom of the drawing (after BLOUET 1833, p. 37).

excavations and further topographical and architectural survey. I now understand that the hippodrome and the stadium lie side-by-side, in a roughly north-south orientation, but on separate terraces, and at different elevations (**fig. 5**). The dromos of the stadium is not found within the limits of the hippodrome as previously proposed.[18] As a result of this most recent work I measure the total length of the hippodrome as ca. 250 m and the total width as ca. 50 m.[19] We know that the western side of the hippodrome borders the higher terrace that includes the dromos of the stadium, and that the eastern side of the hippodrome borders the lower terrace that includes the bath facility and related space.

From a geological study of the area of the hippodrome, undertaken by G. Davis, as well as from our excavation trenches, it is known that portions of the mountain meadow as hippodrome have been filled in, especially to the north and east, and there are other portions of the facility where the limestone bedrock of the mountain was cut down, to the west to provide a flat area for the athletes.[20] The northern aspect of both the hippodrome and the stadium terraces is partially an artificial tongue of land that projects to the north, although there is no retaining wall preserved.

This new interpretation of the hippodrome and stadium is based on a combination of evidence from topographical survey, geophysical remotely sensed data, archaeological excavation, as well as the ancient literary and historical accounts.

Under the direction of A. Sarris, geophysical remote sensing was undertaken in 2005 and 2007 in the area of the Sanctuary of Zeus and including the area of the stadium and hippodrome.[21] As a result of this work, as well as for other reasons, a number of areas of interest were chosen for the resulting excavation.

EXCAVATION WITHIN THE STADIUM AND SURROUNDING APRON TO THE SOUTH

In a series of trenches dug in what was then described as the "hippodrome" between 2006-2010 and in 2016 we have revealed a number of different elements of the architectural design of the stadium (**fig. 5**). In Trenches A, C, D and HH, all at the southern end of the combined hippodrome and stadium terraces, a floor surface was discovered at approximately the same elevation.[22] This elevation of the floor levels was also very close to the elevation of the stone starting line blocks for human foot races found toward

---

18. Romano, Voyatzis 2015, p. 246, n. 76. This description was also proposed by Kourouniotis 1909, pp. 190-191.

19. The orientation of the hippodrome is 8-9° northwest and the orientation of the dromos of the stadium is 11-13° northwest.

20. Davis 2009, viiib.

21. Sarris 2014.

22. In each case, the elevation of the floor was discovered within a few centimetres of 1,165.6 masl and it was composed of a hard packed clay.

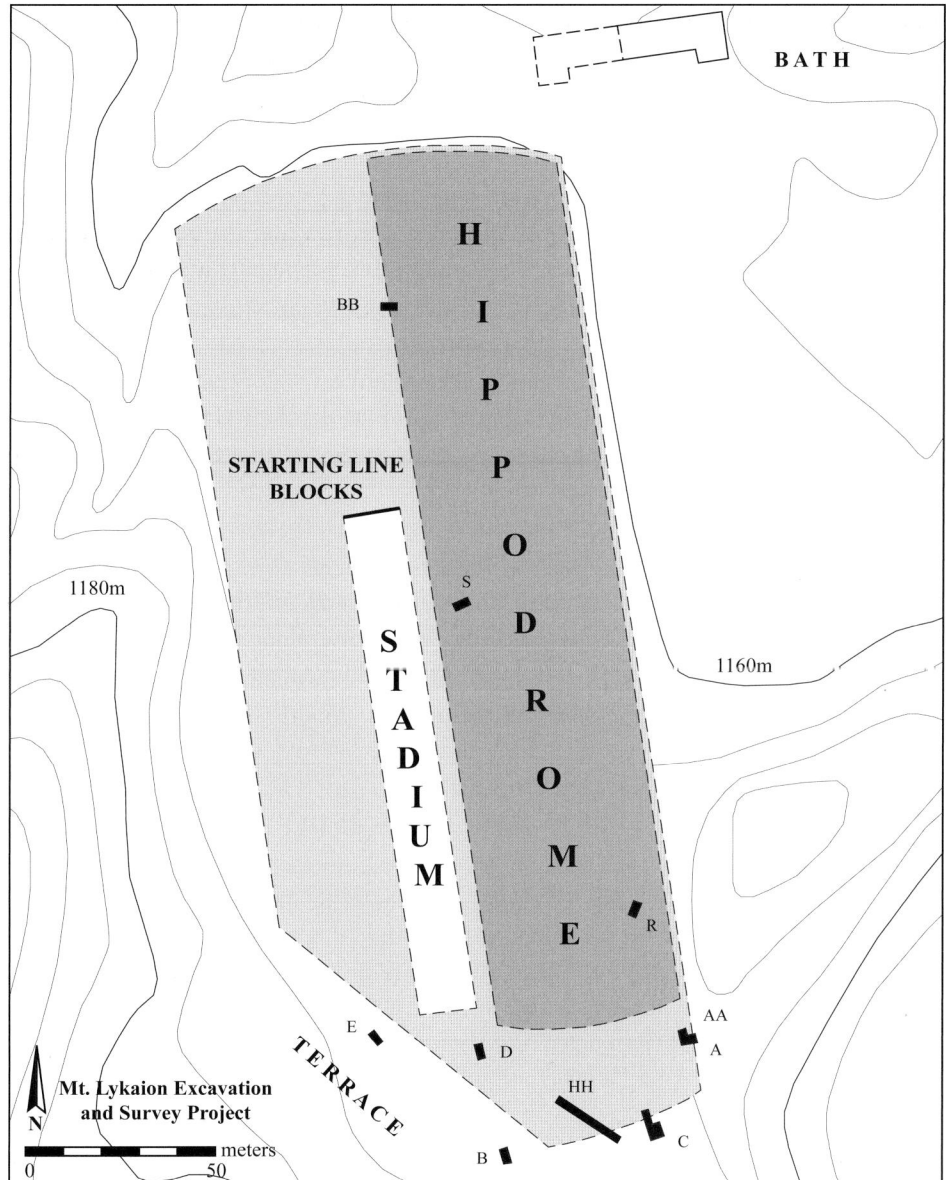

Fig. 5 — Hippodrome and Stadium plan indicating location of trenches (D. G. Romano, A. Insua, M. Pihokker, E. Rodriguez-Alvarez, and A. Ford).

the centre of the stadium terrace, one of which still remains *in situ*, ca. 178 m to the north.[23] From this evidence it would appear that the level of the dromos of the stadium

---

23. ROMANO, VOYATZIS 2015, p. 250. The great amount of fill that covers the surface of the ancient hippodrome and stadium at their south end, approximately 1.5 m, has been brought in to surface the modern

was continued around the south end of the terraces as a kind of southern apron of space immediately adjacent to the stadium and hippodrome at the south end of the facilities (**fig. 5**).

In Trench A we discovered the presumed floor of the hippodrome near its southeastern extreme that can now be interpreted to be included in the apron of the stadium terrace. On the floor surface of Trench A we found a portion of a 3rd-2nd century BC small bowl.[24] Trench C was dug looking for the southern extreme of the hippodrome and what we found was the edge of the floor of what is now identified as the apron at the south end of the stadium and hippodrome. Hard by was the rising bedrock that indicated the beginning slope of the hill to the south and thus we had a good indication of the southern limit of the hippodrome and stadium terraces. Trench D was dug in the area of the stadium terrace where we hoped to find the floor of the dromos of the stadium. The trench was dug 145 m to the south of the location of the starting line and two hard packed surfaces were found side by side confirming again the floor surface.[25]

Trench HH was situated within the gravel track that has been created for the Modern Lykaion Games. Although there were no artifacts from this deep trench we discovered several interesting things about this part of the apron at the south end of the stadium, including a kind of clay barrier between the stadium apron floor and the rocky hillside. Micromorphological analysis was completed on the composition of the floor surface or surfaces indicating a man-made composition.[26]

EXCAVATION ON THE TERRACE TO THE WEST OF THE STADIUM

Trench B was dug on a low terrace, ca. 150 m long, immediately to the west of the dromos of the stadium. We explored this higher terrace to determine if it was ancient or modern built in connection with the nearby modern dirt road and perhaps related to the Modern Lykaion Games. We learned that the terrace was ancient and it contained several clay surfaces and pottery dating to the 5th-4th centuries.[27] An obsidian blade was found at a lower level.[28] Trench E was dug into the same terrace to the west of the stadium, 45 m northwest of Trench B. The clay surfaces discovered in Trench E were

---

track that is used for the Modern Lykaion Games that have been held in this location every four years since 1973. In the first year of the Modern Lykaion Games, equestrian as well as human athletic events were introduced to replicate, in part, the ancient festival. The modern equestrian events were discontinued thereafter because of potential injury to participants. The most recent Modern Lykaion Games, organized by the village of Ano Karyes, was successfully held during the Summer of 2017.

24. Romano, Voyatzis 2015, pp. 248-257, fig. 47:46.
25. The surfaces were found at 1,165.4 – 1,165.7 masl.
26. Mentzer, Romano, Voyatzis 2017.
27. The Classical pottery is being studied by A. Steiner.
28. Romano, Voyatzis 2015, pp. 250-251.

not as clear as they were in Trench B but there was a similar change in the stratigraphy at approximately the same elevation.[29]

EXCAVATION WITHIN THE HIPPODROME

Trench R was dug in the southern portion of the hippodrome on a modern agricultural terrace. Here it was noted that the beginning height of the trench was lower than the level of the ancient floor levels found nearby in trenches A and D. Within Trench R was found a stratum that showed a high concentration of cobbled limestone and tiles in a mixture, likely representing a deep foundation level of the hippodrome. Covering these was a clay level that may have served as the hippodrome floor.[30] It seems very likely that the builders of the hippodrome were faced with the task of filling in low levels of the plateau.[31]

Trench S was dug as a result of the geophysical remote sensing that I have mentioned earlier undertaken by A. Sarris. This area had responded strongly to a magnetic prospection device that is capable of detecting anomalies in the subsurface. A deep trench was dug in this area, finding very little until we reached a very low level, 1.5 m below surface, where we discovered a heavy concentration of charcoal and animal bone surrounding a large amorphous area of orange earth. No pottery or tiles were found here but Carbon 14 dating has been done on the charcoal with a calibrated date of 670 BC ± 127 BC.[32] Further excavation in this area at a higher level has revealed a portion of the floors of the hippodrome that are characterized as hard clay surfaces.[33] The 7th century date of the charcoal and the burning serves as a good *terminus post quem* for the construction of the hippodrome.

Trench BB was dug to explore another geophysical anomaly revealed by A. Sarris's work. This trench was roughly equidistant from the east and west sides of the hippodrome and stadium terraces towards its northern end. In this trench we found nothing remarkable and assume that this portion of the hippodrome terrace may have been partially washed away.

K. KOUROUNIOTIS INVESTIGATIONS IN THE HIPPODROME

When K. Kourouniotis worked in the area of the hippodrome, he found the remains of two circular bases on the surface of the fields of the mountain meadow towards its north end. He suggested that these bases could have been for the support of turning posts,

---

29. ROMANO, VOYATZIS 2015, pp. 253.
30. This clay surface appeared at 1,163.7 – 1,164.0 masl.
31. Coarse ware pottery and tiles were also found in the two levels immediately above the cobbles. It is likely that these three levels were a part of the hippodrome levelling and construction process although we have no diagnostic pottery. Below the level of the cobbled stones was found a concentration of animal bone and charcoal.
32. The C[14] testing was undertaken as a part of an NSF grant, no. 1125523.
33. The floor surfaces appear at approximately 1,163.1 – 1,163.9 masl.

νυσσαι.[34] According to K. Kourouniotis the bases were found approximately 60 m away from each other and the easternmost was 265 m to the north of a series of well cut blocks that he identified as seats to view the athletic events of the stadium and hippodrome at the southern end.[35] The easternmost base was found 28 m from the eastern retaining wall of the hippodrome and the western base was found 30 m from the western limit of the hippodrome. The original locations of the bases are not clear today since they have been moved since K. Kourouniotis' time.[36]

ARCHITECTURAL AND TOPOGRAPHICAL SURVEY

During the course of our own computerized architectural and topographical survey, the stone drums of the columns of the turning posts were found in different places on the hippodrome terrace. I assumed that the drums, as well as the bases, had been moved about by local farmers. We have located one of the bases on the eastern retaining wall of the hippodrome close to the remains of several drums of two stone turning posts, characterized by unfluted and tapering limestone drums.[37] In their original configurations, each would have comprised four stone pieces including a base and three tapering drums. Each turning post would originally have been 2.94 m in height (**fig. 6**). If the northern bases, as discovered by K. Kourouniotis, were in their original positions towards the north end of the hippodrome facility, it is possible that they could have supported the two tapering stone columns that represented each end of the starting line of the hippodrome. The width of 60 m between the bases would have provided enough space for multiple chariot teams to assemble at the start of the contests. It is also possible that one of the turning posts could have been situated to the north and the other to the south on the hippodrome terrace so that the turning posts would have indicated the course to be run.[38]

---

34. Kourouniotis 1909, p. 190, fig. 7.
35. Kourouniotis 1909, p. 189, fig. 6. It is not clear from the description or the photograph if these well cut blocks are seats or not as they could also have served as a retaining wall. Unfortunately, these blocks have not been discovered in our years of work.
36. Kourouniotis 1909, p. 190, writes that the base for one of the turning posts was found 295 m from the stoa and the other one 60 m to the west of the first.
37. During one of my first visits to the site in 1979, I recorded the location of several of the unfluted drums of the turning posts. Several were found at the north end of the hippodrome and several others towards the south end. Others still were found on the eastern "retaining wall" of the hippodrome. I did not include this information in my dissertation, Romano 1981, pp. 172-177. Since that time the stone starting line blocks, the base, the column drums of the turning posts as well as a few other stone blocks found have been moved to an area at the south end of the stadium and hippodrome near the modern (2016) kiosk.
38. In the typical design of the Roman circus, there was a meta (turning post) at both ends of the arena. Commonly the metae would have been related in location to the spina that served as a median dividing the two long sides of the circus and they were often represented as cones of stone. The spina as a built construction could also include other monuments including obelisks, and various kinds of lap counting devices, i.e., dolphins or eggs. We have found no evidence of a spina or median of any kind in the hippodrome at Mt. Lykaion.

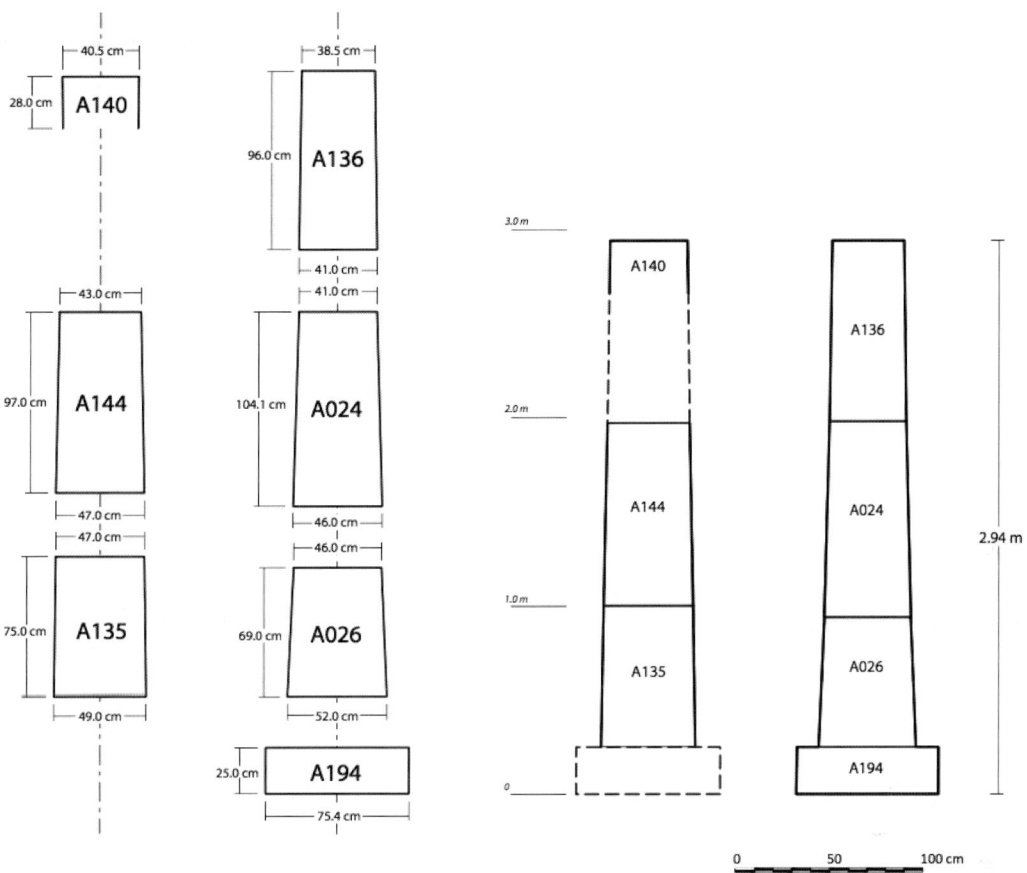

Fig. 6 — Hippodrome stone turning posts, extant blocks and reconstruction (X. Valle, O. Tarricone, and P. Biswas).

There are a few other objects that we have found in the lower sanctuary that may be related to the hippodrome and equestrian athletics. We have found 8 shallow stone basins at ground level in and around the hippodrome and nearby in some of the sanctuary buildings. They are circular in shape and approximately 0.95 m in diameter and approximately 0.11 m deep in the interior of the basin.[39] I have wondered if these might have been used as basins from which horses or other animals might drink water. This would mean of course that the basins would need to be filled periodically by hand since there are no water channels that fed the basins.[40] The basins are shallow and would not be the same as a deep horse trough. Another use of the basins might have been to

---

39. KOUROUNIOTIS 1909, p. 197, fig. 16, mentions that he found a series of stone basins at ground level around the area of the hippodrome.

40. There were two ancient springs close by that provided water for the lower sanctuary, the Agno Fountain and a smaller fountain near the stoa and the administrative building.

use the water from the basins to maintain the surfaces of the hippodrome and related neighbouring areas.[41]

We have found one object from the area to the north of the seats or steps that is related to the harness of a horse, a fragment of a bronze snaffle bit.[42] Examples of these have been found at other sites.[43] It is possible that horses were processed in the area of the seats or steps during the festival.

HIPPODROME IN THE SANCTUARY OF ZEUS

The physical situation of the hippodrome is best understood in the context of the entire lower sanctuary that was likely planned for and built during the second quarter of the 4th century BC at the time when Megalopolis was founded. The Sanctuary of Zeus at Mt. Lykaion was likely the great Parrhasian sanctuary of Zeus Lykaios and it became the premier cult centre of the Arcadian Federation. When the Sanctuary of Zeus was renovated and rebuilt at this time, the planning included the construction of new buildings and structures on a series of artificially levelled terraces. In the area of the lower sanctuary, the highest terrace included the fountain house, the second terrace included the stoa and the administrative building and the third terrace included the seats or steps. There was likely to have been a fourth terrace at a slightly lower level where K. Kourouniotis discovered a series of high quality "seats" closer to the level of the stadium and hippodrome.[44] Lower still was a terrace that bordered the ancient stadium to the west and beyond this terrace was the dromos of the stadium and the apron, and lower and distinct was the hippodrome terrace. Below the hippodrome to the northeast at a still lower level was the bath facility. Each of these terraces is separated by several metres in elevation and this is important in the discussion of the hippodrome, the stadium and the bath facility.

HIPPODROME AND STADIUM AS ATHLETIC FACILITIES

The hippodrome and the stadium were constructed side by side on two broad terraces. Each terrace was approximately 50 m wide and 250 m long, although the stadium terrace is constrained at the southwest by the higher terrace to the west that meets the stadium terrace at an oblique angle. In addition, the dromos of the stadium is found in the southern 2/3' s of the stadium terrace and the hippodrome appears to have been

---

41. This was the likely use of the water channels and water basins that lined the sides of many ancient stadia. See ROMANO 1981, pp. 215-217; ROMANO 1993, p. 88.
42. ROMANO, VOYATZIS 2015, p. 243, fig. 35:44.
43. For parallels, see FURTWÄNGLER 1890, no. 1250, pl. 66; PAYNE 1962, p. 182, no. 24, pl. 82 (from the *temenos* of Hera Limenia); DAVIDSON 1952, p. 337, no. 2889, pl. 136.
44. The stone corridor that extends from the east side of the Administrative Building towards the stadium and the hippodrome descends in elevation and cuts through several of these terraces.

the full length of the neighbouring terrace. The difference in elevation between the two terraces would have been noticeable.[45] This would mean that the difference in elevation would have clearly delineated the two parallel facilities with the dromos of the stadium approximately 2-3 m higher in elevation than the racecourse floor of the hippodrome. Pausanias described the facilities, "there is on Mt. Lykaion a sanctuary of Pan, and around it a grove of trees, and a hippodrome and in front of it is a stadium". Standing in the lower sanctuary and looking out to the northeast one would have seen the dromos of the stadium in the foreground and the hippodrome in the background, thus confirming Pausanias' description.

The maximum dimensions of the hippodrome facility are smaller than many would have predicted, 250 × 50 m but there is now clear evidence that the hippodrome at Mt. Lykaion was of this size and shape. Although to my knowledge there is not another Greek hippodrome with which to compare the dimensions, it is possible to compare the measurements with later examples of the Roman circus. The Circus Maximus in Rome, likely to have been the largest Roman circus, was huge, the arena eventually measuring ca. 580 m × 79 m by the 3rd century CE.[46] But Roman circuses were not all that large and, in fact, Augustan circuses could be much more modest in their dimensions. For example, at Caesarea Maritima a very small circus facility was a part of the Herodian palace complex of the 1st century BC. The length of the arena is at least 265 m and its width is 50.35 m.[47] In the 2nd century CE at Gerasa, the circus arena is 245 m in length and the width is 50 m.[48] These are examples very similar to the size of the available space for the Greek hippodrome in the mountain meadow at Mt. Lykaion.

We have not yet found any evidence for starting gates of the hippodrome at Mt. Lykaion but it is likely that the start of the equestrian races would have been found at the north end of the hippodrome terrace. It is possible that the horses and chariots would have approached the north end of the terrace from the south by means of a path on the raised terrace to the west of the stadium and hippodrome (**fig. 5**). It seems likely that the staging area for the equestrian events may have occurred to the west of the stadium and hippodrome terraces, in a flatish area to the northwest. One of the circular shallow stone basins was found in this area suggesting some use related to the hippodrome.

With respect to the date of the hippodrome, we can assume that the equestrian contests were probably at their peak in the late 4th century BC at the time of the two victor

---

45. During the 2016 campaign Trench S was expanded and the hippodrome floor was discovered at an elevation of 1,163.0 – 1,163.5. The neighbouring dromos of the stadium is identified due to the fact that one of the stone starting line blocks of the stadium is *in situ* and the neighbouring area is characterized by outcroppings of bedrock that has been cut down. The elevation of the starting line block is 1,165.8 and the elevation of the bedrock outcroppings in the area of the starting line block are between 1,164.9 – 1,166.1.
46. HUMPHREY 1986, p. 124.
47. PORATH 1995, p. 70.
48. OSTRASZ 1989, p. 57.

inscriptions. The deep trench that produced the red earth and the organic material towards the middle of the hippodrome terrace indicates that there was an earlier episode in this area in roughly the 7th century BC that likely preceded the construction of the hippodrome. The floor of the hippodrome from Trench S included a fragment of 5th-4th century BC black gloss pottery. The rim and body fragment from a small bowl found on the surface of the apron towards the south end of the facility dated to the 3rd-2nd century BC suggests the stadium facility was still in use at that time. It seems likely, therefore, that the hippodrome and the stadium were constructed sometime after the 7th century BC and that it continued in use until at least the end of the 3rd century BC.

There is another example of a hippodrome that is located immediately adjacent to a stadium, which is the situation at Olympia. Pausanias (6.20.10) tells us that at Olympia, "just beyond the stadium, is the hippodrome and the starting-place for the horses" (ὑπερβάλλονται δὲ ἐκ τοῦ σταδίου, καθότι οἱ Ἑλλανοδίκαι καθέζονται, κατὰ τοῦτο χωρίον ἐς τῶν ἵππων ἀφειμένον τοὺς δρόμους καὶ ἡ ἄφεσίς ἐστι τῶν ἵππων). The author continues with a detailed description of the hysplex, the starting gate at Olympia. Although the hippodrome at Olympia has never been discovered, and its dimensions cannot be measured, its general location is secure since the stadium has been excavated.

LATER HISTORY OF THE HIPPODROME AT MT. LYKAION

An inscription found on the Athenian Acropolis, *IG* II² 993, records the Athenian acceptance of an invitation from the city of Megalopolis to participate in the re-foundation of the Lykaia in the year 215 BC.[49] The re-founded games may have taken place in the city of Megalopolis and the hippodrome and the stadium in the mountain meadow may have gone out of use about that time. Although the festival and athletic and equestrian contests may have been moved to the city of Megalopolis, it is known from archaeological evidence from Mt. Lykaion that there was continued dining activity likely from the area of the Administrative Building since the adjacent stone corridor, constructed in the second quarter of the 4th century BC was used as a refuse pit for the meals that were consumed nearby.[50] The pit includes dining pottery, as well as the bones of animals consumed in the meals as well as other discarded material.[51]

EARLIER HIPPODROME AT MT. LYKAION?

In our recent work at Mt. Lykaion we have identified an area close by the southern peak of the mountain and adjacent to the ash altar of Zeus that we have labeled the "proto-stadium." This is a flat area, approximately 150 m long and 15 m wide with

---

49. Dow 1937, pp. 120-126.
50. ROMANO, VOYATZIS 2015, pp. 210-217. S. Rotroff is responsible for the study of the Hellenistic pottery.
51. See ROTROFF 2015. V. Moses is studying the faunal material.

sloping natural embankments to the west and the east. This area would have provided a natural facility that would have met the requirements of a stadium, including space for a running track or dromos and with spectator facilities as natural embankments of earth on the east and west sides. It is approximately 40 m lower than the peak of the altar, 150 m to the southwest, and is in within full view of it. This seems to be a logical place for the early athletic contests of the ancient Lykaion Games before the creation of the festival grounds in the lower mountain meadow. If correct, this would mean that the altar, the temenos and the stadium would all have been within a stone's throw of each other at the southern peak of the mountain. There is also a possibility that the early equestrian events may have been held at this location as well. Although we know a good deal about formal hippodromes from ancient literature, there is also the possibility that an informal hippodrome could have been utilized. Such is the situation of the following example from Xenophon.

We should recall the athletic games that we learn about from Xenophon in the *Anabasis* (4.8.25-8) when the Greeks, many of them Arcadians, reach Trapezus and sacrifice to Zeus, Herakles and other gods. They sacrificed oxen and then prepared athletic games on the mountainside where they were camped.[52] The athletic events included the stadium race for boys, the dolichos, wrestling, boxing and the pankration. From Xenophon,

ἔθεον δὲ καὶ ἵπποι καὶ ἔδει αὐτοὺς κατὰ τοῦ πρανοῦς ἐλάσαντας ἐν τῇ θαλάττῃ ἀποστρέψαντας πάλιν πρὸς τὸν βωμὸν ἄγειν. καὶ κάτω μὲν οἱ πολλοὶ ἐκαλινδοῦντο· ἄνω δὲ πρὸς τὸ ἰσχυρῶς ὄρθιον μόλις βάδην ἐπορεύοντο οἱ ἵπποι· ἔνθα πολλὴ κραυγὴ καὶ γέλως καὶ παρακέλευσις ἐγίγνετο

There were horse races also and the riders had to drive their horses down the steep slope, turn them around on the shore, and bring them back again to the altar. And on the way down most of the horses rolled over and over, while on the way up against the exceedingly steep incline, they found it hard to keep on at a walk. So there was much shouting and laughter and cheering.[53]

Perhaps, in the beginning, the equestrian events of the Lykaia were held at the altar as well. Although we don't yet know when athletic events began at Mt. Lykaion, we do know of what may well be continuous cult activity at the altar from the 16th century BC.[54]

---

52. A second passage earlier in the *Anabasis* (1.2.10) has to do with another festival, celebrated by Xenias the Arcadian, the festival to Lykaion Zeus. Xenophon tells us that there were 11,000 hoplites and about two thousand peltasts that had marched to Peltae where the festival was celebrated in front of Cyrus the Great where the prizes offered were golden strigils. There are no details about the specific athletic events in this passage.

53. Trans. J. Dillery.

54. Romano, Voyatzis 2014, pp. 589-591. Horse racing in Arcadia is very old according to Pausanias (8.4.5) who says that the first funeral games were held for Azan son of Arcas and included a horse race and other contests. Pausanias (5.1.8) mentions that Apis was killed in the chariot race in these funeral games.

Αναζήτηση των ιχνών του ιπποδρόμου του Ασκληπιείου της Επιδαύρου

Βασίλης Λαμπρινουδακησ, Ευάγγελος Καζολιασ

Το 1891 ο Π. Καββαδίας δημοσίευσε επιγραφή πάνω σε βάση αγάλματος του Επιδαύριου Σωκράτη, το οποίο ανέθεσε η πόλη του στο ιερό του Ασκληπιού για να τιμήσει το συγκεκριμένο πολίτη για τις πολλές του νίκες σε πανελλήνιους αγώνες.[1] Η επιγραφή, που χρονολογείται τον 1ο π.Χ. αιώνα, αναφέρει διάφορες νίκες του Σωκράτη σε πανελλήνιους αγώνες, μεταξύ των οποίων τέσσερις σε αγώνα ἵππιον, από τις οποίες μία πέτυχε ήδη ως παιδί στην πατρίδα του την Επίδαυρο. Πέντε χρόνια μετά τη δημοσίευση αυτής της επιγραφής ο Π. Καββαδίας αναφέρει στα *Πρακτικά της Αρχαιολογικής Εταιρείας* του 1896/1897 ότι "ἐν τῇ πεδιάδι ἐν ᾗ τὸ ἱερὸν τοῦ Ἀσκληπιοῦ, εἰς ἀπόστασιν ἑνὸς τετάρτου τῆς ὥρας περίπου ἀπὸ τοῦ Σταδίου, εὑρέθη κατὰ τύχην ὁρόσημος ἐπιγραφή, ἐξ ἧς γίνεται γνωστὸν ὅτι ὑπῆρχεν ἐν τῷ ἱερῷ καὶ ἱππόδρομος".[2]

Τα δύο αυτά στοιχεία, το ανάθημα για τον Επιδαύριο Σωκράτη και την "ορόσημο επιγραφή", μαζί με αρχαία λείψανα τα οποία εντόπισε με επιτόπια έρευνα, συνδύασε ο Π. Καββαδίας τέσσερα χρόνια μετά, δηλαδή το 1900, στο βιβλίο του *Το Ιερόν του Ασκληπιού*, για να τεκμηριώσει την ύπαρξη ιπποδρόμου στο Ασκληπιείο της Επιδαύρου. Εκεί ερμήνευσε τον *ἵππιον* αγώνα του Σωκράτη στην Επίδαυρο ως ιπποδρομία και επομένως ως ένδειξη ύπαρξης ιπποδρόμου στο Ασκληπιείο, η οποία επιβεβαιωνόταν από την εύρεση της "οροσήμου επιγραφής".[3] Ο ἵππιος αγώνας γνωρίζουμε σήμερα ότι ήταν αγώνας δρόμου τεσσάρων σταδίων,[4] ώστε η επιγραφή του Σωκράτη να μην αποτελεί μαρτυρία ιπποδρόμου στην Επίδαυρο. Όμως η "ορόσημος επιγραφή" δεν έμεινε η μόνη γραπτή μαρτυρία για τον επιδαύριο ιππόδρομο. Ήδη το 1877 είχε βρεθεί στην Ολυμπία μια άλλη επιγραφή, που δημοσιεύθηκε το ίδιο έτος, με επίγραμμα το οποίο σαφώς αναφέ-

---

1. Cavvadias 1891, σ. 78, αρ. 240.
2. Cavvadias 1896-1897, σ. 32.
3. Cavvadias 1900, σ. 118-121: "... δηλοῦται ἄρα εκ τούτου [του κειμένου της επιγραφής] ὅτι ἐν τῷ ἱερῷ θὰ ὑπῆρχε καὶ ἱππόδρομος. Τοῦτο δὲ ἐβεβαιώθη καὶ δι' ἄλλου ἐπιγραφικοῦ εὑρήματος [του όρου]...".
4. Weiler 1988, σ. 131. Decker 1995, σ. 45, 62. Sève 1993, σ. 312.

ρεται σε ιππικό αγώνα με πουλάρια στην Επίδαυρο:[5] Ο Ακεστορίδης από την Τρωάδα υπερηφανεύεται στο τέλος του 3[ου] π.Χ. αιώνα, ότι πρώτος από την πατρίδα του κέρδισε νίκες στην Ολυμπία, την Επίδαυρο, τη Νεμέα και αλλού με πουλάρια (άρα σε ιπποδρομίες η αρματοδρομίες), τα οποία κατάγονταν από τους γρήγορους σαν τον άνεμο πώλους που γέννησε στην πατρίδα του ο Βορέας με τις φοράδες του μυθικού βασιλιά της Δαρδανίας Εριχθόνιου.[6]

Ο Π. Καββαδίας δημοσίευσε στο "Ἱερόν του Ασκληπιού" ένα απόγραφο της "οροσήμου επιγραφής" (**εικ. 1**), καθώς και στοιχεία του φορέα της, τον οποίο περιγράφει ως λίθο με *ημιεξειργασμένας*, δηλαδή χονδρικά σχηματι-σμένες επιφάνειες, με αποκεκρου-μένες πλευρές και με πολλαπλές φθορές, ύψους 0,55, πλάτους 0,30 και πάχους 0,24 μ.: Το 1929 ο Hiller von Gaertringen αναδημοσίευσε την επιγραφή στον σχετικό τόμο των *Inscriptiones Grecae* δίνοντας παρα-πλήσιες διαστάσεις για τον φορέα (0,57 × 0,36 × 0,25 μ.)[7], ενώ ο W. Peek την είδε το 1969 "παρά τον βόρειο τοίχο του Μουσείου", σημείωσε το μέγεθος των γραμμάτων (ύψος 0,03-0,05 μ., διάστημα μεταξύ των στίχων ± 0,02 μ.) και ανέφερε εσφαλμένα ως τόπο εύρεσης την περιοχή "δυτικά του δρόμου που περνά κοντά στο Αρτεμίσιο".[8] Ο ενεπίγραφος λίθος αναζητήθηκε από τους υπογράφοντες για φωτογράφηση και εντοπίσθηκε

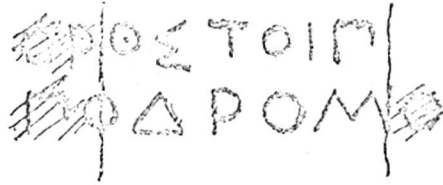

Εικ. 1 — Απόγραφα της επιγραφής του όρου του ιπποδρόμου (από τον Καββαδία και τον Peek).

---

5. FRÄNKEL 1877, σ. 47, αρ. 55. *IvO*, σ. 312-313, αρ. 184. SÈVE 1993, σ. 309 και σημ. 27.

6. Ο Ακεστορίδης εξαίρει την ταχύτητα των νεαρών του ίππων αποδίδοντάς τους καταγωγή από τα θεϊκά πουλάρια ενός μύθου της πατρίδας του (το επίγραμμα τελειώνει με τη φράση [εδώ σε ελεύθερη μετά-φραση]: "... κι αυτό γιατί ο γιος του *Ερμοκρέοντα* [δηλαδή ο Ακεστορίδης] κληρονόμησε αυτή τη *γρηγοροπόδαρη γενιά των παλαίφατων πουλαριών του Εριχθόνιου*"). Τον μύθο αυτό αναφέρει ήδη ο Όμηρος, *Ιλιάδα* 20.219-229: "*Και πάλε ο Δάρδανος εγέννησε το βασιλιά Ἐριχθόνιο, / που απ' τους ανθρώπους όλους στάθηκεν ο πιο τρανός στα πλούτη· δικές του τρεις χιλιάδες έβοσκαν φοράδες στο λιβάδι / και καμαρώναν τα νιογέννητα τριγύρα τους πουλάρια. / Κι ως ο Βοριάς τις είδε που 'βοσκαν, του ξάναψεν ο πόθος / και γίνηκε άτι γαλαζόχαιτο και σμίγει ευτύς μαζί τους / κι αυτές γκαστρώθηκαν και δώδεκα του γέννησαν πουλάρια / κι αυτά ως χοροπηδούσαν παίζοντας στην πλούσια γης απάνω, / πα στις κορφές στα στάχυα ετρέχανε, χωρίς να τα λυγίζουν· / κι ως εσκιρτούσαν πα στης θάλασσας την απλωμένη ράχη, / έτρεχαν στο ψαρί το πέλαγο, ψηλά όπου σπάει το κύμα*" (μετάφραση Ν. ΚΑΖΑΝΤΖΑΚΗ, Ι. Θ. ΚΑΚΡΙΔΗ).

7. *IG* IV[2] 1, 153.

8. PEEK 1969, σ. 59, αρ. 71/153.

ύστερα από επίπονη έρευνα στην αποθήκη του χώρου,[9] χωρίς νέες φθορές, με τα χαρακτηριστικά και τις διαστάσεις που κατέγραψαν οι προηγούμενοι μελετητές (εικ. 2-3). Είναι ένας τυπικός *όρος*, χονδρικά δηλαδή κατεργασμένος ασβεστόλιθος, του οποίου το άνω μέρος της μιας πλευράς έχει λειανθεί για να δεχθεί την επιγραφή ένδειξης των ορίων ενός χώρου, εν προκειμένω του ιπποδρόμου. Το κατώτερο μέρος του λίθου δεν σώζεται και από τις δύο πλευρές του λείπουν μεγάλα τμήματα.

Τα σωζόμενα πάντως γράμματα της επιγραφής επιτρέπουν με βεβαιότητα τη συμπλήρωση της φράσης *[όρ]ος τō ίπ/[π]οδρόμ[ο* και τη χρονολόγησή της γύρω στο 400 π.Χ. Το δασύ δεν δηλώνεται στην αρχή της λέξης *ιπποδρόμο*, το ίδιο δε φαίνεται να συνέβαινε και με τη λέξη *όρος*, αυτό όμως δεν αποτελεί πρόβλημα, αφού σε επιγραφές της ίδιας εποχής από το ιερό,[10] το δασύ δηλώνεται μεν σε λέξεις όπως *ℎομόναοι (θεοί)*, *ℎεμίδιμμνον σπυρῶν*, όχι όμως και στις λέξεις *ίαρομνάμονες*, *ἄτερον* κ.ά.

Ιδιαίτερα ενδιαφέρουσες είναι οι πληροφορίες που δίνει ο Π. Καββαδίας σχετικά με τον τόπο εύρεσης του όρου και των αρχιτεκτονικών λειψάνων στην περιοχή του: Ο λίθος βρέθηκε τυχαία ριγμένος κοντά σε πηγή που εξέβαλλε τότε

Εικ. 2 — Ο όρος του ιπποδρόμου του Ασκληπιείου. Πρόσθια πλευρά (φωτο Β. Λαμπρινουδάκης).

Εικ. 3 — Ο όρος του ιπποδρόμου του Ασκληπιείου. Πρόσθια και δεξιά πλευρά (φωτο Β. Λαμπρινουδάκης).

9. Ευχαριστίες οφείλονται στον συνάδελφο S. Prignitz, για τη βοήθειά του στην ανεύρεση του λίθου.
10. *IG* IV² 1, 40-41.

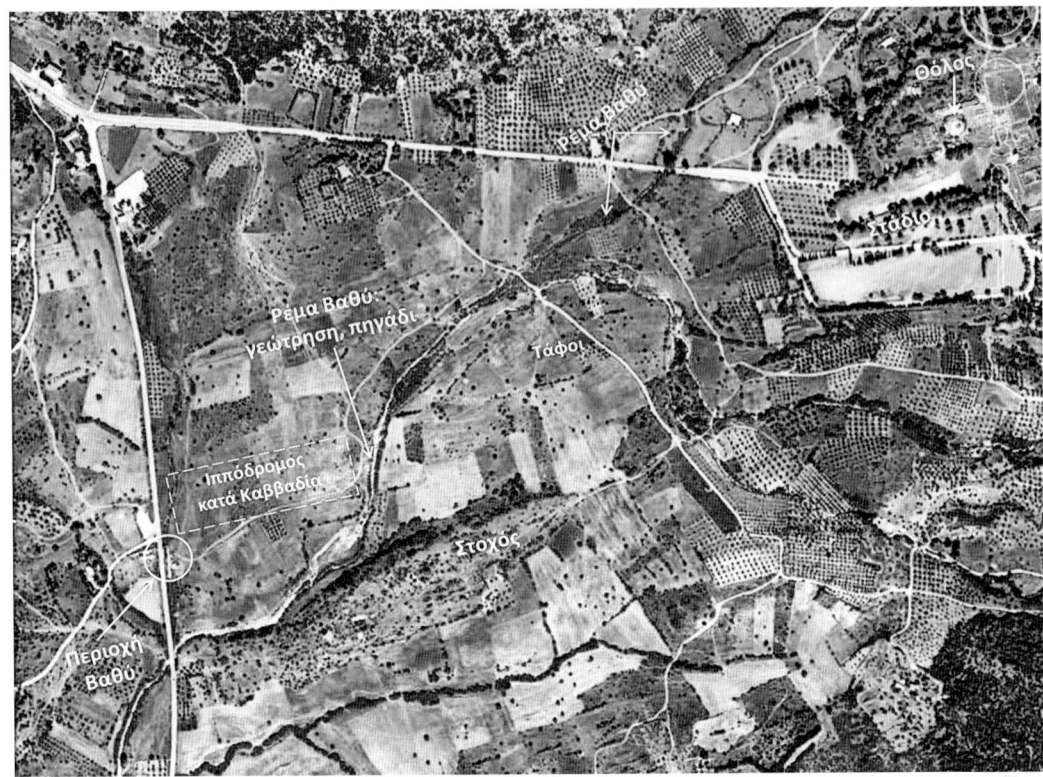

Εικ. 4 — Η περιοχή μεταξύ Ασκληπιείου και της περιοχής Βαθύ. Υποθετική τοποθέτηση του Ιπποδρόμου από τον Καββαδία (εικόνα από το Google Earth).

μέσα στο ρέμα Βαθύ (**εικ. 4**), το οποίο και σήμερα διασχίζει την πεδιάδα δυτικά του ιερού προς τα νοτιοδυτικά αφίνοντας στα ανατολικά του το Ασκληπιείο. Η πηγή τοποθετείται από τον Π. Καββαδία στα νοτιοδυτικά του σταδίου, στα Πρακτικά μεν του 1896 σε απόσταση ενός τετάρτου, στο βιβλίο του *Το Ιερόν* δε περίπου μισής ώρας από το στάδιο. Η διαφορά οφείλεται ίσως στο διαφορετικό ρυθμό κίνησης αυτών που υπέδειξαν αρχικά την επιγραφή, και του ίδιου του Π. Καββαδία, όταν εκείνος ερεύνησε τον ευρύτερο χώρο. Περιγράφοντας τη διαδρομή του προς την πηγή ο Π. Καββαδίας αναφέρει ότι λίγο πριν από το ρέμα και την πηγή συναντά κανείς δύο παράλληλα τείχη που σώζονται σε μήκος εκατόν περίπου μέτρων, τα οποία απέχουν μεταξύ τους 31 μ. Και αποφαίνεται, ότι επειδή ένας ιππόδρομος δεν μπορεί να είχε πλάτος μόνο τριανταενός μέτρων, τα τείχη αυτά αποτελούσαν αναλήμματα πλατιάς οδού για τους ιππείς και τα άρματα, που οδηγούσε στον ιππόδρομο, ο οποίος επομένως θα έπρεπε να εκτείνεται στην δυτικά του ρέματος επίπεδη περιοχή.

Το 2010 και το 2013, αλλά και πρόσφατα με την προοπτική του συνεδρίου, αναζητήθηκαν με βάση τις ανωτέρω περιγραφές τα τείχη τα οποία είδε ο

Π. Καββαδίας. Πράγματι στον επίπεδο χώρο πριν από το ρέμα γι' αυτόν που έρχεται από το στάδιο διαπιστώθηκε ότι διατηρούνται ακόμη τα λείψανα δύο μακρών τοίχων που τρέχουν παράλληλα από ανατολικά προς τα δυτικά με μια απόκλιση περίπου 12 μοιρών προς τα Νοτιοδυτικά (εικ. 5). Πολύ σημαντική ήταν μια πρώτη διαπίστωση, ότι τα σωζόμενα τμήματα των τοίχων αυτών εκτείνονται προς τα δυτικά και πέρα από το ρέμα: Πριν από αυτό, στα ανατολικά του, σώζεται από τον βόρειο τοίχο τμήμα μήκους 52 μ., ενώ πέρα από το ρέμα, στα δυτικά του και σε ευθυγραμμία, σώζεται άλλο ένα τμήμα μήκους 24 μ. Το ρέμα έχει καταστρέψει το ενδιάμεσο τμήμα επί 40 μ. Ο βόρειος τοίχος τεκμηριώνεται έτσι στην περιοχή του ρέματος επί 116 μ. Από τον νότιο τοίχο σώζονται αντίστοιχα τμήματα μήκους 40 μ. ανατολικά και 30 μ. δυτικά του ρέματος με ενδιάμεσο κενό 42 μ. Έτσι ο νότιος τοίχος στην περιοχή του ρέματος τεκμηριώνεται επί 112 μ. Στο γεγονός της έκτασης των τοίχων και πέραν του ρέματος θα επανέλθουμε σε λίγο.

Μια δεύτερη σημαντική διαπίστωση ήταν ότι οι δύο αυτοί παράλληλοι τοίχοι απέχουν μεταξύ τους 118 και όχι 31 μ., όπως αναφέρει ο Π. Καββαδίας. Επίμονη έρευνα για ενδιάμεσο τοίχο στην περιοχή αυτή ή ίχνη του, που θα μπορούσαν να δικαιολογήσουν τη μέτρηση των 31 μ., με βάση την οποία ο Π. Καββαδίας απορ-

Εικ. 5 — Λείψανα τοίχων στις δυο πλευρές του ρέματος Βαθύ, που αποτελούσαν όρια των πλευρών του ιπποδρόμου του Ασκληπιείου (εικόνα από το Google Earth).

ρίπτει την ταύτιση των λειψάνων που είδε με τις μακρές πλευρές του ιπποδρόμου, είχε απόλυτα αρνητικό αποτέλεσμα. Επομένως ή υπήρξαν κάποια άλλα, ενδιά- μεσα λείψανα τοίχου που ο Π. Καββαδίας εξέλαβε ως τη μία πλευρά της πλατιάς οδού που υπέθεσε, και που η καλλιέργεια ενός και πλέον αιώνα εξαφάνισε πλήρως, πράγμα μάλλον απίθανο, ή η μέτρηση της απόστασης των τοίχων έγινε τότε από κάποιον άλλο και του μεταφέρθηκε εσφαλμένη. Τα 118 μ. είναι απολύτως αποδεκτά ως συνολικό πλάτος ενός ελληνικού ιπποδρόμου. Ο ιππόδρομος στο ιερό του Λυκαίου Διός στην Αρκαδία, που γνωρίζουμε καλύτερα, είχε ωφέλιμο πλάτος 104 μ.[11] Ανάλογο πλάτος τεκμηριώνεται και για τον ιππόδρομο στη Δήλο.[12] Η δεύτερη αυτή διαπίστωση, της πραγματικής απόστασης των δύο παράλληλων τοίχων, μας οδηγεί επομένως στο συμπέρασμα ότι οι τοίχοι αυτοί αποτελούν λείψανα των μακρών πλευρών του ιπποδρόμου του Ασκληπιείου της Επιδαύρου.

Οι τοίχοι αυτοί αποτελούνται από αδρά πελεκημένους ασβεστόλιθους διαφόρων μεγεθών που συμπλέκονται με χονδρικά διαμορφωμένους αρμούς και σχηματίζουν πρόσωπο μόνο προς τη μία πλευρά. Η ίδια δομή χαρακτηρίζει όλα τα σωζόμενα τμήματα (**εικ. 6-8**). Οι τοίχοι αυτοί σώζονται σε ύψος αλλού στη στρώση του θεμε- λίου μόνο και σε άλλα σημεία μέχρι και τον τρίτο καθ' ύψος λίθο, δηλαδή από ελάχιστο ύψος περίπου 30 εκ. μέχρι μέγιστο περίπου 1,30 μ. (**εικ. 9**). Και των δύο το

Εικ. 6 — Βόρειος τοίχος, δυτικό τμήμα από ΒΔ (φωτο Β. Λαμπρινουδάκης).

---

11. Romano 2005a, σ. 387.
12. Βλ. J.-Ch. Moretti στον τόμο αυτό.

Εικ. 7 — Βόρειος τοίχος, ανατολικό τμήμα από ΒΑ (φωτο Β. Λαμπρινουδάκης).

Εικ. 8 — Νότιος τοίχος, ανατολικό τμήμα από ΒΑ (φωτο Β. Λαμπρινουδάκης).

πρόσωπο βλέπει προς τα βόρεια. Οι τοίχοι αυτοί επομένως πρέπει να λειτουργούσαν ως χαμηλά άνδηρα στα άκρα του ιπποδρόμου, εξασφαλίζοντας την ισοπέδωση του ελαφρά κατηφορικού προς τα βορειοδυτικά χώρου σε υψόμετρο ±297 μ. Ο νότιος τοίχος θα συγκρατούσε το ανερχόμενο προς τα νότια έδαφος, όπου σε απόσταση

Εικ. 9 — *Λεπτομέρεια νότιου τοίχου από Β (φωτο Β. Λαμπρινουδάκης).*

65 μ. υψώνεται στα +310-315 μ. ο λόφος του Στοχού. Ο βόρειος τοίχος αντίθετα, μολονότι σήμερα το έδαφος και από τις δυο του πλευρές έχει διαμορφωθεί από την καλλιέργεια περίπου στο ίδιο ύψος, πρέπει να συγκρατούσε από τα βόρεια το ελαφρά στην πλευρά αυτή υπερυψωμένο έδαφος του ιπποδρόμου.

Κρίσιμος για την περαιτέρω προσπάθεια σύνθεσης των λειψάνων του ιπποδρόμου κρίθηκε ο εντοπισμός της αναφερόμενης από τον Π. Καββαδία πηγής μέσα στο ρέμα, κοντά στην οποία βρέθηκε ο όρος. Μια αρχική υπόθεση, ότι η πηγή βρισκόταν στην περιοχή που αποκαλείται σήμερα Βαθύ (**εικ. 4**), στη διασταύρωση της οδού προς το Κρανίδι και αγροτικών δρόμων, όπου καταλήγει αρχαίο υπόγειο υδραγωγείο και υπάρχει σύγχρονη γεώτρηση (**εικ. 10**), απορρίφθηκε, αφού το μέρος αυτό είναι μακριά από

Εικ. 10 — *Λαξευτό υπόγειο υδραγωγείο και πηγάδι με όλμο αρχαίου ελειοτριβείου ως γούρνα στην περιοχή Βαθύ / Κρανιά (φωτο Β. Λαμπρινουδάκης [a, d], Ε. Καζολιάς [b, c]).*

τους αρχαίους παράλληλους τοίχους (απέχει περί τα 330 μ.), αλλά και από το ρέμα (απέχει περίπου 100 μ.). Αντίθετα στην περιοχή των παράλληλων τοίχων (**εικ. 11**) υπάρχουν στη δυτική όχθη του ρέματος μία σύγχρονη γεώτρηση ανάμεσα στους τοίχους, που εκμεταλλεύεται πλούσια υπόγεια νερά, και ένα πηγάδι λαξευτό στο βράχο, στα 5 μ. νότια του νότιου τοίχου, το οποίο περιέχει και σήμερα νερό. Είναι λοιπόν σχεδόν βέβαιο ότι η πηγή του Π. Καββαδία μέσα στο ρέμα Βαθύ, την οποία σύμφωνα με τα λεγόμενά του βρήκε "ἄφθονον δι' ὅλου τοῦ θέρους ἐκρέουσαν ὕδωρ", είχε το στόμιό της σ' αυτό το τμήμα του ρέματος, όπου και σήμερα, παρά την βαθεία άντληση από τις γεωτρήσεις, το υπέδαφος είναι πλούσιο σε νερό. Σ' αυτή την περιοχή πρέπει να βρέθηκε και ο όρος του ιπποδρόμου.

Μπορούμε τώρα να επανέλθουμε στην εικόνα που διέσωσε ο Π. Καββαδίας (**εικ. 5**). Αναφερόμενος στα "παράλληλα τείχη" γράφει ότι σώζονται αμφότερα "εις έκτασιν 100 περίπου μέτρων". Τον πλατύ όμως δρόμο που θεώρησε ότι οριοθετούσαν αυτοί οι τοίχοι, και που κατά την άποψή του οδηγούσε στον ιππόδρομο, είναι προφανές ότι τον βλέπει να τελειώνει στην ανατολική όχθη του ρέματος. Γιατί γράφει ότι "τα αναλήμματα ταύτα θα εξετείνοντο, ως φαίνεται, μέχρι του ρύακος" και στη συνέχεια υποθέτει ότι στο ρέμα υπήρχε στην αρχαιότητα γέφυρα, μετά την οποία ανοιγόταν στα αριστερά ο ιππόδρομος. Αυτό όμως σημαίνει ότι την εποχή εκείνη σώζονταν ανατολικά του ρέματος σε πολύ μεγαλύτερη έκταση

Εικ. 11 — Γεώτρηση και πηγάδι ανάμεσα στους τοίχους του ιπποδρόμου δυτικά του ρέματος Βαθύ (εικόνα από το Google Earth [**a**], φωτο Ε. Καζολιάς [**b-c**]).

από τα σημερινά 50 περίπου μ. οι παράλληλοι τοίχοι, αφού ο Π. Καββαδίας τοπο-
θετεί και τα 100 μ., χωρίς μάλιστα να σημειώνει ότι διακόπτονται, ανατολικά του
ρέματος. Πράγματι στην προέκταση του βόρειου τοίχου (εικ. 12) και σε απόσταση
περίπου 120 μ. εκτείνεται μονή σειρά δένδρων σε μήκος 135 περίπου μ., η οποία
πυκνώνει προς τα ανατολικά διατηρώντας αραιούς λίθους μεταξύ των δένδρων.
Εκεί, στο δεύτερο, πυκνότερο τμήμα της σειράς των δέντρων, διαπιστώσαμε ότι
σώζονται, σε πολύ χαμηλό ύψος και διαταραγμένα από την καλλιέργεια, σαφή
όμως λείψανα του βόρειου τοίχου (εικ. 13) επί 70 μ. Ο βέβαιος εντοπισμός αυτού
του τμήματος του βόρειου τοίχου, που φαίνεται να τον φθάνει μέχρι το ανατολικό
όριο του επίπεδου χώρου στον οποίο εκτεινόταν ο ιππόδρομος, παρέχει ένα συνο-
λικό μήκος για την κονίστρα του ιπποδρόμου στα ανατολικά του ρέματος περί
τα 300 μ. Η γραμμή των δένδρων και τα ίχνη τοίχου συνεχίζονται λοξά προς τα
βορειοανατολικά επί 29 μ. Εάν και αυτό το τμήμα συμπεριλαμβανόταν στον ιππό-
δρομο το συνολικό μήκος θα έφθανε τα 360 περίπου μ.

Η αποκαθιστάμενη με τις παραδοχές αυτές κονίστρα (εικ. 14) φαίνεται να έχει
χωροθετηθεί στην καταλληλότερη για μια τέτοια εγκατάσταση τοποθεσία (εικ. 15):

Εικ. 12 — Το αναγνωρισθέν πρόσφατα τμήμα του βόρειου τοίχου /αναλήμματος του ιπποδρόμου (εικόνα
από το Google Earth).

Εικ. 13 — Τμήματα του βόρειου τοίχου /αναλήμματος του ιπποδρόμου στα ανατολικά των γνωστών από τον Καββαδία (φωτο Β. Λαμπρινουδάκης [a-c], εικόνα από το Google Earth [d]).

Εικ. 14 — Άποψη της κονίστρας του ιπποδρόμου του Ασκληπιείου Επιδαύρου από τα ανατολικά (φωτο Β. Λαμπρινουδάκης).

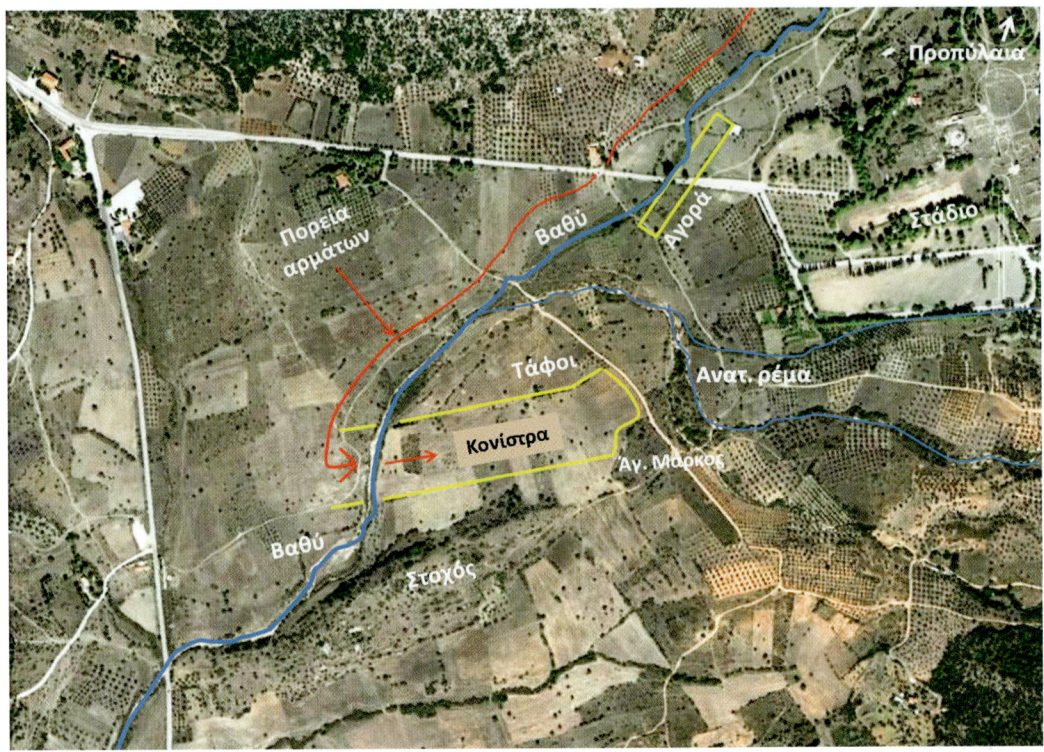

Εικ. 15 — Ο ιππόδρομος του Ασκληπιείου και η πορεία των αρμάτων (εικόνα από το Google Earth).

Νότια περιβάλλεται από τα χαμηλά υψώματα του Στοχού και του Αγ. Μάρκου, ενώ το ανατολικότερο ακανόνιστο τμήμα του πλατώματος που οριοθετείται από τους τοίχους είναι το υψηλότερο σε σχέση με το υπόλοιπο, που παρουσιάζει από εκεί και πέρα μια κλίση προς τα δυτικά περίπου 3% (**εικ. 16**). Τα χαμηλά αυτά υψώματα θα μπορούσαν να εξυπηρετούν τους θεατές κατά την παρακολούθηση των αγώνων. Ο ελληνικός ιππόδρομος, όπως παρατηρεί ήδη ο Π. Καββαδίας, ήταν απλός "επίπεδος χώρος, περιβαλλόμενος δια ταπεινού τειχίσματος ή δι' οροσήμων", γύρω από τον οποίο οι θεατές χρησιμοποιούσαν υπάρχοντα υψώματα για την καλύτερη παρακολούθηση των αγώνων.

Όμως οι δύο παράλληλοι τοίχοι που οριοθετούν τις μακρές πλευρές του ιππο-δρόμου αποδεικνύεται ότι εκτείνονταν και στα δυτικά του ρέματος επί 24 έως 30 μ. (**εικ. 15**). Στην περιοχή αυτή εκτός από τα φρέατα υπάρχουν διάσπαρτα αρχιτεκτονικά μέλη και σαφή λείψανα αρχαίων κτισμάτων στην επιφάνεια του εδάφους. Πιθανή φαίνεται επομένως η υπόθεση, ότι εδώ, κοντά στο νερό, βρίσκο-νταν η είσοδος στον ιππόδρομο με τους χώρους υποδοχής και προετοιμασίας για

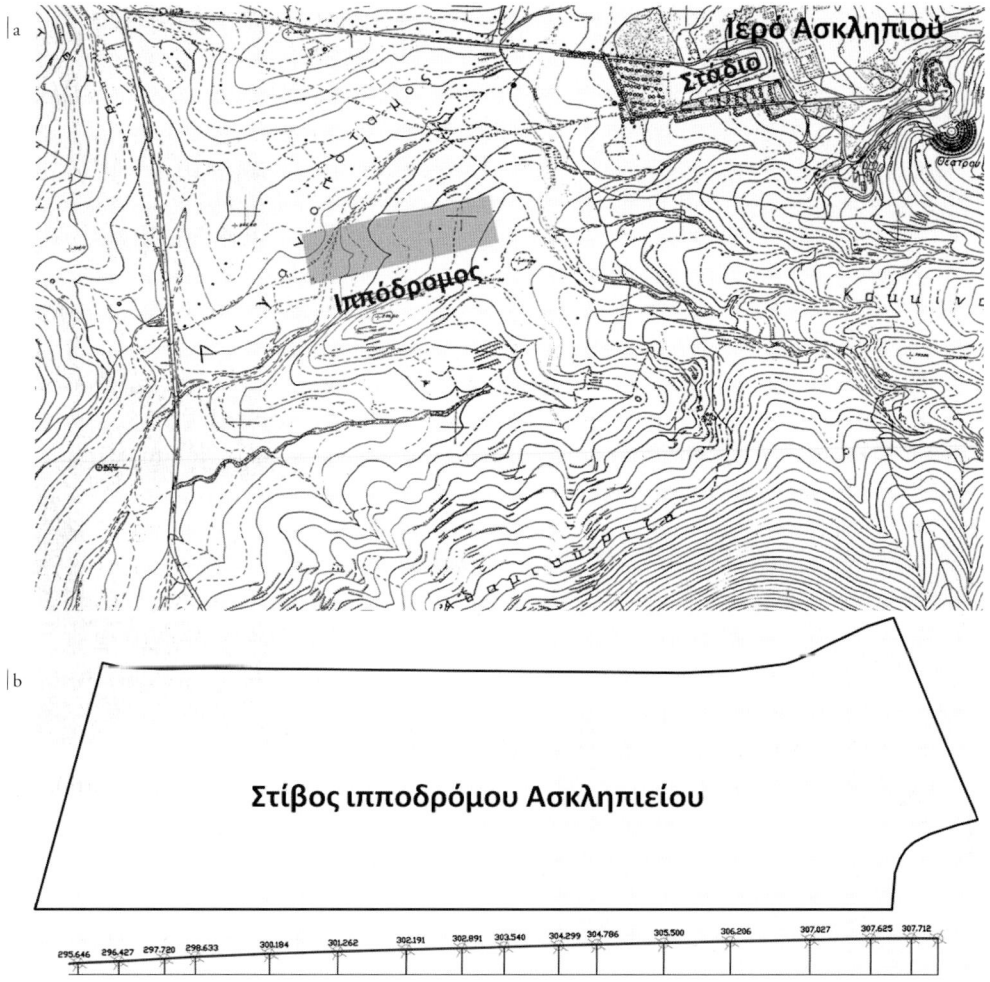

Εικ. 16 — Η θέση του ιπποδρόμου και η κλίση του εδάφους του στίβου από Α προς Δ (χάρτης ΓΥΣ [a], σχ. Ε. Καζολιάς [b]).

τους αγώνες, ασφαλώς κάτι πολύ πιο ταπεινό και πρόχειρο από ό τι η στοά του Αγνάπτου στην Ολυμπία.[13]

Η πρόσβαση στον ιππόδρομο από την δυτική του πλευρά (**εικ. 15**), που εκ πρώτης όψεως ξενίζει, γιατί βρίσκεται πολύ μακρύτερα από το ιερό σε σχέση με την ανατολική, δικαιολογείται: Μεταξύ του ιερού και της ανατολικής, πλησιέστερης προς αυτό πλευράς του ιπποδρόμου παρεμβάλλεται ρυάκι, το οποίο εκβάλλει στο κύριο ρέμα βορειότερα του ιπποδρόμου. Το κύριο ρέμα περνούσε μπροστά

---

13. Παυσανίας, 6.20.7. MÜLLER W. 2001.

από τα Προπύλαια και αμέσως δυτικά του συγκροτήματος της αγοράς, ενώ στο χώρο ανατολικά του και νοτιότερα των Προπυλαίων υπήρχαν κτίρια, όπως τα δύο μεγάλα συγκροτήματα λουτρών μέσα στη σημερινή περίφραξη, αλλά και άλλα, σήμερα έξω από αυτήν, δυτικότερα, τα οποία χρονολογούνται μεν τα περισσότερα στους προχωρημένους ρωμαϊκούς χρόνους, δείχνουν όμως μαζί με την ελληνιστική αγορά και πώρινα ισοδομικά θεμέλια βορειότερα, ότι οι εγκαταστάσεις του ιερού εκτείνονταν στο χώρο αυτό μέχρι το ρέμα ήδη σε παλαιότερους χρόνους. Επομένως δεν είναι λογικό τα άρματα των αγώνων, ερχόμενα μάλλον από την πόλη, να εκινούντο προς τον ιππόδρομο ανατολικά του ρέματος, αφενός γιατί δεν υπήρχε εκεί συνεχής ελεύθερος χώρος και αφετέρου, το κυριότερο, γιατί έτσι θα είχαν να περάσουν δυό φορές πάνω από ποταμάκια, μια φορά πάνω από το κύριο ρέμα και μια πάνω από το ρυάκι που εξέβαλλε από τα ανατολικά σε αυτό. Επί πλέον ο Π. Καββαδίας αναφέρει ότι πηγαίνοντας από το στάδιο στον ιππόδρομο συνά-ντησε στη μέση περίπου του δρόμου ίχνη αρχαίων τάφων, μερικοί από τους οποίους σώζονται και σήμερα στην περιοχή μεταξύ του ιπποδρόμου και του παραπόταμου

του ρέματος (**εικ. 17**). Γνωρίζουμε από τον Παυσανία[14] ότι δεν επιτρεπόταν η ταφή μέσα στο ιερό, ώστε η ύπαρξη τάφων στην περιφέρειά του να είναι αναμενόμενη. Οι τάφοι στα βόρεια του ιπποδρόμου αποτε-λούν πιθανό πρόσθετο στοιχείο για την δυσκολία διέλευσης των αρμάτων ανατο-λικά του ρέματος. Αντίθετα η διέλευση δυτικά του ρέματος δεν παρουσίαζε εμπόδια και τα άρματα ακολουθώντας αυτή τη διαδρομή έπρεπε να περάσουν μόνο μία φορά πάνω από το ρέμα (για να μπουν στον στίβο).

Η υπόθεση επομένως του Π. Καββαδία, ότι στο σημείο αυτό υπήρχε στο ρέμα γέφυρα, αν αγνοήσει κανείς την αντίθετη φορά με την οποία πρότεινε τη διέλευση, πρέπει αναγκαστικά να ισχύει. Στο βόρειο μέρος του τμήματος της κοίτης ανάμεσα στους δύο παράλληλους τοίχους (**εικ. 18**), εντοπίσθηκε χονδρικά κυκλικό και χοανο-ειδές λάξευμα πλάτους 70 εκ. στο χείλος του και βάθους περί τα 80 εκ. Μέσα στο λάξευμα αυτό βρέθηκαν όστρακα και

Εικ. 17 — Τάφοι στην περιοχή βόρεια του ιπποδρόμου (φωτο Β. Λαμπρινουδάκης).

---

14. Παυσανίας, 2.27.1: *Τὸ δὲ ἱερὸν ἄλσος τοῦ Ἀσκληπιοῦ περιέχουσιν ὅροι πανταχόθεν· οὐδὲ ἀποθνήσκουσιν οὐδὲ τίκτουσιν αἱ γυναῖκες σφισιν ἐντὸς τοῦ περιβόλου.*

Εικ. 18 — Θέση του λαξεύματος (άνω αριστερά) στο βραχώδες έξαρμα μέσα στην κοίτη του ρέματος Βαθύ (άνω δεξιά), το λάξευμα (κάτω δεξιά), όστρακα και τεμάχια σιδερένιων ήλων από την επίχωσή του (κάτω αριστερά) (εικόνα από το Google Earth [a], φωτο Ε. Καζολιάς [b-d]).

καρφιά. Φαίνεται επομένως πιθανό, μέσα στο λάξευμα αυτό να βασιζόταν ένα από τα στηρίγματα γέφυρας, η οποία θα ένωνε την πρόσβαση από την δυτικά του ρέματος περιοχή με το στίβο του ιπποδρόμου στα ανατολικά.

Η πρώτη ένδειξη που έχουμε για τα χρόνια της λειτουργίας του ιπποδρόμου στο Ασκληπιείο είναι ο όρος, που χρονολογείται γύρω στο 400 π.Χ. Η δεύτερη ένδειξη είναι το επίγραμμα του Ακεστορίδη στην Ολυμπία από το τέλος του 3ου π.Χ. αιώνα, με το οποίο μαρτυρείται ιπποδρομία ή αρματοδρομία με πουλάρια στην Επίδαυρο. Με τα στοιχεία της επιφανειακής έρευνας που παρουσιάζονται εδώ δεν μπορεί να προσδιορισθεί πότε έπεσε σε αχρηστία ο ιππόδρομος και πότε ο χώρος του καταλήφθηκε οριστικά από την αγροτική δραστηριότητα που ανέκαθεν πρέπει να υπήρχε γύρω του ή και εντός του, κατά τις περιόδους που δεν ετελούντο αγώνες.[15]

---

15. Όπως αυτό τεκμηριώνεται για τον ιππόδρομο της Δήλου, βλ. J.-Ch. Moretti στον τόμο αυτό.

Σε όλη την περιοχή γύρω από τον ιππόδρομο υπάρχουν πάντως λείψανα αρχαίων κτιρίων και ειδικότερα αγροτικών εγκαταστάσεων, όπως όλμοι ελαιοτριβείων, που φαίνεται να χρονολογούνται στους χρόνους της Ρωμαιοκρατίας. Στοχευμένες ανασκαφικές τομές στο μέλλον μπορούν ασφαλώς να παράσχουν πολύ περισσότερες πληροφορίες και να επιβεβαιώσουν ή να διαφοροποιήσουν τη σύνθεση που παρουσιάζεται εδώ.

Ὁ Ἱππόδρομος τῶν Ἀθηνῶν

Ἄγγελος Π. Ματθαίου

Κατάλοιπα τοῦ Ἱπποδρόμου τῶν Ἀθηνῶν δὲν ἔχουν ἐντοπισθῆ μέχρι σήμερα καὶ ἡ ἀκριβὴς θέση του εἶναι ἄγνωστη. Ἡ ἔρευνα στηριζόμενη στὶς διαθέσιμες μαρτυρίες, φιλολογικὲς καὶ ἐπιγραφικές, τοποθετεῖ τὸν Ἱππόδρομο πλησίον τοῦ Πειραιῶς.[1]

Στὶς Ἀττικὲς ἐπιγραφές, καθ᾽ ὅσον γνωρίζω, εὑρίσκονται λίγες μνεῖες, ἄμεσες ἢ ἔμμεσες τοῦ Ἱπποδρόμου τῆς πόλεως τῶν Ἀθηνῶν. Σὲ καταλόγους νικητῶν τῶν ἀγώνων κατὰ τὴν ἑορτὴ τῶν Παναθηναίων τὸν 2ο αἱ. π.Χ. μνημονεύονται ἱππικὰ ἀγωνίσματα διεξαγόμενα ἐκεῖ, βλ. IG II² 2314.83, SEG XLI 115, col. I.27, col. II.21, III.11,[2] SEG XLI 118 [IG II² 2317].19, 36. Ἐπίσης σὲ ψήφισμα τοῦ ἔτους 239/8 π.Χ.[3] (ἄρχων Ἀθηνόδωρος) πρὸς τιμὴν ἀθλοθετῶν τῶν Παναθηναίων μνημονεύεται μεταξὺ τῶν ἄλλων ἀγωνισμάτων καὶ ἡ ἱπποδρομία, βλ. IG II³ 1, 1022 (II² 784).9-10. Τὸ ἀγώνισμα τῆς ἱπποδρομίας, ἀλλὰ ἐν προκειμένῳ κατὰ τὴν ἑορτὴ τῶν Ἐλευσινίων, μνημονεύεται καὶ στὸν λόγο τῶν ἐπιστατῶν τοῦ ἱεροῦ τῆς Ἐλευσῖνος τοῦ 329/8 π.Χ., βλ. IG II² 1672.258, 260, 261.[4] Μία ἀκόμη μνεία τοῦ ἱπποδρόμου, ἡ ὁποία δὲν παρέχει ὅμως τοπογραφικὴ ἔνδειξη, σώζεται σὲ ἐλλιπῆ ἐπιγραφὴ τῶν χρόνων τοῦ ῥήτορος Λυκούργου ἀναφερόμενη στὸν κανονισμὸ ἄγνωστης Ἀττικῆς ἑορτῆς, βλ. IG II/III³ 1, 449.14.[5]

Λίγες εἶναι καὶ οἱ σωζόμενες μαρτυρίες στοὺς ἀρχαίους συγγραφεῖς καὶ τοὺς Λεξικογράφους περὶ τοῦ Ἱπποδρόμου τῶν Ἀθηνῶν.

---

1. Ὁ Judeich 1931, σ. 456, τοποθετεῖ τὸν Ἱππόδρομο ΒΔ. τοῦ Πειραιῶς· ὁ Travlos 1988, σ. 288, παρὰ τὸ Νέο Φάληρο· στὸν ἴδιο τόπο τὸν τοποθετεῖ καὶ ὁ Kyle 1992, σ. 96-97.
2. Τὴν ἐπιγραφὴ ἐξέδωσαν οἱ Tracy, Habicht 1991.
3. Γιὰ τὸ ἔτος τοῦ ἄρχοντος Ἀθηνόδωρου, βλ. IG II³ 1, fasc. 4 (edd. M. J. Osborne, S. G. Byrne), archontum tabula, p. 298.
4. Νεώτερη ἔκδοση βλ. IEleusis 177 (οἱ ἀντίστοιχοι στίχοι εἶναι οἱ 387, 389 καὶ 390)· βλ. καὶ τὰ σχόλια, τόμ. II, Clinton 2008, σ. 228.
5. Τὴν ἐπιγραφὴ δημοσίευσε πρῶτος ὁ Walbank 1982 (SEG XXXII 86).

1-2. Σὲ δύο χωρία τοῦ Ξενοφῶντος *Ἱππαρχικοῦ* μνημονεύεται ὁ Ἱππόδρομος ἀλλὰ δὲν παρέχεται τοπογραφικὴ ἔνδειξη. Τὸ πρῶτο ἀναφέρεται στὰ καθήκοντα τοῦ ἱππάρχου (3.1):

Τῶνδέ γε μὴν αὐτῷ ἤδη μέλειν δεῖ τῷ ἱππάρχῳ· πρῶτον μὲν ὅπως καλλιερήσει τοῖς θεοῖς ὑπὲρ τοῦ ἱππικοῦ, ἔπειτα ὅπως τὰς πομπὰς ἐν ταῖς ἑορταῖς ἀξιοθεάτους ποιήσει, ἔτι δὲ καὶ τἆλλα ὅσα ἐπιδεικνύναι δεῖ τῇ πόλει ὅπως ᾗ δυνατὸν κάλλιστα ἐπιδείξει, τά τε ἐν Ἀκαδημείᾳ καὶ τὰ ἐν Λυκείῳ καὶ τὰ Φαληροῖ καὶ τὰ ἐν τῷ ἱπποδρόμῳ.[6]

Στὸ δεύτερο χωρίο περιγράφεται τὸ ἀγώνισμα τῆς ἀνθιππασίας, τὸ ὁποῖο διεξήγετο στὸν Ἱππόδρομο. Συμφώνως πρὸς τὴν περιγραφὴ ἡ ἀνθιππασία ἦταν ἐπίδειξη ἱκανότητος τῶν Ἀθηναίων ἱππέων καὶ κατὰ κάποιο τρόπο μίμηση ἱππικῆς μάχης, στὴν ὁποία οἱ δέκα φυλὲς τῶν ἱππέων χωρίζονταν σὲ δύο τμήματα τῶν πέντε καὶ ἐπελαύνοντας ἔρχονταν ἀντιμέτωπα (3.10):

ὅταν γε μὴν ἐν τῷ ἱπποδρόμῳ ἡ ἐπίδειξις ᾖ, καλὸν μὲν οὕτω πρῶτον τάξασθαι ὡς ἂν ἐπὶ μετώπου ἐμπλήσαντες ἵππων τὸν ἱππόδρομον ἐξελάσειαν τοὺς ἐκ τοῦ μέσου ἀνθρώπους· καλὸν δ', ἐπεὶ αἱ φυλαὶ ἐν τῇ ἀνθιππασίᾳ φεύγουσί τε ἀλλήλας καὶ διώκουσι ταχέως, ὅταν οἱ ἵππαρχοι ἡγῶνται ταῖς πέντε φυλαῖς, ἑκατέρας διελαύνειν τὰς φυλὰς δι' ἀλλήλων. ταύτης γὰρ τῆς θέας τό τε ἀντιμετώπους προσελαύνειν ἀλλήλοις γοργόν, τό τε διελάσαντας τὸν ἱππόδρομον ἀντίους πάλιν στῆναι ἀλλήλοις σεμνόν, καὶ τὸ ὑπὸ σάλπιγγος αὖ τὸ δεύτερον θᾶττον ἐπελαύνειν καλόν.

3. [Δημ.] *Κατὰ Εὐέργου καὶ Μνησιβούλου ψευδομαρτυρίων* (47).

53. ... ἐπεισελθόντες εἰς τὸ χωρίον (γεωργῶ δὲ πρὸς τῷ ἱπποδρόμῳ, καὶ οἰκῶ ἐνταῦθα ἐκ μειρακίου)[7] *[...] ἐλθόντες πρὸς τὴν οἰκίαν [...] Εὔεργός τε [...] καὶ Μνησίβουλος [...] εἰσελθόντες ἐπὶ τὴν γυναῖκά μου καὶ τὰ παιδία ἐξεφορήσαντο ὅσα ἔτι ὑπόλοιπά μοι ἦν σκεύη ἐν τῇ οἰκίᾳ. 56. ἀριστώντων δὲ ἐν τῇ αὐλῇ, ὡς ἐπεισπηδῶσιν οὗτοι καὶ καταλαμβάνουσιν αὐτὰς καὶ ἥρπαζον τὰ σκεύη, αἱ μὲν ἄλλαι θεράπαιναι (ἐν τῷ πύργῳ γὰρ ἦσαν, οὗπερ διαιτῶνται) ὡς ἤκουσαν κραυγῆς, κλείουσι τὸν πύργον, καὶ ἐνταῦθα μὲν οὐκ εἰσῆλθον [...] 62. Ἐπειδὴ τοίνυν μοι ἀπηγγέλθη εἰς Πειραιᾶ τὰ γεγενημένα ὑπὸ τῶν γειτόνων, ἐλθὼν εἰς ἀγρὸν τούτους μὲν οὐκέτι καταλαμβάνω, ἰδὼν δὲ τὰ ἐκ τῆς οἰκίας ἐκπεφορημένα καὶ τὴν γραῦν ὡς διέκειτο, καὶ ἀκούων τῆς γυναικὸς τὰ γενόμενα, προσελθὼν τῷ Θεοφήμῳ τῇ ὑστεραίᾳ ἕωθεν ἐν τῇ πόλει μάρτυρας ἔχων ἐκέλευον αὐτὸν πρῶτον μὲν τὴν καταδίκην ἀπολαμβάνειν...*

Τὰ χωρία (53, 56, 62) τοῦ λόγου τοῦ [Δημ.] παρέχουν ἔμμεση τοπογραφικὴ ἔνδειξη ὅτι ὁ Ἱππόδρομος βρισκόταν πλησίον τοῦ Πειραιῶς. Ὁ ἐνάγων τοῦ λόγου περιγράφει τὴν εἰσβολὴ τῶν κατηγορουμένων ἐν τῇ ἀπουσίᾳ του στὴν οἰκία του καὶ τὴν κατάσχεση καὶ ἁρπαγὴ μεγάλου μέρους τῆς ἀκινήτου περιουσίας ἔναντι τῶν σκευῶν τῆς τριήρους, στὴν ὁποία τριηράρχουσε ἐκεῖνος καὶ κατὰ τὸν νόμο ὄφειλε νὰ τὰ παραδώση στὸν τριήραρχο ποὺ τὴν ἀνέλαβε τὸ ἑπόμενο ἔτος. Ἡ δικα-

---

6. Τὸ χωρίον νοσεῖ, βλ. τὸ ap. crit. τῆς ἐκδόσεως Xenophontis opera omnia (ed. E. C. Marchant) V (1920), καὶ τὴν προταθεῖσα ἀπὸ τὸν Körte ἀθέτηση βλ. ἐπίσης καὶ τὸ ap. crit. τῆς ἐκδόσεως *Steph. Byz. Ethnicorum* (ed. A. Meineke) (1849), σ. 656, ὑπὸ τὸ λῆμμα Φάληρον.

7. Πρβλ. καὶ τὴν παράγρ. 76: *ἐπειδὴ δὲ ἐπήγγειλα αὐτῷ κομίσασθαι τὴν δίκην, ἐλθών μου τά τε σκεύη καὶ τοὺς οἰκέτας καὶ τὰ πρόβατα ἔλαβεν ἀντὶ τοῦ ἀπολαβεῖν. γεωργῶ δὲ πρὸς τῷ ἱπποδρόμῳ, ὥστε οὐ πόρρω ἔδει αὐτὸν ἐλθεῖν.*

στικὴ διαδικασία δὲν εἶχε ὁλοκληρωθῆ, ἀλλὰ οἱ κατηγορούμενοι προχώρησαν στὴν κατάσχεση. Ὁ ἐνάγων λέγει ὅτι τὸ χωράφι, τὸ ὁποῖο καλλιεργοῦσε καὶ ὅπου βρισκόταν καὶ ἡ οἰκία ποὺ κατοικοῦσε ἀπὸ μικρὸ παιδί, ἦταν ἀκριβῶς δίπλα στὸν Ἱππόδρομο (§ 53). Ὅτι ὁ γεωργούμενος ἀγρὸς δὲν βρισκόταν μέσα σὲ ἀστικὴ περιοχὴ βεβαιώνεται καὶ ἀπὸ τὴν ὕπαρξη πύργου (§ 56), πυργοειδοῦς δηλαδὴ κτίσματος, ὡς ἀνεξαρτήτου ἀλλὰ καὶ συστατικοῦ μέρους μιᾶς ἀγροτικῆς οἰκίας στὴν ἀρχαία Ἑλλάδα καὶ βεβαίως καὶ στὴν Ἀττική. Ὁ ἐνάγων εὐρισκόμενος στὸν Πειραιᾶ πληροφορήθηκε (§ 62) τὰ τῆς εἰσβολῆς καὶ τῆς κατασχέσεως ἀπὸ αὐτόπτες μάρτυρες γείτονές του καὶ ἔσπευσε στὸν ἀγρό του, ὅπου καὶ ἡ οἰκία του.

Προκύπτει λοιπὸν ἀπὸ τὰ παρατεθέντα χωρία ὅτι ὁ Ἱππόδρομος βρισκόταν στὴν ὕπαιθρο, ἀλλὰ πολὺ κοντὰ στὸν Πειραιᾶ.

4. Ἡ αὐτὴ τοπογραφικὴ πληροφορία γιὰ τὴν θέση τοῦ ἱπποδρόμου προκύπτει ἀπὸ μία ἀκόμη φιλολογικὴ μαρτυρία ποὺ παρέχει ἡ εἰσαγωγικὴ σκηνὴ τοῦ *Συμποσίου* τοῦ Ξενοφῶντος, 1.2-4:

> ἦν μὲν γὰρ Παναθηναίων τῶν μεγάλων ἱπποδρομία, Καλλίας δὲ ὁ Ἱππονίκου ἐρῶν ἐτύγχανεν Αὐτολύκου παιδὸς ὄντος, καὶ νενικηκότα αὐτὸν παγκράτιον ἧκεν ἄγων ἐπὶ τὴν θέαν. ὡς δὲ ἡ ἱπποδρομία ἔληξεν, ἔχων τόν τε Αὐτόλυκον καὶ τὸν πατέρα αὐτοῦ ἀπῄει εἰς τὴν ἐν Πειραιεῖ οἰκίαν· [...] ἰδὼν δὲ ὁμοῦ ὄντας Σωκράτην τε καὶ Κριτόβουλον καὶ Ἑρμογένην καὶ Ἀντισθένην καὶ Χαρμίδην, [...] προσῆλθε τοῖς ἀμφὶ Σωκράτην, καὶ εἶπεν· Εἰς καλόν γε ὑμῖν συντετύχηκα· ἑστιᾶν γὰρ μέλλω Αὐτόλυκον καὶ τὸν πατέρα αὐτοῦ.

Ὁ Καλλίας Ἱππονίκου, ἕνας ἀπὸ τοὺς πλουσιώτερους Ἀθηναίους τῶν χρόνων τοῦ Περικλέους, ἐμφανίζεται νὰ παρακολουθῆ τὴν ἱπποδρομία τῶν Παναθηναίων τῶν Μεγάλων ἔχοντας μαζί του ἕνα νεαρὸ ποὺ τοῦ ἄρεσε, τὸν Αὐτόλυκο, ὁ ὁποῖος μόλις εἶχε νικήσει στὸ παγκράτιον. Μετὰ τὴν λήξη τῆς ἱπποδρομίας θὰ προσέφερε γεῦμα στὸν Αὐτόλυκο καὶ στὸν πατέρα του στὴν οἰκία του στὸν Πειραιᾶ· καθὼς ἐβάδιζαν πρὸς τὰ ἐκεῖ, συνάντησαν τὸν Σωκράτη μὲ μιὰ μικρὴ συντροφιά, καὶ ὁ Καλλίας τοὺς ἐκάλεσε στὸ γεῦμα.

Οἱ ἐπιγραφές, στὶς ὁποῖες ἀναγράφονται νικητὲς στοὺς ἀγῶνες τῶν Παναθηναίων καὶ μνημόνευσα ἀνωτέρω, μαρτυροῦν ὅτι ἡ ἱπποδρομία τῶν Παναθηναίων γινόταν στὸν ἱππόδρομο. Ὥστε ὁ Καλλίας παρακολούθησε τὸ ἀγώνισμα στὸν Ἱππόδρομο. Ἀπὸ τὴν μετάβασή του ἀπὸ τὸν χῶρο ποὺ διεξήχθη ἡ ἱπποδρομία, τὸν Ἱππόδρομο, στὴν ἐν Πειραιεῖ οἰκία του καὶ τὴν συνάντηση καθ' ὁδὸν μὲ τὸν Σωκράτη καὶ τὴν συντροφιά του προκύπτει ὅτι ὁ Ἱππόδρομος βρισκόταν κοντὰ στὸν Πειραιᾶ.

Καὶ αὐτὴ λοιπὸν ἡ φιλολογικὴ πηγὴ ὑποδεικνύει ὅτι ὁ Ἱππόδρομος βρισκόταν πλησίον τοῦ Πειραιῶς. Τὴν παρεχόμενη τοπογραφικὴ ἔνδειξη δὲν εἶχε, καθ' ὅσον γνωρίζω, ἀξιοποιήσει μέχρι σήμερα ἡ ἔρευνα.

5. Οἱ λεξικογράφοι Ἡσύχιος καὶ Φώτιος, ἀλλὰ καὶ τὸ Μέγα Ἐτυμολογικόν, ὑπὸ τὸ λῆμμα *Ἐχελίδαι* παραδίδουν ὅτι ὁ Ἱππόδρομος βρισκόταν στὸν δῆμο τῶν Ἐχελιδῶν.

A. *Ἡσυχίου Λεξικόν* (*Hesychii Alexandrini Lexicon*, ed. K. Latte) ε 2981: ἐν Ἐχελιδῶν· Ἔχελος ἥρως, ὡς δὲ ἔνιοι ἐπίθετον ἥρωος, ἀπὸ τοῦ ἕλος παρακεῖσθαι τῷ ἥρῳ. ἔστιν δὲ ὁ Ἀθηναίων ἱππόδρομος ἐν Ἐχελιδῶν ἐν ᾧ ἱππικοὶ ἤγοντο ἀγῶνες καὶ ναὸς Ἐχέλου.

B. *Φωτίου Πατριάρχου Λεξικόν* (*Photii Patriarchae Lexicon*, ed. C. Theodoridis) ε 2490: Ἐχελιδῶν· τόπος ἔχων ἱππόδρομον, ἀπὸ Ἐχέλου ὀνομασθείς.

Γ. *Μέγα Ἐτυμολογικόν* (*Etymologicon Magnum*, ed. T. Gaisford) σ. 340: Ἐνεχελιδώ: Τόπος Ἀθήνησι σταδίων ὀκτώ, ἐν ᾧ αἱ ἱπποδρομίαι· ἀπό τινος Ἐχέλου· καὶ σ. 404: Ἔχελος· Ἥρως παρὰ Ἀθηναίοις τιμώμενος· καὶ δῆμος τῆς Ἀττικῆς Ἐχελίδαι, ἀπὸ τοῦ παρακειμένου ἕλους τῷ τόπῳ, ἐν ᾧ ἵδρυται τὸ τοῦ Ἐχέλου ἄγαλμα. Παρὰ τὸ ἕλος ἔχειν, ἔχελος. Καὶ Ἐχελιδῶν δῆμος, ἀπὸ τοῦ Ἐχέλου.

Συμφώνως πρὸς τοὺς Λεξικογράφους ὁ δῆμος τῶν Ἐχελιδῶν ὀνομάσθηκε ἔτσι ἀπὸ τὸν ἥρωα Ἔχελο. Οἱ Ἐχελίδαι δὲν ἦσαν Κλεισθένειος δῆμος, ἀλλὰ οἰκισμός,[8] χωριό, ποὺ προϋπῆρχε τῆς μεταρρυθμίσεως τοῦ Κλεισθένους.

Ἡ μαρτυρία τῶν Λεξικογράφων περὶ τῆς καταγωγῆς τῆς ὀνομασίας τοῦ δήμου ἀπὸ τὸν ἥρωα Ἔχελο συνδυάζεται μὲ μία ἐπιγραφικὴ μαρτυρία περὶ τῆς λατρείας τοῦ Ἐχέλου.

Τὸ 1893 δημοσιεύθηκε[9] ἀπὸ τὸν Π. Καββαδία ἀμφίγλυφο ἐνεπίγραφο ἀνάγλυφο χρονολογούμενο στὰ τέλη τοῦ 5ου αἰ. π.Χ. [*IG* I³ 986B = *IG* II² 4546 (A), (B)], ποὺ βρέθηκε βορείως τοῦ Νέου Φαλήρου, σὲ ἀπόσταση τριακοσίων ποδῶν ἀπὸ τὸ οἰνοπνευματοποιεῖο "Ἥβη". Τὸν τόπο εὑρέσεως ὁρίζει (σ. 129) ὁ ἐκδότης ὡς ἑξῆς:

Τὸ ἀνάγλυφον τοῦτο εὑρέθη κατὰ τὴν παλαιὰν γραμμὴν τοῦ σιδηροδρόμου Ἀθηνῶν – Πειραιῶς, παρὰ τὸ νῦν οἰνοπνευματοποιεῖον "Ἥβη" τὸ πρὸς βορρὰν τοῦ Νέου Φαλήρου, 300 περίπου πόδας πρὸς δυσμὰς τοῦ οἰνοπνευματοποιείου τούτου. Τὸν τόπον τοῦτον τῆς εὑρέσεως τοῦ ἀναγλύφου δυνάμεθα νὰ ὁρίσωμεν ἐπὶ τοῦ ΙΙ πίνακος τῶν τοῦ Curtius καὶ Kaupert πινάκων Ἀττικῆς ὡς ἑξῆς: πρὸς δυσμὰς τῆς κοίτης τοῦ Κηφισοῦ, βορειοανατολικῶς τοῦ ἐν τῷ προκειμένῳ πίνακι σημειουμένου νεκροταφείου, ἐκεῖ που ἔνθα γέγραπται ἡ λέξις mittlere (Südliche, mittlere, lange Mauer), ἑπομένως οὐχὶ μακρὰν τοῦ ἐν τῷ αὐτῷ πίνακι σημειουμένου, κατὰ Κούρτιον, ἀρχαίου ἱπποδρόμου.

Τὸ κτίριο τοῦ οἰνοπνευματοποιείου "Ἥβη" ὑπάρχει ἀκόμη παρὰ τὴν Πειραιῶς, ἀκριβέστερα στὸν ἀρ. 64 τῆς ὁδοῦ.

Στὴν μία πλευρὰ τοῦ ἀναγλύφου εἰκονίζεται ὁ Ἔχελος "ἀπάγων τὴν Βασίλην τῇ συνεργείᾳ καὶ συνδρομῇ τοῦ Ἑρμοῦ." Στὴν ἄλλη ἡ Ἄρτεμις, ὁ Ἰλισσός(;), ὁ Κηφισός, καὶ οἱ Νύμφες. Ὁ Καββαδίας ἐταύτισε τὸν Ἔχελο πρὸς τὸν ἐπώνυμο ἥρωα τῶν Ἐχελιδῶν καὶ παρέθεσε τὰ σχετικὰ λήμματα τοῦ Μεγάλου Ἐτυμολογικοῦ (βλ. ἀνωτ.) καὶ τοῦ Στεφάνου Βυζαντίου (βλ. κατωτ.). Ἡ εὕρεση τοῦ ἀναγλύφου τοῦ Ἐχέλου, ὅπως ἐσημείωσε ὁ Καββαδίας, συνιστᾶ τεκμήριο γιὰ τὴν θέση τῶν

---

8. Ἤδη ὁ TRAILL 1975, σ. 87, 114, ἔχει ὑποστηρίξει ὅτι δὲν ἦταν Κλεισθένειος δῆμος, ἀλλὰ "place name".
9. CAVVADIAS 1893.

Ἐχελιδῶν[10] καὶ ἑπομένως καὶ τοῦ Ἱπποδρόμου. Ἔκτοτε ἡ ἔρευνα τοποθετεῖ τὸν Ἱππόδρομο στὸ Νέο Φάληρο.

6. Στὴν θέση τοῦ δήμου τῶν Ἐχελιδῶν καὶ στὸν ἥρωα Ἔχελο ἀναφέρεται καὶ λῆμμα τοῦ Στεφάνου Βυζαντίου Ἐθνικῶν (Stephanus Byzantinus, *Ethnica*, ed. A. Meineke) σ. 292: *Ἐχελίδαι· δῆμος τῆς Ἀττικῆς, ἀπὸ Ἐχέλου ἥρωος. οὕτως δ᾽ ἀπὸ Ἕλους τόπου μεταξὺ ὄντος τοῦ Πειραιέως καὶ τοῦ τετρακώμου Ἡρακλείου, ἐν ᾧ τοὺς γυμνικοὺς ἀγῶνας ἐτίθεσαν τοῖς παναθηναίοις. ὁ δημότης Ἐχελίδης...*

Τὸ λῆμμα προσδιορίζει τὴν θέση τοῦ δήμου μεταξὺ Πειραιῶς καὶ τετρακώμου Ἡρακλείου, κοινοῦ ἱεροῦ τῶν τετρακώμων (Πειραιέων, Φαληρέων, Ξυπεταιόνων, Θυμαιταδῶν).[11] Ἐρείπια τοῦ ἱεροῦ αὐτοῦ δὲν ἔχουν μέχρι στιγμῆς ἐντοπισθῆ, ἀλλὰ ἐπιγραφικὲς μαρτυρίες, συνιστοῦν ἰσχυρότατη ἔνδειξη γιὰ τὴν θέση του καὶ συγχρόνως συμβάλλουν ἐμμέσως στὸν ἀκριβέστερο προσδιορισμὸ τῆς θέσεως τοῦ Ἱπποδρόμου. Τὶς μαρτυρίες δὲν φαίνεται, καθ᾽ ὅσον γνωρίζω, νὰ ἔχη συσχετίσει μέχρι σήμερα ἡ ἔρευνα γιὰ τὸν προσδιορισμό του.

Οἱ ἐπιγραφὲς εἶναι οἱ ἑξῆς: βάσεις ἀναθημάτων νικητῶν [*IG* II² 3102, 3103] στὸν *κῶμον* καὶ ἐπιμελητῶν [*IG* II² 2830] τοῦ ἀγωνίσματος τοῦ τετρακώμου,[12] ἀρχαϊκὴ ἐνεπίγραφη βάση (βωμός;) [*IG* I³ 1016], δύο *ὅροι* ἱεροῦ, ἀπόθραυσμα ἱεροῦ νόμου τῶν ἀρχῶν τοῦ 5ου αἰ. π.Χ. [*IG* I³ 242], καθὼς καὶ ἐλλιπὴς ἐνεπίγραφη βάση χορηγικοῦ μνημείου. Ὅλες τὶς ἐπιγραφὲς ἐντόπισε τὸ 1929 στὴν περιοχὴ Βάρη-Καμίνια τοῦ Πειραιῶς,[13] καὶ ἀκριβέστερα παρὰ τὸ ἐκκλησίδιον τῆς

---

10. Cavvadias 1893, σ. 129 σημ. 2: "Τὸν ἀκριβῆ τοῦτον καθορισμὸν τοῦ τόπου τῆς εὑρέσεως τοῦ ἀναγλύφου νομίζω ἀναγκαῖον ἕνεκα τοπογραφικῶν λόγων. Ἐν τῷ ἀναγλύφῳ δηλ. τούτῳ εἰκονίζεται ὁ Ἔχελος, ἑπομένως ἡ θέσις, ἔνθα τοῦτο εὑρέθη, δύναται νὰ θεωρηθῆ ὡς ἡ θέσις αὐτὴ τῶν Ἐχελιδῶν."

11. Περὶ τῶν τετρακώμων ("δήμων") βλ. Πολυδεύκους Ὀνομαστικόν (Pollucis *Onomastikon*, ed. E. Bethe) 4.105: ὁ δὲ τετράκωμος, τὸ τῆς ὀρχήσεως εἶδος, οὐκ οἶδα εἴ τι προσῆκον ἦν τοῖς Ἀθήνησι τετρακώμοις, οἳ ἦσαν Πειραιεῖς Φαληρεῖς Ξυπεταίονες Θυμοιτάδαι.

12. Περὶ τοῦ τετρακώμου (εἴδους ὀρχήσεως) βλ. Πολυδεύκους 4.99: ἦν δὲ καὶ κῶμος εἶδος ὀρχήσεως καὶ τετράκωμος, Ἡρακλέους ἱερὰ καὶ πολεμική· Ἡσύχιος Λεξικόν (*Hesychii Alexandrini Lexicon*, rec. et emend. P. A. Hansen et I. C. Cunningam) τ 626: τετράκωμος· μέλος τι σὺν ὀρχήσει πεποιημένον εἰς Ἡρακλέα ἐπινίκιον· ἐκαλεῖτο δὲ τέσσαρες κῶμαι. Τὴν σχέση καὶ ἑρμηνεία τῶν λέξεων τετράκωμοι καὶ τετράκωμος (τὸ εἶδος τῆς ὀρχήσεως) ἐξετάζει ὁ Parker 1996, σ. 328-329.

13. Στὴν δημοσίευση τῆς *IG* II² 3103 ὁ J. Kirchner δίδει τὴν γενικὴ τοπογραφικὴ ἔνδειξη ποὺ παρεῖχε ὁ Παπαγιαννόπουλος, *Πολέμων* Α´ (1929), σ. 44, ἐνῶ στὶς *IG* II² 2830 καὶ 3102 δίδει τὴν ἀκριβῆ (βλ. κατωτ. τὴν σημ. 14), ἀλλὰ ὄχι πλήρη, ἔνδειξη· στὴν δημοσίευση τῆς ἐνεπίγραφης ἀρχαϊκῆς βάσεως *IG* I³ 1016 ὁ D. Lewis δίδει ἐπίσης τὴν γενικὴ τοπογραφικὴ ἔνδειξη ποὺ παρεῖχε ὁ Παπαγιαννόπουλος, *Πολέμων* Α´ (1929), σ. 107· –ὁ τελευταῖος ἐσφαλμένως ἔγραψε Καμίνια ἢ Βαρύκα. Τὸ δεύτερο τοπωνύμιο διόρθωσε (σὲ Βάρη) στὴν σ. 234 σημ. 206–. Στὴν δημοσίευση τοῦ ἱεροῦ νόμου *IG* I³ 242 ὁ Lewis δίδει τὴν ἔνδειξη: "in Βάρη-Καμίνια, i.e. fortasse in Herakleo Tetrakomi, nunc amissum." –[Σημειώνω ὅτι ὁ λίθος δὲν εἶχε χαθῆ καὶ βρίσκεται ἀπὸ ἐτῶν, βεβαίως μετὰ τὴν σύνταξη τοῦ σχετικοῦ λήμματος ἀπὸ τὸν Lewis, στὸ Ἐπιγραφικὸ Μουσεῖο ὑπ᾽ ἀρ. 13477. βλ. καὶ *IG* I³ fasc. 2, Add. et Corr. p. 957.]–. Ἀνάλογα, ἄλλοτε ἀκριβῆ μὲν ἀλλὰ ἐλλιπῆ, ἄλλοτε γενικὰ ἢ ἀνακριβῆ, μεταφέρει γιὰ τοὺς τόπους εὑρέσεως καὶ ὁ ἐκδότης τῶν δημοσίων καὶ ἰδιωτικῶν ἀναθέσεων στὴν πρόσφατη τρίτη ἔκδοση τῶν Ἀττικῶν μετευκλειδείων ἐπιγραφῶν J. Curbera, *IG* II³ 4, 225 [= *IG* II² 2830], 226 [δὲν εἶχε περιληφθῆ στὴν ἔκδοση τοῦ Kirchner], 227 [= *IG* II² 3102], 228 [*IG* II² 3103].

Ζωοδόχου Πηγῆς,[14] – ὄχι πολὺ μακριὰ ἀπὸ τὴν θέση εὑρέσεως τοῦ ἀναγλύφου τοῦ Ἐχέλου –, καὶ ἐδημοσίευσε[15] μετὰ ἱκανῶν σχολίων ὁ Ἀνδρέας Παπαγιαννόπουλος – Παλαιός. Τὰ εὑρήματα τὸν ὁδήγησαν νὰ προσδιορίση ἀσφαλῶς τὴν θέση τοῦ τετρακώμου Ἡρακλείου στὴν παρὰ τὸ ἐκκλησίδιον περιοχή.[16]

Ὁ Ἱππόδρομος λοιπὸν βρισκόταν πλησίον τοῦ Πειραιῶς (βλ. ἀνωτ. ἀρ. 3, 4). Ἐπειδὴ οἱ Ἐχελίδαι[17] βρίσκονταν μεταξὺ τοῦ Πειραιῶς καὶ τοῦ τετρακώμου Ἡρακλείου (βλ. ἀνωτ. ἀρ. 6) καὶ ὁ Ἱππόδρομος ἦταν στὸν δῆμο τῶν Ἐχελιδῶν (βλ. ἀνωτ. ἀρ. 5), δὲν ἀποκλείεται νὰ ἐγειτνίαζε πρὸς τὸ ἱερὸν τοῦ Ἡρακλέους.[18]

ΕΠΙΜΕΤΡΟΝ

Δεκαέξι χρόνια μετὰ τὴν δημοσίευση τοῦ ἀναγλύφου τοῦ Ἐχέλου καὶ τῆς Βασίλης (*IG* I³ 986B) ὁ Β. Στάης ἐδημοσίευσε,[19] βλ. *Ἀρχ. Ἐφημ.* 1909, σ. 239-264, ἄλλο ἀνάγλυφο (ἀνεπίγραφο), τὴν ἐνεπίγραφη βάση του (*IG* I³ 987), τὴν ἐνεπίγραφη βάση (*IG* I³ 986Α) τοῦ ἀναγλύφου τοῦ Ἐχέλου, καθὼς καὶ ἐνεπίγραφο ὅρον (*IG* II² 4547) μὲ τὰ ὀνόματα θεοτήτων καὶ νυμφῶν. Τὰ μνημεῖα αὐτὰ

---

14. Τὴν θέση εὑρέσεως τῶν ἐπιγραφῶν ὁρίζει ὁ Παπαγιαννόπουλος, *Πολέμων* Α΄ (1929) [1933], σ. 234, ἐξ ἀφορμῆς τῆς δημοσιεύσεως (σ. 232-234) τοῦ ἀναθήματος Φαληρέων νικητῶν ὡς ἑξῆς: "Τὸ μνημεῖον [δηλ. τὸ ἀνάθημα Φαληρέων νικητῶν, ἀρ. 10] τοῦτο εἶδον ἐν τῇ συνοικίᾳ 'Βάρη-Καμίνια' τοῦ Πειραιῶς ἐν τῷ κτήματι Δ. Βλαντούση, ἐγγύτατα καὶ νοτοδυσμόθεν τῆς ἐκκλησίας Ζωοδόχου Πηγῆς ἔνθα καὶ τὰ ὑπ᾽ἀριθ. 1-3, σ. 45-52 καὶ 107-109. Ἐκεῖ ὑπῆρχον καὶ τὰ κάτωθι ὑπ᾽ ἀριθ. 11 (εἰκ. 77-78) ἐπιγεγραμμένα τεμάχια." Οἱ ὑπ᾽ ἀρ. 1-3 ἐνεπίγραφοι λίθοι τῶν σ. 45-52 καὶ 107-109 εἶναι τὸ ἀνάθημα τῶν νικητῶν κωμάρχων καὶ κωμαστῶν (ὑπ᾽ ἀρ. 1), ἡ ἀρχαϊκὴ ἐνεπίγραφη βάση (ὑπ᾽ ἀρ. 2), οἱ δύο ὅροι (ὑπ᾽ ἀρ. 3-4)· τὰ ὑπ᾽ ἀρ. 11 εἶναι τὸ ἀνάθημα ἐπιμελητῶν (ἐκ δύο θραυσμάτων). Τὸ ἀπόθραυσμα ἱεροῦ νόμου (ὑπ᾽ ἀρ. 14) ἐντόπισε ἀκριβῶς στὸν ἴδιο τόπο, ὅπου καὶ τὰ ἄλλα εὑρήματα (βλ. σ. 17-18: "Εὗρον δὲ καὶ ταύτην, κατὰ Δεκέμβριον τοῦ ἔτους 1929, παρερριμμένην ἐν τῷ κατὰ τὴν συνοικίαν 'Βάρη-Καμίνια' τοῦ Πειραιῶς κτήματι Δ. Βλαντούση") καὶ ἐδημοσίευσε ὁ Παπαγιαννόπουλος, βλ. *Πολέμων* Γ΄ (1947/1948), σ. 17-19· στὶς σ. 19-21 τοῦ ἰδίου τόμου δημοσίευσε ὑπὸ τὸν ἀρ. 15 καὶ τὴν ἐλλιπῆ ἐνεπίγραφη βάση χορηγικοῦ μνημείου (σ. 20: "Εἶδον καὶ ταύτην ἔνθα καὶ τὴν ἀνωτέρω ὑπ᾽ἀρ. 14"), καθὼς καὶ τμῆμα ἡμικυλινδροειδοῦς λευκοῦ μαρμάρου (ροπάλου;), ἐπὶ τοῦ ὁποίου ἐλαφρῶς ἀνάγλυφη λεοντῆ προερχόμενα ἀπὸ "περιφερὲς ἄγαλμα ἢ ἐξ ἐκτύπου ἀναγλύφου Ἡρακλέους." Τὸ μνημεῖο αὐτὸ εἶδε τὸ 1939 ὁ Παπαγιαννόπουλος στὴν β. πλευρὰ τοῦ ἐν εἴδει προνάου ὑποστέγου τοῦ ἐκκλησιδίου τῆς Ζωοδόχου Πηγῆς.

15. *Πολέμων* Α΄ (1929) [1929-1933], σ. 45-52 (ὑπ᾽ ἀρ. 1), 107-111 (ἀρ. 2, 3-4 καὶ 5-6 [ἐπιτυμβ. μνημεῖα]), 232-237 (ἀρ. 10 καὶ 11).

16. Βλ. *Πολέμων* Α΄ (1929), σ. 48: "Οὕτω δὲ καὶ ὁ τόπος εὑρέσεως τοῦ μνημείου τούτου [τῆς ἐνεπιγράφου βάσεως Ξυπεταίωνων νικητῶν κωμάρχων καὶ κωμαστῶν] δεικνύει ἀκριβέστερον τὴν θέσιν τοῦ τετρακώμου Ἡρακλείου"· πρβλ. καὶ σ. 108, Γ΄ (1947/1948), σ. 18 καὶ 20-21, καὶ Ζ΄ (1958/1959), σ. 62-63.

17. Ἤδη ὁ Παπαγιαννόπουλος ἔχει διατυπώσει τὴν γνώμη ὅτι τὸ ἀνάγλυφο τοῦ Ἐχέλου, πιθανῶς ἀνήκει στὴν περιοχὴ τοῦ τετρακώμου Ἡρακλείου, βλ. *Πολέμων* Α΄ (1929), σ. 111, σημ. 67.

18. Ἡ θέση, ὅπου εὑρέθη τὸ ἀνάγλυφο τοῦ Ἐχέλου, δὲν ἀπέχει πολὺ ἀπὸ τὸ ἐκκλησίδιον τῆς Ζωοδόχου Πηγῆς, πλησιέστατα καὶ ΝΔ τοῦ ὁποίου ἐντόπισε ὁ Παπαγιαννόπουλος τὶς ἐπιγραφὲς τοῦ τετρακώμου Ἡρακλείου καὶ ἀκολούθως τοποθέτησε τὸ ἱερό. Κατὰ τὴν σχετικὴ σημείωση τοῦ Καββαδία, τὸ ἀνάγλυφο τοῦ Ἐχέλου βρέθηκε 300 περ. πόδες δυτικῶς τοῦ οἰνοπνευματοποιείου "Ἥβη".

19. ΣΤΑΪΣ 1909.

συμφώνως πρὸς τὴν ἀναλυτικὴ περιγραφὴ τοῦ ἐκδότου βρέθηκαν στὸν ἴδιο τόπο μὲ τὸ ἀνάγλυφο τοῦ Ἐχέλου. Ἀπὸ τὰ ἀναγραφόμενα στὸν *ὅρον* ὀνόματα τῶν θεοτήτων, ἀλλὰ καὶ ἀπὸ τὴν ρητὴ μνεία συμβώμων θεῶν στὴν ἱδρυτικὴ ἐπιγραφὴ τοῦ ἱεροῦ τοῦ Κηφισοῦ (*IG* I³ 987 = *IG* II² 4548) καθίσταται βέβαιον ὅτι στὸ ἱερόν του[20] λατρεύονταν καὶ οἱ ἄλλες θεότητες καὶ εἶχαν καὶ βωμοὺς ἀφιερωμένους στὴν λατρεία τους. Εὔλογο εἶναι νὰ ὑποθέση κανεὶς λόγῳ τοῦ τόπου εὑρέσεως ὅτι ἐκεῖ πλησίον θὰ ἦταν καὶ τὸ ἡρῷον τοῦ Ἐχέλου, ἀπὸ τὸν ὁποῖον καὶ ὀνομά-σθηκε ὁ δῆμος (οἰκισμός) τῶν Ἐχελιδῶν. Σημειωτέον ὅμως ὅτι ἀπὸ τὶς ἀρχαῖες μαρτυρίες περὶ Ἐχέλου καὶ Ἐχελιδῶν ἀποκομίζει κανεὶς τὴν ἐντύπωση τῆς ὑπάρ-ξεως ἀνεξαρτήτου λατρείας τοῦ ἥρωος. Ἐπὶ πλέον τὰ ὀνόματα τοῦ Ἐχέλου καὶ τῆς Βασίλης δὲν περιλαμβάνονται στὴν ἱδρυτικὴ ἐπιγραφὴ οὔτε στὸν *ὅρον* καὶ ἡ ἀνάθεση τοῦ ἀναγλύφου τοῦ Ἐχέλου ἔγινε στὸν Ἑρμῆ καὶ τὶς Νύμφες.

---

20. Γιὰ τὴν θέση τοῦ ἱεροῦ ἐντὸς τῶν μακρῶν Τειχῶν βλ. Beschi 2002, σ. 33. Ὁ Voutiras (2011, σ. 51) συνδέει τὴν ἵδρυση τοῦ ἱεροῦ ἐκεῖ καὶ τὸν χρόνο ἱδρύσεώς του μὲ τὴν κατάληψη τῆς Δεκελείας ἀπὸ τοὺς Λακεδαιμονίους καὶ τὴν τοποθετεῖ μετὰ τὸ θέρος τοῦ 413 π.Χ. Τὸν καθ. κ. Βουτυρᾶ εὐχαριστῶ καὶ ἀπὸ τὴν θέση αὐτὴ γιὰ τὴν ὑπόδειξη τοῦ ἄρθρου τοῦ L. Beschi.

L'hippodrome de Délos et ses usages

Jean-Charles Moretti

Délos est la seule île des Cyclades où sont attestés des concours hippiques et c'est aussi l'une des cités du monde grec où un hippodrome a été le plus anciennement reconnu. Le présent article fait le point sur la configuration de cette piste de course, sur son histoire et sur ses usages, en complétant les quelques pages que Ph. Bruneau a consacré au sujet il y a vingt ans[1]. J'examine d'abord les textes littéraires et épigraphiques qui ont trait aux courses hippiques à Délos ou qui ont été considérés comme tels. J'analyse ensuite les vestiges de l'hippodrome et enfin les nombreuses inscriptions qui, dans les comptes de la caisse sacrée d'Apollon, nous informent sur les usages de la piste en dehors des périodes de concours hippiques.

LES COURSES HIPPIQUES

L'ancienneté des concours sportifs organisés à Délos est attestée par Thucydide, III 104, 6[2]. Dans un passage consacré à la seconde purification de l'île par les Athéniens, durant l'hiver 426/5, l'historien rapporte que «dans l'ancien temps déjà» les Ioniens et les insulaires voisins de Délos s'y rassemblaient lors des fêtes d'Apollon et y participaient à un concours musical et gymnique. «Suite à des événements malheureux», ὑπὸ ξυμφορῶν, ces concours tombèrent en désuétude. Ils furent rétablis par les Athéniens qui leur ajoutèrent une course hippique[3] : οἱ Ἀθηναῖοι τότε τὸν ἀγῶνα ἐποίησαν καὶ ἱπποδρομίας, ὃ πρότερον οὐκ ἦν. D'autres textes permettent de savoir que ce concours était appelé Dèlia, qu'il avait lieu en Thargélion (mai-juin)

---

1. Bruneau 1995. Voir aussi Hellmann 1992a, p. 175-177, et Chankowski 2008, p. 104-105. Pour la mise au point de cet article, j'ai profité des avis de V. Chankowski, Chr. Chandezon et Cl. Sarrazanas, que j'ai plaisir à remercier.
2. Hornblower 1997, p. 517-531 ; Tuplin 2005, p. 24-26 ; Chankowski 2008, p. 53-77.
3. Et non pas une «course de chars» comme le traduisent Weil 1967, p. 74, ou Chankowski 2008, p. 56, 91 et 104. À propos de la traduction de Weil 1967, voir déjà les critiques de Tréheux, Charneux 1998, p. 263, n. 171.

et qu'il était pentétérique[4]. Il comprenait des épreuves musicales, gymniques et hippiques et donnait lieu à la consécration à Apollon d'une couronne d'or ἀριστεῖον, dont la collection fut exposée dans le Temple des Athéniens[5]. À Athènes, on consacrait aussi de telles couronnes à Athéna lors des Grandes Panathénées.

La décision d'organiser des épreuves hippiques dans l'île atteste la volonté des Athéniens de mettre les Dèlia au niveau des plus grands concours grecs après ceux de la période et, plus précisément, de rapprocher leur programme de celui des Panathénées[6], malgré les difficultés qu'il y avait à aménager à Délos un hippodrome[7], à y faire venir par bateau des chevaux de course[8], à les y entretenir le temps du concours et à trouver des concurrents prêts à venir concourir pour obtenir une gloire et un prix fort modestes.

Des épreuves hippiques disputées lors de Dèlia sont attestées par trois inscriptions. Une seule concerne assurément les Dèlia de Délos : un inventaire de l'Artémision délien de 364/3, dans lequel sont mentionnées onze phiales en argent d'un poids total de 985 drachmes, qui avaient été acquises pour être remises comme prix aux vainqueurs des courses hippiques[9]. On associe ces vases aux Dèlia, car ce concours est le seul connu à Délos pour avoir comporté des épreuves hippiques.

La φιάλη, qui, dans l'*Iliade*, constitue le cinquième prix à la course de chars organisée lors des funérailles de Patrocle (*Iliade* XXIII 270), est assez rarement attestée comme récompense dans les concours grecs[10]. Il s'en trouve peut-être une représentation sur le cratère attique à figures rouges conservé à Honolulu et daté des années 440-430, soit très peu avant la date de l'institution d'une hippodromie à Délos (Honolulu, Academy of Arts, n° 3589)[11]. Un quadrige y est représenté avec une victoire aptère tenant dans la main gauche une phiale, qui a été interprétée soit comme un prix, soit comme un vase à libation[12].

Si des phiales ont été enregistrées comme des «reliquats des courses hippiques» dans le temple d'Artémis, c'est sans doute parce que, faute de concurrents, certaines épreuves

---

4. ROUSSEL 1987, p. 208 ; CHANKOWSKI 2008, p. 90-106. Il se peut que des rencontres de moindre importance aient été organisées annuellement entre les grands Dèlia pentétériques.
5. Sur ces couronnes, voir aussi le commentaire de J. Coupry à *ID* 104, p. 42-43.
6. CHANKOWSKI 2008, p. 100-101 et 105.
7. Dans l'*Hymne à Délos* 11-12, Callimaque note que l'île est faite «plutôt pour le vol des mouettes que pour l'ébat des chevaux» (trad. É. CAHEN, *CUF*). La notation n'est pas sans rappeler l'évocation d'Ithaque par Télémaque dans *Odyssée* IV 606 : elle fait partie de ces îles sans prairies ni pistes à chevaux.
8. Voir dans le présent volume l'article de S. Zipprich.
9. *ID* 104, l. 30-31 ; *ADC* 19 (CHANKOWSKI 2008, p. 81, T10) : φιάλαι ἀργυραῖ ΔΙ, | ἆθλα, περιγενομέναι ἐκ τῆς ἱπποδρομίας, σταθμὸν ΓΉΗΗΗΓΔΔΔΓ («phiales en argent : 11 ; prix, reliquats des courses hippiques, poids : 985 dr.»).
10. LUSCHEY 1939, p. 14 ; KEFALIDOU 1996, p. 66-67, 101-102 ; et dans le présent volume N. Le Meur, p. 230.
11. Voir *ARV²* II, p. 1112, Peintre d'Oreste, 4.
12. KEFALIDOU 1996, I32 (catalogue p. 236, pl. 73).

n'avaient pas été disputées[13] et que les prix prévus avaient alors rejoint la fortune sacrée. Il est difficile d'en tirer quelque conclusion que ce soit sur le nombre d'épreuves hippiques, car il n'est pas vraisemblable que onze types d'épreuves aient été disputés lors de chaque Dèlia, alors qu'à Olympie leur nombre n'a jamais dépassé le chiffre huit[14] et qu'il y était de quatre au ive s. en comptant la course de quadriges de poulains ajoutée au programme en 384[15]. Il convient plutôt d'admettre que les onze phiales non décernées et rassemblées dans l'Artémision avaient été préparées pour plusieurs concours, plusieurs donc des quinze Dèlia pentétériques célébrés entre 426 et 364[16].

La deuxième inscription qui atteste une épreuve hippique disputée lors de Dèlia provient d'Éleusis (*IG* II-III³ 4, 1, 281), où elle a été trouvée en remploi dans le sanctuaire de Déméter et Coré. Il s'agit d'une dédicace aux deux déesses faite par les garnisaires athéniens en poste à Éleusis, Panakton et Phylè, à leur stratège Démétrios fils de Phanostratos de Phalère. Elle est inscrite sur une base de marbre blanc qui portait une statue en bronze du personnage honoré. Sur la face principale, la dédicace est suivie d'une série de huit couronnes accordées à Démétrios : les trois premières par ses soldats, les quatre suivantes par le Conseil et le Peuple et la dernière par les cavaliers. Quatre autres couronnes sont gravées sur les flancs de la base : une couronne honorifique accordée par les Éleusiniens et trois autres remportées dans des courses de chars, aux Grandes Panathénées, aux Dèlia et à des Hermaia.

Pour le sujet qui nous retient l'inscription pose trois problèmes : celui de sa date, celui de la personnalité du Démétrios de Phalère honoré et celui du lieu dans lequel furent célébrés les Dèlia qu'il remporta. Les trois sont liés. Commençons par la date. Si l'on admet que les Dèlia sont ceux de Délos, sachant que leur célébration a été interrompue entre 314, date à laquelle Délos recouvre son entière indépendance, et 167, date à laquelle l'île devient propriété d'Athènes[17], il ne fait pas de doute que la victoire

---

13. Cf. par exemple le palmarès des Rhômaia célébrés par le *koinon* des Lyciens publié par ROBERT L. 1978 dans lequel l'épreuve de quadriges tirés par des chevaux adultes n'a pas attiré de concurrents (p. 278, l. 46-49). En conséquence, la couronne a été «reportée sur l'autel de Rome».

14. Sur les épreuves hippiques à Olympie : Pausanias, V 8-9 et, dans la littérature récente, LEE 2001, p. 35-40, et MILLER 2004a, p. 75-82.

15. Pausanias, V 8, 10. Les autres épreuves étaient alors la course de quadriges, celle de biges et celle de chevaux montés.

16. Les trois types d'objets qui sont qualifiés d'hippiques dans les inventaires de Délos n'ont aucun lien avec les concours hippiques. Il s'agit de boucliers (θυρεὸν ἱππικὸν : *ID* 1403, *Bb* I, l. 41 [*SEG* 37, 692, l. 40] ; 1417, *A* I, l. 20, 21, 24, 34), d'un couteau (μάχαιρα ἱππική : *IG* XI 2, 161, *B*, l. 99 ; *IG* XI 2, 199, *B*, l. 10) et d'un étui de couteau (κολεὸν μαχαίρας ἱππικῆς : *IG* XI 2, 161, *B*, l. 99), offrande d'une personne différente de celle qui a offert le couteau. Sur ces deux derniers objets : PRÊTRE 2014, p. 546-547.

17. BRUNEAU 1970, p. 85, note que, durant cette période, Athènes continua à envoyer une théorie à Délos à l'occasion de la fête. Le silence des sources sur le sacrifice et le concours laisse cependant peu de doute sur leur suspension, car l'épigraphie délienne de l'Indépendance est d'une très grande richesse. Sur la

est antérieure à 314. Tel a été l'avis exprimé par Ph. Bruneau[18] et, plus récemment, par V. Chankowski[19]. Le Démétrios de Phalère honoré serait alors l'épimélète de Cassandre.

St. V. Tracy[20] a argumenté une datation sensiblement plus basse, vers le milieu du IIIᵉ s., pour plusieurs raisons qui ont été reprises et développées par K. Clinton dans son commentaire des inscriptions d'Éleusis[21] et par Chr. Habicht[22] :

- 1. L'inscription d'Éleusis est de la même main que *IG* II/III³ 1, 4, 1028, datant de 235/4. Elle peut être située par le style de son écriture entre 260 et 235.

- 2. Démétrios y est honoré par les garnisons de l'ouest de l'Attique, qui furent dissociées de celles de la côte entre 287 et 267/6.

- 3. Aucun autre document n'atteste de stratégie du plus célèbre des Démétrios de Phalère et il paraît improbable qu'après avoir été gouverneur d'Athènes pour le compte de Cassandre entre 318/7 et 308/7, il ait poursuivi une carrière militaire de second rang.

En conséquence, il convient de reconnaître dans le Démétrios de Phalère mentionné dans l'inscription d'Éleusis le petit-fils du gouverneur d'Athènes et la base de sa statue doit être rapprochée du décret des garnisaires athéniens en poste à Éleusis en l'honneur de leur stratège Démétrios (*IEleusis*, 194). La statue et la stèle se trouvaient sans doute non loin du trône que celui-ci avait fait ériger pour sa maîtresse Aristagora, près du Télestérion[23].

Il paraît, dans ces conditions, difficile de continuer à penser que les Dèlia mentionnés dans *IEleusis*, 195, *IG* II-III³ 4, 1, 281, sont ceux de Délos. Ils peuvent en revanche être ceux qui furent institués par les Béotiens pour commémorer leur victoire sur les Athéniens en 424, lors d'une bataille qui s'était déroulée près du sanctuaire d'Apollon Délien situé, du moins à l'époque hellénistique, sur le territoire de la cité de Tanagra[24]. Ces Dèlia béotiens, qui ont peut-être été créés par les Thébains pour concurrencer ceux

---

date du rétablissement des concours après 167 : ROUSSEL 1987, p. 208-211 ; MORETTI L. 1953, p. 137 ; BRUNEAU 1970, p. 81-86 ; ROBERT L. 1987, p. 515, n. 168.

18. BRUNEAU 1970, p. 81, n. 4 : l'inscription date des «alentours de 315/4».

19. CHANKOWSKI 2008, p. 91, hésite entre 319/8 et 315/4.

20. TRACY 1994 ; TRACY 1995, p. 44 et 171-174 ; TRACY 2000, p. 334-335, suivi par STORK, OPHUIJSEN, DORANDI 2000, p. 270-271. Voir l'ensemble de la bibliographie rassemblée par J. Curbera dans les *IG* II-III³ 4, 1, 281. Elle retient comme date : «post a. 256/5».

21. CLINTON 2008, p. 251-253. K. Clinton retient comme date : «ca. a. 240 a. ?»

22. HABICHT 2006, p. 173. Voir aussi les réserves d'OETJEN 2000.

23. Hégésandros, frg. 8, *FHG* IV, p. 415 (= Athénée, IV 167 d-e) ; CLINTON 1992, p. 128-129, nᵒ 5 ; HABICHT 2006, p. 172.

24. Sur ce concours, voir TUPLIN 2005, p. 26, et, surtout, BRÉLAZ, ANDREIOMENOU, DUCREY 2009, en particulier, p. 280-300. Dans le compte rendu qu'il a donné de ce dernier article, D. Knoepfler mentionne une inscription inédite du IIIᵉ s. apr. J.-C., provenant du gymnase de Tanagra, dans laquelle sont aussi mentionnés les Dèlia (*Bull. ép.* 2010, 311, p. 750).

qui venaient d'être rénovés par les Athéniens à Délos[25], sont les seuls autres concours de ce nom actuellement attesté et ce sont les seuls qui, à notre connaissance, ont pu être célébrés dans le monde grec au IIIe s. et qui l'étaient assurément dans les dernières décennies du IIe s. Aucun document n'assure qu'ils comportaient des épreuves hippiques, mais l'origine militaire du concours et le nombre considérable de couronnes dorées – 38 exactement[26] – mentionnées dans les comptes de Damôn, agonothète des Dèlia dans les dernières décennies du IIe s., rendent l'hypothèse vraisemblable[27]. À la suite de W. Dittenberger[28] et, plus récemment, de C. Brélaz, A. Andriomenou et P. Ducrey[29], j'incline donc à penser que Démétrios le Jeune avait remporté la course de chars lors des Dèlia organisés par les Béotiens, auprès desquels son grand-père avait trouvé refuge en 307.

La troisième et dernière inscription qui mentionne une victoire hippique aux Dèlia a été retrouvée dans le village d'Ílica au nord de Caunos. Il s'agit de *IKaunos* 61 :

> Ἱερώνυμος Ἀπολλωνίου
> νικήσας Δήλια
> ἵππωι πωλικῶι.

> *Hiéronymos fils d'Apollonios*
> *vainqueur aux Dèlia*
> *dans la course de poulains montés.*

Dans son récent corpus des inscriptions de Caunos, Chr. Marek, après d'autres[30], considère qu'elle est postérieure à 166 parce qu'il y reconnaît la mention des Dèlia de Délos. Le style de l'écriture convient pour une telle datation, mais le raisonnement ne tient fermement que si l'on admet que les Dèlia remportés par Hiéronymos sont ceux de Délos. Or, il pourrait s'agir d'un autre concours que celui de Délos, ainsi que

---

25. Hypothèse avancée par HOMOLLE 1892, p. 59-60, et reprise par BRÉLAZ, ANDREIOMENOU, DUCREY 2009, p. 285.

26. Et il y en avait d'autres non dorés si l'on suit l'interprétation de D. KNOEPFLER, *Bull. ép.* 2010, 311, p. 747-748.

27. Elle est admise par D. KNOEPFLER, *Bull. ép.* 2010, 311, p. 750. Cl. Sarrazanas m'a cependant fait remarquer que l'agonothète s'est occupé du « sacrifice à l'occasion de la prestation de serment des artistes, des athlètes et des théôres » (BRÉLAZ, ANDREIOMENOU, DUCREY 2009, p. 246, A, l. 8-9 ; *SEG* 57, 2007, 452). Les conducteurs de chevaux ne sont pas expressément nommés dans l'inscription. S'ils étaient présents, il faudrait supposer qu'ils étaient compris sous le terme ἀθληταί, comme c'est probablement le cas dans le passage où Pausanias, V 24, 9-10, évoque le serment des « athlètes » à Olympie, englobant sous ce terme tous les participants aux épreuves gymniques et hippiques. Je dois aussi cette référence à Cl. Sarrazanas.

28. Commentaire à *Syll*[3] 319.

29. BRÉLAZ, ANDREIOMENOU, DUCREY 2009, p. 285, n. 138.

30. BEAN 1953, p. 31, n° 12 ; MORETTI L. 1953, p. 137 ; ROBERT L. 1987, p. 515, n. 168 ; TRÉHEUX, CHARNEUX 1998, p. 263, n. 171.

Ph. Bruneau l'a plusieurs fois souligné[31]. Je propose de reconnaître là aussi les Dèlia béotiens et je partage à propos des Dèlia non caractérisés l'hypothèse récemment avancée par D. Knoepfler[32]. Après le rétablissement des Dèlia de Délos, à une date postérieure à 167, on aurait distingué dans les palmarès les Dèlia béotiens, qui apparaissent sous le nom de Δάλια ou Ἐπιδάλια ἐμ Βοιωτοῖς[33] et de Δήλια τά ἐν Τανάγρᾳ[34] parmi les victoires de deux spécialistes des sports de combat du IIe s., des Dèlia déliens, qui sont appelés Δήλια τά ἐν Δήλῳ sur la base délienne du pancratiaste et lutteur Mènodôros gravée aux environs de 120-110 av. J.-C. (*ID* 1957)[35] et Δήλια ἐπὶ Δήλῳ par le grammairien Didyme d'Alexandrie à l'époque d'Auguste[36]. De telles précisions n'auraient pas été utiles au IIIe s. et dans les premières décennies du IIe s. quand seuls étaient organisés les Dèlia béotiens[37].

Le bilan de l'analyse des textes mentionnant, ou pouvant mentionner, des courses hippiques à Délos est donc maigre : seule l'hippodromie des Dèlia de Délos entre 426 et 314 est assurée et encore a-t-elle parfois été affectée par des allègements de programmes, voire par des suspensions, faute de concurrents ou en raison d'une interruption de l'administration athénienne du Sanctuaire[38]. Les épreuves ne sont pas connues, mais les prix le sont : des phiales en argent. Aucun texte n'atteste de concours hippiques durant l'époque de l'Indépendance délienne, entre 314 et 167. Après 167, les Dèlia furent restaurés par les Athéniens, mais rien n'assure qu'ils aient alors comporté des courses hippiques.

L'HIPPODROME ET SES USAGES EN DEHORS DES COURSES HIPPIQUES

LES VESTIGES

Les vestiges de l'hippodrome et les textes qui le mentionnent permettent de compléter le tableau. Commençons par les vestiges de l'édifice (**fig. 1**) que Th. Homolle, en 1890, semble avoir été le premier à tenter de situer[39]. Il plaçait l'hippodrome « dans la grande

---

31. BRUNEAU 1970, p. 82 ; BRUNEAU 1995, p. 917.
32. *Bull. ép.* 2014, 213.
33. Dans un palmarès de Rhodes : ZIMMER, BAIRAMI 2008, p. 149-153, n° E2609, l. 8 ; *SEG* 58, 816 ; *Bull. ép.* 2014, 213 ; STRASSER 2015, p. 57-66. Pour une datation de l'inscription entre 167 et 146 : BADOUD, FINCKER, MORETTI J.-Ch. 2015-2016, p. 414-416.
34. Dans un palmarès de Messène : *SEG* 43, 162 ; 59, 411 ; THEMELIS 2001b, p. 143-144, col. A, l. 5.
35. Même formulation restituée dans le palmarès athénien de Mènodôros *IG* II-III³ 4, 1, 599. Sur ces deux textes, voir en dernier lieu BADOUD, FINCKER, MORETTI J.-Ch. 2015-2016.
36. *Scholia vetera in Pindari Olympionicas* VII, 154a (DRACHMANN I, p. 232).
37. Dans un texte beaucoup plus tardif (entre 222 et 235 apr. J.-C.), découvert à Délion de Béotie et récemment publié, les Dèlia de Béotie sont simplement appelés Δήλια : CHARAMI 2011, texte p. 866, l. 15.
38. TUPLIN 2005, p. 31-37, et, indépendamment, ÉTIENNE 2011, p. 16-18.
39. Les voyageurs et les membres des premières expéditions scientifiques se sont peu intéressés à l'hippodrome. Ni J. Spon ni G. Wheler ne l'évoque. J. Pitton de Tournefort, parce qu'il avait identifié une sculpture de tête de cheval, sur une console semble-t-il, le mentionne et cite le passage de Thucydide, III 104, 6, qui conduit à en supposer l'existence (TOURNEFORT 1717, p. 362). J.-J. Barthélémy, vers la fin du chap. 76 du *Voyage du jeune Anacharsis en Grèce*, décrit une course de chars organisée à Délos lors

Fig. 1 — Plan de la zone de l'hippodrome au 1/500 (M. Fincker d'après *EAD* XLIII).

plaine de l'île, immédiatement derrière le mur qui continue celui du péribole et longe le gymnase »[40], mur qui a depuis été identifié comme une section de la muraille édifiée par Triarius[41]. Il paraît *a posteriori* étrange que Th. Homolle n'ait pas signalé la présence dans ce secteur des vestiges d'un grand mur de soutènement nord-sud en granit qui était alors partiellement visible et qui fut relevé aussi bien par É. Ardaillon et H. Convert entre 1893 et 1894[42], que par J. Replat entre 1914 et 1918[43]. Ce dernier, qui a réalisé le plan le plus complet, a dessiné une construction à l'est du mur de soutènement, à l'emplacement donc, nous le verrons, où la piste a été par la suite restituée.

En mars-avril 1921, il a aussi entrepris des sondages à l'est des Palestres[44] et avancé avec prudence la date de 426 pour la construction de l'hippodrome. Il en dégagea alors le mur de soutènement et découvrit entre ce mur et la Palestre du lac des « maisons (?) qui paraissent construites à l'intérieur de la zone présumée de l'hippodrome » et, vers l'est, une « tribune présumée » associée à d'autres constructions qui la flanquent à l'ouest : « la question de l'identification de l'hippodrome a donc été, de ce fait, plus compliquée qu'éclaircie » en concluait la rédaction du *BCH*. Les trouvailles ont surtout été alors assez mal comprises. Les « maisons » retrouvées à l'ouest du mur de soutènement en sont effectivement et leur présence prouve que cette zone a été urbanisée, mais la tribune et les constructions qui lui sont associées se sont révélées appartenir aux *Oikoi* du sanctuaire du héros fondateur Anios, au sanctuaire lui-même et aux maisons qui le flanquaient au sud. La juste identification de l'Archégésion en 1935 par F. Robert[45] conduisit à mieux cerner l'hippodrome et à comprendre qu'il s'étendait entre le mur de soutènement de granit et

---

des fêtes d'Apollon (BARTHÉLÉMY 1788, IV, p. 237). Il ne donne pas d'indication sur l'emplacement de la piste, à moins de comprendre – le texte n'est pas clair – qu'il place la course dans le stade « tracé vers l'extrémité méridionale de l'île ». A. Blouet mentionne l'hippodrome sans le situer (BLOUET 1838, p. 4). En 1864, avant donc le début des fouilles systématiques, L. Terrier emploie le terme hippodrome à propos de l'espace qui s'est révélé être la cour de l'Agora des Italiens, non qu'il pense qu'elle ait pu servir à des compétitions, mais parce qu'il se réfère à la dénomination transmise par Pausanias, VI 24, 2 pour l'agora d'Élis (TERRIER 1864, p. 51).

40. HOMOLLE 1890, p. 427.

41. BRUNEAU 1995, p. 39, a compris un peu différemment le texte de Th. Homolle. Je m'écarte aussi de l'identification qu'il avance p. 39, n. 17, de certaines des découvertes de J. Replat en 1921. La « construction curieuse » qui « paraît divisée en stalles » se trouve au sud de l'Archégésion et n'est pas à identifier avec la construction à mosaïque située à l'est du Lac qui n'a été dégagée qu'en 1937 : LEMERLE 1937, p. 472 ; ROBERT F. 1953, p. 23-26. J. Replat évoque la construction qu'il a fouillée dans une lettre qu'il adresse à Ch. Picard le 2 avril 1921. La lettre est conservée aux archives de l'EFA, dans le dossier DELOS 1-1921, où se trouve aussi un plan de situation qui porte en légende à côté de cet édifice : « écuries présumées ? ».

42. ARDAILLON, CONVERT 1902, feuille 1 de la carte. Quatre sections du mur sont relevées. Sur ce plan et les suivants, voir MORETTI J.-Ch. *et al.* 2015, p. 12-16.

43. Dans la version de son plan de 1919, J. Replat dessine un mur continu de 80 m de long à l'est de la Palestre de granit et deux sections en traits discontinus dans son prolongement vers le nord. On n'en trouve plus qu'une seule dans la version de 1938 publié par VALLOIS 1953, pl. I.

44. *BCH Chron.* 1921, p. 531-533, et, aux archives de l'EFA, le dossier DELOS 1-1921.

45. LEMERLE 1935, p. 297-299. Dès 1921, cependant, on avait reconnu des dédicaces à l'Archégète inscrites sur des tessons.

le sanctuaire du héros fondateur[46]. Son identification n'a pas été depuis remise en cause, même si elle a parfois été présentée comme hypothétique[47] et le plus souvent ignorée.

La consultation de la documentation conservée aux archives de l'EFA[48] et deux campagnes de nettoyage, d'étude, de relevé et de carottage conduites en 2015 et 2016 dans le cadre des travaux de l'EFA[49] permettent de faire la présentation suivante des vestiges.

À 25 m à l'est de la Palestre de granit est actuellement plus ou moins visible un mur de soutènement nord-sud (**fig. 2**) qui s'étend entre les premières pentes de la colline dominant la baie de Skardana et un édifice anonyme à deux cours qui a été dégagé au nord du musée et de la cafétéria. Dans la zone qui le sépare des Palestres apparaissent

Fig. 2 — Vue générale de la terrasse de l'hippodrome, du nord-ouest, avec le mur de soutènement de la terrasse (cl. EFA, J.-Ch. Moretti).

46. LEMERLE 1937, p. 472 ; ROBERT F. 1953, p. 23.
47. Elle n'est pas admise par R. Vallois. VALLOIS 1944, p. 70, considère le mur de soutènement de la piste comme la limite occidentale de l'Archégèsion ; VALLOIS 1966, p. 72, évoque le « mur de soutène-ment dit "de l'Hippodrome" ». Le doute a toujours subsisté dans le *Guide de Délos* de Ph. Bruneau et J. Ducat, de BRUNEAU, DUCAT 1965, p. 127, à BRUNEAU, DUCAT 2005, p. 248. Il n'est pas partagé par PAPAGEORGIOU-VENETAS 1981 qui restitue (par ex. p. 45, fig. 33) un hippodrome débordant largement vers le sud la rue menant au Gymnase ce qui, pour des raisons orographiques, est inacceptable.
48. DELOS 1-1921. Je remercie A. Rohfritsch de m'avoir diligemment fourni une version numérisée de ce dossier.
49. Les nouveaux relevés ont été réalisés, pour la topographie, par L. Fadin (EFA) assisté d'A. Barbaste et, pour le levé architectural, par M. Fincker (IRAA, CNRS, Paris, AMU, Lyon 2, UPPA). Les carottages, qui seront publiés dans un autre article, ont été réalisés par A. Chabrol. Je les remercie tous pour leur collaboration. Les plans généraux du monument et de ses abords (fig. 1 et 5) sont fondés sur les relevés de l'*Atlas* de Délos, *EAD* XLIII, dont nous avons adopté le système de référence altimétrique.

très partiellement les vestiges de maisons hellénistiques et de deux sections de rue. L'une constitue le prolongement de la rue qui passe entre les deux palestres et l'autre prolonge la première vers le sud, au pied du mur de soutènement. Le parement aval de ce mur est actuellement visible sur deux sections situées de part et d'autre de la Palestre de granit. Elles sont appelées ici section sud et section nord. Partout ailleurs, sauf aux abords de l'édifice anonyme, l'emplacement du mur est marqué par des zones d'effondrement ou par une dénivellation plus ou moins nette correspondant à la courbe des 6 m. Le parement est fait en blocs de granit, sans doute extrait de la colline de Plakès, ce qui expliquerait que les plus gros blocs aient été mis en œuvre au sud et les plus petits au nord.

La section sud (**fig. 3**) est construite avec des pièces de dimensions très variables disposées dans un appareil polygonal fruste[50]. Certaines ont des longueurs qui dépassent

Fig. 3 — La section sud du mur de soutènement de l'hippodrome. **a.** Vue du nord-ouest (cl. EFA, J.-Ch. Moretti); **b.** Relevé du parement ouest au 1/200 (M. Fincker).

50. VALLOIS 1966, p. 72-73, hésite à le qualifier de « sub-polygonal » ou de « cyclopéen ».

les 2 m et des hauteurs qui atteignent 1,50 m. À la crête supérieure de l'ouvrage, on relève la présence de quelques boutisses dont la profondeur peut atteindre 1,30 m. Le parement est doublé en amont par un blocage de moellons de granit et de gneiss qui donne à la paroi une épaisseur de 1,50 à 1,60 m. La crête du mur culmine à 6,20 m. Sa base visible est un peu au-dessus des 4,10 m alors que le seuil de la porte orientale de la Palestre du lac est à 2,82 m.

La section nord (**fig. 4**) a aussi un parement en blocs de granit en appareil polygonal fruste, mais les blocs ont des dimensions plus faibles et l'appareil est moins régulier. J. Replat a noté que cette section reposait sur une couche de pôros. De ce côté, des murs de maisons hellénistiques en gneiss sont venus se plaquer contre le parement et c'est sans doute ce qui explique la présence de bouchons de gneiss et de vestiges de mortier dans le mur. Il est possible d'observer quelques boutisses et de noter la présence d'un blocage à l'arrière du parement de granit, mais pas de mesurer l'épaisseur de la maçonnerie, car elle est surmontée par un mur de berger moderne. Le sommet du mur culmine à 7 m et sa base dégagée à 4,50 m, alors que la base visible de l'un des murs de maison plaqués contre le parement est à 3,10 m.

a

b

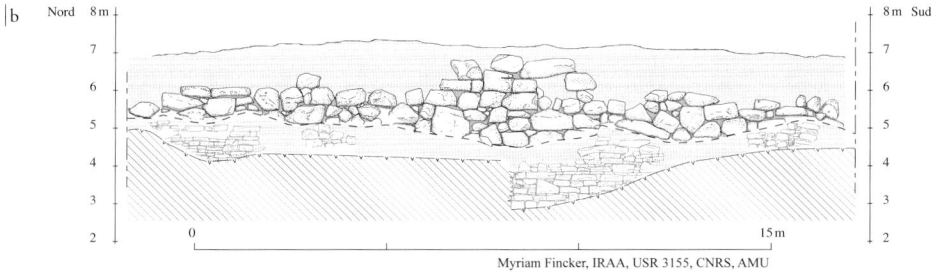

Myriam Fincker, IRAA, USR 3155, CNRS, AMU

Fig. 4 — La section nord du mur de soutènement de l'hippodrome. **a.** Vue du nord-ouest (cl. EFA, J.-Ch. Moretti) ; **b.** Relevé du parement ouest au 1/200 (M. Fincker).

Les meilleurs parallèles à Délos pour l'appareil de ce mur de soutènement se trouvent dans le corpus très fourni des murs de terrasses agricoles[51], qui ont été datés par M. Brunet entre le milieu du VIe s. et le milieu du Ve s.[52]. Les exemplaires les mieux conservés sont couverts de dalles[53], et il se peut qu'il en ait été de même pour le mur qui nous intéresse. Les carottages réalisés dans la terrasse ont montré que le volume du remblai qui avait été nécessaire à son aménagement était considérable et que le sol de la piste elle-même était très probablement composé d'un apport de sédiment blanc beige pulvérulent et stérile.

Il paraît donc possible que le mur de soutènement date de l'époque de la restauration des Dèlia et plus que probable qu'il constituait la limite occidentale de la piste, plutôt que sa limite orientale comme le pensait Th. Homolle. Vers l'est, l'Archégésion, qui est éloigné de 120 m du mur de soutènement, constitue par excès la limite de la piste. Pour l'époque athénienne, une base de marbre inscrite découverte en place sur sa fondation[54] donne peut-être une limite plus précise encore. Dressée sur toutes ses faces à l'exception du côté nord, elle porte côté sud l'inscription *ID* 2507 (**fig. 1**). Les neuf premières lignes du texte ont été martelées et seules sont lisibles les cinq dernières qui indiquent la datation par le nom de l'épimélète de l'île, Alexandros fils de Léonidas de Phalère, et des deux gestionnaires de la caisse sacrée. Le texte date des environs de 92/1[55]. On mesure environ 95 m entre l'inscription et le mur de soutènement. Pour autant que l'on puisse la mesurer, l'orientation des flancs est et ouest de la base diffère de celle du mur de soutènement oriental de l'hippodrome.

La limite nord de l'hippodrome doit correspondre au pied de la pente de la colline de Gamila qui dessine une courbe attendue à l'extrémité de la piste opposée à la zone de départ. Cette courbe est plus proche de l'anse de panier que du demi-cercle. La pente moyenne de la colline aux abords de la piste est de 8 à 10 %.

La limite sud correspond par défaut à la rue nord-est – sud-ouest qui relie le Sanctuaire d'Apollon au Stade. Dans la prolongation de l'hippodrome vers le sud, elle est dallée de gneiss, bordée de magasins et atteindrait 8 m de large par endroits[56], ce qui en fait la plus large rue dallée connue de Délos. Les vestiges actuellement visibles semblent dater

---

51. Voir en particulier les clichés publiés par BRUNET 1990b, p. 8, photo 2, et BRUNET 1999, p. 19, fig. 10 et p. 20, fig. 11.

52. BRUNET 1990b, p. 5 (datation vraisemblablement au VIe-Ve s.) ; BRUNET 1999, p. 43-44. KENT 1948, p. 255, datait les terrasses de la zone sud-est de Délos du VIe s. Cf. aussi le mur de soutènement de bord de mer habituellement appelé le Grand môle : *EAD* XXXIX, p. 67-68 et 177.

53. BRUNET 1999, p. 19.

54. Description du bloc : PLASSART 1912, p. 388, n. 1.

55. HABICHT 1991, p. 200.

56. Mesure qui est donnée par les fouilleurs, mais qui ne peut être actuellement vérifiée. Sur cette rue dégagée par D. Pippas en 1918, puis par J. Replat en 1921, voir *BCH Chron.* 1921, p. 352, et le dossier conservé aux archives de l'EFA, DELOS 1-1921, où elle est appelée « rue du Gymnase ». Ses magasins sont à ajouter à ceux qui ont été étudiés par KARVONIS 2010.

d'époque hellénistique, mais la configuration générale de cette zone laisse peu de doute sur l'existence d'une voie, à cet emplacement, dès l'époque classique pour atteindre les Temples Replat, l'Archégèsion et la côte orientale de l'île.

Avec ces limites la piste s'intègre dans une surface de 300 sur 95 m, ce qui conduit à restituer une longueur d'un peu moins de 200 m entre les bornes de virage (**fig. 5**). La forme du terrain laisse penser que l'*aphésis* se trouvait du côté sud, qui était celui par lequel on arrivait en venant du port. Il est cependant notable que la limite sud a une orientation inverse à celle qui est attendue pour un hippodrome grec, dans lequel les chevaux tournaient en laissant les bornes de virage à gauche et où donc l'*aphésis*, si elle était dissymétrique, constituait une excroissance du côté droit de la piste.

Près du bord de l'emplacement où nous restituons l'emprise maximale de l'hippodrome, une construction est actuellement visible et une autre a été relevé par J. Replat. La première, toute proche (près de 4 m) de la section sud du mur de soutènement, est un puits circulaire de près de 4 m de diamètre (**fig. 1 et 6**). Une seule partie de sa paroi est actuellement visible, mais les plus anciens relevés l'on dessinée complète[57]. Elle est faite de blocs de granit[58] avec très peu de gneiss et des pilettes. Elle n'est pas enduite.

J. Replat a dessiné, à l'est de ce puits, une construction, qui était semble-t-il arasée au niveau des fondations et qui n'est plus actuellement visible[59] (**fig. 1**). Elle comprend un espace carré, bordé au sud de deux compartiments plus étroits et d'autres maçonneries partiellement fouillées à leur périphérie[60].

Ainsi, les dimensions du terrain qui conviennent pour un champ de courses hippiques, ce qui est exceptionnel à Délos, sa situation dans un secteur de l'île qui fut en grande partie dédiée à l'époque classique aux activités sportives avec la construction d'un gymnase, l'absence de toute construction repérée sur la terrasse autre qu'un puits, qui avait toute son utilité pour les chevaux[61], et d'une construction sur laquelle nous aurons à revenir, le caractère monumental du mur de soutènement et le style de son appareil enfin, tout cela laisse peu de doute sur l'indentification de l'hippodrome, même si on ne trouve en bordure de la piste aucun aménagement pour les spectateurs[62]. Nous sommes

---

57. Ardaillon, Convert 1902, feuille 1 de la carte ; Vallois 1953, pl. I (plan de J. Replat 1919, complété en 1938).
58. Le plus grand bloc a une longueur de 0,72 m et une hauteur de 0,50 m.
59. Dans cette zone, nous n'avons repéré que deux blocs de granit alignés nord-sud avec un parement côté ouest qui pourraient avoir appartenu à cette construction.
60. Cette construction apparaît sur le plan levé par J. Replat entre 1914 et 1918, avant donc la fouille de 1921.
61. Miller 2004b, p. 133-135, et Miller 2015, p. 335-344, à propos du réservoir lié à l'hippodrome de Némée. S. G. Miller rappelle à ce propos p. 344, n. 130, qu'un cheval adulte a besoin de boire 30 à 40 l d'eau par jour en été.
62. Humphrey 1986, p. 6 ; Valavanis 2017, p. 629-630.

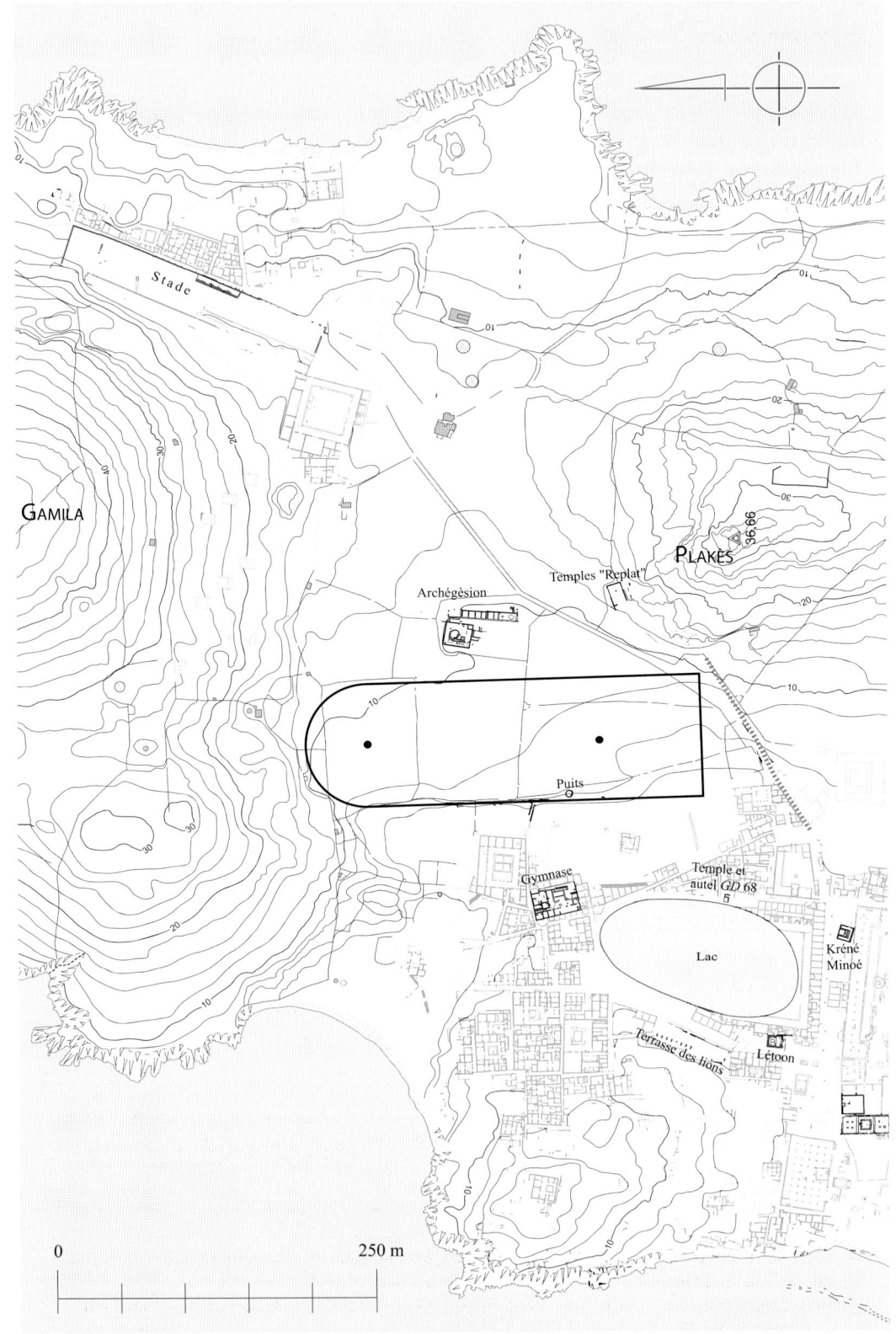

Fig. 5 — Proposition de restitution du plan de l'hippodrome au 1/500 avec, en noir, les vestiges des monuments qui se trouvaient à sa périphérie à la fin de l'époque classique (M. Fincker d'après *EAD* XLIII).

Fig. 6 — Les vestiges du puits de l'hippodrome, du nord-ouest (cl. EFA, J.-Ch. Moretti).

donc autorisés non seulement à restituer sur ce terrain aménagé les concours hippiques des Dèlia, mais aussi à lui rapporter ce que les comptes des gestionnaires de la caisse sacrée nous apprennent sur le bien-fonds d'Apollon appelé *Hippodromos*.

Ce domaine apparaît surtout dans des contrats de location. La seule autre mention de l'hippodrome dans les comptes se trouve dans la liste des dépenses de 250, date à laquelle 5 drachmes ont été payées aux personnes qui en ont enlevé le corps de la néocore de l'*oikos* des Karystiens qui y avait été retrouvée morte[63]. Il ne nous est pas donné de connaître les raisons du décès ni les causes de la présence en ce lieu de la néocore. Les dépenses pour évacuation de cadavres retrouvés en différents lieux de l'île, où il était interdit de mourir, ne sont pas rares dans les comptes des gestionnaires de la caisse sacrée[64], mais celui-là est le seul qui concerne un bien-fonds appartenant à Apollon.

L'HIPPODROME DANS LES COMPTES

Dans les comptes des gestionnaires de la caisse sacrée, *Hippodromos* apparaît à plus d'une trentaine de reprises entre 367/6 et 156/5 parmi les propriétés d'Apollon mises

---

63. *IG* XI 2, 287, *A*, l. 78 : τοῖς ἄρασιν ἐκ τοῦ ἱπποδρόμου τὴν νεωκόρον τοῦ Καρυστίων οἴκου Γ· (« à ceux qui ont enlevé de l'hippodrome la néocore de l'oikos des Karystiens : 5 dr. »).

64. En général : TRÉHEUX 1946, p. 570-571 ; BRUNEAU 1970, p. 50-51. Sur le décès dans l'hippodrome : BRUNEAU 1995, p. 917.

en location[65] (**tableau 1**). Il est parfois précisé qu'il est associé à sa zone de départ, l'ἄφεσις, parfois aussi à un jardin irrigué, un κῆπος[66]. Dans un compte du milieu du IVe s., l'hippodrome et le jardin sont loués indépendamment de la zone de départ (*ID* 104 [11], *A*, l. 16-18, entre 358/7 et 355/4). Dans un autre, le plus tardif que nous ayons conservé, on met en location le « jardin antérieurement rattaché à l'hippodrome » (*ID* 1417, *B*, II, l. 114-118, en 156/5). On a en déduit que le plus souvent le contrat devait comprendre l'*hippodromos*, l'*aphésis* et le *kèpos*, mais que les gestionnaires se contentaient de noter pour l'ensemble *hippodromos* ou *hippodromos* et *aphésis*. Cette pratique locative de l'hippodrome est aussi attestée à Argos, à Lébadée et, probablement, à l'Itônion près de Chéronée[67]. À Argos, quatre *iaromnamones* ont consacré vers 480-475 à l'Héraion « de l'argent provenant de l'hippodrome » ([εκ] το Ͱιπο|δρομο)[68] et les comptes du trésor sacré enregistrent au IVe s. des recettes provenant de la location de l'hippodrome[69]. À Lébadée, vers 80-50 av. J.-C., on met en location l'hippodrome en distinguant, comme à Délos, la piste (ἱππόδρομος) de sa zone de départ (ἱππάφεσις)[70]. À l'Itônion, au début de l'époque impériale, on louait probablement la zone de départ (le terme a été restitué) de l'hippodrome où se déroulaient les *Pamboiôtia*[71].

Date	Bien-fonds loué	Prix de la location	Référence dans les *IG* ou les *ID*	Autres références
Période amphictionique (478-314)				
Vers 367/6	Hippodrome	?	*ID* 102, l. 10-11	*ADC* 17 ; *BRGA* 46
Entre 358/7 et 355/4	Hippodrome et jardin	?	*ID* 104 (11), *A*, l. 16-17	*ADC* 24 ; *BRGA* 48
Entre 358/7 et 355/4	Ἄφεσις	?	*ID* 104 (11), *A*, l. 17-18	*ADC* 24 ; *BRGA* 48
Vers 350	Hippodrome et ?	?	*ID* 104 (19), *A*, l. 11	*ADC* 40 ; *BRGA* 53
351/0	Hippodrome et [zone de départ]	?	*ID* 104 (26), *A*, l. 9-10	*ADC* 29 ; *BRGA* 56
Indépendance (314-167)				
313	Hippodrome et zone de départ	720 dr.	*IG* XI 2, 135, l. 6-7	*BRGA* 58
Entre 308 et 306	Hippodrome	920 dr.	*IG* XI 2, 142, l. 9-12	*BRGA* 60

---

65. KENT 1948 et, en particulier, p. 255-256 et 306 ; VIAL 1984, p. 331 ; REGER 1994, p. 312-313 ; BRUNEAU 1995, p. 37-38 ; PERNIN 2014, p. 159-261, et, en particulier, p. 237-238, tableau 25.
66. Sur les jardins attestés dans les comptes de Délos : BRUNEAU 1979. Sur le sens de κῆπος : BRUNET 2001.
67. MATHÉ 2010, p. 189-190.
68. JEFFERY 1990, p. 161-162, 166 et 169, n° 2.
69. KRITZAS 2006, p. 410-415 ; KRITZAS 2013, p. 282-285 ; KRITZAS 2018. Je remercie Ch. Kritzas pour les indications qu'il m'a fournies à ce sujet.
70. *Nouveau choix d'inscriptions grecques*, n° 22, *A*, l. 21 et 31 ; *C*, l. 66-67. Pour la datation, FRÖHLICH 2004, p. 546-548.
71. KNOEPFLER 1988, p. 266 (l. 6-7 de l'inscription) et 289, pour le commentaire.

Date	Bien-fonds loué	Prix de la location	Référence dans les *IG* ou les *ID*	Autres références
304	Hippodrome	1 012 dr.	*IG* XI 2, 144, l. 10-11	*BRGA* 61
301	Hippodrome	Au moins 1 000 dr.	*IG* XI 2, 146, *A*, l. 9	*BRGA* 62
297	Hippodrome	1 001 dr.	*IG* XI 2, 149, l. 2	*BRGA* 65
Première moitié du IIIᵉ s.	Hippodrome	?	*IG* XI 2, 152, *B*, l. 7	
282	Hippodrome et zone de départ	550 dr.	*IG* XI 2, 158, *A*, l. 11	*BRGA* 69
279	Hippodrome et zone de départ	605 dr.	*IG* XI 2, 161, *A*, l. 11	*BRGA* 71
278	Hippodrome et zone de départ	605 dr.	*IG* XI 2, 162, *A*, l. 9-10	*BRGA* 73
274	Hippodrome et [zone de départ]	?	*IG* XI 2, 199, *A*, l. 5-6	*BRGA* 74
Entre 278 et 270	Hippodrome et zone de départ	?	*IG* XI 2, 201, *A*, l. 6	*BRGA* 76
269	Hippodrome et zone de départ	732 dr., 1 t., 1 ch.	*IG* XI 2, 203, *A*, l. 24-25	*BRGA* 77
268	Hippodrome	732 dr., 1 t., 1 ch.	*IG* XI 2, 204, l. 8	*BRGA* 78
258	Hippodrome	510 dr.	*IG* XI 2, 224, *A*, l. 17	*BRGA* 80
250	Hippodrome	Du locataire : 367 dr., 4,5 ob., 1 t., 1 ch. Des garants : 55 dr., 5 ob. et 86 dr., 2 ob., 2 ch. Total : 509 dr., 5,5 ob., 2 t.	*IG* XI 2, 287, *A*, l. 32-33	*BRGA* 84
249-240 (durée du bail)	Hippodrome	661 dr.	*IG* XI 2, 287, *A*, l. 143-145	*BRGA* 86
246	Hippodrome	661 dr.	*ID* 290, l. 16-17	*BRGA* 88
219	Hippodrome	289 dr. 2 ob.	*ID* 353, *A*, l. 12	*BRGA* 93
218	Hippodrome	579 dr.	*ID* 354, l. 38	*BRGA* 94
210	Hippodrome	579 dr.	*ID* 356 bis, *A*, l. 11	*BRGA* 96
209	Hippodrome	622 dr.	*ID* 362, *A*, l. 15	*BRGA* 98
206	Hippodrome	622 dr.	*ID* 368, l. 26	*BRGA* 101
200	Hippodrome	?	*ID* 372, *A*, l. 16	*BRGA* 104
192	Hippodrome	572 dr.	*ID* 399, *A*, l. 75-76	*BRGA* 107
189	[Hippodrome]	629 dr., 1,5 ob.	*ID* 403, l. 51-53	*BRGA* 109
179	Hippodrome	655 dr., 3 ob.	*ID* 442, *A*, l. 146-147	*BRGA* 115
174	Hippodrome	655 dr., 3 ob.	*ID* 456, *A*, l. 10	*BRGA* 118
Période athénienne (après 167)				
156/5	Jardin antérieurement rattaché à l'hippodrome	6 dr. au moins	*ID* 1417, *B*, II, l. 114-118	*BRGA* 126

Abréviations : ch. = chalque ; dr. = drachme ; ob. = obole ; t. = tétartémorion.

Tableau 1 — Les contrats de location de l'hippodrome (ἱππόδρομος), du jardin (κῆπος) qui lui est attenant et de la zone de départ (ἄφεσις) dans les comptes des gestionnaires de la caisse sacrée*.

---

* Pour *IG* XI 2, 199 et 201 : je n'ai pas repris les restitutions des montants des loyers proposés par Kent 1948, p. 269, n. 76 (voir aussi Pernin 2014, p. 187). Pour *IG* XI 2, 224, F. Durrbach restituait pour le loyer ⲢᴴΔ[Δ] ; Kent 1939, p. 238 a lu ⲢᴴΔ, lecture reprise par Pernin 2014, 80.

Pour l'hippodrome de Délos, trois contrats de mise à bail sont particulièrement développés. Le plus ancien, qui date entre 308 et 307, rend compte d'un défaut de paiement de la part du locataire de l'hippodrome (*IG* XI 2, 142, l. 9-12 [*BRGA* 60]) :

> τὸν Ἱπ[πό]δρομον ἀνεμισθώσαμεν οὐ τιθέν[τος τὸ ἐνη]-
> ρόσιον Ἀρχάνδρου· ἐμισθώσατο Νικόμαχος Ἀρχ[ά]νδρου δρ[αχ]μῶν ·ⲠΗΗΗΗΔΔ·
> ἔγγυοι Ἀμφίας Χοιρύλου, [Πρωτόλεως]
> Λύσου· τοῦ δὲ ἐνηροσίου ἐπράξαμεν ἐκ τῶν κριθ[ῶ]ν δρά[χμ]ὰς ·ΗΗΗ· [δύο] βοῦς
> ἀπεδόμεθα ·ΗΓⲨ· τοῦ δὲ ἐνλείπ[οντος κατέβα]-
> 12   λε Πρωτόλεως ἔγγυος ὢν κατὰ τὸ ἥμυσυ δραχμὰς ·ΗΗΔΔΔΓⲨ· [τὸ] δὲ λοιπὸν ὀφ[είλει]
> ἡμιόλιο]ν Ἄρ[χ]ανδρος ·ΗΗΔΔΔΓⲨ· κα[ὶ ὁ ἔ]γ[γ]υος Ἀ[μφίας].

> *… nous avons donné à nouveau à bail l'Hippodrome, Archandros n'ayant pas versé le fermage ; Nikomachos fils d'Archandros a pris à bail pour 920 drachmes ; garants : Amphias fils de Choirylos ; [Prôtoléôs] fils de Lysos ; et pour le prix du fermage nous avons recouvré sur son orge 300 (drachmes) ; nous avons vendu [deux] bœufs : 150 (drachmes) ; pour le reste, Prôtoléôs étant garant a payé la moitié : 235 drachmes ; pour le reste Archandros doit une fois et demie 235 (drachmes) ainsi que son garant Amphias[72]…*

Archandros n'ayant pas versé le fermage, l'hippodrome a été l'objet d'une nouvelle mise aux enchères, qui a été remportée par Nikomachos, le fils du précédent locataire. Pour recouvrer leur dû, les hiéropes se sont tournés vers les garants d'Archandros, Prôtoléôs et Amphias. Ils ont aussi saisi une partie de ses biens pour les vendre aux enchères et ont ainsi obtenu 300 dr. en mettant en vente son orge et 150 dr. pour ses deux bœufs[73]. Comme Archandros n'apparaît comme locataire d'aucun autre domaine[74], il est plus que probable que l'orge saisi par les hiéropes avait été produit sur l'hippodrome lui-même[75] et que les deux bœufs mis en vente constituaient un attelage. On sait en effet que les labours sont particulièrement importants pour la culture de l'orge.

Les deux autres contrats détaillent les constructions associées au bien-fonds. L'un, daté de 250, contient la mise à bail des domaines du dieu pour dix ans, conformément à la *Hiéra Syngraphè*, avec la liste des personnes qui ont pris à bail. Pour l'hippodrome, il indique (*IG* XI 2, 287, A, l. 143-145 [*BRGA* 86]) :

> τὸν Ἱππόδρομον Ἀντίγονος Τηλεμνήστου δραχμῶν ⲠΗΓⲨΔⱶ·
> 144   ἔγγυοι Τηλέμνηστος Φιλίου, Ἀριστόβουλος Ἀρκέοντος· καὶ παρέλαβεν κλείσιον
> τεθυρωμένον, θάλαμον ἄθυρον, βούστασιν ἄθυρον, προβατῶνα ἄθυρον, ἰπνῶνα ἄθυ-
> ρον, θύραν αὐλείαν.

---

72. Trad. Pernin 2014, p. 177, modifiée et complétée.
73. Chandezon 2003, p. 127.
74. Kent 1948, p. 323, n° 49.
75. J. Replat note que, lors de ses fouilles en avril 1921, «presque tous les terrains de l'hippodrome sont cultivés» (lettre à Ch. Picard le 2 avril 1921), mais qu'en été «les champs seront libres» (lettre à Ch. Picard le 18 avril 1921, archives de l'EFA, dossier DELOS 1-1921).

> … *l'Hippodrome, Antigonos fils de Tèlemnestos, pour 661 drachmes ; garants : Tèlemnestos fils de Philios, Aristoboulos fils d'Arkéôn ; et il a trouvé à son arrivée une grande salle avec porte, un* thalamos *sans porte, une étable sans porte, une bergerie sans porte, un fournil sans porte, une porte pour la cour*[76].

L'autre texte, daté de 189, contient une nouvelle mise à bail de l'hippodrome suite à un défaut de paiement (*ID* 403, l. 51-53 [*BRGA* 109]) :

ἀνεμισθώσ[αμεν δὲ καὶ τὸν Ἱππόδρομον οὐ κα]-

52 [θισ]τάντος [τ]οὺ<ς> ἐνγύους Ἄμνου, [καὶ ἐ]μισθώσατο Μενεθάλης [- - - τοῦ

ἴ]σου ⊦⫫ΗΔΓ⊦⊦⊦⊦Ϲ, καὶ ἔγγυον κα[τέστησε Πάχ]ητα Ἀναξ[ιθέμιδος]·

[καὶ] παρέλαβεν θύραν αὐλεία[ν, κλ]είσιον καὶ θάλαμον ἄθυ[ρα, προβατῶν]α, ἰπνῶνα ἄθυρα.

> … *nous avons donné à nouveau à bail [l'Hippodrome], Amnos n'ayant pas présenté ses garants, et Méléthalès [fils de…] l'a pris à bail pour le même loyer, 629 drachmes, 1 obole et demie, et il a présenté comme garant [Pach]ès fils d'Anax[ithémis] ; et il a trouvé à son arrivée une porte pour la cour, une grande salle et un* thalamos, *le tout sans porte, [une bergerie], un fournil le tout sans porte*[77].

Ces deux textes évoquent les éléments suivants :

— une cour qui pouvait être close puisqu'elle avait une porte. C'est un aménagement qui est présent dans tous les domaines d'Apollon à Délos comme à Rhénée[78] ;

— un *kleision*, dans lequel a été reconnue une salle commune aux fonctions multiples. Elle aussi est présente dans tous les domaines d'Apollon[79] ;

— un *thalamos*, qui devait être une salle de moindre surface et d'un accès plus limité[80] ;

— une bergerie (προβατών)[81] et une étable (βούστασις)[82], comme on en trouve dans plusieurs autres fermes déliennes[83] ;

— et enfin un fournil (ἰπνών)[84].

En plus des salles destinées au logement du fermier et du fournil pour la cuisson des aliments, *Hippodromos* et ses dépendances possédaient donc, à partir de 250 au moins, une étable pour les animaux de trait et une bergerie pour les moutons. Pas

---

76. Trad. PERNIN 2014, p. 196, très peu modifiée.
77. Trad. PERNIN 2014, p. 213, très peu modifiée.
78. KENT 1948, p. 294 ; HELLMANN 1992a, p. 58-60 ; PERNIN 2014, p. 229
79. KENT 1948, p. 297-298 ; HELLMANN 1992a, p. 223-234 ; PERNIN 2014, p. 229.
80. KENT 1948, p. 297 ; HELLMANN 1992a, p. 150-151 ; PERNIN 2014, p. 229.
81. HELLMANN 1992a, p. 345 ; CHANDEZON 2003, p. 126-127 ; PERNIN 2014, p. 228.
82. HELLMANN 1992a, p. 70-71 ; CHANDEZON 2003, p. 126-127 ; PERNIN 2014, p. 228.
83. Sur les sept domaines déliens dont on a conservé l'inventaire des bâtiments, quatre sont dotés d'une bergerie et d'une étable : BRUNET 1990a, p. 677 ; PERNIN 2014, p. 251, tableau 48.
84. HELLMANN 1992a, p. 174-175 ; PERNIN 2014, p. 227.

d'arbre fruitier ni de vigne dans ce domaine, ce qui est le cas le plus fréquent à Délos même[85]. Il convient donc d'admettre soit que la culture de l'orge dans les premiers mois de l'année était suivie d'une longue période durant laquelle les moutons occupaient le terrain[86], soit qu'au milieu du IIIe s. et par la suite on avait abandonné la culture de l'orge attestée à la fin du IVe s. pour spécialiser l'hippodrome dans l'élevage de moutons[87]. Il est difficile de trancher, mais on peut au moins noter qu'à la fin du IVe s. l'élevage de moutons n'y était sans doute pas encore pratiqué sans quoi les hiéropes auraient alors mis en vente les montons du locataire défaillant.

Au terme de cette enquête, il paraît très probable que Délos s'est équipé d'un hippodrome en 426 pour recevoir les épreuves hippiques des Dèlia réorganisés par les Athéniens et que ses vestiges peuvent être reconnus entre les Palestres et l'Archégèsion. L'édifice occupait un terrain dont la longueur avec la zone de départ ne dépassait pas les 300 m et la largeur les 95 m. L'hippodrome de Délos était donc un édifice de taille modeste, beaucoup plus petit que celui d'Olympie[88], mais comparable à celui du Lykaion, qui mesurait 250 m de long et 50 de large[89]. Comme ce dernier, il a peut-être aussi accueilli dans un premier temps les épreuves gymniques, puisque le stade de Délos n'est pas attesté avant l'époque de l'Indépendance[90]. La distance entre les deux bornes ne pouvait être de 3 stades, comme à Olympie, et n'atteignait probablement même pas la moitié de cette distance[91]. Cela accrédite l'idée que la longueur des pistes dans les hippodromes était plus variable qu'elle ne l'était dans les stades[92] et l'on peut se demander si les petits hippodromes, comme celui de Délos, ne recevaient pas seulement des épreuves de chevaux montés. La zone de départ se trouvait du côté sud, qui était facilement accessible du port par des chevaux et même par des attelages[93]. L'extrémité nord était curviligne. Le monument comportait probablement un puits, mais était dépourvu d'installations pour les spectateurs. Il jouxtait d'autres édifices destinés au sport et le sanctuaire du héros fondateur de Délos, Anios, dont l'accès était interdit aux étrangers. Le caractère monumental des inscriptions qui faisaient

---

85. VIAL 1984, p. 319 ; CHANDEZON 2003, p. 129-130 ; PERNIN 2014, p. 230.

86. Sur la cohabitation de la culture et du pacage sur les mêmes terres selon les époques de l'année : BRUNET 1990a, p. 677 ; DOUKELLIS 1998, p. 317 ; BRUNET 1999, p. 49.

87. Tel est l'avis de KENT 1948, p. 301, et de CHANDEZON 2003, p. 130.

88. En se fondant principalement sur le texte du Codex Seragliensis Gr1, Fol. 28r, J. Ebert a restitué pour l'hippodrome d'Olympie une longueur totale de 1 052 m, dispositif de départ compris (EBERT 1989). Voir aussi, pour une interprétation un peu différente du manuscrit, PETERMANDL 2011 ; PETERMANDL 2012, p. 138-139 ; et un troisième article du même auteur dans le présent volume p. 133-144. La largeur de la piste était de 200 pieds soit près de 64 m (EBERT 1989, p. 95-96 et 102).

89. ROMANO, VOYATZIS 2015, p. 245, et D. G. Romano, p. 41 du présent volume.

90. MORETTI J.-Ch. 2001. La plus ancienne mention du stade date de 274 : IG XI 2, 199, A, l. 39.

91. La piste du stade de Délos mesure 185,585 m (MORETTI J.-Ch. 2001, p. 357).

92. Sur le débat qui existe à ce propos : PETERMANDL 2011 ; VALAVANIS 2017, p. 625-626.

93. La zone située entre le port et l'hippodrome, au nord du Sanctuaire d'Apollon, pourrait être qualifiée d'ἱππήλατος, si l'on se réfère aux adjectifs rassemblés par Pollux, IX 19, pour qualifier une ville.

connaître cette interdiction[94] n'est peut-être pas sans rapport avec sa proximité de l'hippodrome qui, lors des concours, devait attirer un public non délien.

La construction de l'hippodrome doit être attribuée aux Athéniens, qui mirent en chantier vers la même époque un temple d'Apollon, autre édifice lié aux Dèlia par sa destination, un prytanée[95] et un barrage retenant les eaux de l'Inôpos[96]. Il se pourrait que pour l'aménagement de la piste il ait fallu déplacer des tombes du type de celles qui ont été trouvées à l'est du sanctuaire d'Anios et que les travaux aient donc bénéficié de la purification de l'île orchestrée par les Athéniens. Il n'y a aucune raison en revanche de penser avec J. H. Kent que le terrain ait été privé avant d'être acheté pour 10 000 drachmes par Nicias et consacré à Apollon[97]. Il était probablement dès l'origine public et fut tout au long de son histoire géré par les gestionnaires de la caisse sacrée d'Apollon.

Dès 367/6, au moins, l'hippodrome fut mis en location avec sa zone de départ et un jardin qui était attenant à la piste et la jouxtait à l'est ou, plus vraisemblablement, à l'ouest. À la fin du IVe s., on y cultivait l'orge, dont la moisson se faisait en avril ou en mai[98], avant la date de la célébration des Dèlia, en Thargélion (mai-juin). Au milieu du IIIe et au début du IIe s., on y élevait des moutons comme dans la plupart des terrains du sud de l'île. Une ferme était alors associée au domaine. Ses vestiges, qui ont peut-être été dessinés par J. Replat sur la piste[99], l'abandon de la célébration des Dèlia après 314 et l'absence d'attestation de courses hippiques au programme du concours restauré après 167 laissent penser que l'hippodrome ne fut plus après 314 qu'un bien-fonds d'Apollon qui ne différait des autres que parce qu'il ne comportait qu'une seule vaste terrasse et qu'il était associé à un jardin et à une zone que l'on continuait à appeler l'*aphésis*[100]. L'abandon de son premier usage par les Déliens indépendants s'expliquerait d'autant mieux qu'ils n'avaient pas de cavalerie à entraîner. Ce bilan pourrait sans doute être enrichi s'il était possible de retrouver et de fouiller ce que je suppose être la ferme de l'hippodrome.

---

94. *ID* 68. Voir Butz 1994 (*SEG* 46, 971) qui date l'inscription du premier quart du IVe s. et y voit l'expression d'une opposition aux Athéniens, ce dont doute Tuplin 2005, p. 33.

95. Sur la datation de l'édifice à la fin du Ve s. : Étienne 2011, p. 17-18.

96. Fincker, Moretti J.-Ch. 2007.

97. Sur cette interprétation que J. H. Kent donne du texte de Plutarque, *Nicias* 3, 7, voir Kent 1948, p. 256.

98. Amouretti 1986, p. 36-39. Pour Délos : Brunet 1990a, p. 679-680 ; Brunet 1999, p. 45-46.

99. Si l'hypothèse se justifiait la fouille de cette ferme serait du plus grand intérêt, car son identification avec celle de l'*hippodromos* des comptes serait assurée et l'on bénéficierait donc d'une situation documentaire unique à Délos.

100. Mon hypothèse est donc assez différente de celle défendue par P. Roussel, auquel il semblait « que l'Hippodrome n'ait plus existé à l'époque athénienne » (Roussel 1987, p. 157, n. 5). Il s'appuyait pour défendre cet avis sur un argument à mon avis erroné. Selon lui, le κῆπος ὁ πρότερον προσὼν τῶι Ἱπποδρόμωι mis en location en 156/5 (*ID* 1417, *B*, II, l. 114-118) n'était autre que l'Ἱππόδρομος de l'époque de l'Indépendance.

Ιππικοί αγώνες στην αρχαία Μεσσήνη

Πέτρος Γ. Θεμελης

Τη σημασία της αγωγής των νέων και της άθλησης για την κοινωνία της Μεσσήνης μαρτυρεί εκτός των άλλων το μεγαλειώδες αρχιτεκτονικό συγκρότημα Γυμνασίου-Σταδίου (εικ. 1) το οποίο φιλοξενούσε την *εφηβεία*, θεσμό που αφορούσε στα μέλη των ανώτερων κοινωνικών στρωμάτων της πρωτεύουσας Μεσσήνης καθώς και πόλεων της μεσσηνιακής επικράτειας, Ασίνης, Κολωνίδων, Μεθώνης, Πύλου, Κυπαρισσίας και Θουρίας.[1]

Το Γυμνάσιο αναδείχτηκε σε πολιτικό θεσμό για κάθε πόλη, ο οποίος συγκέντρωνε τις αξίες της αγωγής των νέων και ήταν δημοφιλές.[2] Ο ιππόδρομος δεν αναφέρεται συχνά, χωρίς αυτό να σημαίνει ότι δεν ήταν εξίσου αναγκαίος και δημοφιλής, εφόσον κατά κανόνα ταυτόχρονα με τα γυμνικά αγωνίσματα τελούνταν και ιππικά σύμφωνα με επιγραφικές μαρτυρίες.[3] Νομίζω ότι η λέξη Γυμνάσιο είναι δηλωτική του συνόλου των χώρων φυσικής, στρατιωτικής και διανοητικής άσκησης και αγωγής παίδων, εφήβων και νέων, δηλαδή δηλωτική τόσο του Γυμνασίου και του Σταδίου όσο και του Ιππόδρομου. Άλλωστε τα καθήκοντα του Γυμνασιάρχου και του Υπογυμνασιάρχου δεν περιορίζονταν σε δραστηριότητες αποκλειστικά στους χώρους του Γυμνασίου και του Σταδίου, στα γυμνικά δηλαδή αγωνίσματα στίβου, αλλά αφορούσαν και στα ιππικά αγωνίσματα στον Ιππόδρομο, όπως μας πληροφορεί μεταξύ άλλων ο εφηβαρχικός νόμος της Αμφίπολης, ο οποίος περιλαμβάνει όχι μόνο τον νόμο του εφηβάρχου Αδαίου Ευημέρου αλλά και παλαιότερους κωδικοποιημένους νόμους, διατάξεις και βασιλικά διατάγματα.[4] Και στον γυμνασιαρχικό νόμο της Βέροιας, όπως σε αυτόν της Αμφίπολης, οι έφηβοι ασκούνται μεταξύ άλλων στο *ιππεύειν και ακοντίζειν αφ'*

---

1. Themelis 2001a.
2. Gauthier 1993, ιδιαίτερα 1, σημ. 5-7, σ. 7.
3. Gardiner E. N. 1910, passim. Ο ίδιος υποστηρίζει (σ. 175) ότι οι αρματοδρομίες σταμάτησαν το 68 π.Χ. και αναβίωσαν στα χρόνια της αυτοκρατορίας.
4. Lazaridi 1984· Lazaridi 1990· Albanidis 1995, σ. 43-48 και 54-58 και 82-85.

Εικ. 1 — Το οικοδομικό συγκρότημα Σταδίου – Γυμνασίου – Παλαίστρας στην αρχαία Μεσσήνη (αεροφωτογραφία Κ. Ξενικάκης).

ίππου, σε αγωνίσματα δηλαδή στρατιωτικού χαρακτήρα που λάμβαναν χώρα στον Ιππόδρομο.[5]

Επικρατεί η άποψη ότι ο στρατιωτικός χαρακτήρας της εφηβικής εκπαίδευσης υποχωρεί ή και εξαλείφεται κατά την περίοδο της ρωμαιοκρατίας. Ωστόσο σε έναν πρόσφατο εφηβικό κατάλογο του 57 μ.Χ. από τη Μεσσήνη, οι Γυμνασίαρχοι κατέχουν και το αξίωμα των στρατηγών (**εικ. 2**).

Ο νέος αυτός κατάλογος, αρ. ευρ. 18547, είναι χαραγμένος στη βόρεια παραστάδα της εισόδου που οδηγεί στους λουτήρες της Παλαίστρας. Απολήγει σε στέψη με δύο ταινίες και ανεστραμμένο λέσβιο κυμάτιο, ύψος 3,10 μ., πλάτος (στο μέσο) 0,43 μ., πάχος (στο μέσο) 0,29 μ. ύψος γρ. 0,006-0,01 μ. (στ. 1-9: 0,02 μ., στ. 12, 17, 24, 30, 38: 0,02 μ., στ. 86: 0,025 μ.):

> 57 μ.Χ.
> Ἐπὶ ἱερέος Φιλωνύμου
> τοῦ Ἱεροκλέος, ἔτους
> νή, γυμνασιάρχων ἑ-
> 4   κατέρων τῶν γυμνα-

---

5. Cormack 1977· Gauthier, Hatzopoulos 1993, σ. 160-161 και 180-182.

σίων Πυθαγόρα του Πο-
πλίου ν Εὐπόρου τοῦ
Εὐπόρου καὶ στραταγῶν,
8   ὑπογυμνασιάρχου Ἱλιο-
δώρου τοῦ < τριετίρενες.

Ο τίτλος των *στρατηγών* αφορά στους δύο γυμνασιάρχους, οι οποίοι ασκούσαν ταυτόχρονα και το λειτούργημα του στρατηγού. Η εκπαίδευση των εφήβων, των *τρι(ε)τίρενων*, επί τρία χρόνια στο Γυμνάσιο της Μεσσήνης, στόχευε στο να τους αναδείξει σε ικανούς οπλίτες και ιππείς, έτοιμους να ενταχθούν στην τάξη των ανδρών και να σταλούν στα μέτωπα των μαχών.[6] Και η κατά φυλές διαίρεση των εφηβικών καταλόγων της Μεσσήνης είχε άλλωστε στρατιωτικό χαρακτήρα.

Από επιγραφικά κείμενα του δεύτερου μισού του 2[ου] αι. π.Χ. από την Αττική προκύπτει ότι η ιππική εξάσκηση συνυ-πάρχει με την άσκηση των όπλων. Οι έφηβοι συμμετείχαν καθημερινά στην προπόνηση αγωνισμάτων γυμνικών και ιππικών τόσο στη διάρκεια καθιερω-μένων εορτασμών της πόλης, στο πλαίσιο θρησκευτικών τελετών όσο και σε άλλες έκτακτες περιπτώσεις που θα αναφέ-ρουμε παρακάτω.[7]

Εικ. 2 — Ο εφηβικός κατάλογος αρ. ευρ. 18574 από την Παλαίστρα (λεπτομέρεια, φωτο συγγραφέας).

Πόλεις και κοινά, κατά την περίοδο της ρωμαιοκρατίας, ιδρύουν αγώνες γυμνικούς και ιππικούς προς τιμή αυτο-κρατόρων, όπως τα Καισάρεια και Ρωμαία στην αρχαία Μεσσήνη.[8]

Σε τρία νέα ψηφίσματα του έτους 3/4 μ.Χ, χαραγμένα σε δύο ασβεστολιθικές στήλες, που ήλθαν στο φως το 2013 στη βόρεια στοά της αγοράς, μπροστά στο *βήμα* (**εικ. 3**), τιμάται ως σωτήρας και ευεργέτης από την πόλη της Μεσσήνης και

6.   Themelis 1998-1999.
7.   Για ιππικές ασκήσεις στην Αθήνα βλ. *IG*[2] II 2311, *Syll*[3] 298, στη Λάρισσα *IG* IX 2, 526-527, και στον Br. Helly στον παρόντα τόμο.
8.   Pavlogiannis 2000, σ. 173-177. Βλ. και Crowther 1995.

Εικ. 3 — Το βήμα στο δυτικό πέρας της βόρειας στοάς της αγοράς (φωτο συγγραφέας).

τους Ρωμαίους κατοίκους της ο ταμίας και αντιστράτηγος Πόπλιος Κορνήλιος Σκιπίων καταγόμενος από το Περύσιον (σημ. Peruzza) της Ιταλίας.[9]

Στο δεύτερο ψήφισμα, αποφασίζεται μεταξύ άλλων (στ. 15-20) να στηθεί ανδριάντας και επίχρυση γραπτή εικόνα του Πόπλιου Κορνήλιου Σκιπίωνα *ἐν ὅπλῳ*, ζωγραφισμένη δηλαδή πάνω σε μεγάλη ασπίδα, στο Σεβάστειο καθώς και μια δεύτερη εικόνα μπροστά στο *βῆμα*. Ορίζεται επί πλέον στο ίδιο ψήφισμα: "*ἄρειν ἐπώνυμον ἀμέραν αὐ[τοῦ] καί γυμνικόν ἀγῶνα τελεῖν κατ᾽ ἔτος καί ἱππικόν μετά τάν τοῦ Σεβαστοῦ ἀμέραν [...] καί θυσιάζεσθαι τᾶι ἀμέραι ταύται πρό τοῦ ἀνδριάντος κατ᾽ ἐνιαυτόν ὑπό τοῦ ἀγωνοθέτου.*" Να ορισθεί δηλαδή επώνυμη ημέρα προς τιμήν του και να τελείται κάθε χρόνο την ημέρα αυτή γυμνικός και ιππικός αγώνας μετά τον εορτασμό της γενέθλιας ημέρας του αυτοκράτορα Αυγούστου, και να τελεί θυσία ο αγωνοθέτης μπροστά στον ανδριάντα του.

Στη ΒΔ γωνία της ανατολικής αίθουσας του Σεβαστείου ήλθαν στο φως συνανήκοντα θραύσματα μας άλλης ασβεστολιθικής στήλης (αρ. ευρ. 1138+1984+1623, μέγ. ύψ. 0,59 μ., πλ. 0,675 μ., πάχ. 0,11 μ.) η οποία σώζει τους δέκα τελευταίους στίχους ενός ψηφίσματος του 14 μ.Χ., έτους θανάτου του Αυγούστου και ανακή-

---

9. ORLANDOS 1962· *SEG* XXIII 206, αρ. ευρ. 1062.

ρυξης του Τιβερίου σε αυτοκράτορα. Στο ψήφισμα αυτό (στ. 36-41) ορίζεται μεταξύ άλλων, εκεχειρία επί τρεις συνεχόμενες μέρες, τέλεση γυμνικού αγώνα παίδων και εφήβων και ιππικού νέων κατά τη γενέθλια μέρα του αυτοκράτορα Τιβερίου Καίσαρος και ανάθεση των όπλων των νικητών από τον επώνυμο ιερέα του Δία Ιθωμάτα:

12   ... Ὅθεν καί τοῖς τάν πόλιν κατοικοῦντοις Ἑλλάνοις τε καί Ρωμαίοις ἔδοξε
      διαφόρω[ς...]

      ναν αὐτόν τιμᾶσαι ἐπεί καί ἆρξε διαφερόντως καί ἀνδριάντα μέν ἰκονικόν αὐτοῦ
      στᾶσαι παρά τῶι Σεβασ[τείωι καί ἀναγρα-]

      ψαι *vac* ά πόλις Πόπλιον Κορνήλιον Σκιπίωνα ταμίαν καί ἀντιστράταγον τόν αὐτᾶς
      σωτῆρα καί εὐεργ[έταν *vac* ἀνα-]

      θεμεν δέ αὐτοῦ καί γραπτάν ἰκόνα ἐν ὅπλωι ἐπιχρύσωι πρό τοῦ βήματος καί
      ἐπιγράψαι ά πόλις καί Ρωμαῖοι οἱ [ἐν αὐτᾶι]

16   κατοικοῦντες Πόπλιον Κορνήλιον Σκιπίωνα ταμίαν καί ἀντιστράταγον τόν αὐτᾶς
      σωτῆρα καί εὐεργέταν *vac* κα[λεῖν δέ]

      αὐτόν τε καί ἐκγόνους αὐτοῦ εἰς προεδρίαν οἵαν καί τούς ἄλλους εὐεργέτας τᾶς
      πόλεως καί ἄρειν ἐπώνυμον ἁμέραν αὐ[τοῦ]

      καί γυμνικόν ἀγῶνα τελεῖν κατ᾽ ἔτος καί ἱππικόν μετά τάν τοῦ Σεβαστοῦ ἁμέραν
      ἀνάγομες κατ᾽ ἐνιαυτόν καθώς καί ἐν τῶι

      προτέρωι δόγματι ἐψάφισται καί θυσιάζεσθαι τᾶι ἁμεραι ταύται πρό τοῦ ἀνδριά-
      ντος κατ᾽ ἐνιαυτόν ὑπό τοῦ ἀγωνοθέτου

20   ἀποστεῖλαι δέ καί πρεσβείαν ἐπί τόν Σεβαστόν καί εἰς Περύσιον πανδηλώσουσαν
      τάν ἀναστροφάν ἅν πεποίηται ἐν τᾶι πόλει

      ἁμῶν ὁμοίως δέ καί ἄλλαν πρεσβείαν καταστᾶσαι ἐπί Ὀκ. Γάιον Ροῦφον τόν ἀνθύ-
      πατον ἐκμαρτυρήσουσαν τάν σωφροσύναν.

Τα όπλα που όφειλε να αναθέσει ο ιερέας ανήκαν προφανώς στους νικητές του αγωνίσματος *ακοντίζειν αφ᾽ ίππου*,[10] όπως μας πληροφορούν άλλωστε οι γυμνασιακοί νόμοι της Βέροιας και της Αμφίπολης που αναφέραμε παραπάνω.

Η ηλικιακή κατηγορία των νέων αφορά σε άνδρες που είχαν ολοκληρώσει την τριετή εφηβική εκπαίδευση στα είκοσι χρόνια τους, αλλά δεν είχαν ακόμη κλείσει τα τριάντα, ώστε να αποκτήσουν πλήρη πολιτικά δικαιώματα.[11] Δεν αποκλείονταν ωστόσο από πολιτικά και στρατιωτικά αξιώματα ή ιερατικά καθήκοντα, συμπεριλαμβανομένου και του ρόλου του "σταφυλοδρόμου" στα Κάρνεια.[12]

Σ᾽ αυτή την ηλικιακή τάξη των νέων αναφέρεται επιγραφή ΑΕΜ 8056, χαραγμένη σε ορθοστάτη βάθρου (ύψ. 0,93 μ., μήκ. 0575 μ., πάχ. 018 μ., του

---

10. Themelis 1988, σ. 55-58· Themelis 1990, σ. 87-91.

11. Brelich 1969, σ. 125· Pettersen 1992, σ. 86-87, με πλούσια βιβλιογραφία και φιλολογικές μαρτυρίες.

12. Themelis 2007. Δεν αποκλείονταν επίσης από τα καθήκοντα του "ιερού" στα μυστήρια της Ανδανίας.

1^{ου} αι. π.Χ.) που ήλθε στο φως το 1969 στη Μεσσήνη, μεταξύ Θεάτρου και Κρήνης Αρσινόης:[13]

> [Οἱ ἱ]πποτρόφοι
> καὶ οἱ νεώτεροι
> οἱ ἐς τὰ τριάκοντα
> 4 Μόσχον Εὐαμέρ[ου]
> τόν αὐτῶν ἀγε[μόνα].

Ύψ. γραμμ. 0,035 μ. Οι "*ιπποτρόφοι*" και οι "*νεώτεροι*" τιμούν με ανδριάντα τον *ηγεμόνα* τους *Μόσχον Ευαμέρου*.[14] Οι "*ιπποτρόφοι*" της επιγραφής μας ήταν οι εκτρέφοντες και συντηρούντες άλογα όχι μόνο για τις ιπποδρομίες, αλλά και για τον πόλεμο.[15] "*Οι νεώτεροι οι εις τά τριάκοντα*" μπορεί να παραλληλιστούν με την ηλικιακή ομάδα νέων της Σπάρτης, που ο Ξενοφών (*Αγησίλαος* 1.31· *Ελληνικά* 3.4.23) αποκαλεί "*τά δέκα αφ' ήβης*", δηλαδή μεταξύ είκοσι και τριάντα ετών.[16] Ο Θουκυδίδης (5.64.3) ονομάζει "*νεώτερον μέρος*" ένα τμήμα του Σπαρτιατικού στρατού, εννοώντας αυτούς που δεν ήταν ακόμη πλήρεις πολίτες, σύμφωνα με τον A. Gomme.[17] Ο M. Petterson υποστηρίζει με πειστικά επιχειρήματα ότι οι *Καρνεάται* ανήκαν στους λεγόμενους *νεώτερους*, στην ηλικιακή δηλαδή ομάδα μεταξύ είκοσι και τριάντα ετών. Ο χαρακτηρισμός άλλωστε "*νεώτεροι*" χρησιμοποιείται και σε άλλες περιοχές του ελλαδικού χώρου για να δηλώσει ακριβώς τους νέους άνδρες που έχουν περάσει την εφηβεία και διανύουν την τρίτη δεκαετία του βίου τους.[18]

Η θέση του ιππόδρομου της αρχαίας Μεσσήνης αναζητείται κοντά στο Στάδιο, συγκεκριμένα στην πεδινή έκταση αμέσως νότια από την Παλαίστρα (**εικ. 4**). Οι ιππόδρομοι βρίσκονταν κατά κανόνα κοντά στα στάδια και όχι σε απόσταση χιλιομέτρων από αυτά. Στο συμπέρασμα αυτό καταλήγουμε βασιζόμενοι στον Παυσανία. Ο περιηγητής στα Αρκαδικά του (8.38.3-5) αναφέρει ότι "*στο Λύκαιο όρος υπάρχει ιερό Πανός με άλσος γύρω, με ιππόδρομο και πριν απ' αυτόν στάδιο, όπου παλαιά γίνονταν οι αγώνες των Λυκαίων*".[19]

---

13. THEMELIS 1996, σ. 153.
14. Το Μόσχος απαντάται σε επιγραφή του 1^{ου} αι. μ.Χ. από την εκκλησία της Παναγιάς Βωλιμνιώτισσας, όπου το ιερό της Λιμνάτιδος, στα όρια Μεσσηνίας Λακωνίας: *IG* V 1, 1374. Το όνομα Ευάμερος είναι συχνό στη Λακωνία, τη Μεσσηνία και τη Μεσσήνη: *IG* V 1, 21, 210, 211, 212, 902· THEMELIS 1990, σ. 87· THEMELIS 1993, σ. 55· THEMELIS 2000, σ. 91, στ. 44· THEMELIS 2002, σ. 37.
15. *LSJ, s.v.* "ιπποτρόφοι".
16. PETTERSEN 1992, σ. 58-86 με βιβλιογραφία· πρβλ. PROTT, ZIEHEN 1987, σ. 269, αρ. 64, στ. 23 (αγώνας λαμπάδας *των νεωτέρων* στην Κέα).
17. GOMME *et al.* 1970, σ. 93· PETTERSEN 1992, σ. 85-89.
18. THEMELIS 2007, σ. 516-517.
19. PAPACHATZIS 1980, σ. 345, σημ. 2· KOUROUNIOTIS 1909· D. G. Romano σε αυτόν τον τόμο.

Εικ. 4 — Η περιοχή νότια του Σταδίου και της Παλαίστρας (φωτο συγγραφέας).

"Στη λεωφόρο προς την Τεγέα, αριστερά και πολύ κοντά στα τείχη της Μαντίνειας, υπάρχει τόπος χρησιμοποιούμενος ως ιππόδρομος και κοντά σε αυτόν στάδιο όπου γίνονται οι αγώνες για τον Αντίνοο", σημειώνει ο Παυσανίας στο κεφάλαιο 10 των Αρκαδικών (8.10.7-10).[20] Ο ιππόδρομος της Μαντίνειας, σύμφωνα με την παραπάνω διατύπωση του περιηγητή, ήταν απλώς ένας τόπος που λειτουργούσε ως ιππόδρομος, χωρίς κατασκευές, εδώλια και αναλήμματα: "χωρίον ες των ίππων τον δρόμον".

"Όνομα δε τη αγορά το εφ'ημών έστιν Ιππόδρομος, και οι επιχώριοι τους ίππους παιδεύουσιν ενταύθα" αναφέρει ο ίδιος περιηγητής (6.24.2), επιβεβαιώνοντας ότι ο ιππόδρομος ήταν ένας ελεύθερος χώρος μέσα στην αγορά της Ήλιδας.

"Χαμηλά στην πεδιάδα της Κίρρας, το επίνειο των Δελφών, είναι ο ιππόδρομος, όπου γίνεται ο ιππικός αγώνας των Πυθίων" σημειώνει και πάλι ο ίδιος (Παυσανίας, 10.37.4). Κοντά στον ιππόδρομο βρισκόταν και το Στάδιο, σύμφωνα τουλάχιστον με τον Πίνδαρο: Πιθοί τε γυμνόν επί στάδιον καταβάντες, γράφει στον Πυθιόνικό του (Πυθιόνικος 11.49), που σημαίνει ότι για τους γυμνικούς αγώνες κατέβαιναν από την Πυθώ στον κάμπο της Κίρρας όπου βρισκόταν ακόμη

20. FOUGÈRES 1898, σ. 99-102.

το στάδιο και ο ιππόδρομος. Από την εποχή του Πινδάρου και εξής οι γυμνικοί αγώνες είχαν αρχίσει να γίνονται στο χώρο πάνω από το θέατρο, ο οποίος ωστόσο απέκτησε λίθινα εδώλια τον 2ο αιώνα μ.Χ. με χορηγία του Ηρώδη Αττικού (*Παυσανίας*, 10.32.1).[21] Χαρακτηριστική είναι μια επιγραφή του 246 π.Χ. από τους Δελφούς που αναφέρεται στην προετοιμασία των Πυθίων, κατά την οποία πολίτες επιμελήθηκαν της επισκευής και της συντήρησης της παραδρομίδος, των σφαιρι-στηρίων, του αγωνιστικού χώρου, των αποδυτηρίων, των αλμάτων, του ωδείου και του ιππόδρομου και χρηματοδότησαν τα βραβεία. Περιλάμβανε, υποθέτω, τακτικό καθαρισμό από την βλάστηση και ομαλοποίηση του πεδίου, αλλιώς *χωρίου* των ιππικών αγώνων. Το ιερό των Δελφών είχε στην κατοχή του ιερά άλογα καθώς και βόδια που έβοσκαν σε καθορισμένη περιοχή της ιερής χώρας, όχι μακριά από τον Ιππόδρομο, όπου απαγορευόταν η βοσκή ιδιωτικών κοπαδιών και το πότισμά τους από την *Κρήνην* κοντά στην *Κεραμείαν* και από το *Φρέαρ* που βρισκόταν μπροστά στο *ηρώον* *του* *Ελλάνικου*, σύμφωνα με ψήφισμα των Ιερομνημόνων του 178 π.Χ.[22] Στην αναζήτηση της θέσης του δελφικού Ιππόδρομου πρέπει να ληφθούν υπόψη, κατά τη γνώμη μου, τα αναφερόμενα στην επιγραφή τοπόσημα, η Κρήνη, η Κεραμεία, το Φρέαρ και κυρίως το ηρώο του Ελλάνικου.

Μόνο ο ιππόδρομος στο πανελλήνιο ιερό της Ολυμπίας, που βρισκόταν και αυτός κοντά στο στάδιο νότια της Άλτεως δίπλα στην νότια όχθη του Αλφειού, και περιγράφεται από τον Παυσανία ως "*χωρίον ες των ίππων ανειμένον τους δρόμους*", περιελάμβανε οικήματα, άφεση, βωμό και *ύσπληγα*, που μελέτησε διεξοδικά ο Π. Βαλαβάνης.[23] Δυστυχώς ούτε ο ιππόδρομος της Ολυμπίας σώζεται, παρασύρθηκε από τις υπερχειλίσεις του ποταμού.

21. Papachatzis 1981, σ. 415, σημ. 3.
22. *Syll³* 636 και *Syll³* 668· *SEG* XXV 570· *SGDI* 2536· Sokolowski 1969, 161, 79.
23. Valavanis 1999.

Le « camp de l'hipparque » à Larisa : chevaux d'armes, chevaux de courses et concours hippiques pour les Thessaliens

Bruno HELLY

Depuis longtemps les historiens de la Thessalie ont porté attention aux textes qui font mention de victoires thessaliennes dans les épreuves hippiques des concours panhelléniques : Pindare et d'autres poètes de l'époque classique en ont été les témoins. Ces savants se sont également intéressés aux inscriptions de Larisa qui mentionnent de telles épreuves dans les concours en Thessalie. Après eux, l'érudit larisséen Th. Axenidis, dans une étude consacrée en 1947 aux concours attestés par ces inscriptions[1], s'est appuyé sur le texte d'une épigramme d'époque impériale (*IG* IX 2, 645 = *GVI* 2058)[2] pour affirmer l'existence d'un hippodrome ; il constatait que l'on n'en a aucune trace et que la localisation de ce monument est inconnue, mais supposait que cet hippodrome se trouvait hors les murs, à proximité d'une route de quelque importance, « πλήσιον μιᾶς σημαντικῆς ὁδικῆς ἀρτηρίας ». Selon lui cet hippodrome aurait pu se trouver à l'emplacement que les beys Turcs utilisaient à cette fin[3], sur la rive gauche du Pénée, à l'ouest de la cité sur la route conduisant à Phalanna, pour lui celle de Tyrnavo. Il s'agit de ce qui est aujourd'hui le parc public appelé Alkazar et des espaces situés plus au nord sur la rive gauche du Pénée. La carte turque de 1880 le désigne sous le nom de Ταλημ Μειντων, transcription grecque du nom turc, appelé aussi Μέρ(ι)α du turc *mera*, en grec βοσκότοπος, βοσκή, qui désigne les espaces de libre pâture qu'on nomme *livadia*[4].

UN TÉMOIGNAGE ÉPIGRAPHIQUE SUR L'EXISTENCE D'UN « CAMP DE L'HIPPARQUE » HORS LES MURS

Ce constat ne semble pas pouvoir être démenti ni confirmé par les découvertes épigraphiques ou archéologiques faites depuis lors, peut-on croire. Il existe cependant une

---

1. AXENIDIS 1947, p. 26-27.
2. AXENIDIS 1947, p. 26-27, repris dans *Pelasgis Larisa* II (1949), p. 186. Cette épigramme honore un aurige qui a son tombeau « près des hippodromes », καὶ νῦν ἱπποδρόμοις ἰ[ἄγ]χι θανὼν ἐτάφην.
3. Th. Axenidis renvoie sur ce point à B. ORNSTEIN, *Zeitschrift der Gesellschaft für Erdkunde* 17 (1882), p. 186.
4. PALIOUNGAS 2007, p. 715-717 et n. 17.

inscription de Larisa qui pourrait permettre de répondre à la question d'une manière positive. Cette inscription, qui rapporte un inventaire de terrains et de monuments religieux établi vers la fin du IIIe s. av. J.-C., signalée par D. R. Théocharis[5], a été publiée par Fr. Salviat et Cl. Vatin dans un opuscule consacré à des inscriptions de Grèce centrale[6] et par moi-même dans la revue *Mnemosyne* en 1970[7].

Le texte de cette inscription, que j'ai revue en 2008, peut être amélioré sur plusieurs points, et je retiens ici le passage des l. 19-32 (**fig. 1** et **2**) :

```
         - - - - - - - -vac Ἱερὸν Ἀθάνας Πατρίας ἔξο[υ πόλιος]
20   κατὰ Πύθιον εἰόντουν ἐν Κράννουνα ἀριστέρας [χερρὸς]
     πλάτιον τοῦ βοίουνι τοῦ καλειμένου Ἱππορ[χείου]
     ἔνθι κίονες πλείονες χάμαι συνχρύλεαι καὶ χού[ρον]
     πέλεθρα ΙΙ πελεθραῖαι ΠΙΙ καπβολαῖαι vac. Π - καὶ μικ[ρὸν ἴκ]-
24   ταρ, Ἀθάνας vac. Θέρσυος κίουν χάμαι συνχρυλέα ΚΑ- -
     καὶ χούροι πέλεθρον Ι - vac. Εἴρουι Ἰονίου τοῦ Ἐπάφα τ[οῦ κα]-
     λειμένου πλάτιον τοῖ Ἱππαρχίοι περροικοδ[ομειμέ]-
     νον καὶ ἐξ ἀστέρας χερρὸς ἐδήεμμεν κίονα[ς Διὶ]
28   τοῦ ποτ Ὀλύμποι καὶ Ἐννοδίας Μυκαίκας,
     μεθ᾽ ἅ εὕραμεν καὶ ἐν τοῦ αυτοῦ τόπου κίονα[ς ἁ μὲν]
     Διὸς συνχρυλέα, ἁ μὰ Εἴρας, μένει καὶ ἐπιγραφὰ [σὺν]
     [γ]ραμμάτεσσι «Σκείβεις καὶ Ἵππαρχος ἱερομ[νάμονες]
32   [ἐ]σσεστάσαιεν Ἄπλουνος ΤΕΜ(Π)ΕΙΤΑ» ἔξου π[όλιος]
         - - - - - -
```

Notes critiques

L. 21 : τοῦ βοίουνι τοῦ καλειμένου Ἱπποκ[ράτεος] BH, βοιουνίτου καλειμένου Ἱππορ[χείου] FS-CV; Ἱππορ[χείου] confirmé par la révision de 2008. **L. 22** : extrémité de la barre gauche d'*upsilon* visible. **L. 24-25** : à la fin καχουμενα BH, ΚΑ- - |καὶ χούροι πέλεθρον FS-CV. **L. 25** : Εἴρουι Ἰονίου τοῦ Ἐπάφα τ[οῦ κα] BH avec extrémité gauche de la barre horizontale de *tau* au bord de la cassure, Εἴρουι Ἰονίου τοῦ Ἐπαφαί[ου κα] FS-CV. **L. 27** et **33** : ἐδήεμμεν BH, cf. Hésychius ἔδηεν · εὗρεν; ἔδη ἔμμεν FS-CV; la notation avec *êta* reste une étrangeté à cette date. **L. 28** : Μυκατίας BH, Μυκαικᾶς FS-CV, confirmé par BH 2008. **L. 29** : τόπου..ΟΝ.. BH, τόπου κίονα[ς...] FS-CV. **L. 31** : ΣΠΕΙΒΕΙΣ BH, Σκείβεις FS-CV confirmé par la révision. **L. 32** : Ἄπλουνος πεχέτα BH, Ἄπλουνος Τεχέτα FS-CV : le graveur a, semble-t-il, écrit d'abord ΤΕΜΕΤΑ, et a regravé par-dessus *pi* et un *iota*, ce qui permet de reconstruire le génitif Τεμπείτα, épiclèse d'Apollon attestée à Larisa.

Ce passage fait partie d'une section introduite l. 9 par ἔξου πόλιος, formule répétée l. 16-17, 19 et 32. Cette indication topographique est complétée par une autre, l. 20-21,

5.   D. R. THEOCHARIS, *AD* 16 (1960), *Chron.*, p. 185 et pl. 158.
6.   SALVIAT, VATIN 1971, p. 8-34.
7.   HELLY 1970.

Fig. 1 — Inscription de Larisa : inventaire de sanctuaires (Musée de Larisa ; cl. Archives thessaliennes de Lyon, Maison de l'Orient et de la Méditerranée Jean-Pouilloux).

Fig. 2 — Inscription de Larisa : inventaire de sanctuaires, l. 19-32 (Musée de Larisa ; cl. Archives thessaliennes de Lyon, Maison de l'Orient et de la Méditerranée Jean-Pouilloux).

κατὰ Πύθιον εἰόντουν ἐν Κράννουνα ἀριστέρας [χερρὸς], «du côté du Pythion, quand on va à Krannon, à main gauche». Cela permet de définir la situation du lieu qui nous intéresse ici, dénommé τοῦ βοίουνι τοῦ καλειμένου Ἱππορ[χείου]. La restitution du dernier mot est assurée par la reprise du même terme l. 26, πλάτιον τοῖ Ἱππαρχίοι. On ne s'étonnera pas de la variation de la voyelle dans Ἱππορ[χείου]-Ἱππαρχίοι, ni de la réduction de la diphtongue /ei/ à une monophtongue /i/- dans ce mot. La variabilité de /a/ vers /o/ est attestée en thessalien dans la forme de préposition ὸν (ionien attique ἀνά), dans l'opposition δέκοτος/δέκατος, ἰκοστός/ἴκατι, dans les formes en πετρα- et πετρο-. De même, la réduction de [ey] écrit ει > [e] > ι devant voyelle, phénomène de fermeture antérieur au développement du iotacisme est attesté dans les documents du ɪɪɪᵉ s. par les graphies θιός[8], Ὑψικλιείοι[9], etc.

Les premiers mots de l'expression τοῦ βοίουνι τοῦ καλειμένου Ἱππορ[χείου] ont été, selon moi, mal interprétés par Fr. Salviat et Cl. Vatin, qui ont proposé d'y reconnaître un adjectif toponymique au datif τοῦ Βοιουνίτου comme une « dénomination secondaire » d'un sanctuaire qu'ils supposaient dédié à un héros Hipparchos, avec renvoi à un lieu-dit mentionné par Pausanias, III 12, 1, dans sa description de Sparte : ἰόντι δὲ ἐκ τῆς ἀγορᾶς κατὰ τὴν ὁδὸν ἣν Ἀφεταΐδα ὀνομάζουσι, τὰ καλούμενα

---

8.   J. L. Garcia Ramon, *Verbum* 10 (1987), p. 132-133.

9.   Tziafalias, Garcia Ramon, Helly 2008, p. 75, nᵒ 2, l. 24 : adjectif patronymique en -κλει-ειος.

Βοώνητά ἐστι[10]. Il est vrai que le nom Βοώνητά s'explique bien comme un composé sur le thème de ητέω, et la forme thessalienne Βοιουνίτου de même si l'on accepte le passage de /ē/ long (thessalien -ει-) à -ι-. Mais il paraît peu vraisemblable de rejeter une formulation très ordinaire consistant à introduire une précision à la suite d'un terme d'acception plus générale : ainsi doit-on lire, à mon avis, la formule ὁ καλούμενος, τὸ καλούμενον, destinée à préciser le mot ὁ βοίουν, dans laquelle l'article est répété et tous les mots sont au datif après l'adverbe πλάτιον. On trouve déjà quelques lignes plus haut dans l'inscription quand est nommé le héros Ionios appelé Epaphas, Εἴρουι Ἰονίου τοῦ Ἐπαφᾶ τ[οῦ κα]|λειμένου. Cette lecture paraît d'autant plus plausible que le mot βοίουν est un terme à signification toponymique, avec le suffixe -ων des noms de lieux, attesté en Thessalie pour les noms Κράννουν, ionien attique Κράννων, Γύρτουν, Γύρτων, etc. La forme thessalienne βοίουν renvoie au substantif βοίων ou βοών de la *koinè*, pour *bow-y-ōn*[11] sur un thème *βοϝ- qui caractérise le nom du bœuf βοῦς.

On trouve ce mot βοών dans une inscription de Macédoine du début du IIIᵉ s. av. J.-C., dans la description d'un territoire : après la désignation d'une montagne, on fait mention d'un chêne, d'un βοών et d'une route carrossable conduisant au sanctuaire d'Artémis[12] :

- - - - - - - - - - - - - - -ὄρος Ὀσβαίοις
[καὶ Κισοίταις ἡ] δρῦς καὶ ὁ βοών,
[ἡ ὁδὸς ἡ ἐπὶ ἐπὶ Πρα]σσιλίους καὶ ἡ (ἁ)μαξι[τή]
[ἡ ἄγουσα ἐπὶ τ]ὸ τῆς Ἀρτέμιδος ἱερὸ[ν].

Il semble bien que βοών désigne là un lieu où stationnent les bovins, tout de même que dans un décret par lequel la cité perrhèbe de Pythion a fait don de terrains à un certain Timogénès[13] :

     τὰ ἐν Γεναίκοις κατὰ τὴν νάπη-
4   ν τὴν παρὰ τὸν Νικάδα β-
     οιώνα μέχρι τῆς ῥοίας καὶ
     τὰ πέραν τοῦ ποτάμου
     κατὰ τὴν ἀμαξιτὸν τὴ[ν]
8   ἄγουσαν ἐπὶ τὸν Κύλικα
     πάντα *rasura*

Ce décret encore inédit date de la seconde moitié du IVᵉ s. av. J.-C.

Comme dans d'autres situations où l'on trouve la combinaison *o-w-*, on enregistre des variations dans les dérivés suffixés en *-y* : on a des formes avec vocalisation, βοίων,

10. SALVIAT, VATIN 1971, p. 31. Cf. la glose d'Hésychius *bêta*.1014, βοώνητα · ἐπὶ ὠνῇ βοῶν δοθέντα.
11. Sur ces variations, voir HELLY 2013, p. 41.
12. Inscription de Mygdonie, *ca* 357-350 av. J.-C., *SEG* XL 542, citée dans le texte repris par HATZOPOULOS 1996, App. épig., n° 4.
13. Il figurera dans le corpus des inscriptions de Pythion en préparation.

d'autres avec amuissement, βοών, ainsi dans le premier terme du composé τὰ Βοώνητα déjà cité. On trouve encore un féminin βούα, attesté par Hésychius qui glose ce mot par ἀγέλη παίδων Λάκωνες (*bêta*.865), mais aussi βοία dans le composé Μελιβοία, nom de la nymphe éponyme de la cité thessalienne de ce nom. On lit dans la grande liste de magistrats de Téos, datée du IIIe-IIe s. av. J.-C., le nom d'une tour dite « de Boios » pour un Boidès (l. 5-6) [14] :

[Ὀ]<ρθ>αγ<ό>ρης, τοῦ Ποίκεω πύργου, Βα[- - -]
<Ε>ὐθυρρήμ<ω>ν, το[ῦ Β]οίου πύργου, Βοίδη[ς].

On rapprochera enfin le nom de tribu Βοᾶς, génitif Βοάτος écrit Βοᾶτες, à Larisa [15] et celui de Βοιουνίδαι pour une autre unité civique (sungéneia ?) à Krannon [16].

Le caractère générique du substantif βοίουν/βοών a pour conséquence que l'on doit préciser si cette « stabulation » a une identité particulière, pour la distinguer d'autres semblables [17]. C'est le cas de la stabulation larisséenne appelée βοίουν Ἱππάρχ(ε)ιος. L'adjectif en -ειος peut renvoyer à deux réalités distinctes, quoi que sans doute liées : il peut signifier que la stabulation est celle d'un personnage dénommé ἵππαρχος ou Ἵππαρχος, nom de héros, comme l'ont compris Fr. Salviat et Cl. Vatin, ou nom du magistrat appelé hipparque, mais on peut aussi l'interpréter comme un substantif neutre désignant l'hipparcheion, le lieu où siège l'hipparque. La relation de l'un à l'autre est peut-être déjà fixée dans le texte de l'inscription elle-même, qui mentionne au même endroit une dédicace à Apollon Tempeitas faite par deux personnages dont l'un s'appelle Hipparchos et l'autre Skeibeis (l. 29-32) :

μεθ' ἅ εὕραμεν καὶ ἐν τοῦ αυτοῦ τόπου κίονα[ς ἁ μὲν]
Διὸς συνχρύλεα, ἁ μὰ Εἵρας, μένει καὶ ἐπιγραφὰ [σὺν]
[γ]ραμμάτεσσι «Σκείβεις καὶ Ἵππαρχος ιερομ[νάμονες]
32   [ἐ]σσεστάσαιεν - - - Ἄπλουνος Τεμπείτα»

La mention d'une ἐπιγραφά et non d'une stèle, en thessalien κίουν, attire l'attention. On fait en général mention du support, stèle, statue ou base, avec la formule ἐπιγραφὴν ἔχων, ἔχουσα (στηλή), ἐφ' οὗ, ἐφ' ἧς ἐπιγραφή [18]. On trouve ici ἐπιγραφά comme nominatif à rattacher au verbe μένει qui précède. Cela fait supposer que les hiéromnémons n'ont vu qu'une inscription sur un bloc dont ils n'identifiaient pas la nature et une inscription difficile à lire, ce qui pourrait expliquer la transcription erronée faite par

---

14. *CIG* 3064 et 1125 ; Y. Béquignon, *RA* 28 (1928), p. 185 (*SEG* IV 620) ; S. Hunt, *JHS* 67 (1947), p. 68-75 ; McCab, *Téos* n° 79 (PHI, base de données en ligne. URL : http://epigraphy.packhum.org/book/529?location=14, consulté le 06 octobre 2018).

15. Tziafalias, Helly 2013, p. 164, l. 119.

16. *SEG* LVII 505 ; LI 711.

17. Ce toponyme est souvent devenu un nom propre : Boion est le nom de plusieurs cités antiques, en Laconie, en Doride, etc.

18. *SEG* XLVIII 665, de Phères : (φιαλὰ) ἔχονσα ἐστύπουμα πρόσουπον Ἐννοδίας καὶ ἐπιγραφάν.

le graveur de l'épiclèse d'Apollon Tempeitas : il s'agissait probablement d'une gravure ancienne en alphabet épichorique[19].

Les deux dédicants sont qualifiés de hiéromnémons, des magistrats civiques et non des hiéromnémons amphictioniques[20]. Nous ignorons tout de ces deux Larisséens nommés sans patronyme, ce qui peut être là encore une marque d'ancienneté. Le nom Hipparchos est commun en Thessalie, mais peu utilisé à Larisa[21]. Celui de Skeibeis semble très rare, nous n'en avons qu'une autre attestation par le dérivé Σκηβηΐδης dans une inscription hellénistique à Téos, à partir duquel il est raisonnable de reconstruire un anthroponyme Σκήβης répondant au thessalien Σκείβεις : τοῦ Ἑκαδίου πύργου, Σκηβηΐδης[22].

L'interprétation de cet anthroponyme paraît difficile : on ne connaît en grec aucun nom comportant un thème *skēb- avec voyelle longue. Dans Σκείβεις et Σκηβηΐδης, il paraît probable que l'on a un thème avec *sigma* prothétique (cf. στέγος/τέγος, etc.)[23]. Dans cette hypothèse, on peut rattacher le thessalien Σκείβεις et l'ionien Σκηβηΐδης au substantif κῆβος, nom d'un singe à longue queue décrit par Aristote, *Histoire des animaux* 502a 17, qui distingue ce singe de *pithecus* et de *cynocephale*; on l'identifie à *cercopithecus*, famille des *cercopithecidae*[24]. Compte tenu de la variante κῆπος chez Élien, *De Natura Animalium* 17, 8, il s'agirait d'un emprunt sémitique[25]. L'utilisation de ce nom comme sobriquet serait parallèle à celle que les Grecs ont faite du nom plus courant du singe, Πίθακος, emprunté lui aussi à une langue étrangère[26]. Comme pour ce nom qui a de nombreuses formes dérivées[27], on peut accepter un dérivé Σκήβης (type λάχος/Λάχης) et un gentilice suffixé en -ίδης.

Cet anthroponyme Σκείβεις fait écho, à mon avis, à un autre nom gentilice qu'on lit dans une inscription cadastrale de Larisa[28], qui précise que des lots de terre sont

---

19. Voir la mention d'inscriptions sur des rochers à Delphes, *FD* III 4, p. 295, l. 15-18, vers 110 apr. J.-C. (*Choix d'inscriptions de Delphes*, n° 247) : ἐν τῇ τῶν ἱερομνημόνων κρίσε]ι κεκλῆσθαι Ἄκρα Κολώφια καὶ ἐκ τούτο[υ φανερὸν ἐστι]ν ὅτι ἐνε[στήκασιν] ἐν ἀμφοτέροις τοῖς λόφοις φυσικοὶ λίθοι ὧν ἐν μὲν τῷ ἑτέρῳ] ἔτι καὶ νῦν ἐπιγραφὴ μένε[ι (la suite en rétro-version du texte latin : διὰ τὴν ἀρχαιότητα πιστωτέα,| ἢ σημαίνει τοῦτον τὸν λίθον Δελφῶν ὅρον εἶναι, ἐν δὲ τῷ ἑτέρῳ α]ὐτὸ τοῦτο ἐπεγέγραπτ[ο, καίτοι νῦν ἐκκεκολαμμένον ἦν).

20. On en a trois autres mentions à Larisa : deux dans des listes d'affranchis du règne d'Auguste *IG* IX 2, 541, et *AEph* 1930, p. 176-178, et dans une dédicace à Apollon Kerdôios *IG* IX 2, 1234, par Sousipatros Polemarchidaios, hiéromnémon et archidaphnéphore (fausse attribution à Phalanna).

21. Trois attestations à Larisa sur dix-huit dans *LGPN* III B.

22. McCabe, *Teos* n° 79.

23. Cf. Σμικίνας à Mopsion : Tziafalias, Garcia Ramon, Helly 2008, p. 95, n° 4, l. 17.

24. Voir https://fr.wikipedia.org/wiki/Cercopithecus, consulté le 07 octobre 2018. Autres mentions : Strabon, XVI 4, 16, avec variation sur l'orthographe κῆπος; Galien, *De usu partium* 11, 2.

25. Masson E. 1967, p. 87, n. 5.

26. C'est un emprunt ancien, voir Reynolds, Masson O. 1976, p. 92 (*OGS* 248); aussi *ZPE* 60 (1985), p. 138.

27. Ces noms sont connus dès l'époque classique en pays africain, en Cyrénaïque, mais aussi en Béotie, à Delphes et en Thessalie.

28. Tziafalias, Helly 2013, p. 211.

attribués à des citoyens inscrits sous le nom de Skibidai dans le quartier appelé [κα]τ Ἀφάμιον :

[κα]τ Ἀφάμιον Σκιβίδας : Λυκόφρουν Φε - - 10 - - - - Σ πέλεθρα δύα πελεθραίας πεττα-
[ρ]ας Ἀνδρόμαχος Πυρρίνειος πέλεθρα δ[εκάπεμπε πελ]εθραίας δύας : Στρείβουν Ἑρμί-
[αῖ]ος πέλεθρα δεκάπεμπε πελεθραίας [- - - - - : - - - - -]μαιος Στρειβούνειος πέλεθρα ἔ-
[ξε] πελεθραίας ἔττα καπβολαίας ἔννεα.

12

L'accusatif Σκιβίδας désigne un secteur du cadastre, comme Ὀρτάδας dans le cata-logue des ventes des *hippoteia* et dans l'inscription cadastrale publiée par Chr. Habicht, *Demetrias* I (1976), p. 157-159, face A (*SEG* XXVI 672).

Le nom gentilice Σκιβίδαι peut-il être rapproché de l'anthroponyme Σκείβεις ? On doit y reconnaître plutôt un dérivé d'un nom formé sur l'adjectif *κίβος, connu par une glose d'Hésychius, κίβον ἐνεόν Πάφιοι, « muet, » au figuré « stupide »[29]. Mais on ne connaît aucune attestation de ces noms en Thessalie[30]. Il me semble cependant qu'on peut faire l'hypothèse d'une confusion des deux dérivés Σκειβείδαι de (Σ)Κείβεις et Σκιβίδαι de (Σ)Κίβεις (Κίβης), justifiée par la réduction de /eil/ > ey> /il/ en thessalien aussi devant consonne. Cette variabilité est attestée dès la fin du vie ou le début du ve s. dans ἀπῖσαι *IG* IX 2, 1202, à Koropè, en face de ἀπεῖσαι à Argoura *SEG* XLV 549, l. 11[31], ou dans une inscription sur vase de Pélinna, *SEG* LI 729, Λενίδου ἰμί pour εἰμί. Au iiie s., à Larisa, on a une alternance analogue d'un même nom ou une confusion entre deux dérivés du thème de ἀλκή, Ἀλκείδας/Ἀλκίδας, l'un, τοῦν Ἀλκειδαίουν ἱπποτείουν, dans l'inscription sur la vente des *hippoteia*, l. 31[32], l'autre Ἀλκίδας Σ-, dans la politogra-phie de Larisa *IG* IX 2, 517, l. 9.

LE COURS D'EAU APHAMIOS ET LA LOCALISATION DE L'HIPPODROME DE LARISA

L'hypothèse d'une relation entre le nom du hiéromnémon Skeibeis et le nom des Skibidai me paraît être renforcée par la désignation des terrains des Skibidai, inscrits dans une section appelée [κα]τ Ἀφάμιον, comme on a dans le catalogue des ventes la localisation [κ]ατὰν ὑδ[ρε]ίαν, l. 56. L'identification de ce toponyme comme nom d'un cours d'eau Ἀφάμιος est assurée par l'inscription *FD* III 4, 42, l. 15-16 et 29 : il désigne

---

29. Masson O. 1967 (*OGS* 93-96). Je reprends les remarques que m'a faites mon ami J. L. Garcia Ramon sur la formation de ces noms, ce dont je le remercie très sincèrement.

30. Fausse attribution à Scotoussa de Thessalie dans *LGPN* III B, *s.v.* « Κιβᾶς », pour ce nom dans une dédicace de Macédoine du ive-iiie s. av. J.-C. à Hérakleia Sintikè ou Scotoussa de Macédoine (?), voir *LGPN* IV, *s.v.*

31. Blümel 1987, p. 68.

32. Tziafalias, Helly 2013, p. 154 ; dans la même inscription, voir ἰμιτύα et ἰμιτολαχία en regard des formes à /e/ long ἥμισον et ἡμίεκταιίδιον *IG* IX 2, 1222, l. 3-4, Magnésie, ve s. av. J.-C., voir Blümel 1987, p. 88 et 127-128.

un cours d'eau qui devait séparer les territoires de Thronion et de Skarphée en Locride[33]. Or il semble que la localisation de l'inscription consacrée par Skeibeis et son collègue Hipparchos et celle des terrains attribués aux Skibidai se situent dans la même partie du territoire de Larisa le plus proche de la ville, dans une région où passait, et passe encore, la route de Larisa à Krannon, comme le dit l'inscription relative à l'inventaire des sanctuaires de Larisa, l. 20-21 : κατὰ Πύθιον εἰόντουν ἐν Κράννουνα ἀριστέρας [χερρὸς]| πλάτιον τοῦ βοίουνι τοῦ καλειμένου Ἱππορ[χείου].

De fait, ce cours d'eau Aphamios ne peut être qu'un affluent du Pénée, qui dans cette partie de son cours en reçoit seulement deux, tous deux sur sa rive droite, au sud, venant des collines appelées Révénia. On peut alors identifier cet Aphamios avec un affluent mineur du Pénée qui naît dans ces collines et arrive jusqu'à Larisa par la vallée que l'on remonte en direction du sud pour aller de Larisa à Krannon et à Karditsa (**fig. 3** et **4**). Ce petit *reuma* qui a formé cette vallée portait à l'époque ottomane le nom turc de Kourouldou, en grec Xérias. Th. Palioungas, dans son ouvrage *Η Λάρισα κατά την Τουρκοκρατία*[34], a localisé le cours de ce *reuma* grâce à des indications topographiques de l'époque ottomane et du début du xxᵉ s. Le *reuma* Kourouldou, qui longe à l'est la colline appelée Mézourlo, où l'on a construit le Διαχρονικό Μουσείο de Larisa, bordait dans ce secteur sud de la ville le cimetière juif installé là à partir du début du xviiᵉ s., au voisinage d'une propriété appelée Aksaray et à l'extrémité est d'un *sunoikismos Livadaki*. Le terrain de ce cimetière hébraïque, abandonné à partir de 1900 pour un nouveau installé à côté du cimetière chrétien *odos Pharsalôn*, a servi à la construction du 25ᵉ *Dimotiko Scholeio*, aujourd'hui École de musique, et du 6ᵉ *Gymnasio-Lykeio*. Les inscriptions hébraïques de cet ancien cimetière ont été copiées par N. Giannopoulos en 1912[35]. Quand la ville moderne s'est développée, on a construit sur l'emplacement de cette section du cours d'eau la rue *Mikhail Karaoli-Andréa Dimitriou*.

Un peu au nord du périphérique sud de Larisa, le Kourouldou se dirigeait vers le nord-ouest puis vers le nord en direction du Pénée, à l'est de l'hôpital militaire situé en bordure du boulevard périphérique intérieur qui porte le nom d'Athanasiou Lagou, prolongement du boulevard Ἡρώων Πολυτεχνείου. Les cartes ottomanes de 1828 et 1880 (**fig. 3**) signalent plusieurs ponts à l'intérieur de la ville[36], qui servaient à passer ce cours d'eau ; du côté du pont le plus proche de l'enceinte ottomane, on a repéré une ligne de blocs antiques. Th. Palioungas précise que sur la carte de 1827-1828 le ruisseau était représenté, mais qu'on ne lit que la seconde partie du nom, ... *ere* (*dere*, petit cours d'eau). Il indique que le ruisseau Kourouldou a été reconnu sans ambiguïté par le voyageur anglais R. Pococke (1741), selon lequel, dans la partie occidentale de la ville,

---

33. AGER 1996, nᵒˢ 163 et 167.
34. PALIOUNGAS 2002, p. 98, 113 n. 39, 285, 335 n. 186 ; PALIOUNGAS 2007, p. 586-590 : το ποτάμακι Κουρούλντου (Kuru Dere) ἑλληνικά Ξηρόλακκος η Ξερίας καὶ κόντα ἕνα Ανοικτος Αγρός. Informations complétées oralement par A. Tziafalias.
35. GIANNOPOULOS 1930, p. 257.
36. STÄHLIN 1924, p. 96, et PALIOUNGAS 2002, pl. A et B.

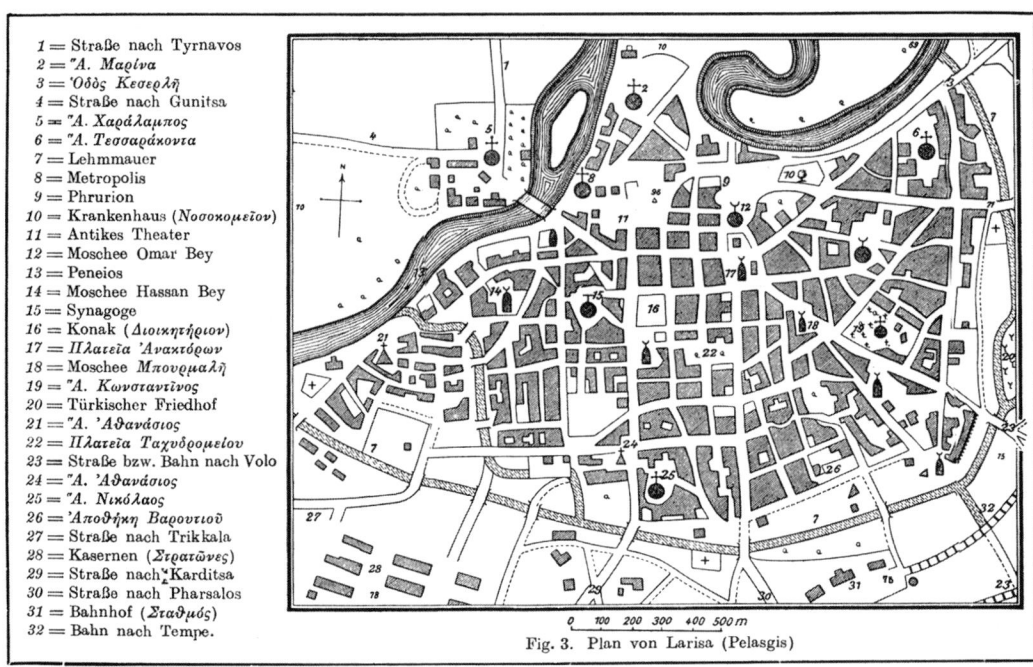

1 = Straße nach Tyrnavos
2 = Ἅ. Μαρίνα
3 = Ὁδὸς Κεσερλῆ
4 = Straße nach Gunitsa
5 = Ἅ. Χαράλαμπος
6 = Ἅ. Τεσσαράκοντα
7 = Lehmmauer
8 = Metropolis
9 = Phrurion
10 = Krankenhaus (Νοσοκομεῖον)
11 = Antikes Theater
12 = Moschee Omar Bey
13 = Peneios
14 = Moschee Hassan Bey
15 = Synagoge
16 = Konak (Διοικητήριον)
17 = Πλατεῖα Ἀνακτόρων
18 = Moschee Μπουρμαλῆ
19 = Ἅ. Κωνσταντῖνος
20 = Türkischer Friedhof
21 = Ἅ. Ἀθανάσιος
22 = Πλατεῖα Ταχυδρομείου
23 = Straße bzw. Bahn nach Volo
24 = Ἅ. Ἀθανάσιος
25 = Ἅ. Νικόλαος
26 = Ἀποθήκη Βαρουτιοῦ
27 = Straße nach Trikkala
28 = Kasernen (Στρατῶνες)
29 = Straße nach Karditsa
30 = Straße nach Pharsalos
31 = Bahnhof (Σταθμός)
32 = Bahn nach Tempe.

Fig. 3. Plan von Larisa (Pelasgis)

Fig. 3 — Plan de Larisa à l'époque ottomane (1880) (d'après Stählin 1924, p. 96).

il existe un petit ruisseau qui se jette dans le Pénée et qui est à sec l'été[37]. En 1937, le ruisseau Kourouldou a été transformé en canal couvert pour les eaux de pluie[38] : sur son parcours, depuis le boulevard des Ἡρώων Πολυτεχνείου aménagé sur le tracé de l'enceinte ottomane détruite au début du XXᵉ s. jusqu'au pont du Pénée, on a construit la rue *Dimitriou Karathanou*. Dans les nouveaux quartiers au sud de la ville[39] et plus en amont, les cartes modernes figurent le tracé du Kourouldou dans la vallée qui descend des Révénia depuis les villages de Krannon et Eleutherai, suivant un peu à l'est la route Larisa-Krannon (**fig. 4**).

Il en résulte que, si l'on suit les indications données par l'inventaire des sanctuaires de Larisa, «hors de la ville, quand on va vers Krannon, à main gauche», on trouve à proximité de cette route, et par conséquent de ce cours d'eau Aphamios-Kourouldou, un Pythion πλάτιον τοῦ βόιουνι τοῦ καλειμένου Ἱππορ[χείου], formule que je propose de traduire par «le camp de l'hipparque». Il semble que l'on peut situer ce lieu à l'est du *Livadaki* proche de l'ancien cimetière hébraïque et dans la direction de la gare, au sud du boulevard Ἡρώων Πολυτεχνείου et au sud du rempart antique, dont le tracé, restitué

---

37. Pococke 1745, p. 153.
38. Palioungas 2002, p. 113, n. 39.
39. Où se trouvent un grand gymnase et d'autres équipements publics.

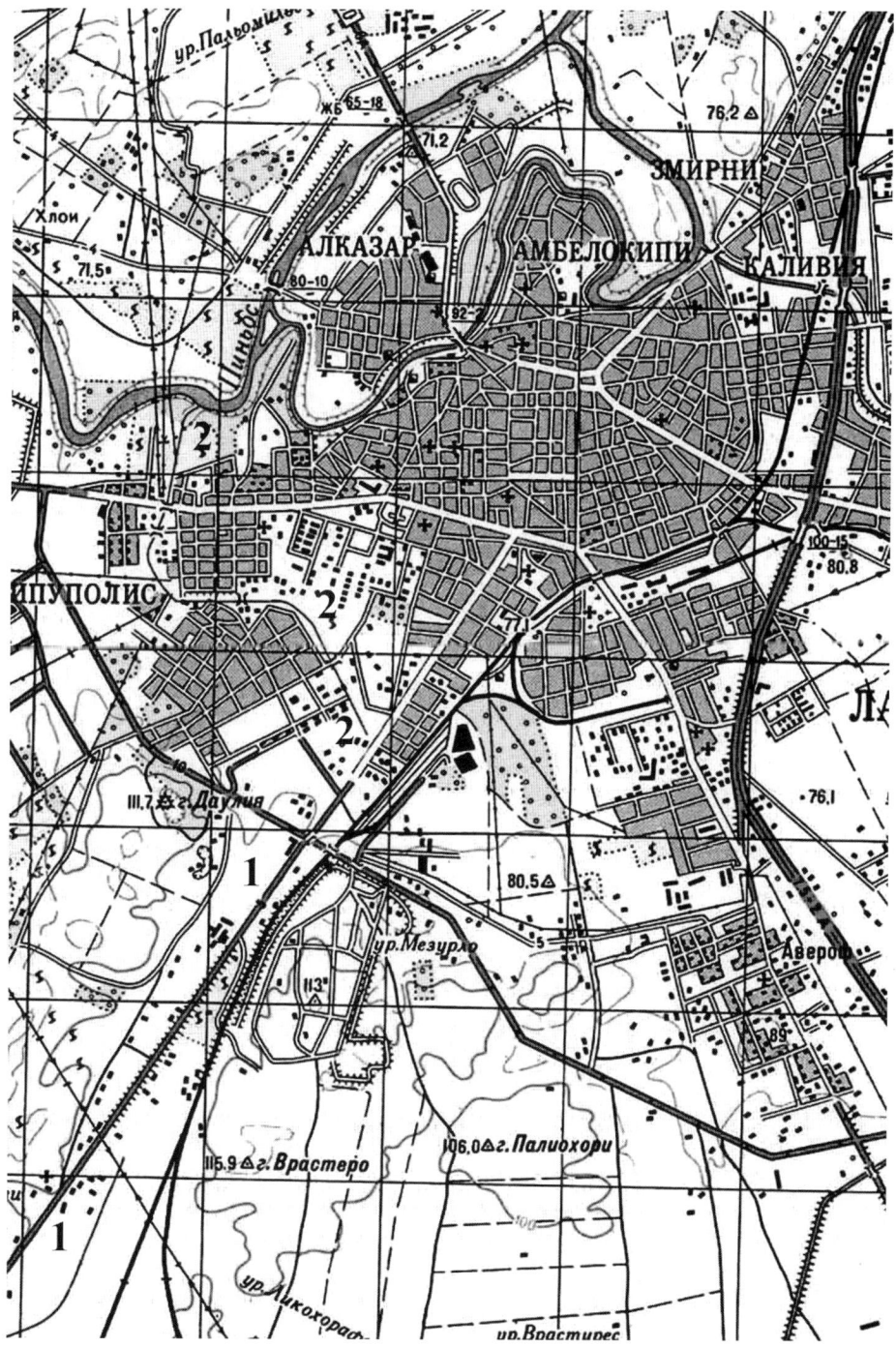

Fig. 4 — La route de Krannon (1) et le Kourouldou (2) (carte soviétique de 1960-1970) (http://maps. vlasenko.net/soviet-military-topographic-map/map50k.html, consulté le 17 octobre 2018).

par A. Tziafalias[40], était quelques centaines de mètres plus au nord (**fig. 5**). Le nom de *Livadaki* montre que « ce camp de l'hipparque » n'était qu'un espace de stabulation hors de la ville, à proximité des remparts, un espace qui pouvait servir de pâturage temporaire à la bonne saison et était destiné à accueillir les grands rassemblements d'animaux d'élevage, les bovins, ce qui explique sa qualification de βοίουν, mais aussi les chevaux. Il possédait les trois éléments requis pour un hippodrome : un assez vaste espace, une ressource en eau et une route d'accès[41].

On comprend pourquoi ce pré était appelé aussi ἱππάρχειον, le camp de l'hipparque ou *hipparcheion*, siège du commandant de la cavalerie. Car c'est là que les hipparques pouvaient réunir les cavaliers constituant le régiment de cavalerie que la cité de Larisa devait fournir à l'armée fédérale thessalienne et sans doute aussi l'autre régiment de la *stasis* dont Larisa était le centre[42]. C'est là que ces cavaliers amenaient leurs chevaux d'armes, là que se faisait le contrôle de l'état des montures, en particulier dans les périodes de mobilisation. Deux textes parallèles de Xénophon permettent d'imaginer ces moments de grande activité et d'agitation. Lors de son intervention en Asie, Agésilas a tenté de mettre sur pied une cavalerie à Éphèse, ce pour quoi il a organisé une « foire » aux chevaux (Xénophon, *Agésilas* 26) : ἥ τε γὰρ ἀγορὰ μεστὴ ἦν παντοδαπῶν καὶ ὅπλων καὶ ἵππων ὠνίων, οἵ τε χαλκοτύποι καὶ οἱ τέκτονες καὶ οἱ σιδηρεῖς καὶ σκυτεῖς καὶ γραφεῖς πάντες πολεμικὰ ὅπλα κατεσκεύαζον· ὥστε τὴν πόλιν ὄντως ἂν ἡγήσω πολέμου ἐργαστήριον εἶναι[43].

Dans son livre consacré au cheval de guerre en Grèce[44], A. Blaineau cite ces textes et conclut qu'à Athènes les ventes de chevaux et de bétail se faisaient sur l'agora. Il n'oublie cependant pas l'existence des foires et panégyries qui offraient toutes occasions de se procurer ou d'échanger du bétail[45]. Pour moi, l'intérêt de ce texte est ailleurs : outre le fait que l'utilisation de ce que Xénophon appelle l'agora d'Éphèse a pu être de circonstance, l'expression πολέμου ἐργαστήριον marque, au contraire, une opposition entre ce qui se passait sur l'agora et ce que représentait la mise sur pied d'une cavalerie en période de guerre. Pour rassembler les cavaliers, les chevaux, l'armement et tous ceux qui accompagnent l'opération, palefreniers, écuyers et tous les corps de métiers requis,

---

40. TZIAFALIAS 1994, p. 155.

41. Les exposés présentés au colloque sur les hippodromes ont insisté sur ces trois éléments caractéristiques.

42. Sur la contribution de chaque cité du *koinon* thessalien à la cavalerie fédérale, sur les *staseis* et la mobilisation des deux régiments de la *stasis* larisséenne en 431, voir HELLY 1995, p. 202-210, 233-238 et HELLY 2000.

43. Même description dans *Helléniques* III 4, 17.

44. BLAINEAU 2015, p. 289, n. 1 : « Il faut imaginer l'agora d'Athènes parcourue par les chevaux et leurs cavaliers : dans son angle sud-ouest à proximité de l'Hipparcheion, où les Hippeis s'exerçaient à différentes figures équestres. Il convient d'ajouter à cela les processions et les exhibitions décrites par Xénophon dans l'*Hipparque* III, *passim*, et qui se déroulaient à l'Académie, au Lycée, à Phalère ou à l'hippodrome ».

45. CHANDEZON 2000, met en évidence la difficulté d'interpréter le terme *agora* qui a le sens de marché autant que de place publique. En thessalien, le mot λίμην a ce même double sens et les cités thessaliennes comme Larisa disposaient de deux *limenes* ou *agorai*, l'une dite libre et l'autre dite commerciale.

Fig. 5 — L'enceinte ottomane (d'après Palioungas 2007, p. 556, fig. 82) et le tracé supposé de l'enceinte antique (Tziafalias 1994, n. 41, p. 155): entre les tours VII et VIII, la route vers Krannon et Karditsa.

il faut un espace bien plus vaste qu'une agora urbaine[46]. Un vaste camp de l'hipparque est nécessaire.

Il est probable que le ou les hipparques qui commandaient le régiment de cavalerie de Larisa aient disposé d'un local situé en ville : l'organisation et la gestion d'une telle unité exigeaient d'avoir des rôles écrits et des archives tenues par un secrétariat et celles-ci n'étaient pas conservées «hors la ville.» Mais il n'était sans doute pas acceptable de faire entrer et stationner *intra muros* de manière régulière et répétée plusieurs centaines de chevaux, sinon à l'occasion des grandes fêtes religieuses ou de manifestations patriotiques à l'occasion desquelles les cavaliers pouvaient se déployer dans l'ensemble de la ville et en particulier sur l'agora pour des processions ou des démonstrations.

LE CAMP DE L'HIPPARQUE, L'HIPPODROME ET LES CONCOURS HIPPIQUES À LARISA

C'est dans l'espace de ce «grand camp[47]» que les unités de cavalerie effectuaient les exercices et les manœuvres décrites par les spécialistes de l'art équestre, les entraînements individuels au dressage du cheval et l'apprentissage du maniement de leur monture par les cavaliers, les mouvements collectifs des escadrons et des régiments, qui exigeaient un vaste espace ouvert, libre de constructions. Ce camp de l'hipparque ne nécessitait pas d'installations construites en dur[48] : comme aujourd'hui sur les champs de foire, il suffisait de barrières mobiles pour fixer les limites du stationnement des animaux. Par tempérament, les chevaux n'ont pas tendance à franchir les barrières : une simple corde suffit le plus souvent pour les maintenir dans le pré. Quant aux bovins, plus enclins à pérégriner en toutes directions, ils peuvent eux aussi être tenus en station par des barrières et, dans les foires, ce sont à des barrières qu'ils sont à l'attache.

En revanche il est indispensable d'avoir une ressource en eau à proximité pour tous ces animaux. Mais il n'est pas nécessaire d'avoir des cours d'eau abondants ni des débits considérables. Comme dans tous les pays méditerranéens, un filet d'eau permet de remplir des bassins et des abreuvoirs[49]. L'Aphamios de l'Antiquité, le Kourouldou-Xérias, en dépit de son nom, devait répondre à ces besoins, d'autant que les grands

---

46. La situation n'était sans doute pas différente pour l'infanterie : pour entraîner hoplites et fantassins, il faut utiliser la palestre et le gymnase, mais on les rassemble dans la même situation que les cavaliers, hors de la ville. Le même inventaire de sanctuaires assure que l'une de ces palestres se trouvait hors de la cité, l. 41-42 : καὶ το γουνίον τὸ ἀρχαῖον τὰς Παντα[πονείας πα]λαίστρας.

47. Tel est le nom donné, à la fin du xixᵉ s., à l'hippodrome de Lyon aménagé dans la plaine du moyen Rhône à l'est de Lyon, sur la commune de Villeurbanne.

48. Une tente pouvait accueillir le bureau de l'hipparque, l'*hipparcheion*.

49. BLAINEAU 2015, p. 69 : «Les besoins des chevaux en eau peuvent varier de 25 à 75 litres par jour en fonction de la taille et des conditions d'élevage». Pour les bêtes à l'hippodrome, il ne s'agit pas d'une station de longue durée et l'alimentation en eau pouvait être assurée par des bassins en nombre suffisant.

rassemblements d'animaux pour la mobilisation comme pour les marchés n'avaient pas lieu en plein été, mais de préférence au printemps et à l'automne.

Il n'en faut pas davantage pour faire de ce camp de l'hipparque un hippodrome. Car tout exercice collectif suscite l'émulation entre les participants et c'est ainsi que le champ de manœuvre devient champ de courses, le camp de l'hipparque devient hippodrome au sens plein du terme, le lieu des concours hippiques. Il faut constater, en effet, que les épreuves hippiques que l'on trouve dans les inscriptions dites agonistiques reposent sur les exercices d'entraînement et de perfectionnement au service armé des cavaliers, les défilés et parades, les charges appelées *prosdromai*, etc. La compétition entre les individus et les groupes est aussi l'occasion d'évaluer leur valeur militaire et permet de réaliser ce que l'on appelle l'amalgame dans les unités, des plus petites jusqu'aux plus grandes[50]. D'autres épreuves sont fondées sur les pratiques concrètes et quotidiennes que requiert l'utilisation des chevaux : ainsi l'*amphippodromè*, l'exercice qui consiste à sauter d'un cheval sur un autre en pleine course, se rapporte à l'opération qui permet de rassembler les chevaux, notamment les jeunes, laissés en libre pâture pendant la saison d'hiver. Pour toutes ces épreuves, le pré suffit, comme on voit pratiquement partout et encore dans beaucoup d'hippodromes actuels. Sur ce pré, il n'est pas besoin d'autres équipements que de barrières, de poteaux de bois portant des cordes ou des lisses de bois pour délimiter un ou plusieurs parcours, des lignes de départ et des obstacles.

C'est à ce camp de l'hipparque que les cavaliers devaient amener leur cheval d'arme, qu'ils gardaient à la maison[51] : on devait pouvoir en disposer sans délai en cas de mobilisation. À Larisa, la loi faisait obligation aux cavaliers de nourrir et entretenir leurs chevaux et leur accordait un lot supplémentaire réservé à cette fin[52]. Mais, comme l'a écrit Chr. Chandezon dans une étude sur l'*hippotrophia* et la *boutrophia*, « l'hippotrophia suppose l'entretien d'un cheval et cela oriente vers ce que l'on appelle, dans le langage des cavaliers, la remonte. Ce terme désigne l'ensemble des processus et services qui permettent d'équiper des cavaliers en montures[53] ». L'*hippotrophia* impose des contraintes qui vont au-delà du simple entretien individuel de sa monture et éventuellement des bêtes de somme qui peuvent accompagner le cavalier mobilisé. Le contrôle et l'intervention de l'État s'imposent. L'inscription de Larisa déjà citée montre comment et sur quoi ce contrôle s'exerçait : sur le lot cavalier, *hippoteion*, détenu par le citoyen la loi fixait une limitation de la vigne et des cultures vivrières pour l'alimentation humaine, assortie d'un contrôle probablement annuel sur l'application de ces dispositions et de pénalités financières dont les montants apparaissent suffisamment élevés pour avoir valeur dissuasive, de 3 à 5 mines d'argent[54].

---

50. HELLY 1995, p. 202 et 210.
51. BLAINEAU 2015, p. 269.
52. TZIAFALIAS, HELLY 2013, p. 164, l. 119.
53. CHANDEZON 2014, citation p. 36.
54. TZIAFALIAS, HELLY 2013, p. 174.

Chr. Chandezon a précisé également que certains états hellénistiques «ont pu recourir à des dispositifs de remonte différents où les chevaux étaient fournis par des services dépendant du pouvoir, ce qui suppose l'entretien de haras d'État». Mais pour de nombreuses cités on peut supposer une situation intermédiaire, associant l'entretien individuel de la monture avec des contraintes imposées par l'État : le service public pouvait être consacré spécifiquement à cette partie de l'*hippotrophia* qui relève des soins vétérinaires des animaux en général, incluant le suivi de la reproduction, le contrôle des juments et des poulains, etc. L'ensemble de ces opérations exigeaient des compétences que les simples citoyens ne pouvaient pas tous développer et devaient être confiées à un spécialiste, l'*hippiatros*. Il apparaît par ailleurs que celui-ci pouvait être un médecin appointé par la cité, un professionnel que l'on pouvait faire venir d'ailleurs, comme on en trouve un exemple thessalien par le décret de Lamia pour Mètrodôros fils d'Androménès de Pélinna, *IG* IX 2, 69[55].

Une autre partie de l'*hippotrophia* relevait aussi de pratiques collectives. Ce n'est pas un hasard si les cités et les peuples qui avaient la réputation d'être *hippotrophoi* ou *hippobotoi*, au nombre desquels on doit compter les Magnètes du Méandre[56], les Colophoniens[57], les Béotiens et les Thessaliens, disposaient de grands espaces de parcours dans les plaines ou les vallées alluviales où ils avaient leurs territoires. Il ne s'agissait pas de grands domaines aristocratiques, comme on l'a prétendu longtemps et quelques fois encore aujourd'hui en ce qui concerne la Thessalie. L'existence de supposés grands domaines est totalement contredite à la fois du point de vue de la chorographie, puisque les inscriptions assurent qu'une très grande partie du territoire était cadastrée en lots numérotés et groupés sous des appellations toponymiques spécifiques, et du point de vue des institutions, les terres étant et restant la propriété de la cité, leur distribution aux citoyens-exploitants étant faite dans le cadre des tribus et des *génè* et déterminée par la position de chacun de ceux-ci dans l'organisation militaire, qui fixait leur statut de cavaliers ou de fantassins.

En revanche, hors de ces parties cadastrées du territoire, on utilisait de grands espaces portant le nom de *hippobotoi* ou *hippobota*[58]. Ces pâturages qu'on appelle aujourd'hui *livadia*, qui sont et étaient des espaces communautaires, étaient souvent des prairies humides, εἰμαρμέναι[59], plus ou moins marécageuses selon les saisons, situées dans les parties les plus déprimées de la plaine thessalienne. On pouvait y pratiquer la libre pâture des troupeaux de chevaux et de bovins. Les uns et les autres devaient être rassemblés à intervalles réguliers pour être contrôlés, soignés, sélectionnés pour aller à l'abattoir, etc. D'où la place donnée dans les concours thessaliens à l'épreuve de l'ἀμφιπποδρόμα

---

55. Scarborough 2015.
56. L. Robert, *RPh* 1936, p. 164, qui cite Héraclide du Pont, *FHG* II 218, frg. 22, et la représentation d'un cavalier sur les monnaies de la cité.
57. Pour cette caractéristique du territoire de Colophon, Rousset 2014, p. 60.
58. On trouve ce terme dans l'épigramme faisant mémoire des Amyréens, Helly 2013, p. 126.
59. Rougemont 1983.

Fig. 6 — Monnaie de Larisa (d'après le catalogue de vente *Triton* XV [2012], https://www.cngcoins. com/Coin.aspx?CoinID=198807, consulté le 10 novembre 2018).

et au concours spécialement dénommé ταυροθηρία, « attrape-taureau[60] » ou à la ταυρο-καθαψία, les unes et les autres si bien illustrées par les monnaies thessaliennes (**fig. 6**).

Mais il apparaît aussi que certaines épreuves des concours hippiques ressemblaient, autrefois comme aujourd'hui, plus spécifiquement à de la compétition pure et amenaient les propriétaires qui en avaient les moyens à s'adonner à une activité qui est à la fois un besoin et une passion, l'élevage des chevaux pour les courses. Chr. Chandezon a rappelé qu'il y a toujours eu deux aspects conjoints dans le fait de nourrir des chevaux, l'aspect militaire, car il est essentiel d'assurer la monte et la remonte pour la cavalerie, et l'aspect agonistique, car les concours hippiques apportent notoriété et honneur aux vainqueurs. En s'appuyant sur l'exemple de Sparte, il a montré que partout l'aspect agonistique a tendu à l'emporter chez les riches aristocrates. Ces deux aspects ne s'opposent pas dans leur principe : les concours permettent de sélectionner les meilleures bêtes pour la monte et pour la reproduction, et illustrent celui qui les mène ou celui qui les possède. Sur les victoires aux concours prestigieux, Pythia, Olympia, s'est établie la notoriété des grandes familles aristocratiques thessaliennes dès l'époque classique, dans les épreuves les plus réputées, la course montée et la course de chars, comme en témoignent les poèmes de Pindare et de Bacchylide.

À l'époque hellénistique le sens que peuvent prendre les concours hippiques a pu changer, à la mesure des changements politiques et sociaux que cette période a connus.

---

60. Traduction appropriée, à mon avis, que donne R. Bouchon. Ce concours à forte signification religieuse, puisque placé sous l'éponymie d'un prêtre, a fait l'objet de listes de vainqueurs publiées séparément des autres concours civiques, voir *IG* IX 2, 535, 536 et le texte publié par A. S. Arvanitopoulos, *AEph* 1910, col. 349, n° 4.

La présence de l'autorité romaine a eu pour conséquence la diminution, voire la disparition de la fonction militaire dans les cités : les cavaliers, comme les fantassins, ont en charge la surveillance du territoire et les hipparques mentionnés dans des inscriptions thessaliennes d'époque impériale semblent n'avoir que des fonctions de police[61]. D'autre part, on peut mettre au compte des transformations de la société elle-même l'altération de plus en plus forte de l'organisation sociale ancienne qui associait la propriété de la terre à la position militaire des citoyens. Les inscriptions cadastrales de Larisa, les décrets sur la vente des lots cavaliers non exploités et la politographie imposée aux Larisséens par Philippe V de Macédoine montrent l'usure de ce système. Par les décrets sur les *hippoteia*, liberté est donnée aux acheteurs de lots cavaliers d'en acquérir autant qu'ils veulent, dans la tribu qu'ils veulent et pour les exploiter comme ils le veulent. Cette décision est certes marquée par l'urgence du moment, mais elle ouvre des droits sur lesquels les cités ne pourront pas revenir. Il apparaît aussi que certains acheteurs ont mis en œuvre des stratégies d'acquisition en prenant des séries de lots voisins ou proches les uns des autres. On peut y voir l'amorce d'une concentration des terres dans les mains de quelques riches citoyens et du développement de grandes propriétés, sur l'exploitation desquelles se construiront les grandes familles de l'époque impériale et qui permettront aux membres de ces familles de monopoliser les fonctions de stratèges du *koinon* thessalien ou celles d'agonothètes des concours locaux comme les Éleuthéria ou panhelléniques comme les Pythia, pendant des décennies[62].

Dans ces concours, les épreuves hippiques permettaient à ces riches propriétaires de mettre en scène les produits de leurs élevages. Il semble que telle était la situation du Larisséen Philokratès fils d'Antigonos qui a demandé à sa cité d'accorder la proxénie à deux Chalcidiens, Zôbios fils de Zôbios et son frère Dionysios dans les années 70 av. J.-C.[63]. Philokratès est connu par deux inscriptions agonistiques : à Larisa, il a été vainqueur συνωρίδι πωλικῇ aux Éleuthéria[64], à Orôpos il a remporté l'épreuve κέλητι τελείῳ des Amphiaraia[65]. Philokratès apparaît, d'après ces mentions de victoires hippiques, comme un éleveur et un patron d'écurie, pourrions-nous dire, et la relation qui associe les deux Chalcidiens et le Larisséen paraît passer par une commune participation à tel ou tel de ces concours. On peut supposer aussi la participation de ces Chalcidiens et de ce Larisséen, peu après les guerres mithridatiques[66], aux Éleuthéria de Larisa. À l'époque impériale,

---

61. Helly 1995, p. 274, n. 176.
62. Cf. Bouchon 2017.
63. Tziafalias, Helly 2006, p. 407-417.
64. Inscription publiée par A. S. Arvanitopoulos, *RPh* 1911, p. 125, n° 27, l. 7, voir *LGPN* III B, *s.v.* « Φιλοκράτης », sous le n° 53 avec date « 80-70 av. ».
65. *Ep. Oropou* 529, l. 20 : la restitution du premier éditeur, B. Léonardos, ['Ισ]οκρ(ά)της, acceptée par B. Pétrakos, doit être rejetée et corrigée en [Φιλ]οκρ(ά)της, suite au rapprochement prosopographique fait avec Philokratès de Larisa par N. Sekunda, enregistré dans *LGPN* III B, *s.v.*
66. Bouchon 2007 a montré que Larisa et la Thessalie continentale ont été pendant les guerres mithridatiques le refuge des Romains installés à Chalcis et que certains de ceux-ci s'y sont fixés de manière apparemment définitive. On peut penser que des citoyens de Chalcis ont pu eux aussi trouver asile à Larisa :

un autre Larisséen de grande réputation, le sophiste Hippodromos, désigné pour diriger la chaire de rhétorique à Athènes[67], fut par ailleurs, comme le rappelle R. Bouchon, agonothète des Pythia pour la deuxième fois en 195 et enseignait encore en 213, avant de prendre une retraite anticipée sur ses terres : Philostrate, dans sa *Vie des Sophistes*, rappelle qu'il était le fils du plus riche propriétaire de haras en Thessalie, M. Aurelius Olympiodôros fils d'Olympiodôros. Cet Olympiodôros est nommé comme agonothète dans une inscription monumentale du théâtre de Larisa et il a exercé des fonctions de prestige dans les années 160-180 apr. J.-C.[68].

Voici donc fixé, je crois, le lieu de ces concours hippiques, mais aussi le lieu des revues militaires de la cavalerie, le lieu de rassemblement des cavaliers et de leurs montures au moment des grandes mobilisations par régiments et par tétrades, comme aussi des remontes annuelles et des inspections sanitaires. Tous ces moments essentiels pour la vie de la cité se concentraient au camp de l'hipparque, hors la ville, en bordure de la route de Krannon, à gauche et à proximité du cours de l'Aphamios.

---

le décret pour Zôbios et Dionysios de Chalcis fait état des services rendus par ceux-ci aux Larisséens, ce qui, au-delà de la phraséologie ordinaire de ces décrets, devait correspondre à une réalité.

67. PUECH 2002, p. 308-312 et 508.
68. BOUCHON 2016, p. 295-296.

Η επιγραφική μαρτυρία για τους ιπποδρόμους και τους ιππικούς αγώνες *

Ουρανία ΒΙΖΥΗΝΟΥ

Η επιγραφική μαρτυρία έχει αξιοποιηθεί εκτενώς στις μελέτες για τον αρχαίο ελληνικό αθλητισμό προκειμένου να διερευνηθεί ποικιλία θεμάτων, κυρίως ζητήματα σχετικά με την διοργάνωση και την διεξαγωγή των αγώνων, τα πρόσωπα των νικητών και τα έπαθλα. Σε μικρότερο βαθμό έχει χρησιμοποιηθεί για την διερεύνηση της κοινωνικής αντίληψης για τον αθλητισμό και τους αθλητές, καθώς και ευρύτερα της πολιτικής δομής στις αρχαίες κοινωνίες.[1]

Σε αυτό το άρθρο θα παρουσιαστούν οι ρητές αναφορές σε εγκαταστάσεις ιπποδρόμων· στην συνέχεια θα περιγραφεί συνοπτικά το διαθέσιμο επιγραφικό υλικό προκειμένου να προβληθεί ο πολυδιάστατος χαρακτήρας του και οι επακόλουθες δυνατότητες για την κατανόηση του ρόλου των ιππικών αγώνων στην κοινωνική και πολιτική ζωή των πόλεων.

Οι παρατηρήσεις που θα ακολουθήσουν, βασίζονται σε μια συλλογή 350 επιγραφών, στις οποίες υπάρχει ρητή αναφορά σε ιπποδρόμους και ιππικούς αγώνες. Η συλλογή δεν είναι πλήρης, είναι όμως χαρακτηριστική δεδομένου ότι σε αυτήν περιλαμβάνονται όλες οι κατηγορίες των επιγραφών που έχουν αποκλειστική σχέση με αγώνες και αθλητές: ψηφίσματα για την συμμετοχή πόλεων σε αγώνες, ψηφίσματα τιμητικά, κατάλογοι νικητών και επάθλων, αναθηματικά και τιμητικά μνημεία νικητών, κατάδεσμοι· επιπλέον συμπεριλήφθηκαν επιγραφές, που δεν σχετίζονται αποκλειστικά με αθλητικούς αγώνες, αλλά περιέχουν παρεπιπτόντως σχετικές πληροφορίες: ιεροί νόμοι, λόγοι δημοσίων λειτουργών, κατάλογοι ευεργεσιών, χρονικά, επιτύμβια μνημεία.

Οι επιγραφές της συλλογής που έχουν χρονολογηθεί με σχετική ακρίβεια, εκτείνονται από τον 6ο π.Χ. έως τον 7ο μ.Χ. αἰ. (εικ. ι). Ο αριθμός των μνημείων

*. Θερμές ευχαριστίες οφείλω στον καθηγητή Πάνο Βαλαβάνη για την πρόταση να συμμετάσχω στο συνέδριο και για την πολύπλευρη υποστήριξή του σε αυτή την εργασία όπως και σε πολλές άλλες προσπάθειές μου.

1. CHRISTESEN, KYLE 2014, σ. 2-3· PLEKET 2014.

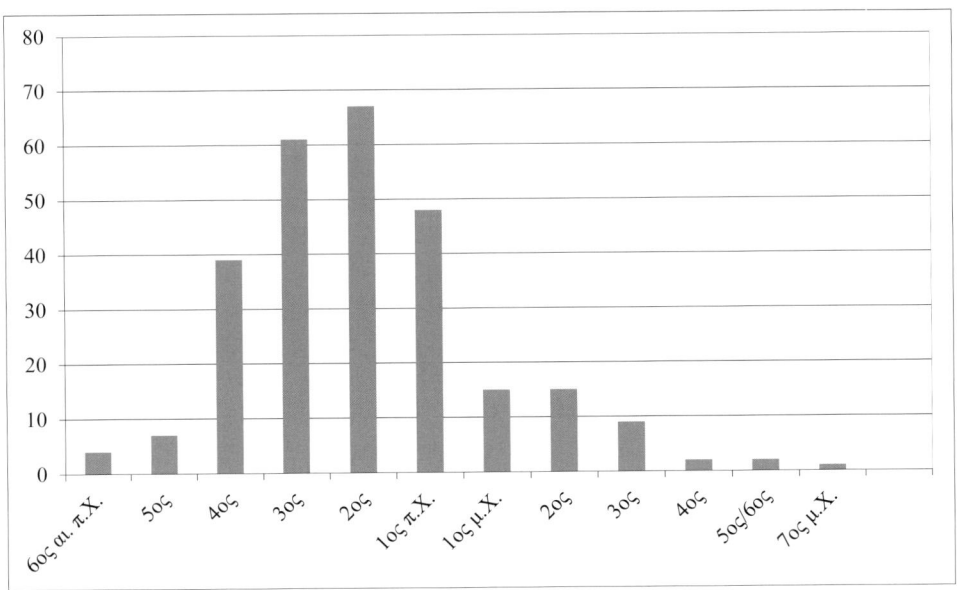

Εικ. 1 — Η κατανομή των επιγραφών ανά τους αιώνες.

του 6ου και του 5ου π.Χ. αι. είναι μονοψήφιος, ενώ παρατηρείται σημαντική αύξηση κατά τον 4ο και η κορύφωση κατά τον 3ο και τον 2ο αι. π.Χ. Τον 1ο αι. π.Χ. μειώνονται σημαντικά και ο αριθμός αποκλιμακώνεται ραγδαία κατά τους τρεις πρώτους μ.Χ. αιώνες.[2] Από τον 4ο έως τον 7ο αι. μ.Χ. χρονολογούνται από ένα έως δύο μνημεία ανά αιώνα.

Η πρωιμότερη από αυτές τις επιγραφές με βέβαιη σχετική αναγραφή χρονολογείται περί το 540 π.Χ. Είναι ανάθεση του Αλκμεωνίδου Αλκμέωνος στο ιερό του Απόλλωνος στο Πτώο για νίκη του σε ιππικό αγώνισμα στα Παναθήναια και συνδέεται με την περίοδο εξορίας των Αλκμεωνιδών κατά την τυραννία στην Αθήνα.[3] Την ίδια εποχή χρονολογείται και η αναθηματική επιγραφή του Παντάρους από την Γέλα στην Ολυμπία, πατέρα των τυράννων Κλεάνδρου και Ιπποκράτους, για νίκη του σε ιππικό αγώνισμα.[4] Η υστερότερη επιγραφή της συλλογής είναι του

2.   Ο J. H. Humphrey ερμηνεύει την μείωση του αριθμού των σχετικών επιγραφών κατά τα ρωμαϊκά χρόνια ως ένδειξη μείωσης της σημασίας αυτών των αγώνων στις συγκεκριμένες περιοχές (Humphrey 1986, σ. 525). Έχουν εκφραστεί όμως και επιφυλάξεις ως προς την συναγωγή συμπερασμάτων από ποσοτικά στοιχεία (Remijsen 2015, σ. 9-11).

3.   IG I³ 1469· Kyle 1987b, σ. 196 αρ. Α 6· Fortunato 2008· Canali De Rossi 2011, σ. 30. Στο 550 π.Χ. χρονολογείται η IG I³ 597, επίσης ανάθεση του Αλκμεωνίδου στην Ακρόπολη της Αθήνας, η οποία συμπληρώνεται: [? Κροῖσ]ος ˙ κάλκμεο[νί]δες ˙ πέντ[ε hι]- / [πι]κόν τε ν[ικ]έσαντε ἀνε[θέτεν]. Ωστόσο σε παλαιότερες εκδόσεις συμπληρωνόταν (Raubitschek 1949, αρ. 317): [ca 6]ος ˙ κάλκμεο[νί]δες ˙ πέντ[ε h]- / ίπιόν τε ν[ικ]έσαντε ἀνέ[θετεν]. Ο ίππιος δρόμος ήταν γυμνικό άθλημα: Gardiner Ε. Ν.1910, σ. 270.

4.   IvO 142· IGASMG II², 4· Ebert 1972, σ. 44 αρ. 5· SEG XXVII 49.

7^{ου} αι. μ.Χ. και έχει βρεθεί στην Σαλαμίνα της Κύπρου.[5] Αφορά στην ανέγερση αψίδων από τον αυτοκράτορα Ηράκλειο και το έργο συσχετίζεται με ιππόδρομο.

Το τοπικό πλαίσιο διασποράς διαμορφώνεται από την Καρχηδόνα στα δυτικά με μνημεία του 2^{ου}-3^{ου} μ.Χ αἰ.[6] έως την Απάμεια στα ανατολικά τον 5° με 6° αι. μ.Χ.,[7] και από την Ολβία του Ευξείνου Πόντου στα βόρεια τον πρώιμο 1° αι. π.Χ.[8] έως την Σιδώνα προς Νότον τον 3° αι. π.Χ.[9] Στις δύο πρώτες θέσεις πρόκειται για καταδέσμους, στην Ολβία τιμητικό ψήφισμα, από την Σιδώνα τιμητικό μνημείο.

Αυτή η γενική περιγραφή των κατηγοριών των επίμαχων επιγραφών, καθώς και του χρονικού και τοπικού πλαισίου τους, ισχύει με μικρές τροποποιήσεις για όλα τα αθλήματα, όχι μόνο τα ιππικά. Ωστόσο στην περίπτωση των ιππικών αγωνισμάτων η επιγραφική μαρτυρία αποκτά ιδιάζουσα σημασία εξ αιτίας δύο ιδιαιτεροτήτων: πρώτον, οι ελληνικοί ιππόδρομοι αφήνουν πολύ περιορισμένα ή καθόλου κατασκευαστικά ίχνη, οπότε τα ανασκαφικά ευρήματα σπανίζουν· δεύτερον, στα ιππικά αγωνίσματα των ελληνικών αγώνων αυτός που βραβεύεται, δεν είναι ο αθλητής αλλά ο ιδιοκτήτης του ίππου ή των ίππων πλην εξαιρέσεων.[10] Επομένως η μαρτυρία αφορά κατά κανόνα σε μια κοινωνική ομάδα διάφορη από εκείνη των υπόλοιπων πρωταθλητών. Τα μέλη αυτής της ομάδας δεν χαρακτηρίζονται από τις φυσικές, σωματικές τους ικανότητες αλλά από μια σχέση ιδιοκτησίας που παραπέμπει σε συγκεκριμένη κατάσταση οικονομικής ευρωστίας. Αυτό το δεδομένο είναι τόσο κυριαρχικό ώστε συνήθως καθίστανται αφανείς οι φυσικοί αυτουργοί της νίκης, οι ηνίοχοι - αναβάτες.

ΑΝΑΦΟΡΕΣ ΣΕ ΙΠΠΟΔΡΟΜΟΥΣ

Οι ρητές αναφορές ιπποδρόμων ή τμημάτων τους αφορούν σε 17 θέσεις.[11] Απαριθμούνται στην συνέχεια κατά την σχετική χρονολογική σειρά των επιγραφών:[12]

— στο Άργος, μνημονεύεται ιππόδρομος σε επιτύμβιο μνημείο και σὲ ανάθημα ιερομνημόνων των πρώτων δεκαετιών του 5^{ου} αι. π.Χ., ενώ σε έλασμα του ιερού θησαυρού καταγράφεται τον 4° αι. π.Χ. δαπάνη για την ιππάφεση[13]

---

5. Pouilloux, Roesch, Marcillet-Jaubert 1987, αρ. 225· *SEG* XXXVII 1394.
6. Audollent 1904, αρ. 234-242· Tremel 2004, αρ. 53-61.
7. Van Rengen 1984· *SEG* XXXIV 1437, 1438.
8. *IOSPE* I² 34.
9. Merkelbach 1971, σ. 274· Moretti L. 1953, αρ. 41 (235-200 π.Χ.).
10. Kritzas 2018, σ. 258-260· Gardiner E. N. 1910, σ. 463. Για την πιθανότητα συμμετοχής των ιδιοκτητών ως ηνιόχων π.χ. στους αγώνες ζευγών στα Παναθήναια βλ. Tracy, Habicht 1991, σ. 199.
11. Αναφορές αρχαίων συγγραφέων σε εγκαταστάσεις ιπποδρόμων: βλ. Schneider K. 1913.
12. Οι περισσότερες της μίας αναφορές σε ιππόδρομο της ίδιας πόλης ή ιερού ομαδοποιούνται υπό την πρωιμότερη επιγραφή.
13. Daly 1939· Walter 1911, στ. 141· Kritzas 2006, σ. 414-415· Valavanis 2019, σ. 325-326.

– στην Επίδαυρο, έχει βρεθεί όρος του ιπποδρόμου, που χρονολογείται στον 5ο αι. π.Χ.[14]

– στην Αθήνα, αναφέρεται ιππόδρομος σε ιερό νόμο του 335-330 π.Χ.[15] και στους καταλόγους νικητών των Παναθηναίων του 2ου αι. π.Χ.[16]

– στους λόγους δημόσιων λειτουργών της Δήλου του 4ου-3ου αι. π.Χ.[17] καταγρά-φονται έσοδα από την μίσθωση του ιπποδρόμου, αλλά και έξοδο για την αμοιβή τοῖς ἄρασιν την νεωκόρο του οίκου των Καρυστίων από αυτόν[18]

– στους Δελφούς, σε λόγους ιερομνημόνων του 4ου αι. π.Χ., απαριθμούνται δαπάνες για την συντήρηση του ιπποδρόμου,[19] ορισμένες φορές ειδικά για την ιππάφεση και τους καμπτήρες. Μνημονεύονται επίσης ο μεν ιππόδρομος σε ιερό νόμο του 2ου αι. π.Χ. ως σημείο αναφοράς για να οριστεί μια περιοχή της ιεράς χώρας,[20] η δε ιππάφεση σε τιμητικό ψήφισμα του 3ου αι. π.Χ.[21]

– στους Επιζεφυρίους Λοκρούς, στο επίγραμμα του τιμητικού μνημείου του Δεξάνδρου του ύστερου 4ου - αρχών του 3ου αι. π.Χ.· σε αυτήν την επιγραφή αναφέ-ρεται και ύσπληξ[22]

– στην Πέργαμο, στο επίγραμμα του Αττάλου, πατέρα του βασιλέως Αττάλου του Ι, του 3ου αι. π.Χ.,[23] όπου και πάλι αναγράφεται ὕσπληξ

– στην Βοιωτία, σε λόγο ναοποιών του ύστερου 1ου π.Χ. / πρώιμου 1ου μ.Χ. αι. συμπληρώνεται ο όρος ἱππαφέσεως[24]

– στην Μεσσηνία, στον ιερό νόμο της Ανδανίας του 1ου μ.Χ. αι.[25] αναγράφεται ιέρεια της Δήμητρος ἐφ᾽ ἱπποδρόμῳ· διίστανται οι απόψεις για το αν ο ιππόδρομος αυτός βρίσκεται στην Μεσσήνη ή στην ίδια την Ανδανία[26]

14. *IG* IV² 1, 153. Βλ. και Β. Λαμπρινουδάκης, Ε. Καζολιάς στον παρόντα τόμο.
15. *IG* II³ 449 στίχ. 14.
16. *IG* II² 2314 στίχ. 83· *IG* II² 2316 στίχ. 41-42· Tracy, Habicht 1991 (το κείμενο της επιγραφής στην σ. 188-189, στ. III στίχ. 11)· *SEG* XLI 114-118.
17. Ενδεικτικά: *IG* II² 1638 στίχ. 16· *IG* II² 1641 στίχ. 8· *IG* II² 1641a στίχ. 9· *IG* XI 2 287 στίχ. 32, 78· Mathé 2010, ιδιαιτέρως σ. 197-203.
18. Σε δύο από τις μισθώσεις συμπληρώνεται και η ἄφεσις: *IG* II² 1638 στίχ. 17-18· *IG* II² 1641 στίχ. 8-9· Valavanis 2019, σ. 326· Antoniadis à paraître.
19. *CID* II 76 στ. II στίχ. 63· *CID* II 93 στίχ. 52· *CID* II 101 στ. II στίχ. 17· *CID* II 139 στίχ. 35-39.
20. *CID* IV 108 στίχ. 24· *SIG*³ 636· *Choix d'inscriptions de Delphes*, αρ. 157.
21. *CID* IV 24· Kritzas 2018, σ. 252-254.
22. Ebert 1990· Moretti L. 1979, σ. 290· *SEG* XXIX 951· *SEG* XL 836.
23. *IPergamon* I 10· Moretti L. 1953, αρ. 37· Ebert 1972, σ. 176 αρ. 59· Ebert 1997d, σ. 124· Canali De Rossi 2011, σ. 75.
24. Knoepfler 1988· *SEG* XXXVIII 380.
25. *IG* V 1, 1390 στίχ. 31· Gawlinski 2012, 66-95 στίχ. 31. Χρονολογείται στο 92/1 π.Χ. κατά την αχαϊκή χρονολόγηση ή στο 24 μ.Χ. κατά την ακτιακή (Gawlinski 2012, σ. 3-11· Themelis 2007, σ. 522).
26. Gawlinski 2012, σ. 141.

– στην Άγκυρα, σε κατάλογο ιερέων και δωρεών τον 1ο αι. μ.Χ. απαριθμούνται οι ευεργεσίες του Πυλαιμένους, γιου του τελευταίου βασιλιά των Γαλατών, ιερέα του Αυγούστου το 2/1 π.Χ., και μεταξύ αυτών αναφέρεται ο τόπος, στον οποίο γίνεται ο ιππόδρομος[27]

– στην Απολλωνία της Φρυγίας, σε κατάλογο ευεργεσιών αναφέρεται ναός προς τον μεγάλο ιππόδρομο και δεύτερος ιππόδρομος κατά συμπλήρωση, ο λεγόμενος Φλαμίνιος (14-19 μ.Χ.).[28] Αν η συμπλήρωση ευσταθεί είναι ίσως η μόνη μέχρι στιγμής γνωστή μαρτυρία για την ύπαρξη δύο ιπποδρόμων στην ίδια πόλη

– στην Λάρισσα, σε επιτύμβιο νικητή ιππικών αγώνων στα Αδριάνεια και τα Ολύμπια, χρονολογούμενο μετά την περίοδο του Τραϊανού[29]

– στην Ρόδο, σε ανάθεση κοινών του νησιού, *συνεργασαμένων τὸν ἱππόδρομον*·[30] το μνημείο δεν έχει χρονολογηθεί ακριβώς[31]

– στην Καρχηδόνα, σε καταδέσμους του 2ου-3ου αι. μ.Χ.[32]

– στην Απάμεια, στους καταδέσμους του τέλους του 5ου-6ου αι. μ.Χ.[33]

– στην Δάλδι της Μ. Ασίας, σε επιτύμβιο μνημείο χριστιανικών χρόνων, του οποίου ο ιδιοκτήτης δηλώνεται ως οικοδόμος ιπποδρόμων[34]

– και τέλος στην Σαλαμίνα της Κύπρου, στην οικοδομική επιγραφή που προαναφέρθηκε, του 7ου αι. μ.Χ.[35]

Επιπλέον, στην Φρυγία (στο Bakşeyiş) βρέθηκε όρος *γυμνασίου ἱππικοῦ*, του 4ου αι. μ.Χ.[36] Η ένδειξη παραπέμπει σε χώρο εκγύμνασης ίππων και αθλητών.

Πολλές από αυτές τις επιγραφές είναι ρωμαϊκές και επομένως τίθεται το ερώτημα αν οι ιππόδρομοι που μαρτυρούνται, είναι ελληνικού ή ρωμαϊκού τύπου. Στην Καρχηδόνα και την Απάμεια είναι σαφές ότι οι ιππόδρομοι είναι ρωμαϊκού

---

27. Bosch 1967, σ. 35 αρ. 51· Mitchell, French 2012, αρ. 2 στίχ. 20-29.

28. *MAMA* 4, 143 Β στίχ. 20: *[στοὰν πρὸς ἱπποδρόμ]ω τῶ προσαγορευομένω Φλαμινίωι· στίχ. 22: [ναὸν πρὸς τῶ μεγάλ]ω ἱπποδρόμωι.* Ο στίχος 20 σωζόταν ακέραιος τον 19ο αι.

29. *IG* IX 2, 645· *SEG* XLIV 546.

30. Pugliese Carratelli 1955-1956, σ. 158 αρ. 3.

31. Άλλες επιγραφές με τα ονόματα των κοινών που υπάρχουν σε αυτήν (Ἁλιαστᾶν, Ἀθαναϊστᾶν, Ἑρμαϊστᾶν) σε διάφορους συνδυασμούς χρονολογούνται από τον 2ο έως τον 1ο αι. π.Χ. (Pugliese Carratelli 1939-1940, σ. 151 αρ. 6· *IG* XII 1, 155· Blinkenberg 1941, αρ. 252, 251).

32. Βλ. σημ. 6.

33. Βλ. σημ. 7.

34. *TAM* V.1 642.

35. Βλ. σημ. 5.

36. Haspels 1971, σ. 313 αρ. 39· Ramsay 1918, σ. 135-136. Για την εκπαίδευση στα ιππικά αγωνίσματα σε πρωιμότερες περιόδους βλ. Decker 2012d, σ. 117-118.

τύπου.[37] Ο ελλαδικός και μικρασιατικός χώρος όμως, είναι περιοχές στις οποίες υπήρχε μακρά παράδοση των ελληνικών αγώνων και διαφοροποιήθηκαν για μεγάλο χρονικό διάστημα τόσο στον τρόπο διεξαγωγής των αγώνων όσο και στον τύπο των ιπποδρόμων.[38] Λίγοι ιππόδρομοι ρωμαϊκού τύπου έχουν διαπιστωθεί σε αυτές τις περιοχές, κυρίως περιμετρικά: στην Θεσσαλονίκη, την Κωνσταντινούπολη, την Νικομήδεια, την Γόρτυνα, καθώς και νότια στην Κιλικία (Ανάζαρβος, Αντιόχεια και Αιγαί). Όλοι χρονολογούνται από τον 2ο μ.Χ. αι. κε.[39] Ωστόσο, πρόσφατα εντοπίστηκε ρωμαϊκός ιππόδρομος στην Κόρινθο και μάλιστα χρονολογείται στην περίοδο του Αυγούστου.[40] Αυτό σε συνδυασμό με την παρατήρηση ότι οι διαστάσεις των δύο τύπων ιπποδρόμων ενδεχομένως να διέφεραν λιγότερο από ό,τι εθεωρείτο μέχρι τώρα,[41] δείχνει ότι απαιτείται ιδιαίτερη εκτίμηση κάθε θέσης.

Σε αυτό το πλαίσιο ιδιαίτερο ενδιαφέρον έχει η ένδειξη *οικοδόμου είπο-δρόμον* στην επιγραφή από την Δάλδι, η οποία θέτει ζήτημα ύπαρξης ρωμαϊκού ιπποδρόμου στην καρδιά της Μ. Ασίας, βέβαια σε χριστιανικούς χρόνους, ενδε-χομένως πολύ ύστερους. Συγγενής ειδικότητα υπήρχε και την Κλασική περίοδο στον ελλαδικό χώρο: ο αρχιτέκτων της ιππαφέσεως που αναφέρεται σε επιγραφή στους Δελφούς του 328 π.Χ.[42] Άλλωστε οι ιππαφέσεις είναι ίσως το μόνο σημείο του ελληνικού ιπποδρόμου που μπορεί να αφήσει κατασκευαστικά ίχνη πέραν της διαμόρφωσης του εδάφους, παρά το ότι οι πολύ γνωστές της Ολυμπίας ίσως ήταν μοναδική περίπτωση. *Ιππάφεσις* αναφέρεται και σε άλλες επιγραφές, σε μία τουλάχιστον κατηγορία με διαφοροποιημένο λεκτικό τύπο.[43]

ΙΠΠΟΔΡΟΜΙΕΣ

Η απήχηση των ιπποδρόμων και των ιπποδρομιών στην κοινωνική ζωή της πόλης είναι φανερή από την διείσδυση σχετικών όρων σε πεδία τελείως ανεξάρτητα

---

37. Humphrey 1986, σ. 296-306, 534.
38. Χαρακτηριστική διαφορά είναι η μη λειτουργία αθλητικών ομίλων σε αυτές τις περιοχές μέχρι τα πολύ ύστερα χρόνια· επιπλέον στους ρωμαϊκούς αγώνες νικητής είναι ο ηνίοχος και όχι ο ιδιοκτήτης του ίππου ή των ίππων, όπως στους ελληνικούς. Cameron 1976, σ. 10· Humphrey 1986, σ. 438-442, 525-528· Moretti J.-Ch. 1990, σ. 25-26.
39. Humphrey 1986, σ. 441, 455-9 (Αντιόχεια), 524 (Γόρτυνα), 527 (Ανάζαρβος, Αιγαί), 579-589 (Κωνσταντινούπολη, Νικομήδεια, Θεσσαλονίκη), 630 (Θεσσαλονίκη)· Spyridakis 1967, σ. 249-250 (επιγραφή στην οποία γίνεται μνεία πρασίνων στην Γόρτυνα· Dodge 2014, σ. 564-565.
40. Romano 2005b.
41. Decker 2012d, σ. 143· Ebert 1989· Ebert 1991· Petermandl 2012· W. Petermandl στον παρόντα τόμο.
42. Συμπληρώνεται: *CID* II 93 στίχ. 52 και *CID* II 76 στ. II στίχ. 63. Η συμπλήρωση της *CID* II 93 είναι ασφαλής. Βλ. και σημ. 19.
43. Kritzas 2006, σ. 414-415, καθώς και σημ. 18, 21, 24. Στους καταδέσμους της Καρχηδόνας (βλ. σημ. 6) χρησιμοποιείται ο τύπος *ιππαφίων*. Σε αυτούς αναφέρονται και άλλα σημεία του ιπποδρόμου, που αφορούν όμως στον ρωμαϊκό ιππόδρομο.

από τον αθλητισμό, όπως η ονομασία πλοίου Ιπποδρομία στην Αθήνα,[44] ο μήνας Ιπποδρόμιος σε περιοχές γύρω από τους Δελφούς,[45] το ανδρικό όνομα Ιππόδρομος,[46] οι λατρείες του Ποσειδώνος Ιπποδρομίου στην Αθήνα[47] καὶ της Δήμητρος τῆς ἐφ᾽ ἱπποδρόμῳ στην Μεσσηνία.[48]

Άλλες πληροφορίες αφορούν την διεξαγωγή ιπποδρομιών ειδικού σκοπού, που ιδρύθηκαν ή διεξήχθησαν υπό συγκεκριμένες συνθήκες και δεν ανήκουν στο καθιερωμένο πρόγραμμα αγώνων των εορτών.

Σε λόγο επιστατών του Ελευσινίου του 330/29 περιλαμβάνεται δαπάνη για την ιπποδρομία *τὴν προστεθεῖσαν κατὰ ψήφισμα*.[49] Η δαπάνη για τα άθλα αυτής της επιπλέον ιπποδρομίας είναι ίση με την δαπάνη για όλους τους αγώνες της τριετηρίδος των Ελευσινίων.[50] Ένας τόσο ακριβός αγώνας πρέπει να έχει και αντίστοιχα ισχυρό συμβολισμό και να αφορά ένα μείζον γεγονός.

Σε ψήφισμα ή νόμο που χρονολογείται στο 335-330 π.Χ., αναφέρεται σαφώς αγώνας μουσικός, διασώζεται όμως και η λέξη *τέθριππα*.[51] Οι περισσότεροι μελετητές συμφωνούν ότι το πολύ αποσπασματικό κείμενο προβλέπει να αναγραφεί στην *στήλη περὶ τῆς εἰρήνης* η διεξαγωγή (ή και ίδρυση) αγώνων. Έχει επιπλέον προταθεί ότι αυτή η επιγραφή είναι το "ψήφισμα" που αναφέρει ο λόγος των επιστατών του Ελευσινίου· κατά την ίδια πρόταση το ψήφισμα συμπληρώνεται [θεῖναι ἱπποδρομίαν ὑπὲρ ἅρματα τέ]θριππα.[52] Ο συσχετισμός των δύο επιγραφών δεν έγινε αποδεκτός,[53] ενώ αντιρρήσεις διατυπώθηκαν και για την συμπλήρωση και προτείνεται πομπὴ με τέθριππα αντί ιπποδρομία.[54] Ωστόσο, εφόσον το κείμενο αφορά σε αγώνες, είναι παράδοξο η λέξη τέθριππα να μην συνδέεται με αυτούς.[55] Έχουν γίνει διάφορες προτάσεις για την ταύτιση της ειρήνης και φαίνεται να επικρατεί η ειρήνη του 338 π.Χ. με τον Φίλιππο.[56] Επιπλέον διατυπώθηκε η άποψη ότι ο αγώνας (και επομένως και η ενδεχόμενη αρματοδρομία) διεξήχθη ή ιδρύθηκε ως επισφράγιση του συμβιβασμού των Αθηναίων με τον Αλέξανδρο μετά

44. *IG* II² 1623 στίχ. 227 (334/3-333/2 π.Χ.).

45. Ενδεικτικά: *IG* VII 4135 στίχ. 11.

46. Ενδεικτικά: *IG* II² 8851 (Ἱππόδρομος Θετταλός· 4⁰ˢ/3⁰ˢ αι. π.Χ.)· *IG* II² 8687 ([Ἱ]ππόδρο[μος] [Ἱπ]ποκλέου[ς] [Ἡ]ρακλεώ[της]· 1⁰ˢ αι. μ.Χ.).

47. Lalonde, Langdon, Walbank 1991, σ. 175-177 αρ. L 4α στίχ. 91-92 (363/2 π.Χ.)· Lambert 1997, 86-88 στίχ. 91-92.

48. Βλ. σημ. 25, 26.

49. *IG* II² 1672 στίχ. 261· *IEleusis*, αρ. 177 στίχ. 390 (πρβ. στ. 387-388).

50. Clinton 2008, σ. 227.

51. *IG* II³ 448· Schweigert 1938, σ. 294-296 αρ. 20· *SEG* XVI 55.

52. Woodward 1956, σ. 3-5.

53. Roussel 1941, σ. 215-216· *Bull. ép.* 1959, 180, αρ. 130· Robert J. et L. 1977, σ. 211-216· Faraguna 1992, σ. 359-360· Humphreys 2004, σ. 113-114· Lambert 2005, σ. 145, 147-148· Clinton 2008, σ. 228.

54. *Bull. ép.* 1959, σ. 180, αρ. 130· Robert J. et L. 1977.

55. Όλες οι γνωστές σε εμένα επιγραφικές αναφορές τεθρίππων άπτονται αγώνων.

56. Rhodes, Osborne 2003, αρ. 76.

την καταστροφή της Θήβας.[57] Γεγονός είναι ότι η βαρύνουσα σημασία του αγώνα δηλώνεται και μόνο από την πρόβλεψη να χαραχθεί μαζί με την συνθήκη ειρήνης.

Σε μια άλλη περίπτωση, στην Λητή το 118 π.Χ., τιμάται ταμίας της Ρώμης με ετήσιο ιππικό αγώνα.[58] Μεταξύ των ευεργεσιών του προς την πόλη είναι και νίκη που πέτυχε κατά επιτιθέμενων Γαλατών. Χαρακτηριστικό είναι ότι ως χρόνος διεξαγωγής του αγώνα ορίζεται ο μήνας κατά τον οποίο λαμβάνουν χώρα όλοι οι αγώνες προς τιμήν ευεργετών της πόλης. Ατυχώς δεν μαθαίνουμε τι είδους αγώνες είναι αυτοί.

Από την Μεσσήνη γνωρίζουμε την τέλεση ιππικού αγώνα νέων (παράλληλα με γυμνικό αγώνα παίδων και εφήβων) για την γενέθλια ημέρα του αυτοκράτορα Τιβερίου·[59] προβλέπονται επίσης και άλλα μέτρα αποβλέποντα στην εύνοιά του.

ΠΑΡΑΔΕΙΓΜΑΤΑ ΕΠΙΓΡΑΦΩΝ

Στην συνέχεια αναφέρονται χαρακτηριστικά παραδείγματα διαφορετικών κατηγοριών επιγραφών.

Στους καταλόγους νικητών το πιο ανεπτυγμένο πρόγραμμα είναι εκείνο των Παναθηναίων τον 2ο αι. π.Χ. με 27 διαφορετικούς τίτλους αγωνισμάτων, ορισμένα από τα οποία διεξάγονταν περισσότερες από μία φορές σε κάθε διοργάνωση,[60] δεδομένου ότι οι συμμετέχοντες χωρίζονταν σε κατηγορίες (ἐκ πάντων, πολιτῶν, φυλάρχων και ἱππέων) και οι αγώνες διεξάγονταν σε δύο μέρη, στον ιππόδρομο και στην πόλη, σε σχέση με το Ελευσίνιον.[61] Αποσπασματικές επιγραφές τέτοιου τύπου διασώζονται και από άλλες περιοχές και αγώνες, όπως από διαφορετικὰ σημεία στην Βοιωτία (π.χ. από τον Ωρωπό[62] και τις Θεσπιές[63]) και από την Θεσσαλία.[64] Πλην των ευρέως διαδεδομένων αγωνισμάτων των κελήτων, των τεθρίππων και των συνωρίδων διαφορετικών ηλικιών ίππων (πώλων και τελείων), κινούν το ενδιαφέρον οι σπανιότερες ενδείξεις, όπως: ἀφιπποδρομῇ, προσδρομῇ ἱππέων, προσδρομῇ συνωρίδι, σκοπῷ ἱππέων και ἀφιππολαμπάδι στις επιγραφές της Θεσσαλίας, ἵππῳ λαμπρῷ και ἱππέων εὐανδρία σε επιγραφές των Θησείων των μέσων του 2ου αι. π.Χ.,[65] ζεύγει ὀρεικῷ στην Ελευσίνα επίσης τον 2ο π.Χ. αι.,[66]

57. Sosin 2004.
58. Duchesne, Bayet 1876, αρ. 127 στίχ. 39· Syll³ 700.
59. Themelis 1988, σ. 58 (4 μ.Χ.)· Themelis 1990, σ. 87-91 στίχ. 35.
60. IG II² 2313-2317· SEG XLI 113-118· Tracy, Habicht 1991.
61. Gardiner E. N. 1910, σ. 232-239· Valavanis 2004, σ. 366, 369· Kyle 2014, σ. 160-165.
62. Ep. Oropou, αρ. 520 (υπό αθηναϊκή κυριαρχία), 521, 525, 527, 529.
63. IG VII 1764, 1772· Roesch, I'Thespies 2007, αρ. 186, 191, 192.
64. IG IX 2, 526-528, 531, 532, 534· Zachou-Kontogianni 2003, σ. 19-23· F. G. Romero στον παρόντα τόμο.
65. IG II² 956 στίχ. 56, 87· IG II² 957 στίχ. 32, 64· Gardiner E. N. 1910, σ. 239-240.
66. IEleusis, ἀρ. 227 στ. ΙΙ στίχ. 20, ἀρ. 228 Α στίχ. 6.

πώλων ἀβό[λων ἅρμα] στο χρονικό των Ολυμπιακών αγώνων[67] και *ἵππῳ ἀβόλῳ* σε ανάθεση από την Τερμησό,[68] *ἀφ᾽ ἵππου ἀκοντίζειν* στὴν Αθήνα (στα Θησεία και τα Παναθήναια[69]) και στον εφηβαρχικό νόμο της Αμφίπολης κατά την εκπαίδευση των εφήβων.[70]

Οι κατάλογοι επάθλων είναι περιορισμένου αριθμού. Διασώζονται από την Αθήνα[71] και από την Αφροδισιάδα.[72] Τα έπαθλα των Παναθηναίων του 4ου αι. π.Χ. είναι διπλάσιας αξίας από τα έπαθλα καταλόγου του 5ου αι. π.Χ., που πιθανόν να ανήκει επίσης στα Παναθήναια. Αυτό το δεδομένο οδήγησε στην πρόταση ότι υπήρξε αλλαγή στην πολιτική της Αθήνας σε σχέση με την ακτινοβολία της εορτής και κατ᾽ επέκταση της πόλεως, που εκφράζεται στη συγκεκριμένη περίπτωση με τον διπλασιασμό των επάθλων ώστε να κατασταθούν τα Παναθήναια διεθνής αγώνας.[73]

Από το πλήθος των αναθηματικών και τιμητικών μνημείων ιδιαίτερο είναι το μνημείο των Λακεδαιμονίων Δαμόνωνος και του γιου του Ενυμακρατίδα, στο οποίο απαριθμούνται πάνω από 60 νίκες, στην πλειονότητά τους σε ιππικά αγωνίσματα. Το μνημείο χρονολογείται στον 5ο αι. π.Χ.[74] Εντυπωσιακές είναι και οι επιγραφές του μνημείου προς τιμήν του Άρχωνος Κλείνου, αξιωματούχου του Αλεξάνδρου και σατράπη της Βαβυλώνας, το οποίο ιδρύθηκε στους Δελφούς μετά το 321 π.Χ. από την γενέτειρά του την Πέλλα,[75] αναπαράγοντας όμως προγενέστερο μνημείο του, που αφορούσε αποκλειστικά τις νίκες του στην συνωρίδα στα Ἴσθμια καὶ τὰ Πύθια. Στο νέο μνημείο αναφέρονται και τα κατορθώματά του με τον Αλέξανδρο, και τιμάται τόσο ο ίδιος όσο και η οικογένειά του με προξενία, προμαντεία, προεδρία, ατέλεια, ασυλία, προδικία, επιτιμία και *τἄλλα ὅσα καὶ τοῖς ἄλλοις προ[ξένοις*. Άλλη τιμή για νικητές των ιερών αγώνων είναι η σίτηση, η οποία αναφέρεται για τους νικητές του άρματος τελείου και του κέλητος σε αττικό ψήφισμα του 5ου αι. π.Χ.[76]

Τα γνωστά επιτύμβια μνημεία νικητών και αθλητών είναι λιγοστά σε σχέση με τον σημαντικό αριθμό ονομάτων που γνωρίζουμε κυρίως από τους καταλόγους

67. *IG* II² 2326 στίχ. 11· Ebert 1997d, σ. 237-252 (α´ μισό του 5ου αι. π.Χ.).

68. *TAM* III.1 212.

69. Η διεξαγωγή αυτού του αγωνίσματος στα Παναθήναια δεν προκύπτει από τους καταλόγους νικητών, αλλά από τον κατάλογο επάθλων των αγώνων (*IG* II² 2311 στ. II στίχ. 68)· Valavanis 2004, σ. 366.

70. Lazaridou 2015 (το κείμενο σ. 3-9 στίχ. 28, η χρονολόγηση σ. 13-14). Η επιγραφή χρονολογείται στο τελευταίο τέταρτο του 1ου αι. π.Χ. αλλά θεωρείται ότι αποτελεί αντίγραφο παλαιότερου μνημείου.

71. *IG* II² 2311. Κατά την J. L. Shear χρονολογείται στο 380 π.Χ. (Shear J. L. 2003· *SEG* LIII 192). Μάλλον κατάλογος επάθλων των Παναθηναίων είναι και η επιγραφή *IG* I³ 1386 που χρονολογείται στο 450-440 π.Χ. (Johnston 2007)· Kyle 2014, σ. 161-165.

72. Η επιγραφή της Αφροδισιάδος περιλαμβάνει και άλλες δαπάνες, κατά τον όρο του κειμένου *θέματα*· Roueché 1993, σ. 168-173 αρ. 52· ίσως 180-192 μ.Χ.

73. Αυτό εφόσον η *IG* I³ 1386 είναι πράγματι κατάλογος επάθλων των Παναθηναίων (Johnston 2007). Βλ. και σημ. 71.

74. *IG* V 1, 213· Gardiner E. N. 1910, σ. 451.

75. Bousquet 1959, σ. 155-166· Ebert 1972, σ. 144, αρ. 45· Rhodes, Osborne 2003, αρ. 92.

76. *IG* I³ 131 στίχ. 11-15 (440-432 π.Χ.).

νικητών. Σε ένα σχετικά πρόσφατο εύρημα επιτυμβίου μνημείου από το Μοσχάτο, στην Αθήνα, παρατίθενται οι νίκες του νεκρού σε ιππικά αθλήματα κατά τρόπο που ανακαλεί τιμητικό μνημείο. Πρόκειται για μαρμάρινη λήκυθο που βρέθηκε μαζί με το βάθρο της και αναφέρει νίκες σε ιππικά αγωνίσματα στα Πύθια, τρεις φορές στα Νέμεα, δύο φορές στα Ίσθμια, μία στα Παναθήναια.[77] Δεν περιλαμβάνεται το όνομα του νεκρού αλλά πιθανόν να πρόκειται για μέλος της οικογένειας του Λύσιδος,[78] φίλου του Σωκράτη, του οποίου το όνομα φέρει ο πλατωνικός διάλογος *Λύσις*,[79] όπου αναφέρονται και οι ιππικές νίκες της οικογένειας. Επιπλέον έχουμε το επιτύμβιο του Μηνογένους που κατείχε καλά την ιππευτική (*τέχνην δ᾽ ἵπποι[σιν] ὀχεῖσθαι εὖ εἰδ[ώς]*), αλλά είχε ατυχή θάνατο από λοιμό·[80] ίσως πρόκειται για την επιδημία που μεταδόθηκε από τα στρατεύματα του Λεύκιου Βέρου κατά την επιστροφή τους από τους Παρθικούς πολέμους.

Μια άλλη ιδιαιτέρως ενδιαφέρουσα κατηγορία αποτελούν οι κατάδεσμοι,[81] κείμενα ύστερης χρονολόγησης, όπως αναφέρθηκε ήδη. Οι κατάδεσμοι της Καρχηδόνας είναι τόσο ακραία κακόβουλοι που αξίζει να αναφερθούν,[82] παρόλο που τα ήθη των ρωμαϊκών αγώνων διαφοροποιούνται ευρέως από εκείνα των κλασσικών αγώνων. Ο καταρώμενος καλεί τον νεκυδαίμονα (του) να δεινοπαθήσουν τα φτωχά άλογα των αντιπάλων του: να τους δέσει τα πάντα (τον δρόμο, τα πόδια, την ορμή, την ψυχή), να τα "κόψει", να τους κόψει τα νεύρα, να τους εξαρθρώσει τις αρθρώσεις, να τους αφαιρέσει την νίκη, να τους εμποδίσει τα πόδια. Και οι ίδιοι οι αντίπαλοι του δεν έχουν καλύτερη τύχη: ο δαίμων καλείται μεταξύ άλλων να τους δέσει τα χέρια, να τους αφαιρέσει την απόβαση, να τους αφαιρέσει την όραση για να μην βλέπουν τους αντιπάλους τους ενώ θα ηνιοχούν, να τους αρπάξει από τα άρματα και να τους πετάξει κάτω ώστε να συρθούν σε όλον τον ιππόδρομο! Πολύ συγγενή κείμενα υπάρχουν και στα λατινικά,[83] ενώ οι κατάδεσμοι της Απάμειας είναι κείμενα με τον ίδιο τελικό σκοπό αλλά όχι με την ίδια οξύτητα.

Διαφορετικής ποιότητας ένταση μας επιφυλάσσει η αινιγματική επιγραφή ενός χρηστηρίου ελάσματος από την Δωδώνη, το οποίο αφορά σε αγώνα κελήτων:[84]

> *ἀγαθαι τύχαι. ἐπικοινῆται Σάτυρος τῶι Διὶ τῶι Νάωι*
> *καὶ τᾶι Διώναι – οὐκ ἀνεθέθη ὁ Σατύρου σκύφος – ἐν Ἐλέαι*
> *ἂν τὸν κέλητα τὸν Δωριλάου ὁ κ(έλης) ἀπ᾽ Ἀκτίου ἀπέτιλε*

77. Petritaki 2009, σ. 465-467· *SEG* LVII 270.

78. Το επιτύμβιο μνημείο του Λύσιδος και του γιού του Τιμοκλείδου βρέθηκε κοντά στον ίδιο ταφικό περίβολο (Petritaki 2009, σ. 465-467).

79. Πλάτων, *Λύσις* 205c (εκδ. W. R. M. Lamb, *Loeb*, 1961).

80. *MAMA* IX 79· Αιζανοί, 165 π.Χ. ή λίγο μετά.

81. Zaleski 2014, σ. 599· Aldrete 2014, σ. 440-441.

82. Audollent 1904, αρ. 234-242.

83. Aldrete 2014 σ. 440-441.

84. Lhôte 2006, αρ. 113.

Τρεις γραμμές, πολλές πληροφορίες. Τρία στοιχεία σε αυτή την επιγραφή μας αποκαλύπτουν το πάθος και την αγωνία με τα οποία περιβάλλονταν οι ιππικοί αγώνες στην κλασσική αρχαιότητα. Πρώτον, το ρήμα ἀπέτιλε το οποίο κυριολεκτικά σημαίνει "μάδησε". Το ερώτημα που τίθεται στο μαντείο, δεν εκφράζεται με ένα σύνηθες ρήμα όπως "νίκησε" ή "επικράτησε". Αντίθετα η ερώτηση είναι αν "μάδησε" ο ένας κέλης τον άλλο. Δεύτερον, ο Σάτυρος ανέθεσε ή υποσχέθηκε να αναθέσει έναν σκύφο για να εξασφαλίσει τη νίκη του ίππου που υποστηρίζει, και όχι μόνο αυτό, αλλά, τρίτον, προσφεύγει στο μαντείο, ενώ έχει γίνει ο αγώνας και πρέπει να ξέρει ή να μάθει σύντομα το αποτέλεσμα: δηλαδή ζητάει χρησμό για γεγονός τετελεσμένο όπως δείχνουν οι παρελθόντες χρόνοι, πράγμα δυσερμήνευτο. Μπορούμε να υποθέσουμε ότι τα δύο άλογα ήταν τα επικρατέστερα, εκτός αν υποκρύπτεται κάποια ειδικότερη αντιπαλότητα.

Η πιο πρόσφατη ανάγνωση και ερμηνεία του κειμένου προτείνεται από τον Ė. Lhôte (μετάφραση από τα γαλλικά):[85]

> Αγαθή Τύχη. Ο Σάτυρος ζητά να μάθει από τον Δία τον Νάο και την Διώνη: Δεν ανετέθη ο σκύφος του Σατύρου; Στην Ελέα ο κέλης του Ακτίου θα κατατρόπωσε τον κέλητα του Δωριλάου!

Βάσει αυτής της ανάγνωσης ο Ė. Lhôte προτείνει ότι ο Σάτυρος στοιχημάτισε υπέρ του ίππου ἀπ' Ἀκτίου και ανέθεσε τον σκύφο για να εξασφαλίσει το στοίχημα. Θεωρείται όμως ότι έχασε και γι'αυτό ζητάει επιβεβαίωση από το μαντείο ότι δεν εξαπατήθηκε από τους αντιπάλους του. Η υπόθεση του στοιχήματος και της εξαπάτησης ως προς το αποτέλεσμα είναι εύλογη, παραμένουν ωστόσο και αναπάντητα ερωτήματα: π.χ. γιατί ο ένας κέλης καθορίζεται με το όνομα του ιδιοκτήτη του ενώ ο άλλος μέσω της προέλευσής του... Θα μπορούσε να εκπροσωπεί ο ίππος ἀπ' Ἀκτίου την πόλη του Ακτίου (πράγμα τουλάχιστον ασύνηθες)[86] ή υπάρχει η πιθανότητα αυτός ο ίππος να ανήκει στον Σάτυρο, εξ ου και η έντονη συναισθηματική εμπλοκή; Σε αυτή την περίπτωση το να χάσει ο ίππος θα σήμαινε και μεγάλη υλική απώλεια για τον Σάτυρο.

Η διατύπωση του κειμένου είναι ασυνήθης στα ελάσματα της Δωδώνης,[87] ως προς το ότι την εισαγωγή του ερωτήματος (επίκληση, "ο τάδε ερωτά") δεν ακολουθεί μια σαφής ερώτηση (συνήθως πλάγια), αλλά παρατίθενται δύο κύριες προτάσεις των οποίων η σχέση δεν δηλώνεται από το κείμενο μονοσήμαντα. Ακολουθώντας την άποψη του Ė. Lhôte ότι η πρόταση "Δεν ανετέθη ο σκύφος του Σατύρου" είναι ερώτηση, τότε αυτή είτε είναι ρητορική,[88] είτε αντιθέτως

---

85. Η τελευταία φράση θα μπορούσε να μεταφραστεί και ως ευθεία ερώτηση: "Στην Ελέα ο κέλης του Ακτίου κατατρόπωσε τον κέλητα του Δωριλάου;".

86. Γνωρίζουμε δημόσια εκπροσώπηση της πόλης του Άργους σε ιππικούς αγώνες: GARDINER E. N. 1910, σ. 463 (Άργείων δημόσιος).

87. Πρβ. DAKARI, VOKOTOPOULOU, CHRISTIDI 2013, αρ. 35Α, 73, 80Α, 84, 123 κλπ.

88. Υπό την έννοια "μα τον ανέθεσα τον σκύφο".

πραγματικής άγνοιας, εφόσον ο Σάτυρος είχε επιφορτίσει κάποιον άλλον να κάνει την ανάθεση (ενδεχομένως σε άλλο ιερό, στην Ελαία π.χ.) και αμφιβάλλει ότι πράγματι ανατέθηκε.

Αν όμως αυτή η πρόταση δεν θεωρηθεί ερώτηση, η μετάφραση θα έχει ως εξής:

> Αγαθή Τύχη. Ο Σάτυρος ζητά να μάθει από τον Δία τον Νάο και την Διώνη. Δεν ανετέθη ο σκύφος του Σατύρου.[89] Στην Ελέα μάδησε άραγε ο κέλης του Ακτίου τον κέλητα του Δωριλάου;[90]

Σε αυτήν την περίπτωση ο Σάτυρος γνωρίζει ότι δεν ανατέθηκε ο σκύφος που είχε υποσχεθεί ενδεχομένως από αμέλεια ή κώλυμα. Αφού λοιπόν η ανάθεση δεν έγινε, ρωτάει να μάθει ποιο άλογο νίκησε, φοβούμενος ότι θα ηττήθηκε το άλογο που υποστήριζε, το οποίο υπό αυτές τις συνθήκες θα είναι ο κέλης του Δωριλάου. Με αυτές και άλλες ερμηνευτικές πιθανότητες μάλλον δεν θα μάθουμε ποτέ τι ακριβώς σημαίνει αυτή η επιγραφή.

Παρόλα αυτά, η σύντομη ενδεικτική παράθεση επιγραφών που προηγήθηκε, αγγίζει την πολύπλευρη φύση της επιγραφικής μαρτυρίας και την ποικιλία των θεμάτων των οποίων άπτονται τα κείμενα για τους ιπποδρόμους και τους ιππικούς αγώνες από τον 6ο αι. π.Χ. έως τον 7ο μ.Χ. Μεταξύ άλλων αναδείχθηκε το ζήτημα του χρόνου διαδοχής των δύο τύπων ιπποδρόμων, του ελληνικού και του ρωμαϊκού, σε διαφορετικές περιοχές του ελληνικού κόσμου.

---

89. Υπό την έννοια "παρέλειψα να αναθέσω τον σκύφο μου".

90. Ή "Στην Ελέα θα μάδησε, ίσως μάδησε, ο κέλης του Ακτίου τον κέλητα του Δωριλάου". Για αυτή την χρήση του ἄν βλ. LSJ 1992, σ. 96 A. I. c.

LES HIPPODROMES D'OLYMPIE ET DE DELPHES

On the length of the Greek hippodrome

Werner PETERMANDL

It is remarkable that, despite the immense importance and popularity of equestrian events in the ancient Greek world, the current state of knowledge concerning their venues –the hippodromes– is still somewhat limited. This is even more surprising given that during the last few decades research has actually flourished in the field of ancient sports history.[1]

There are, in fact, a considerable number of archaeologically well attested horse race-courses in the Greek eastern Mediterranean from Roman times.[2] But all of them seem to have been constructed in the specific Roman way[3] and to have staged chariot races of the Roman type.[4] For the sake of terminological clarity those structures from Roman times and of Roman style should always be called "circuses".

Whereas many circuses are known about or have been –at least partly– excavated throughout the Roman Empire and dealt with in numerous publications, the same cannot be said for the genuine Greek venues for equestrian competitions: the hippo-dromes. Many of those that became known from other sources have not even been located.[5] Also, until this conference, scholarly work focusing on the hippodrome has been rare. A quick check of the annual bibliography on ancient sports in the journal

---

1. This article is a revised version of my ideas on this topic that were presented for a first time at the conference of the "Deutsche Gesellschaft für die Geschichte der Sportwissenschaft", 5.6.2009 in Graz and published as PETERMANDL 2011. I am very much indebted to H. Miles, who improved my English prose.
2. Cf. DODGE 2008, p. 134 figs. 1a, 1b.
3. HUMPHREY 1986, p. 12, states that "there is no known example of a Classical Greek hippodrome having been converted into a canonical – i.e. monumental – Roman circus".
4. Even the equestrian events in the very "Greek" Capitolia in Rome, which most probably took place in the Circus Maximus, seem to rather have been of the Roman than of the Greek type; see RIEGER 1999, pp. 185-186. On differences between the Greek and the Roman types of equestrian events see HUMPHREY 1986, pp. 10-12.
5. HUMPHREY 1986, p. 12; cf. SCHMÖLDER-VEIT 2004, p. 183.

Nikephoros will easily reveal the enormous imbalance between works dealing with the circus on the one hand and the hippodrome on the other.

The question arises whether the lack of scholarly work on the hippodrome is due to the scarcity of remains, or whether the opposite is true: namely that not much archaeological evidence of the hippodrome has been discovered because it has been somewhat neglected by scholarly interest. I'd say the latter proposition is not as implausible as it might seem at first glance.

Anyway, taking account of the current state of research, it is the prevailing opinion that the Greek hippodrome did not have any permanent features that were comparable to the monumental circuses of Roman times, nor in many cases any permanent features whatsoever.[6] In this context the improvised track in the horse race of the Patroclus Games is quite often referred to,[7] but this certainly does not give us any insight into the possible appearance of the horse racecourses of the Greek big Panhellenic sports festivals. The fact that the facilities of these sports festivals were not in use very often, e.g. only every four years in Olympia, has also been noted.[8] It is, however, hard to see this constituting a reason for a lack of architectonical expression, since the same would also be true for ancient Greek stadia, and there is clearly an abundance of archaeological findings in relation to the latter.

Even if it is beyond doubt that the hippodrome never had the impressive structures of the circus, it would still be legitimate to question whether excessive weight has been attached to the idea of the hippodrome being not much more than a vast field.

This very volume contains quite a few articles presenting promising new archaeological initiatives and results that shed new light on our knowledge of the Greek hippodromes.[9] To those I just want to add observations made at two other famous sites: the first is Olympia, where an initially promising geophysical investigation unfortunately turned out to be unsuccessful. Likewise, excavations carried out in the area assumed to be in the location of the start of the horse racecourse have so far remained disappointing.[10] The second is Nemea, where interesting discoveries concerning the Nemean hippodrome were uncovered a few years ago.[11]

My article tries to approach that topic from another perspective. It will start by focusing on a text preserved in a codex kept in the Old Seraglio in Constantinople

---

6. Cf. Dodge 2008, p. 135; Antikas 2004, p. 167; Höcker 1998, col. 584; Decker 1992a, p. 134; Kyle 1987b, p. 96; Humphrey 1986, p. 12.
7. Homer, *Iliad* 23.262-652; Dodge 2008, p. 133, follows Humphrey 1986, pp. 5-6.
8. Humphrey 1986, p. 12.
9. See also the earlier published considerations on the hippodrome of Delphi: Valavanis 2017.
10. Wacker 2012, pp. 130-131; cf. the clip of lecture of R. Senff held in the British Museum in London 2012 https://www.youtube.com/watch?v=ZWDm93Aa2hg (minutes 22:53-27:07), accessed November 1, 2018.
11. Miller 2002, pp. 247-248. Cf. Miller's considerations on the possible position of the hippodrome in Nemea.

that provides information on the length of the Olympic hippodrome. It was J. Ebert[12] who brought this codex back into discussion providing a new and very sensible understanding of the text that has since been widely accepted. What I want to do here is to present a suggestion to modify J. Ebert's understanding of the text and to come to a different conclusion about the total length of the hippodrome in Olympia and to add some thoughts on the dimensions of hippodromes in general.

THE CODEX SERAGLIENSIS AND THE HIPPODROME OF OLYMPIA

The hippodrome of Olympia can probably be considered the most important facility of its kind in the ancient world. It is mentioned a few times in the works of ancient authors.[13] The most informative one is, of course, the well-known lengthy passage in the 6th book of Pausanias.[14] Nevertheless, even there, many questions remain open as to the actual appearance of this hippodrome. The passage in Pausanias contains, for instance, no information on the length of the whole facility. This issue, however, is addressed by a text that is preserved in a 11th or 12th century codex from the Old Seraglio in Constantinople. Though the text was written in medieval times it most probably originated in ancient times or at least provides ancient information.

Codex Seragliensis Graecus 1, Fol.28r, Z.18-20[15]

ὁ ὀλυμπιακὸς ⟨ἀγὼν⟩ ἔχει ἱπποδρόμιον ἔχον / σταδίους η´·
καὶ τούτου ἡ μία πλευρὰ ἔχει σταδίους γ´ (καὶ) πλέθ(ρον) α´, /
τὸ δὲ πλάτος πρὸς τὴν ἄφεσιν στάδιον α´ καὶ πλέθρα δ´, /
πό(δας), δω´.[16]

The Olympic (contest) has a horse-racecourse, having 8 stadia
and each[17] long side is 3 stadia and 1 plethron
the space[18] next to the start is 1 stadion and 4 plethra
(all in all) 4,800 feet.[19]

---

12. EBERT 1997a.
13. Cf. PETERMANDL 2013, Index pp. 15-16.
14. Pausanias, 6.20.10-21.1.
15. Line numbers follow the edition of SCHÖNE 1897, pp. 152-153.
16. Text as provided by EBERT 1997a, p. 354. Line-breaks are mine to facilitate the understanding of the content; the slashes indicate the actual line-breaks in the codex but are not the same as the line-breaks in SCHÖNE 1897.
17. EBERT 1997a, p. 339, pointed out that the indefinite article in front of the cardinal number has distributive meaning "= je eine Längsseite / jede der beiden Längsseiten".
18. EBERT 1997a, p. 355 translates πλάτος = "die breite Fläche".
19. My English translation tries to follow the German translation of EBERT 1997a, p. 355, as closely as possible: "Das olympische Kampfspiel verfügt über eine Pferderennbahn, die (eine Längenausdehnung von) 8 Stadien hat. Davon umfasst je eine Längsseite 3 Stadien und 1 Plethron, die breite Fläche aber bis zur Ablaufstelle 1 Stadion und 4 Plethra, (insgesamt) 488 Fuß."

Some attempts have already been undertaken to make sense of this text. In 1978 Fr. Brein[20] came up with the idea that the words "each long side is 3 *stadia* and 1 plethron" refer to the distance between the turning posts of the horse racecourse. And the phrase "τὸ δὲ πλάτος πρὸς τὴν ἄφεσιν στάδιον α´ καὶ πλέθρα δ´" would indicate the dimensions of the shorter side of the hippodrome. He believes that the 8 *stadia* mentioned in the first line of our text as well as the 4,800 feet in the last line (which is actually the same measurement as 8 *stadia*) indicate the length of one lap which was calculated as an average distance by adding up the measurements of two long sides and half of two shorter sides.[21] I am not convinced by this explanation.

Another way of understanding the text of the codex was presented by J. Humphrey[22] in his book on Roman circuses, which is still an —or even: the— authoritative work in this field. In his sketch (**fig. 1**) information from Pausanias' description[23] is also included; i.e. especially the starting mechanism on the left with its "ship-prow" shape and the starting gates as

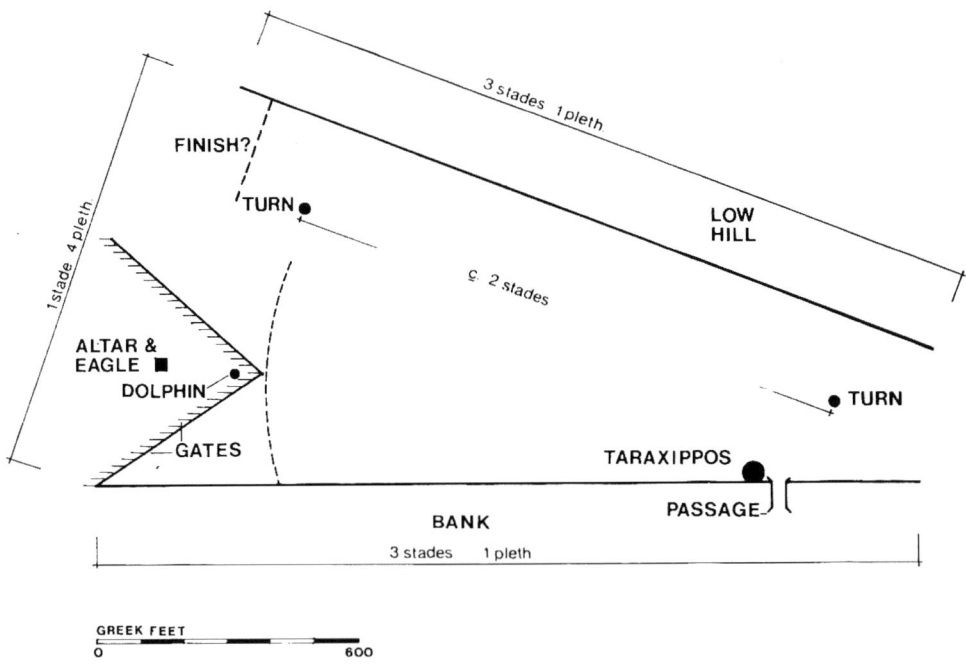

Fig. 1 — J. Humphrey's suggestion (after HUMPHREY 1986, p. 7).

20. BREIN 1978, p. 94.
21. BREIN 1978, p. 94: "Diese Strecke wurde anscheinend als Durchschnittswert am runden Tisch errechnet, indem man zwei Langseiten und zwei halbe Schmalseiten addierte." Theoretically, according to Fr. Brein, the shortest possible lap (driven very close around the turning point) would be just two long sides, i.e. 6 *stadia* and 2 *plethra*.
22. HUMPHREY 1986, pp. 7-10.
23. Pausanias, 6.20.10-21.1.

well as the so-called Taraxippos. Leaving this additional information aside, I would rather draw attention to J. Humphrey's understanding of the passage of the codex: "τὸ δὲ πλάτος πρὸς τὴν ἄφεσιν στάδιον α΄ καὶ πλέθρα δ΄." Again πλάτος is understood as "shorter side". The sketch clearly shows how he makes sense of this information. In this respect J. Humphrey's view is probably influenced by the assumption that the numbers of competing chariots were as high as 40 or more. This assumption, however, is only based on a passage in Pindar[24] mentioning a crash of 40 competitors. J. Ebert, however, was able to show that there is most probably a mistake in the Pindar text originally referring to a crash of just four chariots.[25]

The distance between the two turning posts in J. Humphrey's reconstruction is 2 *stadia*. This is based on the fact that a foot-race that was two *diauloi* (i.e. 4 *stadia*) long was called *hippios dromos*.[26] J. Humphrey believes, like some other scholars, that the name of the foot-race, *hippios dromos*, was derived from the length of a lap in the hippodrome.[27] Therefore the lap in the hippodrome must have had 4 *stadia*, i.e. the distance between the turning post (2 *stadia*) multiplied by 2.

As mentioned before, J. Ebert[28] re-introduced the codex into discussion and provided a new and sensible understanding. For him the passage "each long side is 3 *stadia* and 1 *plethron*" refers to the distance between the two turning points plus the width of the track (**fig. 2**). He states that it can be discerned that the distance between the two

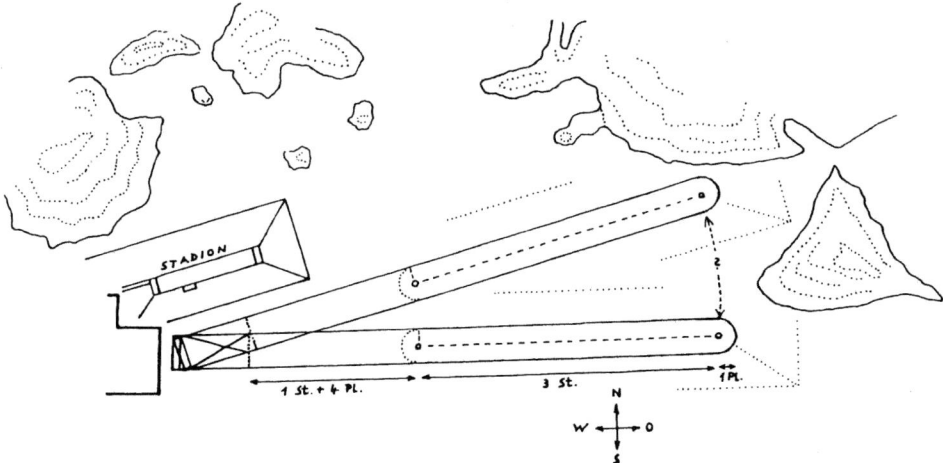

Fig. 2 — J. Ebert's suggestion (after EBERT 1997a, p. 352).

24. Pindar, *Pythian* 5.49.
25. EBERT 1997a, pp. 345-346; EBERT 1997b, *passim*.
26. Pausanias, 6.16.4; Hesychius, s.v. "ἵππιος δρόμος"; Euripides, *Electra* 824-825. Cf. AIGNER, MAURISCH-BEIN, PETERMANDL 2002, pp. 410-411.
27. HUMPHREY 1986, pp. 9-10; see also, for example, KRAUSE 1835, pp. 202-203; GARDINER E. N. 1910, p. 452; MILLER 1980, p. 160 n. 8; EBERT 1980, p. 66.
28. EBERT 1997a, pp. 336-356.

turning points in the hippodrome was 3 *stadia*, which means that a circuit was 6 *stadia* long. This view is based on another part of our text to be found a bit further down in the codex, where the running distances of the various equestrian events are listed.

Codex Seragliensis Graecus 1, Fol.28ʳ, Z.21-22[29]

⟨.... καὶ κέλητες⟩ τρέχουσιν οἱ μὲν ἡλικιῶται πωλικοὶ 30 σταδίους ϛ΄,
οἱ ⟨δὲ ἡλικιῶται⟩ τέλειοι ⟨ιβ΄⟩,
συνωρίδες αἱ μὲν {ἡλικιῶται} πωλικαὶ κύκλους γ΄,
αἱ δὲ τέλειαι η΄,
ἅρματα ⟨τὰ⟩ μὲν πωλικὰ κύκλους η΄,
τὰ δὲ τέλεια κύκλους ιβ.΄

⟨race horses⟩ being colts run 6 stadia
full-grown horses run ⟨12⟩
two horse chariots of colts run 3 laps
the full-grown 8
four horse chariots of colts run 8 laps
the full-grown 12.

The text as provided here was amended by J. Ebert as indicated by the brackets.[31] All of these corrections seem to have been carefully made and to be completely justified. The lower parts of the passage are not helpful for our question because here the distance is indicated in laps. The first line, however, indicates the distances in *stadia*. And that *is* informative. The text says: "race horses being colts run 6 *stadia*", which is, indeed, a strong indication that the distance between the turning points was 3 *stadia* long.

How else could the text make sense? A distance of 2 *stadia* between the turning posts would mean that this race was one and a half laps long. That is not very likely. 4 or 5 *stadia* would not work out at all. 6 *stadia* between the turning posts would probably be too long. A distance of 3 *stadia* between the turning posts, however, would mean that 6 *stadia* form one lap and this would indeed appear to make sense. The number of *stadia* for the adult horse race was completed by J. Ebert, but 12 *stadia* would be two laps and that seems perfectly reasonable.

According to J. Ebert *1 plethron*: therefore must indicate the width of the track (see **fig. 2**).

But what does "τὸ δὲ πλάτος πρὸς τὴν ἄφεσιν στάδιον α΄ καὶ πλέθρα δ΄" mean? For J. Ebert it describes the part left from the left (= western) turning point. He translated it into German as "die breite Fläche aber bis zur Ablaufstelle"; in English that would be: "the space next to the start is 1 *stadion* and 4 *plethra*".

---

29. Line numbers follow the first edition of H. Schöne. Text as provided by Eвert 1997a, p. 354. Line-breaks are mine.

30. J. Ebert reads πωλικοὶ instead of πάτες in the codex.

31. Moreover J. Ebert reads πωλικοὶ instead of a meaningless πάτες in the codex, see n. 29.

The sketch (see **fig. 2**) makes it clear where J. Ebert wants to locate this very "space" (πλάτος). For him it is the part of the hippodrome between the *aphesis* described by Pausanias[32] and the western turning point. J. Ebert's understanding of the codex has since been generally accepted by recent scholarship.[33]

My problem with this understanding is that the codex twice refers to a total of 8 *stadia* (or the equivalent of 4,800 feet). It is beyond doubt that these 8 *stadia* (or 4,800 feet) are the total of the distances stated in the text. According to J. Ebert's understanding we would get a total length of 8 *stadia* only as indicated in **fig. 3**.

Why should the codex sum up these particular distances: from the end of the *aphesis* to the western/left turning point, from there to the eastern/right turning point plus the width of the track and then back to the eastern/right turning point and from there to the western turning point?

I would like to suggest a slight shift in our understanding of what the text actually means and that would allow us to get a more consistent picture.

Let's start again with the statement *and each long side is 3* stadia *and 1* plethron. This seems quite clear – there is not much scope to argue about that. I completely agree with J. Ebert's understanding that the distance between the turning posts must be 3 *stadia*.

Let's take the next step. The distance "8 *stadia*" referred to in the first line of the passage (as well as "4,800 feet" in the last line) informs us about a total length of the hippodrome. But what does it mean? I believe it can only mean the perimeter of the hippodrome or the distance both ways –back and forth again. I suggest: back and forth again.

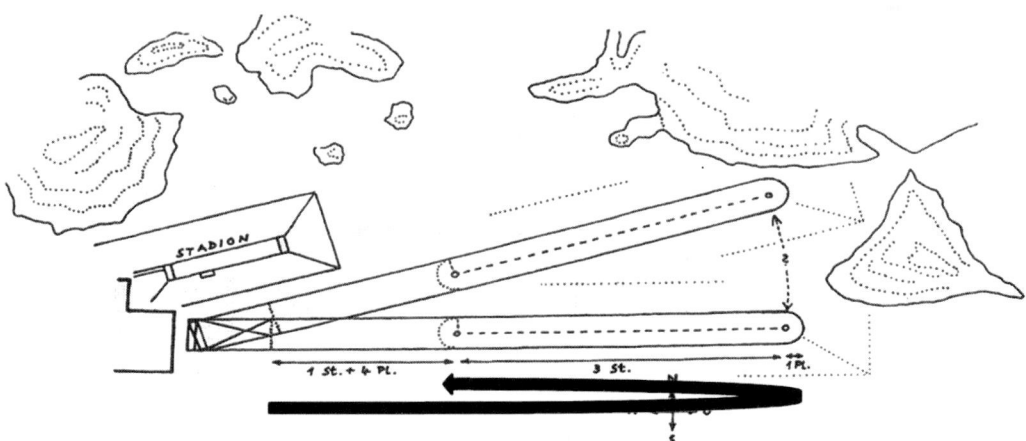

Fig. 3 — Total of 8 *stadia* (4,800 feet) according to J. Ebert's suggestion.

32. Pausanias, 6.20.10-14.
33. See for example DECKER 2012d, p. 143, Abb.78; CANALI DE ROSSI 2011, p. 26; LETZNER 2009, p. 16; SINN 2004, p. 136, Abb.49.

But how does the statement "the space next to the start is 1 *stadion* and 4 *plethra*" fit in? This question seems to be at the very core of a correct understanding of the text. We can see J. Ebert's answer in his sketch (see **fig. 2**). Now, I believe that also this statement has to be understood as the distance back and forth again. If we do that all the numbers fit together and a consistent picture of the text emerges (**fig. 4**).

Each long side: 3 *stadia* 1 *plethron* = 1,800 feet + 100 feet = 1,900 feet

two times, i.e. back and forth =	3,800 feet
Space next to the start, back and forth: 1 *stadion* + 4 *plethra* =	1,000 feet
Total length, back and forth: 8 *stadia* =	**4,800 feet**

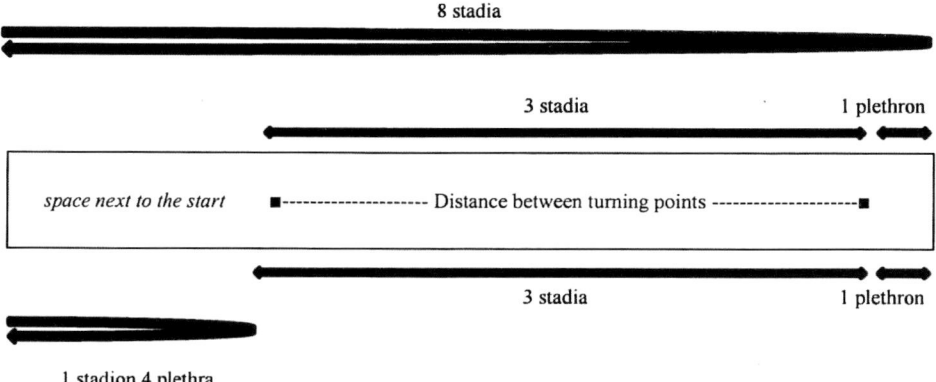

Fig. 4 — Petermandl's suggestion.

The question remains how the *aphesis* fits into the overall picture. It is crucial here how we understand τὸ δὲ πλάτος πρὸς τὴν ἄφεσιν. J. Ebert translates πρὸς τὴν ἄφεσιν as "towards" or "next to the start". Furthermore he adds the aphesis to this stretch. To me it seems preferable to translate the passage not as "the space next to the start" (like J. Ebert) but as: "the space for the start". Then the aphesis would have been inside the space of "1 *stadion* and 4 *plethra*" –back and forth (**fig. 5**). Pausanias (6.20.11) referring to the *aphesis* says: "each side of the starting-place is more than 400 feet in length". It would fit into the 500 feet long space that the codex indicates.

If this understanding of the text of the codex were correct then that would mean it is telling us that the hippodrome in Olympia had a total length of 4 *stadia*.[34] That would be about 900 feet shorter than the reconstruction of J. Ebert. Of course, we cannot be

---

34. The first German excavators of Olympia without this new understanding of the Codex Seragliensis already considered 4 *stadia* as the total length of the hippodrome, CURTIUS, ADLER 1882, p. 30.

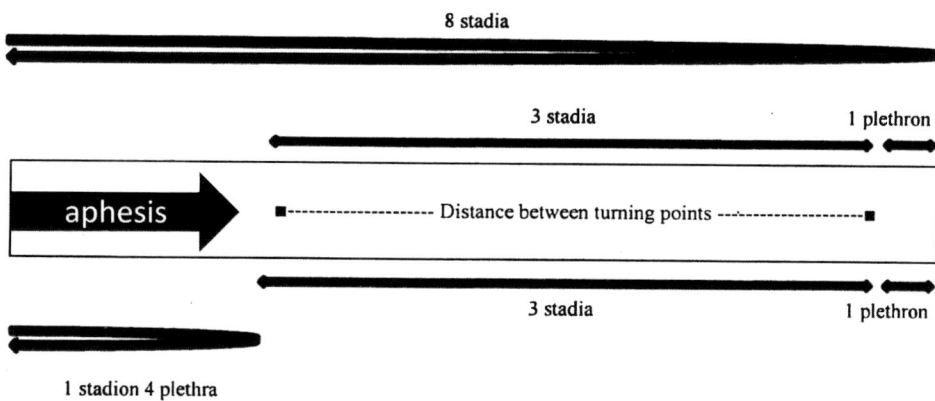

Fig. 5 — The location of the aphesis according to Petermandl's suggestion.

sure that what the codex describes actually corresponds to reality. In any case, it is an ancient statement on this topic.

I am very pleased that the earlier publication of my ideas was helpful for C. Flämig and B. Dimde, who at this conference presented a different understanding of τὸ δὲ πλάτος πρὸς τὴν ἄφεσιν. Their article with this appealing suggestion is included in this very volume.[35] I will come back to it a bit further down.

FOUR *STADIA* – THE LENGTH OF THE GREEK HIPPODROME?

As just pointed out the information we can glean from the Codex Seragliensis appears to be that the hippodrome in Olympia was in total 4 *stadia* long. Whether we can believe what this text tells us or not, remains an open question. Unfortunately, there are no other ancient sources providing the measurements of the hippodrome in Olympia to prove that information. However, there is at least some evidence suggesting that 4 *stadia* were a common length for hippodromes generally.

1) Fr. Brein in his above mentioned article, refers to a passage in Plutarch, stating that the measurement of 1 *hippikon* is 4 *stadia* long.[36] Based on the well-known fact that the measurement of one *stadion* is as long as a stadium[37] this can be considered as a strong argument to understand the measurement *hippikon* as the length of a hippodrome.[38]

2) It was also mentioned above that J. Humphrey and others believed that the name of the footrace ἵππιος δρόμος (being two *diauloi* –i.e. 4 *stadia*– long) was derived

---

35. In this volume, see the contribution of B. Dimde and C. Flämig, p. 145-166.
36. Plutarch, *Solon* 23.5. BREIN 1978, p. 94.
37. To be more correct: as long as the race track over one length of the stadium.
38. According to Fr. Brein's considerations that would be the length of the entire facility.

from the fact that it was as long as a lap in the hippodrome.[39] Fr. Brein, on the other hand, thinks that this footrace took its name from the *total length* of the hippodrome.[40] J. Ebert, however, surmises that the footrace was denominated ἵππιος δρόμος because it consisted of two laps, exactly like the race for mature race horses.[41]

3) Another hint can be found in the *Etymologicum Magnum*, where the following entry can be found s.v. ἐν Ἐχελιδῶν· τόπος Ἀθήνησι σταδίων ὀκτώ. ἐν ᾧ αἱ ἱπποδρομίαι. It attests a place of 8 *stadia* in which horse races were held. For D.G. Kyle this source makes it possible to locate the hippodrome of Athens and he states: "Apparently the Athenian hippodrome was eight stades long and located in Echelidai, near the city".[42] Bearing in mind our new understanding of the Codex Seragliensis, I would, however, suggest that we can interpret these 8 *stadia* not only as the distance one way but rather as the distance back and forth.

4) More support is provided by the observations of St.V. Tracy and Chr. Habicht. Discussing Panathenaic horse races that were not held in the hippodrome they state that these races probably took place between the Dipylon gate and the Eleusinion. The distance between those locations is about 700 m.[43] That would almost perfectly correspond to a length of 4 *stadia*: 4 *stadia* = 2,400 feet. With the attic foot being 296 mm long[44] 2,400 feet would be 710.4 m.

All this evidence does at least correspond with my suggestion made above that the text of the Codex Seragliensis seems to inform us that the hippodrome of Olympia (i.e. the whole venue) was 4 *stadia* long.

As far as the length of the Olympian hippodrome is concerned C. Flämig and B. Dimde come to a similar result. Although, their understanding of the text has the advantage that the 4 *stadia* would be the distance between the actual starting line and the opposite turning point; that would far better correspond to the comparison with the stadium and the measure of length *stadion* (being the distance between starting line and finish line/turning point).

In any case, as there is no other clear evidence on hippodrome dimensions we might ask whether 4 *stadia* could have been a standard length of hippodromes. The question is, whether standardised horse racecourses can generally be expected or not. Actually there are a few pros and cons for the presumption of such a standardisation.

---

39. See above and n. 27.
40. BREIN 1978, p. 103.
41. EBERT 1997a, pp. 349-350. That corresponds to his opinion that the distance between the turning posts was 3 *stadia* long.
42. KYLE 1987b, p. 96. D.G. Kyle follows J.S. Traill and believes that Echelidai has to be located in the northeast of the Peiraeus, KYLE 1987b.
43. TRACY, HABICHT 1994, p. 89.
44. NISSEN 1886, pp. 666, 701.

J. Humphrey believes that Greek hippodromes varied greatly in length and width.[45] However, taking into account what was said at the beginning of this article, it should be recalled that we hardly possess the information to be able to state that. Based on current knowledge it cannot be categorically asserted that there was no standardisation of measurements whatsoever; especially for the big Panhellenic Games. Of course, there might actually have been a number of horse racecourses that had their own individual dimensions, like, for example, the hippodrome on the Mount Lykaion.[46]

An argument supporting the view that there was no standardisation can be based on the fact that Roman circuses do indeed vary significantly in length and width.[47] The question is just whether we can compare the Greek horse races and those of the Romans.[48] I think it is legitimate to doubt that the Roman horse races organised by the *factiones* under different conditions from say the equestrian events of the *periodos*-games would have required standardise racecourse lengths.

There are, on the other hand, a few clues that standardisation of hippodromes might well have existed. First of all we should remember that the length of the *stadion*,[49] where footraces were held, was indeed standardised. It was 600 feet everywhere. Deviations in the metric system are only due to the different lengths of the foot in different places.

Another argument could focus on Plutarch[50] mentioning a *hippikon* as a term for a measurement of length. This would only make sense if it referred to a certain degree of standardisation. If this term really were somehow linked to the hippodrome, this would also indicate a standardisation of length of hippodromes.

The same is true if we are willing to believe that the *hippios dromos* acquired its name from the total length of the hippodrome.[51] This would not have worked if different hippodromes had different lengths.

Actually standardisation was also common in other aspects of horse races. The number of laps to run seems to some extent to have been standardised. At least 12 laps appear to be quite well attested for four-horse chariots in Olympia as well as in Delphi and Isthmia.[52] Moreover, a defined number of laps would have made even more sense if the laps were of the same length.

A further hint could also be seen in another kind of standardisation that appears to have existed. Certainly, at least at the Panhellenic Games a standardisation of the eques-

---

45. HUMPHREY 1986, p. 12.
46. See the article by D.G. Romano in this volume.
47. See DODGE 2008, fig. 1b.
48. On differences between the Greek and the Roman types of equestrian events see HUMPHREY 1986, pp. 10-12.
49. I.e. the length of the race track of a stadium.
50. Plutarch, *Solon* 23.5.
51. In the way J. Humphrey or Fr. Brein do that, not according to J. Ebert's understanding, see above.
52. Pindar, *Olympian* 3.33-34; Codex Seragliensis Graecus 1 Fol. 28ʳ Z.22 (see above); Pindar, *Pythian* 5.33; Pindar, *Olympian* 2.48-51.

trian programme can be observed comprising races for four-horse chariots, two-horse chariots and horses; and each of them in two age classes for colts and grown up horses.[53]

Given that the very specially prepared race horses might have been trained to run specific distances,[54] all cases where there is evidence of horses having won at different places –like the horse Pherenikos winning in Delphi and Olympia[55]– would support the assumption of the same dimensions of horse racecourses.

As a final point, we shouldn't necessarily assume that the distances changed over the centuries. The footraces demonstrate that distances actually remained the same for hundreds of years.

Putting all that together, we reach the conclusion that there are a few hints suggesting that the dimensions of Greek hippodromes could have been standardised, at least at Panhellenic Games. Assuming that this was true, is seems sensible to consider 4 *stadia* as the standard length. In any case 4 *stadia* is certainly a measurement that should be given serious consideration when we reflect the length of the Greek hippodrome in general or the hippodrome of Olympia in particular.

53. See Tracy, Habicht 1994, pp. 91-92; Bell D. J. 1989, p. 180: "the main Panhellenic festivals developed over a period of about 400 years a common ἀγὼν ἱππικός comprising six standard events".
54. See Ebert 1997b, p. 25.
55. Bacchylides, 5.37-50.

The *aphesis* of the Olympic hippodrome:
Dimensions, design, technology

Barbara Dimde, Catharina Flämig

DIMENSIONS AND DESIGN (C. Flämig)

The appearance and location of the ancient hippodrome of Olympia poses many unsolved riddles to this day. Even the most recent and extensive geomagnetic and archaeological investigations have not managed to locate the racecourse, the once biggest monument of ancient Olympia.[1] The assumption remains that the medieval floods of the River Alpheios were responsible for the destruction of this once so famous structure.[2]

In contrast to most other ancient competition sites in Greece, we are fortunate in Olympia to be able to rely on literary sources to give us an approximate insight into the former appearance of the ancient structure.[3] We owe much credit to the well cited description of Pausanias from the 2nd century AD,[4] supported by a metric text, written in Greek, dated somewhere between the 2nd and 3rd centuries AD, recorded in a manuscript of the 11th century AD, in the old Seraglio in Istanbul.[5] Undoubtedly, both sources leave plenty of room for varied reading and interpretation. Needless to say, it is to our great advantage that both texts stem from a similar period in time, allowing us to draw interesting

---

1. After an elaborate campaign in 2008, a geophysical survey of the area to the east of the sanctuary in Olympia depicted two lines running parallel to each other for 200 m. This initially sparked great anticipation in the attempt to locate the ancient hippodrome. See WACKER 2008, pp. 14-16.

2. Unfortunately, the anticipation caused by the geophysical survey findings in 2009 was short lived as further investigations yielded no results, and the conclusion of a complete destruction of the race course was reinstated. KYRIELEIS 2011, p. 123. SENFF 2012, p. 14. Similarly stated by KUNZE 1964 several decades earlier. WIEGARTZ 1984, p. 41. EBERT 1989, p. 89.

3. For summaries of earlier hippodrome reconstruction attempts see EBERT 1989, pp. 89-91 (republished in J. EBERT, *Agonismata. Kleine philologische Schriften zur Literatur, Geschichte und Kultur der Antike* [1997], pp. 336-338). SINN 2004, pp. 134-136. PETERMANDL 2011, pp. 37-39.

4. Pausanias, 5.15.5-7; 6.20.10-21.1.

5. Codex Seragliensis GR1, foil 28ʳ, ll. 16-23.

conceptions as to the appearance of the hippodrome of Olympia, if only for the time of the Roman Imperial Period.

The famous starting gates (*aphesis*) of the Olympic hippodrome, a key feature in our research, are impossible to reconstruct without regarding them as an integrated part of the entire facility itself. A key source in regard to the appearance of the Olympic racecourse is the detailed documentation of Pausanias.[6] It is documented that access to the starting point for the horses was gained by climbing the south wall of the stadium at the *Hellanodikai* terraces. This presents a very valuable clue as to the location of the former racecourse, namely the close proximity to the stadium, stretching in length to the south-east, with the Sanctuary of Zeus taking its position in the west. Furthermore, Pausanias' description mentions one side of the hippodrome as longer than the other with the longer side bordering onto an artificial earth embankment. There were two turning poles and the starting field resembled the shape of a ship's prow. The front of the prow, at which a dolphin atop a pole was planted, was positioned towards the race track, with the bow (the rear) bordering onto the Stoa of Agnaptos. The longitudinal sides of the starting gates each measured 400 ft. along which the individual starting boxes were situated. In accordance to Pausanias' description the starting stalls were staggered in pairs parallel to each other and opened from back to front. The aim of such a sophisticated starting arrangement was to ensure an equally good starting position for all charioteers and horses across the starting field. The allocation of the starting positions was determined by a draw. In accordance with Pausanias' documentation, the construction of the starting mechanism involved the collaboration of at least two engineers.

Many reconstruction efforts, based on the detailed descriptions of Pausanias, have been attempted, with each individual attempt varying significantly from its predecessor.[7] Noticeable in all reconstruction attempts however is the absence of scale, making it impossible to calculate either the length or the width of the complex in its entirety, nor the length of the approach, from the apex of the starting formation to the first turning pole, at which point the lap count started. The previously mentioned codex in Istanbul[8] was the first document to shed light on the expanse of the ancient race site, providing the most detailed account to date of measurements for the hippodrome. Furthermore, the text within contains log entries of the distances covered during the horse and chariot races.

In accordance with J. Ebert's reading, the codex in Istanbul suggests the hippodrome in Olympia covered 8 *stadia*, a total of 4,800 ft. each longitudinal side measuring 3 *stadia* and 1 *plethron*, and the space up to the starting point, 1 stade

---

6. See above, n. 3.

7. See above, n. 3.

8. See above, n. 4. In order to understand the measurements contained within the codex in Istanbul, the following measure description was included: the smallest unit of length was 1 foot. 1 *plethron* = 100 ft. 1 stade = 6 *plethra* or 600 ft. 1 *hippikon* = 6 *stadia* or 2,400 ft.

and 4 *plethra*.[9] According to J. Ebert the 4,800 ft. draw reference to the total extent of the structure (i.e. the bidirectional distance) as the text explicitly refers to the longitudinal extension of the hippodrome. The remaining measurements mentioned in the text are distributed, by J. Ebert, across the interior of the racecourse –the approach (acceleration stretch), the distance between both turning poles and the width of the lane at the turning zones themselves. The approach is clearly suggested within the phrase: "the area to the starting point (has) 1 stade and 4 *plethra*". A total of 1,000 ft. J. Ebert defines this run-up as the area between the prow (apex) of the starting gates to the nearest turning pole (**fig. 1**). This leaves the remaining text to cater for the distances between both turning poles and the length of the turning zones themselves: "thereof each longitudinal side has 3 *stadia* and 1 *plethron*". J. Ebert defines the 3 *stadia* as the distance between the two turning poles, his placement being supported by the race distances recorded in the log entries contained within the same text.[10] In accordance with J. Ebert's interpretation, the remaining 1 *plethron* = 100 ft., make up the width of the track at the turning zones. By positioning both turning poles along the horizontal centre line of the hippodrome, the turning zones take on the shape of semicircle with a radius of 100 ft. This determines not only the width of each lane (100 ft.) but also the width of the entire hippodrome (200 ft.). The codex in Istanbul does not give reference to the starting gates. Based on Pausanias description of the starting gates, J. Ebert applies a triangle across the entire width of the hippodrome in his reconstruction: the side lengths of which correspond with the 400 ft. mentioned by Pausanias; and the base equally as wide as the hippodrome itself (200 ft.).

J. Ebert's reconstruction was accepted almost unanimously in subsequent analysis.[11] Nevertheless, two points in J. Ebert's reconstruction attempt, which to us play a significant

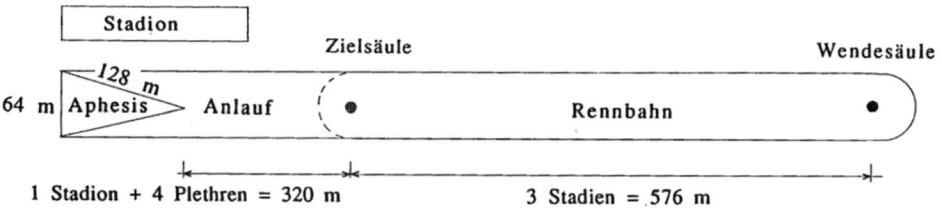

Fig. 1 — Reconstruction of the Olympic hippodrome (not to scale) (after EBERT 1989).

9. EBERT 1989. Cf. EBERT 1991b.

10. The shortest completed race distance was the foal race, covering 6 *stadia*, exactly 2 lengths of the race-course (once around the hippodrome) provided that the finish line was equal to the nearest turning pole at which the lap count started. Summarized by PETERMANDL 2011, pp. 45-47.

11. As adopted by DECKER 1995, p. 178. SINN 2004, p. 62. Accepted largely also by PETERMANDL 2011, p. 47, with the crucial difference being that W. Petermandl calculates only half of the approach distance, as he wishes this to be interpreted as part of the calculated race distance. For a revised version of his earlier views see W. Petermandl in this volume. We are much obliged to W. Petermandl whose earlier publication on the topic was of great help in developing our own thoughts and ideas, and who generously shared his comprehensive knowledge with us in person.

role in the form and function of the entire complex and how we understand it, should be reconsidered: namely the length of the approach as well as the position and design of the starting gates in relation to an equally good starting position for all horses and charioteers.[12]

The Length of the Approach

As mentioned above, J. Ebert defines the total run up as being 1,000 ft. (1 stade and 4 *plethra*) long area between the apex of the starting gates up to the nearest turning pole. This measurement is placed by J. Ebert in his plans (**fig. 1**) however, not to scale. If drawn to scale (**fig. 2**) the extremely long approach, in comparison with the actual racecourse itself, immediately catches the eye. It is understood that all race participants were restricted to their position on the racecourse during the approach until they had reached the nearest turning pole. It was first here that the lap count started and that the individual participants were able to leave their starting lanes to compete for a more advantageous position on the course. The functionality of the elaborately calculated starting positions is questionable if the following acceleration stretch was so long that the wheat would have been separated from the chaff long before the first turning pole was reached –making for a seemingly obvious outcome and unimpressive race.

The length of the run up can be calculated very differently in context with the phrase found in the codex in Istanbul, τὸ δὲ πλάτος πρὸς τὴν ἄφεσιν as the "area up to the starting position" including the starting gates, if interpreting the 1 stade and 4 *plethra* as the total

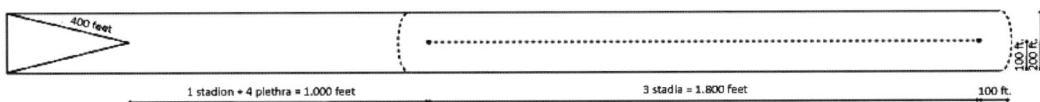

Fig. 2 — Reconstruction of the Olympic hippodrome (to scale) (after Ebert 1989).

---

12. A third point was addressed only marginally: J. Ebert's reconstruction plans depict modern metres, converted from the ancient lengths. This calls for caution in the interpretation, as foot measurements varied greatly throughout antiquity and there is no knowing on which foot measure Pasusanias and the author of the codex in Istanbul based their documentations. Without further reasoning, J. Ebert declares 1 ft. equal to 0.32 m. and therefore calculates the distance between the two turning poles as 576 m. as well as the total width of the hippodrome as 64 m. The measure of 0.32 m. per foot is most likely based on the distance measured between the two recovered starting block lines found in the stadium, which according to Mallwitz 1967, p. 37, measured 192.24 m. Dividing this number by the measure of a stade/600 ft. you are left with an exact 0.32 m. A. Mallwitz admits in his annotation 35, that the exact position of the western starting line is unknown. Furthermore, more recent investigations have suggested that the eastern and western starting lines were never used in combination with each other, making any calculation based on their corresponding positions irrelevant in determining the length of the Olympic stadium. Rieger 2004, pp. 143-145.

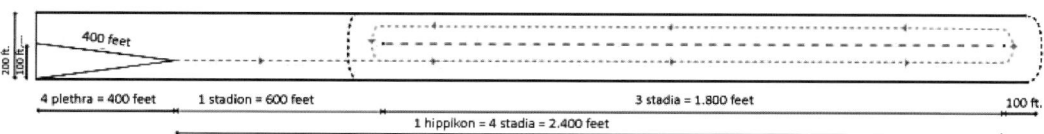

Fig. 3 — Reconstruction of the Olympic hippodrome (to scale) (C. Flämig).

length of the run up, including the length of the starting arrangement itself (**fig. 3**). This seems a feasible calculation as the 4 *plethra* (400 ft.) mentioned in the codex in Istanbul correspond to the 400 ft. documented by Pausanias as being the measure of each longitudinal length of the starting gates. The length of the approach (distance between the staring position and the nearest turning pole) is therefore reduced to 1 stade. Together with the 3 *stadia*, between the two turning poles, 4 *stadia* are left to represent the length of the hippodrome race track itself.[13] Interestingly enough this distance corresponds exactly to the ancient Greek measure, *hippikon* –a measure which would most likely not have existed without it fulfilling a defined practical purpose. A complete circuit of the racecourse would equate to an exact 4,800 ft./8 *stadia*, as mentioned in the codex.

The measure of 8 *stadia* is applied not only in Olympia but also in the hippodrome in Athens.[14] A unification of racecourse distances amongst all Greek hippodromes was proposed most recently by W. Petermandl, who based his theory on the fact that several of the same contestants had participated in various Panhellenic contests. A number of literary sources confirm this and provide evidence of matching race distances in equestrian based competitions. Moreover, competing horses could only have been trained for a specific race distance if the various racecourses themselves were of comparable lengths.[15]

The Position and Design of the Starting Gates in Relation to an Equal Race Start

All ancient depictions of equestrian competitions share one point in common: the races took place in a counter clockwise direction. This suggests that, in Olympia, the southern length of the course was covered first. J. Ebert suggests the starting gates in Olympia covered the entire width of the hippodrome (**fig. 1**). This would however mean a much longer, diagonal path towards the southern lane for horses starting in the north, with a difficult turning angle, leading to a heightened potential for collisions. In consideration to the above, an equally fair starting position for all contestants could only have been reached if all horses accelerated in a straight line towards the track side which was to be covered first (**fig. 4**). This hypothesis coincides with Pausanias' description of the hippodrome having one side longer than the other, with the longer side bordering onto

---

13. Cf. W. Petermandl in this volume.
14. Kyle 1987b, pp. 96-98.
15. Petermandl 2011, pp. 39-41. And W. Petermandl in this volume.

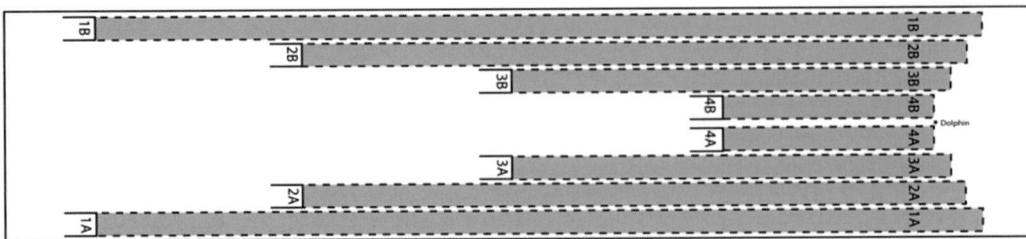

Fig. 4 — The starting mechanism of the Olympic hippodrome (C. Flämig).

an earthen wall. If the starting gates and the approach were to have been situated solely along the southern length of the course, this length would indeed have covered a longer distance. Furthermore, the landscape towards the south is plain, offering a reasonable explanation for the artificial earth embankment. On one hand it would have given the spectators a better view of the starting procedure, and on the other hand, it would have protected the hippodrome from floods caused by the Alpheios River.

The construction of the starting gates was decisive for the number of contestants taking part in each race. In the attempt to reconstruct the exact starting gates of the hippodrome in Olympia we encounter many variables, some of which remain unknown. Principally there are a number of factors which influenced the appearance of the starting formation. The illustration presented here (**fig. 4**) is by no means a statement of the definite appearance of the starting formation, but rather a demonstration of the difficulties we are faced with in the process of its reconstruction. The design is based on the following parameters:

– A) Our reconstruction plans are based on the hypothesis that both the northern and southern race tracks were of equal width, namely 100 ft. each. This defines the starting gates as having a width of 100 ft.[16]

– B) One can assume that the design of the starting gates and the division of the starting boxes within followed precise mathematical calculations, based on ancient linear footage.

– C) Pausanias mentions a staggered starting formation with boxes opening in horizontal pairs at the start of the race. As the last boxes opened, all participants would have found themselves level with each other at the apex of the starting gates, where a dolphin atop a pole was positioned. At this point, the width of the track would have had to accommodate all horses side by side along the approach.

– D) Moreover, it should be kept in mind that the starting gates were utilized for all equestrian competitions held in the hippodrome. In order to gain approximate accuracy

---

16. This assumption is not supported by any evidence, almost all Roman circus venues during the Roman Imperial Reign had a starting lane which was wider than the returning race lane. HUMPHREY 1986, p. 26, fig. 7 (Lepcis Magna); p. 120, fig. 54 (Rome, Circus Maximus); p. 302, fig. 139 (Karthago); p. 346, fig. 154 (Sagunto).

in the reconstruction of the starting boxes, the maximum required width must be taken into consideration, for example that of a *quadriga*. Based on the circumstances found at the best preserved Roman circus in Lepcis Magna, J. Humphrey concluded a maximum radius of action of 3 m for a single *quadriga*[17] which, in ancient measure, converts almost precisely to 10 ft.

Mathematically, based on these parameters, sufficient space would have been available for 10 starting boxes, 5 a side. A practical interpretation however, suggests that the width of 100 ft. provided sufficient space for only 8 boxes[18] as, according to Pausanias, the starting formation was staggered from the rear to the front. This means that the first boxes to open simultaneously would have been 1A and 1B (**fig. 4**). It was only once these chariots reached the height of box 2A and 2B, that the riders within would be released from their starting position etc. In order to insure equal opportunity amongst all contestants, an adequate run up after leaving the starting box had to be granted for all competitors. Our diagram depicts the run up as an equal distance of 90 ft. from the apex of the starting gates to the front-most two starting boxes, followed by an equal difference between box to box from front to back. The measurement of 90 ft. is relative to approximately 25-30 m, which is indeed the average distance a horse must travel to reach a competitive speed on acceleration.

A reconstruction based on these parameters is however not without fault. It is understood that an equal distance between each starting box would pose an unfair speed advantage to the primary starters. Although they would have to lay back a greater distance, the early start would have enabled the horses to reach speeds much greater to those who started later, when reaching the apex of the starting gates. This reconstruction indicates that the formation of horses, when meeting one another at the start of the approach, would more likely have resembled a concave rather than a straight line.

It should not be forgotten that, whilst on his visit to the hippodrome, Pausanias did not actually witness the race grounds in action, leaving him to rely on the recollection of others to describe the function of the complex starting mechanism for his documentation. It is therefore possible that his interpretation of the starting field was not perfectly accurate, as equality amongst starting positions would have been impossible to achieve if the boxes were first opened when horses were adjacent to each other. An equally good start for all contestants could only have been reached if the boxes were opened when the

17. Humphrey 1986, pp. 21, 44 with fig. 28.
18. The field of participants could be expanded to 10 if we were to base our reconstruction on the information provided, which is that most Roman circus venues during the Roman Imperial Period had a starting lane which was wider than the returning race lane. More than 10 participants could not have been possible, as the northern lane would become too narrow, provided that all riders started in head-on position to the primary lane. Unfortunately there are no reliable records relating to the size of the participant field during the Roman Imperial Period. If you take into account the cost and efforts invested into getting horses, chariots and riders to the venue in Olympia, then the number of 8-10 participants per race is one of realistic proportions.

previous horses were halfway between their own box and the next, and if the distances between the starting boxes gradually grew from the rear to the front.

In conclusion, without the support of archaeological evidence of the former structure, even with the support of mathematical calculations, a true reconstruction of the complex Olympic starting gates is a feat which we will struggle to achieve or even comprehend. We are however convinced that an empirical attempt, including a replicated reconstruction and an experimental starting sequence, including horses and chariots, would help to bring us closer to reclaiming a structure unique to antiquity.

TECHNOLOGY (B. DIMDE)

Theories about the starting-place (*aphesis*) of the Olympic hippodrome have mainly been based on the description of Pausanias who visited the site around the middle of the 2nd century AD.[19] An actual reconstruction of the mechanism at work, though, has never been undertaken, due to both the alleged lack of detail in Pausanias' description and the lack of archaeological data with regard to hippodromes in general.[20] With respect to Pausanias' description, however, it is important to keep in mind that he refers to the *aphesis* of the Olympic hippodrome of his times, i.e. the apparatus of the 2nd century AD.[21]

According to Pausanias the Olympic *aphesis* was invented by Kleoitas, son of Aristokles, and was later enhanced by Aristeides.[22] The ancient author adds that Kleoitas, taking much pride in his achievement, erected a statue of himself in Athens, the inscription of which reads: ὅς τὴν ἱππάφεσιν ἐν Ὀλυμπίᾳ εὕρατο πρῶτος / τεῦξέ με Κλεοίτας υἱὸς Ἀριστοκλέυς.[23] Through this, several things become intelligible: firstly, an invention worth the erection of a statue must relate to something extraordinary, which means with respect to horse and chariot races that Kleoitas' *hippaphesis* most

---

19. Pausanias, 5.15.5-7; 6.20.10-21.1. Most recently PETERMANDL 2011, pp. 37-39. For a summary of older research results see DECKER 1992a, pp. 134-135 with "Korrekturzusatz" on page 138. Cf. HUMPHREY 1986, pp. 7-8, figs. 2a-b. HABICHT 1985, p. 182.

20. KYRIELEIS 2011, p. 123. PETERMANDL 2011, pp. 38-39, 41-46. DECKER 1992a, pp. 134-135, pls. 64-65. EBERT 1991b, p. 99. WIEGARTZ 1984, pp. 41-42. Unfortunately, the article by N. Pierros on the mechanism of the Olympic *aphesis*, in Πρακτικά του Ζ΄ Διεθνούς Συνεδρίου Πελοποννησιακών Σπουδών, Πύργος, Γαστούνη Αμαλιάδα, 11-17 Σεπτ. 2005 (2006), pp. 353-362, was not available in any library in Germany and could therefore not be included in this article.

21. Cf. BELL D. J. 1990, p. 315.

22. Pausanias, 6.20.14.

23. In this article, all English translations of Pausanias' *Description of Greece* are given according to the Loeb Classical Library edition, vol. II and III, 1960 and 1961, respectively. Pausanias, 6.20.14: "It was Cleoetas who originally devised the method of starting, and he appears to have been proud of the discovery, as on the statue at Athens he wrote the inscription: 'Who first invented the method of starting the horses at Olympia, He made me, Cleoetas the son of Aristocles.' It is said that after Cleoetas some further device was added to the mechanism by Aristeides." See also HARRIS 1968, p. 121.

probably was comprised of a mechanism to facilitate the starting procedure. It is easy to imagine that skittish horses at a starting line are hard to assemble –even if held back by assistants– so that a fair starting procedure was undoubtedly difficult yet critical to guarantee. In Greek stadia, too, it has always been the start of a race which was technically supported, never any other phase of a running competition. Secondly, it becomes clear that Kleoitas' *hippaphesis* was the first and thus oldest apparatus for mechanically starting horse races at Olympia. And finally, it shows that the Olympic *aphesis* saw at least two different construction phases, the posterior of which Pausanias saw and described when he visited the site of Olympian Zeus, whereas he learned about the earlier one from hearsay.[24]

In order to date this earlier construction phase of the Olympic *hippaphesis* invented by Kleoitas, scholars came up with a homonymous sculptor who is attested in the first half of the 5th century BC and worked at Athens and Olympia.[25] Although very tantalizing by name and filiation, two problems arise from the assumption that this same sculptor Kleoitas was responsible for the construction of the earlier version of the Olympic *aphesis*: first, one has to explain the fact that an *aphesis* for horses was invented by a sculptor and not an engineer or architect who by profession would seem to be more apt. More so, since at Delphi, epigraphical evidence of an architect named Kallinos has been interpreted as the person responsible for the construction and maintenance of the *hippaphesis* of the Delphian hippodrome.[26] And secondly, the *hippaphesis* designed by Kleoitas would have been invented between 500 and 450 BC which is fairly hard to correlate with general developments in ancient technology. Even though the first problem might be negated, since in antiquity professions covered a wider scope than they do today, the chronological problem remains.

Yet, with respect to the date of the earliest starting-mechanism of the Olympic hippodrome some observations can be offered, although absolute proof as to its exact design cannot be provided on the basis of current source material. In terms of a mechanism having been invented to facilitate the starting procedure of a horse race, a barrier comes to mind which was placed in front of all participants and which was removed when the starting signal was given. In ancient stadia this method is well-known from archaeological traces and was called *hysplex* by the ancients.[27] Although no archaeological remains of a hippodrome-*hysplex* are preserved, it is telling that in stadia this technology was in general use not before the first third of the 3rd century BC.[28] The very first appearance of the *hysplex*-technology for hippodromes in literary sources is made during the last

---

24. Pausanias, 5.10.8, where, for example, he mentions his *exegetes* at Olympia.
25. Vollkommer 2001, p. 414.
26. *FD* III 5, pp. 199-203, no. 50 II, l. 63; no. 74 I, l. 52.
27. On the etymology of the word see Valavanis 1999, p. 3 with n. 12, 5.
28. Valavanis 1999, pp. 51, 65-67. The earliest known stadium-*hysplex*, however, dates to ca. 430 BC and was unearthed in the so-called Earlier Stadium at Isthmia, but its mechanism differed considerably from *hysplex*-mechanisms based on a twisted rope torsion-systems: the Isthmian *hysplex* was most probably

3rd of the 5th century BC.[29] In contrast, the earliest evidence for *hysplex*-technology in the Olympic hippodrome stems from an inscription found at Pergamon (Asia Minor) and dates to between 280 and 272 BC.[30] The inscription's text celebrates the victory of Attalos, adopted son of Philetairos, in the four-horse chariot race of the fouls at Olympia. Here, a *hysplex*-mechanism to start the races in the Olympic hippodrome is explicitly mentioned.[31] As to the mechanism proper, the Pergamenian inscription refers to a barrier behind which all horses were assembled and which was tautened by using a twisted rope: ἀθρόα δ' ὕσπληξ πάντα διὰ στρεπτοῦ τείνατ' ἔχουσα κάλω.[32] Also, the loud crack which was generated by the *hysplex* is touched upon: [ἢ] μέγ' ὑπαχήσασα.[33] Furthermore, an Olympic hippodrome-*hysplex* is also attested by an honorary epigram dated to the 4th or 3rd century BC devoted to Dexandros from Lokroi Epizephyrioi who won a hippic contest at Olympia.[34] In regard to the starting procedure an almost identical expression to the aforementioned Pergamenian inscription is used: [ἀθτρ]όα τῆς ὕσπλ[ηγος...].[35]

The diction in both texts, however, is evocative of a *hysplex*-technology which used kinetic power stored in twisted ropes or sinews and which originated in the invention of military machinery during the 4th century BC.[36] Adapted to the hippodrome and by analogy to ancient stadium-technology,[37] this (reconstructed) mechanism consisted of two upright wooden posts (*ankones*) between which a rope was stretched as a barrier and

---

operated by a heavy weight which fell down a circular shaft and pulled strings by which the individual barriers in front of the runners were removed. RIEGER 2004, pp. 130-158. Cf. HUMPHREY 1986, p. 133.

29. VALAVANIS 1999, p. 3: "The word *hysplex* makes its earliest appearance in the Lysistrata (line 1000), which was produced in 411 BC, as a metaphor for the characteristic of unanimity, or accord, which was needed in a specific project of the women. In other words, we see in the 5th century BC use of the two terms [i.e. *hysplex* and *balbis*] without any definition. This suggests that both terms were already well established in popular parlance." On the depiction of a stadium-*hysplex* on a Panathenaic vase dating to 344/343 BC see VALAVANIS 1999, pp. 20-31. The earliest stadium-*hysplex* was found at the so-called Earlier Stadium of Isthmia which was in use from ca. 430-390 BC. RIEGER 2004, pp. 262-264, 282-296. HARRIS 1968, p. 113.

30. PETERMANDL 2013, pp. 137-138. BELL D. J. 1990, pp. 313-314. EBERT 1972, pp. 176-181, no. 59. *IPergamon*, no. 10.

31. *IPergamon*, no. 10, l. 3.

32. PETERMANDL 2013, pp. 137-138, with a German translation: "Die Startschranke spannte sich und hielt sie alle zusammen mit ihrem gedrehten Seil. Mit lautem Klatschen trieb sie (dann) heraus die schnellen Fohlen." BELL D. J. 1990, p. 314, with an English translation: "The *hysplex* was stretched and kept them all in check with its twisted rope." *IPergamon*, no. 10, l. 3-4.

33. *IPergamon*, no. 10, l. 5. On the sound produced by *hyspleges* see VALAVANIS 1999, p. 5, and BELL D. J. 1990, pp. 317-319.

34. *SEG* XXIX 951. PETERMANDL 2013, p. 149.

35. *SEG* XXIX 951, l. 4.

36. VALAVANIS 1999, p. 51 with n. 157. HALL 1957, pp. 698-699; cf. 707-715. SCHÜRMANN 1991, pp. 62-72. Puppet-like dolls which functioned with a similar technology and are described by Aristotle see D. J. BELL 1990, p. 314.

37. For the start of running events in the stadium this technology was used at several sites and might suggest an analogue mechanism for hippodromes. Cf. VALAVANIS 1999, pp. 31-49, figs. 26-35.

the lower part of which was inserted into a loop of pre-twisted ropes or sinews.[38] These ropes were held under tension by being fastened to an anchor and thus stored the necessary power for the sudden removal of the barrier.

Summing up the above, we see that technology in hippodromes facilitating the starting procedure occurs in literary sources in the last 3rd of the 5th century BC, whereas epigraphical sources attesting to the existence of such technology at Olympia date to the late 4th/early 3rd centuries BC. In this connection it is interesting to note that Livy fixes the date for the introduction of the *carceres* in the Circus Maximus, which also worked on the basis of twisted ropes or sinews and therefore might be considered a Roman reflex on Greek hippodrome-technology to 329 BC.[39] Also, the aforementioned inscription mentioning the architect Kallinos and his works on the *hippaphesis* of the Delphian hippodrome is dated to the 4th century BC –although it is by no means certain that an *hippaphesis* automatically implied the use of a *hysplex*-mechanism.[40] Yet, it seems more plausible for the invention of the Olympic hippodrome-*hysplex* to favour a date later in the 5th or early 4th century BC rather than as early as the first half of the 5th century BC.[41] Thus, with respect to the earlier hippodrome-*hysplex* at Olympia we might infer from the above that it was constructed by Kleoitas, son of Aristokles, who is not compellingly to be equated with the sculptor of the same name, and was invented during the end of the 5th or the beginning of the 4th century BC as a mechanism to facilitate the starting procedure of the hippic contests at Olympia. This mechanism most likely made use of a torsion-technology based on twisted ropes to remove a barrier in front of the horses. Since literary sources on the starting procedure of hippic contests in general, as well as on the one at Olympia in particular, elucidate that by the use of a *hysplex*-system a *simultaneous* start was usually effectuated, it seems highly probable that Kleoitas' mechanism, too, provided a simultaneous starting procedure for all participants.[42]

Nonetheless, Pausanias attributes the enhancement of the hippodrome-*hysplex* to Aristeides, who is commonly identified with a Greek architect of the same name and who acted in the time of Trajan at the beginning of the 2nd century AD.[43] For chrono-

---

38. Cf. Bell D. J. 1990, p. 135, who on the basis of a philological examination comes to similar conclusions.
39. Livy, 8.20.2. Humphrey 1986, pp. 132-133. Harris 1968, pp. 116, 121.
40. *FD* III 5, pp. 199-203, no. 50 II, l. 63; no. 74 I, l. 52.
41. Also, advanced "sports"-technology in the stadium of Olympia did not emerge before the 1st century BC/AD. Cf. Rieger 2004, pp. 130-158.
42. Bell D. J. 1990, p. 319. Wiegartz 1984, p. 45. Harris 1968, p. 113. Petermandl 2013, pp. 137-138 (= Ebert 1972, no. 59), 149 (= *SEG* XXIX 951). Cf. Petermandl 2013, pp. 124-125, on a papyrus dating to the late 3rd/early 2nd century BC where for Olympia the starting place for the horses is called *grammè* (line) indicating a simultaneous start. Cf. Sophocles, *Electra* 709-710. On the etymology of the word *hysplex* see Valavanis 1999, p. 3 with n. 12, 5. Cf. Humphrey 1986, p. 132, who presumes that in the Circus Maximus prior to the introduction of the *carceres* in 329 BC all races were started from a straight line.
43. Vollkommer 2001, p. 83, s.v. "Aristeides (IV)".

logical and professional reasons it is tempting to equate the known architect of Trajan's time with the one Pausanias talks about. However, if the Olympian *aphesis* of the hippodrome was indeed first constructed by Kleoitas it is most probable that –due to both the huge lapse of time and technical progress– Aristeides' *hysplex* was a completely new construction instead of a simple enhancement of the pre-existing mechanism. Yet, Pausanias relates to an addition Aristeides made to the *hysplex* of Kleoitas: Κλεοίτα δέ φασιν ὕστερον Ἀριστείδην σοφίαν τινὰ καὶ αὐτὸν ἐς τὸ μηχάνημα ἐσενέγκασθαι.[44] Hence, it seems plausible that this addition corresponds to the mechanism that allowed the staggered opening of the starting-gates as opposed to the simultaneous one invented by Kleoitas, because this is what Pausanias accentuates and describes in detail.[45] Thus, Aristeides probably changed the arrangement of the boxes from a straight line to an inverted V-shape design and added a mechanism which allowed a subsequent opening of the gates. The gates themselves consisted of individual barriers and were operated by the "old" *hysplex*-system with twisted ropes or sinews as a power source. So in fact, the *aphesis* of the Olympic hippodrome actually consisted of two *hyspleges,* one of which was supposedly constructed in classical times and offered a simultaneous starting procedure, whereas the other one was probably built in imperial times, not only incorporating elements of the older mechanism but also featuring new astonishing effects by providing a staggered starting procedure.

However, with respect to the Olympic *hysplex*-mechanism described by Pausanias we can infer at least some general aspects of the mechanism in operation. In his account Pausanias explicitly mentions the word *hysplex*[46] which implies the universal idea of starting the races with a maximum of equality of opportunity by reducing human agency to a minimum. Also, this *hysplex*-mechanism probably made use of a torsion-technology on the one hand, and a release-system to set the torsion free on the other.[47] In addition, Pausanias mentions a mechanical device which signaled the beginning of the race to the spectators.[48] So, when attempting to reconstruct the Olympian *aphesis* we have to expect at least three different mechanisms: one giving the starting signal of the race, a second one triggering the release of the barriers in front of the horses, and a third one forcing the barriers in front of the horses to be withdrawn.[49] Furthermore, by Pausanias' phrasing ἀνακινεῖ μὲν δὴ τὸ ἐν τῷ βωμῷ μηχάνημα ὁ τεταγμένος ἐπὶ τῷ δρόμῳ... ("The man appointed to start the racing sets in motion the mechanism in the altar.")[50] it is evident that all aforementioned mechanisms were set in motion by one single movement of the

44. Pausanias, 6.20.14.
45. Pausanias, 6.20.10-13.
46. Pausanias, 6.20.11; 20.13. Cf. BELL D. J. 1990, pp. 313-314, 315.
47. Fundamental for *hysplex* mechanisms is VALAVANIS 1999. For the Roman circus see HUMPHREY 1986, pp. 157-170. Cf. JUNKELMANN 1998, p. 111, figs. 106-109.
48. Pausanias, 6.20.12.
49. On the chain reaction in a Roman circus see HUMPHREY 1986, pp. 161-169, and in a stadium MILLER 1999, p. 159.
50. Pausanias, 6.20.12.

hand executed by the *tetagmenos*, which in turn leads to the conclusion that the entire mechanism was constructed as a chain reaction.[51] Once set in motion, this chain reaction could not be stopped thus reducing the possibilities of human manipulation to a minimum.[52]

In order to gain more information on the release system used at Olympia it is worth looking at ancient mechanical treatises dating to the 4th to the 2nd centuries BC which offer a technical term for the trigger-mechanism of certain machines and engines (σχαστηρία).[53] These were obviously still in use in later times when Galen –though referring to a footrace– claims that a σχαστηρία in his time (2nd century AD) was a device to be stepped on by the starter.[54] How exactly this mechanism operated is unknown, but it is conceivable that at Olympia the τεταγμένος mentioned by Pausanias stepped on a lever protruding from the altar at the centre of the *aphesis* thereby setting in motion the whole starting procedure.[55]

P. Valavanis, renowned scholar on ancient starting mechanisms, already pointed out that "it is reasonable to hypothesize that the original concept of a kind of barrier at the start began with horses and was later adopted for runners."[56] Hence, it is legitimate to look at the stadium-*hysplex* of Olympia, archaeological evidence of which comes from the so-called Stadium III E, being in use from around 25 BC until around the middle of the 3rd century AD (ca. 225-250 AD).[57] Here, in 2012, German archaeologists unearthed a lead-weight of 235 kg lying in a shaft which together with its northern counterpart was constructed at each end of the western starting line.[58] By the lead-

---

51. BELL D. J. 1990, pp. 316-317. Cf. HUMPHREY 1986, p. 158: "The best way to reduce the role of chance, then as now, was to eliminate human agency as far as possible. […] The best way to accomplish simultaneous opening must be through some kind of mechanism, operated by just one person, a mechanism which, once activated, caused all the gates to open simultaneously."

52. In this respect it is interesting to note that the word τεταγμένος, which Pausanias uses for the starter of the *aphesis*-mechanism at the end of the 5th century BC, denoted an umpire or rather an assistant to an umpire (cf. Sophocles, *Electra* 709-719: στάντες· δ᾽ ἵν αὐτοὺς· οἱ τεταγμένοι βραβῆς κλήροις ἔπηλαν καὶ κατέστησαν δίφρους.). In case the word *tetagmenos* did not undergo a shift in meaning from the 5th century BC to the 2nd century AD it would show that during the starting procedure impartial objectiveness was aimed at by endowing an official with the release of the entire mechanism.

53. BELL D. J. 1990, pp. 316-317.

54. Galen, 18(1).438.

55. BELL D. J. 1990, p. 317, argues convincingly that trigger mechanisms were also in use in hippodromes as early as the 3rd century BC.

56. VALAVANIS 1999, p. 5. See also BELL D. J. 1990, p. 313. HUMPHREY 1986, p. 8. HARRIS 1968, p. 116.

57. On the date of the construction phases of Stadium III (A-F) see SCHILBACH 1992, p. 37. RIEGER 2004, pp. 130-158, with a detailed description of the constructional alterations of the western starting line in connection with the installation of a unilateral *hysplex* and its relative chronological sequence within the Olympian starting devices. See also VALAVANIS 1999, pp. 57-59, partly refuted by RIEGER 2004. On the *hysplex*-parts recently discovered by German archaeologists see *AA* 2012/1, pp. 99-100. On a relative chronology of starting devices for runners in general see RIEGER 2004, pp. 375-410.

58. *AA* 2012/1, p. 99, figs. 18-19. Two coins were found lying in the shafts: in the southern one a coin fresh from the mint showing the Roman emperor Domitian, in the northern one a coin dating to the reign of Caracalla as Caesar, maybe a hint to repair works in that period of time. *AA* 2012/1, pp. 99-100.

weight's find-spot, layout and dimensions it became clear that this pear-shaped weight was intended to slide along a pole piercing its entire length, and to pull with it –when being released from an elevated position– the barrier in front of the runners down to the ground (**fig. 5**).[59]

If we adopt this technique to Pausanias' description who says "… and a bronze-dolphin on a rod has been made at the very point of the ram",[60] it seems compelling to assume that this bronze dolphin was a weight, too, which was –like the one in the stadium– pierced at its entire length to render possible a downward and upward

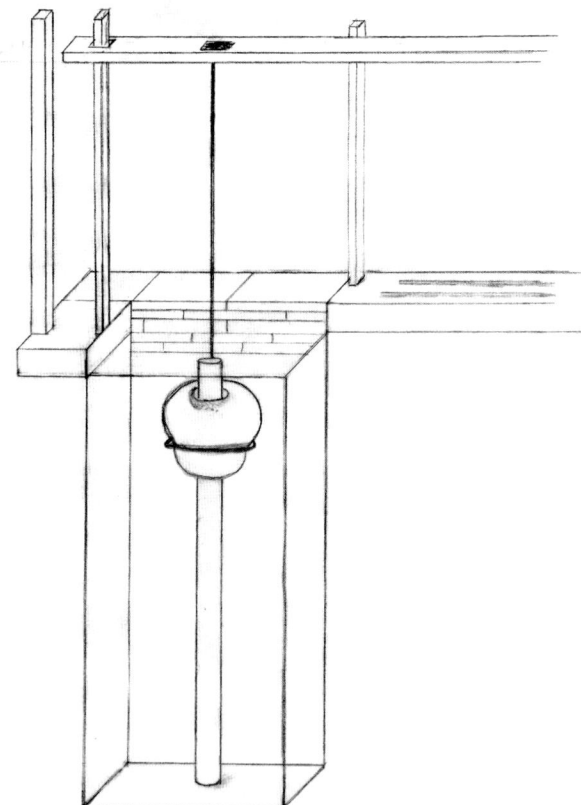

Fig. 5 — Olympia: schematic reconstruction of unilateral hysplex at western end of Stadium III (B. Dimde).

59. *AA* 2012/1, p. 99: "Wahrscheinlich gehört sie zu einem Mechanismus, der durch das herabfallende Gewicht eine Startvorrichtung in Gang setzte." Cf. Hero, an Alexandrinian engineer working in the 1st century AD, who in his *Περί αὐτοματοποιητηκῆς* 2.6-8, talks about automatically moving machines which were powered either by a *hysplex* or a lead weight. A translation of the relevant passage gives Bell D. J. 1990, p. 315.

60. Pausanias, 6.20.10.

movement along a rod (**fig. 6**).[61] Thus, we can argue that the fall of the dolphin marked the beginning of the chain-reaction, which in Pausanias' words continues as follows: "The man appointed to start the racing sets in motion the mechanism in the altar, and then the eagle has been made to jump upwards, so as to become visible to the spectators,

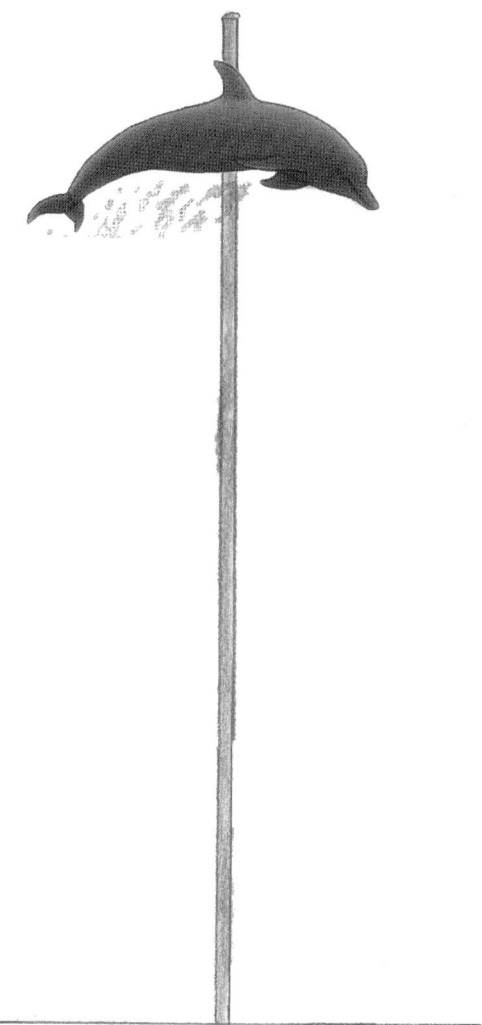

Fig. 6 — Olympia: schematic reconstruction of "dolphin planted on a rod" as trigger of the hippodrome hysplex (B. Dimde).

61. I owe this information to J. Schilbach, excavator of the stadium-*hysplex* at Olympia, who thankfully shared results from his current research with me.

while the dolphin falls to the ground". [62] From this passage it becomes obvious that the falling of the dolphin is connected to the sudden rise of the eagle which apparently forms the next step in the chain-reaction. [63] The eagle, however, is according to Pausanias positioned on an altar close to the centre of the *aphesis*. [64] Corresponding to the measurements Pausanias gives with respect to the overall dimensions of the *aphesis*, [65] this means that the eagle and the dolphin are some 200 feet apart (**fig.** 7). However, regarding the connection of eagle and dolphin, several constraints have to be made:

– 1) a constructional connection between eagle and dolphin can only be effectuated by ropes or chains, not by wooden or metal elements because of their huge distance;

– 2) the eagle needs to be at least slightly lighter in weight than the dolphin;

– 3) the eagle can only rise as high as the dolphin falls down; and

– 4) the positioning of the eagle on the altar causes –in comparison to the dolphin– an increase in height when being pulled up.

Fig. 7 — Olympia: schematic reconstruction of connection between eagle and dolphin during the starting procedure (B. Dimde).

---

62. Pausanias, 6.20.12. HUMPHREY 1986, pp. 8-9, equates the signal system of the Olympian hippodrome with the throwing of the *mappa* executed by a Roman magistrate to start the races in a Roman circus. HARRIS 1968, p. 123, states that the necessity for a starting signal means that the spectators must have sat "more than a quarter of a mile away" from the *aphesis* of the Olympian hippodrome.

63. One of the two lap-counting devices in the Circus Maximus at Rome consisted of seven plunging dolphins, although the nature of a possible connection between the Olympian dolphin and the Roman dolphins is uncertain. HARRIS 1968, p. 122. Cf. HUMPHREY 1986, pp. 262-265.

64. Pausanias, 6.20.11.

65. Pausanias, 6.20.10-11; 20.15. KYRIELEIS 2011, p. 123. EBERT 1991b, pp. 99-100. EBERT 1989, p. 95.

In practice, this means that there had to be a mechanism which stopped the eagle from rising because of the aforementioned difference in weight. When the starter (*tetagmenos*) released this mechanism, kinetic energy was set free and the heavier dolphin pulled the lighter eagle up to a height where it could be seen by the spectators, maybe some 5-6 (?) m.[66]

According to Pausanias[67] the soaring of the eagle is followed by the graded opening of the chariots' starting-boxes. These boxes open in pairs, beginning with the most rear ones at each side of the *aphesis*, and subsequently opening the following ones.[68] Thus, the rising of the eagle is to be considered as the trigger mechanism for the staggered opening of the starting boxes. In this respect it is remarkable that Pausanias explicitly mentions the eagle's widely stretched wings, although the bird is clearly not in flying mode: "… and a bronze eagle stands on the altar with his wings stretched to the fullest extent."[69] On these grounds it seems conceivable that the tips of the eagle's wings initiated the next step in the chain-reaction, i.e. the graded opening of the starting boxes.[70] For the mechanism proper, it has to be stated as essential that the layout of the altar in the centre of the *aphesis* had to be constructed two-fold or mirror-inverted as to allow the same action on each side of the *aphesis*.[71] Furthermore, this two-fold mechanism needed to be installed at the inside of the *aphesis* in order not to form any obstacles to the travelling chariots (**figs. 4, 8**). Also, the movement which was triggered by the wings' tips must have proceeded fairly slowly thereby allowing each chariot to gain some speed and reach the next starting box (flying start).[72]

---

66. By analogy it seems plausible that the eagle, too, was a weight in the form of an eagle being pierced at its entire height and sliding up and down a rod, as shown in **figs. 6, 7**.

67. Pausanias, 6.20.13.

68. On the number of competing chariots at Olympia see above. It is interesting to note that the width of the Olympian racetrack of 100 ancient feet per track corresponds approximately to the one of the Roman circus at Lepcis Magna. HUMPHREY 1986, p. 38, fig. 17. JUNKELMANN 1998, pp. 108-109, fig. 105. Cf. EBERT 1991b, p. 101. HARRIS 1968, p. 125, observed correctly: "It must have been an essential feature of the start at Olympia that until all chariots were out of the traps every charioteer must drive straight forward and keep to his lane."

69. Pausanias, 6.20.12.

70. If we assume that the *aphesis* was built in one half of the racetrack thus spanning a width of 100 ancient feet, a maximum number of 8 chariots per race can be reconstructed given the fact that a four-horse chariot needed ca. 3.00 m in width (and was about 2.30 m in height). HUMPHREY 1986, pp. 49-51, fig. 28. Cf. ROMANO 2014, pp. 186-187, Map 11.5, with the dimensions of the hippodrome-stadium on mount Lykaion: 260 × 102 m. This gives some free space probably at the centre "lane" of the *aphesis* so that the two front chariots were not positioned in direct vicinity to each other as to prevent their colliding already at the start. This space could have been easily bridged by the eagle's wings. It is interesting to note that in a Roman circus in the middle of the *carceres* an archway was located (HUMPHREY 1986, pp. 97-100) near to which the trigger mechanism of the starting gates was operated, probably by means of a catapult. HUMPHREY 1986, pp. 164-166, figs. 75-76. HARRIS 1968, p. 122.

71. Otherwise the mechanism would have to pierce the altar which, given the vertical movement of the eagle's strings and their connection to the dolphin, seems less convincing.

72. HARRIS 1968, p. 123. Cf. HUMPHREY 1986, p. 8.

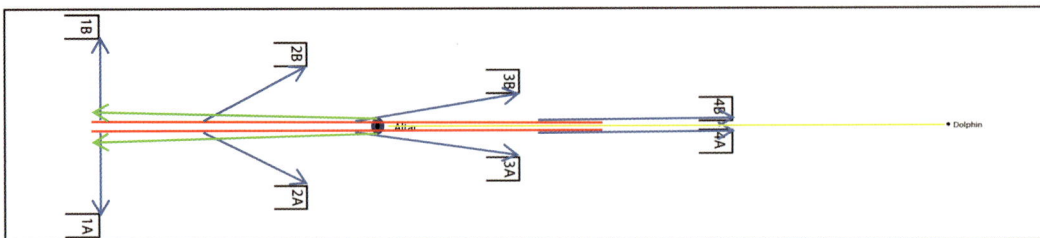

Fig. 8 — Olympia: schematic reconstruction of the hippodrome aphesis and course of the cords of the different release-systems: green indicated chords are "cut" by the eagle's wings and trigger the rolling of the metal balls; the blue indicated cords are triggered by the metal ball rolling down the channeled planks (planks indicated in red). The yellow line indicates the rope-/chain-connection between eagle and dolphin (B. Dimde).

One possible solution might be offered by the system of converting potential energy into kinetic, a principle we have seen in operation already in the case of the falling dolphin: a wooden plank equipped with a shallow channel, running inside of each side of the *aphesis* and slightly declining towards the *aphesis'* tip could have supported a heavy bronze- or lead-ball, rolling down the channel and passing the triggers of the *hyspleges* of the starting boxes (**fig. 9**).[73] This metal ball, however, could have been set loose by means of ropes stretching from the altar to the rear of the channelled planks

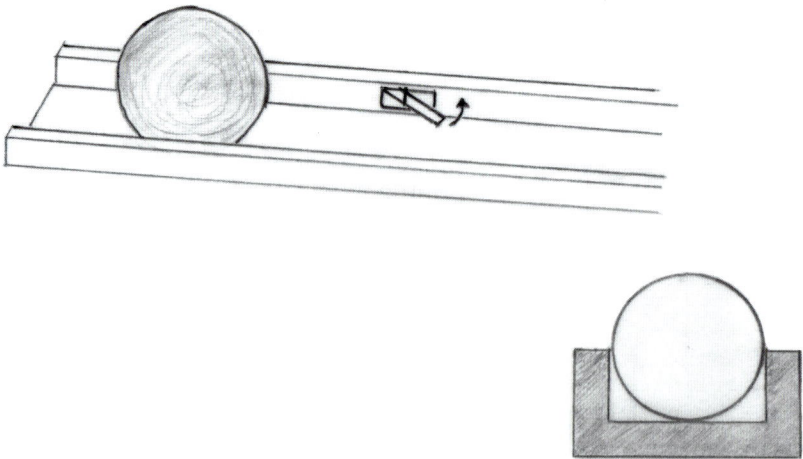

Fig. 9 — Olympia: schematic reconstruction of the channeled plank with metal ball and hyspleges trigger (left), and metal ball in channeled plank in section (right) (B. Dimde).

---

73. Cf. the mechanism described by Heron, Περί αὐτοματοποιητικῆς 2.1-9, where the object to be moved is running on wheels. An object on wheels triggering the *hyspleges* of the Olympian starting gates, however, would probably gain too much speed thus allowing the chariots not enough time to reach the next starting gate.

which were cut by the eagle's wings when he was made to rise (**fig. 8**). This, in any case would explain why the altar –as Pausanias tells us[74]– had to be erected close to the centre of the *aphesis* because then the distance of the cords connecting eagle and dolphin as well as those running from the altar to the rear of the channelled planks were cut in half and thus covered an almost equal distance –maybe the maximum distance over which cords could be operated smoothly. Since no physical remains of this mechanism are left we can only conjecture on how exactly this trigger-system operated. Considering release-systems from ancient stadia, it is conceivable that the eagle's wings lifted a small bronze ring off a hook to which a rope –being slightly under tension– was attached and which at its far end held a small movable lever in an upright position (**fig. 10**). By lifting the ring off the hook this rope would suddenly slacken, thereby allowing the small lever to move and, in consequence, to be rolled over by the metal ball. A similar system –i.e. the pulling of a bronze ring off a hook– was, for example, reconstructed for triggering the *hysplex* of the Early-Hellenistic Stadium at Nemea.[75] Also, literary evidence –though from the 2nd century BC– suggests that in a stadium a rope was "cut" to trigger the *hysplex*.[76]

The necessary speed –or better slowness– of the metal ball could have been adjusted by the inclination of the wooden plank.[77] Thus, once being set in motion the metal balls were able to set gradually loose the triggers of the boxes' barriers. These triggers might

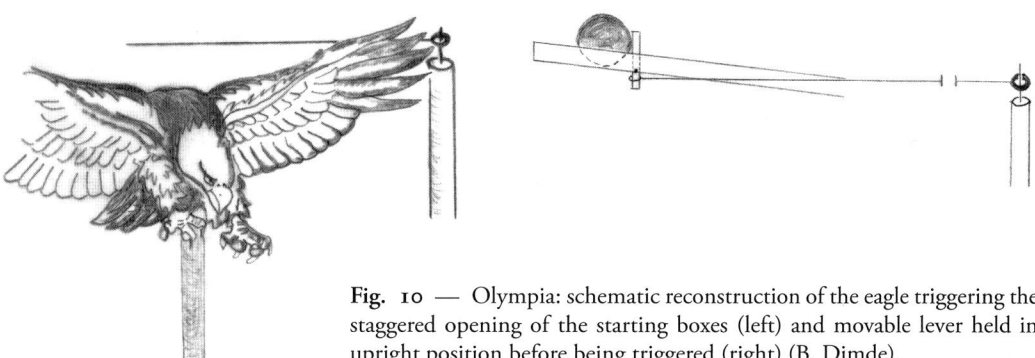

Fig. 10 — Olympia: schematic reconstruction of the eagle triggering the staggered opening of the starting boxes (left) and movable lever held in upright position before being triggered (right) (B. Dimde).

---

74. Pausanias, 6.20.11.
75. MILLER 1999, p. 159. It is equally possible that the same mechanism which was supposedly installed in the *aphesis*' altar and set loose the falling of the dolphin was used for releasing the rolling of the metal ball: in both cases quite a huge distance had to be bridged by cords, chains or ropes, and only one single action was sufficient to activate it.
76. Lycophron, *Alexandra* 13. BELL D. J. 1990, p. 316.
77. I am much obliged to the physicist Dr. T. Wider who thankfully supported me with his maths skills. On the water-pipeline constructed in the 6th century BC by the engineer Eupalinus on the island of Samos see FORBES 1957, pp. 667-668, and on Roman aqueducts FORBES 1957, pp. 670-674. It is also possible that the mechanism was operated by means of water being poured down the channelled plank, the power of which would be able to trigger the levers for the individual *hyspleges* of the boxes, too. It is interesting to note that the *nymphaeum* of Herodes Atticus and his wife Regilla brought plenty of fresh water to Olympia during the Games of 153 AD. SINN 2004, pp. 202-206. BOL 1984, pp. 98-100.

have followed a similar mechanics like the release-system triggered by the eagle's wings so that a cord stretching from the movable trigger in the channeled plank was connected at its far end to a lever or small bronze ring (?) which when being pulled released the *hysplex* of the starting gate (**fig. 11**). However, it is most likely that the "heart" of the entire *aphesis*-mechanism was not visible to the spectators as to increase the spectacular impression the mechanism must have had on them and was therefore set up as low as possible above ground level.

When it comes to the staggered opening of the starting boxes Pausanias describes the procedure as follows:[78]

Πρῶται μὲν δὴ ἑκατέρωθεν αἱ πρὸς τῇ στοᾷ Ἀγνάπτου χαλουσιν ὕσπληγες καὶ οἱ κατὰ ταύτας ἑστηκοτες ἐκθέουσιν ἵπποι πρῶτοι. θέοντές τε δὴ γίνονται κατὰ τοὺς εἰληχότας ἑστάναι τὴν δευτέραν τάξιν καὶ τηνικαῦτα χαλῶσιν αἱ ὕσπληγες αἱ ἐν τῇ δευτέρᾳ τάξει. διὰ πάντων τε κατὰ τὸν αὐτὸν λόγον συμβαίνει τῶν ἵππων...

First on either side the barriers are withdrawn by the porch of Agnaptus, and the horses standing thereby run off first. As they run they reach those to whom the second station is allotted, and then are withdrawn the barriers at the second station. The same thing happens to all the horses in turn...

It is obvious that the boxes were barred by individual ὕσπληγες which due to the staggered starting procedure must have been operated not simultaneously but individually. If the element of using *hysplex*-technology was actually transferred from

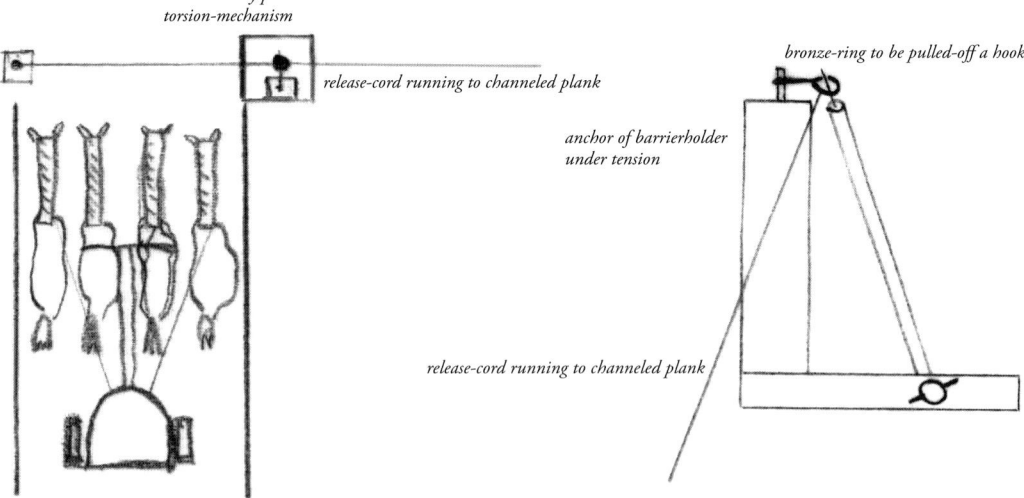

individual hysplex with onesided torsion-mechanism

release-cord running to channeled plank

bronze-ring to be pulled-off a hook

anchor of barrierholder under tension

release-cord running to channeled plank

Fig. 11 — Schematic reconstruction of individual hysplex seen from above operated by torsion-based mechanism from one side only (left) and possible release-system with trigger-cord seen in section (right) (B. Dimde).

---

78. Pausanias, 6.20.13.

the former *aphesis*-apparatus invented by Kleoitas (see above) this mechanism most probably was powered by torsion stored in twisted sinew loops or metal springs held under tension.[79] Since a starting box for a chariot drawn by four horses needed to have an approximate width of 3 m,[80] it must have been sufficient to have the torsion mechanism of the boxes' *hyspleges* work from one side only, presumably the inside of the *aphesis* in order not to hinder the travelling chariots coming from behind (cf. **figs. 4, 8, 11**). This hypothesis is strengthened by the fact that Pausanias mentions a cord stretched in front of the starting gates which reduces the weight of the barrier considerably, and with it the power needed to drive it down.[81] It is noteworthy, though, that a cord stretched in front of four horses is not a very sturdy barrier given the power skittish horses are able to produce.[82] In the Circus Maximus, in contrast, two-winged wooden doors (*repagulae*) barred the twelve boxes of the *carceres*.[83] However, by the metal balls rolling down the channelled planks and pushing the trigger-levers for the release of the individual *hyspleges*, the chariots' boxes were unblocked in a step-like arrangement, yet giving the impression that the arrival of the rear chariot effectuated the opening of its front opponent's starting box.[84] As C. Flämig already pointed out above it is most likely that the time between the staggered openings of the boxes was gradually reduced towards the front of the apex so that the barriers were in fact removed before the chariots from behind reached their front box (cf. **fig. 8**).

This relatively simple system was also relatively easy to handle when it came to getting it ready for the following race: the two metal balls having rolled down the wooden planks could have been brought back to their initial point of departure by assistants transporting them by hand –if one agrees on a relatively low construction above ground level. Since dolphin and eagle must have been connected by ropes or chains, it was enough to pull up the dolphin thereby bringing the eagle down to the top of the altar which could have been effectuated by means of cranes or winches (or a combination of both), commonly used with catapult machinery.[85] If the supposition is correct that most of the mechanics of the *aphesis*-mechanism was invisible to the audience it is more likely that winches were used because those could have been placed close to the ground and maybe –to hide them completely from sight– even inside the altar.[86]

79. Cf. BELL D. J. 1990, pp. 314-315. On stadium-*hyspleges* using this technology from Hellenistic through Roman imperial times see VALAVANIS 1999.

80. HUMPHREY 1986, pp. 21, 49-51.

81. Pausanias, 6.20.11; cf. 6.20.13.

82. BELL D. J. 1990, p. 313 with no. 1.

83. HUMPHREY 1986, pp. 161-169. JUNKELMANN 1998, p. 111, figs. 106-109. Cf. PETERMANDL 2013, p. 58.

84. Pausanias, 6.20.13.

85. SCHÜRMANN 1991, pp. 61-92. HALL 1957, pp. 695-715.

86. One might think, for example, of an adopted version of the crane which was invented by Heron, the Alexandrinian engineer, during the 1st century AD for the raising of collapsed walls: a hoist of two bigger and two smaller pulleys could have been attached at one side to the dolphin by using an additional role for the directional change of the rope, and at the other side attached to a

Since the whole apparatus, the reconstruction of which has been proposed here, would have been comprised of components both delicate to exposure to the elements (wood, ropes/chains) and fairly precious (bronze dolphin/eagle), it is not unlikely that these elements were stored when not in use.[87] Therefore, when Pausanias visited the site of Olympian Zeus, he most probably did not observe the mechanism in operation but saw only parts of the system, the working of which was explained to him by his *exegetes*.[88] And yet, the *aphesis* of the Olympic hippodrome was obviously thrilling enough to leave him and posterity alike stupefied.

---

horizontal winch with which the dolphin could be pulled up in his initial position on top of the rod. SCHÜRMANN 1991, pp. 149-150, fig. 29.

87. As was the case of the stadium-*hysplex* at Delos. VALAVANIS 1999, p. 31 with n. 90.

88. DECKER 1992, p. 135. WIEGARTZ 1984, p. 44.

Αναζητώντας τον ιππόδρομο των Δελφών: μαρτυρίες σε περιηγητικά κείμενα (15ος-19ος αι.)*

Μυρτώ Λίτσα

Στο πλαίσιο του περιηγητικού ρεύματος, το οποίο εκδηλώθηκε στον ελλαδικό χώρο κυρίως μετά τα μέσα του 17ου αι., το ενδιαφέρον των επισκεπτών στράφηκε από νωρίς και προς τους Δελφούς.[1] Αρκετοί από αυτούς, εκτός της προσπάθειάς τους να εντοπίσουν τα κατάλοιπα του πανελληνίου ιερού, αποπειράθηκαν επίσης να ταυτίσουν και τη θέση του αρχαίου ιπποδρόμου. Στη συνέχεια θα εξεταστούν οι πρώτες αυτές απόπειρες και ειδικότερα οι παράγοντες που κάθε φορά επηρέασαν την εκάστοτε πρόταση.

Πριν το 17ο αι. η γνώση των ευρωπαίων για τις περισσότερες πόλεις του ελλαδικού χώρου προερχόταν από αποσπασματικές και έμμεσες πληροφορίες, ενώ οι απεικονίσεις τους ήταν κατά κανόνα φανταστικές, συνήθως στο πρότυπο πολιτείας δυτικού-γοτθικού τύπου.[2] Εξαίρεση αποτελεί το έργο του Κυριακού Αγκωνίτη, που επισκέφθηκε ο ίδιος τους Δελφούς το Μάρτιο του 1436.[3] Μαρτυρία του για τον δελφικό ιππόδρομο σώζεται στον κώδικα Barberini, που φυλάσσεται στη Βιβλιοθήκη του Βατικανού: "in sublimi Ciutatis arce altissimis sub rupibus ornatissimum gradibus marmoreis hippodrom. DC p. logitudinis. Vidique confractas hinc inde statuas".[4] Από την περιγραφή του τόπου είναι εμφανές ότι στην πραγματικότητα περιγράφει τα κατάλοιπα του σταδίου. Η φράση μάλιστα "στο ανώτατο άκρο" ("in sublimi Ciutatis arce altissimis") καθώς επίσης το μάρμαρο ως υλικό κατασκευής, απηχούν πιθανότατα την αρχαία πηγή, την οποία συμβουλεύεται

---

*. Τα στοιχεία της παρούσας μελέτης είναι αποτέλεσμα έρευνας που διεξήγαγα στη συλλογή και το αρχείο της Γενναδείου Βιβλιοθήκης στο πλαίσιο έρευνας για τον αρχαίο Δελφικό ιππόδρομο, με παρότρυνση του καθηγητή κυρίου Π. Βαλαβάνη. Τον ευχαριστώ τόσο για αυτή τη συνεργασία, όσο και για τις πολύ χρήσιμες παρατηρήσεις που έκανε στο κείμενό μου. Ευχαριστίες οφείλω επίσης στην αναπληρώτρια διευθύντρια της Γενναδείου Βιβλιοθήκης Κ. Ε. Σολωμονίδη για την άδεια μελέτης αρχειακού υλικού.

1. Για τους περιηγητές στον Ελλαδικό χώρο, Simopoulos 1975. Ειδικότερα με την περιοχή της Φωκίδας έχει ασχοληθεί η Felsch-Klotz 2009 και με το χώρο και το ιερό των Δελφών η Hellmann 1992b.
2. Η πρακτική σχολιάστηκε για απεικονίσεις των Αθηνών από τον Comte de Laborde 1854, σ. 9. Σχετική απεικόνιση των Δελφών σώζεται στο εικονογραφημένο έργο του Gerbelius 1545, σ. 28.
3. Bodnar 1960, σ. 33. Coline 1981, σ. 531 κ.ε.
4. Codex Barberinianus XXXIII.

κατά την επίσκεψή του, δηλαδή τον Παυσανία[5]. Παρόλα αυτά, πιθανώς από σύγχυση, μεταχειρίζεται τον όρο "ιππόδρομος" ("hippodrom"), αν και κατά τη μαρτυρία του Παυσανίου η θέση του ιπποδρόμου προσδιορίζεται σαφώς ἐς τὸ πεδίον.[6]

Ως και τα μέσα του 18ου αι. δεν εντοπίζεται άλλη περιηγητική αναφορά για τον δελφικό ιππόδρομο. Ασφαλώς, την περιοχή έχουν στο μεταξύ επισκεφθεί στο τελευταίο τέταρτο του 17ου αι. ο Γάλλος γιατρός J. Spon με τον Άγγλο G. Wheler. Στο έργο του τελευταίου περιλαμβάνεται και το πρώτο σκίτσο, όπου επιχειρείται η απόδοση της ευρύτερης διάταξης του δελφικού τοπίου. Σε αυτό σημειώνεται η θέση του σταδίου με την ορθή αυτή τη φορά ταύτιση.[7] Επίσης, στο πρώτο ήμισυ του 18ου αι. στους Δελφούς βρέθηκαν πιθανώς ο Άγγλος έμπορος Ch. Thompson (αν και από ορισμένους έχει προταθεί ότι πρόκειται για φανταστική αφήγηση)[8] και οι Βρετανοί αρχιτέκτονες J. Stuart και N. Revett, μέλη της Society of Dilettanti.[9] Όλοι ωστόσο οι παραπάνω προσέγγισαν την περιοχή οδικώς: οι μεν J. Spon και G. Wheler ακολούθησαν το δρομολόγιο από τα Σάλωνα (αρχαία Ἄμφισσα) στο Καστρί (Δελφοί) και από εκεί στην Αράχωβα, ο Ch. Thompson αναφέρει την πορεία Λειβαδιά – Αράχωβα – Καστρί και επιστροφή στην Αράχωβα και μόνον οι J. Stuart και N. Revett έφθασαν ως το Χρισσό (αρχαία Κρίσσα) ακολουθώντας το δρομολόγιο Σάλωνα – Δελφοί – Χρισσό. Είναι επομένως εύλογο, ότι το ορεινό τοπίο που επισκέφθηκαν δεν επέτρεπε συνειρμούς, ή υποθέσεις σχετικά με την ύπαρξη εκεί του ιπποδρόμου.

Αντιθέτως, δεκαπέντε μόλις έτη μετά την επίσκεψη των J. Stuart και N. Revett, ένας άλλος απεσταλμένος της Society of Dilettanti, ο R. Chandler, συνοδευόμενος από τον N. Revett (που επισκεπτόταν την περιοχή για δεύτερη φορά) και τον Άγγλο ζωγράφο W. Pars, ακολούθησε το δρομολόγιο Δαύλεια – Δελφοί – Κίρρα και, δια θαλάσσης, Γαλαξείδι. Στην κάθοδο από τους Δελφούς προς την Κίρρα, σχολιάζει: "Cirrha continued to be the port of Delphi in the time of Pausanias. It had then a temple of Apollo. On the way to it was the Hippodrome, or course for the Pythian horseraces. This was in the plain, then naked. No one would plant, either fearing the curse, or knowing the soil to be unfit for trees…".[10] Στο σχόλιό του αναπαράγει, σχεδόν κατά λέξη, τη μαρτυρία του Παυσανίου.[11] Από την υπόλοιπη περιγραφή του τοπίου διαφαίνεται ότι δεν

---

5. Pausanias, 10.32.1: *Στάδιον δέ σφισιν ἀνωτάτω τῆς πόλεως τοῦτο ἐστιν: ἐπεποίητο δὲ ἐκ τῆς πέτρας ὁποῖαι περὶ τὸν Παρνασσόν εἰσιν αἱ πολλαί, ἄχρις Ἀθηναῖος Ἡρώδης λίθῳ τῷ Πεντελῆσιν αὐτὸ μετεκόσμησεν.* Με εκτεταμένη γραφή επισημαίνονται ακριβώς τα σημεία, όπου φαίνεται η αναλογία στις φράσεις που χρησιμοποιεί ο Κυριακός.

6. Pausanias, 10.36.4-5: *Ἐς δὲ Κίρραν τὸ ἐπίνειον Δελφῶν ὁδός μὲν σταδίων ἑξήκοντα ἐστιν ἐκ Δελφῶν: καταβάντι δὲ ἐς τὸ πεδίον ἱππόδρομος τέ ἐστι καὶ ἀγῶνα Πύθια ἄγουσιν ἐνταῦθα τὸν ἱππικόν …*

7. Wheler 1682, τόμ. IV, εικ.V.

8. Thompson Ch. 1752, σ. 369-371.

9. Stuart 1762, τόμ. IV, VII, πίν. IX, X.

10. Chandler 1817, σ. 307-308.

11. Pausanias, 10.36.4-5: *Ἐς δὲ Κίρραν τὸ ἐπίνειον Δελφῶν ὁδός μὲν σταδίων ἑξήκοντα ἐστιν ἐκ Δελφῶν: καταβάντι δὲ ἐς τὸ πεδίον ἱππόδρομος τέ ἐστι καὶ ἀγῶνα Πύθια ἄγουσιν ἐνταῦθα τὸν ἱππικόν […] τὸ δὲ πεδίον τὸ ἀπὸ τῆς Κίρρας ψιλόν ἐστιν ἅπαν, καὶ φυτεύειν δένδρα οὐκ ἐθέλουσιν*

διέκρινε κάποια πιο συγκεκριμένη κατασκευή ή διαμόρφωση στην πεδιάδα, προκειμένου να προσδιορίσει περαιτέρω τη θέση του ιπποδρόμου. Αναφέρει:

> The small stream of Pleistus, instead of pursuing its way to Cirrha and the sea, was absorbed among the olive-trees, vineyards and plantations. The rich vale ending, we crossed the Cirrhaean or Crissaean plain, which, as anciently, was bare. We saw the town of Salona on our right, at a distance, on a knoll of eminence. We passed over a root of Mount Cirphis, and came, after about three hours, in view of our bark, lying in anchor, with some small-craft.

Αντίστοιχη περιγραφή, με μικρές διαφοροποιήσεις, ακολουθεί η πλειονότητα των μεταγενέστερων επισκεπτών. Ενδεικτικά αναφέρουμε τον Σουηδό περιηγητή A. Sturtzenbecker και τον S. Fauvel μαζί με τον F. de Beaujour στα τέλη του 17^{ου} αι., τον Βρετανό κληρικό Th. Smart Hughes με τον αρχιτέκτονα R. Cockerell, τον Άγγλο επίσκοπο Chr. Wordsworth και τον Σκωτσέζο λόγιο και πολιτικό W. Mure στο πρώτο ήμισυ του 18^{ου}, το Γερμανό αρχαιολόγο C. Bursian το 1854, ενώ προς τα τέλη του αιώνα το Νορβηγό φιλόλογο L. B. Stenersen και ακόμη τον H. Schliemann, που ταξίδευε με τη σύζυγό του, Σοφία. [12] Όλοι οι παραπάνω αναπαράγουν κατά κανόνα τις πληροφορίες από τον Παυσανία, άλλοτε μνημονεύοντας την πηγή τους και άλλοτε όχι, ενώ στο έργο ορισμένων περιλαμβάνονται επίσης περιγραφές και γενικές απόψεις του τοπίου της κοιλάδας του Πλείστου. Δεν είναι τυχαίο το γεγονός ότι η πλειονότητα των επισκεπτών που αναφέρονται, έστω και έτσι – γενικόλογα – στον ιππόδρομο, έχουν διέλθει από την παραλιακή ζώνη (εικ. 1).

Ιδιαίτερη περίπτωση αποτελεί το έργο του Γάλλου αββά J.-J. Barthélémy, *Voyage du jeune Anacharsis en Grèce*. [13] Πρόκειται για μια αναπαράσταση του ελλαδικού χώρου κατά την ελληνιστική περίοδο, υπό τη μορφή ταξιδιωτικού χρονικού του Σκύθη φιλοσόφου Ανάχαρση. Ο ίδιος ο συγγραφέας δεν είχε επισκεφθεί τους τόπους και στο χάρτη που συνοδεύει τη σχολιασμένη έκδοση του Γάλλου γεωγράφου J.-D. Barbié du Bocage φαίνεται ότι η τοπογραφία της περιοχής αποδίδεται με βάση τις αρχαίες πηγές. Η θέση του ιπποδρόμου σημειώνεται υποθετικά, στο μέσον της απόστασης από τους Δελφούς προς την Κίρρα (εικ. 2).

Οι μόνοι επισκέπτες που αναφέρθηκαν στον ιππόδρομο, παρότι κινήθηκαν μόνο στο ορεινό τμήμα, είναι προσωπικότητες που, σε μικρότερο ή μεγαλύτερο βαθμό, είχαν κάποια επαφή με την αρχαιογνωστική μελέτη: ο Γερμανός καθηγητής φιλοσοφίας K. G. Fiedler (1836), ο Γάλλος αρχιτέκτονας A.-M. Chenavard μαζί με τον É. Rey (1840) και ο

ἢ ἔκ τινος ἀρᾶς ἢ ἀχρεῖον τὴν γῆν ἐς δένδρων τροφὴν εἰδότες. Με εκτεταμένη γραφή επισημαίνονται τα σημεία, όπου φαίνεται η αναλογία στις φράσεις που χρησιμοποιεί ο R. Chandler.

12. Μέρος του ημερολογίου του A. F. Sturtzenbecker μεταφράστηκε στα γαλλικά από τον CALLMER 1948, σ. 113-144. Το ημερολόγιο του Foucherot στο αρχείο της Γενναδίου Βιβλιοθήκης τιτλοφορείται *Journal du voyage fait en Grèce par ler ordrs de Monsieur le Comte de Choiseul par les Sieurs Foucherot et Fauvel* (en 1780), σ. 50. Το ημερολόγιο του H. Schliemann φυλάσσεται στο αρχείο της Γενναδείου Βιβλιοθήκης, Heinrich Schliemann Diary A13, σ. 53-59. Για τους υπόλοιπους επισκέπτες βλ. στα έργα των HUGHES 1820, σ. 365-366. WORDSWORTH 1836, σ. 21-22. MURE 1842, σ. 181. BURSIAN 1862, σ. 181. STENERSEN 1875, σ. 319.

13. BARTHÉLÉMY 1788, τόμ. II, κεφ. XXII, 1-34.

Εικ. 1 — Δρομολόγια περιηγητών, 18ος – 19ος αι. (εικόνα από το δορυφόρο του Google Earth, απόσπασμα).

Αυστριακός φιλόλογος W. Vischer (1853).[14] Από την τελευταία αυτή κατηγορία των πιο "εξειδικευμένων" επισκεπτών, οι οποίοι πληθαίνουν κατά τον 19ο αι., υπήρξαν ορισμένοι, που διέθεσαν περισσότερο χρόνο στην αναζήτηση του μνημείου, και μπόρεσαν έτσι να προβούν σε ειδικότερες παρατηρήσεις επί του αναγλύφου.

Πρώτος, ο Ιρλανδός αρχαιοδίφης και ζωγράφος E. Dodwell, συνοδευόμενος από τον Ιταλό, επίσης ζωγράφο, S. Pomardi, οι οποίοι βρέθηκαν στους Δελφούς δύο φορές, το 1801 και το 1805 και προσέγγισαν το χώρο παραλιακά, από το Γαλαξείδι στη Σκάλα των Σαλώνων, δηλαδή την Ιτέα, στο Χρισσό και το Καστρί. Ο E. Dodwell, περιγράφοντας την πορεία του από την Κασταλία πηγή προς τον ποταμό Πλείστο, σχολιάζει:[15]

> At the bottom of the glen, the water of the Kastalian spring forms a small cascade, and a few paces further, enters the Pleistos; [...]. I searched in vain for the Hippodrome: it was probably only a space railed in, without any permanent building: ten chariots started sometimes at the same moment, in these contests. Sophocles calls the plain of Krissa, the shipwreck of horsemen, alluding to the Hippodrome.

14. FIEDLER 1840, I, σ. 134-143. CHENAVARD 1849, σ. 64. VISCHER 1857, σ. 617.
15. DODWELL 1819, I, σ. 184. Για την αναφορά του στο έργο του Σοφοκλέους, βλ. Sophocles, *Electra* 729-720: πᾶν δ᾽ἐπίμπλατο ναυαγίων Κρισαῖον ἱππικῶν πέδον.

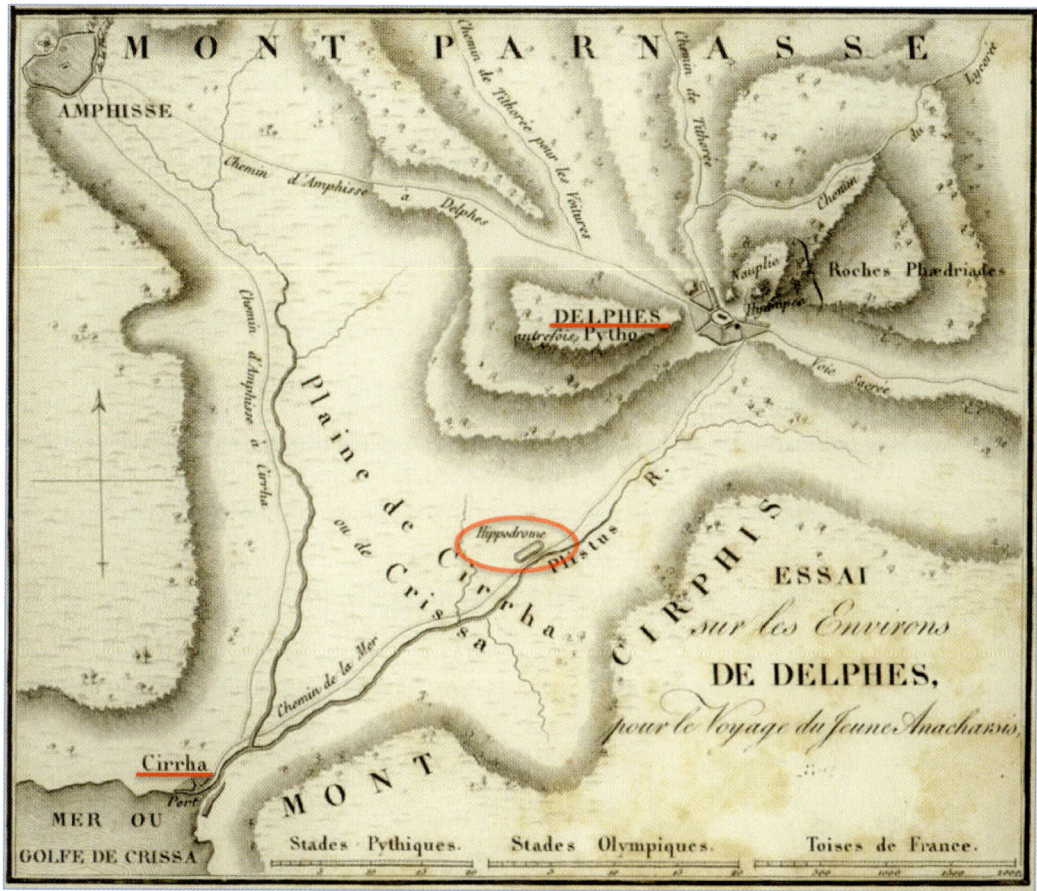

Εικ. 2 — Χάρτης της περιοχής των Δελφών. Σημειώνεται θέση για τον ιππόδρομο (J.-D. Barbié du Bocage, *Recueil de cartes géographiques, plans, vues et médailles de l'ancienne Grèce, relatifs au voyage du jeune Anacharsis, précédé d'une analyse critique des cartes* [1788], σ. 23).

Είναι επομένως ο πρώτος στην ουσία περιηγητής, ο οποίος φαίνεται ότι αναζητά μέσω αυτοψίας τη θέση του μνημείου, έστω και χωρίς επιτυχία. Μάλιστα, κάνει μια πρώτη εκτίμηση σχετικά με το είδος της κατασκευής, που πιθανολογεί ότι θα ήταν προσωρινού χαρακτήρα.

Την ίδια περίοδο ο Άγγλος αρχαιοδίφης W. Gell πραγματοποιούσε τη δική του επιτόπια έρευνα στον κεντρικό ελλαδικό χώρο, αποτέλεσμα της οποίας ήταν και το έργο για την περιήγηση στην Ελλάδα, που περιλαμβάνει εκατό προτεινόμενες διαδρομές με σχολιασμό του τοπίου. Η 58η διαδρομή από το Καστρί προς τη Σκάλα Σαλώνων, δηλαδή την Ιτέα, διερχόταν από το Χρισσό. Εκεί περιγράφει: "The ancient town, or at least the citadel of Crissa, stood at the point of the rock now occupied by the church, perhaps the site of the temple of Ceres, and where the walls may be traced". Πρόκειται για την εκκλησία του Αγίου Γεωργίου, στη θέση όπου έχει ανασκαφεί προϊστορικός οικισμός.[16] Η αφήγηση συνεχίζει:[17]

> ... Crisso is about an hour from Scala di Salona. The glen of Pleistus below this church is probably the site of the Delphic Hippodrome, for which there was no sufficient space on the declivities above. In nine minutes descend from the height of Crissa to the Pleistus, near the insulated rocks in the glen. The road lies down a chasm. [...] Under the church close to the foot of the rock, and between the precipice and the road is a flat space, which seems to have been the Hippodrome.

Για πρώτη επομένως φορά προτείνεται συγκεκριμένος χώρος στην ευρύτερη περιοχή για τη θέση του ιπποδρόμου (**εικ. 3**, Α).

Τρίτος αρχαιοδίφης, ο Βρετανός αντισυνταγματάρχης W. M. Leake, βρέθηκε στους Δελφούς το ίδιο διάστημα, το 1802 και 1806, και έφτασε στο χώρο από τη Δεσφίνα προς το Καστρί και μέχρι το Χρισσό. Στην πρώτη απόπειρα ταυτίσεως της θέσης δεν καταφέρνει να εντοπίσει κάποιο κατάλληλο χώρο. Στις 11 Φεβρουαρίου του 1806, σημειώνει (**εικ. 3**, Β):

> This afternoon I made another attempt to ascertain the site of the Hippodrome of the Pythian Games, which, according to Pausanias, was at the foot of the mountain going from Delphi

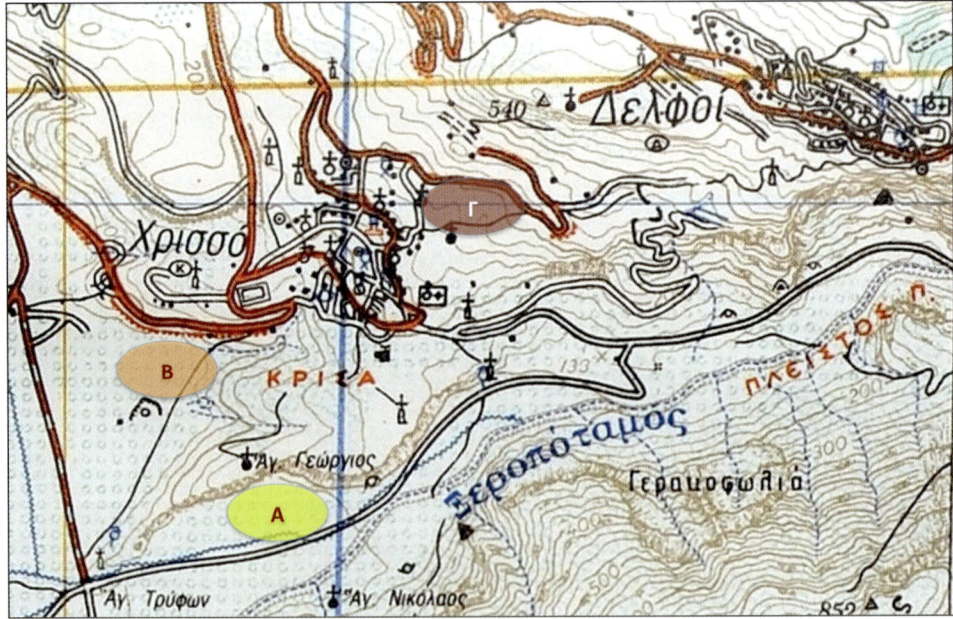

Εικ. 3 — Η περιοχή Δελφών – Κρίσσας. Α-Γ: οι προτεινόμενες από τους περιηγητές θέσεις για τον ιππόδρομο (απόσπασμα από το χάρτη Γ.Υ.Σ.).

---

16. DASSIOS 1992, σ. 88-89, αριθ. 124, όπου βιβλιογραφία.
17. GELL 1819, σ. 194.

to Cirrha, and I find in a small retired level, called Komara (πιθανότατα πρόκειται για παρα-φθορά της λέξης "Καμάρα"), immediately below Krisso, and inclosed between two projects of its hill, on one of which stands a small church, some ancient squared blocks in the fields, and near them on the foot of the rocks a ruin of small stones and mortar. This κόλπος (sic) or bay of the plain, which is separated only by the south-eastern of the two projections from the vale of the Pleistus, and just at its entrance, leading to Delphi, seems to have been admirably adapted to the Hippodrome, as the sides of the hill would accommodate an immense number of spectators.

Για την εικόνα του χώρου συνεχίζει:[18]

the site is very low and now marshy, but as the Pythian Games were celebrated in the summer, this characteristic of the place was no objection. It is probable that the hippodromes of Greece, like our race-courses, were seldom much indebted to art, and that for this reason little or no remains of them are to be found.

Στην περίπτωση του W. M. Leake έχουμε όχι μόνο την αυτοψία ως μέθοδο για τον εντοπισμό του τόπου, αλλά και ειδικότερες εκτιμήσεις σχετικά με την καταλληλότητα του χώρου και το είδος της κατασκευής. Επισημαίνει δηλαδή ο ερευνητής αφενός την αναγκαιότητα ύπαρξης πρανών, ώστε να φιλοξενούνται οι θεατές των αγώνων, και αφετέρου την πιθανότητα οι οποίες κατασκευές να ήταν πρόχειρου χαρακτήρα, ερμηνεύοντας με αυτόν τον τρόπο την απουσία μνημειακών κτηριακών καταλοίπων.

Περί τα τριάντα χρόνια αργότερα, το 1840, ο Γερμανός φιλόλογος H. N. Ulrichs, ο οποίος διετέλεσε καθηγητής στο νεοσύστατο Πανεπιστήμιο Αθηνών, εξέδωσε το χρονικό των ερευνών του στον Ελλαδικό χώρο, ενώ την ίδια χρονιά δημοσίευσε και μια ειδική πραγματεία 22 σελίδων με τον τίτλο *Über die Städte Crissa und Cirrha*.[19] Φαίνεται ότι γνωρίζει καλά το ανάγλυφο και τα τοπωνύμια της περιοχής, καθώς επίσης ότι λαμβάνει υπόψη τις αρχαίες πηγές και τα μέχρι τότε αρχαιολογικά ευρήματα. Το ενδιαφέρον του ερευνητή στρέφεται αρκετά νοτιώτερα, προς τη θάλασσα. Στο δρόμο προς την Ιτέα περιγράφει (εικ. 4):[20]

Von Scala aus südöstlich am Meere fortgehend, erreicht man in fünfzehn Minuten eine Quelle, die unweit des Strandes in einem alten, aus grossen Quadern erbauten Bassin entspringt, und dasselbe mit schönem trinkbaren Wasser anfüllt. Ein Weidenbaum, der hier vor mehren Jahren neben einer Platane und einer Pappel stand, gab der Gegend den Namen Itia, η Ιτιά oder Ιτέα'. [...] In der Nähe ist man beschäftigt für die Bewohner von Salona, Chryso und Kastri eine Hafenstadt anzulegen, die, wie wir im Verfolge sehen werden, ungefähr die Stelle des ältesten Pythischen Stadiums und des Hippodroms einnehmen wird.

---

18. LEAKE 1835, I, σ. 595.
19. ULRICHS 1840a.
20. ULRICHS 1840b, I, σ. 7.

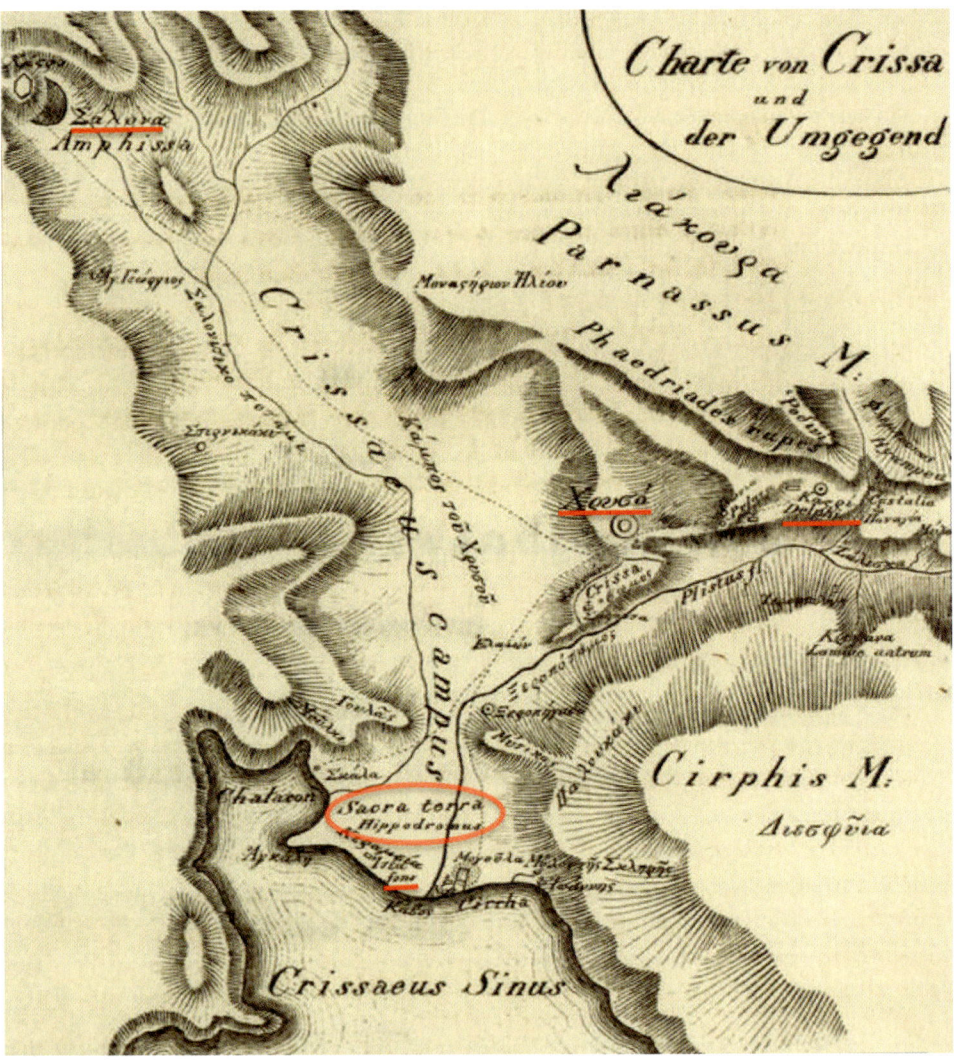

Εικ. 4 — Χάρτης της περιοχής των Δελφών. Σημειώνεται θέση για τον ιππόδρομο (ULRICHS 1840a, σ. 99, Tafel).

Προκειμένου να τεκμηριώσει την άποψή του και αναφερόμενος ξανά στην κρήνη της Ιτέας, σημειώνει:[21]

> Hier in der Nähe der Ruinen Cirrhas war der Hippodrom errichtet und noch zu Pindars Zeit auch das Stadium. Der grössere Hippodrom blieb immer in der Ebene am Meere, für das kleinere Stadium fand man später in der Nähe Delphis einen Platz […]. Eine Inschrift giebt zugleich mit dem Stadium einen Brunnen in der Ebene an, welcher der erhaltene antike bei

---

21. ULRICHS 1840b, σ. 10.

Itia sein mag, denn ausser diesem und dem kleinen trüben Brunnen dei den Ruinen Cirrhas gibt es in der Cirrhaeïschen Ebene keine andere süsse Quelle, ja nicht einmal in der grossen Crissaeïschen Ebene bis hinauf zum Dorfe Chryso.

Πρόκειται για την *CID* I 10, νόμο της Δελφικής Αμφικτυονίας του 380/79 π.Χ., όπου επισημαίνονται οι υποχρεώσεις των ιερομνημόνων. Μεταξύ αυτών, στους στ. 35-36, αναφέρεται ότι εκείνοι οφείλουν να φροντίσουν *τὸν δρόμον καὶ τὰν κράναν τὰν ἐμ πεδίωι*.

Γίνεται φανερό ότι οι παραπάνω περιηγητές, πιό σωστά πλέον, ερευνητές, ξεκινώντας από τη γενική πληροφορία του Παυσανίου, ότι ο ιππόδρομος βρισκόταν σε κάποιο σημείο εντός του Κρισσαίου πεδίου, προσπάθησαν, βάσει επιτόπιας έρευνας, συγκρίσεων και ερμηνείας των πηγών, να εντοπίσουν τη θέση εκείνη που θα άρμοζε περισσότερο για την κατασκευή.

Ο Βρετανός ζωγράφος W. Linton από την άλλη, εφάρμοσε το 1840 μια διαφορετική προσέγγιση. Στο κείμενο που συνοδεύει τον 14ο πίνακα του ταξιδιωτικού του χρονικού, σχολιάζει:[22]

At some little distance below the rocky boundary of the Delphian temenos, on which are the remains of the old walls, and beneath which are cut many sepulchral chambers, fronting the valley below, and to the right of the rugged and steep descent towards Crisso by the via sacra, is an extensive platform among the masses of cliff which project from the sides of the mountain, called by the natives "the Hippodrome". Classical antiquarians have generally placed this arena in the valley below the town of Crisso, partly from the authority of Pausanias, and possibly from not having been made acquainted with this snug little course, so much more convenient from its almost immediate vicinity to Delphi. The writer can offer an additional evidence for its being the possible site of an old race-course, in its having afforded him the only opportunity for a hand-gallop he had enjoyed for many days, to the great consternation of the horse-owners, or αγωγιάται, who have an instinctive horror of their property being coerced into any pace beyond the odious one of two and a half miles an hour.

Πρόκειται για τη μοναδική μαρτυρία σχετικά με το τοπωνύμιο "ιππόδρομος", η οποία αποδίδεται σε ντόπιους κατοίκους. Ο W. Linton την αντλεί πιθανώς από κάποιο λόγιο της περιοχής, που μπορεί να τον ξενάγησε, ή από κάποιον από τους ντόπιους συνοδούς του, που συχνά αναπαράγουν πληροφορίες από προηγούμενους περιηγητές, όπως τις έχουν εκείνοι αντιληφθεί. Στην εικόνα ωστόσο, η οποία συνοδεύει το κείμενο, δε σημειώνεται ευκρινώς το "γήπεδο", στο οποίο αναφέρεται ο περιηγητής, ούτε είναι άμεσα αναγνωρίσιμη η θέση (**εικ. 5**). Από την περιγραφή του τόπου, μπορούμε να υποθέσουμε ότι ο χώρος βρισκόταν σε κάποιο σημείο στα δυτικά του αρχαίου μονοπατιού Δελφοί – Χρισσό – Κίρρα, το οποίο είναι διαμορφωμένο και σήμερα,[23] ενδεχομένως στη θέση που σημειώνεται στο χάρτη

---

22. Linton 1856, σ. 26, πίν. XIV.
23. Βλ. το έντυπο του Δήμου Δελφών, *Στα χνάρια της Ιστορίας. Περπατώντας στα μονοπάτια των Δελφών*, Δελφοί 2009, διαθέσιμο στον ιστότοπο: http://www.delfoi.gr/Files/DELPHI%20PATHS.pdf, consulted November 14th 2018.

Εικ. 5 — Άποψη του Χρισσού από τους Δελφούς (Linton 1856, σ. 26, Πίν. XIV).

(**εικ. 3**, Γ). Η έκταση βεβαίως δεν επαρκεί για τέτοια κατασκευή, είναι ωστόσο το μεγαλύτερο πλάτωμα στην περιοχή, στην οποία παραπέμπει ο W. Linton.

Ενδεχομένως μάλιστα από αντίστοιχη πηγή, δηλαδή κάποιον ντόπιο "ξεναγό", να είχε λάβει πληροφορίες και ο R. Cockerell το 1813, καθώς σε σκίτσο του που φυλάσσεται στο Βρετανικό Μουσείο, σε αντίστοιχη θέση, σε πλάτωμα μεταξύ των χωριών Καστρίου και Χρισσού, προσθέτει τη σημείωση "probable Hippodrome" (**εικ. 6**).[24] Στο ταξιδιωτικό του χρονικό ωστόσο, η αναφορά στις αρχαιότητες των Δελφών είναι ιδιαιτέρως σύντομη, χωρίς μνεία για τον ιππόδρομο.[25]

Συνοψίζοντας, μπορούμε να παρατηρήσουμε ότι πριν τη Μεγάλη Ανασκαφή και την εισαγωγή των σύγχρονων επιστημονικών μεθόδων στην έρευνα του τόπου, οι ανά τους αιώνες επισκέπτες των Δελφών προσέγγισαν το χώρο, τα μνημεία και την ιστορία του ιερού με τα ερευνητικά εργαλεία που διέθεταν σε κάθε εποχή. Ειδικώς στην έρευνα για την ανακάλυψη της θέσεως του ιπποδρόμου, την προσέγγιση επηρρέασαν τρεις κυρίως παράμετροι: το δρομολόγιο που ακολούθησε ο κάθε επισκέπτης, διότι διαμόρφωνε την ευρύτερη αντίληψή τους για το χώρο, το διάστημα που καθένας είχε στη διάθεσή του και κυρίως, η ιδιότητά τους, που εύλογα υπαγόρευσε μία διαφορετική κάθε φορά μεθοδολογική

---

24. Αριθμός Καταλόγου BM 2012,5001.238.
25. Cockerell 1903, σ. 229-230.

Εικ. 6 — Άποψη των Δελφών από το Χρισσό. Σχόλιο στο σκίτσο: "probable Hippodrome" (σκίτσο του Ch. R. Cockerell, British Museum, 2012,5001.238).

προσέγγιση. Πρόκειται για τα πρώτα βήματα μιας μακράς πορείας, τη σύγχρονη εξέλιξη της οποίας παρακολουθούμε στις πρόσφατες έρευνες που παρατίθενται στον παρόντα τόμο.[26] Λαμβάνοντάς τα υπόψη, αποκτούμε μια συνολική εικόνα τόσο της ιστορίας της έρευνας, όσο και των ανθρώπων που διατύπωσαν τις εκάστοτε θεωρίες και ακόμη, των ειδικών συνθηκών κάτω από τις οποίες αυτές διαμορφώθηκαν.

---

26. Βλ. τις μελέτες των Π. Βαλαβάνη και A. Chabrol – A. Perrier.

Recherches historiques et géomorphologiques
sur la localisation de l'hippodrome de Delphes

Amélie Perrier, Antoine Chabrol

L'emplacement exact de l'hippodrome de Delphes n'est pas encore assuré, mais nous connaissons son existence par les sources littéraires et épigraphiques[1]. Après la première guerre sacrée (590-582) s'y déroulaient les épreuves hippiques des Pythia et, dans un premier temps, les épreuves gymniques également, puisque le premier stade fut sans doute associé à l'hippodrome[2] avant d'être installé vers 275 av. J.-C. au pied des Phédriades au nord-ouest du sanctuaire d'Apollon.

L'interprétation des sources littéraires, imprécises et fragmentaires, est d'autant plus délicate que les paysages évoqués, et souvent même à peine esquissés par une formule poétique, ont profondément changé. L'analyse topographique et géomorphologique de la plaine et du versant de Delphes, associée à celle des sources historiques, nous a permis de cerner quel est le lieu qui paraît le plus apte à avoir accueilli les courses hippiques dans l'Antiquité.

SOURCES LITTÉRAIRES ET ÉPIGRAPHIQUES

On sait que l'hippodrome était situé quelque part au pied du Parnasse[3], plus précisément dans le domaine d'Apollon qui servait essentiellement au pacage des troupeaux sacrés[4]. Cette indication reste vague et sa valeur dépend aussi de notre connaissance des limites de ce domaine, qui ont évolué au cours du temps. D'après les travaux de D. Rousset, celui-ci ne peut être confondu avec la plaine formée par le Pleistos et l'Hylaitos[5]. Il s'étendait en partie seulement sur cette plaine, dans sa moitié est, en tout cas à l'époque

---

1. P. Valavanis a récemment proposé une hypothèse concernant la localisation de l'hippodrome. Il rappelle à cette occasion certaines de celles formulées par des voyageurs depuis Cyriaque d'Ancône jusqu'au XIXᵉ s. Valavanis 2017, p. 628-629.
2. Sur ce premier stade, voir Pindare, *Pythiques* VIII 19-20 ; X 15-16 ; XI 11-12 ; XI 49-50. Aupert 1979, p. 164-165, not. p. 164, n. 3.
3. Rousset 2002b, p. 227.
4. Rousset 2002a, p. 187 ; Rousset 2002b, p. 227, n. 25.
5. Rousset 1996, p. 45-49 ; Rousset 2002a, p. 165-177 (cartes fig. 5 et 6) ; Rousset 2002b, p. 216-228.

romaine, et en partie sur le Kirphis. Si la limite entre le domaine sacré et le territoire d'Amphissa ne peut être déterminée précisément, les sources littéraires et les bornes découvertes indiquent bien que la terre sacrée comprenait une partie montagneuse et une partie de la plaine, mais que la partie ouest de cette plaine appartenait à Myania et à Amphissa[6]. Les inscriptions précisent que l'hippodrome était situé sur la terre sacrée qui, jusqu'à l'époque impériale, était distincte du territoire de Delphes[7]. Mais les sources restent floues quant à son emplacement exact.

Les indications littéraires évoquant l'emplacement de l'hippodrome sont non seulement rares, mais souvent beaucoup trop allusives pour que l'on puisse en tirer de solides indices. L'essentiel repose sur Pindare, mais l'on trouve également quelques allusions chez Bacchylide, Sophocle et Pausanias.

Pindare emploie diverses expressions pour évoquer le lieu où se déroulent les épreuves hippiques ou gymniques. Le poète désigne l'hippodrome qui, à son époque, se confond encore avec le stade, par le terme *dromos* : Πυθιάδος δ' ἐν δρόμῳ[8], ce qui n'est guère étonnant et que l'on retrouve d'ailleurs dans le règlement amphictionique de 380, dont une partie évoque les travaux de remise en état à effectuer en vue des Pythia, l. 36 : [τὸν] δρόμον καὶ τὰν κράναν τὰν ἐμ πεδίωι[9].

Dans les *Pythiques*, Pindare désigne la zone où se déroulaient les concours hippiques par les expressions suivantes :

— *Troisième Pythique* 74 : Κίρρᾳ, « Kirrha » ;

— *Cinquième Pythique* 37 : Κρισαῖον λόφον, « la colline de Krisa ». Arcésilas de Cyrène, vainqueur à la course de chars, aurait, d'après le poète, traversé la colline de Krisa afin de consacrer son char à Apollon dans un édifice construit, au moins en partie, en bois et situé quelque part sur le Parnasse, « dans la vallée profonde du dieu » ;

— *Sixième Pythique* 8-9 : ἐν πολυχρύσῳ Ἀπολλωνίᾳ …νάπᾳ, évocation générale de la plaine où résonnent les hymnes ; v. 18 : Κρισαίαις ἐνὶ πτυχαῖς, Pindare place la course des quadriges « dans les replis de Krisa ». Ἡ πτύξ désigne en effet le repli, l'anfractuosité d'une montagne, comme cela est attesté dans l'épopée homérique ou les œuvres des poètes tragiques[10] ;

— *Septième Pythique* 16 : ἀπὸ Κίρρας, pour évoquer les victoires rapportées « de Kirrha » ;

— *Dixième Pythique*, à propos de l'emplacement de la course, Pindare emploie les termes suivants, v. 8 : ὁ Παρνάσσιος μυχός, « le repli du Parnasse » ; v. 15-6 : βαθυλείμων' ὑπὸ Κίρρας πέτραν, « sous la roche de Kirrha aux herbages épais » ;

---

6. ROUSSET 2002a, p. 117-118 et 172-173.
7. ROUSSET 2002a, p. 173.
8. Pindare, *Première Pythique* 33.
9. *Choix d'inscriptions de Delphes*, n° 27.
10. *Iliade* XX 22 ; XI 77 ; *Odyssée* XIX 432 ; Sophocle, *Œdipe roi* 1026 ; Euripide, *Les Suppliantes* 757.

– *Onzième Pythique* 12, Pindare évoque les «concours de Kirrha» : χάριν ἀγῶνι Κίρρας ; et le stade pythique, v. 49-50 : Πυθοῖ τε γυμνὸν ἐπὶ στάδιον καταβάντες.

L'emploi indifférencié, sinon pour des raisons musicales, des noms Krisa et Kirrha ne saurait constituer un indice topographique : il permet simplement au poète de désigner la terre sacrée d'Apollon, prise sur le territoire de cette ancienne cité détruite lors de ce que les savants ont appelé «la première guerre sacrée», aux alentours de 600 av. J.-C. Ce qui étonne davantage dans ce catalogue, c'est l'évocation plus fréquente d'un relief marqué que d'une plaine, avec ὁ λόφος évoquant la «colline» de Krisa, ἡ πτύξ désignant une anfractuosité ou les replis d'une montagne, mot ici associé à Krisa, ὁ μυχός qui, dans le texte cité, a le même sens, associé au Parnasse, enfin, ἡ πέτρα pour évoquer la roche de Kirrha. Ces termes n'offrent, certes, aucun indice précis de localisation : ils évoquent le paysage de montagne qui constitue l'écrin du sanctuaire d'Apollon, ils composent une image topique du site sacré de Delphes. Cependant, il reste curieux qu'à propos de l'hippodrome, Pindare n'emploie jamais τό πεδίον ou un terme de sens voisin et associe systématiquement à la piste de course l'image des anfractuosités de la montagne. La beauté de l'image n'en est peut-être pas la seule raison.

Il se trouve que dans l'épinicie honorant la victoire remportée aux concours pythiques par le quadrige de Hiéron de Syracuse en 470 av. J.-C., Bacchylide emploie, lui aussi, le terme ὁ μυχός en parlant des «fonds de Kirrha voisins de la mer» : ἀγχιάλοις τ[ε Κί]ρρας μυχοῖς[11]. Μυχός, qui peut désigner les replis d'une montagne, renvoie plus vraisemblablement – ou également – ici à l'enfoncement du port et de la mer. Associé à l'adjectif, μυχός pourrait évoquer soit la topographie générale de la région de Delphes, soit les plages voisines du port antique situé à l'est de l'actuelle Itéa, où l'on pouvait peut-être entraîner des chevaux montés, de même qu'Hippolyte, chez Euripide, s'entraîne sur les plages voisines de Trézène, mais ces plages ne sauraient servir d'hippodrome. Il faut sans doute conserver au mot μυχός la polysémie suggérée par l'usage qu'en fait le poète.

Ailleurs, Bacchylide emploie également l'expression ἐν πεδίωι Κίρρας[12], la «plaine de Kirrha», qui désigne, par métonymie, le territoire sacré d'Apollon. Sophocle parle, lui aussi, d'une plaine lorsqu'il décrit la course de chars pythique dans *Electre* 730 : Κρισαῖον πέδον.

Τό πεδίον ou τό πέδον évoquent communément l'image d'une plaine, mais il s'agit de termes géographiques généraux, τό πεδίον désignant avant tout un terrain plan et τό πέδον pouvant simplement signifier le sol ou la contrée. Dans un sens plus spécifique, le terme πεδίον peut également, d'après l'étude publiée par É. Delebecque en 1951 sur le vocabulaire équestre chez Homère et Hésiode[13], désigner «le "terrain" plat et poudreux où peuvent galoper les chevaux attelés, et plus particulièrement le terrain choisi pour

---

11. Bacchylide, *Épinicie* IV 14.
12. Bacchylide, *Épinicie* XI 19-20.
13. DELEBECQUE 1951, p. 204.

une course ». S'il n'est pas impossible que ce sens spécifique de πεδίον soit aussi contenu dans l'emploi de l'expression par Sophocle, il est certain que « la plaine de Kirrha/Krisa » est devenue au cours du Vᵉ s. un *topos* poétique par métonymie.

Pausanias, qui s'est rendu à Delphes, se contente d'une évocation générale de la plaine située entre Delphes et Kirrha lorsqu'il mentionne l'hippodrome, mais il emploie aussi une expression troublante : Ἐς δὲ Κίρραν τὸ ἐπίνειον Δελφῶν ὁδὸς μὲν σταδίων ἐξήκοντά ἐστιν ἐκ Δελφῶν· καταβάντι δὲ ἐς τὸ πεδίον ἱππόδρομός τέ ἐστι καὶ ἀγῶνα Πύθια ἄγουσιν ἐνταῦθα τὸν ἱππικόν (« Il y a soixante stades de Delphes à Kirrha, qui est le port de cette ville ; en descendant dans la plaine on trouve l'hippodrome, où se déroulent les courses de chevaux lors des concours Pythiques »[14]). L'usage du participe présent associé à la préposition εἰς semble indiquer que c'est plutôt sur le chemin conduisant à la plaine qu'une fois arrivé dans la plaine que Pausanias a vu l'emplacement de l'hippodrome, ce qui donne un éclairage nouveau aux termes employés par Pindare. Pausanias est le seul à donner ce type d'indication, et l'on sait qu'il est généralement assez précis dans ses descriptions, comme l'atteste sa visite de Delphes. Pas encore assez, cependant, pour que les Modernes aient pu retrouver le fameux hippodrome.

Les inscriptions ne sont guère plus explicites sur son emplacement. Elles mentionnent surtout les travaux d'aménagement et de remise en état, financés par la caisse sacrée, en préparation des Pythia.

CID I 10, l. 35-37 = *Choix d'inscriptions de Delphes*, nᵒ 27 : le règlement amphictionique de 380/79 av. J.-C., premier texte connu émanant de l'Amphictionie, prescrit les travaux d'aménagement et de remise en état qui doivent être systématiquement effectués avant les Pythia. Un passage semble concerner directement l'hippodrome :

35   τὸν ναὸν τοῦ Ἀπόλλων[ο]ς τῶ Πυθίο καὶ τὰν αὐλὰν καὶ τὸν τᾶς Ἀ[θαναίας τᾶς Προναίας ναὸν καὶ τὸν]

δρόμον καὶ τὰν κράναν τὰν ἐμ πεδίωι τοὶ ἱαρομνάμονες τοὶ Ἀμφι[κτυονικοὶ κατὰ τὰν Πυθιάδα ἑκά]σταν ἐφακείσθων πρὸ Πυθ[ί]ων ὅτινός κα δέωνται·

Les hiéromnémons amphictioniques feront exécuter, chaque Pythiade avant les Pythia, au temple d'Apollon Pythien, à ses abords, au temple d'Athéna Pronaia, au dromos et à la fontaine qui est dans la plaine, les réfections qui seront nécessaires[15].

Le *dromos* désigne vraisemblablement la piste de l'hippodrome que l'on a, à partir de cette inscription, associé à la fontaine de la plaine, ce qui est une interprétation abusive puisque l'indication topographique ne concerne que la fontaine, comme l'indiquent la reprise de l'article et la coordination des différents éléments de l'énumération par καί.

---

14. Pausanias, X 37, 4.
15. Trad. *Choix d'inscriptions de Delphes*, p. 55.

La « ligne de départ » à l'hippodrome, ἡ ἱππάφεσις, construite *ad hoc*, est mentionnée dans trois comptes.

CID II 76, col. II, l. 63-64 : dans ce compte daté de l'archontat de Dion en 335 av. J.-C. est mentionné le salaire de l'architecte de la ligne de départ, à savoir 3 mines :

[*ν* - - - - - - - - ἀρχιτέκτονι τῆς] ἱππ[α]φέ[ς]εω[ς] μισθ[ὸ]ς [μναῖ τρεῖς.

CID II 93, l. 52-54 : de même, quelques années plus tard, dans le compte de trésorier de l'archontat de Bathyllos, daté de 329/8 av. J.-C., est mentionné le salaire de l'architecte de la ligne de départ à une drachme par jour, pour un total de sept mois, soit 3 mines :

52   ]ι τῶι ἀρχιτέκτονι τῆς ἱππ[αφέσεως - - - - - - - - -]

             μισθὸς ἐδόθη μ[ηνῶν ἑπτά, ἐπὶ τῆς ἡμέ]ρας ἑκάστης δραχμή, τῶν ἑ[πτὰ μηνῶν -]

54   μναῖ τρεῖς

À Un Tel, architecte de la ligne de départ (de l'hippodrome), salaire de sept mois à une drachme par jour, total M3.

CID IV 24, second texte (273/2 av. J.-C. ?) : il s'agit d'un fragment de décret évoquant des travaux à l'hippodrome « peut-être pour que les compétitions soient arbitrées plus sûrement », selon Fr. Lefèvre qui a publié ce texte[16] :

```
     [- - - - - - - - - - - - - - -κ]ατεσκεύασε [- - - - - - - - - - - - - - -]
4    [- - - - - - - - - - - - - - ἀσφα]λεῖς καὶ δικαίας [- - - - - - - -]
     [- - - - - - - - - - - - - - - -] κατὰ τὴν ἱππάφ[εσιν - - - -]
     [- - - - - - - - - - - - - - - - -τ]ῶν ἀθλητῶν τῶν [- - - - - -]
     [- - - - - - - - - - - - - - - - - ζευ]γοτρόφων ἐν [- - - - - - - -]
8    [- - - - - - - - - - - - - - - - - το]ῦ δελφῖνος [- - - - - - - -]
     [- - - - - - - - - - - - - - - - - - - -]ΣΟΥΚΑΦ[- - - - - - -]
     [- - - - - - - - - - - - - - - - - - -Ἀμφικ]τιον[- - - - - - - - - -]
     [- - - - - - - - - - - - - - - - - - - - - ]ΤΑΝ[- - - - - - - - - - ]
```

Fr. Lefèvre, en rappelant l'hymne homérique à Apollon et l'épiclèse du dieu *delphinios*, suggère que le dauphin ici mentionné puisse appartenir à une fontaine.

Une autre hypothèse est possible puisque le contexte de l'aphésis rappelle la description que Pausanias fait du système de départ des courses hippiques à Olympie. Il décrit en effet l'aphésis sous la forme d'une proue de navire, dont l'éperon portait un dauphin de bronze[17].

---

16. *CID* IV, p. 108.
17. Pausanias, VI 20, 10-13.

CID II 139, l. 35-40 = *CID* IV 57, l. 35-40 = *Choix d'inscriptions de Delphes*, n° 116 : compte de Dion qui énumère les adjudications pour les travaux de préparation des Pythia de 246 av. J.-C.

À ce moment-là, le stade est déjà installé au nord-ouest du sanctuaire. Le texte mentionne successivement le gymnase, le stade, l'hippodrome et Castalie[18] :

35	*pour nettoyer l'hippodrome [- - - - - - - -]*		
	Pour ameublir l'hippodrome aux virages	*Dionysios*	*[- - - - - -]*
	[- - - - -] aux virages de l'hippodrome	*Euthydamos*	*[- - - - - -]*
	Pour fourniture pour l'hippodrome	*Callôn*	*89 S*
	Pour [- - - - - - - -] de l'hippodrome	*Diôn*	*24 S*
	Pour les oikoi de [- - - - - - -]	*Diôn*	*24 S*
	Pour les prix	*Pleistios*	*1 M éginétique*
	Pour cacher (?) [- - - - - - -] dans le Chalkôn	*Euthydamos*	*9 S 3 ob.*

Le coût des travaux à l'hippodrome autour de 250 av. J.-C. s'élevait donc au moins à 274 drachmes[19].

L'hippodrome de Delphes avait un architecte spécifique, peut-être même spécialisé, pour la réfection ou l'aménagement de la zone de départ, l'ἱππάφεσις. Son contrat, d'après les comptes du dernier tiers du IVe s., courait sur au moins sept mois. L'essentiel consistait à aménager la zone de départ et les virages autour des deux bornes, ainsi qu'à aplanir et à assouplir la piste. On ignore ce que désignent exactement les fournitures mentionnées dans le compte de Dion et dont le coût total est très élevé (89 statères), mais il faut sans doute y compter les outils, peut-être l'achat de matériau pour améliorer la piste, pour construire la lice, les bornes de virage elles-mêmes, etc.

J. Pouilloux, dans sa publication du compte de Dion, tend à attribuer à l'hippodrome les οἶκοι de la ligne 39, dont la réfection est assez coûteuse (24 statères)[20]. On ignore quelle aurait pu être leur destination. J. Pouilloux pense à la réception des athlètes ou des étrangers. Il n'est pas non plus impossible que ces constructions, peut-être provisoires, soient destinées aux chevaux. Quant au Chalkôn, s'il est exact de le rapporter à la partie du compte concernant l'hippodrome, on ne sait pas de quoi il s'agit et ce qu'on y met à l'abri, mais peut-être cela est-il en rapport avec l'équipement de la piste, le matériel des chars ou le harnachement.

D'après les sources épigraphiques, rien de particulier ne semble être prévu pour l'accueil des spectateurs.

---

18. *Choix d'inscriptions de Delphes*, n° 116.
19. MATHÉ 2010, p. 198.
20. POUILLOUX 1977, p. 121 : «Ces οἶκοι étaient-ils destinés aux athlètes, à la réception des étrangers comme on voit l'Étolien Mentor profiter de la première σκανά (*GDI*, 2513, l. 11/12)?».

Ces aménagements, pour la plupart provisoires, sont peu susceptibles d'avoir laissé des traces, mais ils ne sont pas non plus anodins et il faudrait approfondir la question des oikoi et du Chalkôn. J. Bousquet, en s'appuyant sur un passage du *Presbeutikos logos* évoquant l'origine du culte héroïque de Chrysos, considère que le seul vestige qui pourrait permettre d'identifier l'hippodrome est l'Hérôon de Chrysos qui, selon le récit, fut enterré dans l'hippodrome lors de la première guerre sacrée, au moment de la fondation des concours hippiques, sur l'ordre des Amphictions.

Quels sont les critères, simples et de bon sens, indispensables à l'établissement d'un hippodrome ? La tenue de courses hippiques suppose d'abord, ainsi que l'attestent les inscriptions comme les sources littéraires, l'existence d'une « piste aplanie »[21] suffisamment souple, sans être profonde, pour permettre aux chevaux d'y courir. Il faut donc trouver un espace aux dimensions suffisantes pour contenir cette piste ainsi que, tout autour, les équipements et le public. Il est ensuite nécessaire d'avoir à disposition de l'eau en quantité suffisante, pas tellement à l'usage des spectateurs, mais pour la piste et surtout pour les chevaux, afin de les abreuver et de les doucher après la course. Dernier élément essentiel, il faut évidemment une route carrossable permettant aux attelages transportant le matériel, la nourriture et les chars d'accéder à l'hippodrome. La route de l'hippodrome de Delphes est d'ailleurs explicitement désignée par ἡ ὁδός dans un décret amphictionique de 178 av. J.-C. relatif aux troupeaux sacrés d'Apollon, composés de vaches et de juments[22].

Depuis la route moderne qui descend de Delphes vers la plaine d'Itéa, on aperçoit, sur la droite, peu après l'embranchement qui mène aux carrières de Saint-Élie, et vraisemblablement à l'extrémité nord de ce qui fut le domaine sacré, un espace susceptible, selon ces critères, d'avoir accueilli un hippodrome (**fig. 1a** et **b**), ce que tend à confirmer l'analyse topographique et géomorphologique.

ANALYSE TOPOGRAPHIQUE ET GÉOMORPHOLOGIQUE

TOPOGRAPHIE GÉNÉRALE ET DIMENSIONS DE L'EMPLACEMENT SUPPOSÉ DE L'HIPPODROME

Le paysage de la région de Delphes est marqué par le triptyque « versant-vallée-plaine », le sanctuaire étant sis sur le versant. Situé à un peu plus d'un kilomètre au nord-ouest du village actuel de Chrysso, l'espace susceptible d'avoir accueilli un hippodrome se trouve également sur le versant de Delphes, à une altitude d'environ 200 m. Il s'agit d'une longue zone plane d'orientation générale nord-ouest/sud-est dominée à l'ouest par un massif calcaire culminant à près de 240 m et à l'est par le bas du versant colluvionné de Delphes. L'ensemble de la zone forme donc un replat dont il est difficile de dire s'il est

---

21. Euripide, *Hippolyte* 228-231.
22. *Choix d'inscriptions de Delphes*, n° 157, l. 23-24, p. 283-285 : ἁ ὁδός […] ἁ ἐξ ἱπποδρόμου.

a

b

Fig. 1 — **a.** Vue aérienne de l'emplacement supposé de l'hippodrome et de Ψιλή ράχη, depuis les carrières de Saint-Élie (cl. EFA, L. Fadin/A. Perrier) ; **b.** Vue de l'emplacement supposé de l'hippodrome depuis l'est (cl. A. Perrier).

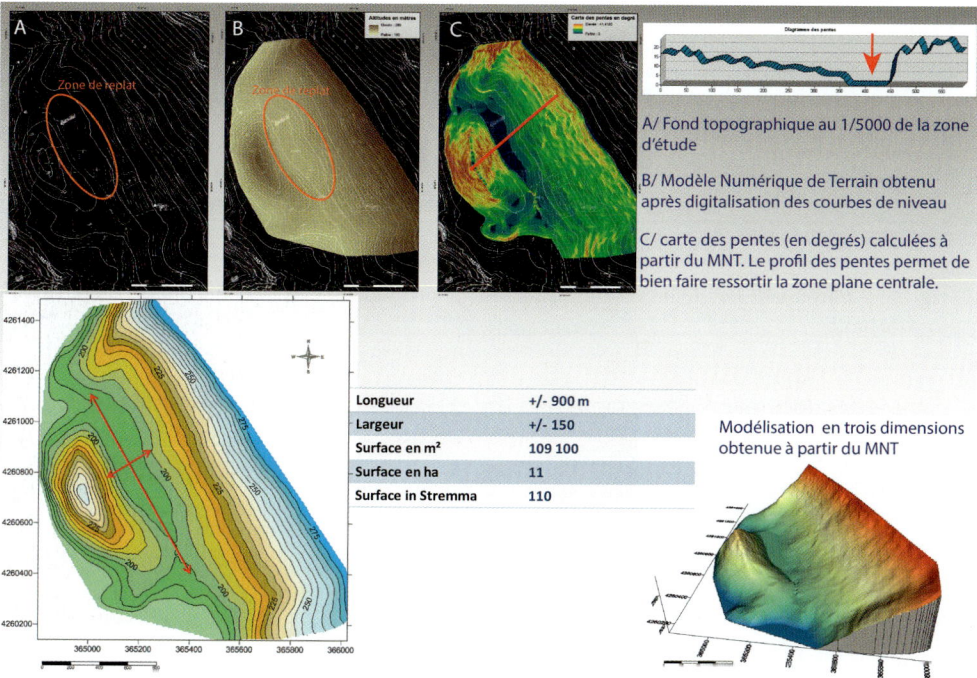

Fig. 2 — Topographie et dimensions générales de la zone d'étude (A. Chabrol).

d'origine structurale ou pas. Il est comme encastré dans ce petit massif calcaire et attire immédiatement l'œil tant sa régularité apparente tranche avec les paysages alentours. La faible densité des quelques cyprès et arbustes qui y poussent fait davantage encore ressortir cette singularité topographique.

Les dimensions générales de la zone sont d'environ 900 par 150 m pour une surface au sol de près de 11 ha (**fig. 2**). Les différences topographiques alentour sont très marquées, surtout au niveau des pentes. Le contact de ce replat avec le bas du versant de Delphes à l'est se fait de manière douce et régulière, la pente n'y excédant pas 5°. Le contact avec le massif calcaire à l'ouest est en revanche plus brutal et les pentes de ce dernier dépassent facilement les 30°. Grimper au sommet de ce petit massif permet d'ailleurs d'embrasser du regard l'ensemble de la plaine, du littoral, mais aussi des vallées du Pléistos et de l'Hylaitos. On comprend dès lors l'origine de son toponyme local, Ψιλή ράχη, qui signifie « crête élevée ».

Les dimensions de la zone plane ne sont cependant pas représentatives de son étendue réelle dans l'Antiquité. Elle est en effet située au pied d'un des versants les plus actifs de Phocide, soumis à la fois à des processus d'érosion et d'accumulation intenses souvent accentués par une sismicité active. Il convient donc de prendre en compte les dynamiques géomorphologiques locales qui, depuis plusieurs millénaires, ont pu fossiliser une partie de la zone d'étude et rendre ainsi son identification et la mesure de ses dimensions dans l'Antiquité plus difficiles. L'analyse est fondée sur une méthodologie classique

Type	Échelle	Source	Année
Cartes topographiques	1/50 000	GYS	1984
Plans topographiques	1/5000	GYS	1986
Photographies aériennes	régionale	GYS	1964
Images satellite	régionale	Quickbird	2014
Carte géologique	1/50 000	IGME	1984

Fig. 3 — Inventaire des données cartographiques, photographiques et satellites utilisées pour l'étude (A. Chabrol).

d'étude des documents cartographiques (**fig. 3**) – plan et relevés topographiques à différentes échelles, cartes géologiques, photos aériennes et images satellite –, associée à des observations géomorphologiques de terrain. Pour une spatialisation des résultats, toutes les données ont été compilées dans un Système d'Information Géographique commun.

DYNAMIQUES GÉOMORPHOLOGIQUES DE LA ZONE D'ÉTUDE

Un contexte géodynamique particulier : le versant de Delphes

Le versant de Delphes a fait l'objet de nombreuses études géologiques et géomorphologiques, dont les premières remontent aux années 1950[23]. D'une dynamique très complexe, il est traversé par une faille normale[24] généralement orientée est-ouest – appelée «grande faille de Delphes/Arachova» ou «grand décrochement de Delphes/Arachova –, dont le bloc affaissé est au sud – vallée du Pleistos – et le bloc soulevé au nord – massif des «Phédriades»[25]. Les contraintes sur cette faille correspondraient à un déplacement vertical moyen de 0,1 à 0,2 mm/an[26]. Cet accident tectonique est associé à une succession de failles secondaires transformantes parallèles[27]. La lithologie y est principalement constituée de calcaires Jurassique/Crétacé appartenant à l'unité régionale du Parnasse, des flyschs ainsi qu'une couverture de brèches quaternaires plus ou moins indurées.

P. Birot, dans sa première étude géomorphologique de Delphes, qualifie le versant de «particulièrement vivant»[28]. De fait, il se décompose en deux grandes parties séparées par la faille normale :

– la partie haute, au-dessus de 700 m environ, est constituée de calcaires jurassiques. Il s'agit d'une paroi subverticale correspondant à un fragment du plan de la faille

---

23. BIROT 1959.
24. VALKANIOTIS 2009.
25. SEBRIER 1977 ; DE BOER, HALE 2000.
26. PICCARDI 2000.
27. VALKANIOTIS, PAPATHANASSIOU, PAVLIDES 2011 ; KRANIS *et al.* 2012.
28. BIROT 1959.

normale[29]. Ce massif calcaire est découpé par des diaclases qui tendent à guider et à concentrer les écoulements qui y transitent. Ces fissures sont par exemple à l'origine du ravin de la fontaine Castalie[30].

– En dessous, entre 500 et 700 m environ, la pente est généralement plus modérée. Cette partie du versant est constituée de dépôts issus de l'érosion du massif calcaire lors de son soulèvement par le mouvement de la faille normale. Ces dépôts recouvrent du flysch paléocène – constitué de grès, de marbres et des schistes « chocolat » signalés par P. Birot en 1959. Trois générations de dépôts s'y succèdent[31] : la première est principalement constituée de brèche compacte et de conglomérats cimentés, la deuxième correspond à des blocs rocheux et des fragments de calcaire non consolidés et la troisième résulte de chutes de gros blocs – 0,5 à 10 m^3 – de calcaire relativement récents. Ces dépôts se sont mis en place au Quaternaire[32], particulièrement durant les périodes froides et leur dynamique est encore active aujourd'hui. La stratigraphie de ces dépôts peut parfois être observée le long de la route Delphes/Chrysso (**fig. 4**).

Fig. 4 — Stratigraphie de versant locale : des dépôts de pente pléistocènes au-dessus des flyschs paléocènes (A. Chabrol).

Nous choisissons d'ajouter une troisième grande partie : celle en dessous de 500 m, en bas de versant. Les dépôts de brèche cimentée y constituent la principale couverture sédimentaire, associée aux blocs issus de processus d'érosion gravitaires. Au niveau de la zone d'étude, en bas de versant, le colluvionnement récent y est très marqué et se remarque dans le paysage. Différents lobes de colluvions recouvrent en effet une partie de la zone plane (**fig. 5-6**). Ces colluvions sont principalement issues de l'érosion de la brèche cimentée et leur dépôt a été ici accéléré par les travaux de construction de la route moderne, dont les déblais se sont accumulés en contrebas.

Le versant de Delphes est aussi soumis à de nombreux aléas d'origine géologique (séismes), géomorphologiques (mouvements de terrain) et hydrologiques (crues torrentielles). Les mouvements de la faille Delphes/Arachova ont déjà causé plusieurs séismes historiques[33], dont un, survenu en 1870, ayant atteint une magnitude de 6,8. Les hautes parois calcaires fissurées sont sensibles aux chutes de blocs isolés et aux éboulements. Le

29. Péchoux 1977 ; Piccardi *et al.* 2008 ; Valkaniotis, Papathanassiou, Pavlides 2011.
30. Chabrol, Desruelles 2013.
31. Mariolakos, Fountoulis, Kranis 1997.
32. Valkaniotis, Papathanassiou, Pavlides 2011.
33. Valkaniotis, Papathanassiou, Pavlides 2011.

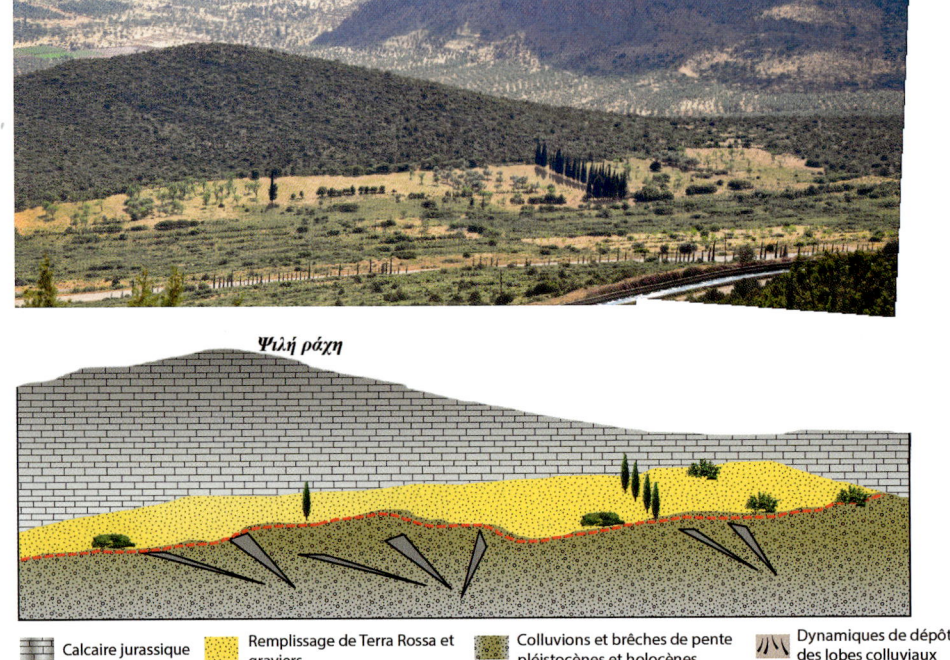

Fig. 5 — Illustration des dynamiques colluviales actives sur la zone d'étude (A. Chabrol).

versant entier est couvert de ces éboulements encore actifs. Enfin, certains secteurs du versant subissent des déplacements lents par reptation et par solifluxion, comme l'atteste par exemple la forme de certains troncs d'arbres, courbés à leur base. Ces glissements lents sont dus aux infiltrations d'eau dans les formations superficielles qui s'imbibent lors de forts épisodes orageux par exemple. Les dynamiques d'écoulement sont donc un facteur morphogène important qu'il faut prendre en compte.

Les écoulements de surface et les processus karstiques

Comme souvent en Grèce, les cours d'eau de la plaine ne sont pas pérennes. Cependant, de nombreux talwegs parcourent les versants et confirment l'existence d'importants processus hydrologiques qui ne sont généralement actifs qu'à l'occasion d'épisodes orageux. Dans le cas du versant de Delphes, ces derniers sont morphogènes, comme en témoignent les profondes ravines visibles en contrebas du sanctuaire d'Apollon ou au nord de notre zone d'étude. Les écoulements sur le versant sont de deux types : de surface lors des épisodes orageux et par infiltration dans les formations superficielles. Ces derniers sont les moins visibles, mais ce sont eux qui permettent de maintenir les milieux en eau après les pluies. Immédiatement à l'ouest du replat, un important réseau de talwegs bien dessinés draine les eaux de pluie d'une partie du versant. La pente naturelle, associée à des débits parfois très

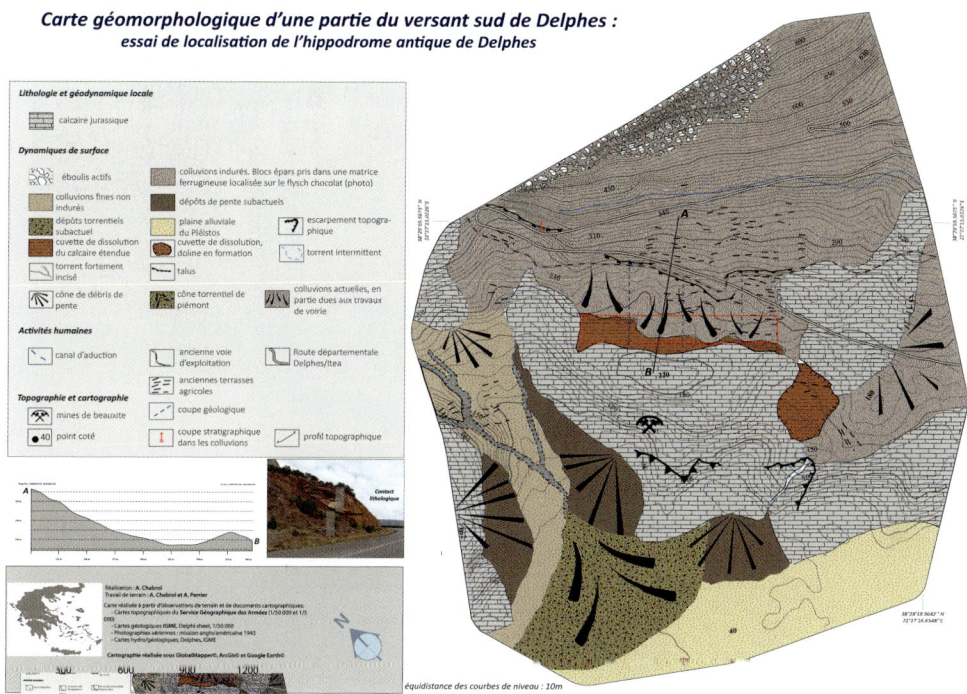

Fig. 6 — Carte géomorphologique de la zone d'étude (A. Chabrol).

importants explique l'enfoncement de ces talwegs et l'importance de leur cône alluvial une fois dans la plaine (**fig. 6**). En revanche, aucun écoulement actif ne se termine dans notre zone d'étude et nous n'avons pas trouvé de marques d'incisions ou de ravines au-dessus du replat topographique. On peut donc émettre l'hypothèse que l'écoulement s'y fait principalement par infiltration, au contact entre les couches imperméables de flysch et celles perméables des tabliers d'éboulis pléistocènes.

L'eau est en revanche omniprésente dans les paysages, et les formations issues des processus karstiques sont là pour en témoigner localement. Le karst est une composante essentielle des paysages régionaux de Phocide : la source de Castalie elle-même est issue de processus karstiques débutés plus haut dans le massif du Parnasse. Dans la zone qui nous intéresse, ces processus karstiques sont visibles dans le remplissage sédimentaire du replat et dans le modelé du massif calcaire. Le remplissage sédimentaire du replat diffère de celui du versant. Il n'est pas constitué de brèches de pente mais de terra rossa, sédiment argileux rouge orangé typique issu de la dissolution du calcaire par l'eau. On rencontre généralement ces sédiments dans les cuvettes de dissolution calcaire, comme les dolines ou les poljés[34]. Ce replat pourrait donc s'apparenter à une cuvette de dissolution du massif calcaire l'entourant. À ces dépôts s'ajoutent les marques visibles de dissolution du

---

34. SALOMON 2000.

Cannelures de dissolution du calcaire

Terra Rossa

Fig. 7 — Des processus karstiques encore à l'œuvre comme en témoignent les dépôts de terra rossa et les cannelures de dissolution sur le massif calcaire (cl. A. Chabrol, A. Perrier).

calcaire sur le massif Ψιλή ράχη comme des lapiés ou des réseaux de cannelures (**fig. 7**). Il est d'ailleurs intéressant de noter que ce massif a été exploité pour son minerai de bauxite de karst : les anciennes galeries de mines sont encore accessibles (**fig. 6**). Les processus karstiques de dissolution par l'eau sont donc encore très actifs dans notre zone d'étude.

POTENTIEL DE LA ZONE D'ÉTUDE

La zone plane d'environ 900 par 150 m que nous avons identifiée en 2012 à l'est des carrières de Saint-Élie et au nord-ouest de Chrysso, dans les limites de l'antique domaine sacré d'Apollon, est une excellente candidate pour la localisation de l'hippodrome antique de Delphes. Ses caractéristiques topographiques dessinent un espace particulièrement propice, d'autant plus facile d'accès qu'il est encadré par un versant en pente douce, à proximité du sanctuaire d'Apollon. Par ailleurs, la cartographie géomorphologique a montré l'importance d'un colluvionnement récent sur la zone qui a pu masquer les dimensions réelles du replat, plus vaste alors qu'aujourd'hui. Enfin, l'emplacement étudié remplit les critères, énoncés plus haut, indispensables à l'établissement d'un hippodrome.

Y AVAIT-IL DE L'EAU À DISPOSITION ?

Les courses hippiques nécessitent de disposer d'eau en quantité considérable pour arroser régulièrement la piste comme pour abreuver et doucher les chevaux, d'autant plus durant la période estivale[35]. Il faut donc évaluer les contraintes et les potentialités en eau de la zone d'étude.

La région de Delphes se situe dans le domaine bioclimatique méditerranéen semi-aride avec des sécheresses d'été bien marquées de mai à septembre. Même si les pluies sont principalement concentrées en hiver, la région est marquée par de très fortes variabilités interannuelles. Les orages peuvent y être très violents et s'associer à des événements hydro-géomorphologiques parfois catastrophiques, comme les laves torrentielles[36] qui ont ravagé le sanctuaire d'Apollon en décembre 1935. Au printemps, les cours d'eau sont aussi gonflés par la fonte des neiges du Parnasse dont l'eau, par infiltration, circule dans les conduits karstiques souterrains et peut ressortir sous la forme de résurgences le long du versant de Delphes. Les résurgences se font à la faveur de contacts lithologiques particuliers, au niveau des failles, entre une roche sous-jacente imperméable et une roche sus-jacente plus poreuse (**fig. 8**).

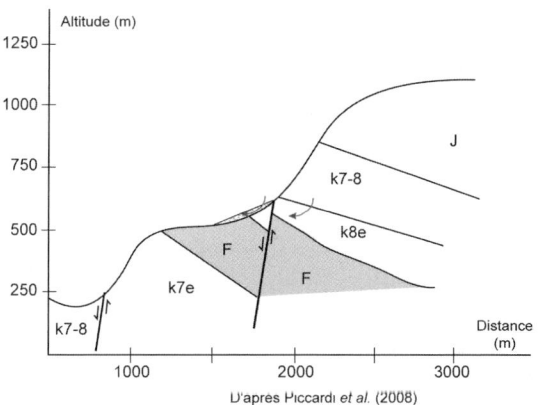

Fig. 8 — Schéma de localisation des sources et des écoulements sur le versant de Delphes. Les flèches bleues représentent ces écoulements (A. Chabrol, St. Desruelles).

Dans notre zone d'étude, les écoulements sur le versant se font principalement par infiltration. Il n'est pas rare que le replat de terra rossa soit d'ailleurs inondé en hiver, comme en témoigne peut-être l'absence presque totale de végétation en son centre. Localement pourtant, la question n'est pas de savoir s'il y a de l'eau, car les indices de dissolution du calcaire ainsi que la présence de terra rossa le confirment, mais si cette eau peut être rendue accessible par quelque aménagement que ce soit. D'un point de vue géomorphologique, les cuvettes de dissolution calcaire constituent d'excellents réservoirs s'ils ne sont pas drainés : les sols composés d'argile, associés à une topographie souvent endoréique permettent une mise en eau prononcée de la zone. Un drainage organisé, par exemple sur ses marges par le biais de canalisations et pourquoi pas de citernes creusées, permettrait d'obtenir facilement une grande quantité d'eau plus ou moins pérenne.

---

35. La consommation en eau d'un cheval de 500 kg en moyenne varie de 15 à 60 l par jour. Elle est de 25 l en moyenne, hors travail, et peut tripler par temps chaud. Les pertes en eau d'un cheval de course ou d'endurance peuvent atteindre 10 à 15 l par heure. Les températures élevées constituent un facteur aggravant les pertes d'eau. Voir DIEULEVEUX, MALAS, MARNAY 2015. À l'issue d'une course, les chevaux pouvaient également être douchés à grandes eaux afin de faire baisser le plus rapidement possible leur température et d'éviter le coup de chaleur ou hyperthermie. Voir FERRY 2015.

36. KRANIS *et al.* 2012 ; P. LEMERLE, *BCH* 60 (1936), *Chronique des fouilles*, p. 461 ; BIROT 1959.

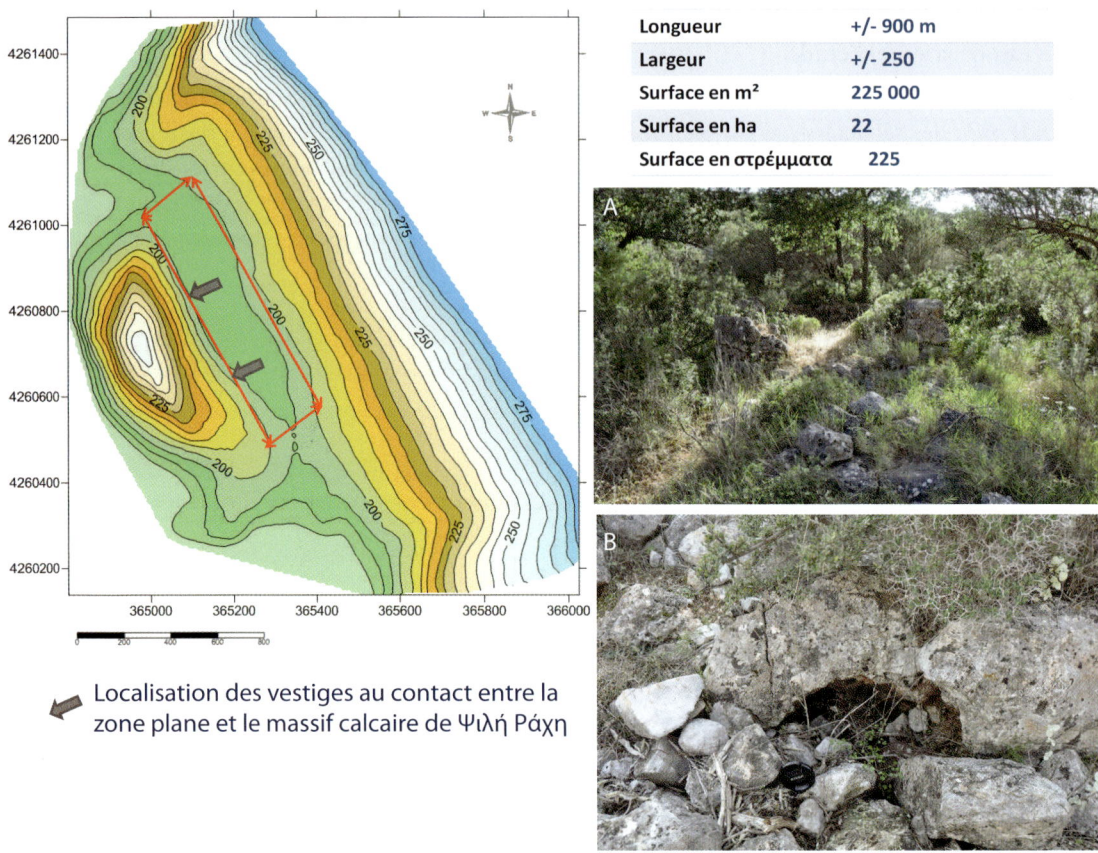

Longueur	+/- 900 m
Largeur	+/- 250
Surface en m²	225 000
Surface en ha	22
Surface en στρέμματα	225

Localisation des vestiges au contact entre la zone plane et le massif calcaire de Ψιλή Ράχη

Fig. 9 — Extension et dimensions estimées de la zone plane sans la couverture colluviale récente. **a**. Photographie des vestiges au contact de la zone plane et du versant (cl. A. Chabrol) ; **b**. Vestiges au contact entre les deux ensembles (cl. A. Perrier).

Il faut noter que des structures construites ont été repérées au contact exact entre la zone plane et le massif calcaire. Ces structures, non datées et non relevées, sont pour partie enterrées et laissent apparaître ce qui pourrait être d'anciennes canalisations avec enduit hydraulique (**fig. 9b**).

LES DIMENSIONS ESTIMÉES DU REPLAT SANS LE COLLUVIONNEMENT

Sans le colluvionnement marqué en bas de versant, la zone du replat est beaucoup plus étendue que celle mesurée sur le terrain. En faisant un relevé systématique des coupes disponibles et en analysant les types de colluvions, il est possible d'assurer que la partie distale de ces dépôts est récente et principalement due aux travaux de terrassement de la route moderne entre Delphes et Chrysso. Sans ces dépôts historiques, la zone d'intérêt pourrait mesurer près de 900 m sur 250 (**fig. 9a**).

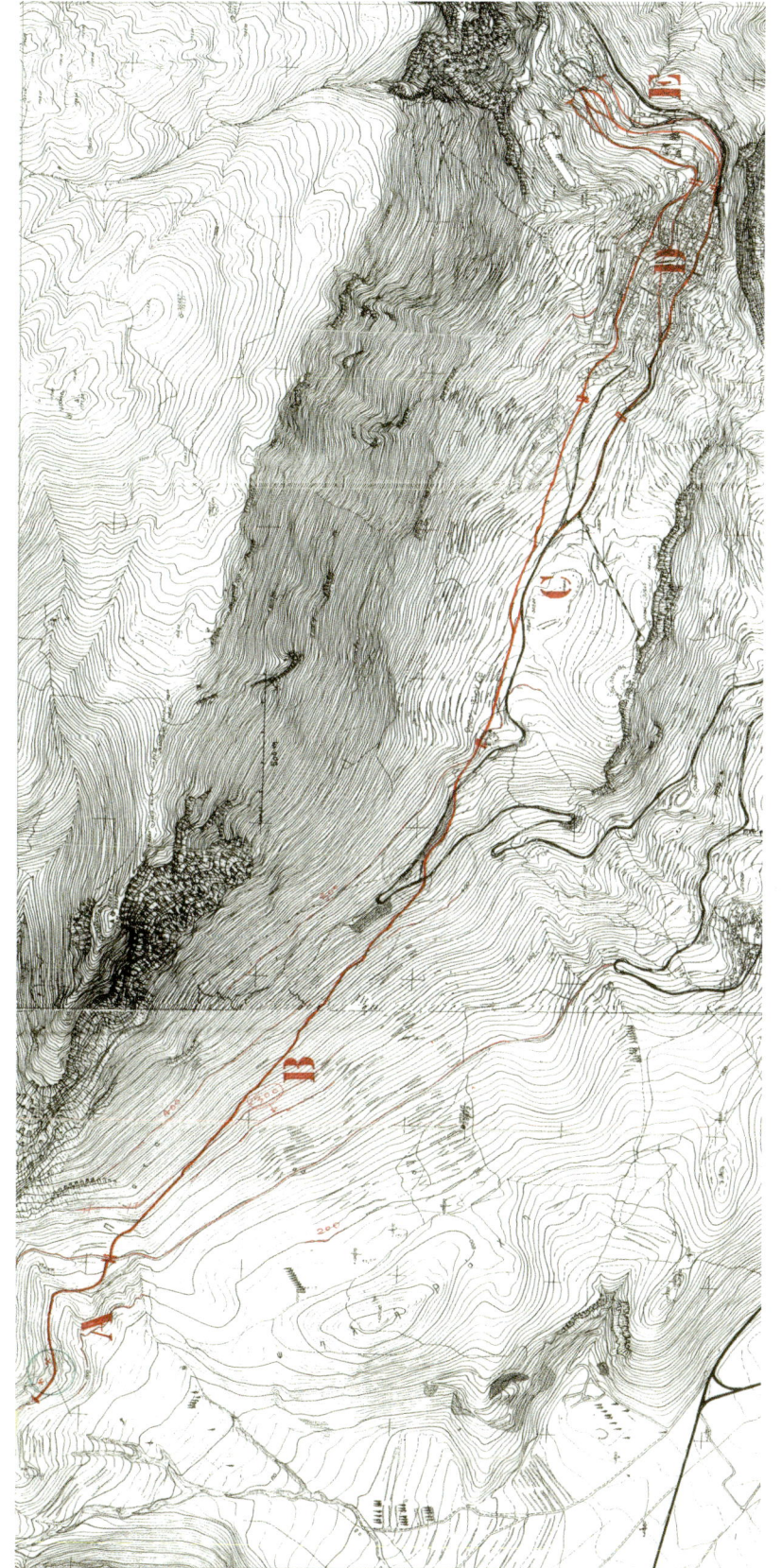

Fig. 10 — Situation de l'emplacement supposé de l'hippodrome par rapport à la route antique (d'après Hansen, Algreen-Ussing, Frederiksen 2017).

L'accessibilité de la zone

Entre 2010 et 2015, E. Hansen et Gr. Algreen-Ussing ont découvert plusieurs sections de la route antique qui menait des carrières de Saint-Élie, principalement exploitées au IVe s. av. J.-C. pour la reconstruction du temple, jusqu'au sanctuaire d'Apollon, sur une distance totale d'environ 6 km. Cette route était carrossable et passait juste au nord de l'emplacement supposé de l'hippodrome qui aurait donc été facilement accessible et directement relié à Delphes[37] (**fig. 10**). La section B de la route antique est la mieux documentée par les auteurs qui ont découvert des sections creusées dans la roche, d'autres offrant des vestiges de fondations. Certaines sections présentent des blocs alignés en élévation. Des cuvettes hydrauliques ont été identifiées dans plusieurs sections, notamment dans la B2. L'étude d'E. Hansen et de G. Algreen-Ussing achève de confirmer l'opportunité de l'hypothèse présentée ici.

CONCLUSION

Les conditions topographiques et géomorphologiques sont donc réunies pour accueillir un hippodrome dans la zone repérée entre Chrysso et Saint-Élie, en contrebas de Ψιλή ράχη, une zone proche du sanctuaire et de la cité. Cette hypothèse de localisation n'est pas contredite par les sources littéraires et épigraphiques, dont elle satisfait plutôt l'analyse, notamment sur deux points : la localisation de l'hippodrome dans le domaine sacré et l'évocation d'un paysage rappelant plutôt le versant que la plaine, avec une identification possible de Ψιλή ράχη à la roche de Kirrha – qui peut également désigner tout le versant. La zone d'étude, par ses caractéristiques et sa situation, présente un intérêt archéologique évident. Nous ne saurions cependant acquérir de certitude sans une exploration systématique du terrain, que nous envisageons dans un proche avenir.

---

37. On aperçoit d'ailleurs l'emplacement supposé de l'hippodrome sur la figure 9 publiée dans Hansen, Algreen-Ussing, Frederiksen 2017, en arrière-plan d'un tronçon de Saint-Élie. La section B identifiée par les chercheurs danois, voir p. 210-211, passe au nord du terrain susceptible d'avoir accueilli l'hippodrome. Voir Hansen, Algreen-Ussing, Frederiksen 2017, p. 209-210.

Ο ιππόδρομος, το αρχαϊκό στάδιο και τα δυτικά όρια της ιεράς χώρας των Δελφών[*]

Πάνος ΒΑΛΑΒΑΝΗΣ

Στη μνήμη της Ελένης Δημητρακοπούλου (1967-2019)

Από τις μέχρι σήμερα γνώσεις μας αλλά και από τις νέες παρουσιάσεις μνημείων που έγιναν στο συνέδριο αυτό, διαπιστώθηκε πλέον οριστικά ότι οι ιππόδρομοι, τα μεγαλύτερα δημιουργήματα (γιατί δεν πρόκειται για οικοδομήματα) της αρχαίας ελληνικής αρχιτεκτονικής δεν αποτελούνταν από μνημειακές κατασκευές αλλά διαμορφώνονταν στο φυσικό ανάγλυφο, εκμεταλλευόμενοι την κατάλληλη γεωμορφολογία.[1] Φαίνεται ότι παρά τη μεγάλη σημασία των ιπποδρομιών στην αρχαία Ελλάδα και την ακτινοβολία του αγωνίσματος, λόγω της αραιάς χρήσης τους (στους περισσότερους αγώνες μία φορά κάθε 4 χρόνια), οι πόλεις ή τα ιερατεία δεν αποφάσισαν την τεράστια επένδυση που απαιτούσε η μνημειοποίησή τους, κάτι που συνέβη μόνον στους Ρωμαϊκούς χρόνους υπό εντελώς διαφορετικές πολιτικές και κοινωνικές συνθήκες.[2]

Το άλλο συμπέρασμα από την παρουσίαση των νεώτερων δεδομένων είναι ότι οι αρχαίοι ελληνικοί ιππόδρομοι δεν είχαν τυποποιημένη μορφή, όπως οι ρωμαϊκοί,

[*] Τα πρώτα μέρη της εργασίας αυτής αποτελούν περιληπτική απόδοση, με αρκετές νέες παρατηρήσεις, της παρουσίασης των νέων δεδομένων για την ταύτιση της θέσης του ιπποδρόμου των Δελφών, όπως δημοσιεύτηκαν στο VALAVANIS 2017, όπου ο αναγνώστης μπορεί να βρει πληρέστερη τεκμηρίωση της πρότασης. Για διάφορες βοήθειες ευχαριστώ θερμά τους συναδέλφους και φίλους Δ. Τσουκλίδου, Ου. Βιζυηνού, Δ. και Γ. Σκορδά, Χ. Κριτζά, Άγγ. Ματθαίου, Δημ. Πλάντζο, Γ. Χαιρετάκη, Φ. Μπαλλά, Γ. Καραχάλιο, Δημ. Παλούκη, Β. Αντωνιάδη, Ευθ. Σκαρίμπα, Σωτ. Κακανά, Στ. Παρασκευά και Ν. και Σ. Καρατζά. Ο D. Rousset και η Έ. Μπαζιωτοπούλου διάβασαν την εργασία και έκαναν σημαντικές παρατηρήσεις. Οι συνάδελφοι της Εφορείας Αρχαιοτήτων Φωκίδας ήταν πάντοτε εξαιρετικά φιλικοί και βοήθησαν με κάθε τρόπο την έρευνά μας.

1. GOLDEN 2004, σ. 83. SCOTT 2014, σ. 296.
2. Για τους ρωμαϊκούς ιππόδρομους βλ. HUMPHREY 1986. BELL S. 2014, σ. 493-495. DODGE 2014, σ. 562-566.

αλλά ήταν ιδιό-μορφοι.[3] Όπως έδειξαν τα νέα στοιχεία για τους ιπποδρόμους του Λυκαίου όρους, της Δήλου και της Επιδαύρου, οι διαστάσεις τους ήταν ποικίλες, η δε επιλογή της θέσης τους βασίστηκε κυρίως σε γεωμορφολογικά κριτήρια.[4] Βεβαίως δεν γνωρίζουμε αν συμβαίνει το ίδιο και στους ιπποδρόμους των τεσσάρων πανελλήνιων ιερών, για τους οποίους πιστεύεται ότι λόγω της τυποποίησης του προγράμματος των ιππικών αγωνισμάτων στις μεγάλες διοργανώσεις, οι συγκεκριμένοι ιππόδρομοι θα πρέπει, τουλάχιστον, να είχαν το ίδιο μήκος.[5]

ΙΣΤΟΡΙΑ ΤΗΣ ΕΡΕΥΝΑΣ ΓΙΑ ΤΟΝ ΔΕΛΦΙΚΟ ΙΠΠΟΔΡΟΜΟ ΚΑΙ ΤΟ ΙΣΤΟΡΙΚΟ ΤΗΣ ΝΕΑΣ ΠΡΟΤΑΣΗΣ

Η πρώτη ουσιαστική, μετά από αυτήν του W. M. Leake, πρόταση για τη θέση του ιπποδρόμου των Δελφών[6] στη νοτιοδυτική πλευρά του Κιρραίου πεδίου, περίπου 1 χλμ. Β της Ιτέας, στη θέση Γωνιά (**εικ. 1, 2**), βασίζεται στην εκεί ύπαρξη ενός μοναδικής μορφής γεωμορφολογικού αναγλύφου, που συνδυάζει επιμήκη επίπεδο χώρο ιδανικών διαστάσεων για την κονίστρα, με φυσικά κλιμακωτά πρανή για τους θεατές από τις τρεις πλευρές (**εικ. 3, 4**). Ιδίως το πρανές στη βόρεια στενή πλευρά έχει σχεδόν θεατρική όψη, παραπέμποντας αμέσως στη σφενδόνη του ιπποδρόμου (**εικ. 5**).[7]

Στον προτεινόμενο χώρο, μήκους περίπου 1.000 μ. εντάσσεται άνετα το μήκος των 5 σταδίων που γνωρίζουμε επιγραφικά για τις διαστάσεις του ιπποδρόμου της Ολυμπίας (εκεί 960 μ. με μήκος ολυμπιακού σταδίου τα 192,27 μ.). Με δεδομένο ότι το δελφικό στάδιο είχε μήκος 177,35 μ. και το μήκος της κονίστρας του ιπποδρόμου των Δελφών έφθανε τα 5 πυθικά στάδια, έχουμε ένα συνολικό

---

3. Μια ομάδα, με κυριότερο εκπρόσωπο τον μεγαλύτερο μελετητή των ρωμαϊκών ιπποδρόμων HUMPHREY 1986, σ. 11-12, υποστηρίζει ότι ήταν τέτοια η ποικιλία των αρχαίων ελληνικών ιπποδρόμων που δεν συνιστούν καν αρχιτεκτονικό τύπο.

4. Βλ. D. G. Romano, J.-Ch. Moretti, Β. Λαμπρινουδάκης – Ε. Καζολιάς και B. Dimde – C. Flämig στον παρόντα τόμο.

5. Βλ. PETERMANDL 2011 και στον παρόντα τόμο. Για τον ιππόδρομο της Ολυμπίας και τις διαστάσεις του βλ. τελ. DECKER 2012d, σ. 143-145 και B. Dimde – C. Flämig στον παρόντα τόμο. Υποθέσεις για τη θέση του ιπποδρόμου της Ισθμίας βλ. BRONEER 1973, σ. 117-122 (2 χλμ. ΝΔ του ναού του Ποσειδώνος). GEBHARD 2013, σ. 264, εικ. 1 (ΝΔ του ελληνιστικού σταδίου). Για τον ιππόδρομο της Νεμέας βλ. MILLER 2015.

6. Για τις παλαιότερες προτάσεις βλ. VALAVANIS 2017, σ. 628-629 και Μ. Λίτσα στον παρόντα τόμο. Βλ. επίσης στον παρόντα τόμο μια άλλη πρόταση για τη θέση του ιπποδρόμου των Δελφών από τους A. Perrier και A. Chabrol.

7. Από ψηλά ξεχωρίζει χαρακτηριστικά η καμπύλη του αγροτικού δρόμου, οι καμπύλες σειρές των ελαιοδένδρων, καθώς και τα καμπύλα αναλήμματα, που ακολουθούν το πρανές. Το κατεστραμμένο από το σύγχρονο λατομείο τμήμα στη ΒΑ πλευρά του μνημείου (βλ. και DASSIOS 2018, σ. 288-289, σημ. 10) έγινε δυνατόν να ανακτηθεί από τους παλιούς χάρτες της ΓΥΣ 1:25.000. Πρβλ. και ένα σχέδιο του Στάκελμπεργκ που έχει γίνει το 1811, καθώς και μια φωτογραφία του L. Lerat, που ελήφθη γύρω στο 1947-1950 από το ίδιο σημείο που έγινε και το σχέδιο. Βλ. STACKELBERG 1834, πίν. με τίτλο Plaine de Crissa. LERAT 1952, πίν. 50,1.

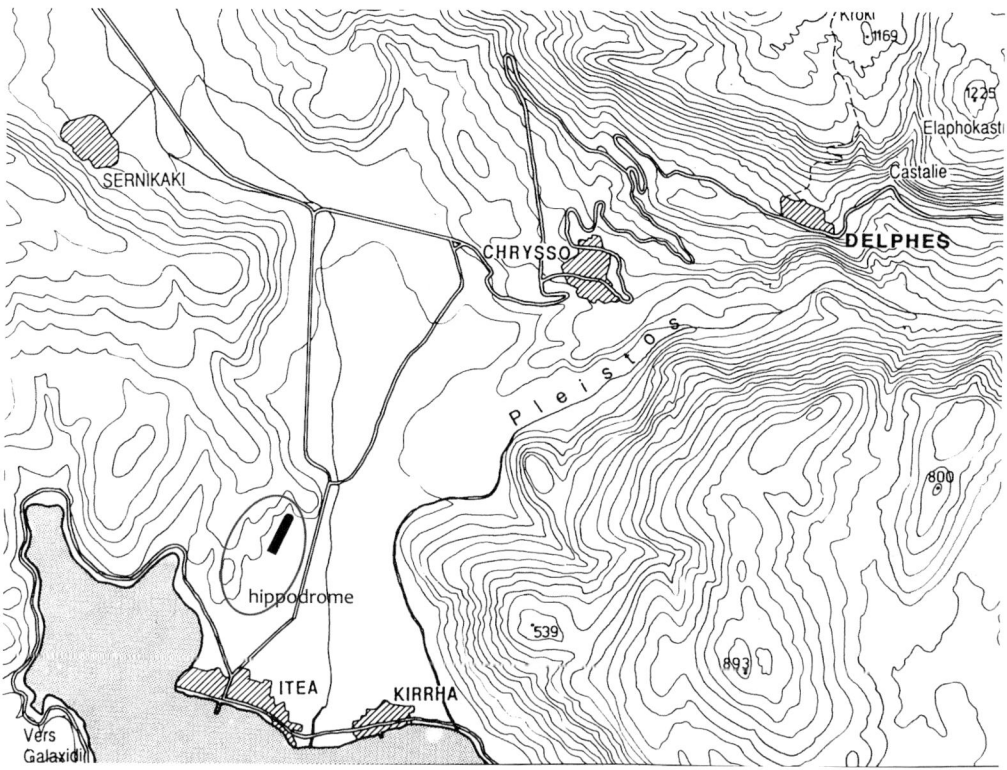

Εικ. 1 — Χάρτης της περιοχής Δελφών – Ιτέας, με την ένδειξη της περιοχής του ιπποδρόμου (EFA).

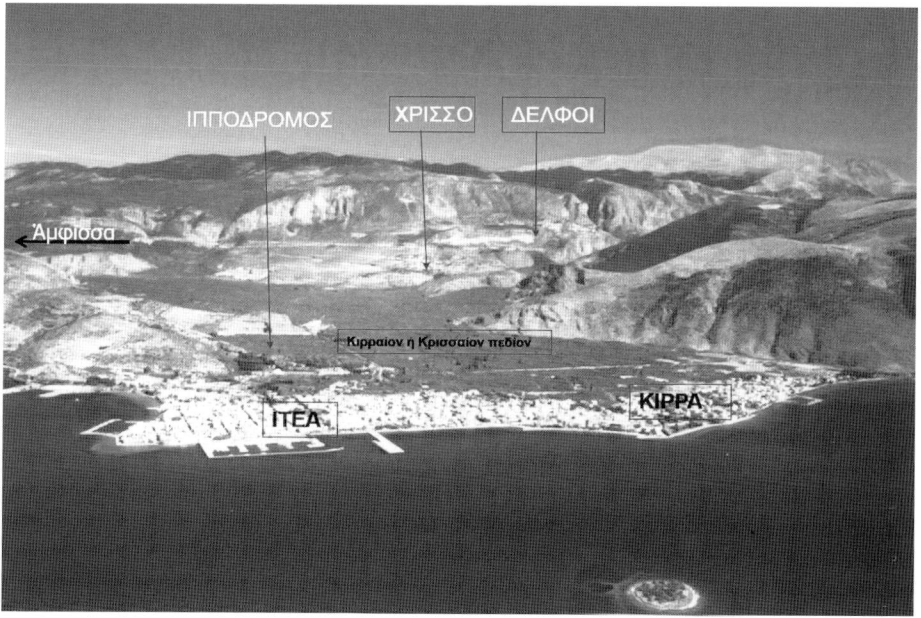

Εικ. 2 — Αεροφωτογραφία της περιοχής Δελφών – Ιτέας από Ν, με σημειωμένες τις θέσεις ενδιαφέροντος.

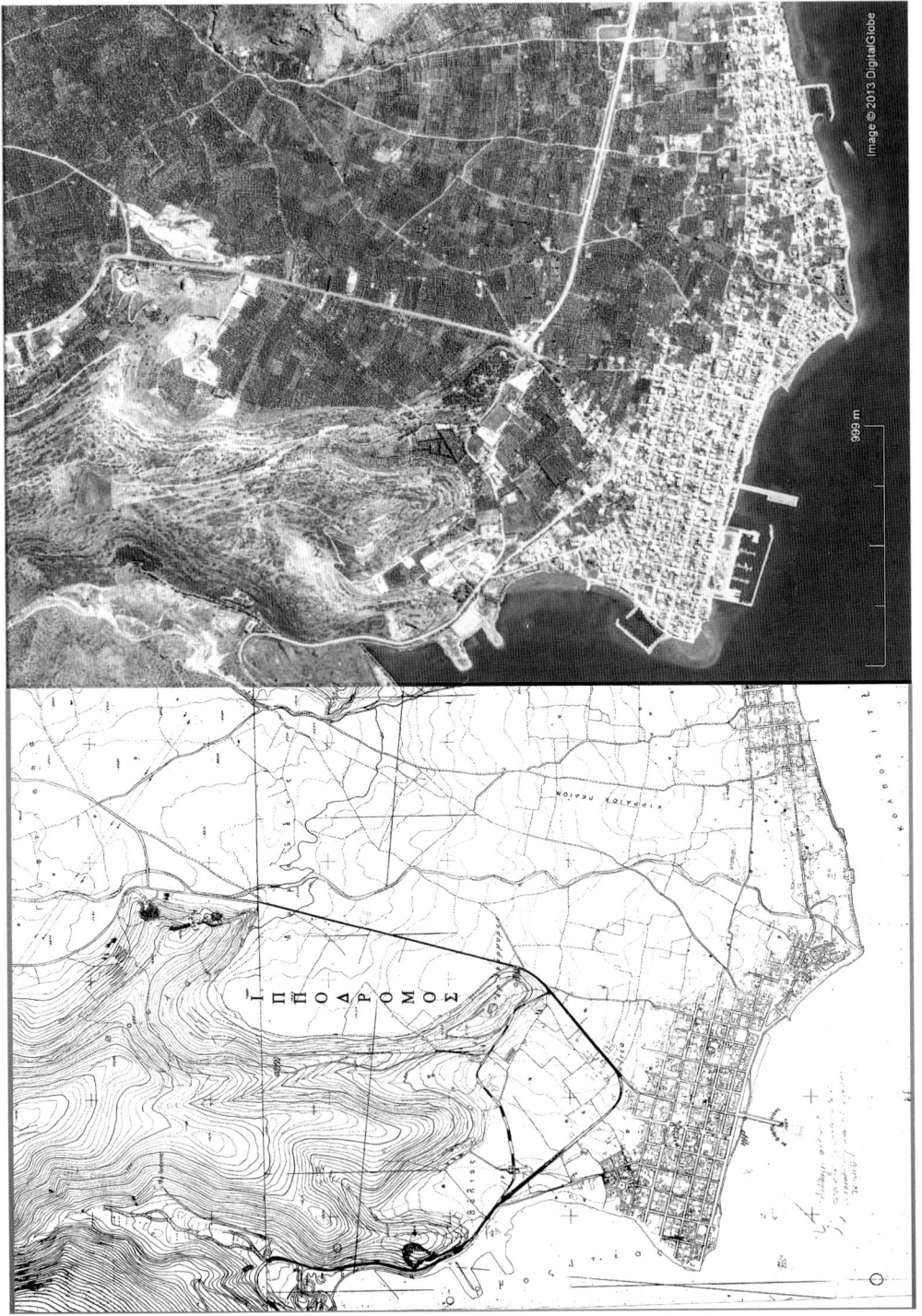

Εικ. 3 — Σχέδιο κάτοψης από χάρτη 1:25.000 και αεροφωτογραφία από το Google Earth, με τη θέση του δελφικού ιπποδρόμου.

Εικ. 4 — Άποψη του ιπποδρόμου από Β. με ορατό τον συνδυασμό επίπεδης επιφάνειας για την κονίστρα, που περιβάλλεται από ομαλά πρανή για τους θεατές (φωτο Σ. Κακανάς).

μήκος της κονίστρας στα 885 μ. Αν δεχθούμε την πρόταση του W. Petermandl ότι το καθαρό μήκος της διαδρομής των αρχαίων ιπποδρόμων ήταν 3 στάδια συν 1 για την αφετηρία, συνολικά 4, οδηγούμαστε σε περιορισμό του μήκους του στα 710 μ. (**εικ. 6**).[8] Στο βόρειο μέρος του προτεινόμενου χώρου, κοντά στην σφενδόνη, μπορούμε να διαπιστώσουμε και το πλάτος της κονίστρας, που αναγόμενο σήμερα σε περίπου 100 μ., αφήνει άνετα χώρο για τα 64 περίπου μ. του πλάτους που απαιτούνταν, με βάση όσα γνωρίζουμε για τον ολυμπιακό ιππόδρομο. Μικρή γεωλογική έρευνα που έγινε στην περιοχή έδειξε ότι η επιφάνεια της αρχαίας πεδιάδας βρίσκεται περίπου 4 μ. βαθύτερα από τη σύγχρονη.[9] Άρα με την σύγκλιση των πρανών προς τα κάτω, το πλάτος των 100 μ. γίνεται στενότερο, πλησιάζοντας αυτό της Ολυμπίας. Αυτή η πιθανότητα ταύτισης των διαστάσεων των ιπποδρόμων Ολυμπίας και Δελφών ενισχύει τις απόψεις όσων υποστηρίζουν ίδιες προδιαγραφές και για τις εγκαταστάσεις των ιππικών αγώνων στα πανελλήνια ιερά, όπως πολύ καλά γνωρίζουμε ότι συνέβαινε και στα στάδια.

---

8. Βλ. W. Petermandl στον παρόντα τόμο.
9. Για την έρευνα αυτή βλ. και παρακάτω σ. 205.

Εικ. 5 — Άποψη του ΒΔ τμήματος του πρανούς, με έντονα τα στοιχεία της καμπύλης διαμόρφωσης (φωτο Σ. Κακανάς).

Αυτές οι γεωμορφολογικές και μετρητικές ενδείξεις που προαναφέρθηκαν, σε συνδυασμό με τις πληροφορίες των αρχαίων γραπτών πηγών, μάς έπεισαν για την ταύτιση της θέσης του μνημείου.[10] Η θέση Γωνιά, 1 χλμ Β. της Ιτέας πληροί όλες τις φυσικές προϋποθέσεις ενός ιπποδρόμου και συμφωνεί με τα περιγραφόμενα από τις γραπτές πηγές δεδομένα: Βρίσκεται στο Κιρραίον πεδίον, σε μια θέση που έχει άμεση οπτική επαφή με το ιερό, στοιχείο πολύ σημαντικό για τον συμβολικό συσχετισμό της απομακρυσμένης αγωνιστικής εγκατάστασης με τον λατρευτικό πυρήνα.[11]

Δυστυχώς στην περιοχή δεν σώζονται σαφείς αρχαιολογικές μαρτυρίες, ούτε στην κονίστρα ούτε στα πρανή, είτε γιατί δεν υπήρξαν ποτέ, είτε λόγω

10. Για τις αναφορές των γραπτών πηγών βλ. VALAVANIS 2017, σ. 626-627. Διαφορετική ερμηνεία των πηγών βλ. A. Perrier – A. Chabrol στον παρόντα τόμο.

11. Από το επίπεδο της πεδιάδας δεν φαίνεται το ιερό αλλά αυτό επιτυγχάνεται από τις κορυφές των πρανών του ιπποδρόμου.

της εξοντωτικής διαρπαγής οτιδή-
ποτε χρήσιμου οικοδομικού υλικού
υπήρχε εκεί.[12] Το μόνο στοιχείο που
επιβίωσε είναι η κλιμακωτή διάταξη
κάποιων βραχωδών εξαρμάτων ψηλά
στο ΝΔ πρανές, που θα μπορούσαν να
χρησιμοποιηθούν ως εδώλια (εικ. 7).
Επίσης, σε ορισμένα σημεία της
σφενδόνης υπάρχει μια κλιμακωτή
οργάνωση του μαλακού πρανούς με
συνεχή χαμηλά αναλήμματα, που
διαμορφώνουν διαδοχικά, καμπύλα,
χαμηλούψή άνδηρα, ιδανικά για να
στέκονται (όχι να κάθονται) θεατές
(εικ. 8). Αυτά είναι κατασκευασμένα
από διαφορετικό υλικό, από έναν
γκρίζο σκληρό ασβεστόλιθο. Είναι
σαφές ότι οι λίθοι αυτοί βρίσκονται
εδώ σε δεύτερη χρήση και πιθανό-
τατα προέρχονται από το μυκηναϊκό
τείχος, το οποίο ξεκινούσε από την
κορυφή του Γλα, όπου έχει ανασκαφεί
μυκηναϊκός οικισμός, και κατηφό-
ριζε διερχόμενο λοξά πάνω από το
ΒΛ πρανές του ιπποδρόμου προς τη
σφενδόνη.[13] Είναι λοιπόν πιθανόν ότι
κατά την κατασκευή του ιπποδρόμου
το μυκηναϊκό τείχος αποδομήθηκε
και οι λιθόπλινθοί του χρησιμοποι-
ήθηκαν ως εύκολη πρώτη ύλη για
τη συγκεκριμένη διαμόρφωση των
χαμηλών πρανών της σφενδόνης.

Το πιο ενθαρρυντικό αρχαιολογικό
τεκμήριο είναι ένας ασβεστολιθικός

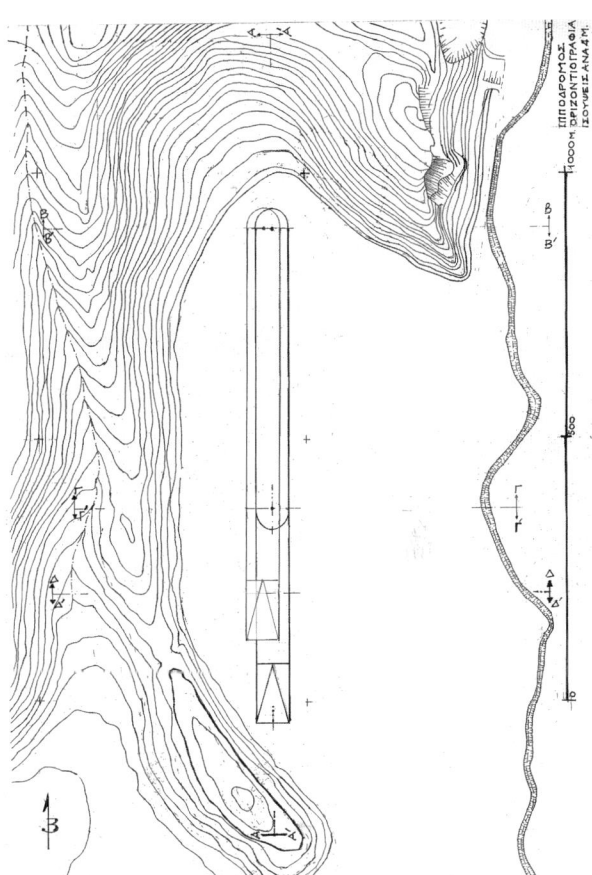

Εικ. 6 — Σχέδιο κάτοψης του δελφικού ιπποδρόμου, με σημει-
ωμένα τα δύο πιθανά μήκη της κονίστρας του: Συνεχής γραμμή
= 885 μ. Διακεκομμένη γραμμή 710 μ. (σχ. Κ. Καζαμιάκης).

Εικ. 7 — Φυσική (?) κλιμακωτή διαμόρφωση στο
ΝΔ πρανές του ιπποδρόμου.

---

12. VALAVANIS 2017, σ. 634.
13. Για το μυκηναϊκό αυτό τείχος, που μέχρι
    σήμερα δεν έχει τύχει της ανάλογης προσοχής,
    βλ. SKORDA 2003, σ. 5, πίν. 3ᵃ. DASSIOS 2018,
    σ. 287, σχ. 2 και σημ. 9. Για τα προϊστορικά
    λείψανα στον Γλα βλ. LIVIERATOU 2010,
    σ. 86. LUCE 2011, σ. 352, 361, αρ. 11.

Εικ. 8 — Χαμηλό ανάλημμα στη θεατροειδή βόρεια πλευρά του ιπποδρόμου, με λίθους προερχόμενους από τη διάλυση του μυκηναϊκού τείχους του Γλα.

κυλινδρικός σφόνδυλος, χονδρικά κατεργασμένος, που σήμερα κείται χαμηλά στο ΒΔ πρανές. Στο μέγεθος και στην επεξεργασία μοιάζει πολύ με αντίστοιχο του ιππο-δρόμου του Λυκαίου, τον οποίο οι ανασκαφείς έχουν συσχετίσει με τη βάση των κιόνων των καμπτήρων (**εικ. 9**).[14]

Εικ. 9 — Χονδρικά κατεργασμένοι σφόνδυλοι, πιθανότατα από τη βάση του καμπτήρος του ιπποδρόμου. **α.** από τη ΒΔ πλευρά του ιπποδρόμου των Δελφών, **β.** από τον ιππόδρομο στο όρος Λύκαιον (Κ. Κουρουνιωτης, *ΡΑΑΗ* 1909, εικ. 7).

---

14. Βλ. Valavanis 2017, σ. 637, σημ. 34 και D. G. Romano στον παρόντα τόμο.

Μικρή γεωλογική έρευνα με τρυπάνι που κάναμε τον Αύγουστο του 2015 με τον γεωλόγο της Γαλλικής Σχολής Α. Chabrol, έδωσε ενθαρρυντικά αποτελέσματα, γιατί σε βάθος 4 μ., όπου φαίνεται ότι βρίσκεται το αρχαίο επίπεδο, βρέθηκε ανθρωπογενές στρώμα, που περιείχε μικρά αδιάγνωστα όστρακα αλλά και μικρά χαλίκια συγκεκριμένης κοκομετρίας, όμοια με αυτά που έδωσε η ανασκαφή της επιφάνειας χρήσης του ιπποδρόμου στο όρος Λύκαιον.[15] Πιθανότατα πρόκειται για την τεχνητή επίχωση που ισοπέδωσε το έδαφος για τη δημιουργία της επιφάνειας χρήσης της κονίστρας.

ΣΚΕΨΕΙΣ ΚΑΙ ΥΠΟΘΕΣΕΙΣ ΜΕΤΑ ΤΗΝ ΤΑΥΤΙΣΗ

Αν η πρόταση που κάνουμε είναι πειστική, τότε έχουμε μπροστά μας τον δεύτερο σε σημασία ιππόδρομο της αρχαίας Ελλάδας, τον ιππόδρομο των Δελφών, εύρημα που μας ανοίγει πολλούς δρόμους περαιτέρω έρευνας όχι μόνο για το συγκεκριμένο μνημείο αλλά και γενικότερα για τους αρχαίους ελληνικούς ιπποδρόμους. Ας εκφράσουμε, λοιπόν, κάποιες σκέψεις, σε συνδυασμό με τα κριτήρια που μας οδήγησαν στην ταύτιση:

α. Η θέση: Μέχρι τώρα η έρευνα τοποθετούσε τον ιππόδρομο ακριβώς δίπλα ή κάτω από το Χρισσό, στο πρώτο σημείο όπου συναντά κανείς την πεδιάδα κατεβαίνοντας από Δελφούς.[16] Αυτό έγινε γιατί το κείμενο του Παυσανία (10.37.4) *καταβάντι δε ες το πεδίον, ιππόδρομος εστί*, ερμηνευόταν κατά γράμμα. Ότι δηλ. ο ιππόδρομος βρισκόταν αμέσως μόλις κάποιος κατέβαινε στην πεδιάδα. Όμως η χρονική μετοχή *καταβάντι* μπορεί να ερμηνευθεί και ως *όταν κάποιος κατέβη στην πεδιάδα*, ερμηνεία που δίνει στη λέξη μεγαλύτερο γεωγραφικό εύρος. Επίσης, χαρακτηριστικό είναι ότι ο περιηγητής δεν αναφέρεται στον ιππόδρομο στο κεφάλαιο της περιήγησης για τους Δελφούς, αλλά στο τέλος του βιβλίου για την Φωκίδα, όταν μιλάει για την Κίρρα, το επίνειον των Δελφών.

Ένα πολύ ενδιαφέρον ζήτημα είναι αν ο Παυσανίας είχε επισκεφθεί τον ιππόδρομο. Κρίνοντας από τις γενικές αναφορές αθλητικών εγκαταστάσεων σε όλο το έργο του, είναι βέβαιο ότι αυτές δεν αποτελούσαν το επίκεντρο του ενδιαφέροντός του. Αναφέρεται σε αυτές μόνο σε περιπτώσεις που κάτι ιδιαίτερο και αξιοπερίεργο τον ήλκυε εκεί, όπως π.χ. ο μηχανισμός άφεσης του ιπποδρόμου της Ολυμπίας ή κάποιες λατρείες που υπήρχαν μέσα σε αυτά τα οικοδομήματα.[17] Επίσης η αναφορά του στον ιππόδρομο των Θηβών είχε ως αφορμή τον τάφο του Πινδάρου που βρισκόταν εκεί. Φαίνεται λοιπόν πως ούτε τον ιππόδρομο των Δελφών είχε

---

15. Βλ. Για τη συγκεκριμένη έρευνα βλ. *Chronique des fouilles en ligne* αρ. 5102/2015 και Valavanis 2017, σ. 634-636. Για τον ιππόδρομο στο Λύκαιον, D. G. Romano στον παρόντα τόμο.

16. Βλ. Valavanis 2017, σ. 626-627, 638 και Luce 2008, σ. 357.

17. Βλ. Valavanis 2019, σ. 326-327.

επισκεφθεί αλλά μάλλον τον είδε από μακριά, είτε από το ιερό είτε κατά την κάθοδό του από τους Δελφούς στην Κίρρα, απ' όπου και αναχώρησε.[18]

β. Χρονολόγηση: Όπως είναι κατανοητό, με τα μέχρι στιγμής δεδομένα δεν είναι δυνατό να χρονολογηθεί το μνημείο. Όμως τρία στοιχεία μας οδηγούν στο συμπέρασμα ότι πρόκειται για την αρχική κατασκευή: α. λόγω της ανάγκης δημιουργίας του ιπποδρόμου, ταυτοχρόνως με του σταδίου, αμέσως με την εισαγωγή ιππικών αγωνισμάτων το 582 π.Χ. Η έρευνα δέχεται ότι η εισαγωγή των αγώνων εντάσσεται στην ίδια πολιτική με την καθιέρωση της πεδιάδας και την απαγόρευση της καλλιέργειας.[19] β. Λόγω του γεγονότος ότι η επιλογή του χώρου έγινε λόγω των συγκεκριμένων φυσικών του χαρακτηριστικών, και γ. Λόγω της δυσκολίας "μετακίνησης" τέτοιων γιγάντιων εγκαταστάσεων.[20] Φαίνεται δηλ. ότι έχουμε μπροστά μας έναν αρχαϊκό ιππόδρομο, που μπορεί να χρονολογηθεί μέσα στη δεύτερη δεκαετία του 6ου αι.[21]

γ. Διαμορφωτικές παρεμβάσεις: Λόγω της φυσικής μορφής του εδάφους, οι εργασίες που απαιτήθηκαν για τη διαμόρφωση του ιπποδρόμου δεν ήταν πολλές. Η επιπεδικότητα της κονίστρας προσφερόταν έτοιμη από τις αλουβιακές επιχώσεις της πεδιάδας. Ούτε η διαμόρφωση του κοίλου θα απαίτησε περισσότερη εργασία, γιατί γεωλογικές παρατηρήσεις έδειξαν ότι τουλάχιστον στο επίμηκες πρανές υπάρχει μια κλιμάκωση με φυσικά άνδηρα, που θα πρέπει να ήταν ιδανικά για την παραμονή των θεατών, κάτι που θα πρέπει να αποτέλεσε άλλο ένα ενισχυτικό κριτήριο επιλογής του χώρου. Ασφαλώς κάποιες εργασίες για τη λάξευση μερικών εδωλίων στο φυσικό βράχο, καθώς και για την κατασκευή χαμηλών αναλημμάτων από τους λίθους του μυκηναϊκού τείχους, που είδαμε παραπάνω, όπως φυσικά και οι απαραίτητες ξύλινες ανά τετραετία ανανεούμενες κατασκευές, θα βελτίωσαν τις φυσικές υποδομές.

δ. Υδροδότηση και κρήνη: Η γαλλική έρευνα έχει δώσει ιδιαίτερο βάρος στο συσχετισμό του δελφικού ιπποδρόμου με κάποια κρήνη, που αναφέρεται στη δελφική επιγραφή του 380 π.Χ. Εκεί υπάρχει αναφορά στον *δρόμον και ταν*

---

18. Για το θέμα βλ. τις σκέψεις του AMANDRY 1984, σ. 451, και για την πιθανή διαδρομή του Παυσανία LERAT 1952, II, σ. 111-112.

19. LUCE 2008, σ. 357.

20. Οι μετακινήσεις σταδίων δεν είναι βεβαίως ασυνήθιστες. Το στάδιο των Δελφών μετακινήθηκε πλησιέστερα στο ιερό, όπως γνωρίζουμε ότι έγινε και με τα στάδια Ισθμίας και Νεμέας, τα οποία όμως απομακρύνθηκαν από τον λατρευτικό πυρήνα. Βέβαια ένα στάδιο μπορεί να μετακινηθεί ευκολότερα από έναν ιππόδρομο. Για την μετακίνηση του σταδίου των Δελφών από την πεδιάδα στη θέση που το βλέπουμε σήμερα βλ. AUPERT 1979, σ. 164-166. Υπάρχει και η άποψη (RIEGER 2004, σ. 181-186) ότι το στάδιο βρισκόταν στη θέση αυτή ήδη από τον 6ο αι. Για το θέμα βλ. και παρακάτω σ. 207-209.

21. Από τους άλλους γνωστούς μέχρι σήμερα ιπποδρόμους, ο ιππόδρομος του Λυκαίου φαίνεται να είχε κατασκευαστεί μετά τον 7ο αι. και να εχρησιμοποιείτο μέχρι τον 3ο (βλ. στον παρόντα τόμο D. G. Romano), ο ιππόδρομος της Δήλου χρονολογείται μετά το 425 π.Χ. (βλ. στον παρόντα τόμο J.-Ch. Moretti), ενώ ο ιππόδρομος της Επιδαύρου προ του 400 π.Χ. (βλ. στον παρόντα τόμο Β. Λαμπρινουδάκης, Ε. Καζολιάς).

κράναν ταν εμ πεδίω, γι αυτό η έρευνα για τον ιππόδρομο σχετιζόταν με κάποια κρήνη.[22] Κατ' αρχάς δεν είμαστε βέβαιοι ότι επειδή αυτά τα δύο μνημεία αναφέρονται μαζί στην επιγραφή ήταν και γειτονικά. Βέβαια, η ύπαρξη νερού είναι απολύτως αναγκαία δίπλα σε τέτοιες εγκαταστάσεις όχι μόνο λόγω της συγκέντρωσης χιλιάδων θεατών αλλά και για τις ανάγκες των αλόγων.[23] Στην περιοχή που τοποθετούμε τον ιππόδρομο υπάρχει σήμερα πηγή αλλά προς τα ΝΔ του, εκτός του Κιρραίου πεδίου, σε μιαν απόσταση περίπου 200 μ. και εύκολα προσβάσιμη.[24] Αν δεν εξυπηρετούσε αυτή τον ιππόδρομο, το αναγκαίο νερό θα μπορούσε να μεταφέρεται κοντά του με αγωγό από άλλη πηγή, που βρίσκεται στο Κρισσαίο πεδίο, σε απόσταση περίπου 1 χλμ. προς τα ΒΑ, κοντά στην κοιλάδα του Πλειστού.[25]

ΤΟ ΑΡΧΑΪΚΟ ΣΤΑΔΙΟ ΚΑΙ Η ΜΕΤΑΚΙΝΗΣΗ ΤΟΥ ΕΠΑΝΩ ΣΤΟ ΙΕΡΟ

Έχοντας επισημάνει τη θέση του δελφικού ιπποδρόμου, πιστεύουμε ότι έχει επισημανθεί ταυτοχρόνως η θέση και του αρχαϊκού σταδίου των Δελφών, εφόσον η έρευνα δέχεται ότι αρχικά και οι δύο αγωνιστικές κατασκευές βρίσκονταν στην πεδιάδα.[26] Επειδή τελευταία εκφράστηκαν κάποιες διαφορετικές απόψεις,[27] θα ήθελα εδώ να συνεισφέρω με μερικές προκαταρκτικές σκέψεις επί του θέματος και θα επανέλθω με λεπτομερέστερη μελέτη: Ο Πίνδαρος στους Πυθιονίκους του, είτε αναφέρεται σε νικητές γυμνικών αγώνων που γίνονταν στο στάδιο είτε σε νικητές ιππικών αγώνων που γίνονταν στον ιππόδρομο, χρησιμοποιεί τις ίδιες λέξεις, που συνήθως αναφέρουν τη λ. Κίρρα, σε μία μάλιστα περίπτωση στη *βαθυλείμονα Κίρρα*, στην Κίρρα με τα βαθιά λιβάδια.[28] Πιστεύω ότι το τοπωνύμιο αυτό δεν χρησιμοποιείται μετωνυμικά για τους Δελφούς, όπως προτείνει η B. Rieger, αλλά κυριολεκτικά και αναφέρεται στις αγωνιστικές εγκαταστάσεις που βρίσκονταν

---

22. Βλ. την επιγραφή και στον Rousset 2002a, σ. 188-192, αρ. 27. Συνήθως οι μελετητές της επιγραφής συμπληρώνουν σε αγκύλη την λέξη ως *[ιππό]δρομον*, με κάποια αμηχανία, που συνεχίζεται και στις προσπάθειες μετάφρασης των συγκεκριμένων στίχων. Βλ. π.χ. Aupert 1979, σ. 150-151. Decker 1997, σ. 101. Βλ. όμως παρακάτω σ. 208 για τη μη ύπαρξη ανάγκης για συμπλήρωση.

23. Βλ. Valavanis 2017, σ. 640.

24. Πρόκειται για την πηγή που ρέει και σήμερα μέσα στο πρώην έλος στα Δ της Ιτέας, περιοχή που έχει μετατραπεί σε βιοτεχνικό πάρκο.

25. Αντίστοιχη λύση έχει προταθεί και για τον υποτιθέμενο ιππόδρομο της Νεμέας. Βλ. Miller 2004b, σ. 134-136. Miller 2015, σ. 335-344. Για την πηγή στην Ιτέα, με την οποία συσχέτισε τον ιππόδρομο ο H. Ulrichs βλ. Valavanis 2017, σ. 628, 640.

26. Aupert 1979, σ. 164. Luce 2008, σ. 357. Decker 1997, σ. 85. Bommelaer 2015, σ. 33, 261.

27. Rieger 2004, σ. 185-186.

28. Για τις πινδαρικές αναφορές βλ. Aupert 1979, σ. 149-150. Rieger 2004, σ. 181-183. Petermandl 2013, σ. 36, 98, 107. Valavanis 2017, σ. 626, σημ. 10. A. Perrier – A. Chabrol στον παρόντα τόμο. Συλλογή των φιλολογικών και επιγραφικών πληροφοριών σχετικά με τους ιππικούς αγώνες της αρχαιότητας βλ. Canali De Rossi 2011 και 2016a. Petermandl 2013. Εντυπωσιακή η ομοιότητα χρήσης της μτχ. *καταβάντες* (για το στάδιο), που χρησιμοποιεί ο Πίνδαρος στον 11ο *Πυθιόνικο* (11.49-50), με τη μτχ. *καταβάντι* του Παυσανία (10.37.4) για τον ιππόδρομο, 700 χρόνια αργότερα.

αμφότερες στην πεδιάδα της Κίρρας.[29] Χαρακτηριστική επίσης είναι η αναφορά του Βακχυλίδη (4.1-20) για τη νίκη του Ίέρωνος των Συρακουσών, που επετεύχθη *αγχιάλοις τε Κίρρας μυχοίς*. Εδώ ο ποιητής κυριολεκτεί αναφέροντας ότι η νίκη επετεύχθη δίπλα στη θάλασσα, αφού οι γεωλογικές μελέτες του A. Chabrol απέδειξαν ότι η ακτογραμμή της Ιτέας στους αρχαίους χρόνους ήταν εκατοντάδες μέτρα προς το εσωτερικό, φθάνοντας μέχρι τις παρυφές του ιπποδρόμου.[30]

Ο ιππόδρομος παραμένει μόνος του στην πεδιάδα μόνον όταν το στάδιο μεταφέρεται στη νέα του θέση. Για τη χρονολογία της μετακίνησης υπάρχουν τρεις προτάσεις: Σύμφωνα με την άποψη του P. Aupert, με βάση τα ανασκαφικά δεδομένα, αυτό γίνεται στο τέλος του 4ου αι. έως το 275 π.Χ. Σύμφωνα με τη χρονολόγηση της επιγραφής του οίνου, που είναι χτισμένη στο νότιο ανάλημμα του σταδίου, ο Th. Homolle είχε προτείνει μια χρονολογία από το τέλος του 6ου αι. έως τα μέσα του 5ου αι.[31] Η B. Rieger, που μελέτησε διεξοδικά τη μορφή των πλακών της βαλβίδος των αγώνων δρόμου, πιστεύει ότι το στάδιο βρισκόταν στη θέση που το βλέπουμε σήμερα από την αρχή των αγώνων και δεν μετακινήθηκε από την πεδιάδα.[32]

Βλέποντας όμως την ομάδα επιγραφών που αναφέρονται σε εργασίες στο στάδιο και στον ιππόδρομο για την προετοιμασία των Πυθίων, παρατηρούμε ότι στην παλαιότερη, που χρονολογείται στο 380, δεν υπάρχει διάκριση των δύο χώρων αλλά μόνον αναφορά με τη λ. *δρόμος*.[33] Σημειωτέον ότι η ίδια λέξη αναφέρεται και στην επιγραφή του οίνου στο στάδιο, ενώ με τη φράση *πυθικός δρόμος* χαρακτηρίζει ο Πίνδαρος (*Πυθιόνικος* 1.32) και τον ιππόδρομο των Δελφών. Με τη λέξη *δρόμος* δηλώνεται μόνον η επιμήκης επίπεδη έκταση όπου ελάμβαναν χώραν είτε οι γυμνικοί είτε οι ιππικοί αγώνες, ενώ με τις λέξεις στάδιον και ιππόδρομος δηλώνεται όλη η κατασκευή μαζί με τα πρανή για τους θεατές.[34] Μήπως λοιπόν η συγκεκριμένη λέξη αναφέρεται και στις δύο εγκαταστάσεις που βρίσκονταν στο ίδιο μέρος, στην πεδιάδα της Κίρρας, και εμμέσως υποδηλώνει ότι και το στάδιο των Δελφών βρισκόταν την εποχή εκείνη μέσα στον ιππόδρομο ή δίπλα κατά μήκος, όπως και στο όρος Λύκαιον;[35]

---

29. Βλ. την ίδια άποψη και στον Aupert 1979, σ. 165. Ενδιαφέρον έχει και η αναφορά του Censorinus (3ος αι. μ.Χ.), ότι το πυθικό στάδιο είχε μήκος 1.000 πόδια και την πιθανότητα να αναφέρεται στην παλαιότερη θέση του σταδίου, στον ιππόδρομο, Aupert 1979, σ. 160, αρ. 25.

30. Προφ. πληροφορία του ίδιου. Ιδιαιτέρως ευχαριστώ τον A. Chabrol για τη συνεργασία μας και για τις μακρές συζητήσεις που είχαμε σχετικά με τη γεωλογία της περιοχής.

31. Perrier 2013, σ. 157.

32. Βλ. σχετ. Aupert 1979, 54, σ. 164-165. Rieger 2004, σ. 185. Bommelaer 2015, σ. 261.

33. Βλ. Rieger 2004, σ. 185-186.

34. Για τη σημασία της λ. *δρόμος* βλ. Crowther 1993. Decker 1997, σ. 84-102. Rieger 2004, σ. 185, σημ. 798. Romano 2016, σ. 314-315.

35. Την ίδια άποψη συμμερίζονται με περισσότερη ή λιγότερη σπουδή και οι Aupert 1979, σ. 164, σημ. 3. Luce 2008, σ. 357. Bommelaer 2015, σ. 261. Για την πρόταση το στάδιο του Λυκαίου να βρίσκεται δίπλα και υψηλότερα από τον ιππόδρομο βλ. D. G. Romano στον παρόντα τόμο. Η πρόταση αυτή

Για πρώτη φορά εμφάνιση της λ. *πυθικόν στάδιον* γίνεται στην επιγραφή του 334/3, ενώ διάκριση σταδίου και ιπποδρόμου γίνεται σε επιγραφή του 330-325 π.Χ., όπως και στη μεταγενέστερη επιγραφή του Δίωνος, του 246 π.Χ.[36] Με βάση τα δεδομένα αυτά, και χωρίς να αγνοώ τα αρχαιολογικά δεδομένα που προσκομίζει η B. Rieger, σκέφτομαι ότι οι αναφορές του ποιητή και η φρασεολογία των δελφικών επιγραφών είναι στοιχεία ισχυρότερα από τα μορφολογικά δεδομένα των βαλβίδων της άφεσης, οι οποίες ως κινητά μέλη θα μπορούσαν ακόμα και να έχουν μεταφερθεί κατά την μετακίνηση του σταδίου από την πεδιάδα στο ιερό.[37] Αν οι σκέψεις που προαναφέραμε είναι ορθές, και βασιζόμενοι στην αλλαγή φρασεολογίας που γίνεται στις επιγραφές από το 380 στο 334/3 π.Χ., έχουμε, νομίζω, το δικαίωμα να ισχυριστούμε ότι η μετακίνηση του σταδίου από την πεδιάδα επάνω στο ιερό θα μπορούσε να έχει γίνει μετά το τέλος του γ΄ ιερού πολέμου, με t.p.q. το 334/3, ταυτοχρόνως με το μεγάλο έργο της ολοκλήρωσης του νέου ναού του Απόλλωνος και τη δημιουργία των νέων αθλητικών εγκαταστάσεων στο γυμνάσιο.[38] Ας σημειωθεί ότι η χρονολογία που παρέχει ο P. Aupert για τη μεταφορά του σταδίου μπορεί να λειτουργήσει μόνον ως t.a.q., εφόσον βασίζεται στην εύρεση αιτωλικού νομίσματος στο έδαφος του πρώτου στίβου και στην εγκαθίδρυση των Σωτηρίων μετά τη νίκη των Αιτωλών επί των Γαλατών το 279 π.Χ.[39]

Με βάση τον πρακτικό νου των αρχαίων Ελλήνων, είναι πιο δόκιμο να δεχθούμε ότι όταν εισάγονταν αθλητικοί και ιππικοί αγώνες την ίδια περίοδο, όπως έγινε στα Πύθια, και φυσικά αν ίσχυαν κάποιες γεωμορφολογικές προϋποθέσεις, τότε οι δύο αγωνιστικοί χώροι, ιππόδρομος και στάδιο, θα μπορούσαν να συνυπάρχουν στην ίδια κατασκευή, δηλαδή το στάδιο να βρίσκεται μέσα ή δίπλα στον ιππόδρομο, όπως συμβαίνει στο Λύκαιον. Αν ισχύει η πρώτη περίπτωση, δηλ. το στάδιο μέσα στον ιππόδρομο, τότε το φαινόμενο των ιππο-σταδίων, που απαντάται κατά τους ρωμαϊκούς χρόνους κυρίως στην ανατολική Μεσόγειο, μπορεί να έχει τις αφετηρίες του στην αρχαϊκή Ελλάδα.

ΤΑ ΔΥΤΙΚΑ ΟΡΙΑ ΤΗΣ ΙΕΡΑΣ ΓΗΣ (ΧΩΡΑΣ)

Η νέα πρόταση για τη θέση του ιπποδρόμου των Δελφών σχετίζεται αμέσως με το ζήτημα των ορίων μεταξύ της ιεράς γης του Απόλλωνος και της Λοκρίδος, με

δείχνει και την ποικιλία των μορφών και των θέσεων που μπορούσαν να λάβουν όλες αυτές οι μεγάλες αγωνιστικές εγκαταστάσεις, με κριτήριο κυρίως την προσαρμογή τους στην υπάρχουσα γεωμορφολογία.

36. Βλ. τις επιγραφές και τα σχόλια στον AUPERT 1979, σ. 150-152, 164 με την παλαιότερη βιβλιογραφία. Επίσης, MULLIEZ 2013, σ. 149. Για την επιγραφή του Δίωνος βλ. και Cl. Sarazanas στον παρόντα τόμο.

37. Τα ίδια μπορεί να ισχύουν και για τον λίθο με την επιγραφή του οίνου. Πρβλ. όμως τις σκέψεις της RIEGER 2004, σ. 183-185.

38. Ενδιαφέρον είναι ότι την ίδια περίοδο δίνονται χρήματα για την κατασκευή ή επισκευή της ιππαφέσεως του ιπποδρόμου. Βλ. MATHÉ 2010, σ. 196-200 και πίν. 2. Για την ιππάφεση των Δελφών βλ. τελ. KRITZAS 2018.

39. Βλ. PERRIER 2013, σ. 159.

δεδομένο ότι μια τέτοια εγκατάσταση θα πρέπει οπωσδήποτε να βρισκόταν εντός των ορίων της ιεράς γης.

Τα στοιχεία στα οποία βασίζεται το όλον θέμα είναι τα ακόλουθα: Στην εδαφική έκταση των Δελφών υπήρχαν από ιδιοκτησιακής απόψεως τρεις διακριτές κατηγορίες γαιών: Οι ιδιωτικές γαίες, οι δημόσιες γαίες που τις διαχειριζόταν η πόλις των Δελφών, και οι ιερές, που τις διαχειριζόταν το ιερατείο και το Αμφικτιονικό συμβούλιο. Οι ιερές γαίες αποτελούνταν από μια πολύ μεγάλη έκταση, που υπολογίζεται σε περίπου 150-200 τετρ. χλμ. και περιελάμβανε χονδρικά το Κιρραίον ή Κρισσαίον πεδίον και τον ορεινό όγκο της Κίρφεως.[40] Όλη αυτή η περιοχή, αμέσως μετά τον πρώτο ιερό πόλεμο του 600-590 π.Χ., και τη συντριβή της Κίρρας από τους Αμφικτίονες, είχε αφιερωθεί στο θεό και είχε απαγορευθεί κάθε καλλιέργεια.[41] Έκτοτε και μέχρι τον 2ο αι. μ.Χ. εχρησιμοποιείτο μόνον για τη βοσκή των ιερών κοπαδιών του θεού, που υπολογίζονται κατά διάφορες εκτιμήσεις από 10.000 έως 30.000 ζώα.[42]

Τα όρια της ιεράς γης τα γνωρίζουμε από ένα σύνολο επιγραφών, χαραγμένων στην επιφάνεια λιθοπλίνθων του προνάου του ναού του Απόλλωνος, δείγμα κι αυτό της σημασίας τους για τη λειτουργία του ιερού.[43] Πληρέστερα σωζόμενες και σημαντικότερες είναι δύο επιγραφές: Η πρώτη, του 117 π.Χ. αφορά σε αμφικτιονική απόφαση, ενώ η δεύτερη του 110 μ.Χ. είναι απόφαση του Ρωμαίου διοικητή της επαρχίας Αχαΐας Γαΐου Αβιδίου Νιγρίνου και είναι δίγλωσση, ελληνική και λατινική.[44]

Συσχετισμός των δύο επιγραφών έχει οδηγήσει στη δημιουργία ενός καταλόγου 26 διαδοχικών μικροτοπωνυμίων, με τις θέσεις των ιερών όρων στην περίμετρο της ιεράς γης. Τα τοπωνύμια αυτά είναι συγκεκριμένα σημεία του εδάφους (βράχοι, λόφοι, δρόμοι, πηγές), που απέχουν το ένα από το άλλο 2-6 χλμ. και για τη δημιουργία της οροθετικής γραμμής συνδέονται μεταξύ τους με νοητά ευθύγραμμα

---

40. Για την ιερά χώρα βλ. DAVERIO ROCCHI 1988, σ. 132-142. DAVERIO ROCCHI 1989. ROUSSET 2002a, σ. 172-175, 181-205. McINERNEY 2010, σ. 150-153. LUCE 2011, σ. 359. BOMMELAER 2015, σ. 20.

41. ROUSSET 2002a, σ. 155-175. Παρόλο που η ιστορικότητα του Α΄ ιερού πολέμου έχει αμφισβητηθεί από μεγάλη μερίδα της έρευνας, πιστεύω ότι δεν είναι δυνατόν να μην υπάρχει ιστορικός πυρήνας στο γεγονός. Βλ. π.χ. τελ. LONDEY 2015. Πιθανότερο είναι η επιθυμία των Αμφικτιόνων για την απόκτηση γης, που μέχρι τότε ανήκε στην Κρίσσα/Κίρρα, να υλοποιήθηκε με πόλεμο. Επίσης, οι στόχοι αυτής της ενέργειας δεν μπορεί να περιορίζονταν μόνο στο πλαίσιο της λατρευτικής οικονομίας αλλά να είχαν ευρύτερες γεωπολιτικές προεκτάσεις. Πρβλ. ROUSSET 2002a, σ. 284-286. ROUSSET 2002b, σ. 227. LEFÈVRE 1998, σ. 135. Για τη μορφή του Κιρραίου πεδίου κατά τους Αρχαϊκούς χρόνους βλ. LUCE 2008, σ. 354-357. McINERNEY 2010, σ. 151-152.

42. Για την ένταξη της ιεράς χώρας στην επικράτεια της πόλης των Δελφών βλ. ROUSSET 2002a, σ. 241-244. ROUSSET 2002b, σ. 240-241. Για τα ιερά ζώα βλ. CHANDEZON 2003, σ. 55-56 και 286-293.

43. DAVERIO ROCCHI 1989, σ. 118-120. ROUSSET 2002a, σ. 71-115. Βλ. τη σωστή θέση των επιγραφών στη βόρεια εξωτερική πλευρά του τοίχου του προνάου του ναού, JACQUEMIN 2014, σ. 231-232, εικ. 1.

44. Πρόκειται για τις επιγραφές *Syll*³ 826E, ROUSSET 2002a, σ. 85-91, αρ. 6 και *Syll*³ 827D, ROUSSET 2002a, σ. 95-97, αρ. 10.

τμήματα, όπως υποδηλώνει η φράση *επ' ορθόν* ή *εις ορθόν*, που αναγράφεται τουλάχιστον 11 φορές.[45]

Το πρόβλημα είναι ότι κανένα από τα τοπωνύμια αυτά δεν έχει γίνει δυνατό να ταυτισθεί έως σήμερα από την έρευνα. Πάντως, τα ανατολικά και βόρεια σύνορα της ιεράς γης θεωρείται ότι έχουν ταυτισθεί με ασφάλεια.[46] Μεγάλη αβεβαιότητα υπάρχει ως προς τα δυτικά σύνορά της με τη Λοκρίδα, και ιδιαιτέρως με τις επικράτειες των Λοκρικών πόλεων Αμφίσσης, Μυανίας και Υπνίας. Κατά τους L. Lerat και G. J. Szemler το όριο έφθανε έως τις δυτικές παρειές του Κιρραίου πεδίου, μέχρι δηλ. τους λόφους Γλα και Μούλκι (σήμ. Άγιοι Ανάργυροι), καταλήγοντας στη θάλασσα της Ιτέας (**εικ. 10**, γραμμή στιγμωτή).[47] Αντιθέτως, κατά τους C. Wescher και D. Rousset το δυτικό όριο έφθανε μέχρι το μέσον του Κιρραίου πεδίου, αποδίδοντας το ανατολικό ήμισυ στην ιερά γη και το δυτικό στη Λοκρίδα (**εικ. 10**, γραμμή συνεχής).[48] Βασικό

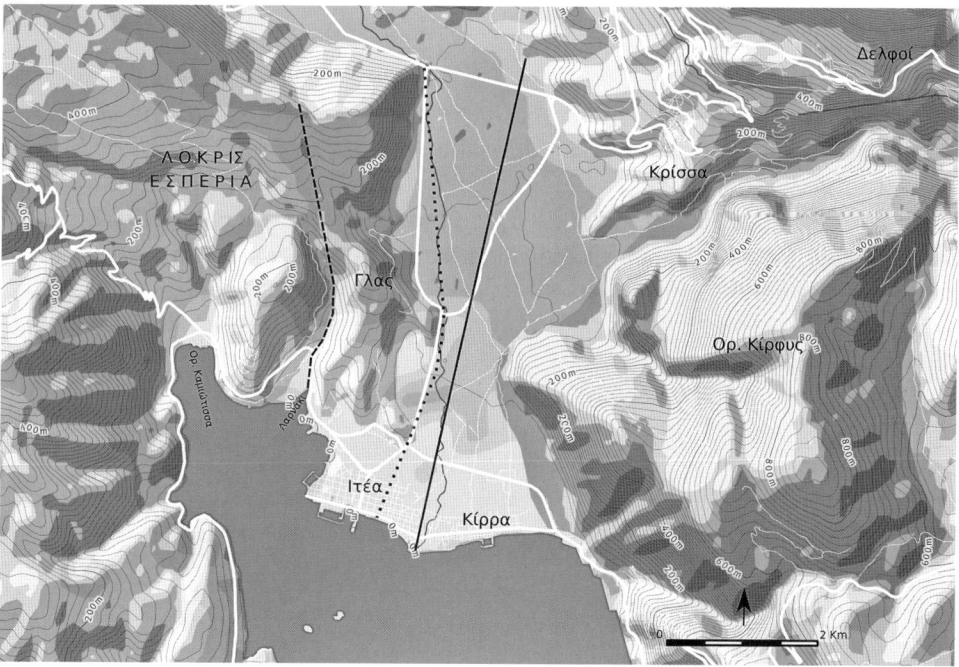

Εικ. 10 — Χάρτης των ορίων μεταξύ ιεράς χώρας των Δελφών και Δυτικής Λοκρίδος: συνεχής γραμμή = πρόταση Wescher-Rousset, στιγμωτή γραμμή = πρόταση Szemler-Lerat, διακεκομμένη γραμμή = νέα πρόταση (σχ. Β. Αντωνιάδης).

---

45. Rousset 2002a. Για τα φυσικά ή τεχνητά σημεία που χρησιμοποιούνται σε επιγραφές οριοθετήσεων βλ. Rousset 1994, σ. 116-119. McInerney 1999, σ. 76-85 και σημ. 92.
46. Rousset 2002a, σ. 168-171.
47. Lerat 1952, I, σ. 6-7, 81. Szemler 1991, σ. 96-98. Για την ιστορία της έρευνας βλ. Rousset 2002a, passim. Rousset 2002b, σ. 215-228.
48. Wescher 1869. Rousset 2002a, σ. 165-175. Την πρόταση αυτή δέχονται και οι Luce 2008, σ. 354, και Bommelaer 2015, σ. 20-21. Ενίσχυση της άποψης αυτής βλ. και στον Οικονομου 2010, σ. 138-141. Στον Rousset 2004, σ. 391, το νότιο όριο τοποθετείται on the port of Kirrha.

κριτήριο για τη διαδρομή του τελευταίου τμήματος του ορίου αποτελεί η τοποθέτηση στον χώρο της περιοχής με την ονομασία *Νάτεια, χώρα γεωργουμένη, ην Μάνλιος Ακίλιος τω θεώ δέδωκε,* που βρισκόταν *προς την οδόν η εκ Δελφών εις Άμφισσαν άγει,* για την θέση της οποίας υπάρχει μεγάλη απόκλιση μεταξύ των μελετητών.[49]

Θα σταθούμε για λίγο στο τελευταίο τμήμα των επιγραφών, με τα τοπωνύμια του δυτικού ορίου, όπως αναφέρονται από Β προς Ν: Μετά από ένα βράχο *ού τρίπους χαλκούς εστιν* συμβολικό σημείο του ορίου, φθάνει με ευθεία γραμμή δίπλα σε *στίχον ελαιών,* και μετά στην κορυφή ενός όρους που ονομάζεται *Ταρμιήον.* Από το Ταρμιήον με ευθεία γραμμή φθάνει σε βράχο που βρίσκεται στην *Τριναπέα,* δηλ. σε μέρος όπου συνέκλιναν τρεις νάπες, τρεις κοιλάδες. Από την Τριναπέα το όριο περνά από χαράδρα και οδηγεί σε κρήνη που ονομάζεται *Ενβάτεα.* Από την κρήνη σε ευθεία γραμμή στον *Αστράβαντα,* δηλ. λόφο ή βράχο σε μορφή σέλας αλόγου (*αστράβη* είναι η σέλα). Τέλος, από τον Αστράβαντα, το όριο ταυτίζεται με δρόμο που οδηγεί προς τη θάλασσα *εις τόπον αλείας,* δηλ. σε μέρος όπου υπήρχε αλυκή.[50]

Όπως ομολογούν όλοι οι μελετητές, δεν είναι εύκολο να εντοπιστούν αυτά τα τοπωνύμια και να τοποθετηθούν στη γη και στο χάρτη. Έτσι, με αφετηρία τον υποθετικό προσδιορισμό της θέσης της Νατείας, οι μέχρι τώρα μελετητές την τοποθετούν είτε στα ΒΔ, προς την πλευρά της Άμφισσας, οπότε φέρουν το τελικό τμήμα του ορίου στις δυτικές παρειές του ελαιώνα, στη νοητή γραμμή Γλα – Μουλκίου (Αγίων Αναργύρων) – Ιτέας, ακριβώς μπροστά, από τη θέση του ιπποδρόμου (πρόταση Lerat – Szemler), είτε την τοποθετούν στην περιοχή αμέσως στα δυτικά του Χρισσού, οπότε φέρουν το όριο της ιεράς χώρας προς τη θάλασσα, διασχίζοντας τον ελαιώνα στο μέσον (πρόταση Wescher-Rousset). Εδώ δεν είναι δυνατόν να πούμε τίποτα περισσότερο από όσα έχει εξαντλητικά μελετήσει ο D. Rousset στο εξαιρετικό βιβλίο του.[51] Ούτε είναι δυνατό να συμβάλουμε στην συγκεκριμένη έρευνα, χωρίς νέα ευρήματα, π.χ. τη θέση κάποιου από τους αναφερόμενους στην επιγραφή τρίποδες, είτε ανάγλυφους σε βράχο είτε το σημείο όπου στέκονταν τα χάλκινα αγγεία, όπως π.χ. να επισημανθούν τρεις οπές σε σχήμα τριγώνου επάνω σε επίπεδη επιφάνεια κάποιου βράχου.[52]

---

49. Rousset 2002a, σ. 137-139, 166, 171, 263-266, με τις παλαιότερες απόψεις.

50. Rousset 2002a, σ. 171-175.

51. Βέβαια, εκτός από την "ιδιόμορφη" σε ευθεία γραμμή οριοθέτηση στο μέσον της πεδιάδας που προτείνει ο Rousset, θα μπορούσαμε να σχολιάσουμε ακόμη και τα εξής: α. Η οριοθέτηση που γνωρίζουμε μας είναι γνωστή από ύστερες πηγές, ενώ έχουν προηγηθεί ο γ΄και ο δ΄ιερός πόλεμος, που ασφαλώς θα περιόριζαν τους Λοκρούς στην περιοχή τους. Και β. Θα φαινόταν περίεργο να ανήκουν στην ιερά χώρα εκτάσεις κοντά στην Αντίκυρα και τη Δεσφίνα και να μην συμπεριλαμβάνονται γειτονικά τμήματα του Κιρραίου πεδίου ορατά από το ιερό.

52. Μια τέτοια πιθανή επισήμανση έχει κάνει ο Σ. Ραπτόπουλος κοντά στο μοναστήρι του Προφήτη Ηλία Χρισσού. Βλ. Raptopoulos 2007. Σημειωτέον ότι, εκτός από το πιο χαρακτηριστικό δελφικό σύμβολο, γενικότερα η τοποθέτηση τρίποδα σε ένα σημείο εθεωρείτο ένδειξη κατοχής και κυριαχίας. Βλ. Papalexandrou 2005, σ. 37-42.

Η νέα συμβολή θα προσπαθήσει να προσθέσει μόνο μια νέα πιθανότητα για την οριοθέτηση του τελικού τμήματος του δυτικού ορίου. Θα βασιστούμε στο τελευταίο τοπογραφικό σημείο των επιγραφών, στο οποίο καταλήγει το δυτικό όριο, δηλ. τη θάλασσα όπου υπάρχει αλυκή. Στην αρχαιότητα, όπως και στα παλαιότερα χρόνια, η συλλογή του άλατος γινόταν με δύο τρόπους: Είτε σε μεγάλες αμμώδεις παραλίες, όπως στην Αττική (βλ. το τοπωνύμιο Αλαί) και στη Σαλαμίνα της Κύπρου, είτε σε συγκεκριμένα σημεία βραχωδών ακτών που είχαν τέτοια διαμόρφωση ώστε να συγκρατούν ποσότητες θαλάσσιου ύδατος που εξατμιζόταν.[53]

Στη δική μας περίπτωση, στη μεγάλη παραλία Κίρρας – Ιτέας δεν έχουμε ενδείξεις για τη συλλογή αλατιού ούτε στην αρχαιότητα ούτε σε νεότερες περιόδους.[54] Αντιθέτως, ακριβώς Δ της Ιτέας βρίσκεται ο όρμος, όπου σήμερα είναι εγκατεστημένο το εργοτάξιο των βωξιτών, το οποίο έχει αλλοιώσει τελείως την αρχική εικόνα της ακτής. Η ονομασία του όρμου αυτού είναι Λαρνάκι, λέξη που προέρχεται από την αρχ. ελλ. λ. λάρναξ και σήμερα σε αρκετές περιοχές της Ελλάδας (π.χ. Μάνη) σημαίνει τις μεγάλες φυσικές κοιλότητες δίπλα σε βραχώδεις ακτές, μέσα στις οποίες γινόταν συλλογή άλατος.[55] Επιπροσθέτως προς το τοπωνύμιο, σύμφωνα με μαρτυρίες υπερηλίκων, στο σημείο αυτό μάζευαν παλαιότερα αλάτι οι κάτοικοι της Ιτέας.[56]

Αυτό το σημείο, λοιπόν, θα μπορούσε να ταυτιστεί με την αλυκή που αναφέρει η επιγραφή. Από κει, παίρνοντας αντίστροφα από Ν προς Β τις ενδείξεις της επιγραφής, οδηγούμαστε σε ένα λοφώδες οροπέδιο, που περιλαμβάνεται ανάμεσα στο λόφο Κεφαλή, στη θέση Αλώνι και στις Πόρτες Σερνικακίου, η μορφή του οποίου είναι ταιριαστή με τις περιγραφές των τοπωνυμίων του ορίου, περιλαμβάνοντας χαράδρες, κοιλάδες και πηγές (εικ. 10, διακεκομμένη γραμμή). Το όριο αυτό που προτείνουμε θα μπορούσε να δηλώνει το σύνορο της ιεράς χώρας με την περιοχή της Μυανίας, λοκρικής πόλης συμμάχου της Άμφισσας, που αναφέρεται στην επιγραφή του Νιγρίνου.[57]

---

53. Για τους αρχαίους τρόπους συλλογής του άλατος και για την μορφή των αλυκών στην αρχαιότητα βλ. MOINIER, WELLER 2015. Για την συλλογή από φυσικές λεκάνες σε βραχώδεις ακτές, PETANIDOU 1997, σ. 68-143, και LANGDON 2010, σ. 162.

54. Η γεωλογική μελέτη της περιοχής από τον A. Chabrol έδειξε ότι στο ανατολικότερο άκρο του κόλπου, ακριβώς δίπλα στο τείχος της Κίρρας, σε κάποια περίοδο της Αρχαιότητας είχε γίνει εισβολή θαλάσσιου ύδατος στο εσωτερικό του Κιρραίου πεδίου (προφ. πληρ.). Αυτό όμως δεν σημαίνει και ύπαρξη αλυκής, αλλ' ακόμα και σε μια τέτοια περίπτωση το όριο δεν θα μπορούσε να κατέληγε σ' αυτό το ανατολικότατο σημείο της ακτογραμμής.

55. SAÏTAS 2001, σ. 257, εικ. 5, σ. 290 και συζήτηση 340-342.

56. Κατά την περίοδο της Κατοχής μάλιστα κάτοικοι της Αγίας Ευθυμίας, δηλ. της αρχαίας λοκρικής πόλης Μυανίας, μάζευαν από εκεί και από τη γειτονική παραλία Καμιώτισσα μεγάλες ποσότητες αλατιού για εμπορικούς σκοπούς. Αλάτι μάζευαν σε αντίστοιχες φυσικές λεκάνες και από τα νησάκια του κόλπου της Ιτέας.

57. Ενδιαφέρον είναι το γεγονός ότι και η σημερινή διαίρεση των γαιών θα μπορούσε να ακολουθεί τα όρια της αρχαίας. Δηλαδή, το υψίπεδο χωρίζεται στα δύο: το ένα τμήμα μέχρι τον Άγιο Πολύκαρπο και τους Βωξίτες (Λαρνάκι) το νέμονται οι κάτοικοι από το Σερνικάκι, ενώ το υπόλοιπο οι κάτοικοι

Αν δει κάποιος σήμερα την γεωμορφολογία της συγκεκριμένης περιοχής, κατανοεί και τους λόγους για τους οποίους ήταν αναγκαία η συμπερίληψή της στην ιερά χώρα: Μοιάζει πάρα πολύ με την περιοχή του οροπεδίου της Δεσφίνας, τόπο ιδανικό για κτηνοτροφία, ιδίως για την μεταφορά των κοπαδιών κατά τη διάρκεια του θέρους από τη ζεστή πεδιάδα στα πιο δροσερά οροπέδια. Σε μια τέτοια περίπτωση, η ανάβαση και κατάβαση των κοπαδιών θα γινόταν είτε από τον δρόμο που βρίσκεται πάνω από τον ιππόδρομο είτε από τις Πόρτες Σερνικακίου. Και στις δύο περιπτώσεις η διαδρομή είναι πολύ πιο εύκολη από τον δρόμο που ανεβαίνει από την κοιλάδα του Πλειστού στο οροπέδιο της Δεσφίνας.[58] Επίσης, η προτεινόμενη περιοχή έχει και ένα άλλο στοιχείο κοινό με το οροπέδιο της Δεσφίνας: Έλλειψη οικισμών και άλλων κατασκευών, που χαρακτηρίζει περιοχές εντός της ιεράς χώρας.[59]

Αν η πρότασή μας για τα νέα όρια μεταξύ ιεράς χώρας και Λοκρίδος γίνουν δεκτά, τότε το πρώτο αυτονόητο και ασφαλές συμπέρασμα είναι ότι ο ιππόδρομος βρίσκεται μέσα στα όρια της ιεράς χώρας αλλά όχι πολύ μακριά από τα σύνορα. Το στοιχείο αυτό αποδεικνύεται και από το περιεχόμενο ψηφίσματος των ιερομνημόνων του 178 π.Χ., γραμμένο σε δύο λίθους του πολυγωνικού τοίχου, στο οποίο χρησιμοποιείται ένας δρόμος που περνάει από τον ιππόδρομο ως όριο για να οριστεί μια περιοχή εντός της ιεράς χώρας, προορισμένη για τη βόσκηση των ιερών βοών αλλά και ίππων.[60] Το κείμενο αναφέρει διάφορες οδούς που περικλείουν την περιοχή και μία απ' αυτές είναι η οδός *άγει α εξ ιπποδρόμου α ξενίς α επί το Λ[ακωνικόν*. Αναφέρεται δηλαδή μία οδός που είναι *ξενίς*, οδηγώντας εκτός του εδάφους της ιεράς χώρας και η οδός αυτή στη μια άκρη περνάει από τον ιππόδρομο και στην άλλη από ένα μνημείο πεσόντων Λακώνων.[61]

Με την άποψη που είχε η μέχρι σήμερα έρευνα για τη θέση του ιπποδρόμου ακριβώς κάτω από τους Δελφούς και το Χρισσό[62], δυσκολευόταν να βρει τη θέση της οδού που ήταν *ξενίς*, εφόσον οι γειτονικές προς την περιοχή αυτή περιοχές είτε

της Αγ. Ευθυμίας, δηλ. της αρχ. Μυανίας. Βλ. και Raptopoulos 2009, σ. 6138. Αντίστοιχη διαίρεση περιελάμβανε και η παλαιότερη οργάνωση σε επαρχίες του πρώην νομού Φωκίδος.

58. Την καταλληλότητα της περιοχής για κτηνοτροφική δραστηριότητα τεκμηριώνει και η συνθήκη Μυανίας – Ιπνίας, γύρω στο 190 π.Χ., στην οποία περιλαμβάνονται αυστηρές ρυθμίσεις για τη διακίνηση και παραμονή των κοπαδιών στα εδάφη των δύο πόλεων. Βλ. τελ. Raptopoulos 2009, σ. 6146-6149.

59. Rousset 2002a, σ. 174. Rousset 2002b, σ. 239-240. Οι θέσεις 101, 110 και 113 στους χάρτες αρ. 2 και 3 του Rousset 2002a είναι πύργοι που βρίσκονται στα όρια της περιοχής, την οποία προτείνουμε προς ένταξιν στην ιερά χώρα. Μήπως οι πύργοι αυτοί είναι συνοριακά φυλάκια;

60. CID 4, 108, 23-24. Syll³ 636. Βλ. Rousset 2002a, σ. 193-197, αρ. 29. *Choix d'inscriptions de Delphes*, σ. 283-285, και Π. Θέμελης, σ. 98, Ο. Βιζυηνού, σ. 122, και A. Perrier, A. Chabrol, σ. 185, στον παρόντα τόμο. Με βάση την αναφορά αλόγων στην επιγραφή αυτή ο McInerney 2010, σ. 152, προτείνει ότι τα ιερά αυτά άλογα θα μπορούσαν να χρησιμοποιούνται στις ιπποδρομίες, πράγμα δύσκολο λόγω της αναγκαίας εξοικείωσης των ζώων με τους ιππείς ή ηνιόχους τους, που απαιτούσε χρόνο.

61. Βλ. Rousset 2002a, σ. 196.

62. Βλ. Rousset 2002a, σ. 196-197. Valavanis 2017, σ. 628-629.

ανήκαν στους Δελφούς είτε στην ίδια την ιερά χώρα.[63] Με τη νέα θέση του ιππο-
δρόμου, νομίζω ότι μας δίνεται η δυνατότητα να ταυτίσουμε την οδό: πρόκειται
για μια κύρια οδική αρτηρία που διέρχεται από την κοιλάδα του Πλειστού και
διασχίζει με κατεύθυνση ΒΑ-ΝΔ το Κιρραίον πεδίον, έχοντας ως άκρα στη μεν
ανατολική πλευρά το Λακωνικόν, στη δε δυτική τον ιππόδρομο.[64]

---

63. Βλ. και τον προβληματισμό του Rousset 2002a, σ. 196-197.

64. Για τη σημασία του όρου ξενίς ή ξενική οδός βλ. Chaniotis 1995b, σ. 68: "routes leading beyond
the border in the foreign territory". Πιθανότατα τμήμα του δρόμου αυτού θα εχρησιμοποιείτο και ως
πομπική οδός κατά την κατάβαση και ανάβαση από το ιερό προς τον ιππόδρομο όλων των εμπλεκομένων
στα ιππικά αγωνίσματα αλλά και των χιλιάδων θεατών. Για μεγάλες οδικές αρτηρίες που οδηγούσαν
σε αθλητικές εγκαταστάσεις, βλ. Valavanis 2019, σ. 331.

LES ÉPREUVES HIPPIQUES ET LES CHEVAUX

Les odes hippiques de Pindare

Nadine Le Meur

La répartition des œuvres de Pindare en recueils a été réalisée par leurs éditeurs alexandrins en fonction d'une donnée technique, celle de la longueur et de la capacité des rouleaux de papyrus (moins de 2 500 lignes) utilisés à la Bibliothèque d'Alexandrie. Ainsi, tandis que les épinicies de Simonide, probablement très nombreuses, ont été réparties en fonction de l'épreuve remportée[1] (soit huit livres au moins) et que celles de Bacchylide, en nombre plus restreint, ont été rassemblées en un seul livre, c'est selon le lieu de la victoire que les épinicies de Pindare ont, elles, été distribuées dans les quatre livres que nous connaissons (*Olympiques*, *Pythiques*, *Isthmiques* et *Néméennes*). Aussi est-il plus courant de traiter les odes pindariques par recueil que par groupe d'épreuves, même si le critère de l'épreuve a commandé le classement interne des poèmes : chaque livre débutait par les odes commémorant les victoires hippiques, épreuves les plus prestigieuses des jeux. Le volume édité par P. Valavanis et J.-Ch. Moretti sur les hippodromes et les concours hippiques dans la Grèce antique offre l'occasion originale de s'intéresser aux odes consacrées à ces victoires, en les appréhendant comme corpus. La réflexion que nous proposons dans les pages qui suivent s'articule en trois temps. Nous nous demanderons d'abord ce que les odes hippiques nous apprennent des concours eux-mêmes, sur le déroulement et la nature des épreuves, sur les vainqueurs et leur origine sociale et géographique, sur les auriges, les chevaux… Puis, nous examinerons les caractéristiques génériques de l'épinicie, avant de chercher à déterminer si les odes hippiques se distinguent des autres par des attributs spécifiques – les épreuves qu'elles célèbrent ayant au moins une particularité : les vainqueurs sont rarement les personnes qui ont physiquement pris part à l'épreuve.

QUE NOUS APPRENNENT LES ÉPINICIES DE PINDARE SUR LES CONCOURS HIPPIQUES ?

Si elles fournissent peu de renseignements concrets, on y trouve, malgré tout, quelques informations, notamment sur le déroulement des épreuves. La *Deuxième Olympique*,

---

1. Voir Irigoin 1952, p. 38 et n. 5 et 6.

commémorant la victoire de Théron à la course des quadriges à Olympie et rappelant les victoires de son frère, Xénocrate, à Pythô et à l'Isthme, précise ainsi que l'épreuve comportait douze tours de piste[2] de l'hippodrome, dans ces trois concours (*Olympiques* II 48-51)[3] :

Ὀλυμπίᾳ μὲν γὰρ αὐτός
γέρας ἔδεκτο, Πυθῶνι δ᾽ ὁμόκλαρον ἐς ἀδελφεόν
Ἰσθμοῖ τε κοιναὶ Χάριτες ἄνθεα τε-
    θρίππων δυωδεκαδρόμων
ἄγαγον·

Car, à Olympie, (Théron) a lui-même
obtenu le prix ; à Pythô et à l'Isthme, associant son frère à sa victoire,
les Charites leur ont apporté en commun les couronnes,
    qui récompensent les quadriges dans la course aux douze tours de piste[4].

Cette information est confirmée pour Olympie par un passage de la *Troisième Olympique* qui évoque «la borne douze fois contournée / de la piste équestre» (δωδεκά-γναμπτον […] τέρμα δρόμου / ἵππων, v. 33-34)[5]. La *Cinquième Pythique* apporte encore un témoignage concordant pour Delphes (v. 33) : ποδαρκέων δώδεκ᾽ ἂν δρόμων τέμενος, «dans le sanctuaire des douze tours de piste aux pieds agiles». Cette particularité des douze tours de piste est soulignée par Pindare, par la création de deux *hapax* : δωδεκά-γναμπτος et δυωδεκάδρομος.

La durée totale des épreuves à Olympie est par ailleurs mentionnée dans la *Cinquième Olympique* (v. 6) : ἀέθλων τε πεμπαμέροις ἁμίλλαις, «durant les cinq jours des concours». Et certains textes indiquent le nombre de chars participant à la course. C'est le cas d'un passage de la *Cinquième Pythique* (v. 49-51) :

…ἐν τεσσαράκοντα γάρ
πετόντεσσιν ἁνιόχοις ὅλον
δίφρον κομίξαις ἀταρβεῖ φρενί,

---

2. Les douze tours correspondent à douze allers-retours, comme l'attestent les scholies (schol. *Olympiques* II 92a : δυωδεκαδρόμων· ὅτι δώδεκα δρόμους ἔτρεχον τὰ τέλεια ἅρματα, τουτέστιν ι′ καὶ β′ καμπτῆρας, «aux douze parcours : parce que les chars attelés de chevaux adultes parcouraient douze tours de piste, c'est-à-dire tournaient 12 fois autour de la borne»; et 92b : τὸ γὰρ παλαιὸν οὐκ ἔκαμπτον οἱ ἵπποι ζ′ καμπτούς, ἀλλὰ δώδεκα, «autrefois, les chars ne tournaient pas 7 fois autour de la borne, mais douze»; voir schol. *Olympiques* VI 124a qui glose δωδέκατον δρόμον par δωδεκάκυκλον δρόμον). Sur ce point, voir notamment LEE 1986, p. 170-173.

3. Les textes de Pindare sont cités d'après l'édition de H. MAEHLER, Teubner, 1987. Les traductions sont personnelles.

4. Il s'agit de victoires remportées par Xénocrate, frère de Théron (ou par les deux frères, voir schol. 87e), à Pythô en 490 (voir *Pythiques* VI) et à l'Isthme peut-être en 476 (voir *Isthmiques* II), et également chantées par Pindare.

5. Nous reviendrons plus loin, *infra* p. 221-222, sur le vers 75-76 de la *Sixième Olympique* : τοῖς, οἷς ποτε πρώτοις περὶ δωδέκατον δρόμον / ἐλαυνόντεσσιν, «ceux qui un jour conduisent les premiers leur char au douzième tour de piste».

> *car parmi quarante*
> *cochers tombés, intact*
> *tu as préservé ton char, d'un cœur intrépide, (Carrhôtos)*

Cette ode, qui contient l'une des rares mentions, dans le corpus pindarique, du nom d'un aurige (v. 26), entend clairement associer Carrhôtos à l'éloge destiné à Arcésilas, le vainqueur « officiel ». Le grand nombre de concurrents évoqué contribue à justifier la mention du cocher et son éloge appuyé (γάρ explique cet éloge), en mettant en valeur l'extraordinaire habilité, le courage et le sang-froid de Carrhôtos. Mais faut-il faire confiance à Pindare concernant ce genre de détails ? Le chiffre avancé, s'il est authentique, tient certainement de l'hyperbole, hyperbole destinée à mettre en valeur la prouesse du cocher. Car il est invraisemblable que quarante et un chars aient concouru ensemble sur une piste d'hippodrome, comme le notait déjà U. von Wilamowitz[6] : un tel chiffre impliquerait la participation de cent soixante-quatre chevaux courant ensemble[7] sur la piste de Delphes, et supposerait, pour la piste, une largeur considérable. La course de chars rapportée au chant 23 de l'*Iliade* mentionne cinq biges (v. 287-351), tandis que celle (imaginaire) relatée par Sophocle et censée se dérouler à Delphes, compte dix quadriges (*Électre* 698-708), ce qui semble déjà relever de l'exploit. C'est pourquoi le texte de la *Pythique* a fait l'objet d'une correction de J. Ebert[8] (adoptée notamment par G. Liberman dans son édition des *Pythiques*), qui propose de lire τέτρασ' ἁλόντα (« ton char pris dans les chars de quatre auriges tombés »), au lieu de τεσσαράκοντα. Cette conjecture très convaincante permet de retrouver un nombre acceptable de cinq chars concurrents. Le témoignage des scholies, qui confirme le chiffre de quarante[9], montre que la corruption du texte est sans doute intervenue à date ancienne[10].

On pourrait mettre ce texte en parallèle avec un autre, qui, lui aussi, donne une précision chiffrée, si rare et d'autant plus précieuse, semble-t-il : le vers 75 de la *Sixième Olympique* parle du δωδέκατον δρόμον « douzième tour de piste » qu'auraient accompli les mules d'Hagésias. Or, si nos sources ne nous apprennent pas combien de tours de piste comportait la course des mules, il est probable que la distance à parcourir par des

---

6. Voir Wilamowitz-Möllendorff 1922, p. 382.
7. Il est aussi possible, comme le suggère F. Canali De Rossi (Canali De Rossi 2011, p. 48 n. 153) à partir d'une indication de Pausanias concernant la course à pied (VI 13, 4), que les participants aient été répartis en sous-groupes et aient concouru par poules, avant que les vainqueurs de chaque poule ne s'affrontent pour déterminer l'unique vainqueur de l'épreuve. Mais nous n'avons pas de témoignage attestant une telle pratique pour la course des chars.
8. Ebert 1991a.
9. Voir schol. *Pythiques* V 45 a (Drachmann II, p. 178) ; schol. *Pythiques* V 64 (Drachmann II, p. 180).
10. Voir Liberman 2004, p. 132 : « Il est impossible que quarante chars concourent dans l'hippodrome et y tombent ensemble, et douteux que Pindare ait dit une telle chose. Le texte transmis est le seul qu'attestent les scholies ; faute pré-alexandrine donc ».

mules ait été inférieure à celle demandée à des chevaux[11]. On sait ainsi que la course de chars attelés de chevaux adultes comprenait douze tours de piste, alors que celle qui faisait concourir des chars attelés de jeunes chevaux ne comprenait que huit tours de piste[12]. Loin d'être destinée à fournir des informations précises sur le déroulement de l'épreuve, l'expression assimile ainsi discrètement le char des mules d'Hagésias à un quadrige[13], dans le but de rehausser son prestige.

Concernant la nature des épreuves (course de quadriges, de chevaux montés, de mules), les odes de Pindare fournissent également très peu de précisions. On peut cependant relever deux faits remarquables. Tout d'abord, le grand nombre d'odes hippiques (dix-huit) fait qu'elles constituent plus du tiers du corpus d'épinicies pindariques conservées ; et parmi elles, les odes commémorant des victoires à la course de chars attelés de chevaux sont de loin les plus nombreuses (treize ou quatorze)[14], tandis que seules deux odes sont consacrées à des victoires à la course de chevaux montés[15] et deux (ou trois[16]) à la course de chars attelés de mules. Les épinicies célébrant les vainqueurs à la course de quadriges, l'épreuve la plus prestigieuse des jeux, sont donc très majoritaires dans le corpus pindarique.

D'autre part, les odes se caractérisent par un vocabulaire très riche désignant chevaux, chars, jockeys et cochers, vocabulaire constitué d'un certain nombre d'*hapax*. On trouve ainsi une trentaine d'occurrences du mot ἵππος, ainsi que de très nombreux composés : ἱππευτάς, ἵππιος/ἵππειος, ἱππόδαμος, ἡ ἱπποδρομία, ἱπποδρόμιος, ἱππόκροτος, ἱππόμητις, ἱπποσόας/ἱπποσόος, ὁ ἱππότας, ἡ ἱπποτροφία, ἱπποτρόφος, ἱπποχάρμας, ἵππαιχμος, εὔιππος. Plusieurs noms propres sont en outre formés sur ἵππος : Ἱπποδάμεια, Ἱπποκλέας, Ἱπποκράτης, Ἱππολύτα... D'autres substantifs désignent encore la pouliche (ἡ πῶλος), la mule (ὁ ἡμίονος) ou le « cocher » (ὁ ἀνίοχος)...

Le terme ἅρμα compte vingt occurrences, dont trois métaphoriques, désignant le char des Muses ou le chant (*Olympiques* I 110 ; *Pythiques* X 65 ; *Isthmiques* VIII 61). La partie du char où se tient le cocher (ὁ δίφρος) se prête elle aussi à la métaphore du char de la poésie (*Olympiques* IX 81 ; *Isthmiques* II 2). Ces deux termes donnent lieu à quelques composés : ὁ ἁρματηλάτας, εὐάρματος, χαλκάρματος, ὁ διφρηλάτας, ἡ διφρηλασία. Le quadrige est encore désigné par les noms τέθριππον et τετραορία, ou par un terme signi-

---

11. Selon N. J. Nicholson (NICHOLSON 2005, p. 88 et p. 238 n. 18), il s'agirait en outre de chars attelés non de quatre mais de deux mules.

12. Voir schol. *Olympiques* III 59 (DRACHMANN I, p. 122) : δωδεκάγναμπτον· δώδεκα γὰρ ἐν Ὀλυμπίᾳ τρέχει τὸ τέλειον ἅρμα, τὸ δὲ πωλικὸν ὀκτώ, «douze fois contournée : car, à Olympie, le char attelé de chevaux adultes parcourt douze tours de piste, le char attelé de jeunes chevaux, huit».

13. Voir HUTCHINSON 2001, p. 408 ; NICHOLSON 2005, p. 88.

14. *Olympiques* II, III et peut-être IV (à moins qu'elle ne célèbre une victoire à la course des chars attelés de mules) ; *Pythiques* I, II, IV, V, VI, VII ; *Néméennes* I et IX ; *Isthmiques* I, II (rappelant d'anciennes victoires à la course des chars) et III.

15. *Olympiques* I et *Pythiques* III (mentionne deux victoires anciennes de Phérénicos à Pythô en 482 et 478).

16. *Olympiques* V, VI et peut-être IV (voir *supra* n. 14).

fiant « char », qualifié par l'adjectif τετράορος, ος, ον. Le char à quatre roues, attelé de mules est généralement appelé ἡ ἀπήνη et la course de chevaux montés ἡ μοναμπύκια, le terme κέλης ne se rencontrant pas dans les épinicies conservées. Enfin l'équipement du cheval est lui aussi bien représenté avec les termes τὰ μέτρα, ὁ χαλινός et son composé πεισιχάλινος, αἱ ἀνίαι, τὰ ἀνία, et le composé ποικιλάνιος.

Ce remarquable foisonnement lexical ne va cependant pas de pair avec une abondance de détails concernant les concurrents, leurs chevaux ou les circonstances de la victoire, comme nous le verrons dans la deuxième partie de cette étude. Certaines odes vont même jusqu'à taire la nature précise de l'épreuve pour laquelle la victoire a été remportée ; c'est ainsi qu'on ignore si la *Quatrième Olympique* célèbre une victoire à la course des quadriges attelés de chevaux ou à la course de chars attelés de mules. La richesse du vocabulaire révèle en revanche le soin poétique et l'importance thématique que Pindare accorde au monde des courses équestres.

La dernière particularité notable concernant ce vocabulaire est son omniprésence dans les épinicies, y compris dans les odes qui ne célèbrent pas des victoires équestres. Cela peut s'expliquer par le fait que les prestigieuses courses hippiques servent régulièrement de support aux images de Pindare : comparaisons (pour la rapidité[17]) ou métaphores, notamment celle du char des Muses ou de la poésie, l'une des métaphores favorites de Pindare, peut-être parce qu'elle évoque le prestige. D'autres métaphores sont également dérivées du monde équestre, telle que celle qui désigne l'entraîneur du lutteur comme χειρῶν τε καὶ ἰσχύος ἀνίοχον, « le cocher des bras et de la force » (*Néméennes* VI 66), sans doute pour la même raison.

Si les odes de Pindare ne fournissent que peu d'informations sur le déroulement des courses hippiques et leur nature précise, elles nous renseignent en revanche sur les vainqueurs de ces courses et leurs cités. Ceux-ci sont en nombre relativement limité : on compte un Athénien (Mégaclès), deux Thébains (Hérodote et Mélissos), un Cyrénéen (Arcésilas) et six Siciliens (pour treize odes) dont trois Syracusains (Hiéron, Hagésias[18] et Chromios[19]), deux Agrigentins (Théron et Xénocrate) et un citoyen de Camarine (Psaumis).

On peut s'étonner de ne pas trouver d'ode hippique pour des Thessaliens, pourtant réputés pour leur cavalerie et en l'honneur desquels Pindare a composé la *Dixième Pythique* qui célèbre la victoire d'Hippocléas au diaule. On a en revanche conservé deux odes

---

17. *Olympiques* IX 23-4 : καὶ ἀγάνορος ἵππου / θᾶσσον καὶ ναὸς ὑποπτέρου, « plus rapide qu'un cheval fougueux ou qu'un vaisseau ailé » ; voir *Pythiques* IV 17 : ἵππους… θοάς…

18. Hagésias, lieutenant de Hiéron et Syracusain, a, sans doute par prudence vis-à-vis de Hiéron, fait exécuter l'ode qui célébrait sa victoire olympique à Stymphale, d'où était originaire sa famille maternelle. À la fin de l'ode (v. 98-99), Pindare exprime le souhait que le cortège triomphal d'Hagésias soit accueilli avec bienveillance à Syracuse. Voir MORGAN C. 2007, p. 223.

19. Chromios, général de Hiéron et syracusain, a été couronné comme citoyen d'Etna, ce qui permettait à la fois de faire allusion à son rôle de gouverneur de la cité et de rendre hommage à Hiéron en tant que fondateur d'Etna. Voir MORGAN C. 2007, p. 223.

(XIV et XVI) de Bacchylide commémorant des victoires équestres remportées par des Thessaliens, et le témoignage de Théocrite (*Les Charites* ou *Hiéron* 34-47) atteste que Simonide en avait lui aussi composé. Il est également surprenant que le corpus conservé ne contienne aucune épinicie célébrant les victoires hippiques des Spartiates, pourtant nombreuses notamment à Olympie[20], alors que Pausanias atteste que ces victoires ont été régulièrement commémorées par des statues, en particulier sur le site d'Olympie[21]. Mais ce constat est à mettre en relation avec l'absence générale de toute ode victoriale pour des Spartiates dans les corpus conservés de Pindare et de Bacchylide[22]. On peut enfin constater l'absence d'ode hippique pour des Éginètes, qui peut s'expliquer par la rareté des élevages de chevaux dans les îles grecques, souvent pauvres et peu étendues.

Outre l'origine géographique des vainqueurs, c'est aussi leur statut économique (et souvent politique) sur lequel nous renseignent les odes de Pindare. On trouve parmi eux un roi de Cyrène (Arcésilas IV), des tyrans de Sicile (Hiéron, Théron), leurs proches ou les hauts dignitaires de leur cour (Xénocrate, Chromios[23], Hagésias), et des membres de grandes familles, comme Mégaclès d'Athènes (de la famille des Alcméonides) ou Hérodote[24] et Mélissos[25] de Thèbes. Cette particularité sociale s'explique par le coût démesuré de l'élevage de chevaux[26].

On remarque d'autre part que treize des dix-huit odes hippiques se trouvent dans les recueils des *Olympiques* et des *Pythiques*, qui célèbrent les jeux les plus prestigieux. Or les épreuves hippiques sont des épreuves essentiellement de prestige.

Sur les auriges, les épinicies de Pindare ne nous livrent que très peu d'informations et ne mentionnent le nom que de quelques-uns d'entre eux : Carrhôtos (*Pythiques* V 26), l'aurige d'Arcésilas, dont Pindare donne aussi le patronyme (Ἀλεξιβιάδα, « fils d'Alexibios »,

---

20. Pendant la période d'activité de Pindare, Polypeithes remporta la victoire en 484 et, entre 448 à 420, sept des huit courses de chars d'Olympie furent remportées par des Spartiates. Voir Hodkinson 2000, p. 303-333, notamment p. 308, table 12.

21. Pausanias, VI (Élide) *passim*. Sur ces commémorations, voir Hodkinson 1999, p. 173-176 ; Hodkinson 2000, p. 319-323, en particulier p. 320, table 13.

22. En revanche, il est possible que le fragment S166 d'Ibycus ait fait partie d'une épinicie célébrant la victoire d'un athlète spartiate à la course ou à la lutte (voir Wilkinson 2013, p. 96-97). Sur cette absence d'épinicie spartiate, voir notamment Golden 1998, p. 81 ; Hodkinson 1999, p. 170-173 ; Hodkinson 2000, p. 317-319 ; Hornblower 2004, p. 235-243 ; Morgan C. 2007, p. 215-216.

23. Chromios était un haut dignitaire de la cour de Hiéron, ami de Gélon, qui lui avait donné l'une de ses filles en mariage, et donc beau-frère de Hiéron (voir schol. *Néméennes* IX 95a, Drachmann III, p. 160).

24. Hérodote était fils d'Asôpodore (peut-être le commandant de la cavalerie thébaine à Platées, voir Hérodote, IX 69), qui possédait une grande fortune.

25. Mélissos appartenait à la famille des Cléonymides.

26. Alcibiade aurait payé cinq ou huit talents pour un quadrige, soit trente mille ou quarante-huit mille drachmes (sans compter le fourrage pour les chevaux, les écuries, le salaire du cocher, ni le matériel), alors que le grain nécessaire pour la nourriture d'une famille de six personnes pour un ou deux ans revenait à la même époque à cinq cents drachmes et que le salaire d'un ouvrier variait entre une drachme et une drachme et demie par jour. Voir Hodkinson 2000, p. 313-316 ; Golden 2004, p. 35. Voir également Golden 1997, p. 337-338.

Pythiques V 45); Nicomaque (*Isthmiques* II 22)[27], le cocher de Xénocrate d'Agrigente, qui avait vraisemblablement conduit le char victorieux des Emménides aux Jeux Panathénaïques et Olympiques (en 476); et Phintis, le conducteur des mules d'Hagésias (*Olympiques* VI 22)[28]. La *Sixième Pythique* laisse par ailleurs penser que Thrasybule aurait dirigé le char de son père, Xénocrate, à Pythô en 490[29]. Il est sans doute rare que le conducteur du char soit un homme appartenant à l'élite sociale, comme c'est le cas de Carrhôtos (qui était, selon les scholies, soit le beau-père[30], soit le beau-frère[31] d'Arcésilas) – et de Thrasybule, s'il a réellement été l'aurige du char de son père; ce statut social justifie peut-être la mention de Carrhôtos et la place que lui accorde le poète[32]. Il est encore plus rare que le vainqueur conduise son propre char. Hérodote de Thèbes constitue en cela une exception, relevée par Pindare (*Isthmiques* I 14-16) :

> Ἀλλ᾽ ἐγὼ Ἡροδότῳ τεύ-
>   χων τὸ μὲν ἅρματι τεθρίππῳ γέρας,
> ἀνία τ᾽ ἀλλοτρίαις οὐ χερσὶ νωμάσαντ᾽ ἐθέλω
> ἢ Καστορείῳ ἢ Ἰολάοι᾽ ἐναρμόξαι νιν ὕμνῳ.

> *Mais, moi, en composant pour Hérodote*
>   *l'honneur dû à son quadrige,*
> *dont les rênes n'ont pas été guidées par d'autres mains que les siennes, je veux*
> *l'associer à un hymne à Castor ou Iolaos.*

Enfin, les odes nous donnent également quelques indications sur les chevaux eux-mêmes. La *Première Olympique* cite ainsi le nom du cheval de Hiéron qui a remporté la

---

27. Selon M. Bell (Bell M. 1995, p. 17-21), *Isthmiques* II 23-24, qui présente Nicomaque comme l'hôte des Spondophores, signifierait que le cocher devait appartenir au cercle aristocratique et il considère Nicomaque comme l'un des deux sujets possibles de l'aurige de Motya (avec Thrasybule). Nicholson 2005, p. 65-66, pense au contraire que Nicomaque était de statut social inférieur, parce que son patronyme n'est pas donné par Pindare, que les scholies ne disent rien de relations égalitaires entre Nicomaque et Xénocrate ou Théron, et enfin parce qu'il n'est pas mentionné dans *Olympiques* II et *Olympiques* III qui célèbrent la victoire de Théron à Olympie en 476, lors de laquelle Nicomaque avait vraisemblablement conduit le char (voir *Isthmiques* II 23-28). N. J. Nicholson (p. 65) fait par ailleurs remarquer que *Isthmiques* II indique que Nicomaque était l'aurige des victoires panathénaïque et olympique, mais ne mentionne pas le cocher ayant remporté la victoire isthmique. Les scholies précisent simplement que «Nicomaque, qui était Athénien, était conducteur de char à la fois pour Théron et pour Xénocrate» (ὁ γὰρ Νικόμαχος Ἀθηναῖος ὢν ἀμφοτέροις ἡνιόχει, Θήρωνι καὶ Ξενοκράτει, schol. *Isthmiques* II 28b [Drachmann III, p. 218]).

28. Le texte ne nomme cependant pas Phintis à propos du char victorieux à Olympie, mais dans un contexte métaphorique : ὦ Φίντις, ἀλλὰ ζεῦξον ἤ-/ δη μοι σθένος ἡμιόνων…, «Allons, Phintis, attelle pour moi maintenant tes fortes mules…» (*Olympiques* VI 22).

29. Cf. Gentili *et al.* 1995, p. 184; Bell M. 1995, p. 16-17 et n. 95. Ce point est déjà débattu dans les scholies anciennes (voir schol. *Pythiques* VI 15, Drachmann II, p. 196).

30. Schol. *Pythiques* V 33 (Drachmann II, p. 175).

31. Schol. *Pythiques* V 34 (Drachmann II, p. 176).

32. Voir Nicholson 2005, p. 43-51.

victoire célébrée par l'ode, Phérénicos. Elle précise en outre qu'il n'avait pas besoin d'être éperonné, suggérant en quelque sorte que la bête avait gagné sans l'aide de son cavalier (*Olympiques* I 20-21) :

> ὅτε παρ᾽ Ἀλφεῷ σύτο δέμας
> ἀκέντητον ἐν δρόμοισι παρέχων,
>
> *quand il bondit au bord de l'Alphée,*
> *lançant son corps dans la course, sans avoir besoin de l'éperon.*

La *Troisième Pythique* (v. 73-74) nomme aussi le même cheval : «les couronnes que remporta Phérénicos, en étant victorieux jadis à Cirrha» (στεφάνοις, / τοὺς ἀριστεύων Φερένικος ἕλεν Κίρρᾳ ποτέ).

L'accord au féminin de certains adjectifs indique par ailleurs que des juments étaient parfois (voire régulièrement) attelées aux chars (ἵππους... θοάς, «juments rapides», *Pythiques* IV 17 ; κείνας... πώλους, *Pythiques* II 8).

Malgré ces quelques données, les odes hippiques de Pindare ne nous livrent donc que très peu d'informations précises sur le déroulement des épreuves, les concurrents et leurs chevaux. Cette constatation, qui peut sembler étonnante, tient en réalité au genre même de l'épinicie.

LES CARACTÉRISTIQUES GÉNÉRIQUES DE L'ÉPINICIE

L'épinicie est un genre poétique chargé de conventions, comme l'a bien montré l'influent travail de E. Bundy[33]. Sa spécificité peut être illustrée par une comparaison avec le chant XXIII de l'*Iliade* qui met en scène les concours sportifs organisés par Achille lors des funérailles de Patrocle. Ce chant pourrait ainsi passer pour un texte parallèle aux épinicies. Mais les épreuves sportives donnent lieu à un récit très détaillé, développé sur plus de six cents vers, dont près de quatre cents consacrés à la course des chars[34]. Elles sont visiblement conçues comme une (autre) forme d'aristie des héros dont elles sont destinées à mettre en valeur les qualités athlétiques.

L'épinicie, au contraire, célèbre le succès du vainqueur tout en restant extrêmement discrète sur l'ensemble des conditions des épreuves et sur les circonstances de la victoire. Elle mentionne par exemple très rarement les adversaires du vainqueur et ne les nomme jamais. Le poète épinicique ne cherche pas à rendre compte de la victoire en en donnant une description technique. Il se contente de quelques notations ou images. Le récit sportif est tellement réduit qu'on hésite parfois sur la nature de l'épreuve que le vainqueur célébré a remportée (*Quatrième Olympique*) ou sur le lieu où se sont déroulés

---

33. Bundy 1962.
34. *Iliade* XXIII 262-652.

les jeux[35] (c'est notamment le cas de la *Deuxième Pythique*, pour laquelle les scholies suggèrent Némée, Olympie, Delphes, Athènes, et les modernes proposent encore Thèbes et Syracuse[36]!).

Il arrive même (ce qui peut paraître encore plus paradoxal) que l'ode évoque le vainqueur et sa victoire de façon très rapide. On pourrait éventuellement comprendre que ce soit le cas pour des personnages peu connus : ainsi, le nom de Mégaclès d'Athènes, vainqueur à la course des chars à Pythô, n'apparaît pas avant le vers 17 de la *Septième Pythique*, alors que le début de l'ode est consacré à l'éloge de la cité d'Athènes. On le comprend moins quand il s'agit d'Hiéron, le riche et puissant tyran de Syracuse. C'est pourtant le cas dans la *Première Pythique* où le nom du tyran n'est mentionné qu'au vers 33 (sur 100) et sa victoire, évoquée sur trois vers de façon très allusive (v. 31-33) :

κλεινὸς οἰκιστὴρ ἐκύδανεν πόλιν
γείτονα, Πυθιάδος δ᾽ ἐν δρόμῳ κά-
    ρυξ ἀνέειπέ νιν ἀγγέλ-
    λων Ἱέρωνος ὑπὲρ καλλινίκου
ἅρμασι.

son illustre fondateur a glorifié la cité
voisine (d'Etna), car, sur la piste de la fête pythique, le
    héraut a proclamé son nom, en
    annonçant la belle victoire de Hiéron
à la course des chars !

Le rejet du terme ἅρμασι sur l'épode met en valeur l'épreuve remportée. Le début de l'ode est, lui, occupé par un magnifique éloge de la musique et la grandiose description d'une éruption de l'Etna, qui font du chant un monument sublime.

Cette relative discrétion du *laudandus* dans les épinicies est en partie liée au fait que le poète ne chante jamais la gloire du seul vainqueur : celui-ci est toujours associé, dans le chant, à la communauté à laquelle il appartient, famille et cité. Le poète reproduit en cela la pratique agonistique, puisque la proclamation des vainqueurs aux concours athlétiques est dévolue à un héraut qui ne se contente pas de prononcer le nom des athlètes victorieux, mais mentionne également celui de leur père et celui de leur patrie[37].

---

35. Le père du vainqueur, qui est régulièrement mentionné, ne l'est pas toujours non plus (ex. *Olympiques* I, IV, IX ; *Pythiques* III, VII, XII ; *Isthmiques* II) ; il en va de même pour la discipline (ex. *Olympiques* XIV dont les scholies nous apprennent qu'elle célébrait une victoire à la course du stade). Les seuls éléments qui soient présents dans toutes les odes sont le nom du vainqueur et celui de sa cité, ce qui constitue une variation poétique sur l'annonce du héraut (qui indique le nom du vainqueur, sa cité et la discipline remportée).

36. Voir schol. *Pythiques* II *Inscriptio* ; MOST 1985, p. 61-65 ; GOLDEN 2008, p. 12-13.

37. On trouve un écho de cette proclamation même dans les vers de Pindare, par exemple lorsqu'il évoque la victoire remportée par Psaumis de Camarine à la course des chars attelés de mules (*Olympiques* V 8) : νικάσας [...] ὃν πατέρ᾽ Ἄ-/κρων᾽ ἐκάρυξε καὶ τὰν νέοικον ἕδραν, «en remportant la victoire, [...] il a

Car le succès n'est pas uniquement personnel. En effet, la victoire de l'individu rejaillit pleinement sur sa communauté, famille et patrie, que l'athlète illustre, par son succès : en remportant la victoire, τὰν σὰν πόλιν αὔξων, Καμάρινα, Psaumis [a] grandi [s]a cité, Camarine (*Olympiques* V 4). D'autre part, la victoire est intimement liée à cette communauté, dans la mesure où c'est en partie grâce à elle qu'elle advient. Car le succès ne s'acquiert pas uniquement par l'éducation ; il dépend tout d'abord des dons naturels, innés, de la φυά (φυή)[38], privilège des *bonnes races*. L'idée sous-jacente est celle de la transmission héréditaire des ἀρεταί, une certaine idéologie sous-tend cette poésie. Cependant, le talent inné ne suffit pas à connaître le succès. Le poète insiste également sur la nécessité de l'effort (πόνος) et sur celle de l'assistance divine. Il convient donc au poète de louer cet ensemble, c'est-à-dire non seulement l'athlète, mais sa famille, sa cité, les dieux et également les jeux. Il veut ainsi ennoblir la victoire par le prestige de la fête solennelle où elle a été remportée et l'illustration de la cité de l'athlète. C'est dans l'un de ces éléments que prend sa source le mythe qui occupe généralement le centre du poème.

LES ODES HIPPIQUES ONT-ELLES DES CARACTÉRISTIQUES SPÉCIFIQUES ?

Après avoir rappelé brièvement les codes et conventions génériques de l'épinicie, il convient de revenir aux odes hippiques pour tenter de déterminer leur éventuelle spécificité par rapport au reste du corpus. En ce qui concerne les circonstances de la victoire, ces poèmes, nous l'avons vu, ne livrent pas plus de détails que les autres. Les considérations morales et les valeurs célébrées n'y sont pas non plus différentes : on y retrouve la même piété, la même importance de la communauté, le même genre de *gnomai*. Les mythes qui y sont développés suivent par ailleurs la typologie habituelle. Ils peuvent être choisis en relation avec la famille de l'athlète, comme dans la *Sixième Olympique* dont le mythe chante la gloire des Iamides. Ils sont parfois liés à la cité de l'athlète : c'est le cas de la *Première Pythique*, où le mythe de Typhon est associé à l'Etna (la cité d'Etna a été fondée par Hiéron), ou de la *Quatrième Pythique* qui traite de la colonisation de Cyrène. Le mythe peut également illustrer le sanctuaire ou les jeux spécifiques où s'est déroulé le concours : c'est ce que fait le poète dans la *Première Olympique* qui évoque la légende de Pélops et la fondation des Jeux Olympiques. Le mythe peut encore entretenir un lien avec l'épreuve remportée, ou exceptionnellement, certaines de ses circonstances : ainsi la *Première Isthmique*, composée pour Hérodote de Thèbes qui a conduit son quadrige lui-même, rapporte les exploits athlétiques de Castor et Iolaos, célèbres conducteurs de chars. Il arrive enfin qu'il renvoie à une particularité de l'athlète lui-même, plus ou

---

fait proclamer par la voix du héraut le nom de son père, Acron, et celui de sa patrie récemment reconstruite ». Le verbe καρύσσω (ἐκάρυξε) est précisément le terme technique employé pour évoquer cette proclamation dans les épigrammes et les inscriptions. Voir Saïd, Trédé 1984, p. 161-170.

38. Voir Le Meur 2015.

moins précisément : les exploits militaires de Chromios sont ainsi mis en parallèle, dans la *Première Néméenne*, avec les exploits héroïques d'Héraclès. Les odes hippiques ne se distinguent donc pas des autres dans leurs composantes. Elles ne semblent pas avoir de spécificité par rapport aux autres épinicies.

Cette constatation est pourtant étonnante, car ces odes célèbrent des épreuves qui ont, elles, une spécificité, dans la mesure où le vainqueur célébré est rarement le jockey ou le cocher qui a participé à la course! Cette particularité est due au statut social des concurrents et aux caractéristiques des épreuves, qui sont très dangereuses. Certaines formulations semblent pourtant ambiguës, comme celle qu'on trouve au début de la troisième antistrophe de la *Deuxième Olympique* (v. 48-51) :

> Ὀλυμπίᾳ μὲν γὰρ αὐτός
> γέρας ἔδεκτο, Πυθῶνι δ' ὁμόκλαρον ἐς ἀδελφεόν
> Ἰσθμοῖ τε κοιναὶ Χάριτες ἄνθεα τε-
>   θρίππων δυωδεκαδρόμων
> ἄγαγον·

> *Car, à Olympie, (Théron) a lui-même*
> *obtenu le prix ; à Pythô et à l'Isthme, associant son frère à sa victoire,*
> *les Charites leur ont apporté en commun les couronnes*
>   *qui récompensent les quadriges dans la course aux douze tours de piste.*

En réalité, l'interprétation du vers 48 est éclairée par la suite de la phrase, αὐτός signifie ici « seul », par opposition à « avec son frère » : le poète ne cherche pas à prétendre que Théron conduisait son propre char.

D'autres textes semblent entretenir une réelle ambiguïté. Ainsi la *Deuxième Pythique* (v. 8) affirme que Hiéron « a, de ses douces mains, dompté ces pouliches aux rênes brodées » (κείνας ἀγαναῖσιν ἐν χερσὶ ποικιλανίους ἐδάμασσε πώλους). Ce vers fait-il référence à la course elle-même[39] ou à l'entraînement des pouliches? Il est plus vraisemblable qu'il marque l'intérêt personnel du tyran pour ses chevaux et les courses auxquels ils prennent part[40].

De la même façon, la *Sixième Olympique* faisant l'éloge d'Hagésias, évoque la victoire de son char à Olympie et met en valeur les succès remportés dans des circonstances dangereuses (v. 9-11) : ἀκίνδυνοι δ' ἀρεταί / οὔτε παρ' ἀνδράσιν οὔτ' ἐν ναυσὶ κοίλαις / τίμιαι, « les succès remportés sans risques / ni parmi les hommes, ni sur les navires creux / n'ont de prix ». La formulation, dans son contexte, tend à faire penser qu'Hagésias a effectivement participé à la course, sur le char. Mais la précision οὔτε παρ' ἀνδράσιν οὔτ' ἐν ναυσὶ κοίλαις oriente plutôt l'interprétation vers les exploits militaires d'Hagésias[41].

---

39. C'est ainsi qu'interprète le vers GOLDEN 2008, p. 12-13.
40. Voir GENTILI *et al.* 1995, p. 368.
41. Sur ces victoires militaires, voir schol. *Olympiques* VI 30c (DRACHMANN I, p. 161).

On peut certes se demander ce qui motive de telles ambiguïtés. Il semble peu plausible qu'elles soient le reflet d'une réalité. Sont-elles destinées à faire croire que le vainqueur a conduit son char lui-même ? Cela paraît encore moins vraisemblable, car l'exécution de l'ode est publique et tous les auditeurs sauraient qu'il y a mensonge, ce qui ne concourrait pas au prestige du *laudandus*. Il semble plutôt qu'il s'agisse de l'expression d'une pure convention destinée à exprimer l'intérêt que prend le propriétaire à ses chevaux. Cette pratique peut être mise en parallèle avec celle qui consiste, dans les épigrammes votives par exemple, à employer le verbe ποιεῖν au sens de « faire faire » et non simplement « faire »[42].

Nous avons d'autre part constaté que l'aurige du char est très rarement mentionné. Quant au jockey, il n'apparaît jamais dans les odes, alors que le nom du cheval de Hiéron, Phérénicos, revient à deux reprises dans le corpus pindarique[43]. Les chevaux semblent même parfois agir seuls. La *Neuvième Néméenne* parle ainsi des phiales d'argent « que jadis ses chevaux ont gagnées pour Chromios » (ἅς ποθ' ἵπποι κτησάμεναι Χρομίῳ, *Néméennes* IX 52) et la *Troisième Pythique* (v. 73-74) évoque « les couronnes que remporta Phérénicos, en étant victorieux jadis à Cirrha » (στεφάνοις, / τοὺς ἀριστεύων Φερένικος ἕλεν Κίρρᾳ ποτέ). La précision ἀκέντητον « sans avoir besoin de l'éperon » (*Olympiques* I 21) accentue encore le sentiment que le cheval agit de sa propre initiative et n'a pas besoin de jockey. De même, après avoir mentionné le nom du conducteur des mules d'Hagésias dans un contexte métaphorique[44], la *Sixième Olympique* évoque la victoire du char, comme si les mules l'avaient remportée seules (*Olympiques* VI 25-27) : στεφάνους ἐν Ὀλυμπίᾳ / ἐπεὶ δέξαντο, « puisqu'elles ont à Olympie remporté des couronnes ».

Ces expressions peuvent certes surprendre. Elles ont parfois été interprétées comme un effacement délibéré[45], qui s'expliquerait par une crainte de l'aristocratie de perdre son pouvoir et de voir ses valeurs bouleversées, ou encore comme une forme de gêne que ressentiraient les propriétaires victorieux à ne pas avoir réellement participé à la course. N. J. Nicholson parle ainsi à propos des épinicies d'une *poétique de l'exclusion*. Il ne nous semble pas que ces interprétations rendent justice à l'ode triomphale. L'absence des jockeys et auriges s'explique bien plus vraisemblablement comme relevant de pures conventions. Chacun sait que le propriétaire des chevaux n'est pas celui qui conduit le char dans la course et personne ne s'attend à ce qu'il en aille autrement. Car il s'agit d'un fait de société parfaitement admis, d'une convention sociale, qui n'enlève rien au prestige du « vainqueur ». Il n'est pas tant question ici de sport que de prestige issu du sport. Les auriges ne sont, comme les palefreniers, que les instruments de la gloire de

---

42.   Voir Duplouy 2007, p. 496.

43.   On peut également relever que Bacchylide, dans l'*Ode* 5 qui célèbre la même victoire que la *Première Olympique*, nomme lui aussi Phérénicos (à deux reprises même : v. 37 et 184) ; il évoque le jockey (κυβερνήταν, v. 47), mais ce dernier reste anonyme. Sur ce point, voir notamment Nicholson 2005, p. 98-101 ; Golden 2008, p. 12.

44.   Voir *supra* n. 28.

45.   Voir Nicholson 2003, p. 101-128 ; Nicholson 2005 ; Golden 2008, p. 12-16.

leur patron. Enfin, les conventions poétiques propres à l'épinicie (particulièrement à l'épinicie pindarique), qui excluent du poème toute description des circonstances de la victoire, expliquent très bien que ne soient pas mentionnés les cochers. Étant donné que la *Première Pythique* évoque le succès de Hiéron de façon aussi brève et allusive (trois vers sur cent), on ne peut pas s'étonner qu'elle ne mentionne pas son cocher! Prendre ces textes comme la preuve d'une angoisse de l'aristocratie, qui craindrait, si le cocher était mentionné dans le poème, la perte de ses valeurs et de ses prérogatives, relève du contre-sens. On peut, pour s'en convaincre, évoquer le cas de la course mythique et paradig-matique que Pélops remporta contre Œnomaos; cette course est rapportée sans aucun détail dans la *Première Olympique*, en une courte phrase (v. 88) : Ἕλεν δ' Οἰνομάου βίαν παρθένον τε σύνευνον·, « Il l'emporta sur le fort Œnomaos et remporta la vierge pour femme ». Pindare ne se donne même pas la peine de mentionner le fait que Pélops conduisait alors vraisemblablement son char lui-même, tandis que celui de son concur-rent était aux mains du cocher Myrsilos. Car cela ne relève simplement pas de l'intérêt du poète ni de celui de son public. En revanche, Pindare développe et met en scène la prière de Pélops à Poséidon et le don de chevaux magiques que fait celui-ci au jeune homme. Il entend ainsi souligner le fait que le héros a pour lui la bienveillance du dieu (v. 86b-88) :

> … τὸν μὲν ἀγάλλων θεός
> ἔδωκεν δίφρον τε χρύσεον πτεροῖ-
> σίν τ' ἀκάμαντας ἵππους.

> *Le dieu pour l'honorer*
> *lui fit don d'un char d'or et de chevaux*
> *ailés infatigables.*

Il peut être intéressant de faire une rapide comparaison avec la statuaire, autre art illustrant et perpétuant la gloire des vainqueurs[46]. Les groupes sculptés semblent plus fréquemment représenter les auriges que la poésie : outre les monuments érigés à Olympie pour Cléosthénès d'Épidamne (vainqueur en 516)[47], pour Hiéron (vainqueur en 468)[48] et, plus tard, pour Cynisca (victorieuse en 396 ou 392)[49], on peut citer le célèbre aurige de Delphes en bronze et celui de Motya en marbre (tous deux datés des années 470[50]). Dans un contexte de concurrence entre les arts[51], il est possible que l'épi-nicie ait eu à cœur d'affirmer sa supériorité en mettant davantage encore le vainqueur officiel en valeur. Pindare proclame ainsi, en tête de la *Cinquième Néméenne*, la supré-

---

46. Un grand nombre de vases représentant des courses de quadriges font également figurer les cochers. Voir notamment NICHOLSON 2005, p. 224, n. 16.
47. Voir Pausanias, VI 10, 6-8.
48. Voir Pausanias, VI 12, 1-4.
49. Voir Pausanias, VI 1, 6.
50. Voir ROLLEY 1990, p. 294 ; BELL M. 1995, p. 13.
51. Voir THOMAS 1995, p. 116-117.

matie absolue du chant sur les autres arts, en particulier la statuaire, pour commémorer dignement un exploit (v. 1-5) :

Οὐκ ἀνδριαντοποιός εἰμ᾽, ὥστ᾽ ἐλινύσοντα ἐργά-
    ζεσθαι ἀγάλματ᾽ ἐπ᾽ αὐτᾶς βαθμίδος
ἑσταότ᾽· ἀλλ᾽ ἐπὶ πάσας
    ὁλκάδος ἔν τ᾽ ἀκάτῳ, γλυκεῖ᾽ ἀοιδά,
στεῖχ᾽ ἀπ᾽ Αἰγίνας διαγγέλλοισ᾽, ὅτι
Λάμπωνος υἱὸς Πυθέας εὐρυσθενής
νίκη Νεμείοις παγκρατίου στέφανον

Je ne suis pas sculpteur, pour faire des statues
    qui restent dressées sur leur base même,
immobiles ; au contraire, sur tout
    navire, dans chaque bateau, mon doux chant,
pars d'Égine et publie la nouvelle que
le fils de Lampon, le puissant Pythéas
a remporté à Némée la couronne au pancrace

CONCLUSION

Pour conclure, nous pouvons affirmer que les odes hippiques de Pindare se situent au croisement de deux séries de conventions. Elles sont d'une part le reflet d'une pratique et d'une réalité sociale qui veut que le vainqueur célébré par le héraut soit le propriétaire des chevaux et non leur conducteur. Elles obéissent d'autre part à des conventions propres, relevant du genre poétique. Car l'épinicie est une forme d'*enkômion*. C'est une poésie de célébration, qui répond à un certain nombre d'exigences dont la principale est de chanter le vainqueur, qui est aussi le commanditaire du poème – car il s'agit de poèmes de commande. Si l'on tient compte de ces doubles conventions, il n'est plus surprenant que les odes mentionnent les cochers uniquement quand ils font partie de la famille ou de l'entourage proche du vainqueur. L'épinicie entre dans une quête d'un prestige toujours plus grand, prestige qu'elle contribue à procurer et à publier. Il convient donc de faire preuve d'une grande prudence dans l'usage que l'on fait de ces textes, tant dans les détails qu'ils nous donnent que dans ceux qu'ils taisent.

The stray charioteer:
Athletic connotations in the shaping of tragic Orestes

Nikos MANOUSAKIS

When Agamemnon returns home in the first play of Aeschylus' *Oresteia*, in his entering monologue he mentions in passing his only true ally in the war, a man who did not sail of his own will, Odysseus. He mentions him as a σειραφόρον (see v. 842), a trace-horse, an ancillary horse which, once harnessed, proved to be of real help.[1] This rather infrequent word in tragedy (it never occurs in Sophocles, and is found once in Euripides' 18 secure dramas)[2] recurs in the final scene of the play (see v. 1640), when Aegisthus, bullying the elderly Chorus, declares that he will use Agamemnon's wealth to rule the city and he will impose a heavy yoke upon any man who will not obey his power. He will not treat such a man like a trace-horse, giving him barley to eat, but will instead condemn him to starve (cf. vv. 1621-1622). In fact, "for trace-horses particularly spirited and strong animals where chosen, because in wheeling round the νύσσα [in chariot-racing], the outside horse on the right had to make the widest turn. Naturally they were particularly well fed".[3] But as we know there was someone who dared to defy Aegisthus' sway, and lead him to his death: Agamemnon's son, Orestes, the only male family member to remain faithful to the real king after his death –just like (σειραφόρος) Odysseus had done when they were in Troy. In the second play of the trilogy, the *Choephori*, Orestes, obeying the oracle of the Delphian Apollo, returns to avenge his father by killing his mother and her lover. When he was just a child he was sent away to Phocis to live in the house of Strophius, a friend of the family. Upon his return, before going to the palace to confront his mother, he meets with his sister, Electra, and after a rather brief scene of recognition they both engage in an extensive lament which covers the bulk of the drama. Orestes' arrival comes exactly at the time when the women of the Chorus are praying for a champion, a man mighty with the spear, and the bow and the sword, to set the house free again (see vv. 160-163). Right before the lament, the

---

1. For trace-horses used in games see further VIGNERON 1968, pp. 117-121.
2. See *Iphigenia at Aulis* 223.
3. FRAENKEL 1950, III, v.n. 1641.

homecoming hero describes to Electra and the Chorus the penalty that he will have to pay if he disobeys the oracle, sparing his mother's life (see vv. 269-296). The Furies of his father will chase him, whipping and harrying him endlessly.[4] The three parties in lament envisage what is to come as a real battle, asking persistently to be blessed with victory (see vv. 478, 489-90, cf. 729, 874, 890, 946f, 1017, 1052). Orestes sees himself specifically as a wrestler craving to take his enemies in the same grip that his father was taken in.[5] He prays to Agamemnon to send him Justice as his ally, if he indeed wishes him to win the return match (see vv. 497-499: ἤτοι Δίκην ἴαλλε σύμμαχον φίλοις/ ἢ τὰς ὁμοίας ἀντίδος λαβὰς λαβεῖν,/ εἴπερ κρατηθείς γ᾽ ἀντινικῆσαι θέλεις).[6] Afterwards, Electra disappears, and Orestes, with his devoted friend Pylades, pretend to be Phocian strangers, to gain entry to the house, telling the queen that they were commissioned to deliver the news of her son's death. The hero presents himself to Clytemnestra as a yoked horse seeking rest –ὥσπερ δεῦρ᾽ ἀπεζύγην πόδας (see v. 676 with the note by GARVIE 1986)– and the Chorus, just before the killing of Aegisthus, sees Orestes as a young, orphaned, racing horse, yoked to the chariot of misfortune, in need of help from the gods to finish his course (794-799): ἀνδρὸς φίλου πῶλον εὖ-/νιν (ὀρφανό) ζυγέντ᾽ ἐν ἅρμασιν πημάτων. In this passage, as Garvie aptly notes,[7] "Orestes is both the horse and the hoped for victor". The Chorus also sees Orestes as a wrestler who has no replace-ment (τοιάνδε πάλην μόνος ὢν ἔφεδρος/ δισσοῖς μέλλει θεῖος Ὀρέστης/ ἅψειν), ready to now take on the winner of an earlier contest.[8] This previous contest was evidently Agamemnon's slaughter, in which Clytemnestra and her lover prevailed. Using the decep-tion concerning his death to access the palace, Orestes manages to kill Clytemnestra and Aegisthus. Soon after the queen's killing, Orestes feels the presence of her Furies. Just before he begins losing his mind, Agamemnon's son addresses the Chorus and describes his situation (see vv. 1021-1025). He feels like a charioteer driving off the track (ὥσπερ ξὺν ἵπποις ἡνιοστροφῶ δρόμου ἐξωτέρω). He is being conquered by his own mind, which is spinning out of control (φέρουσι γὰρ νικώμενον φρένες δύσαρκτοι), and Fear is in his heart, eager to sing and dance Wrath's tune. The Chorus advises him not to be yoked to harmful speech as to his mouth, because his act was righteous: he is the liberator of Argos. In the last drama of the trilogy Clytemnestra's Furies implicitly portray young Orestes as a runner at full stretch, whom they will hamper and destroy (see vv. 375-376: σφαλερὰ καὶ τανυδρόμοις/ κῶλα, δύσφορον ἄταν). In the *Eumenides*, Orestes is presented again, in passing, as a wrestler, this time fighting back the Furies with the assistance of Apollo and Athena (see vv. 589-590, cf. 597, 776). Furthermore, the hero's cause, which Apollo defends, is, at various times (see vv. 150, 731, 779, 809), descried as trampling

---

4. See GARVIE 1986, v.n. 290.
5. For the metaphor of wrestling in the *Oresteia* see further POLIAKOFF 1980.
6. For the proverbial expression (τὰς ὁμοίας λαβὰς λαβεῖν) and the relevant argument that the text might be suspect see GARVIE 1986, v.n. 497-499.
7. See GARVIE 1986, v.n. 794-796.
8. See GARVIE 1986, v.n. 866-868.

the rightful claim of the daughters of the Night. The verb καθιππάζομαι —employed metaphorically to convey this idea, and literally meaning to ride down, overrun with a horse– is an Aeschylean *hapax* in the tragic corpus.[9] Just before their first encounter with Apollo, the Furies describe themselves as ancient divinities ridden over by the son of Zeus, a youth who dares to show respect for a godless suppliant (see vv. 149-154).[10] This equestrian image is elaborated in the next stanza (see vv. 155-161): ἐμοὶ δ' ὄνειδος ἐξ ὀνειράτων μολὸν/ ἔτυψεν δίκαν διφρηλάτου/ μεσολαβεῖ κέντρῳ/ ὑπὸ φρένας, ὑπὸ λοβόν·/ πάρεστι μαστίκτορος δαΐου δαμίου/ βαρὺ τὸ περίβαρυ κρύος ἔχειν. The Furies, who a moment ago in their song were being trampled by horses, now express their anger and distress for being harnessed in a chariot, driven by Apollo for the sake of Orestes. Their dishonor feels like a tremendously painful sting, a horsewhip, with which Apollo, the διφρηλάτης, nettles them. Further, μεσολαβεῖ κέντρῳ, referring to the goad of the charioteer, as PODLECKI 1992, v.n. 157, indicates quoting M. Poliakoff, might also be "an additional metaphor from wrestling since *held in the middle* suggests *a wrestling hold in which a man grasps his opponent around the waist and lifts him off the ground to throw him for a fall.*" To sum up, in Aeschylus' poetic imagination Orestes emerged as a much awaited and skillful warrior, but also as a competing charioteer and a racehorse, a runner and a wrestler. These are the "seeds", as we will see below, from which he "sprang up" as a tragic hero in Sophocles' and Euripides' matricide plays.

According to the anonymous biographer of Aeschylus, as well as other sources,[11] the poet received a very special honour right after his death. The Athenians issued a decree declaring that whoever wished to compete in the dramatic festivals staging Aeschylus' plays, would be granted a Chorus.[12] Hence, there may have been a revival of the *Oresteia* during the 420s,[13] possibly by the members of the poet's family following in his foot-steps.[14] We are in no position to say which one of the Electra-plays by the younger trage-dians is earlier, but it does not seem improbable that the first production of both plays was in a way triggered by a revival of the Aeschylean masterpiece. Following FINGLASS 2007a, pp. 1-2, we can assume that Sophocles' play cannot be placed earlier than 430 BC, and Euripides' play can be placed between 422 and 416 BC. In any case, even though it would be a quite interesting endeavor even to attempt to be more specific about which came first and which followed, we will not go down this thorny way of guesswork —at least not for now. We will mainly treat the two dramas as a kind of "reaction" to *Oresteia* —and more specifically to the image(ry) of its central hero as a

---

9. In Euripides we find καθιππεύω once (*Phoenissae* 732), indicating the use of the actual cavalry to tread down the enemy.
10. See the translation of the passage by SOMMERSTEIN 2008. See also SOMMERSTEIN 1989, v.n. 150.
11. See the *testimonia* in RADT 1985, pp. 57-58.
12. Contra BILES 2006.
13. See ARNOTT 1983, p. 16, cf. CHOURMOUZIADES 2009, p. 9.
14. About the artistic family line that began with Aeschylus see SUTTON 1987.

warrior and athlete.[15] CHOURMOUZIADES 2009, p. 24, asserts that a number of refer-
ences in the play show clearly that the Euripidean *Electra* presupposes the Aeschylean
trilogy –not the text of course, but the production– as a recent and vivid memory in the
minds of the audience. Concerning the imagery under discussion, the connection seems
a strong one. The young son of Agamemnon presents himself to his sister as her one
and only ally (see vv. 581: σύμμαχός γέ συ μόνος).[16] In his homecoming he is welcomed
by the Chorus with a cry of joy for the victory he will eventually bring to the house, so
that he enters into the city just like a triumphant athlete (see vv. 590-595: ἐμβατεῦσαι
πόλιν). In v. 614 the hero declares to the old tutor that the killing of Clytemnestra
and Aegisthus is the crown of victory he returned for. Later on, his hopes for winning
become an intense prayer to Hera (see vv. 674-675: νίκην δὸς ἡμῖν, εἰ δίκαι᾽αἰτούμεθα).
Electra puts a finer point on the stakes of this match, which she specifies as a wrestling
one, when she states that if her brother does not prove victorious and he dies, that
would also cause her own death (see vv. 686-687: εἰ παλαισθεὶς, cf. vv. 695-698).[17] She
further asks the women of the Chorus to inform her of the outcome of the game (see
vv. 694-695: ὑμεῖς δέ μοι, γυναῖκες, εὖ πυρσεύετε κραυγὴν ἀγῶνος τοῦδε). In vv. 751-760,
almost on the verge of hysteria, she infers from the delay of the messenger that Orestes
has lost the fight (see v. 751: πῶς ἀγῶνος ἥκομεν;) and thus, she can only kill herself now
(see v. 759: νικώμεσθα. ποῦ γὰρ ἄγγελοι;). When the messenger eventually arrives, he
greets the women with a word of success, informing them that Agamemnon's son was
victorious against his mother's lover and his father's slayer (see vv. 761-762). Aegisthus,
totally unsuspecting of what was to come, was sitting in the fields, preparing a sacrifice
to the Nymphs, plucking myrtle, a plant associated with both joy and grief, to weave as
a garland to place in his head (see v. 778: δρέπων τερείνης μυρσίνης κάρα πλόκους). But
the myrtle will not serve as a victory crown for Aegisthus.[18] Orestes will take his place.
Agamemnon's son and his friend Pylades introduce themselves to the usurper king as
being Thessalians, bound for the Alpheus river to sacrifice to the Olympian Zeus. As
ROISMAN, LUSCHNIG 2011, v.n. 781, indicate, "for those travelling from Thessaly, Argos
is on the way to Olympia. Although members of sacred embassies also went *to sacrifice
at Olympia*, two young men travelling on their own would likely have been athletes, and
the implication is thus that Orestes and Pylades are going to compete in the Olympic
games". And the two young men will indeed take part in a game, but in one of a very
different nature: a game of slaughter. Aegisthus invites them to take part in the sacrifice
he is preparing, and they accept. In vv. 815-818, he challenges Orestes to take care of the
dead calf, since Thessalians were known to regard it as a fine accomplishment to butcher
a bullock or break a horse (Ἐκ τῶν καλῶν κομποῦσι τοῖσι Θεσσαλοῖς/ εἶναι τόδ᾽, ὅστις
ταῦρον ἀρταμεῖ καλῶς/ ἵππους τ᾽ ὀχμάζει: λαβὲ σίδηρον, ὦ ξένε, δεῖξόν τε φήμην ἔτυμον

---

15. For the imagery of Orestes as a warrior-athlete in art and literature see broadly GOLDEN 1998, pp. 95-103.
16. Cf. v. 95.
17. According to his sister, Orestes also has the hair of a young man raised in the palaestra, see vv. 527-579.
18. See DENNISTON 1939, v.n. 778 ; ROISMAN, LUSCHNIG 2011, v.n. 778.

ἀμφὶ Θεσσαλῶν). Orestes does not miss this chance. He takes the knife and butchers both the animal and Aegisthus. Euripides portrays Orestes as being particularly skillful in butchering the animal by using, once more, an athletic metaphor. In the messenger's words the poet likens the speed with which Orestes runs with his knife through the dead animal with that of a runner or a competing horseman (see vv. 824-826: θᾶσσον δὲ βύρσαν ἐξέδειρεν ἢ δρομεὺς/ δισσοὺς διαύλους ἱππίους διήνυσε,/ κἀνεῖτο λαγόνας).[19] The poetic fusion attained here is remarkable: just before killing his enemy, Orestes is proved to be an athlete-slayer of exceptional abilities. Moreover, the very fact that Aegisthus challenged the young man to show his abilities, adds a sense of competition to the scene. Clytemnestra's lover dies in Orestes's hands. The slayer tells the guards of the dead king who he really is, and immediately takes them on his side. They then garland his head (see v. 854: στέφουσι δ᾽ εὐθὺς σοῦ κασιγνήτου κάρα), sanctioning his victory. But the real sanction, the second garland for Orestes' head, will come from Electra's hands.

The messenger leaves, and Electra, along with the women of the Chorus, all get ready to welcome the saviour, the heroic Orestes. "The victory that your brother has completed, the crown he has won, are greater than the ones given to the champions in the Olympic games", the Chorus will chant to Electra (see vv. 862-864: νικᾷ στεφαναφορίαν †κρείσσω τοῖς† παρ᾽ Ἀλφειοῦ ῥεέθροισι τελέσσας κασίγνητος σέθεν), urging her to sing a song of triumph. She goes into the house to bring adornments for his hair (see v. 871: κόμης ἀγάλματ᾽ ἐξενέγκωμαι, cf. v. 874), eager to garland the head of her victorious brother (see v. 872: στέψω τ᾽ ἀδελφοῦ κρᾶτα τοῦ νικηφόρου). The metre of the Chorus' song (see vv. 859-865, 873-879) is dactyloepitrite, alternating dactylic and iambo-trochaic sequences familiar from Pindar's and Bacchylides' victory songs. Nevertheless, the praise here is reversed. The athletes in Euripides' time were likened to mythical heroes. In this case, a mythical hero is likened to a contemporary (to the time of the drama) athlete.[20] The offering of the final reward takes place in vv. 880-889. Electra garlands both Orestes and Plylades for their acclaimed achievement, the killing of Aegisthus and the vindication of Agamemnon.[21] The two men are crowned victors in the prestigious game of six-plethron sprint (see v. 883: ἥκεις γὰρ οὐκ ἀχρεῖον ἔκπλεθρον δραμὼν/ ἀγῶν᾽ ἐς οἴκους).[22] Electra will say that the true reward for her brother's exertion is the death of his enemy, which, she will later add (see vv. 953-956), should serve as an example for every criminal, who, even if he has run his first steps well, will not be victorious over justice. Only the finish line, the end of life, will judge who has prevailed (γραμμῆς ἵκηται καὶ τέλος

19. See ROISMAN, LUSCHNIG 2011, v.n. 825. DENNISTON 1939, v.n. 824-825, convincingly argues that ἱππίους is right beyond doubt. Cf. v. 1264.
20. For a contemporary victor and Orestes in Pindar's *Pythian* XI, see EGAN 1983; GOLDEN 1998, p. 98; FINGLASS 2007b, pp. 43-47.
21. For a thorough discussion of the epinician imagery and language in Euripides' *Electra*, see SWIFT 2010, pp. 156-165.
22. See ROISMAN, LUSCHNIG 2011, v.n. 883-885.

κάμψῃ βίου).[23] From this point on, every thought and effort of Agamemnon's children turns to the matricide, and every reference to triumph and victory (at some game) is suspended. Now the game is not only unsweet, it becomes bitter (see v. 986). Just like his Aeschylean counterpart in *Choephori* 1017, who finds no joy in his victorious actions (ἄζηλα νίκης τῆσδ᾿ ἔχων μιάσματα), the Euripidean Orestes sees his oncoming "combat" with his mother, in sharp contrast to that with Aegisthus, as rather undesirable. Just as in Aeschylus (see *Choephori* 1021-1025), the chariot of the young hero's life will also here be driven round and round by his mother's Furies (see vv. 1252-1253: δειναὶ δὲ κῆρές σ᾿ αἱ κυνώπιδες θεαὶ/ τροχηλατήσουσ᾿ ἐμμανῆ πλανώμενον), as the Dioskouroi, Orestes' uncles, foretell *ex machina* in the exodos.[24] In a nutshell, Euripides "sketches" his Orestes as a champion *par excellence*, an athlete who could overshadow the glory of the Olympian Games. He is a master wrestler and runner, and, at the end of the day, a slayer. He is a fake Thessalian, renowned for his skills in horsemanship[25] and in the use of the knife, who proves to be a very real one, at least as far as his butchering abilities are concerned. Finally, he is a frenzied charioteer, who now wanders pursued by the consequences of his final, his acridest victory –the killing of his mother.

What in the plays by Aeschylus and Euripides was conceived in poetry, in Sophocles' *Electra* becomes a (false) fact. In the Sophoclean play, Orestes is not metaphorically figured as an athlete, he is narrated to be an actual athlete, and an exquisite one. The poet employs scarcely any athletic imagery concerning Agamemnon's son in the course of his drama.[26] He instead forges a tale, a brief play-within-the-play, about Orestes' glory as an athlete, who took part in the Pythian Games and lost his life in an intense chariot race. The elderly tutor –described by the young hero as a horse of breeding, who, despite being old, does not lose his spirit in a moment of danger, always finding the strength to drive his "rider" right (see vv. 25-28)[27]– presents himself to Clytemnestra to announce how her son has perished. The mendacious news is summarized by Orestes himself at the beginning of the play (see vv. 47-50: ἄγγελλε δ᾿ ὅρκον προστιθεὶς ὁθούνεκα τέθνηκ᾿ Ὀρέστης ἐξ ἀναγκαίας τύχης, ἄθλοισι Πυθικοῖσιν ἐκ τροχηλάτων δίφρων κυλισθείς· ὧδ᾿ ὁ μῦθος ἑστάτω), and is later fully elaborated by the tutor. The Pythian Games were founded in the early 6th century BC (591-586),[28] and the ancient scholiasts speak of anachronism as regards their use in a play set in the mythic past. Nevertheless, as EASTERLING 1985, p. 7, rightly notes:

> In the Hypothesis to Pindar's *Pythians* there are two distinct versions of the history of the Games. One ascribes the foundation of the Games to Apollo and names the following heroic

---

23. For the terms τέλος and τέρμα in this context see MYRICK 1993, pp. 141-144.
24. See also Euripides' *Orestes* 36, *Iphigenia in Tauris* 82-84, cf. 971. For *Orestes* see further MYRICK 1993, pp. 144-146; GOLDEN 1998, pp. 102-103. For *Iphigenia in Tauris* see MYRICK 1993, pp. 146-148.
25. See FINGLASS 2007a, v.n. 703-704, for the literary sources.
26. An exception is v. 84-85, concerning pouring libations to Agamemnon's tomb: ταῦτα γὰρ φέρει νίκην τ᾿ ἐφ᾿ ἡμῖν καὶ κράτος τῶν δρωμένων.
27. See MARCH 2001, v.n. 26-27, 28.
28. For the sources concerning the foundation of the Pythian Games see FINGLASS 2007b, p. 21ff.

victors in the first athletic contests: Castor stade race, Polydeuces boxing, Calais long-distance race, Zetes race in armour, Peleus discus, Telamon wrestling, Heracles pancratium. The other gives part of an account which appears also in Strabo (9.3.10) and Pausanias (10.7.4-5), to the effect that the contest was originally confined to music, and the athletic competitions were instituted as late as 586 BC when the games were reorganised after the Sacred War.

The accusation of anachronism must have originated from a comment by Aristotle (*Poetics* 1460a31), recording ἐν Ἠλέκτρᾳ τοὺς τὰ Πύθια ἀπαγγέλοντας in a list of improbability instances (ἄλογον). Before the tutor's arrival at the palace and the false announcement of Orestes' killing in a recent chariot race, the Chorus of Mycenaean women presents in a flashback the many sufferings of the royal family, concluding that the root of all evil was another chariot race, the ancient race of Pelops (see vv. 504-515: ὦ Πέλοπος ἀ πρόσθεν/ πολύπονος ἱππεία,/ ὡς ἔμολες αἰανὴς/ τᾷδε γᾷ./ εὖτε γὰρ ὁ ποντισθεὶς/ Μυρτίλος ἐκοιμάθη,/ παγχρύσων δίφρων/ δυστάνοις αἰκίαις/ πρόρριζος ἐκριφθεὶς,/ οὔ τί πω/ ἔλειπεν ἐκ τοῦδ' οἴκου/ πολύπονος αἰκία). In the play by Sophocles this key passage is devised to function as Orestes' counterfeit link to the vicious past of the Atreidae, and a way for things to come full circle, without fatal consequences for this last descendant. The young hero is the last male of his bloodline and he is supposed to have died in almost the same way as the victim of his forefather. The deed that caused the Atreidae so much sorrow, Myrtilus being hurled from Pelops' chariot is reproduced as a pretense for their final extinction –Orestes' death (see vv. 764-765). Myrtilus was the charioteer of Oenomaus, the king of Pisa in Elis, on the northwest coast of the Peloponnese. Pelops, father of Atreus and founder of the dynasty, won his bride Hippodamia by defeating her father, Oenomaus, in a chariot race. However, he won by bribing Myrtilus with either a night with Hippodamia or half of his new kingdom,[29] to cause an accident by loosening the lynchpins of Oenomaus' chariot, or by replacing them with fake ones. Before his confrontation with Pelops, Oenomaus had defeated many suitors, and put them to death. Oenomaus was killed after all, but when Myrtilus claimed his reward Pelops forced him from his chariot into the sea and killed him.

The tutor narrates Orestes' death in *Electra* 680-763.[30] Two identifiable literary sources for the construction of this passage are the 23rd Iliadic rhapsody and epinician poetry in general, but its immediate model, as FINGLASS 2007a, v.n. 680-763, notes, is Aeschylus' *Choephori* 674-690. In Homer chariot races function as a kind of "recreation" of the deeds of war: a fight of some kind –yet with specific, extra-war rules.[31] In the Sophoclean play the news about Orestes' vicious death, more as in a battlefield than in the games, strikes the unprepared Electra, creating the most intense moment in the whole drama. The connection with epinician poetry is a framing one, since this genre offers a typical structure to be adapted to the needs of another genre: tragedy (and more

---

29. For the different accounts of the myth see FINGLASS 2007a, v.n. 504-515.
30. For an excellent analysis of the speech see MARSHALL C. W. 2006.
31. See also SOLEZ 2012 who focuses on the use of chariot-racing metaphors in *Agamemnon* and *Iliad* 22.

specifically a messenger's speech). But there is a major difference between this Sophoclean piece and epinician poetry: while the epinicians are largely concerned with illustrious athletic victories, the tutor's monologue is concerned with an utter athletic disaster, a totally reversed triumph. The tutor's entrance seems at first to function as an immediate confirmation of Clytemnestra's prayer to Apollo for her enemies to perish. According to the forged story, Orestes goes to take part in the Delphic games, τὸ κλεινὸν Ἑλλάδος πρόσχημα, ἄθλων χάριν. And he is victorious at first (especially in running and wrestling?): "he carried off all the prizes in every contest that the judges proclaimed".[32] The crowd cries out his name: Orestes, son of Agamemnon. This would be the expected cry of the spectators in an athletic festival of the poet's time, and, as GOLDEN 1998, p. 99, observes, "this was a festival many in Sophocles' audience would know well by autopsy or reputation".[33] But Sophocles who in all probability had been a spectator at the Pythian Games himself, adds a crucial detail here: the crowd in the tutor's narrative addresses Orestes as the son of the man who gathered the famous armament of Greece. This nuance clearly associates the victory in the games with the victory in the battlefield: the great warrior's son is now a great athlete.[34] Thereafter, the narrative moves to the chariot-racing events. We hear of ten competitors –very few compared to the Pindarian standards– driving their own vehicles, and there is no hint that someone could have had another driver to run in his place, as was the custom in actual chariot-racing games. The poet describes the charioteers in detail, and Orestes is the central one, the fifth. His horses are Thessalian, and this, of course, brings to mind the Euripedian version of the story. In the younger poet's play, in order to kill Clytemnestra and Aegisthus, Orestes pretends to be a Thessalian who is probably an athlete on his way to the Olympic Games. Sophocles' Orestes, for the exact same reasons, becomes an "actual" athlete driving Thessalian mares in the Pythian Games. In finishing the sixth and beginning the seventh of the (historically) twelve rounds, two chariots crash into each other, and the hippodrome becomes a sea of wrecked vehicles and men (see vv. 729-730: πᾶν δ᾽ ἐπίμπλατο ναυαγίων Κρισαῖον ἱππικῶν πέδον).[35] This vivid maritime imagery will recur in Aegisthus' words, even though he did not get to listen to the tutor's story first hand (see vv. 1443-1444: Ὀρέστην ἡμὶν ἀγγεῖλαι βίον λελοιπόθ᾽ ἱππικοῖσιν ἐν ναυαγίοις). In the race, the Athenian rider manages to withdraw his horses from the spot of the crash and keeps going. Orestes, who is last in line, also manages to avoid the danger. But at some point, due to some wrong handling of the reins, Orestes strikes the end of the pillar (στήλη: νύσσα is the Homeric term), and falls off his chariot. The young man dies horribly, ripped apart by his horses. The crowd cries out again, this time out of pity. But, in actual fact, Sophocles' Orestes survives his fate. The chariot race proves to

---

32. See vv. 690-693 (especially the deleted 691). The translation is by H. LLOYD-JONES, Loeb, 1994.
33. See CROWTHER 1994 as regards the historical basis of the tutor's speech concerning Orestes' accident for the first audience of *Electra*.
34. See FINGLASS 2007a, v.n. 694-695.
35. Cf. fr. 38 Radt from Aeschylus' *Glaucus of Potniae*.

be an elaborate lie, and the young hero moves backwards: from death to life. He also reverses the fate of his family, which has been inescapably bleak ever since Pelops' chariot race (see vv. 1497-1498: ἦ πᾶσ᾽ ἀνάγκη τήνδε τὴν στέγην ἰδεῖν τά τ᾽ ὄντα καὶ μέλλοντα Πελοπιδῶν κακά;). The false messenger speech is set exactly in the middle of the play. Everything that has happened before (in dramatic time) and everything that is to come after, is closely tied to this specific piece. The speech takes away Clytemnestra's despair and attaches the burden to Electra. Its reversal kills the former and "resurrects" the latter along with her brother.

In conclusion, both Euripides and Sophocles have expanded and remodelled Aeschylus' concept of Orestes as an athlete. Even if the three damatists were all following a pre-existing athletic tradition surrounding Agamemnon's son, the first one to use it as stage material was Aeschylus, and its emergence in the plays by the younger tragedians seems to be tied to his athletic conception of this character in various ways. Aeschylus' Orestes is a stray charioteer, a runner at full stretch, and a whipped racing horse in need of help. He is Agamemnon's only trace-horse left. His father's only hope for a well-balanced turn at the νύσσα of vengeance. He is also a wrestler who has to face two enemies at the same time, and restore the disturbed order in his house. Euripides' tragic hero is a wrestler again, and a charioteer. But he is a runner too, and at the end of the day a champion in the game of slaughter. He is an athlete from Thessaly who might have been heading to the Olympic Games to take part in a chariot race. In Sophocles' play, a lie takes him to the games after all —the Pythian, not the Olympic— where he is victorious for some time. As a stray charioteer in the Pythian Games he manages to defeat his opponents and erase a past shaped by another charioteer's awful deeds. It is interesting to see how each of the tragedians used the "raw" material. Aeschylus introduced nuanced athletic imagery in shaping his Orestes as a warrior. Euripides, following in the same metaphorical path, endowed this warrior with an athletic triumph. Sophocles, on the other hand, chose to tell a story of Orestes as an actual athlete, who found his way into life through death. This major turn from the essentially poetic constructions of Aeschylus and Euripides to the realistic narrative in Sophocles makes one think that the *Electra* of the latter possibly came last. In other words, there is a transition in tragedy from Orestes as a warrior with athletic grandeur, to Orestes as an actual (false) great athlete, which can be indicative of the relative dating of Euripides' and Sophocles' plays. In any case, though, in 5th century tragedy Orestes was cast in the light of athletic triumph and fall, and we are fortunate enough to be able to witness this in fully extant plays by Aeschylus, Euripides, and Sophocles.

Organisateurs de concours et épreuves hippiques[*]

Clément SARRAZANAS

Le rôle et les fonctions des organisateurs de concours[1] sont des sujets qui ont été relativement peu étudiés jusqu'ici, quelle que soit d'ailleurs la nature des compétitions[2]. Ce constat est encore plus vrai dans le cadre des *agônes* hippiques, essentiellement pour deux raisons principales à mes yeux. La première réside dans la faiblesse des sources disponibles sur ces organisateurs en général. Alors que nous disposons d'exemples de loi gymnasiarchique[3] ou de loi éphébarchique[4] qui définissent en détail les responsabilités et les tâches qui incombaient à ces magistrats, on ne connaît aucun texte qui aurait conservé la loi agonothétique d'une cité ou d'un concours[5]. Même les documents qui évoquent l'action des agonothètes fournissent peu de renseignements précis sur leurs activités dans le cadre des concours hippiques.

---

[*]. Mes remerciements vont à Jean-Charles Moretti et Christophe Chandezon pour m'avoir fait l'amitié de relire une première version de ce texte, à Jean-Manuel Roubineau pour ses précieux conseils et pour l'exécution du dessin au trait de la **fig. 2**, ainsi qu'à Jason Harris pour la version anglaise du résumé.

1. Cette contribution porte exclusivement sur des concours prenant place dans un cadre civique ou fédéral. Je laisse volontairement de côté les concours organisés par des particuliers dans un cadre privé, les compétitions ponctuelles comme celles organisées par Alexandre au cours de ses campagnes, ainsi que ceux internes à des associations religieuses ou à des organisations comme l'éphébie, dont les enjeux et la portée étaient très différents des concours civiques.

2. Voir les remarques de LE GUEN 2010, p. 29. Même l'article de DECKER 1997 consacré à l'organisation des concours dans le monde grec évoque finalement très peu le rôle des agonothètes. Pour un aperçu rapide de la fonction agonothétique dans les cités de l'époque hellénistique, voir maintenant PAPAKONSTANTINOU 2016. Pour une étude analytique sur l'histoire de l'agonothésie et les organisateurs de concours à Athènes aux époques hellénistique et impériale, voir SARRAZANAS 2015 (publication en préparation).

3. Voir GAUTHIER, HATZOPOULOS 1993.

4. La loi éphébarchique d'Amphipolis de 24/3 av. J.-C. (récemment publiée par LAZARIDOU 2015, avec les remarques et commentaires de ROUSSET 2017) prévoit notamment l'organisation de concours pour les éphèbes.

5. On connaît cependant des attestations indirectes de ce genre de lois, par ex. dans *IG* IX 1, 694, l. 22-23 : … καθὼς | ὁ τοῦ ἀγωνοθέτα νόμος τάσσει.

La seconde raison est que les chercheurs qui ont travaillé sur les compétitions équestres se sont plutôt concentrés sur des questions de programme, sur les caractéristiques techniques des épreuves, ou bien sur l'identité souvent remarquable des vainqueurs, ce dernier point étant abondamment documenté par la littérature et les inscriptions. En somme, le point de vue adopté pour l'étude de ce type de concours est souvent parti du cheval ou des concurrents, rarement des agonothètes[6].

Les textes les plus souvent invoqués dans la discussion sont plusieurs passages de Pausanias à propos des hellanodiques d'Olympie. Il s'agit d'un témoignage important et qui a déjà été commenté[7], mais dont la célébrité a pu occulter d'autres sources plus difficiles ou moins fournies comme les inscriptions. Ainsi, comme il y a souvent eu un effet d'athénocentrisme en matière d'histoire institutionnelle par exemple, beaucoup de chercheurs ont aussi fait preuve d'une certaine forme d'olympicocentrisme en histoire du sport. Un exemple de ce phénomène est que l'on écrit encore souvent que les agonothètes étaient les juges des compétitions, ce qui était en effet le rôle des hellanodiques à Olympie, à Némée ou à Delphes[8]. Mais c'est un trait au contraire assez exceptionnel à l'échelle de l'ensemble des concours grecs. En général, l'agonothète présidait seulement les compétitions, sans y faire systématiquement office de juge[9], une tâche à laquelle, le plus souvent, était spécialement affecté un collectif de κριταί[10].

Il est donc risqué de généraliser à partir d'un ou de quelques exemples, si illustres et bien connus soient-il. Chaque cité a pu faire des choix institutionnels différents en matière d'organisation de compétitions : une pratique attestée pour tel concours ne saurait être systématiquement attribuée à d'autres concours ailleurs dans le monde grec. Malgré ces rappels et ces réserves méthodologiques, on peut tenter de dégager quelques traits communs ou récurrents de la fonction agonothétique dans le cadre des compétitions hippiques.

---

6. Conformément à un usage déjà en vigueur dans l'Antiquité, j'emploie ici et dans la suite de cette contribution le terme agonothète avec son acception large et descriptive, qui désigne tout officiel dont la tâche est ἀγῶνας τιθέναι, organiser des concours. Le terme inclut donc aussi hellanodiques, amphictions, athlothètes, etc. Pour cet usage non restrictif du terme agonothète, voir entre autres Hérodote, VI 127 ; Posidippe, *Épigramme* LXXIV 4 ; Pausanias, V 9, 4-6, ou encore une scholie à Pindare, *Pythique* III 118 (DRACHMANN II, p. 115).

7. Les traitements les plus complets sur les hellanodiques d'Olympie sont CROWTHER 1997 et ROMANO 2007 mais qui n'évoquent pas leurs fonctions dans le cadre des concours hippiques. Voir aussi GARCÍA ROMERO 1992a, p. 202-205, et MILLER 2003.

8. Pausanias précise que les hellanodiques d'Olympie recevaient avant le début de la fête une formation spécifique de plusieurs mois : c'est sans doute pendant cette période qu'ils acquéraient les compétences requises pour exercer des fonctions de juge (Pausanias, VI 24, 3).

9. Sur cette distinction importante, voir encore ROBERT L. 1960, surtout p. 335, n. 6, et ROBERT L. 1982, p. 261-266.

10. Les κριταί des Dionysies de l'époque classique sont évoqués par [Andocide], *Contre Alcibiade* 21 ; ceux des *Capitolia* de Rome par Artémidore, IV 33.

LES RESPONSABILITÉS DES ORGANISATEURS DE CONCOURS HIPPIQUES

COLLÉGIALITÉ ET AUXILIAIRES

Après un petit historique concernant les premiers temps du concours olympique, Pausanias indique qu'à partir de la 95ᵉ Olympiade (400 av. J.-C.), le nombre d'hellanodiques passa de deux à neuf. C'est alors qu'on décida de les répartir en trois commissions spécialisées : trois d'entre eux furent affectés au concours hippique, trois au concours athlétique et trois au pentathlon[11]. Il semble que malgré les fluctuations dans le nombre des hellanodiques par la suite (qui a pu varier de huit à douze), on conserva toujours ce principe. La raison en est sans doute l'ampleur du programme des concours olympiques, mais aussi les spécificités propres à chaque catégorie d'épreuves. Cependant, Pausanias ne dit pas selon quels critères on répartissait les hellanodiques ni si la notion de compétence dans tel domaine agonistique entrait en ligne de compte. Un tirage au sort au sein du collège des hellanodiques paraîtrait plus conforme aux usages grecs, mais rien ne permet de l'affirmer avec certitude.

On peut encore noter qu'à partir du IVᵉ s. et pendant l'essentiel de l'époque hellénistique les grands concours qui comportaient des épreuves hippiques (ceux de la période, mais aussi les Panathénées d'Athènes ou celles d'Ilion) avaient à leur tête un collège d'organisateurs et non un responsable unique[12]. Aux Asklépieia d'Épidaure au IIIᵉ s., il y avait sans doute comme à Olympie une répartition des officiels en fonction de la nature des concours[13]. Il me paraît séduisant de supposer un cas de figure semblable au sein des amphictions pythiques, des dix athlothètes des Panathénées athéniennes ou des cinq agonothètes des Panathénées d'Athéna Ilias[14].

Il ne faut pas oublier que les agonothètes disposaient aussi d'un personnel subalterne pour les aider à assurer le bon déroulement des concours. À Olympie, un « responsable du *dromos* » était chargé de déclencher le mécanisme de départ dans l'hippodrome[15]. L'expression employée par Pausanias laisse plutôt penser qu'il s'agissait d'un assistant, et non de l'un des trois hellanodiques du concours hippique. Mais ces personnels subalternes sont peu évoqués dans les sources et mal connus en général[16].

---

11. Pausanias, V 9, 5.

12. Ce n'est qu'à partir de l'époque impériale qu'apparaît un agonothète unique des Olympia, des Pythia, etc. Les Panathénées d'Athènes ne sont dotées d'un agonothète qu'à partir de 160 av. J.-C. (SARRAZANAS 2015, II, p. 139-156), mais le collège des athlothètes est sans doute maintenu au moins jusqu'en 108 av. J.-C. (voir *SEG* LIII 143, l. 2).

13. *IG* IV² 1, 98, I, l. 5, mentionne un ἀγωνοθέτας τοῦ γυμνικοῦ, ce qui indique en creux une répartition des agonothètes suivant la nature des compétitions.

14. On admet généralement que les agonothésies collégiales avaient pour but d'assurer une forme de représentativité, qu'elle soit tribale (à Élis et aux Panathénées d'Athènes), ethnique (les amphictions pythiques) ou fédérale (les diverses cités qui formaient le *koinon* d'Athéna Ilias ; mais voir la nouvelle proposition de KNOEPFLER 2011, p. 41-44).

15. Pausanias, VI 20, 12 : ὁ τεταγμένος ἐπὶ τῷ δρόμῳ ; voir CROWTHER 1993.

16. L'agonothète peut ainsi être assisté par des mastigophores ou rhabdophores (CROWTHER, FRASS 1998), des *eisagôgeis* (ROBERT L. 1929 ; MANIERI 2009b), des *amphithaleis* (ROBERT L. 1940) ou un alytarque (REMIJSEN 2009).

Préparation des compétitions

La première tâche de tout agonothète est de mettre en place les éléments nécessaires au bon déroulement de la compétition : c'est d'ailleurs le sens premier de l'expression ἀγῶνας τιθέναι[17]. Une célèbre inscription de Delphes datée du IIIᵉ s. av. J.-C., bien qu'endommagée, donne le détail des opérations qui ont été menées à l'hippodrome en prévision des Pythia[18] : le plus gros du travail a visiblement été le nettoyage de l'hippodrome (l. 35, sans doute un désherbage et un débroussaillage de l'édifice). La piste fait ensuite l'objet d'un piochage pour ameublir la terre, surtout dans les virages qui sont un lieu crucial et stratégique de toute course hippique[19] (l. 36-37). Divers équipements dont on ne connaît pas le détail sont fournis pour l'hippodrome (l. 37-39, peut-être des éléments de bois pour aménager des gradins ?). Le texte mentionne enfin des travaux dans des οἶκοι[20]. Ces travaux sont effectués par des entrepreneurs delphiens mais ce sont bien les amphictions, organisateurs des Pythia[21], qui règlent la facture et supervisent les opérations.

Ce texte relativement isolé par ailleurs ne donne sans doute pas une liste exhaustive des préparatifs qui incombaient aux agonothètes. D'autres textes delphiens du IVᵉ s.[22] indiquent ainsi qu'on faisait appel à un architecte pour faire construire ou réparer la ligne de départ (ἱππάφεσις), qui était sans doute l'élément bâti le plus élaboré de l'hippodrome[23]. Dans l'ensemble, ces travaux d'entretien devaient être modestes parce que, contrairement aux théâtres, les hippodromes étaient des espaces très peu bâtis[24].

Mais les travaux préalables aux concours ne portaient pas exclusivement sur le lieu des compétitions. Un décret honorifique d'Athènes indique ainsi que Miltiadès de Marathon, agonothète pour les Grandes Panathénées de 142 av. J.-C. « a fait mettre en état les choses qui avaient besoin d'être réparées, à l'Acropole, à l'Odéon et à l'*Anakeion*[25] ». On sait que pendant les Grandes Panathénées, de nombreuses cérémonies se dérou-

---

17. Sarrazanas 2015, II, p. 3-4.

18. Il s'agit des célèbres « comptes de Dion », datés de *ca* 250 (*CID* IV 57 = *Choix d'inscriptions de Delphes* 116 ; les travaux concernant l'hippodrome sont évoqués aux l. 35-40). Voir toujours le commentaire de Pouilloux 1977.

19. Voir déjà Homère, *Iliade* XXIII 319-343.

20. J. Pouilloux pensait que ces οἶκοι étaient des lieux destinés à la réception des athlètes ou des dignitaires étrangers, et que leur mention à cet endroit du texte s'expliquait par une logique topographique. Mais si le texte détaille encore des opérations relatives aux courses hippiques, il pourrait plutôt s'agir de stalles pour les chevaux, soit pour les héberger pendant la durée des concours, soit de boxes de la ligne de départ, semblables à ceux de l'hippodrome d'Olympie (pour lesquels Pausanias, VI 20, 11, emploie le terme οἰκήματα, proche de celui d'οἶκοι).

21. Voir scholie à Pindare, *Pythique* III 118 (Drachmann II, p. 115) : Ἀμφικτύονες καλοῦνται οἱ ἀγωνο-θέται τῶν Πυθίων ἐκ δώδεκα ἐθνῶν τῆς Ἑλλάδος ὄντες.

22. *CID* II 76, col. II, l. 63-64 (336/5 av. J.-C.) ; *CID* II 93, l. 52-54 (329/8 av. J.-C.).

23. Pour l'hippodrome d'Olympie, voir Pausanias, VI 20, 10-14.

24. Voir Mathé 2010, p. 197-200.

25. *IG* II² 968, l. 47-48.

laient à l'Acropole ; on sait aussi que les épreuves musicales avaient lieu dans l'Odéon dit de Périclès, juste à côté du théâtre de Dionysos. La mention de l'*Anakeion* est plus inattendue[26]. Il s'agissait d'un sanctuaire consacré aux Dioscures Castor et Pollux, situé au pied de l'Acropole, près de l'*Aglaurion*. Or les Dioscures étaient des héros cavaliers, protecteurs de la cavalerie athénienne[27]. Un passage d'Andocide indique que les *hippeis* athéniens pouvaient être réunis à l'*Anakeion*[28]. Un fragment de Lysias atteste aussi l'existence d'une hippodromie à l'occasion des Anakeia[29], une fête mineure mais qui était toujours célébrée au IIe s. av. J.-C.[30]. On procédait sans doute dans l'*Anakeion* à des cérémonies propitiatoires avant le début des concours hippiques des Panathénées[31]. Cela rendrait bien compte du fait que l'agonothète ait eu à se charger du maintien en bon état de ces structures qui n'étaient pas des édifices de concours à proprement parler.

Il incombait aussi aux agonothètes, avant le début de la fête, de faire fabriquer les prix de la victoire. Il s'agit d'un trait commun à de nombreux concours de toute nature, comme le montrent plusieurs inscriptions qui transcrivent les comptes des agonothètes, et qui indiquent parfois que ceux-ci ont de leur propre initiative augmenté la valeur des prix offerts[32].

À ce titre, les décrets pour les agonothètes des Théseia d'Athènes du IIe s. av. J.-C. sont particulièrement explicites. Leur formulaire stéréotypé porte systématiquement une rubrique de ce genre[33] :

> ... ἔθηκεν δὲ καὶ ἆθλα τοῖς ἀγω[νι]-
> [σαμέν]οις σπουδῆς οὐθὲν ἐλλείπων κατὰ τὰ ἐψηφισ-
> [μέ]να [τ]ῶ[ι] δήμωι· παρεσκεύασεν δὲ καὶ ταῖς φυλαῖς
> 12 [τ]αῖ[ς νι]κώσαις ἆθλα τῶν τε ἱππέων καὶ τῶν ἐπιλέ-
> [κτων], ὁμοίως δὲ καὶ τοῖς ἐκ τῶν ἐθνῶν τάγμασιν, καὶ
> [τα]ῦ[τ]α ἀνέθηκεν...

> *Il [= l'agonothète] a en outre mis en jeu des prix pour les concurrents, sans aucunement ménager ses efforts, conformément aux décrets votés par le peuple ; il a en outre préparé des prix pour les tribus victorieuses, dans les épreuves des cavaliers et des cavaliers d'élite, ainsi également que pour les escadrons des nations (étrangères), et les a consacrés.*

---

26. Le nom est en partie perdu sur la pierre, mais la restitution [Ἀν]ακεί[ω]ι est plus satisfaisante que [Αἰ]ακεί[ω]ι.
27. Sur l'*Anakeion* et ses attestations, voir maintenant *Topografia di Atene* 1, 2, p. 550-551.
28. Andocide, *Sur les Mystères* 45.
29. Lysias, frg. XVII 2, 3 de l'édition de la *CUF*.
30. *SEG* LVI 246.
31. Étant donné le caractère manifestement civique de l'*Anakeion* athénien, peut-être ces cérémonies ne concernaient-elles que les seuls citoyens athéniens qui, dans certaines épreuves panathénaïques, ne concouraient qu'entre eux.
32. *IEph.* 24C, l. 12-13.
33. Ici, *IG* II² 956, l. 9-14 ; les autres décrets comportent des variantes de formulation mineures.

Alors qu'une phrase un peu générale aurait pu suffire, le texte du décret prend bien soin d'énumérer le détail des différentes catégories pour lesquelles l'agonothète a fait préparer les prix, notamment pour les épreuves hippiques. Cette liste reproduit peut-être mot pour mot le texte initial des ἐψηφισμένα τῶι δήμωι : il s'agit dans tous les cas de montrer que l'agonothète n'a négligé aucun type de compétition et a donc accompli sa tâche scrupuleusement[34].

Ces diverses dispositions devaient être prises plusieurs mois à l'avance, en amont de la fête et des concours, afin que tout soit prêt au moment de l'arrivée des concurrents. Mais le travail des agonothètes ne s'arrêtait pas à ces opérations.

RELATIONS AVEC LES CONCURRENTS : ADMISSIONS ET GARANTIE DE L'ÉQUITÉ

Plusieurs sources évoquent les procédures d'admission des concurrents (*enkrisis*), bien connues pour les athlètes. L'examen avait notamment pour but de s'assurer que les concurrents appartenaient bien à telle ou telle catégorie d'âge[35]. Les chevaux aussi étaient soumis à ce genre d'examen : Lykinos de Sparte, dont les bêtes n'avaient pas été admises à concourir aux Olympia dans la catégorie des poulains, avait pu ensuite les inscrire dans la catégorie des chevaux adultes, et même y remporter la victoire olympique[36].

Les agonothètes avaient la responsabilité globale de ces examens d'admission, mais ces derniers devaient en fait être menés le plus souvent par des personnels subalternes. À Olympie, Pausanias évoque «ceux qui jugent de l'appartenance à la classe des poulains, parmi les chevaux en compétition»[37]. La périphrase laisse penser qu'il ne s'agit pas des hellanodiques en personne, mais d'une catégorie d'auxiliaires ou d'adjoints spécifiquement assignés à cette tâche. Aux Basileia de Lébadée, Xénarchos va consulter à propos d'un autre sujet les «juges responsables des admissions» (*enkritai*) au moment du concours hippique, ce qui pourrait indiquer qu'il s'agissait spécifiquement des *enkritai* chargés d'examiner les chevaux[38].

---

34. À l'inverse, les comptes de Damôn, agonothète des Dèlia de Tanagra à la fin du II⁴ s. av. J.-C. (BRÉLAZ, ANDRIOMENOU, DUCREY 2007 = *SEG* LVII 452), qui détaillent avec soin les dépenses engagées pour la fabrication des prix, n'évoquent jamais de récompenses destinées aux vainqueurs des concours hippiques. Les cavaliers ou les cochers ne sont pas non plus mentionnés dans la prestation du serment, alors que les athlètes et les artistes le sont explicitement (*SEG* LVII 452, l. 7-9). La présence dans ces Dèlia d'épreuves équestres n'est jamais directement attestée ; mais voir la discussion de J.-Ch. Moretti dans ce volume. Le nombre élevé de couronnes remises aux Dèlia, argument sur lequel se fonde J.-Ch. Moretti pour y affirmer l'existence de concours hippiques, peut aussi s'expliquer par la multiplicité des catégories d'âge dans les concours athlétiques : voir GOLDEN 1998, p. 104-123. L'existence d'épreuves hippiques aux Dèlia me paraît donc douteuse, sauf à considérer qu'elles disparurent du programme à une date comprise entre 256 av. J.-C. (*IG* II³ 4, 1, 281) et la fin du II⁴ s. av. J.-C. (agonothésie de Damôn).

35. Voir les exemples rassemblés dans ROBERT L. 1960, p. 334-335 ; CROWTHER 1996.

36. Pausanias, VI 2, 2.

37. Pausanias, V 24, 10 : ὅσοι [...] τῶν ἵππων τῶν ἀγωνιζομένων τοὺς πώλους κρίνουσιν.

38. *Nouveau choix d'inscriptions grecques*, n° 22 C, l. 38-41.

Il est vraisemblable que ces hommes étaient des experts en équidés[39], puisque tout le monde ne savait sans doute pas distinguer clairement un poulain d'un cheval tout juste adulte[40].

Les examens d'admission ne devaient cependant pas se limiter à la question de l'âge du cheval. Un passage du pseudo-Andocide accuse Alcibiade de s'être aligné au concours olympique avec des chevaux volés à un certain Diomédès[41]. L'orateur y reproche en particulier aux hellanodiques de ne pas avoir refusé à Alcibiade l'inscription dans la compétition pour cette raison. On comprend donc qu'il incombait normalement à ces derniers de vérifier l'identité du véritable propriétaire des chevaux (quelle que soit la véracité de l'anecdote du vol d'Alcibiade). Cet examen devait d'ailleurs être essentiel, dans la mesure où les concours hippiques couronnaient non le cavalier ou le cocher mais le propriétaire des chevaux, qui ne faisait pas toujours le déplacement en personne sur le lieu des concours.

Ces différentes tâches agonothétiques que les sources permettent seulement d'entrevoir s'inscrivaient dans le cadre d'une responsabilité plus globale vis-à-vis des concurrents, celle d'être les garants de l'équité des compétitions. Plusieurs décrets indiquent explicitement que l'agonothète des Théseia a apporté tout son soin au bon déroulement des concours, « en veillant à ce qu'aucun des concurrents ne soit victime d'une injustice »[42]. De même, un agonothète devait avoir une attitude irréprochable, sans soupçon de parti-pris pour l'un ou l'autre des concurrents[43].

Dans les épreuves hippiques, le respect de l'équité et l'impartialité d'un agonothète se manifestaient par exemple dans la supervision du tirage au sort des positions des concurrents sur la ligne de départ[44]. C'était un point important car, comme de nos jours, il existait des couloirs plus ou moins favorables, et certains pouvaient offrir un réel avantage au moment du départ. Il fallait donc s'assurer lors du tirage qu'aucun concurrent n'essaye de tricher pour hériter de la meilleure position[45].

Ces principes impliquent aussi, en théorie, qu'un même individu ne puisse pas participer à un concours dont il serait en même temps l'agonothète. Ce principe se rencontre déjà dans les textes homériques : à l'occasion des *agônes* célébrés en l'honneur de Patrocle, Achille annonce qu'il ne prendra part à aucune compétition lui-même, puisqu'il en est

---

39. D'après Pierros 2003, p. 344, ces hommes étaient appelés ἱππογνώμονες, « experts en chevaux ». Cependant le terme est rare et, à ma connaissance, jamais employé dans un contexte de sélection agonistique.

40. Plusieurs auteurs indiquent cependant comment en décider, notamment par l'examen de la dentition du cheval (Xénophon, *Art équestre* III 1). Voir les autres témoignages rassemblés par Pierros 2003, p. 344.

41. [Andocide], *Contre Alcibiade* 26-27.

42. *IG* II[2] 958, l. 7-8 ; 956, l. 8-9 et *SEG* XL 121, l. 14-15.

43. Voir, par ex., Hérodote, II 160 ; Plutarque, *Questions platoniciennes* I 2.

44. Voir, par ex., Homère, *Iliade* XXIII 352-357, et Pausanias, VI 20, 11.

45. Voir Lucien, *Hermotimos* 39-40, pour un parallèle dans le tirage au sort des paires de combattants.

l'organisateur[46]. Une anecdote rapportée par Pausanias et confirmée par une inscription montre toutefois une exception notable à ce principe. En 372 av. J.-C., un Éléen du nom de Troïlos fut vainqueur dans les épreuves de bige de chevaux et du char de poulains, alors même qu'il était l'un des hellanodices en fonction[47]. Cela contrevenait clairement au principe d'impartialité des agonothètes : même si par ailleurs la compétition avait été irréprochable, la victoire d'un des leurs devait nécessairement susciter un soupçon de favoritisme ou d'arrangement. Cette victoire dut faire scandale, car il fut décidé après cet épisode d'interdire aux hellanodices de participer aux concours dont ils avaient la charge[48].

Mais un élément pourrait venir atténuer le scandale. Troïlos ne faisait peut-être pas partie des hellanodices chargés du concours hippique. Mettons qu'il ait été l'un des trois officiels en charge du pentathlon : il pouvait alors considérer qu'il n'était pas moralement tenu de se retirer du concours hippique, sur lequel il n'exerçait aucune autorité directe. D'ailleurs, l'épigramme conservée insiste sur ce cumul des fonctions et le revendique avec une certaine fierté : Troïlos devait se sentir, peut-être avec une certaine dose de mauvaise foi, dans son bon droit.

Il n'est pas surprenant qu'un tel cas de figure se soit produit dans des concours hippiques : un agonothète pouvait se contenter d'aligner les chevaux qu'il possédait, ce qui ne demandait aucun talent artistique ou sportif particulier. Troïlos a en tout cas bien fait d'immortaliser cette victoire, car il était destiné à rester pour l'éternité le seul hellanodice et vainqueur lors d'un même concours olympique.

Un dernier point mérite d'être rappelé : on écrit encore souvent que les agonothètes étaient les « juges » des compétitions. C'est le cas en effet pour les agonothètes des Olympia, des Pythia ou des Néméa : dans les hippodromies, ils se tenaient sur la ligne d'arrivée, et jugeaient eux-mêmes de l'identité du vainqueur de la course[49]. Mais la plupart du temps, et surtout dans les concours où il n'y avait qu'un seul agonothète, celui-ci devait se contenter de présider les compétitions, en déléguant la fonction de juge à des auxiliaires plus spécialisés[50].

En fin de compte, les principales tâches des organisateurs de compétitions hippiques n'avaient rien de fondamentalement différent par rapport aux concours d'une autre nature. En revanche, l'écart est bien plus marqué du point de vue des bénéfices personnels que les agonothètes pouvaient retirer de l'organisation des compétitions équestres.

---

46. Homère, *Iliade* XXIII 279.

47. Pausanias, VI 1, 4, et *IAG* 19 : Ἑλλήνων ἦρχον τότε Ὀλυμπίαι, ἡνίκα μοι Ζεὺς | δῶκεν νικῆσαι πρῶτον Ὀλυμπιάδα | ἵπποις ἀθλοφόροις, τὸ δὲ δεύτερον αὖτις ἐφεξῆς | ἵπποις, υἱὸς δ' ἦν Τρωΐλος Ἀλκινόο.

48. Pausanias, VI 1, 5.

49. Pausanias, VI 13, 9 ; Posidippe, *Epigrammes* LXXIV et LXXIX.

50. Voir *supra* n. 11.

BÉNÉFICES D'IMAGE ET EXPOSITION CIVIQUE POUR UN ORGANISATEUR DE CONCOURS HIPPIQUES

LE PRESTIGE AGONOTHÉTIQUE

Il est bien connu que l'exercice d'une agonothésie généreuse permettait à un citoyen de recevoir la reconnaissance du *dèmos*[51], par exemple sous la forme d'un décret lui attribuant des honneurs immédiatement à la suite des concours[52]. Une agonothésie pouvait ainsi constituer une étape prestigieuse dans une carrière publique[53].

Le moment même de la fête offrait aussi à un agonothète l'occasion d'être au centre de l'attention des spectateurs et surtout de ses concitoyens[54] : il portait par exemple un costume distinctif, souvent de couleur pourpre[55], et il occupait une place d'honneur dans les théâtres ou les stades, et sans doute dans les hippodromes[56].

Le moment culminant d'exposition des agonothètes au public devait être la remise des prix aux vainqueurs. Les sources indiquent bien qu'il s'agissait d'un moment rempli de gloire, et sur de nombreux vases qui dépeignent ce genre de scène l'officiel est souvent représenté[57]. Il faisait ainsi partie du code visuel de la victoire et de la gloire, au même titre que les couronnes ou les rubans (**fig. 1** et **2**). Bien sûr, c'est le vainqueur qui était au centre de l'attention, mais l'organisateur se trouvait aussi dans le champ de vision et pouvait capter une partie de la gloire sur lui, un peu à la manière, de nos jours, dont le président du Comité international olympique apparaît sur les photographies de remise de médailles aux athlètes victorieux.

Mais ces constats sont valables pour tout type de compétition. La question que je voudrais maintenant examiner est la suivante : les concours hippiques constituaient-ils ou non un cadre propice pour un agonothète désireux de faire son autopromotion publique ?

UN CADRE PEU PROPICE AUX PRATIQUES ÉVERGÉTIQUES

Des générosités personnelles de faible envergure

Les dépenses nécessaires à la préparation des concours incombaient normalement à des instances supérieures comme la cité ou le *koinon* qui organisait la fête[58]. Or un agono-

---

51. OBER 1989, p. 231-233.
52. Par ex., *IG* II³ 995.
53. Voir GAUTHIER 1985, p. 112-120.
54. Sur l'importance d'être vu et reconnu socialement au moment des fêtes civiques, voir CHANIOTIS 1995a, CHANIOTIS 1997 (surtout p. 245-254), CHANKOWSKI 2005, avec la bibliographie antérieure.
55. Sur la tenue vestimentaire des agonothètes, voir surtout ROBERT L. 1982, p. 248-251.
56. Voir ROMANO 2007, p. 104-107 et n. 44.
57. Voir l'évocation de ce moment par exemple chez Pausanias, VIII 48, 2. Pour les nombreux témoignages iconographiques, voir VALAVANIS 1990 et KEFALIDOU 1996, p. 44-51 (concours athlétiques).
58. Voir MIGEOTTE 2010.

Fig. 1 — Scène de remise des insignes de la victoire pour un cavalier à l'issue d'une course hippique des Grandes Panathénées. L'homme barbu debout à droite est certainement un athlothète : il tient dans sa main droite une couronne et une palme destinées au vainqueur, et il est vêtu d'un *himation* décoré et rehaussé de pourpre qui marque sa fonction officielle d'organisateur. Amphore panathénaïque, *ca* 530-520 av. J.-C. (détail du revers), Musée archéologique de Nauplie (dessin au trait J.-M. Roubineau).

Fig. 2 — Scène de victoire d'un athlète aux Grandes Panathénées. Au centre, une *Nikè* ailée couronne le jeune athlète nu, qui tient une palme dans sa main droite et a un ruban passé autour du bras gauche. À droite, un athlothète barbu portant un *himation* et une couronne de feuillage sur la tête désigne le vainqueur à la déesse et aux spectateurs d'un geste du bras droit. Amphore panathénaïque attribuée au Peintre de la procession nuptiale, signée par Nikodémos, 363/2 av. J.-C. (détail du revers) (© The J. Paul Getty Museum, Villa collection, Malibu, California).

thète fortuné pouvait décider de payer personnellement tout ou partie de ces dépenses : c'est ce que fit Xénarchos lors des Basileia de Lébadée, qui dit explicitement avoir payé de sa poche l'ensemble des frais nécessaires à la préparation du concours[59]. C'est le type de générosité évergétique le plus fréquemment attesté chez les agonothètes[60].

Mais ces générosités ne pouvaient pas être très importantes pour les compétitions hippiques. L'entretien et l'aménagement d'un hippodrome ne coûtaient pas très cher : au IIIe s., la facture des travaux pour celui des Pythia s'élève au minimum à 274 drachmes éginétiques, mais sans doute pas plus du double. De plus, un hippodrome pouvait être une source de revenus quand on le louait comme terrain agricole. Dans la Délos indépendante, l'affermage peut rapporter suivant les années entre 510 et 1 012 drachmes, alors qu'il s'agit d'un hippodrome de taille modeste[61]. À Lébadée, au début du Ier s., la location de la seule *hippaphèsis* rapporte une année 400 drachmes attiques, la suivante 200[62]. Il est difficile de généraliser à partir de ces quelques chiffres, mais on peut noter que contrairement aux théâtres par exemple, la location des hippodromes devait permettre de couvrir une partie voire la totalité des dépenses nécessaires à leur entretien. Ce n'est sans doute pas sur le volet équestre des concours que les agonothètes pouvaient le mieux mettre en valeur leur générosité.

Quelques autres chiffres, même s'ils sont délicats à manier, permettent de saisir cette différence. Aux Théseia d'Athènes, qui avaient un programme gymnique et hippique, un agonothète dépense personnellement 2 960 drachmes vers 160 av. J.-C.[63], et un autre 3 340 drachmes quelques années plus tard[64]. En comparaison, les concours de nature artistique étaient bien plus coûteux. Un agonothète des Dionysies athéniennes du IIIe s. pouvait dépenser personnellement (ἐκ τῶν ἰδίων) jusqu'à 7 talents[65], soit 42 000 drachmes. C'est quatorze fois plus, alors que les Dionysies avaient un programme seulement théâtral et choral, avec beaucoup moins d'épreuves! Bien sûr, cette comparaison est bancale, à cause de nombreux biais, mais de tels chiffres permettent, à une échelle très générale, de constater un écart très important d'investissement financier des agonothètes suivant le type de concours.

Cela s'explique notamment parce que, dès la fin de l'époque classique, les comédiens ou musiciens étaient des professionnels qui demandaient un salaire pour venir se produire dans un concours, qu'ils soient vainqueurs ou non[66]. Au IIe s., un acteur

---

59. *Nouveau choix d'inscriptions grecques*, n° 22 A, l. 23-28.
60. Voir les exemples rassemblés dans QUASS 1993, p. 275-285.
61. Voir la contribution de J.-Ch. Moretti dans ce volume.
62. *Nouveau choix d'inscriptions grecques*, n° 22, l. 21 et 66-67.
63. *IG* II² 956, l. 17-19.
64. *IG* II² 958, l. 14-16.
65. *IG* II³ 1, 5, 1160, l. 4-5.
66. Sur les salaires des artistes en général, voir LE GUEN 2001, II, p. 71-74 (surtout à partir de *IG* XII 9, 207). Les artistes les plus demandés s'enrichirent notoirement grâce à l'exercice de leur métier.

renommé comme Pôlos pouvait percevoir 3 000 drachmes par jour de représentation[67], ou l'aulète Télémakhos recevoir 1 790 drachmes pour une performance[68]. Un agonothète de concours artistique pouvait donc décider d'offrir des cachets très importants pour attirer les meilleurs artistes, en payant personnellement cette augmentation. La qualité de la compétition devait s'en trouver améliorée, et le mérite pouvait alors en être attribué directement au seul agonothète.

Mais cela n'était pas possible dans les courses hippiques où les propriétaires de chevaux étaient déjà des gens riches et moins intéressés par le gain financier que par la gloire de la victoire. De plus, les cochers ou les cavaliers qui concouraient étaient rémunérés par le propriétaire de l'écurie[69], quand il n'était pas leur esclave[70]. Les équipements comme les chars et surtout les chevaux étaient eux aussi fournis par les riches propriétaires : plusieurs sources indiquent que ceux-ci étaient fiers de remporter des victoires avec des chevaux issus de leurs propres élevages[71]. L'acheminement des animaux sur les lieux du concours, qui pouvait être coûteux et risqué, était là encore à la charge du concurrent, tout comme leur entretien et leur nourriture. Contrairement aux concours artistiques, l'agonothète ne disposait ici d'aucun moyen de rehausser la qualité du spectacle en attirant les meilleurs concurrents du monde grec.

Ainsi, à cause du coût relativement faible de l'organisation des épreuves hippiques dans leur ensemble, les potentielles générosités *ek tôn idiôn* de la part des agonothètes devaient y trouver une résonance moins importante que dans d'autres types de concours. Bien sûr, cela ne les empêchait pas de le faire (même si l'on n'en a guère de trace), mais l'évergésie devait être moins éclatante et finalement moins rentable en termes de retombées personnelles.

Des espaces peu intéressants pour des aménagements durables

On connaît encore de nombreux cas où un agonothète, pour donner plus de relief à sa charge, a financé personnellement la construction d'un édifice de spectacle ou d'une de ses parties. La pratique est fréquente et attestée dès l'époque classique pour les théâtres en pierre[72] : gradins[73], *proskènion*[74], trônes de proédrie[75], caniveau de l'*orchestra*[76], *parodoi*,

---

67. [Plutarque], *Vie des dix orateurs* 848b ; Aulu-Gelle, *Nuits attiques* XI 9.

68. *ID* 399 A, l. 56-57.

69. Voir Pindare, *Isthmique* II, avec NICHOLSON 2005, p. 64-81.

70. Sur le statut des cochers et des cavaliers dans les concours hippiques, sujet très débattu, voir GOLDEN 1998, p. 82, NICHOLSON 2005, p. 25-116, GOLDEN 2008.

71. *IG* V 1, 213, IIa l. 16-17 ; Pausanias, VI 1, 4 ; Posidippe, *Épigramme* LXXXV 1-2.

72. Voir MORETTI J.-Ch. 2010, en particulier les tableaux p. 167-187.

73. *IMagn.* 211.

74. *Ep. Oropou* 430.

75. *IG* V 2, 450, de *ca* 300 av. J.-C.

76. *Ibid.*

estrade, autel à une divinité[77]... Cet investissement évergétique était particulièrement intéressant, puisque les cités utilisaient les théâtres même en-dehors de la période des fêtes, notamment pour y tenir des assemblées. En revanche, avant l'époque impériale, les hippodromes grecs étaient des espaces très peu bâtis. Surtout, comme l'a bien montré V. Mathé[78], ces investissements auraient été assez peu « rentables » pour un évergète, car les hippodromes étaient des lieux que l'on fréquentait peu en-dehors des concours. Lors de son passage à Athènes, Hérakleidès s'émerveille devant le théâtre et les gymnases, mais ne dit pas un mot de l'hippodrome[79]. En-dehors de ceux d'Olympie, de Delphes et du Mont Lykaion, Pausanias n'en mentionne pas non plus. Il faut ajouter que les hippodromes accaparaient beaucoup d'espace et étaient parfois situés à l'écart des centres urbains, comme l'hippodrome de Delphes qui était dans la plaine[80], et celui d'Athènes, dans la zone actuelle du Neo Faliro[81]. Une construction de type évergétique n'y aurait offert à un généreux agonothète qu'une publicité dans un lieu peu en vue et donc assez réduite dans le temps : de fait, on ne connaît aucun exemple de ce genre de bienfait dans un hippodrome.

Monuments commémoratifs

Un autre moyen de rendre durable le souvenir d'une agonothésie généreuse était de faire construire, après la fête, un monument commémoratif destiné à se dresser au sein même de la cité. Là encore, les exemples abondent, mais surtout pour des concours de nature artistique[82]. Je n'en connais aucun pour des compétitions équestres.

L'une des raisons est peut-être le caractère souvent collégial de l'agonothésie des fêtes qui comportaient des compétitions équestres. À Athènes, par exemple, les décrets honorifiques conservés montrent que la gratitude du *dèmos* s'adressait en bloc aux dix responsables des Amphiaraia[83], ou aux athlothètes des Panathénées athéniennes[84]. Ce n'était pas le contexte idéal pour se distinguer individuellement, contrairement aux Grandes Dionysies où tout le crédit des initiatives évergétiques était versé à l'agonothète unique[85], sans « concurrence » interne des autres individus qui partageaient la charge.

De plus, les concours hippiques, même s'ils rencontraient un grand succès auprès du public, étaient par excellence le lieu où s'affrontaient avant tout des aristocrates et

---

77. *IPriene* 175.
78. Mathé 2010, surtout p. 202-203.
79. Hérakleidès le Crétois, 1 et 4, et Perrin 1994.
80. Voir, dans ce volume, les contributions respectives de P. Valavanis, p. 197-215, de A. Chabrol et A. Perrier, p. 179-185.
81. Voir Hésychius, *s.v.* « ἐν Ἐχελιδῶν ». Voir dans ce volume la contribution de A. Matthaiou.
82. Voir, *inter alia*, *IG* II³ 4, 1, 528 (base de trépied miniature, sans doute un ex-voto) ; *IG* II³ 4, 1, 529 (bâtiment consacré à une divinité) ; *IG* II² 3458 et 3851 ; *IG* V, 2, 453 ; *IMagn.* 211 (statues).
83. *IG* II³ 1, 2, 355.
84. *IG* II³ 1, 4, 1022.
85. C'est le cas par exemple dans le décret pour Philippidès de Képhalè, qui procède à une distribution de nature inconnue aux Athéniens, ou qui célèbre un *agôn* supplémentaire pour Déméter et Korè à l'occasion de son agonothésie (*IG* II³ 1, 4, 877, l. 42-45).

de riches particuliers. Ils n'avaient pas le parfum civique de la plupart des compétitions dramatiques ou chorales, et ils pouvaient être à ce titre vivement critiqués par certains contemporains[86]. Ajoutons encore que les concurrents hippiques avaient souvent les moyens de célébrer eux-mêmes leurs victoires de façon grandiose, en faisant faire des statues ou des poèmes à leur gloire. Les organisateurs n'avaient pas besoin d'ajouter à cette commémoration, surtout que l'identité souvent illustre des vainqueurs devait rejeter les agonothètes dans l'ombre.

Proximité sociale des agonothètes et des vainqueurs aux épreuves équestres

On retrouve d'ailleurs souvent les mêmes hommes tantôt comme vainqueurs de courses hippiques, tantôt comme organisateurs de celles-ci. Le constat n'est pas très étonnant : les agonothètes connus par les sources littéraires et surtout épigraphiques étaient presque toujours des hommes riches et importants[87], qui avaient eux-mêmes les moyens de posséder une écurie[88].

L'enquête prosopographique, là où elle est possible, montre clairement que de nombreux agonothètes étaient des «hommes de cheval» : à Athènes, au IIIe s., plusieurs agonothètes de concours dionysiaques ont été hipparques ou phylarques[89], ou même vainqueurs dans des compétitions hippiques[90]. Au IIe s., Pausimakhos de Kôlonè avait remporté une course de chars aux Grandes Panathénées de 170 av. J.-C.[91], avant d'être agonothète de ce même concours, sans doute en 154[92]. Nikogénès de Philaidai remporte deux victoires hippiques aux Grandes Panathénées de 166[93], avant d'être agonothète des Théseia en 161[94], puis des Grandes Panathénées dans les années 150[95]. Il est à nouveau vainqueur, en tant qu'hipparque, aux Théseia en 157/6[96]. Les mêmes constats se retrouvent ailleurs, comme par exemple en Thessalie[97].

---

86. Voir Golden 1997 qui cite de nombreux exemples.

87. Voir les analyses de Quass 1993, p. 275-285, dont les conclusions doivent toutefois être fortement nuancées : voir le compte-rendu de Ph. Gauthier, *Bull. ép.* 1994, 194.

88. Voir, en dernier lieu, Golden 1997 et Golden 2008.

89. Thrasyklès, agonothète en 271/0, avait été hipparque ou phylarque en 282/1 (*SEG* XLVI 122, l. 27) ; Agathaios de Prospalta, agonothète en 252/1 puis trésorier des Panathénées avait été phylarque entre dix et trente ans auparavant (*SEG* XXI 357) ; il y a d'autres exemples.

90. Glaukôn d'Aithalidai, agonothète en 266/5 av. J.-C., avait triomphé à l'*anthippasia* aux Olympia et aux Panathénées : *IG* II[3] 4, 1, 528, couronnes I et III.

91. *SEG* XLI 115, col. I, l. 40.

92. Tsouklidou 2003.

93. *SEG* XLI 115, col. II, l. 20 et 39.

94. *IG* II[2] 956.

95. Pour ce recoupement prosopographique, voir Sarrazanas 2015, I, p. 440-443.

96. *IG* II[2] 957, col. II, l. 39-40.

97. L'agonothète des Éleuthéria de *ca* 180, Androsthénès de Gyrtone, a aussi été stratège du *koinon* thessalien (*IG* IX 2, 525, avec Graninger 2011, p. 159-161). Au Ier s. av. J.-C., c'est un *tagos* qui organise et préside des concours comprenant une composante hippique (*IG* IX 2, 531).

Plus encore qu'avec les athlètes ou les musiciens professionnels, les organisateurs avaient donc une proximité sociale certaine avec les concurrents des courses hippiques. C'est peut-être ce qui explique, paradoxalement, que les agonothètes aient peu célébré ce genre de compétition. Les vainqueurs pouvaient y être des concurrents ou des adversaires politiques de l'organisateur lui-même. Et surtout, le prestige d'une victoire hippique demeurait malgré tout supérieur à celui d'une agonothésie, si grandiose soit-elle. Ce sont ces victoires que préféraient sans doute mettre en avant les membres des élites civiques, comme le montre encore une fois l'inscription de Troïlos d'Élis déjà évoquée.

CONCLUSION

J'espère avoir apporté dans cette contribution quelques éléments de réflexion, en dépit de la faiblesse des sources concernant l'organisation et les organisateurs des concours hippiques, par rapport aux *agônes* de nature athlétique ou artistique. La mise en place même de ces concours dans l'hippodrome réclamait en fait assez peu de dispositifs complexes et de moyens financiers par rapport à d'autres édifices comme les théâtres.

Pour les agonothètes, le volet équestre des concours devait finalement présenter un intérêt assez faible pour mettre en valeur leur action personnelle. Les hippodromes, structures peu coûteuses et peu bâties, ne fournissaient pas un cadre propice aux constructions de type évergétique bien connues ailleurs. De plus, l'identité souvent prestigieuse des vainqueurs hippiques (rois, aristocrates, particuliers fortunés) présentait le risque d'éclipser les mérites de l'organisateur. Les agonothètes, qui étaient souvent des hommes riches et des citoyens de premier plan, préféraient manifestement mettre en scène leurs générosités dans le cadre de compétitions d'autres natures, qui devaient leur rapporter plus de prestige et de popularité.

Logistics and requirements for overseas participants in the Olympic Games: The example of Sicily

Sandra Zipprich

During recent years a lot of research has been done on where equestrian competitions were held in antiquity and who participated in these games. But the focus is rarely put on those who were actually the most important participants of these competitions, namely the valuable race horses. They had to be transported over large distances via sea routes or overland to reach the competition venues. Since they were supposed to perform at their best, it is logical that every precaution must have been taken to diminish the risk of injury or any other discomfort while travelling.

LOGISTICAL REQUIREMENTS

Modern handbooks on the transport of vertebrates contain regulations on air ventilation and temperature control as well as on the litter and medical care which has to be provided. There has to be sufficient lighting and space for performing any act needed for the safety of the animals. Basic questions like the provision of food and water are addressed as well as the maximum period of time which the animals can spend in the vehicle.

Generally, if the transport lasts more than 8 hours or covers more than 65 km, it qualifies as a "long journey" and can only be executed by accredited enterprises.[1] Water provision is vital for equids, and a shortage would definitely affect the performance of the animal. However, it is difficult to give a general statement of the definite amount of liquid required. Depending on temperature and exercise horses need between 30 and 60 litres per day.[2] In a natural environment, horses distribute their food intake over the whole day. More than aiming for a sensation of satiety, they try to satisfy their need for chewing and a neglect of this need might result in behavioural disorders. Depending on

---

1. Marschner 2011, pp. 5-13.
2. Claudi, Steinmetz, Hackeschmidt 2014, pp. 6-8.

the amount of food available, horses can be very picky about what they consume.[3] To avoid intricacies connected to this behaviour, it seems very likely that the owner would provide the horse with the kind of nutrition it is accustomed to. The amount is dependent on the type of food and varies for each individual animal. With hay, we can estimate that at least 7 kg is necessary to feed a horse weighing around 600 kg.[4] Taking into account the aforementioned numbers, at least 40 kg of food and water per day woud have to be moved together with each horse.[5]

The boxes which are used during the transport should feature stable walls which can resist potential kicks by their inhabitants. These walls should be upholstered and free of jutting objects to avoid injuries. The floor has to provide grip for the hooves and keep excrement in. A means of fastening the horse if necessary is also a useful addition. Since excessive space which allows free movement can cause injuries, the size of the box has to be adjusted accordingly. In addition to the width of the horse, usually a space of approximately 15 cm is allotted.[6] This makes the space needed for horse transport much more manageable than one might think at first. The same can be stated for the additional equipment. At least a head collar and a rope should be provided to fasten its bearer inside the box and thus prevent injuries. Blankets and bandages can be used to offer support and comfort.[7]

One well-documented example for the transport of equids via sea routes is the journey made by the Lippizaner stallions of the Spanish Riding School in Vienna. In 1950 they were transported by ship to the United States for their first tour.[8] In stormy weather, the horses were knocked over, but the narrow boxes prevented them from being pushed to and fro. Within a short time the animals adjusted to the situation and leaned in on the walls for more stability. After two weeks, the stallions safely reached their destination.[9] The most exhausting feature of sea transport is the need for the horses to balance themselves permanently, which can be tiring especially when the sea is rough. In comparison to transport via aircraft, travel aboard a ship is considerably more time-consuming and horses might lose shape during this long period. As a result, air transport is usually chosen in modern equestrian sport.[10]

---

3. SCHRADER *et al.* 2009, p. 6.
4. KAMPHUES *et al.* 2004, p. 239.
5. So far, no single complete Greek chariot has been excavated and thus no exact dimensions can be stated. Some indications might be derived by looking at Egyptian chariots, whose replicas usually weigh around 30 kg (cf. SCHRAKAMP 2015, p. 226). This equipment, along with spare parts and trained maintenance technicians, also had to be transported to Greece.
6. KÜPER 2003, p. 115.
7. KÜPER 2003, p. 55.
8. PODHAJSKY 2001, pp. 205-206.
9. PODHAJSKY 2001, pp. 220-221.
10. KÜPER 2003, p. 22.

The example of the Austrian stallions shows that horses meant for serious sport can travel extensive distances via sea transport. Essential requirements are the adequate preparation of the horses and their professional accommodation and supervision during the journey. The ship must provide enough space for the animals, their nutrition and equipment. After they reach their final destination, time to adjust to the new circumstances and to regain shape should be allowed.

In Greek antiquity, all of the conditions mentioned above could be met. The ships sailing the comparably short distances on the Mediterranean Sea provided –perhaps after minor alterations– enough storage room for their precious freight, their provisions and equipment.[11] Horse breeding and training were well-developed businesses and thus there must have been specialized staff who accompanied and supervised the animals. For them, transporting horses via boat was most likely nothing unusual since the concept of this kind of transport had been around for quite some time.

TRANSPORT OF LARGE ANIMALS

Equids were formerly used as a source of food and as working animals. They were extremely important for warfare, as they were vital for the transport of persons and goods. To put them to use in certain campaigns, quite often they had to be transported on ships. Direct archaeological proof for these transports is understandably hard to find. Bones or other findings from contexts under water or on land can provide hints. Skeletal remains may have derived from living animals as well as from dead ones meant for nutrition. Horse gear parts and, later on, horse shoes could point to the transport of living animals.[12] Sporadically, a wreck is suspected of having been a horse transporter. Nevertheless, truly convincing evidence is still missing. So apart from direct archaeological proof, depictions and written sources should be taken into account.

In Egypt, portrayals of horses loaded on ships are known from the time of the New Kingdom, where the animals were the precious possession of the upper class. They brought horses and chariots with them when travelling on the Nile since they wanted to be able to present themselves in a manner befitting their rank after reaching their destination.[13] One example for these depictions can be found in the tomb of Paheri in El-Kab. Two sailing ships are shown carrying a uniaxial chariot on the cabin's roof whereas the associated horses are situated in the prow.[14] Another scene from the tomb of the viceroy of Thebes shows the horses in special boxes with a roof and thus protected from outside elements.[15]

---

11. GÖTTLICHER 2006, p. 43.
12. HORNIG 1999, p. 20.
13. HORNIG 1999, p. 18.
14. HOFMANN 1989, p. 183 fig. 16.
15. LANDSTRÖM 1974, p. 106 fig. 329.

With the beginning of the 1ˢᵗ millennium BC, representations similar to those from Egypt are known from Mesopotamia. Here the transport of equids is mostly shown in military contexts. Reliefs from the palace of Assurnasirpal II in Nimrud show the Assyrian army crossing a river.[16] For this, the chariots have been loaded onto oared vehicles. The horses cross swimming alone or are being led by soldiers. Another transport is depicted on a relief from Ninive, where military horses have been loaded onto vehicles and are guarded by their custodians.[17]

The imprint of a late Minoan seal from Knossos can be interpreted as showing the transport of a horse aboard a ship.[18] Even though it is not preserved completely, the sailing ship can be easily identified. Three ropes are leading up to the mast from the bow, another three from the stern. Three figures are facing left while holding one oar each. The bridled horse, its mane done up in an elaborate fashion, is disproportionately tall compared to the oarsmen and also turning left. A 7ᵗʰ century fibula from Boeotia shows a ship heading to the right with a horse standing in the middle.[19] Again, it is disproportionately tall and appears to be in some way attached to the mast.

Similarly to the Egyptian language, apparently Sumerian and Akkadian did not contain a specific word for horse transporters. Nevertheless, there seems to have been a certain notion of the concept in the Persian kingdom.[20] The Greek coastal cities paying tributes to the Persians were ordered by Dareios I to build ἱππαγωγὰ πλοῖα[21] or ἱππαγωγοὶ νέες.[22] When Thucydides describes the departure of Pericles during the Peloponnesian War, part of the fleet consisted of 300 horsemen in horse transporters –ἐν ναυσὶν ἱππαγωγοῖς– which had been constructed from old vehicles (ἐκ τῶν παλαιῶν νεῶν).[23] And when Athens attacked Corinth five years later, again transporters with 200 horsemen were deployed.[24]

The list of these examples mentioned above covers a wide range of time periods as well as regions. Even though it is by no means complete, it illustrates the fact that strategies on how to transport equids from one place to another are closely connected to their utilization. Depending on its motivation this transport may take place in various ways, from using simple swimming devices to highly specialized vehicles. The equids might be merchandise, they could be meant for use in agricultural or military use or of course because they were supposed to compete in a specific race. The latter example will

---

16. GRAEVE 1981, p. 39 nos. 36-38.
17. GRAEVE 1981, p. 49 no. 53.
18. *CMS* II, 8, 133.
19. Antikenmuseum Berlin No. 31013. Cf. GÖTTLICHER 2006, p. 43, 142 fig. 17.
20. HORNIG 1999, p. 19.
21. Herodotus, 6.48; 7.97.
22. Herodotus, 7.95.
23. Thucydides, 2.56.
24. Thucydides, 4.42.

be illustrated below by looking in detail at the transport of a race horse from Sicily to the Olympic Games.

FROM SICILY TO OLYMPIA

Greeks from Italy and Sicily allotted high prestige to the sanctuary of Olympia. As well as the comparatively high number of treasuries, numerous offerings and inscriptions prove their presence in the sanctuary.[25] The connection between Sicily and Olympia has been reflected in myth at least from the 6th century onwards. The river Alpheus has a special relationship with the island of Ortygia right in front of the Sicilian coast. This is the location of a spring which was supposedly sacred to the nymph Arethusa, whose flight from the river god Alpheus was conveyed in several variations.[26] The Olympic victory lists show plenty of victors from the island, many of whom were members of the Sicilian upper class and whose success was quite often immortalized by Pindar in his Olympian Odes. The ideal of the noble horse breeder was held in high regard in Sicily, while the cost of training and keeping horses that could be victorious naturally limited the participants to the Sicilian upper class.

Various sources tell us about the sea routes participants would have used. Strabo states that the distance from Pachynus to the mouth of the Alpheus is about 4,000 *stadia*.[27] In general those two points are given as a reference when referring to the distance between the Peloponnese and Sicily.[28] Philostratus describes a sea passage to Rome which most likely took place during summer. The ship left Corinth in the evening for the open sea voyage towards Sicily and Italy. Favourable winds and currents allow for a swift passage and Puteoli is reached on the fifth day.[29] The return trip starts again in Puteoli, at the beginning of autumn. They cross the Strait of Messina and continue to Taormina on the east coast of Sicily. Via Syracuse, the company traverses the gulf and arrives six days later at the place where the river Alpheus flows into the Adriatic and Sicilian Sea.[30]

It can be thus inferred that the return trip from Puteoli to the mouth of the Alpheus was undertaken during the time from late September till early November and took six days in total. The mentioning of traversing the gulf seems to hint at an open-sea voyage rather than coastal navigation. Given the distance and the time needed for the first part of the journey, a duration of six days for the route from Sicily back to the Peloponnese

---

25. For more in-depth studies on these relations see GIANGIULIO 1993; PHILIPP 1994; NASO 2006; ANTONACCIO 2007; NAFISSI 2012; BAITINGER 2013.
26. BILIĆ 2009, pp. 120-122.
27. Strabo, 6.2.1.
28. PRONTERA 1996, p. 205.
29. Philostratus, *Vita Apollonii* 7.10-11.
30. Philostratus, *Vita Apollonii* 8.15.

seems quite long.[31] It has been remarked that a navigator "headed for Sicily had the wind behind him only as far as the southern tip of Greece and from that point on he had to tack; conditions were, of course, just the reverse on the homeward journey."[32] This means that the return journey back to Greece should definitely not have been longer, but faster, due to the favourable north-westerly winds prevailing in this area.[33] The given duration of six days probably applies to the whole journey from Puteoli to the mouth of the Alpheus: two days for the approximately 250 nautical miles from Puteoli to Taormina and then on to Syracuse. After one day here the journey continued towards the mouth of the Alpheus, which is about 300 nautical miles away and could be reached within two or three days under good conditions.[34]

Thucydides differentiates between two possible routes, the Ionian Sea for coastal navigation and the Sicilian for the open-sea crossing.[35] The geographical term Ionian Sea is generally used by ancient authors when talking about the Adriatic, or even more specifically about the Strait of Otranto and its closer vicinity. The Sicilian Sea was traditionally located between Sicily and the Peloponnese, stretching as far as the island of Crete.[36] The extension of the term as far as the shores of the Aegean could have its origin in the travellers crossing it who were actually going to Sicily. If the name really derived from these sea routes, the crossings must have been more frequent than can be deduced from the few references in literature.[37] Among those, the earliest mentioning of a direct crossing of the Sicilian Sea can probably be found in the Cyclops of Euripides.[38] Even though it is a mythological story, it nevertheless shows clearly that the direct crossing to Sicily was something that the spectators of this time could imagine as possible. Another example is related by Demosthenes who gives an account of how two merchants wanted to sink their ship after two or three days on the route from Syracuse to Greece. But the sabotage was discovered and the ship was saved and brought to Cephalonia, which implies that at that moment they could not have been too far away from the Greek coast.[39]

Taking these facts into consideration, one can safely assume that direct crossings of the Sicilian Sea were nothing unusual and could be done in two or three days. Only about 24 hours of this time span had to be navigated without landmarks, using stellar navigation.[40] In Roman times this sea route had become everyday business since it was part of the sea route between Rome and Alexandria.

---

31. BILIĆ 2009, p. 116.
32. CASSON 1959, p. 115.
33. CASSON 1959, p. 286.
34. BILIĆ 2009, pp. 116-117.
35. Thucydides, 6.13.1.
36. BILIĆ 2009, p. 119.
37. PRONTERA 1996, p. 205.
38. Euripides, *Cyclops* 18-20.
39. Demosthenes, *Oratio* 32.4-8.
40. FRESA 1969, p. 254.

Reaching the Peloponnese, the travellers could then choose between several harbours. A sensible option was Kyllini in the vicinity of Elis. Since athletes and trainers had to spend at least one month training in Elis, this harbour probably was their preferred landing spot.[41] An inscription from the 3rd century AD relates that the city of Elis decreed a regulation of traffic within its city area during the Olympian Games.[42] A regulation like this must have become necessary to avoid complications due to an increase in visitors to the city.

Another possible landing point was Pheia, the oversea harbour that played an important role in the movement of materials and people to the sanctuary of Olympia. Details from Xenophon and Strabo[43] have in connection with geological circumstances led to the conclusion that Pheia must have been located in the small bay of Agios Andreas close to Katakolon. During surveys conducted by N. Yalouris in the 1950s and 1960s, a large amount of archaeological material was registered both on land and underwater. Besides pottery and metal finds from Archaic to Late Roman times, architectural remains were also documented. Even though these have not yet been safely identified as belonging to harbor architecture, the findings of the surveys nevertheless support the well accepted identification of this place with Pheia.[44]

Continuing the travel inland, one reached Letrinoi and from here one could follow the Holy Road which connected Elis and the sanctuary via the plain.[45] Pausanias gives a distance of 120 *stadia* between Letrinoi and Olympia, and Strabo mentions the same distance for getting from Pheia to Olympia.[46] Modern maps show an air-line distance of about 30 km between harbour and sanctuary, meaning that the number given by Pausanias is a little too high, the one of Strabo a little too low.[47]

This journey was probably taken by walking or riding. With a speed of 4 to 5 km per hour, the travellers would reach their destination within 6 to 8 hours. Making the journey by cart was most likely limited to rich people, women, children and the elderly or sick. Assuming an average speed of 2 to 3 km per hour with this way of travelling, it was decisively more time-consuming. It must have played a certain role with the transport of goods, but even here it only becomes profitable for very heavy goods or mass transport.[48]

Presumably people tried to use the course of the river Alpheus for the logistics of the sanctuary, which would require a landing point at the mouth of the river. Philostratus

---

41. Pausanias, 6.23.1.
42. SIEWERT 2000, pp. 31-37.
43. Xenophon, *Hellenica* 6.2.31; Strabo, 8.3.13.
44. TAITA 2012, pp. 347-348.
45. Pausanias, 6.22.8.
46. Strabo, 8.3.13.
47. TAITA 2012, p. 349.
48. TAITA 2012, p. 350.

and Pausanias make reference to such a landing point,[49] and Pliny mentions that the river was navigable for 6 Roman miles, which translates to about 9 km.[50] The starting point for this distance was the mouth of the river, which according to geologists, has not changed much in location. Nautical handbooks from the 20th century mention the navigability of the river for about 3 to 4 nautical miles. At most 7.41 km, this translates to a distance a little less than that mentioned by Pliny.[51] There is no mention of the shipment of animals up the river Alpheus in ancient sources, but its likelihood might be illustrated by an eye-witness from the 19th century. When narrating his travels in the Peloponnese, W. M. Leake also describes a transport upstream by a "ferry boat" which "carries three horses and as many men, besides the boatmen."[52]

For the last unnavigable part of the river special passengers and merchandise were most likely loaded onto carts or pack animals. This would require special constructions, at least some poles, stakes or side walls, maybe even storage facilities. Since the last part of the Holy Road follows the northern bank, such a landing place would most likely have been on the northern bank, too. This would also be in compliance with the modern road network which might at least partially follow the ancient one.[53] Using all available methods of transport had clear advantages and one can thus assume that the river was used for the movement of animals, passengers and merchandise. Getting from Pheia to Olympia overland means covering a distance of about 30 km. After navigating up the river and relocating the load after about 9 km, only about 10 km were left to be covered overland before reaching the sanctuary.[54]

After their arrival, the animals needed to get used to their new surroundings. This includes the weather and lodging conditions as well as new sounds or smells and changes in nutrition or water. Trainers, horses and equipment must have reached their destination with sufficient time before the beginning of the competitions to regain shape and perform at their best. This must have required at least some simple, maybe temporarily constructed infrastructure, for preparation and during the games themselves, including at least some kind of roofing and troughs for food and water.

Fragments of an inscription dating to the 5th century BC mention the protocol for visitors from regions below Epidamnos in modern Albania, from the Cyrenaika and from Crete. When taking position within the sanctuary, they had to make sure that their animals damages neither votive offerings nor the guest house. It seems quite certain that the administration of the sanctuary tried to regulate the entrance and stay

49. Philostratus, *Vita Apollonii* 8.15; Pausanias, 8.14.11-12.
50. Pliny, *Naturalis Historia* 4.6.14.
51. Taita 2012, p. 367.
52. Leake 1830, p. 49.
53. Taita 2012, p. 372.
54. Taita 2012, p. 374. As for now, there is no definite archaeological proof for this way of transport and no hint as to who was in control of its administration and organization.

of colonists, encouraging them to make the long journey.[55] But it seems questionable if these statements can be applied to race horses as well as to sacrificial and other animals. Horses able to compete at Olympia represented a high value investment which alone would have prevented their being left unsupervised. The competitive environment of the games, which did not shy from manipulation, might have added some extra precautions. Besides, the wealthy owners of these prestigious animals most likely did not need the aforementioned stimulation from the administration of the sanctuary, but were independently able to organize the details of their stay according to their own individual agenda.[56]

CONCLUSION

All in all horse transport covering long distances overland or via sea routes was apparently well-known and well-rehearsed. With two or three days from Sicily to the Peloponnese and an additional one or two days until the arrival at the sanctuary, this means of transport might have even been easier on the animals than the transport of those travelling exclusively overland. Participants from Sicily certainly did not have to expect any transport-related disadvantage during the competition, and if the professional preparation and of course the monetary funding of the logistics were ensured, nothing hindered their successful participation in the Olympic Games.

---

55. SIEWERT, TAEUBNER 2013, pp. 29-31. Inv.-No. B6362.
56. Given the large amount of money the owners invested to get the race horses to Greece, it seems a valid speculation that they not only participated in the Olympic Games but went on to take part in other races as well. This point as well as other logistical aspects will be discussed more elaborately in the author's dissertation project.

Spectacle hippique et spectacle gymnique en Grèce ancienne : approche comparée et effet Carpentier

Jean-Manuel Roubineau

Dans un essai publié en 1986 sous le titre *Sports Spectators from Antiquity to the Renaissance*, A. Guttmann a posé les jalons d'une histoire du spectacle sportif jusqu'à l'époque moderne[1]. Pour ce qui concerne le spectacle sportif antique, trois implicites traversent la lecture développée par le sociologue américain : en premier lieu, la continuité dans le temps du comportement des spectateurs, du début à la fin de l'Antiquité, en deuxième lieu, l'homogénéité, dans l'espace, des conduites des spectateurs, d'Athènes à Alexandrie, en dernier lieu, la similitude du comportement des spectateurs des *agônes hippikoi* et *gymnikoi*[2].

Les deux premiers de ces postulats ont fait l'objet d'un examen et d'une relecture critique par les historiens de l'Antiquité. On pourra notamment citer, en la matière, les travaux de D. Kyle, A. Papalas ou, plus récemment, de Chr. Vendries[3]. En revanche, la comparabilité du comportement des spectateurs des concours hippiques et gymniques n'a pas été explorée et reste implicite dans la plupart des travaux consacrés au spectacle sportif[4]. De manière isolée, mais légitime, F. García Romero a souligné, dans son analyse de la violence des spectateurs dans les concours gymniques grecs, l'intérêt qu'il pouvait y avoir à distinguer spectacles hippiques et spectacles athlétiques : en effet, alors que les sources écrites rapportent de nombreux épisodes de violence entre spectateurs des courses hippiques – à la fois dans les mondes grec, romain et byzantin –, rares sont, en revanche, les cas de violence parmi les spectateurs des concours athlétiques[5].

De fait, la similitude des concours hippiques et gymniques ne va pas de soi : en dehors même de la différence technique et formelle des disciplines qui y sont pratiquées, ils se déroulent dans des lieux différents, procèdent de cultures corporelles distinctes – ce

---

1. GUTTMANN 1986.
2. GUTTMANN 1986, p. 14-18.
3. PAPALAS 1986, p. 6-7 ; KYLE 1987a ; VENDRIES 2015.
4. *E.g.* LÄMMER 1987 ; PAPAKONSTANTINOU 2015.
5. GARCÍA ROMERO 2006, p. 140.

dont la nudité, en vigueur dans les seuls concours athlétiques, témoigne –, et impliquent des investissements financiers inégaux de la part des concurrents – la course de chars constituant la discipline de loin la plus coûteuse. S'ajoute à cela qu'ils décernent les prix à des acteurs dissemblables – les vainqueurs sont, dans les concours athlétiques, ceux qui emportent l'épreuve, alors que, dans les concours hippiques, le prix est remis au propriétaire du cheval ou de l'attelage vainqueur.

C'est donc à évaluer la pertinence d'un rapprochement entre spectacle hippique et spectacle gymnique et à identifier les points communs qui unissent les deux spectacles, que sera consacrée la contribution présente, à travers l'examen de deux questions : le pouvoir des spectateurs des concours hippiques est-il comparable à celui des spectateurs des concours gymniques ? Le lien unissant les spectateurs aux concurrents dans ces deux types de concours est-il de même nature ?

La démarche suivie consistera, à partir de la situation observable dans les *agônes gymnikoi*, à la confronter aux textes documentant la même question dans le contexte des *agônes hippikoi*[6].

LE POUVOIR DES SPECTATEURS

Dans le cadre des concours gymniques, les spectateurs sont susceptibles de faire l'exercice de deux formes de pouvoir principales : d'une part, le soutien aux concurrents, durant l'épreuve, d'autre part, la pression sur les juges, au moment de la détermination du vainqueur, quand cette dernière nécessite l'intervention des magistrats.

C'est chez Polybe que l'on trouve la description la plus explicite du soutien que le public pouvait apporter aux concurrents, et de l'effet ou effet supposé qu'un tel soutien pouvait avoir sur l'issue de la compétition concernée. Le contexte est celui de la finale olympique de pugilat, opposant, en 212 av. J.-C., le champion olympique en titre, le Thébain Cleitomachos, à son outsider, l'Alexandrin Aristonicos[7]. Polybe décrit longuement les ressorts du comportement de la foule assistant au combat, et de ses revirements[8]. Trois temps successifs sont décrits : le soutien apporté par la foule des spectateurs à l'*outsider* Aristonicos, la harangue adressée par Cleitomachos au public, qui provoque son retour en grâce, et sa victoire, porté par le soutien renouvelé du public. Dans la description détaillée qu'il fournit du comportement de la foule, Polybe évoque l'excitation générale, les cris d'encouragements, les sarcasmes, les acclamations

---

6. Pour un relevé systématique des textes anciens sur le spectacle sportif, consulter la base de données *Spectatores. Quellen zum zuschauer im altertum*. URL:http://www.gewi.uni-graz.at/spectatores/, consulté le 16 octobre 2018.
7. Sur Cleitomachos, on pourra consulter : Moretti L. 1957, n° 584 ; Golden 2004, *s.v.* «Clitomachus», p. 42 ; Decker 2014, *s.v.* «Kleitomachos von Theben», p. 105-106.
8. Polybe, *Histoire* IX 7-13.

et applaudissements, et plus généralement les manifestations de sympathie à son favori, mais aussi les sarcasmes adressés à son adversaire.

Les moqueries adressées aux athlètes semblent chose commune, ainsi que l'atteste l'épigramme de Lucillius évoquant un dialogue, sans doute imaginaire, entre le champion de lutte Milon de Crotone et la foule assistant à l'un de ses combats[9]. Milon est arrivé en finale d'un concours sacré, et se retrouve sans adversaire et placé en position de remporter une victoire *akoniti*[10]. Alors qu'il est sur le point de recevoir sa couronne, une chute accidentelle engendre un dialogue avec les spectateurs[11] :

εἰς ἱερόν ποτ᾽ ἀγῶνα Μίλων μόνος ἦλθ᾽ ὁ παλαιστής · τὸν δ᾽ εὐθὺς στεφανοῦν ἀθλοθέτης ἐκάλει. Προσβαίνων δ᾽ ὤλισθεν ἐπ᾽ ἰσχίον · οἱ δ᾽ ἐβόησαν τοῦτον μὴ στεφανοῦν, εἰ μόνος ὢν ἔπεσεν. Ἀνστὰς δ᾽ ἐν μέσσοις ἀντέκραγεν · «Οὐχὶ τρί᾽ ἐστίν · ἓν κεῖμαι · λοιπὸν τἄλλα μέ τις βαλέτω».

Un jour lors de certain concours sacré, Milon le lutteur fut seul à s'avancer. L'athlothète l'invitait sur le champ à recevoir la couronne. Mais, en s'avançant Milon trébucha et tomba sur la hanche. Et des gens de crier qu'on ne pouvait le couronner puisque, même sans adversaire, il était allé au sol ! Se redressant au milieu (du stade) il riposta en criant : « Cela ne fait pas trois (chutes) ; je n'ai été à terre qu'une seule fois. Que quelqu'un vienne me renverser les autres fois !»

L'épigramme joue sur une série de ressorts comiques, qui constituent autant d'instantanés du spectacle sportif et des dynamiques qui le traversent[12]. Je les énumère brièvement. Le premier ressort comique est celui du *défaut de compétence élémentaire* : Milon fait rire à ses dépens pour avoir chuté seul, et avoir manqué, ce faisant, de la première compétence motrice attendue de tout lutteur, à savoir la stabilité[13]. Le deuxième est celui de la *volatilité de la popularité* et de l'*ingratitude des spectateurs* : les spectateurs sont prompts à dénigrer un athlète qu'ils portaient jusqu'alors aux nues, dès lors qu'il manifeste une faiblesse[14]. Le troisième est celui de l'*orgueil blessé de l'athlète*. On retrouve ce même ressort dans une histoire drôle du *Philogelos* : durant un combat de lutte, un lutteur chute très rapidement, et «se roule dans tous les sens et se couvre entièrement de boue avant de se relever, tout fier», déterminé à faire croire qu'il a résisté longtemps avant

---

9. *Anthologie grecque* XI 316. Sur l'identification du lutteur moqué à Milon de Crotone : ROUBINEAU 2016a, p. 216-218 et n. 2 (p. 311).

10. Sur ce type de victoire, voir notamment : JÜTHNER 1942 ; ROBERT L. 1966 ; APPEL 1992 ; WACHTER 1995 ; CROWTHER 2001.

11. *Anthologie grecque* XI 316 (trad. modifiée de ROBERT L. 1968, p. 254).

12. Je reprends ici, sous une forme abrégée, des éléments développés dans ROUBINEAU à paraître.

13. Les épigrammes satiriques et les histoires drôles jouent fréquemment sur ce ressort du *défaut de compétence élémentaire*, et peuvent se moquer successivement d'un professeur ignorant (*Anthologie grecque* XI 152), d'un orateur silencieux (*Anthologie grecque* XI 149 et 151), d'un coureur immobile (*Philogelos* 144 [éd. Zucker]) ou encore d'un boxeur peureux (*Philogelos* 172, 208, 210, 217, 219 [éd. Zucker]).

14. Et on pourra opposer aux moqueries subies par Milon consécutivement à sa chute, les applaudissements récoltés à l'occasion de l'exploit supposé du transport du taureau à travers le stade d'Olympie (Lucien, *Charon* 8).

de succomber[15]. Le quatrième est celui de l'*objection procédurale* : le fait, pour le public, de contester la victoire de celui qui a trébuché, résulte d'une connaissance des règles de la lutte, en vertu desquelles tout lutteur doit avoir fait chuter trois fois son adversaire pour l'emporter. Le paradoxe de la situation – et l'effet comique qui en résulte – tient ici au fait que, alors que la supériorité même de Milon a engendré l'abandon avant la compétition de ses adversaires potentiels, l'absence de ces derniers devient le point de départ d'une contestation de sa victoire. Le cinquième et dernier ressort comique est celui du *courage éphémère de la foule* : l'épigramme s'achève par une invective de Milon, invitant chacun à venir tenter sa chance, et renvoyant le public à sa peur d'affronter le champion. C'est donc des travers des spectateurs que Lucillius se moque, tout autant que de ceux du champion, et c'est des errements de la relation liant les athlètes au public qu'il tire le comique de son épigramme.

En contexte hippique, la logique de *supporting* est également bien présente, en dépit du fracas sonore entourant les courses de chevaux et de chars attelés, qui devait considérablement compliquer les efforts des spectateurs et réduire l'efficacité de leurs encouragements. Le dossier documentaire pour le monde romain est abondant et a été analysé par S. Forichon[16]. Dans le monde grec, le soutien apporté aux concurrents des courses hippiques est décrit en détail par Dion de Pruse dans son *Discours aux Alexandrins*[17]. Mais l'exploitabilité de ce document pour l'histoire des concours dans le monde grec fait débat. De fait, Dion, s'il est admiratif de la ville d'Alexandrie et de ses monuments, est, en revanche, consterné par le comportement des Alexandrins[18]. Et sa description de leur attitude durant les concours hippiques et musicaux vise à révéler la vraie nature du peuple cosmopolite d'Alexandrie, « public incontrôlable pour une cité ingouvernable »[19]. En cela, le comportement des spectateurs alexandrins, tel que décrit par Dion, ne peut être considéré comme exemplaire des usages en vigueur dans les stades et hippodromes du monde grec. Les manifestations de ferveur des spectateurs alexandrins assistant à des concours hippiques sont, en effet, extrêmes, qu'il s'agisse de mimer le comportement de l'aurige (81), de jeter sa tunique pendant la course (89), ou de se livrer à des rixes sur les gradins (89), violences qui débordent parfois du cadre du spectacle pour se poursuivre dans les rues[20]. Reste que, au-delà des excès dénoncés avec véhémence par Dion, certains traits comportementaux du public alexandrin relèvent d'usages plus largement partagés, qu'il s'agisse de cris, d'agitation, de rires ou de plaisanteries. Ainsi, Xénophon décrit, dans l'*Anabase*, le comportement des spectateurs

---

15. *Philogelos* 153 (trad. A. Zucker).
16. Forichon 2012 ; Forichon 2015.
17. Dion de Pruse, *Discours aux Alexandrins* 82-84. Désormais, à consulter dans l'édition de Kasprzyk, Vendries 2012. Le chapitre 1 est consacré à l'analyse de la description, par Dion, du public alexandrin (p. 81-114).
18. Vendries 2015, p. 112.
19. Vendries 2015, p. 125.
20. Violence des spectateurs alexandrins confirmée par Philostrate (*Vie d'Apollonios* V 26).

à l'occasion d'une course de chevaux, dans des termes qui ne sont pas sans rappeler ceux de Dion[21] :

Ἔθεον δὲ καὶ ἵπποι, καὶ ἔδει αὐτοὺς κατὰ τοῦ πρανοῦς ἐλάσαντας ἐν τῇ θαλάττῃ ἀποστρέψαντας πάλιν πρὸς τὸν βωμὸν ἄγειν. Καὶ κάτω μὲν οἱ πολλοὶ ἐκυλινδοῦντο· ἄνω δὲ πρὸς τὸ ἰσχυρῶς ὄρθιον μόγις βάδην ἐπορεύοντο οἱ ἵπποι· ἔνθα πολλὴ κραυγὴ καὶ γέλως καὶ παρακέλευσις ἐγίγνετο.

Il y eut aussi des courses de chevaux : il fallait lancer les bêtes sur la pente, les faire tourner dans la mer et les ramener vers l'autel. À la descente, la plupart roulaient sur eux-mêmes, et pour remonter l'escarpement qui était raide, les chevaux mettaient péniblement un pied devant l'autre. Alors de toutes parts c'étaient des cris, des rires, des encouragements.

Le dossier textuel peut être complété ici d'un dossier iconographique. Plusieurs scènes sur vase montrent des spectateurs de courses hippiques. Sur le fragment d'un *dinos* à figures noires de Sophilos[22], daté des années 580-570 av. J.-C., des spectateurs, massés sur des gradins, encouragent énergiquement les participants d'une course de chars (**fig. 1**). Les légendes invitent à considérer qu'il s'agit d'une figuration des concours funèbres organisés par Achille en l'honneur de Patrocle. Quatre chevaux sont visibles à gauche de l'image, lancés dans une course effrénée. Trois des personnages ont le bras levé en direction des attelages.

Fig. 1 — Détail du fragment de dinos à figures noires de Sophilos. Pharsale, *ca* 580-570 av. J.-C. (Musée archéologique national d'Athènes, inv. A 15499 ; dessin J.-M. Roubineau).

---

21. Xénophon, *Anabase* IV 8, 28 (trad. P. Masqueray, *CUF*).
22. Musée archéologique national d'Athènes, inv. A 15499 (*ABV* 39.16). Sur la signature de Sophilos, La Genière 1995.

Fig. 2 — Détail de la face B de l'amphore du Peintre de Castellani. Tarquinia, *ca* 560 av. J.-C. (Museo archeologico nazionale di Firenze, 3773 ; dessin J.-M. Roubineau).

De même, sur la face B de l'amphore (fragmentaire) du Peintre de Castellani[23] (**fig. 2**), une organisation similaire est observable avec, à droite de l'image, un groupe de spectateurs installé sur des gradins et, face à eux, les concurrents d'une course hippique. De part et d'autre des gradins, le peintre a représenté un chaudron tripode, prix destiné au vainqueur, et une colonne, qui symbolise probablement la ligne d'arrivée, et souligne donc l'intensité du moment figuré. Quatre des sept spectateurs sont représentés en train d'encourager, par des mouvements de bras, les concurrents.

Sur la face A du même vase, est peinte une scène de départ d'Amphiaraos[24]. On retrouve la même association d'une scène de départ d'Amphiaraos et d'un concours hippique sur le registre de décoration inférieur du cratère à colonnes dit d'Amphiaraos (Caere, *ca* 560 av. J.-C.)[25]. Mais il s'agit, cette fois-ci, du concours donné en l'honneur de Pélias. À droite de l'image, six chars sont engagés dans la course, conduits par six personnages légendés – de droite à gauche, Hipasos, Amphiareos, Alastor, Admato, Kastor, Euphamos[26]. À gauche de l'image, faisant face aux attelages, trois personnages masculins légendés – de droite à gauche, Pheres, Argeos, Akstos –, sont assis sur des sièges ouvragés (à dossier, accoudoir et pieds en forme de patte de lion). Ils regardent la

23. Museo Archeologico Nazionale di Firenze, 3773 (*ABV* 95.8).

24. Le fragment de Florence 3773 est habituellement rapproché du fragment de Berlin 1711 sur lequel figure le départ d'Amphiaraos. Voir *ABV* 95.8 ; Kluiver 2003, p. 163, n° 180.

25. Antikensammlung Staatliche Museen zu Berlin, inv. F 1655 (le vase a été perdu durant la seconde guerre mondiale. Ne sont conservés par le musée que quatre négatifs photographiques).

26. Sur ces légendes, Wachter 2001, p. 75-77.

course et agitent leurs mains. La confrontation de l'image à la description, par Pausanias, de la même scène, représentée sur le coffre de Kypsélos, invite à y voir des spectateurs, et à interpréter leurs gestes comme des encouragements nourris[27] :

> Μετὰ δὲ τοῦ Ἀμφιαράου τὴν οἰκίαν ἔστιν ἀγὼν ὁ ἐπὶ Πελίᾳ καὶ οἱ θεώμενοι τοὺς ἀγωνι-
> στάς. Πεποίηται δὲ Ἡρακλῆς ἐν θρόνῳ καθήμενος καὶ ὄπισθεν γυνὴ αὐτοῦ · ταύτης
> <τῆς> γυναικὸς ἐπίγραμμα μὲν ἄπεστιν ἥτις ἐστί, Φρυγίοις δὲ αὐλεῖ καὶ οὐχ Ἑλληνικοῖς
> αὐλοῖς. Ἡνιοχοῦντες δὲ συνωρίδα Πῖσός ἐστιν ὁ Περιήρους καὶ Ἀστερίων Κομήτου,
> πλεῦσαι δὲ καὶ οὗτος λεγόμενος ἐπὶ τῆς Ἀργοῦς, καὶ Πολυδεύκης τε καὶ Ἄδμητος, ἐπὶ δὲ
> αὐτοῖς Εὔφημος, Ποσειδῶνός τε ὢν κατὰ τὸν τῶν ποιητῶν λόγον καὶ Ἰάσονι ἐς Κόλχους
> τοῦ πλοῦ μετεσχηκώς · οὗτος δὲ καὶ τῇ συνωρίδι ὁ νικῶν ἐστιν.

> *Après la maison d'Amphiaraos, il y a le concours en l'honneur de Pélias, avec le public qui regarde les concurrents. Héraclès est représenté assis sur un trône avec une femme derrière lui. L'inscription qui donne le nom de la femme manque, mais celle-ci joue de l'aulos phrygien et non grec. Les conducteurs du char à deux chevaux sont Pisos, le fils de Périérès, et Astériôn, le fils de Cométès; on dit que celui-ci aussi naviqua sur Argô, ainsi que Pollux et Admète, et en outre Euphémos, qui était, au dire des poètes, fils de Poséidon et qui participa avec Jason à la traversée en Colchide. C'est lui le vainqueur à la course des biges.*

C'est, de nouveau, une gestuelle comparable que l'on peut observer sur une amphore pseudo-panathénaïque sur laquelle sont représentés des spectateurs – cette fois-ci à gauche de la scène – assistant à un exercice de voltige[28].

Les quatre scènes sur vase citées ci-dessus datent des années 580-560, alors même qu'aucune autre représentation du même type n'a été retrouvée sur les vases des époques postérieures[29]. Une telle concentration pourrait être due au hasard de la transmission documentaire ou à une mode iconographique. Mais il est également possible qu'elle manifeste l'émergence, durant le premier tiers du VIᵉ s. av. J.-C., du *sport-spectacle*. C'est, en effet, à la même époque que sont fondés ou refondés les concours pythiques (586), isthmiques (580) et néméens (573), qui viennent s'ajouter aux concours olympiques préexistants[30].

La seconde forme de pouvoir dont disposent les spectateurs, dans les concours athlé-tiques, est l'influence sur les décisions des juges, quand ces derniers sont conduits à trancher un affrontement dans lequel la désignation du vainqueur ne va pas d'évidence. Une inscription lacunaire de Phasélis offre ainsi un éclairage original sur les conditions

---

27. Pausanias, V 17, 9 (trad. J. POUILLOUX, *CUF*).
28. *CVA Cabinet des médailles* 2, n° 243, pl. 88-89.
29. On retrouve une représentation comparable, en termes de gestuelle, des spectateurs d'un concours sur l'une des fresques de la tombe des Biges, tombe étrusque du Vᵉ s. av. J.-C., de la nécropole de Monterozzi. Sur le registre supérieur, des groupes de spectateurs, placés dans deux cartouches rectangulaires, à droite et à gauche de l'image, assistent à divers concours athlétiques. Certains d'entre eux sont figurés les bras levés, en signe d'encouragement des athlètes. Sur cette fresque, on pourra notamment consulter : HEURGON 1961 ; BENASSAI 2001a ; BENASSAI 2001b ; THUILLIER 2001.
30. Sur la chronologie des concours sacrés : GARDINER E. N. 1930, p. 31-37 ; MILLER 1978 ; BRODERSEN 1990 ; GEBHARD 2002 ; ROMANO 2014.

possibles d'interaction entre les juges et les spectateurs[31]. L'inscription a été retrouvée
sur une des bases statuaires célébrant les vainqueurs d'un concours (*thémis*) créé par
un dénommé Eucratidas. Datable, sur critères paléographiques, du IIIᵉ s. apr. J.-C., elle
honore un lutteur anonyme qui semble avoir partagé la victoire avec son adversaire, au
terme d'un combat de lutte sans doute très disputé. Je reproduis le texte de l'inscription
et les propositions de restitutions faites par N. Tüner Önen et S. Şahin, ses éditeurs :

> [- - - - -] συνστεφ[θεὶς]
> [νεικήσ]ας, καθὼς το π[λῆ]-
> [θος ἐπ]εβοήσατο, θέ[μι]-
> 4 [δος τὴ]ν ἀνδρῶν πάλ[ην],
> [ἢν κατέ]λιπεν Εὐκρατί[δας]
> [Ἀκ]ρίτου β', Φασηλ[ίτης]

On peut traduire l'inscription restituée comme suit :

> *Ayant été couronné(s) ensemble, ayant vaincu, sous l'effet des acclamations de la foule,
> l'épreuve de lutte des hommes dans la thémis, qu'Eukratidas fils et petit-fils d'Akritos,
> Phasélite, a laissé.*

Tout se passe comme si, alors qu'aucun des deux lutteurs n'était parvenu à prendre
l'ascendant sur son adversaire, les juges avaient conclu à une victoire partagée, plutôt
qu'à une victoire offerte aux dieux, à la suite des manifestations enthousiastes de la
foule. De fait, la décision des juges est parfois difficile à rendre, et leurs avis divergents :
Pausanias évoque ainsi le cas de la course olympique de stade de 396 av. J.-C. lors de
laquelle, parmi les trois juges placés sur la ligne d'arrivée, deux donnent la victoire à
Eupolémos d'Élis, et un à Léon d'Ambracie[32]. De telles situations étaient sans doute
banales, eu égard aux conditions matérielles des courses gymniques et hippiques, qui
conjuguaient à la vitesse de déplacement des concurrents la mauvaise visibilité engen-
drée par la poussière soulevée par ces derniers. La configuration matérielle des courses
constituait un contexte favorable à des interventions de la foule. Le public, depuis les
gradins, était susceptible de disposer d'une vision globale meilleure que celle des juges[33].
Cependant, aucun document n'évoque des manifestations d'opposition à une décision
impopulaire des hellanodices à Olympie, par exemple[34]. En revanche, l'influence des

---

31. *SEG* LV 1473 = Adak, Tüner Önen, Şahin 2005, p. 8, n° 5. Z. Papakonstantinou aborde l'inscription
principalement sous l'angle de la relation spectateurs-athlètes mais, pour autant qu'on suive la proposi-
tion de restitution des éditeurs, l'inscription est surtout utile à la connaissance de la relation spectateurs-
juges (Papakonstantinou 2015).

32. Pausanias, VI 3, 7.

33. Crowther 1997, p. 156.

34. Crowther 1997, p. 150-151. Sur les conditions d'établissement du vainqueur d'une épreuve de course
à pied voir Crowther 1999, notamment p. 140-141.

spectateurs sur les magistrats encadrant un concours est attestée[35]. La pression exercée sur les juges est, d'ailleurs, susceptible de surgir avant même le début de la compétition, au moment de la procédure de sélection (*krisis*) des athlètes. Une inscription d'Isthmia, datée, sur critères paléographiques, du IIe s. apr. J.-C., fournit le détail de la reconstruction du gymnase du sanctuaire, détruit par un tremblement de terre. Parmi les pièces du nouveau bâtiment, certaines sont réservées à ce processus de sélection, et dont l'un des objectifs probables était de tenir les juges à l'écart des entourages des concurrents potentiels[36].

C'est un même processus d'intervention de la foule qui est observable dans un concours hippique évoqué par Poséidippos dans l'une de ses épigrammes[37]. Celle-ci porte sur la difficile victoire de Callicratès de Samos, navarque de Ptolémée II, dans une course de quadrige tenue lors des Pythia de 274 ou 270 av. J.-C. Je reproduis le texte et la traduction qu'en propose J. Bingen :

> ἐν Δελφοῖς ἡ πῶλος ὅτ' ἀντιθέουσα τεθρίπποις
> ἄξον<ι> Θεσσαλικῶι κοῦφα συνεξέπεσε
> νεύματι νικήσασα, πολὺς τότε θροῦς ἐλατήρων
> ἦν ἀμφικτύοσιν, Φοῖβ{ε}, ἐν ἀγωνοθέταις·
> ῥάβδους δὲ βραχέες[38] χαμάδις βάλον, ὡς διὰ κλήρου
> νίκης ἡνιόχων οἰσομένων στέφανον·
> ἥδε δὲ δεξιόσειρα χαμαὶ νεύσα[σ' ἀ]κεραίων
> ἐ[κ σ]τηθέων αὐτὴ ῥάβδον ἐφειλκύσα[το,
> ἡ δεινὴ θήλεια μετ' ἄρσεσιν· αἱ δ' ἐβόησ[αν
> φθέγματ[ι] πανδήμωι σύμμιγα μυριάδ[ες
> κε[ιν]ηι κηρῦξαι στέφανον μέγαν· ἐν θορ[ύβωι δέ]
> Καλ[λικ]ράτης δάφνη<ν> ἦρατ' ἀνὴρ Σάμιο[ς,
> Θεοῖσι δ' Ἀδ[ε]λφε{ι}οῖς εἰκὼ ἐναργέα τῶν τότ' [ἀγώνω]ν
> ἄρ[μα καὶ ἡνί]οχον χάλκεον ὧδ' ἔθετο.

> *À Delphes, alors qu'elle concourait aux quadriges et était arrivée, à un rien près, ex-aequo avec un char thessalien, sa pouliche avait emporté la victoire d'un mouvement de la tête. Longue palabre, ô Phoibos, des auriges auprès des amphictyons agonothètes. Trop peu de*

---

35. Plutarque évoque, dans son *Nigrinos*, un épisode survenu lors des Panathénées, épisode qui, s'il ne porte pas sur un résultat sportif, manifeste l'existence d'interactions entre spectateurs et magistrats : à la suite de l'arrestation d'un spectateur, coupable d'avoir porté un manteau de couleur, l'agonothète renonce à le sanctionner, consécutivement à l'intervention des témoins de la scène, qui plaident en faveur du démuni, contraint de s'habiller ainsi faute de disposer d'autre vêtement dans son vestiaire (*Nigrinos* 14).

36. *IG* IV 203. Sur cette inscription : Broneer 1939. L'hypothèse d'un rôle protecteur de ces *oikoi* a été formulée par Jordan, Spawforth 1982, p. 67-68.

37. Bastianini, Gallazzi 2001 ; Austin, Bastianini 2002, n° 78.

38. On a pu proposer de corriger βραχέες en βραβέες : Janko 2005 ; Gärtner 2006 ; de même, dans ce volume, Chr. Mann. Mais le papyrus fait figurer, sans ambiguïté, le terme βραχέες, et la phrase est intelligible avec ledit terme, ainsi que l'a bien montré J. Bingen (Bingen 2002). Corriger Poséidippos semble, dès lors, aventureux, indifféremment des éventuels bénéfices – grammaticaux, poétiques ou techniques – d'une telle correction.

> *ceux-ci jetèrent à terre leur bâton pour que ce fût par tirage au sort que les cochers emportent la couronne de la victoire. Mais, elle, qui tirait à l'extérieur droit, avec son tempérament tout d'une pièce, baissa la tête au sol, puis attira à elle un bâton, elle, la terrible femelle au milieu de mâles. Ensemble et d'une voix unanime, des milliers de gens crièrent de proclamer la grande couronne en sa faveur. Dans le tumulte, Callicratès, l'homme de Samos, se vit accorder le laurier et a dédié ici aux Dieux Adelphes l'image si évocatrice des joutes d'alors, un char et l'aurige de bronze*[39].

L'épigramme a donné lieu à de nombreux commentaires durant les années ayant suivi sa publication[40]. La bonne compréhension du troisième distique a été débattue. On suivra ici la lecture dudit distique formulée par J. Bingen qui, réexaminant le rôle de βραχέες dans la phrase, s'éloigne de l'interprétation proposée par les éditeurs du papyrus.

> Ainsi les arbitres qui ont conclu au *dead-heat* sont trop peu nombreux pour qu'on puisse passer au tirage au sort. Poussés par la clameur populaire, les autres Amphictyons n'ont plus hésité lorsque l'astucieuse pouliche, brandissant un des bâtons, a suggéré le geste par lequel la majorité a validé la victoire que, sur le terrain, elle avait forcée du bout du museau. Quelle que soit la construction qu'on préfère, le résultat est le même : il existait aux concours pythiques, une procédure qui départageait le *dead-heat* par tirage au sort, au moins pour les épreuves de l'hippodrome. Ceci nous oblige à nuancer l'opinion commune que, dans les concours sacrés, le match nul avait pour conséquence que la victoire était déclarée ἱερά ou la couronne ἱερός[41].

L'épigramme manifeste surtout que, en vertu d'un processus très proche de celui révélé par l'inscription d'Eucratidas, la foule assistant à la course a pesé sur la décision des juges, par les cris de soutiens adressés à la pouliche.

LE LIEN SPECTATEURS-COMPÉTITEURS

De nombreux éléments peuvent intervenir dans le choix, par un spectateur, de soutenir tel ou tel des concurrents. M. Lämmer a pu souligner que chaque spectateur s'identifie à l'un ou l'autre des concurrents, en vertu de ressorts variables, «because of family connections, out of tribal or civic patriotism, or simply because of personal liking»[42]. De fait, une série de facteurs interviennent dans ce processus d'*identification* et de *projection* du spectateur sur l'athlète. L'appartenance à une même famille en est un. L'appartenance à une même communauté en est un autre. Les éloges figurant dans l'épigraphie agonistique fournissent en la matière des informations utiles, quoiqu'indirectes, sur les liens qui peuvent se tisser entre l'athlète et le public. Ainsi, un athlète peut se prévaloir d'être le premier de sa cité à avoir remporté telle ou telle compétition, ou encore le premier

---

39. Traduction de Bingen 2002.
40. Pour un aperçu de cette effusion historiographique, voir Guichard Romero 2004, p. 77, n. 2.
41. Bingen 2002, p. 188-189.
42. Lämmer 1987, p. 19.

de sa région – *e.g.* l'Ionie – ou d'une certaine zone géographique – *e.g.* l'Asie[43]. À cette logique d'appartenances et d'identités emboîtées, du côté de l'athlète, correspond très probablement une logique de fidélités emboîtées, du côté des spectateurs : on peut ainsi supposer qu'un Milésien soutiendra prioritairement un athlète ou un attelage milésien s'il est opposé à un non-Milésien, prioritairement un athlète issu d'une cité ionienne, s'il est opposé à un non-Ionien, et prioritairement un athlète issu d'une cité d'Asie, s'il est confronté à un ressortissant des îles ou de la Grèce balkanique ou péloponnésienne.

À cette logique d'affiliation, s'ajoute l'attachement que certains spectateurs peuvent nouer à l'égard d'un athlète auquel ils reconnaissent un palmarès ou des qualités exceptionnelles. Les athlètes réunissant un important nombre de victoires doivent réunir les suffrages du public. Mais la victoire ne fait pas tout. Peuvent aussi être appréciés ceux qui, indifféremment de leur palmarès, sont connus pour leur abnégation, leur intrépidité, leur résistance à la douleur. Si la dignité de l'athlète – et la popularité qui en résulte – a pour siège premier ses victoires, des formes de *dignités secondaires* existent, auxquelles le public n'était pas insensible[44]. Les sources comiques documentent, de nouveau de manière indirecte, ce phénomène. Les histoires drôles relatives aux athlètes se moquent successivement de l'athlète inexpérimenté (ἀπάλαιστος), du boxeur peureux (δειλός) ou encore du coureur paresseux (ἀργός), manière de dire que l'expérience, le courage ou le sens de l'effort constituent des qualités attendues des athlètes, et donc susceptibles d'être valorisées par ceux qui assistent aux compétitions[45]. De même, l'iconographie funéraire et la statuaire manifestent combien les blessures endurées par les athlètes lourds ont dû, dans ce cadre, constituer un mode d'expression de la valeur sportive. Un fragment de stèle funéraire athénienne du milieu du VIe s. av. J.-C. figure le visage de l'athlète défunt de profil, son poignet muni de lanières de boxe, l'oreille large et épaisse, sous l'effet des coups et frottements subis durant les affrontements, le nez cassé[46]. Le même constat peut être fait dans la statuaire. Une tête de bronze retrouvée à Olympie, reste probable de la statue du boxeur Satyros d'Élis, et datée des années 330-320 av. J.-C., présente un nez cassé[47]. De même, la statue de bronze du pugiliste des Thermes offre un visage au nez cassé, et dont le front, les pommettes, l'arête nasale ou les oreilles sont traversées de plaies profondes[48].

Mais, les identités – qu'elles soient civiques ou extra-civiques – et les mérites propres des athlètes ne constituent pas les seuls ressorts du soutien accordé par les spectateurs à l'un ou l'autre des protagonistes de la compétition à laquelle ils assistent. En effet,

---

43. Quelques exemples dans ROBERT L. 1966, notamment p. 109 et n. 3.
44. Pour une analyse de ces dignités secondaires, ROUBINEAU 2016b, notamment p. 21-23.
45. *Philogelos* 144 (coureur paresseux), 153 (athlète inexpérimenté), 210, 217, 218 (boxeurs peureux).
46. Athènes, musée du Céramique, inv. n° P 1054. Une autre stèle funéraire athénienne, de la fin du Ve s. av. J.-C., montre un sportif lourd en position de garde, de profil, muni d'un nez cassé (Athènes, Musée archéologique national, inv. n° 2004).
47. Athènes, Musée archéologique national, inv. n° X 6439.
48. Rome, Musée national romain, inv. n° 1055.

le spectacle sportif obéit à une dramaturgie propre, qui s'inscrit dans un système sémiotique autonome. Chr. Pociello, dans son essai sur *Les cultures sportives*, propose de nommer *effet Carpentier* – du nom du boxeur français Georges Carpentier – « cet effet de théâtralisation sportive qui s'impose à tous, dès lors que sont mis en lice deux adversaires dont les traits physiques et stylistiques sont en tout point dissemblables (morphologie et esthétiques, postures et mobilités, styles de jeu et conceptions tactiques...) »[49].

En vertu de cet effet, le public d'un spectacle sportif va particulièrement apprécier un affrontement dans lequel le déséquilibre de notoriété, de taille, ou de force, en un mot l'écart perceptible entre les concurrents, qu'il soit réel ou supposé, est maximal. Un tel processus psychologique peut conduire à soutenir, envers et contre toute logique patriotique, un athlète étranger à sa cité au détriment de l'un de ses compatriotes. Un tel renversement avait déjà été observé et théorisé par Polybe, à l'occasion de sa description du combat entre Cleitomachos et Aristonicos[50] :

> Καὶ γὰρ <ἐν> ἐκείνοις ὅταν πρὸς ἐπιφανῆ καὶ ἀήττητον ἀθλητὴν εἶναι δοκοῦντα συγκα-
> ταστῇ ταπεινὸς καὶ πολὺ καταδεέστερος ἀνταγωνιστής, εὐθέως ἀπομερίζει τὰ πλήθη
> τὴν εὔνοιαν τῷ καταδεεστέρῳ καὶ θαρρεῖν παρακαλεῖ καὶ συνεξανίσταται τούτῳ ταῖς
> ὁρμαῖς· ἐὰν δὲ καὶ ψαύσῃ τοῦ προσώπου καὶ ποιήσῃ τι σημεῖον τῆς πληγῆς, παραυ-
> τίκα πάλιν ἁπάντων ἀγὼν μικρὸς γίνεται· ποτὲ δὲ καὶ χλευάζειν ἐγχειροῦσι τὸν ἕτερον,
> οὐ μισοῦντες οὐδὲ καταγινώσκοντες, ἀλλὰ παραδόξως τε συμπαθεῖς γινόμενοι καὶ
> τῷ καταδεεστέρῳ φύσει προσμερίζοντες τὴν ἑαυτῶν εὔνοιαν· οὓς ἐὰν ἐπιστήσῃ τις ἐν
> καιρῷ, ταχέως μετατίθενται καὶ παρὰ πόδας ἐπιλαμβάνονται τῆς ἑαυτῶν ἀγνοίας.

> *Lorsqu'on oppose à un pugiliste célèbre et jamais vaincu un adversaire obscur et bien infé-
> rieur à lui, la foule se déclare immédiatement pour le plus faible ; elle lui crie des encourage-
> ments et le soutient de tout son cœur. Quand il lui arrive de toucher son adversaire au visage
> et qu'il le force à accuser le coup, l'excitation est générale. On va même jusqu'à lancer des
> sarcasmes à l'autre, non par hostilité à son égard ou parce qu'on lui reproche quelque chose,
> mais par l'effet de cette sympathie étrange qui pousse les gens à prendre instinctivement le
> parti du plus faible. Pourtant, lorsque, dans un tel instant, on adresse des remontrances aux
> spectateurs, ceux-ci changent bien vite d'attitude et reviennent à la raison.*

C'est ce qui a lieu durant le combat entre Cleitomachos, Grec de Grèce, et champion à la réputation immense, et Aristonicos, Grec d'Alexandrie, inconnu du public et sans palmarès. On pourrait s'attendre à ce qu'il en aille différemment dans les concours hippiques, en vertu du système propre de circulation de la valeur qui y règne. On le sait, alors que, à la lutte ou à la course de stade, l'athlète vainqueur d'une compétition est pensé comme le principal acteur de la victoire, dans les courses hippiques, trois acteurs viennent combiner leurs efforts : le propriétaire du cheval ou de l'attelage, le cavalier ou l'aurige, et le ou les chevaux. Ce caractère combiné se manifeste particulièrement dans les tablettes de défixion agonistiques relatives aux courses hippiques, dans lesquelles

---

49.   Pociello 2005, p. 114-115 et plus généralement p. 114-118. Voir également Pociello 1998, p. 149-164.
50.   Polybe, *Histoire* XXVII 9, 3-6 (trad. D. Roussel, Gallimard).

les chevaux peuvent être visés au même titre que les conducteurs de char[51]. Dans les *agônes hippikoi*, le propriétaire de l'attelage vainqueur, s'il gagne du prestige, ne fait pas véritablement la preuve de sa valeur. Un passage de l'*Apologie de Socrate* de Platon le rappelle sans ambiguïté. Le contexte est celui du procès de Socrate. Ce dernier, face à ses juges, réclame en guise de peine la *sitésis* au Prytanée, arguant qu'il la mérite bien plus qu'un vainqueur aux épreuves hippiques olympiques : πολύ γε μᾶλλον ἢ εἴ τις ὑμῶν ἵππῳ ἢ συνωρίδι ἢ ζεύγει νενίκηκεν Ὀλυμπίασιν («Oui, cela lui siérait bien mieux qu'à tel d'entre vous qui a été vainqueur à Olympie avec un cheval de course ou un attelage à deux ou un quadrige»)[52].

De fait, il est rare que les propriétaires d'un attelage pilotent eux-mêmes leur propre char, ce qu'on a pu être tenté d'expliquer par les risques élevés encourus par les cavaliers et auriges[53]. Mais les cavaliers et auriges eux-mêmes, bien qu'ils soient plus directement impliqués dans la performance que leurs commanditaires, sont pensés comme moins méritants que les athlètes, dans la mesure où leur entraînement est moins exigeant que celui de ces derniers. Dans son traité sur *Le commandant de cavalerie*, Xénophon en fait le constat explicite[54] :

> Εἰ δέ τις νομίζοι πολλὰ ἔχειν ἂν πράγματα, εἰ οὕτω δεήσει ἀσκεῖν τὴν ἱππικήν, ἐνθυμη-θήτω ὅτι οἱ εἰς τοὺς γυμνικοὺς ἀγῶνας ἀσκοῦντες πολὺ πλείω πράγματα καὶ χαλεπώτερα ἔχουσιν ἢ οἱ τὴν ἱππικὴν τὰ μάλιστα μελετῶντες. Καὶ γὰρ τῶν μὲν γυμνικῶν ἀσκημάτων τὰ πολλὰ σὺν ἱδρῶτι ἐκπονοῦνται, τῆς δὲ ἱππικῆς τὰ πλεῖστα μεθ' ἡδονῆς.

> *Si quelqu'un estime qu'il risque d'avoir des tourments sans nombre s'il lui faut s'exercer de la sorte à la pratique du cheval, qu'il se dise que ceux qui s'exercent en vue des concours gymniques ont des tourments bien plus nombreux et plus graves que ceux qui s'entraînent le plus à l'équitation. En effet, avec la plupart des exercices gymniques, il faut de la sueur pour y être rompu, pour ceux de l'équitation le plaisir généralement suffit.*

L'acteur principal des courses hippiques semble donc être le cheval ou les chevaux, au point que la possibilité d'une victoire d'un cheval ayant désarçonné son cavalier existe, ainsi que l'atteste Pausanias, dans le récit qu'il donne de la victoire du Corinthien Pheidolas, désarçonné au début de la course par sa jument Aura[55]. Tout se passe comme si la valeur était distribuée *en cascade*, du cheval au propriétaire en passant par le cavalier/aurige.

---

51. *E.g.* JORDAN 2002. Sur les défixions agonistiques : TREMEL 2004.

52. Platon, *Apologie de Socrate* 36d-e (trad. M. CROISET, *CUF*). On le sait, une certaine hostilité pouvait exister à l'égard des propriétaires de chevaux. L'*ostrakon* relatif à Mégaclès, le traitant d'«éleveur de chevaux» (*hippotrophos*), en constitue une des manifestations les plus connues. Sur les *ostraka* accompagnés d'insultes ou de remarques vindicatives, voir BRENNE 1994.

53. CROWTHER 1994.

54. Xénophon, *Le commandant de la cavalerie* VIII 5-6 (trad. modifiée de E. DELEBECQUE, *CUF*).

55. Pausanias, VI 13, 9.

L'*effet Carpentier*, observé dans le cadre du combat entre Cleitomachos et Aristonicos, est également observable dans les concours hippiques. L'épigramme de Poséidippos en fournit une des rares illustrations explicites. En effet, le ressort du choix de la foule, tel qu'explicité par Poséidippos, est le suivant : c'est parce qu'une jument de l'attelage de Callicratès – remarquée pour son tempérament durant la course –, attire à elle, après la course, le bâton jeté par l'un des juges, qu'elle fait gagner son attelage. L'animal s'est singularisé par son attitude en course ainsi que par son geste d'après-course. Mais cette singularité d'attitude est redoublée par une singularité de genre : il s'agit, en effet, d'un cheval femelle, ἡ δεινὴ θήλεια μετ' ἄρσεσιν, « la terrible femelle au milieu des mâles », selon l'expression imagée de Poséidippos. C'est donc bien au titre de ses différences, de genre, d'énergie, et sous l'effet de son geste anthropomorphique, que la jument de Callicratès reçoit le soutien de la foule. Dans une analyse convaincante de l'expression δεινὴ θήλεια, L. A. Guichard Romero propose de la rapprocher de celle de δεινὸς ἀνήρ[56]. La couleur épique initiale de cette dernière expression viendrait renforcer le contraste voulu par le poète : « Posidippus does not only reverse the gender to emphasize the courage and force of Callicrates' mare and force, but –through μετ' ἄρσεσιν– he also compares it with the lack of both virtues in her male rivals »[57]. De fait, les juments se voyaient reconnaître de nombreuses qualités en contexte de compétition, au point de pouvoir être considérées comme supérieures aux mâles[58]. Et, dans ses épigrammes, Poséidippos lui-même leur prête, à plusieurs reprises, un rôle de premier plan[59].

Plus généralement, la tension de genre constitue, dans l'épigramme relative à la victoire de Callicratès, un ressort efficace de dramatisation des enjeux. C'est un même ressort, décliné sous une autre forme, que l'on peut observer dans l'*Iliade*, quand Antilochos exhorte ses chevaux à ne pas se laisser distancer par l'attelage guidé par Ménélas :

> *En avant! vous aussi, allongez au plus vite. Je ne vous demande pas de lutter contre ceux de là-bas, contre les étalons du preux fils de Tydée, à qui Athéné vient d'octroyer la vitesse, en même temps qu'elle donnait la gloire à leur conducteur. Mais rejoignez les chevaux de l'Atride, ne restez pas en arrière. Vite! que la honte ne soit pas déversée sur vous par Éthé – une femelle (μὴ σφῶϊν ἐλεγχείην καταχεύῃ Αἴθη θῆλυς ἐοῦσα)! Pourquoi vous laisser distancer mes braves?*[60]

L'*effet Carpentier* constitue ainsi un ressort de l'adhésion de la foule commun aux concours gymniques et hippiques. Il peut également être observé dans les concours musicaux. Les circonstances de la victoire de Midas d'Akragas lors des concours pythiques de 490 av. J.-C. en constituent un cas exemplaire. Une scholie à Pindare évoque ainsi comment, alors que son anche s'était brisée en plein concours pythique, et

---

56. GUICHARD ROMERO 2004, p. 79 et n. 12 et 13.
57. GUICHARD ROMERO 2004, p. 79.
58. DIERAUER 1977, p. 47, 145-146, 163, 266 et 271 ; GUICHARD ROMERO 2004, p. 79 et n. 15.
59. AUSTIN, BASTIANINI 2002, n° 75 et p. 87.
60. Homère, *Iliade* XXIII 403-409 (trad. P. MAZON *et al.*, *CUF*). Passage que L. A. Guichard Romero rapproche de : *Iliade* XXIII 524-525 et XXIII 375-378.

qu'il avait poursuivi, malgré tout, sa performance et produit un son atypique, sans être disqualifié, Midas y a gagné la faveur de la foule et la victoire[61] :

> Ἱστοροῦσι δέ τι ἴδιον σύμπτωμα συμβεβηκέναι περὶ τὸν αὐλητὴν τοῦτον· ἀγωνιζομένου γὰρ αὐτοῦ ἀνακλασθείσης τῆς γλωσσίδος ἀκουσίως καὶ προσκολληθείσης τῷ οὐρανίσκῳ, μόνοις τοῖς καλάμοις τρόπῳ σύριγγος αὐλῆσαι, τοὺς δὲ θεατὰς ξενισθέντας τῷ ἤχῳ τερφθῆναι, καὶ οὕτω νικῆσαι αὐτόν.

> *On raconte qu'il est arrivé un accident particulier au sujet de cet aulète. En effet, tandis qu'il concourait, comme son anche s'était brisée bien malgré lui et qu'elle s'était collée à son palais, il joua de son aulos seulement avec les tuyaux, à la manière d'une syrinx, et les spectateurs, dépaysés par le son, y trouvèrent leur plaisir et c'est ainsi qu'il l'emporta.*

En leur qualité de spectacles, les concours athlétiques et hippiques fournissent au public qui y assiste des plaisirs très différents, parmi lesquels le goût de la vitesse, le frisson engendré par les dangers encourus, ou encore le plaisir esthétique de la contemplation des corps, qu'ils soient humains ou animaux, se marient dans des proportions variables. Mais, en dépit de l'hétérogénéité des disciplines qui y sont célébrées, *agônes gymnikoi* et *hippikoi* sont reliés par de nombreux points communs. Interactions des spectateurs et des concurrents, pression sur les juges, processus d'identification aux compétiteurs, à leurs montures ou à leurs attelages, constituent autant de point de convergence qui doivent conduire à rapprocher l'étude des différents types de compétition. À leur manière, les exploits de l'athlète Cleitomachos, à Olympie, et ceux de la jument Aura, à Delphes, témoignent combien concours gymniques et hippiques – mais aussi musicaux – procèdent d'une conception et d'une pratique unifiées du spectacle, et contribuent à la construction d'une véritable *culture agonistique* commune.

---

61. *Scholia vetera in Pindari Carmina* II, *Pyth.* XII, inscr. (Teubner). Merci à Sylvain Perrot pour m'avoir signalé cette scholie et transmis la traduction qu'il en propose, dans sa thèse (PERROT à paraître).

Le cheval de course : invention zootechnique ou création culturelle ?

Christophe Chandezon

L'histoire des animaux s'est développée dans l'approche de l'Antiquité depuis une dizaine d'années au point d'apparaître comme une tendance lourde de l'historiographie actuelle[1]. Elle a permis de poser que l'animal avait aussi été un sujet dans les sociétés du passé où du reste il jouait des rôles bien plus nombreux que ceux qu'on lui concède aujourd'hui. Le « point de vue animal », pour reprendre une expression qui a été récemment utilisée[2], peut ainsi permettre de revenir d'une autre manière sur un aspect majeur des cultures gréco-romaines, à savoir les pratiques agonistiques maintenant qu'arrive l'heure d'ouvrir le dossier des épreuves hippiques[3], qui étaient à la fois les plus difficiles à mettre en place, en raison de la difficulté à attirer des écuries de course[4], et les plus prestigieuses. Il faut, à cette occasion, garder à l'esprit qu'elles se développaient dans un contexte socio-économique différent de celui qui présidait aux épreuves musicales ou gymniques, puisqu'elles opposaient généralement des propriétaires d'écuries de course, non des professionnels comme pour les autres compétitions[5]. En outre, ces propriétaires y venaient pour la gloire qu'ils en tiraient, et non parce leurs victoires les auraient fait vivre. Participer aux épreuves hippiques était une source de dépenses, non de revenus. Les chevaux jouaient un rôle essentiel dans les dispositifs de commémoration : comme

---

1. On parle ainsi d'*animal studies*. Voir Franco 2014, p. 161-184, pour un bilan récent en ce qui concerne l'Antiquité.
2. Voir Baratay 2012. Quand est employée cette expression, pour ne pas lui donner un sens qui pourrait paraître exagéré, il faut comprendre que l'animal sert à l'historien d'angle d'observation du phénomène qui l'intéresse.
3. Les courses hippiques sont longtemps demeurées les parentes pauvres des études sur la vie agonistique du monde grec (alors que la bibliographie est abondante à propos des pratiques hippiques romaines). Les synthèses les plus claires sont à mon sens celles de Hemingway 2004, p. 115-139, et de Bell S., Willekes 2014. Une présentation plus détaillée de ces épreuves est désormais fournie par Canali De Rossi 2011 et 2016a.
4. Voir les remarques de Cl. Vial sur l'échec de bien des tentatives dans ce domaine (Vial 2014, p. 245-248).
5. C'est aussi le sens de l'anecdote sur Alcibiade achetant un attelage prêt à l'emploi qui appartenait aux Argiens pour le faire concourir à Olympie (Plutarque, *Alcibiade* 11, 3) : il n'a pas besoin de consacrer son temps à se préparer aux concours, car il lui suffit d'employer son argent.

le rappelait l'hippiatre tardif Hiéroklès à ses lecteurs, «à Olympie, à Pythô et partout dans les concours, des récompenses étaient attribuées aux chevaux comme aux hommes lors de la course de vitesse»[6]. Les noms des cracks de l'époque sont assez systématiquement rappelés dans les textes qui commémorent les victoires[7], pas ceux des jockeys et des cochers, qui étaient souvent des esclaves[8]. On leur érigeait des statues et la lecture de la description d'Olympie par Pausanias donne un signe éclatant de la présence visuelle de ces animaux statufiés dans les grands sanctuaires ; ils y étaient représentés seuls ou attelés à un char, accompagnés ou non de leur propriétaire et de leur cocher. Le Périégète mentionne du reste les statues de chevaux avant celles d'athlètes dans la phrase du début du livre VI où il dit qu'il va maintenant parler des offrandes que le visiteur de l'Altis peut voir[9]. Le célèbre aurige montre que, à Delphes, le paysage sacré présentait un spectacle proche. N'oublions pas que le cocher a été retrouvé en même temps que plusieurs fragments des chevaux qui tiraient le char et qu'il faudrait parler de ce groupe comme du quadrige plus que comme de l'aurige de Delphes[10] : maigres débris de ce qui a dû être l'une des grandes œuvres de la statuaire animalière dans le sanctuaire d'Apollon[11]. Enfin, honneur suprême pour ces animaux d'exception : leur propriétaire décidait parfois qu'ils seraient enterrés à côté de lui, au milieu des tombes des hommes. Tel avait été la décision prise par Cimon pour ses juments qui lui avaient par trois fois apporté la couronne olympique et il ne fut pas le seul à agir de la sorte[12].

6. Hiéroklès, *Corpus Hippiatricorum Graecorum* I, p. 249, l. 10-12 : Ὀλυμπιάσι τε καὶ Πυθοῖ καὶ πανταχοῦ τῶν ἀγώνων ἵπποις, ὥσπερ ἀνδράσι, τάχους ἁμίλλης προκεῖσθαι γέρα. Sur cet auteur, sans doute du vᵉ s. apr. J.-C., voir Georgoudi 1990, p. 62-63.

7. Nicholson 2005, p. 25-41 et 95-116.

8. Golden 1997, p. 329 ; Golden 2008, p. 43-44.

9. Pausanias, VI 1, 1 : Ἕπεται δέ μοι τῷ λόγῳ τῷ ἐς τὰ ἀναθήματα τὸ μετὰ τοῦτο ἤδη ποιήσασθαι καὶ ἵππων ἀγωνιστῶν μνήμην καὶ ἀνδρῶν ἀθλητῶν τε καὶ ἰδιωτῶν ὁμοίως.

10. Chamoux 1955, p. 40-43, pour les débris des chevaux (mais il y a aussi des restes des harnachements et du char) avec la remarque de l'auteur : « La qualité plastique de ces restes mutilés nous frappe encore ».

11. Voir aussi la base de l'Athénien Kallias fils d'Hipponikos (1ᵉʳ quart du IVᵉ s. : quel patronyme dans ces circonstances!), qui supportait l'image des quatre chevaux du quadrige vainqueur deux fois à Némée, une fois à Delphes et une fois à Némée, mais pas à Olympie : Bousquet 1992, p. 585-596 (Εἰκόνες αἵδ' ἵππων] κτλ.). Sur ce type d'offrandes à Delphes, voir Jacquemin 1999, p. 203. Il faut se demander si une partie des statues à thème hippique de Delphes ne se trouvait pas près de l'hippodrome.

12. Voir Hérodote, VI 103, qui situe la tombe de Cimon dans la nécropole de Koilè et insiste sur le rapport spatial qu'elle entretient avec celle de ses juments qui lui avaient apporté trois fois la victoire à Olympie (κατ ἀντίον δ' αὐτοῦ αἱ ἵπποι τετάφαται αὗται αἱ τρεῖς Ὀλυμπιάδας ἀνελόμεναι). L'information est reprise dans Plutarque, *Caton* 5, 5. Évagoras de Laconie a lui aussi fait enterrer les juments avec lesquelles il avait remporté la victoire à Olympie : Élien, *Histoire des animaux* XII 40. Diodore de Sicile, XIII 82, 6, signale des tombes de chevaux de course à Agrigente : δηλοῖ δὲ τὴν τρυφὴν αὐτῶν καὶ ἡ πολυτέλεια τῶν μνημείων, ἃ τινα μὲν τοῖς ἀθληταῖς ἵπποις κατεσκεύασαν (voir aussi Pline, *Histoire naturelle* VIII 155 : les monuments funéraires de ces chevaux affectent la forme de pyramides). Sur ce phénomène, voir Hemingway 2004, p. 129, et Mackinnon 2014, p. 274-275. La présence de tombes de chevaux dans des nécropoles destinées aux hommes est bien attestée archéologiquement, même s'il demeure difficile de comprendre ce à quoi ces animaux étaient employés : Malama, Gardeisen 2005 et Antikas 2005. Les

Voilà donc les raisons pour lesquelles on ne doit pas oublier que les chevaux de course méritent leur place dans l'histoire des épreuves hippiques de l'Antiquité. Les chercheurs pourtant seraient tentés de perdre cela de vue, imprégnés qu'ils sont par un système de représentation tendant à nier que l'animal est un sujet historique, pas seulement un objet, qu'il puisse posséder une *agency*. Ces dernières années, du reste, les recherches sur le cheval dans l'Antiquité ont connu un fort développement, mais c'est d'abord le cheval d'armes qui a attiré l'attention[13]. Le deuxième grand usage du cheval, pour le spectacle, est resté largement dans l'ombre[14], sans parler d'une troisième fonction, celle que D. Roche a résumé par l'expression « le cheval moteur », et qu'une longue tradition historiographique tend à nier pour l'Antiquité[15]. C'est cette perspective que nous souhaitons aborder ici, à la fois en restreignant les questions à des problèmes d'articulation entre le milieu des éleveurs et celui des compétiteurs, et en nous concentrant sur les époques classique et hellénistique[16]. Nous utiliserons à l'occasion des sources qui éclairent ce qui s'est passé avant et ce qui s'est passé après.

UN CHEVAL, DES CHEVAUX : SPÉCIALISATION DES EMPLOIS ET DU VOCABULAIRE

Le développement que Varron consacre, au Ier s. av. J.-C. aux chevaux, dans son *Économie rurale*, commence, selon une tradition bien établie dans l'hippologie antique[17], par définir ce que doit être un bon cheval, quels sont les types de chevaux célèbres, comment les éleveurs doivent gérer la reproduction et élever les poulains (II 7, 1-14). Dans tout ce passage, il n'évoque jamais la fonction qu'aura l'animal[18]. C'est seulement quand il

---

fouilles du métro d'Athènes ont elles aussi révélé la présence d'une tombe de cheval (associé à un chien) dans la nécropole de Syntagma : PARLAMA, STAMPOLIDIS 2000, p. 157.

13. Voir tout dernièrement le livre de BLAINEAU 2015. Bibliographie sur le cheval romain : HYLAND 1990 (sur les chevaux de course, voir le chap. 15 : « The Roman Circus », p. 201-230). Sur le cheval de course à Rome, voir aussi TOYNBEE 1973, p. 177-183, et JUNKELMANN 1990, p. 89-156 (mais là encore, dans ce chapitre qui s'intitule « Das Rennpferd », le cheval est le grand absent).

14. Il n'occupe par exemple qu'une place très réduite dans le livre qui a longtemps été le classique sur le cheval en Grèce, le livre d'ANDERSON 1961. Il est un peu plus présent dans VIGNERON 1968, p. 190-220, mais l'attention est d'abord centrée sur les épreuves plutôt que sur les chevaux. Sur l'élevage des chevaux de course, voir les lignes rapides mais éclairantes d'ÉTIENNE 2005, en particulier p. 245-246.

15. ROCHE 2008.

16. Pour l'époque impériale, les problèmes ont dû se poser d'une façon sensiblement différente, en raison de l'importance du cirque dans la culture romaine et de l'essor d'un marché du cheval de course qui a vu émerger de nouvelles régions de productions comme l'Afrique du Nord et a accru la circulation des coursiers afin d'alimenter les écuries des grandes villes.

17. Voir d'abord dans Xénophon, *De l'art équestre*, le long développement qui commence en I 1, 2-17. Mais c'est encore l'approche que met en œuvre le livre XVI des *Géoponiques* (1 et 2).

18. Il évoque cependant dans le récit l'anecdote souvent reprise du cheval que l'on a forcé à commettre l'inceste et qui se retourne contre l'éleveur et le tue (II 7, 9 ; là l'histoire se passe dans la cavalerie scythe). Cette histoire se retrouve avec des variantes dans Pline, *Histoire naturelle* VIII 156 (c'est la jument qui

est question de l'éducation du cheval que Varron juge bon de différencier les types de chevaux selon l'emploi auquel on les destine[19] :

> Equi quod alii sunt ad rem militarem idonei, alii ad vecturam, alii ad admissuram, alii ad cursuram, non item sunt spectandi atque habendi. Itaque peritus belli alios eligit atque alit ac docet ; aliter quadrigarius ac desultor ; neque idem qui vectorios facere vult ad ephippium aut ad raedam, quod ut ad rem militarem, quod ut ibi ad castra, habere volunt acres, si contra in viis habere malunt placidos.

> *Parmi les chevaux, puisque les uns sont aptes à la guerre, d'autres au transport, d'autres à la reproduction, d'autres à la course, il ne faut pas les considérer ni les traiter de la même manière. C'est pourquoi l'expert militaire en choisit certains, les nourrit et les instruit ; autrement choisissent le conducteur de char et l'écuyer de voltige ; et d'une autre manière encore celui qui veut former des chevaux de peine, qu'il s'agisse de les monter ou de les atteler ; car, autant pour l'armée – car il s'agit de la guerre – on veut en avoir de fougueux, autant au contraire sur les routes on préfère en avoir de tranquilles.*

Plus tard, Columelle lui aussi reconnaît l'existence de plusieurs types de chevaux, les plus exigeants pour l'éleveur étant les chevaux destinés au cirque et aux concours (*circo sacrisque certaminibus* V 27, 1). Il explique qu'on sait à quoi on pourra employer plus tard un cheval en observant son comportement en tant que poulain[20]. Avant ce passage, il avait déjà écrit que les amateurs de courses sacrées connaissent la généalogie des chevaux qu'on leur présente et en tirent des pronostics sur leurs chances de gagner (III 9, 5). Les deux remarques, si elles ne se contredisent pas, traduisent une association du principe de l'hérédité des qualités, familier à la pensée gréco-romaine[21], et de l'observation des dispositions de chaque poulain. Dans le développement sur l'élevage des chevaux, Columelle ajoute encore que les bêtes destinées au travail commencent à être formées vers deux ans, alors qu'on attend un an de plus avant de prendre en main le dressage des chevaux de course et qu'on ne les fait participer à leurs premières compétitions que lorsqu'ils ont atteint l'âge de quatre ans. Cette information se retrouve presque identique chez Pline l'Ancien (VIII 160, mais en précisant que les chevaux de course ne sont admis à concourir que vers l'âge de cinq ans). Ce choix qui a consisté à retarder le moment où un animal domestique commence à être employé lui permet d'atteindre un développement physique optimal et fut un des moteurs de la croissance de la taille des espèces domestiques dans l'Antiquité.

---

tue l'éleveur). Aristote, *Histoire des animaux*, IX 47, 630b 31631a1, attribue l'anecdote à un chameau (et c'est comme cela qu'elle est reprise dans Élien, *Caractères des animaux* III 47).

19. Varron, II 7, 15. Trad. Ch. Guiraud, *CUF*, adaptée : il y a un problème sur la lecture du premier mot, qui peut être *equi* (leçon retenue ici) ou que l'on peut lire comme *e quis* comme Ch. Guiraud, en pensant qu'il est toujours question des jeunes chevaux.

20. La même idée est exprimée par Virgile, *Géorgiques* III 75-81.

21. Voir Blaineau 2015, p. 156-166, sur l'idée de l'*eugeneia* des chevaux.

L'idée d'une spécialisation des chevaux selon leurs fonctions apparaît aussi à l'occasion dans les sources grecques d'époque impériale. Le traité *De la gymnastique* de Philostrate, qui date de la fin de l'époque sévérienne, comporte une remarque intéressante dans un passage où il explique comment on doit sélectionner dans une population ceux qui sont aptes à devenir des athlètes en procédant à un examen physique (δοκιμασία τῆς φύσεως) : il faut faire, écrit Philostrate, comme les chasseurs qui repèrent les chiens aptes à la poursuite de tel type de gibier, et aussi comme les éleveurs de chevaux (les *hippikoi*) qui raisonnent de la même manière car on emploie « les chevaux, les uns pour la chasse, les autres pour les combats, les autres pour les courses, et les autres pour tirer des chars ; et encore, pour ces derniers, les choses ne sont-elles pas aussi simples, car tel cheval est apte à se trouver au flanc (du timon) ou à la chaîne » (τῶν τε ἵππων τοὺς μὲν ξυνθηρατὰς ποιεῖσθαι, τοὺς δὲ μαχίμους, τοὺς δὲ ἀμιλλητηρίους, τοὺς δὲ ἁρματηλάτας, καὶ μηδὲ ἁπλῶς τούτους, ἀλλ' ὡς ἕκαστος ἐπιτήδειος πλευρᾷ τινι ἢ σειρᾷ τοῦ ἅρματος)[22]. Le texte distingue donc au moins une catégorie de chevaux employés dans les concours, les *hamillêtêrioi*, mais il est probable que les chevaux de trait dont il est ensuite question sont essentiellement, dans l'esprit de Philostrate, ceux des courses attelées.

À la même époque, Pollux témoigne aussi de la richesse du vocabulaire grec du cheval, en fonction de ses emplois. L'*Onomastikon* enregistre ainsi les ἵπποι φορβάδες, ἵπποι ἀγελαῖοι, ἵπποι ἀθληταὶ καὶ ἀγωνισταὶ καὶ ἀδηφάγοι, ἀμιλλητήριοι, νικηφόροι, ἀθλοφόροι, κυνηγετικοί, ὁδοιπορικοί, πομπικοί, πολεμιστήριοι, στρατιωτικοί. La liste commence par des noms qui renvoient à des chevaux de haras, ceux que l'on garde au pâturage (φορβάδες). Puis on reconnaît à la fois le cheval de course – avec plusieurs dénominations possibles –, le cheval de chasse, celui de transport ou de parade[23] et, enfin, le cheval d'armes. Le cheval de transport (ἵππος ὁδοιπορικός[24]) a une place réduite mais n'est pas absent. Pollux ignore en revanche le cheval de travail (ἵππος ἐργάτης) alors que dès le IVᵉ s. av. J.-C., la langue grecque a vu apparaître le mot καβάλλης pour le désigner[25]. Pour les chevaux de course, Pollux cite d'abord l'expression ἵππος ἀθλητής.

---

22. Philostrate, *De la gymnastique* 26. Sur le sens de l'adjectif ἀμιλλητήριος, voir page suivante. La traduction de Ch. Daremberg, rééditée récemment est fautive sur les termes techniques qu'emploie ici Philostrate. Elle méconnaît la distinction propre aux quadriges entre chevaux *jugales*, qui sont directement attelés au timon (ici, πλευρᾷ mais on dit plutôt que ce sont les chevaux ζύγιοι), et chevaux *funales* (σειρᾷ) en supplément aux chevaux timoniers (en grec, les *funales* sont dits παράσειροι, σειραφόροι ou σειραῖοι d'où σειρᾷ dans le texte de Philostrate). JÜTHNER 1909, p. 240-241, explique bien le sens de ce passage. Sur cette distinction, voir VIGNERON 1968, p. 117-118, et BELL S., WILLEKES 2014, p. 486.

23. Sur le πομπικὸς ἵππος, voir Xénophon, *Art équestre* XI 1.

24. Pollux fournit cependant la seule occurrence claire de cette expression. Dans Arrien, *Tactique* 43, 3, l'adjectif ὁδοιπορικὸς s'applique à un saut qu'on fait sur un cheval courant (καὶ τελευταίαν δὴ τὴν ἐνόπλιον πήδησιν ἐπιδεικνύουσι θέοντος τοῦ ἵππου, ἥν τινες ὁδοιπορικὴν ὀνομάζουσιν).

25. Hésychius, *s.v.* « καβάλλης », καβάλλης · ἐργάτης ἵππος. Voir ROBERT L. 1963, p. 204 ; ROBERT L. 1939, p. 175-179 (= *OMS* II, p. 1328-1332). On trouve un emploi du terme dans Plutarque, *Il ne faut pas s'endetter* 828 E, où καβάλλης est mis sur le même plan que l'âne. L'importance du cheval de travail devra sans doute un jour être réévaluée à la hausse dans l'Antiquité classique. Xénophon, *Économique* 18, 4, évoque l'utilisation des chevaux pour le dépiquage des céréales.

Celle-ci se retrouve dans d'autres textes de l'époque impériale. Strabon l'emploie pour les chevaux que le tyran de Syracuse Denys fait venir du pays des Hénètes[26] et Diodore de Sicile y a aussi recours[27], comme plus tard Philon d'Alexandrie ou Dion Cassius[28]. Sauf erreur, cette expression est inconnue pour les époques précédentes. L'autre expression employée par Pollux pour parler de chevaux de course est ἵππος ἀγωνιστὴς que l'on rencontre là encore chez des auteurs d'époque impériale, comme Plutarque, Pausanias ou Dion Cassius[29]. Ἵππος ἀμιλλητήριος doit aussi désigner le cheval de course et se retrouve dans des textes de la même époque, comme dans Aelius Aristide ou les *Gymnasiaka* de Philostrate[30].

Avant l'émergence de ce vocabulaire, qui est manifestement celui de l'époque impériale, la poésie homérique avait préféré une autre expression que cite Pollux, celle d'ἵππος ἀθλοφόρος (*vel* ἀεθλοφόρος)[31], l'adjectif ἀθλοφόρος n'étant d'ailleurs pas particulier aux épreuves hippiques, mais s'appliquant à tout ce qui a trait aux compétitions[32]. Surtout, et contrairement à ce que l'on pourrait penser, l'expression ἵππος ἀθλοφόρος ne désigne pas un cheval qui a remporté le prix, mais un cheval qui pourrait le remporter, donc un cheval de course, de compétition[33]. Par la suite, ce vocabulaire homérique revient fréquemment dans la langue poétique, par exemple dans les *Hippika* de Poseidippos ou dans l'épopée tardive[34], mais il n'a pas d'échos dans le vocabulaire agonistique qu'em-

---

26. Strabon, V 1, 4 = C 212.

27. Diodore, XIV 11, 5 (dans ce passage, cette expression est d'autant plus frappante qu'il s'agit d'expliquer comment un olympionice, Lasthénès de Thèbes, s'est mesuré à la course avec un cheval de compétition : λέγεται πρὸς ἵππον ἀθλητὴν δραμόντα νικῆσαι) ; voir aussi dans le passage que nous avons cité n. 12. En revanche, l'expression ne se rencontre pas dans Polybe.

28. Philon d'Alexandrie, *L'agriculture* 91 (c'est le cheval que l'on élève pour les *hieroi agônes* et des panégyries) ; *Contre Flaccus* 26 ; Dion Cassius, *Histoire romaine* LIX 17, 5 ; LXXV 4, 6.

29. Plutarque, *Thémistocle* 25, 1 (sur les chevaux envoyés par Hiéron à Olympie) ; *Pompée* 37, 2 (à propos des chevaux de course appartenant à Mithridate VI ou à d'autres membres de sa cour) ; Pausanias, VI 1, 1 ; Dion Cassius, *Histoire romaine*, LXI 6, 1 ; LXV 5, 1 ; Dion Chrysostome, XII (*Olympique*) 19 (comparaison avec la tension des chevaux de course aux barrières de départ).

30. Philostrate, *Vie d'Apollônios* 2, 11, et *De la gymnastique*, 26. Dans Aelius Aristide, 1 (*Panathénaïque*), 43, l'expression est utilisée par opposition à ἵππος πολεμιστήριος.

31. *Iliade* IV 265-266 ; IX 122-124 ; XI 699 ; XXII 22 et 162. Il n'y en a pas d'occurrence en revanche dans l'*Odyssée*. Voir Delebecque 1951, p. 202-204.

32. Voir par exemple Poseidippos, 86, 6.

33. C'est comme cela qu'il faut comprendre la mention d'un ἵππος ἀεθλοφόρος dans l'*Iliade* XXII 22 (voir aussi en XXII 162, où la course est en train de se dérouler). En XI 199, aussi, l'adjectif est utilisé pour des chevaux qui vont participer à la course. Voir Delebecque 1951, p. 202-203 : « Le cheval de course [le cheval ἀεθλοφόρος] n'est pas forcément vainqueur, mais seulement capable de remporter la victoire ».

34. On le retrouve dans la poésie archaïque par exemple dans Alcman, frg. 1, 47-48 : ἵππον / παγὸν ἀεθλοφόρον καναχάποδα). Poseidippos l'applique aussi bien aux propriétaires vainqueurs qu'aux chevaux eux-mêmes comme c'est le cas en 76, 2 (à propos d'un cheval arabe) et en 85, 1. Reprise du mot dans un contexte épique : Quintus de Smyrne, *Suite d'Homère* IX 512-513 (mais il n'apparaît pas dans Nonnos de Panopolis).

ploient les inscriptions, à moins qu'elles ne prennent la forme d'épigrammes[35]. Il se satisfait de distinguer les épreuves en ayant recours aux mots ἅρμα, τέθριππος et συνωρὶς pour les épreuves attelées et κέλης pour l'épreuve montée[36]. Ajoutons que si les emplois de toutes ces expressions – y compris ἵππος ἀθλοφόρος – semblent plutôt s'appliquer à des chevaux destinés aux épreuves attelées qu'aux épreuves montées, c'est que ces dernières ont moins de prestige que les premières et qu'il en est donc moins souvent question[37].

Varron et Columelle, ainsi que les autres documents que nous venons de citer montrent que dans la perception gréco-romaine, aux premiers siècles de notre ère, est présente l'idée d'une spécialisation des chevaux selon les emplois. Il est donc clair qu'il n'y a alors pas un cheval mais des chevaux, les deux types principaux étant le cheval d'armes (ἵππος πολεμιστήριος[38]) et le cheval de course (ἵππος ἀθλητής, ἀγωνιστὴς et ἀμιλλητήριος). Que l'on ait demandé à ces deux grandes catégories de chevaux des qualités différentes est indéniable et cela a dû peser dans les processus de sélection.

Les traités d'agriculture romains expliquent que les éleveurs partaient d'un cheptel dans lequel ils choisissaient les poulains aptes à telle ou telle forme d'activité et les dressaient ensuite à cela, en prenant plus ou moins de temps. On choisissait les poulains qui cherchaient toujours à être en tête (ceux qui se montraient *philoprôtoi*), qui ne tenaient pas en place[39]. Cela passait certainement aussi par des critères physiques qui nous échappent totalement. L'aspect longiligne des chevaux de course a certainement été important, de même que leur légèreté. C'est vers une silhouette de ce genre que nous oriente le plus célèbre cheval de course connu, le cheval de l'Artémision, même si l'état dans lequel la statue a été retrouvée et la restauration empêchent d'être assuré de l'apparence originale de la statue[40]. Par ailleurs, cette allure longiligne rencontre le *topos* du cheval qui remporte la course d'une tête et que l'on retrouve dans plusieurs épigrammes à thème hippique[41]. Une telle allure longiligne, et sans doute aussi la recherche de la légèreté, ont probablement été bien plus cruciales pour un bon cheval de course que

---

35. Voir dans l'épigramme pour Trôilos d'Élis à Olympie (IVᵉ s. av. J.-C.) : EBERT 1972, nº 38.
36. BELL D. J. 1989.
37. Voir les remarques faites par CANALI DE ROSSI 2016a, p. IX.
38. C'est l'expression utilisée par Xénophon dans ses traités, voir par exemple *Art équestre* I 2 ; III 7 ; *Agésilas* 9, 6. Dans l'*Art équestre* X 1, il développe en ὁ χρήσιμος εἰς πόλεμον ἵππος. Il faut ajouter qu'ἵππος πολεμιστήριος apparaît dans l'épigraphie agonistique pour désigner des épreuves à caractère très militaire : voir ci-dessous.
39. Voir *Géoponiques* XVI 1, 10 (ἔν τε τῷ συναγελασμῷ τῶν πώλων φιλόπρωτος, dans une description générale des bons poulains ; voir le commentaire de GEORGOUDI 1990, p. 138-139).
40. La position du cheval notamment peut être restituée de différentes manières : le galop a été retenu pour la présentation actuelle au Musée national d'Athènes, mais on a pu aussi proposer une restauration montrant la bête en train de sauter : HEMINGWAY 2004, p. 99-101. Sur l'apparence générale du cheval, plus ou moins longiligne, voir *ibid.*, p. 107. Voir aussi BLAINEAU 2015, p. 36-37, 49.
41. Par exemple dans Poseidippos de Pella, 72 et 74. Sur l'épigramme 74 et la situation de course qui s'est posée, voir BINGEN 2002.

pour un bon cheval d'armes. Il semblerait enfin que l'on ne castrait en général pas les chevaux destinés aux hippodromes[42].

À l'époque impériale, il y avait donc une claire opposition entre deux types de chevaux, les uns pour la guerre, les autres pour la course. Impossible de dire si cette opposition cheval d'armes / cheval de course était déjà nettement perçue à l'époque classique, mais je le crois probable. Les traités équestres de Xénophon, *L'Art équestre* et *Le commandant de cavalerie*, n'apportent aucune réponse à cette question, car leur auteur s'intéresse uniquement au cheval d'armes[43]. Il y a pourtant un enjeu derrière ce problème, celui de la divergence entre deux formes de culture équestre.

UNE CULTURE ÉQUESTRE À DEUX VISAGES ?

Depuis quelque temps, la place du cheval dans les sociétés est analysée au moyen du concept de culture équestre que l'on doit en grande partie à l'historien moderniste D. Roche. Il étudie le cheval comme une pièce essentielle – à la fois matérielle et symbolique – de la constitution de certains groupes sociaux et de la mise en place de phénomènes de distinction[44]. En tant que tel le concept est opérant en histoire grecque. Il y a bien eu une culture équestre dans les élites archaïques, puis à nouveau dans les monarchies hellénistiques. L'étude de la culture équestre grecque, ou plutôt des cultures équestres grecques, est un processus historiographique qui prendra du temps et qui doit passer par celle des différents usages du cheval, par celle de son insertion dans des systèmes de représentation, jusque dans les mécanismes politiques, sociaux, économiques. Sa dimension agonistique devra être intégrée, à côté de l'analyse déjà bien entamée de la place du cheval dans les pratiques militaires. Il faudra voir aussi comment ces deux volets s'articulent l'un avec l'autre, et éventuellement comment interviennent d'autres emplois encore du cheval[45]. Il faudra enfin penser la culture équestre grecque en voyant comment elle situe le cheval par rapport aux autres équidés[46]. Je vais essayer

---

42. Voir VIGNERON 1968, p. 44, et GEORGOUDI 1990, p. 141-142, à partir d'un passage de Xénophon, *Art équestre* I 15. Il apparaît qu'il était plus utile de castrer les chevaux d'armes et ceux de travail.

43. *L'art équestre* III 7 : «Comme nous avons admis que nous achetions un cheval d'armes, il faut éprouver toutes les aptitudes sans exception que la guerre met à l'épreuve…» (ἐπεὶ δὲ πολεμιστήριον ὑπεθέμεθα ὠνεῖσθαι, ληπτέον πεῖραν ἀπάντων ὅσωνπερ καὶ ὁ πόλεμος πεῖραν λαμβάνει) ; référence interne à I 2.

44. Voir les deux premiers volumes publiés de la trilogie *La culture équestre de l'Occident, XVIᵉ-XIXᵉ s. L'ombre du cheval*, ROCHE 2008 et ROCHE 2011. Ils rappellent «la centralité des équidés dans la culture occidentale» et leur capacité à créer de la différenciation sociale (ROCHE 2011, p. 10), la culture équestre étant alors une façon de désigner «les systèmes techniques et sociaux où se jouent la relation des hommes et des chevaux», ce qui se manifeste de manière hétérogène (ROCHE 2008, p. 22).

45. Ainsi les usages au travail ou à la chasse.

46. L'âne est d'une certaine manière le double du cheval, à la fois complémentaire et opposé, selon une façon polarisée de penser l'animal dans la culture gréco-romaine où les espèces forment assez souvent des couples dans le système de représentation (loup/chien, lion/panthère, sanglier/porc, etc.). C'est ce que montre FRANCO 2014, p. 148-153.

d'esquisser ici quelques aspects de cette question de l'articulation entre cheval de course et cheval d'armes.

Dans la poésie homérique, les courses de chevaux organisées pour les funérailles de Patrocle (*Iliade* XXIII 262-652) ne mobilisent pas des chevaux considérés comme différents de ceux qui participent aux combats. Les juments d'Eumèle, par exemple, qui sont décrites au chant II (761-767) comme formidables aux combats, se retrouvent dans la course de quadrige du chant XXIII (375-376). L'accent mis sur l'usage du char, à la guerre comme dans les courses, ne témoigne pas non plus d'une opposition entre deux types d'usage du cheval. L'absence d'épreuves montées lors des funérailles de Patrocle fait que le concours est le reflet exact des pratiques militaires et du reste, les courses montées n'apparaissent que dans un deuxième temps dans nos sources[47]. Cela n'empêche pas l'*Iliade* de mentionner à l'occasion des chevaux qui semblent essentiellement consacrés aux courses, comme ceux que Nélée de Pylos avait envoyés concourir en Élide et qu'Augias avait gardés pour lui (XI 698-702 : le texte parle de τέσσαρες ἀθλοφόροι ἵπποι, v. 699). Il se peut donc bien que la recherche de l'effet épique et le contexte militaire des concours célébrés pour Patrocle aient conduit à gommer une singularisation déjà naissante de certains chevaux pour les courses. Dans les aristocraties archaïques, la participation aux épreuves hippiques demeure un signe de distinction majeur, aboutissement de l'élevage et de la possession du cheval ainsi que manifestation de la culture de l'*agôn*[48]. On l'observe pour les élites athéniennes et Hérodote présente le *génos* des Philaïdes comme une famille où, de génération en génération, les membres ont acquis une solide réputation de « nourriciers de quadriges », une οἰκία τεθριππότροφος (VI 35). La participation éclatante d'Alcibiade aux Olympia de 416, avec sa triple victoire, se situe encore dans cette ligne et elle émane d'un homme dont on sait qu'il a privilégié la cavalerie dans sa carrière militaire[49].

Être un *hippotrophos*, un éleveur de chevaux, dans l'Athènes du début du vᵉ s. av. J.-C. n'est pas nécessairement un avantage social et cette qualité peut être objectée à certains membres des élites. Pour l'Alcméonide Mégaclès, l'oncle maternel de Périclès, nous possédons un certain nombre de tessons d'ostracisme le dénonçant comme *hippotrophos*

---

47. Voir Canali De Rossi 2016a, p. 3-7. Pausanias, V 8, 4, parle d'une épreuve de *kélès* remportée par Iasios, un Arcadien, lors de l'Olympiade organisée par Héraclès, victoire que commémorait une stèle que le Périégète avait vue à Tégée (VIII 48, 1).

48. Le cheval est un signe indéniable de distinction, quelle que soit la lecture que l'on fasse des élites archaïques. Howe 2008, p. 31-32, a rappelé le caractère élitiste de l'élevage du gros bétail dans la Grèce archaïque et classique. Sur la culture de l'*agôn* des élites archaïques, voir Duplouy 2006, p. 271-282.

49. Thucydide, VI 16, 2 ; [Andocide], IV (*Contre Alcibiade*) 25-28 ; Isocrate, XVI (*Sur l'attelage*) ; Diodore, XIII 74, 3 ; Plutarque, *Alcibiade* 11-12. Pour son service dans la cavalerie, voir le célèbre épisode de sa participation à la bataille de Délion (Platon, *Banquet* 220e-221b ; Plutarque, *Alcibiade* 7, 6), où, lors de la retraite de l'armée athénienne défaite, Alcibiade profite de sa supériorité de cavalier pour protéger Socrate qui était là en tant que simple fantassin. Les odes de Pindare, tournées comme elles le sont vers l'idéal agonistique, ne cherchent évidemment pas à défendre un cheval de course qui serait contesté par rapport à d'autres emplois du cheval.

ou comme *hippotês* et l'un d'eux le représente en cavalier militaire[50]. La moquerie contre les *hippotrophoi* a continué au IVe s. av. J.-C. et une comédie de Mnésimachos, un poète de la moyenne comédie, s'intitule justement l'*Hippotrophos* ; un long fragment transmis par Athénée montre que l'auteur pensait toutefois aux cavaliers de l'armée athénienne[51]. Pourtant, à partir de la fin du Ve et pendant tout le IVe s., quelques textes développent un discours hostile à une forme spécifique de l'*hippotrophia*, celle qui met l'accent sur les chevaux de course et à laquelle les jeunes gens issus des couches les plus fortunées du corps civique cèdent trop souvent. Le passage le plus célèbre dans ce genre est le début des *Nuées* d'Aristophane, qui datent de 423, lorsque Strepsiade se lamente que son fils Pheidippidès dilapide les revenus de la famille en investissant dans de coûteux chevaux de course et ne fait que rêver équitation et courses hippiques[52]. Les auteurs Athéniens du IVe s. reviennent sur la question, dans un contexte où la cavalerie athénienne est sortie politiquement affaiblie des bouleversements de la fin de la guerre du Péloponnèse. Ils jouent du contraste entre un bon usage des chevaux, au bénéfice de la cité, et donc au profit de la défense militaire, et un mauvais usage, pour les courses. Xénophon, le dit clairement dans le *Commandant de cavalerie* : pousser les jeunes gens à s'engager dans la cavalerie est un bon moyen d'éviter cette maladie équestre, cette νόσος ἱππική dont Aristophane déplorait déjà les effets[53] : « tu détourneras leurs enfants des achats de chevaux ruineux et extravagants, mais tu veilleras à en faire rapidement des hommes de cheval » (ὡς ἀποτρέψεις μὲν τοὺς παῖδας αὐτῶν τῶν πολυτελῶν τε καὶ μανικῶν ἱππωνιῶν, ἐπιμελήσῃ δὲ ὡς ἂν ταχὺ ἱππικοὶ γίγνοιντο)[54]. Au même moment, Platon, dans les *Lois*, prévoyait d'interdire les épreuves hippiques dans sa cité, arguant que la Crète n'était pas favorable aux chevaux. De l'ensemble du programme hippique, il souhaitait surtout supprimer les épreuves attelées, et ne garder que les épreuves montées où les coureurs en armes seront jugés par les magistrats de la cavalerie[55]. Chez les orateurs athéniens aussi, c'est un reproche fait à un adversaire que de lui dire qu'il a négligé le cheval d'armes au profit du cheval de course. C'est ce que le pseudo-Démosthène, par exemple, reproche au richissime Phainippos, amateur de chevaux et qui pourtant préfère être mobilisé dans l'infanterie, comme c'était du reste son droit : « c'est un bon éleveur de chevaux, et il s'en pique ; car il est jeune, riche et robuste. Quelle belle preuve en donner ? Il a vendu son cheval de guerre, et il s'est fait mettre à pied » (ἱπποτρόφος ἀγαθός ἐστιν καὶ φιλότιμος, ἅτε νέος καὶ πλούσιος καὶ ἰσχυρὸς ὤν. Τί τούτου μέγα σημεῖον ; ἀποδόμενος τὸν πολεμιστήριον

---

50. Brenne 2002, p. 112-114 (on notera l'*ostrakon* T 1/103 qui vise aussi bien les chevaux de Mégaklès que leur propriétaire : Μεγ[α]κλεῖ *h*ιπποκράτως καὶ τε *h*ίποι) ; Verdan 2015, p. 42-43 et fig. 2.

51. *PCG* VII, Mnesimachus 4 (p. 19-23) = Athénée, *Deipnosophistes* IX 402e-403d.

52. Voir notamment Aristophane, *Nuées* 14-16 (ὁ δὲ κόμην ἔχων / ἱππάζεταί τε καὶ ξυνωρικεύεται / ὀνειρο-πολεῖ θ' ἵππους : « Lui, portant longue chevelure, monte à cheval, conduit un attelage, rêve chevaux ») ; cf. 27-28.

53. *Nuées* 74, pour l'emploi de cette expression imagée.

54. Xénophon, *Commandant de cavalerie* I 12 (trad. citée É. Delebecque).

55. Platon, *Lois* VII 834b-d.

ἵππον καταβέβηκεν ἀπὸ τῶν ἵππων)[56]. On comprend que Phainippos a continué à élever des chevaux après avoir vendu son cheval d'armes, mais cette fois-ci uniquement pour les courses. Dans les mêmes années, Lycurgue, dans le *Contre Léocrate*, qui date de 339, fait de l'hippotrophie une dépense inutile pour la cité, qu'il égale à la chorégie sur ce point[57] :

> Οὐ γὰρ εἴ τις ἱπποτρόφηκεν, ἢ κεχορήγηκε λαμπρῶς, ἢ τῶν ἄλλων τῶν τοιούτων τι δεδαπάνηκεν, ἄξιός ἐστι παρ' ὑμῶν τοιαύτης χάριτος (ἐπὶ τούτοις γὰρ αὐτὸς μόνος στεφανοῦται, τοὺς ἄλλους οὐδὲν ὠφελῶν), ἀλλ' εἴ τις τετριηράρχηκε λαμπρῶς, ἢ τείχη τῇ πατρίδι περιέβαλεν, ἢ πρὸς τὴν κοινὴν σωτηρίαν ἐκ τῶν ἰδίων συνευπόρησε· ταῦτα γὰρ ἐστι κοινῶς ὑπὲρ ὑμῶν ἁπάντων κτλ.

> *Ce n'est pas pour avoir nourri des chevaux, ou défrayé de somptueuses chorégies, ou fait d'autres largesses de cet ordre, que l'on a droit à votre gratitude : dans ces occasions-là, c'est pour soi seul qu'on obtient une couronne, sans le moindre bénéfice pour les autres. Mais s'acquitter avec éclat d'une triérarchie, avoir entouré la ville de murs pour la protéger, avoir dispensé ses libéralités pour le salut de l'État : voilà qui est agir pour le bien public et dans l'intérêt de vous tous.*

Il y a donc deux visages de l'hippotrophie dans l'Athènes classique. L'hippotrophie est un gaspillage lorsqu'elle est tournée vers les courses : c'est là celle à laquelle pensent Aristophane ou Lycurgue. Sous une autre forme, elle peut tourner au bénéfice de tous, à condition d'être orientée vers le cheval d'armes. Les coûts qu'elle engendre peuvent alors en faire une sorte de liturgie[58]. C'est celle à laquelle pense cette fois un autre orateur, Hypéride dans le *Pour Lycophron*, lorsqu'il défend son client en insistant sur le service qu'il a rendu à la cité – il a notamment été l'hipparque en poste dans la clérouquie de Lemnos – : «M'absorber dans l'élevage des chevaux, voilà où j'ai mis mon amour propre de tout temps ; j'ai même été de la sorte au-dessus de mes moyens, au-delà de ma fortune ; et le zèle que j'y apportais m'a valu des couronnes décernées par l'ensemble des cavaliers et par les officiers mes collègues» (ἱπποτροφῶν δὲ διατετέλεκα φιλοτίμως τὸν ἅπαντα χρόνον παρὰ δύναμιν καὶ ὑπὲρ τὴν οὐσίαν τὴν ἐμαυτοῦ· ἐστεφάνωμαι δ' ὑπό τε τῶν ἱππέων πάντων ἀνδραγαθίας ἕνεκα καὶ ὑπὸ τῶν συναρχόντων). Tout le reste du discours montre que l'on est dans le contexte d'un intérêt pour le cheval d'armes, pas pour le cheval de course[59].

Ce type de réaction se fonde sur plusieurs raisons. I. G. Spence y a vu la conséquence d'une hostilité à l'ostentation de la richesse dans le cadre de la démocratie athénienne et cela a certainement beaucoup joué. Les honneurs que l'on accordait aux vainqueurs à

---

56. [Démosthène], 42 (*Contre Phainippos*), 24 (trad. L. GERNET, *CUF*).

57. Lycurgue, *Contre Léocrate* 139-140 (trad. F. DURRBACH, *CUF*).

58. BLAINEAU 2015, p. 224-228 ; ÉTIENNE 2005.

59. Hypéride, *Pour Lycophron* 16 (trad. G. COLIN, *CUF*). SPENCE 1993, p. 227, qui, en commentant ce passage, écrit qu'il ferait référence aux courses de char, ce que conteste vivement D. Whitehead dans son commentaire (2000, p. 136-137).

ces épreuves avaient même un goût de frelaté selon certains, car la victoire n'était même pas acquise par l'excellence des compétiteurs. Quand on demanda à quoi il voulait être condamné, Socrate répondit à ces juges qu'il méritait le prytanée. Tout le monde connaît cette réaction. Mais Platon lui fait ajouter : « Oui, cela [me] siérait bien mieux qu'à tel d'entre vous qui a été vainqueur à Olympie avec un cheval de course ou un attelage à deux ou un quadrige. Un tel vainqueur vous procure une satisfaction d'apparence ; moi, je vous en propose une qui est bien réelle » (Οὐκ ἔσθ' ὅ τι μᾶλλον, ὦ ἄνδρες Ἀθηναῖοι, πρέπει οὕτως ὡς τὸν τοιοῦτον ἄνδρα ἐν Πρυτανείῳ σιτεῖσθαι, πολύ γε μᾶλλον ἢ εἴ τις ὑμῶν ἵππῳ ἢ συνωρίδι ἢ ζεύγει νενίκηκεν Ὀλυμπίασιν. Ὁ μέν γὰρ ὑμᾶς ποιεῖ εὐδαίμονας δοκεῖν εἶναι, ἐγὼ δὲ εἶναι)[60].

Ces formes de distinction telles que les pratiquaient les élites archaïques n'étaient plus de mise à Athènes et la tension entre les deux cultures équestres est donc en partie née des évolutions des institutions de la cité et des nouveaux rapports socio-politiques qui se mettaient en place[61]. C'est dans ce contexte historique qu'a eu lieu à Athènes la réapparition d'une cavalerie militaire, quelles que soient ses origines archaïques[62]. Les deux formes de culture équestre concernaient certes le même groupe social, mais une culture tournée vers le cheval d'armes offrait manifestement plus de prise au régime démocratique. Il ne faut cependant pas faire de cette situation un phénomène qui serait universel. Bien des régions grecques y ont échappé parce qu'elles avaient développé une forte culture équestre agonistique, bien avant de recréer une cavalerie militaire. C'est particulièrement vrai dans le Péloponnèse, dont bien des régions étaient dotées non seulement d'une belle réputation en matière d'élevage des chevaux[63], mais abritaient aussi plusieurs des grands concours grecs. C'est seulement en 425/4 que Sparte fonde sa cavalerie[64], à une époque où les Lacédémoniens ont déjà acquis une solide réputation dans le domaine des courses hippiques. À Sparte, clairement, la culture agonistique a précédé la culture équestre militaire[65], laquelle ne s'est jamais bien enracinée si l'on en

---

60. Platon, *Apologie de Socrate* 36d (trad. M. CROISET, *CUF*).
61. C'est là le fondement de son raisonnement : SPENCE 1993, p. 202-206. Voir aussi GOLDEN 1997, p. 337-338.
62. SPENCE 1993, p. 9-17 ; BLAINEAU 2015, p. 205-212. Ajouter BUGH 1988, p. 3-78. Il vaut encore la peine de consulter sur ces questions le vieux livre de MARTIN 1887. La question la plus épineuse sur les origines de la cavalerie athénienne est son existence au VIᵉ s. av. J.-C., à une époque où les sources sont à peu près muettes sur son emploi, mais où cependant la céramique attique montre quantité de cavaliers : voir la position de SCHÄFER 2005.
63. On pensera aux élevages équins d'Élide, mentionnés dès la poésie homérique, à ceux de Corinthe, de Sicyone, d'Argos. Sur cette géographie, voir BLAINEAU 2015, p. 92-101. Voir aussi ÉTIENNE 2010, p. 198 et 200.
64. Thucydide, IV 55, 2 ; voir SPENCE 1993, p. 2-4.
65. Voir la remarque de Pausanias, VI 2, 1, avant l'énumération d'une série de monuments hippiques dédiés par des Spartiates dans le sanctuaire d'Olympie : Λακεδαιμόνιοι δὲ ἄρα μετὰ τὴν ἐπιστρατείαν τοῦ Μήδου διετέθησαν πάντων φιλοτιμότατα Ἑλλήνων πρὸς ἵππων τροφάς.

croit Xénophon qui dénonce son manque de combattivité. Il explique ainsi sa médiocrité lors de la bataille de Leuctres[66] :

> Τοῖς δὲ Λακεδαιμονίοις κατ' ἐκεῖνον τὸν χρόνον πονηρότατον ἦν τὸ ἱππικόν. Ἔτρεφον μὲν γὰρ τοὺς ἵππους οἱ πλουσιώτατοι· ἐπεὶ δὲ φρουρὰ φανθείη, τότε ἧκεν ὁ συντεταγμένος· λαβὼν δ' ἂν τὸν ἵππον καὶ ὅπλα ὁποῖα δοθείη αὐτῷ ἐκ τοῦ παραχρῆμα ἂν ἐστρατεύετο· τῶν δ' αὖ στρατιωτῶν οἱ τοῖς σώμασιν ἀδυνατώτατοι καὶ ἥκιστα φιλότιμοι ἐπὶ τῶν ἵππων ἦσαν.

> *Les Lacédémoniens avaient alors une cavalerie détestable. C'est que l'entretien des chevaux était bien l'affaire des plus riches ; mais, une fois que la mobilisation était déclarée, alors arrivait l'homme désigné pour monter le cheval ; il en prenait possession, ainsi que des armes, telles quelles, qu'on lui donnait, et il partait sur le champ en campagne ; d'autre part c'étaient, parmi les soldats, les plus débiles, et ceux qui avaient le moins de cœur, qui étaient montés.*

C'est pourtant la même cité qui a livré l'inscription de Damonon qui montre que, au Ve s., un Lacédémonien pouvait se vanter de son écurie de courses et des nombreuses épreuves qu'il avait remportées avec elle, parfois en conduisant lui-même ses chevaux, le tout manifestement dans des concours locaux ; c'est elle aussi dont tant de membres se sont illustrés dans les épreuves hippiques d'Olympie[67]. D'autres grandes cités péloponnésiennes connues depuis longtemps pour l'élevage des chevaux, comme Corinthe, Argos ou Élis, ne se sont dotées d'une cavalerie au mieux que dans les toutes dernières décennies du Ve s. av. J.-C.[68]. L'impression est donc que dans tout le Péloponnèse, la balance a penché pendant longtemps plus en faveur du cheval de course qu'en faveur du cheval d'armes, ce qui a posé des problèmes lorsque l'on a cherché à développer une cavalerie répondant aux besoins nouveaux de la guerre. Plus généralement, c'est lorsque cet essor de la cavalerie militaire s'est produit que l'ancien prestige des courses hippiques a pu faire l'occasion d'un regard réprobateur de la part de la cité qui cherchait à réorienter la culture équestre de ses élites. Le problème s'était du reste aussi posé à Athènes mais, soit effet de source, soit circonstances locales (une plus précoce et plus vigoureuse renaissance de la cavalerie militaire, un régime démocratique), il avait trouvé une meilleure solution. Dans d'autres régions, la tradition d'une forte cavalerie a tendu à lier étroitement les compétitions hippiques au contexte militaire. Dans ce cas de figure, la culture équestre agonistique n'est qu'une des expressions de la culture équestre militaire. Telle est la situation notamment en Thessalie où, comme le montre Br. Helly dans ce volume, l'hippodrome servait en même temps à la cavalerie thessalienne.

---

66. Xénophon, *Helléniques* VI 4, 10-11 (trad. J. HATZFELD, *CUF*).
67. *IG* V 1, 213. Sur les concours hippiques dans la société spartiate, voir tout le chapitre « Equestrian Competition: Participation and Expenditure » de HODKINSON 2000, p. 303-333.
68. SPENCE 1993, p. 4-8.

L'hostilité à l'égard des compétitions hippiques peut aussi relever d'un discours de contestation des pratiques agonistiques comme inutiles à la guerre[69]. Ce discours n'est pas complètement nouveau. Un fragment de Xénophane de Colophon développe déjà cette idée, à la fin du vi[e] s. av. J.-C.[70]. Auparavant, Tyrtée avait déjà exprimé nettement sa certitude de la supériorité des activités militaires sur les activités sportives[71]. Il circule à l'époque classique et même au-delà, en parallèle d'un courant majoritaire qui considère que pratiques sportives et militaires tendent vers le même but[72]. Il est exprimé dans un fragment de l'*Autolykos* d'Euripide[73] :

> Κακῶν γὰρ ὄντων μυρίων καθ᾽ Ἑλλάδα
> οὐδὲν κάκιόν ἐστιν ἀθλητῶν γένους·
> [...]
> 16 Τίς γὰρ παλαίσας εὖ, τίς ὠκύπους ἀνὴρ
> ἢ δίσκον ἄρας ἢ γνάθον παίσας καλῶς
> πόλει πατρῴᾳ στέφανον ἤρκεσεν λαβών;
> πότερα μαχοῦνται πολεμίοισιν ἐν χεροῖν
> 20 δίσκους ἔχοντες ἢ δι᾽ ἀσπίδων χερὶ
> θείνοντες ἐκβαλοῦσι πολεμίους πάτρας;
> οὐδεὶς σιδήρου ταῦτα μωραίνει πέλας
> στάς...

> *Des innombrables fléaux qui frappent la Grèce, il n'en est pas de plus funeste que l'engeance des athlètes. [...] Qui donc pour avoir lutté avec succès, qui pour avoir couru vite, ou lancé le disque ou frappé avec force une mâchoire, a rendu service, en obtenant une couronne, à la ville de ses ancêtres? vont-ils combattre le disque en main? Ou chasseront-ils l'ennemi du sol de la patrie en frappant les boucliers de leurs poings? Personne ne commet pareille sottise quand l'ennemi menace.*

Platon, dans les *Lois*, suspecte une partie des pratiques sportives de détourner les hommes de la guerre plutôt que de les y préparer et, comme on l'a vu à propos des épreuves hippiques, n'en garde que ce qui est bon pour la guerre[74].

---

69. Sur ce discours, voir PRITCHARD 2013, notamment p. 156-163.

70. Xénophane, frg. 2, cité par Athénée, *Deipnosophistes* X 413 F.

71. Frg. 12, 1-9 West. Voir PRITCHARD 2013, p. 110-111.

72. Sur cette question des rapports entre pratiques sportives et pratiques militaires, voir les pages de synthèse de GOLDEN 1998, p. 23-28.

73. Euripide, *Fragments* part. 1. *Autolycos*, n° 1, v. 1-2 et 16-23 (trad. Fr. JOUAN et H. VAN LOOY, *CUF*). Sur ce passage, voir PRITCHARD 2013, p. 152-156.

74. *Lois* VII 79a, pour la dénonciation des méthodes inventées par les grands lutteurs et boxeurs; VIII 830c-e. Voir aussi, la réaction de Philopoimen, qui avait reçu une formation philosophique tournée vers l'Académie. Repéré comme potentiellement apte à une carrière d'athlète, Philopoimen demande à des proches si cela ne peut pas le détourner de sa préparation militaire : «Ils lui répondirent, ce qui est vrai, que le corps et le régime de l'athlète diffèrent entièrement de ceux du soldat, qu'en particulier leur manière de vivre et leurs exercices sont tout autres». Plus tard, il fait de son refus initial un élément de sa doctrine militaire : «... plus tard, lorsqu'il exerça le commandement, il repoussa autant qu'il put, en les accablant de son mépris et de ses sarcasmes, tous les genres d'athlétisme, comme rendant les hommes les

En parallèle à cette contestation, il faut pourtant maintenant constater que : 1) les cavaleries grecques ont eu recours à des pratiques hippiques comme outil de formation des hommes et de leurs montures ; 2) certains concours ont conservé dans leur programme des épreuves hippiques à caractère nettement militaire.

Le premier point est bien attesté dans le cas des armées en campagne, par exemple dans le cas des Dix-Mille, lorsqu'ils se trouvèrent à Trapézonte, en 400 av. J.-C., et qu'ils y organisèrent des *agônes* au cours desquels les cavaliers donnèrent un amusant spectacle de poursuite sur le terrain en pente entre la muraille de la ville et la côte[75]. Quelques années plus tard, en 395 av. J.-C., l'armée d'Agésilas en Asie, qui lui aussi a dû monter une cavalerie de toute pièce, fut entraînée par des concours qui se tinrent à Éphèse, ce qui mit la ville en effervescence, à l'agora, au gymnase et à l'hippodrome[76]. Peu après, Agésilas renouvela l'opération[77]. Les prix récompensèrent à la fois les qualités des cavaliers et l'allure des chevaux présentés. Durant son expédition en Asie, Alexandre organisa lui aussi régulièrement des concours[78]. Ils comportaient parfois des épreuves hippiques, mais moins systématiquement que des épreuves musicales ou gymniques. Ce fut le cas en 329, sur le fleuve Tanaïs, puis à nouveau en 326, par deux fois, à Taxila d'abord, puis au bord de l'Hydaspe. À chaque fois, selon Arrien qui est notre source, les épreuves hippiques ont été associées à des épreuves gymniques, mais nous ignorons tout du détail du programme[79]. Ce genre de pratique faisait naturellement écho au modèle des concours célébrés au moment des funérailles de Patrocle. Il se retrouve peut-être encore dans les pratiques de la délégation de la cavalerie athénienne lors de la Pythaïde, à la fin du IIᵉ s. av. J.-C. Les inscriptions du Trésor des Athéniens à Delphes mentionnent en effet que des épreuves de *diaulos* pour cheval de guerre (ἵππωι πολεμιστῆι δίαυλον), pour le lancer de javelot monté (ἀκοντίζων), pour le galop sur une seule longueur d'hippodrome (ἀκάμπιον) et pour le saut depuis un char (ἅρματι ἐγβιβάζων) ont été organisées lors de la Pythaïde de 128/7 av. J.-C., qui fut célébrée avec particulièrement d'éclat. Les concurrents étaient les officiers et les cavaliers présents et c'est pour cela que ce sont toujours les mêmes noms qui reviennent[80].

Des concours hippiques étaient organisés non seulement à titre exceptionnel, au cours d'une expédition, mais avaient aussi lieu de manière régulière pour l'entraînement des troupes de cavaliers. Xénophon avait appelé cela de ses vœux de manière très soutenue dans ses projets pour rendre tout son dynamisme à la cavalerie athénienne : « Si l'on

---

plus utiles inutilisables pour les luttes nécessaires » (Plutarque, *Philopoimen* 3, 3-5, trad. R. Flacelière, *CUF*).

75. *Anabase* IV 28. Sur ces concours, voir Golden 1997, p. 327-331.

76. Xénophon, *Helléniques* III 4, 16 (*Agésilas*, I 25).

77. Xénophon, *Helléniques* IV 2, 5.

78. Voir Le Guen 2014. Le tableau p. 251-255 est particulièrement utile pour repérer les occasions de concours hippiques.

79. Arrien, *Anabase* IV 4, 1 ; V 3, 6 ; V 8, 3.

80. *FD* III 2, 34 ; 35 ; 36 ; 37 ; 38 ; 39 ; 40 ; 41 ; 42 ; 43 ; 44 ; 45.

pouvait offrir aux escadrons des prix pour tous les exercices dont les Athéniens jugent que la pratique par la cavalerie donne de la beauté aux spectacles, voilà qui pourrait plus que tout les porter tous à l'émulation » (Εἰ δὲ καὶ ἆθλά τις δύναιτο προτιθέναι ταῖς φυλαῖς πάντων ὁπόσα ἀγαθὰ νομίζουσιν ἀσκεῖσθαι ἐν ταῖς θέαις ὑπὸ τοῦ ἱππικοῦ, τοῦτο πάντας οἶμαι Ἀθηναίους γε μάλιστ' ἂν προτρέπειν εἰς φιλονικίαν)[81]. On connaît par ailleurs l'importance de certaines épreuves internes à la cavalerie athénienne, comme l'*anthippasia*, qui se déroulait à l'occasion des Panathénées[82]. Deux monuments du IVᵉ s. attestent que l'*anthippasia* était une compétition entre les tribus. Celui qui est actuellement exposé au musée de l'Agora est accompagné d'une inscription : Λεοντὶς ἐνίκα, «La tribu Léontis a remporté la victoire »[83].

Par ailleurs, les programmes de concours incorporent des épreuves hippiques à carac-tère militaire. C'est vrai d'abord à Athènes. Nous avons déjà évoqué les épreuves de lancer de javelot à cheval – un très bon exercice pour l'entraînement des cavaliers – et l'épreuve sur cheval d'armes de la Pythaïde de 128/7. L'*anthippasia* était intégrée aux programmes des Grandes Panathénées et des Olympieia[84]. Aux Panathénées, la liste des prix du début du IVᵉ s. comporte une rubrique d'épreuves hippiques intitulée πολε-μιστηρίοις avec là encore le lancer de javelot (*IG* II² 2311, l. 58, l. 68)[85]. Le catalogue agonistique de 166/5 av. J.-C. comporte une épreuve ἵππωι πολεμιστεῖ δίαυλ[ο]ν ἐν ὅπλοι[ς] (*IG* II² 2316, l. 29) et d'autres encore du même genre qui étaient réservées aux Athéniens ; elles opposaient les cavaliers athéniens entre eux et avaient lieu non à l'hippodrome, mais le long de l'Éleusinion, entre l'Agora et l'Acropole[86]. Il y avait aussi eu des épreuves de ce type à Orôpos, lors des Amphiareia en 329/8 av. J.-C.[87]. On les retrouve aux Théseia, au IIᵉ s. av. J.-C., donc lors d'un concours à forte coloration mili-taire : là encore, les cavaliers et ceux qui les commandaient avaient des épreuves de ce type, par exemple une épreuve ἵππω[ι πολε]/μιστῆι δίαυλο[ν] ἐκ τῶν ἱππέων et encore un lancer de javelot à cheval (*IG* II² 956, l. 82-83 et 91, texte de 161/0 av. J.-C.). Une autre, ἵππωι λαμπρῶι (l. 87), évoque les considérations sur le cheval de parade, le *pompikos*

---

81. Xénophon, *Le commandant de la cavalerie* I 26 (trad. É. DELEBECQUE, *CUF*).

82. Xénophon, *Le commandant de la cavalerie* III 11-12 ; V, 4. Voir BUGH 1988, p. 59-60, et KYLE 1992, p. 93-94. Voir aussi CAMP 1998, p. 28-30, à propos de l'*anthippasia*. La question de la place des cavaliers lors des Panathénées a fait couler beaucoup d'encre : voir en dernier lieu VERDAN 2015.

83. SHEAR T. L. 1971, p. 271-272, pl. 57c (SPENCE 1993, p. 266, n° 36). La base signée de Bryaxis (milieu du IVᵉ s. av. J.-C.) porte le texte suivant : φυλαρχοῦντες ἐνίκων ἀνθιππασίαι / Δημαίνετος Δημέο Παιανιεύς / Δημέας Δημαινέτο Παιανιεύς / Δημέας Δημαινέτο Παιανιεύς. / Βρύαξις ἐπόησεν. (*IG* II² 3130).

84. Voir par exemple *IG* II² 3079. Cf. HEMINGWAY 2004, p. 135-136.

85. Et c'est vraisemblablement à ces épreuves que fait allusion le vers d'Aristophane, *Nuées* 28, où Phéidippidès se demande en rêve : πόσους δρόμους ἐλᾷ τὰ πολεμιστήρια; Sur ces épreuves dites «tribales» des Panathénées, voir KYLE 1992.

86. Voir KYLE 2014, p. 163-164. Sur les épreuves hippiques aux Panathénées, voir TRACY 1991, p. 138-142, et KYLE 1992, p. 89-94 ; CAMP 1998, p. 25-30.

87. *Ep. Oropou* 520, l. 38-42.

hippos de Xénophon qui se devait lui aussi d'être brillant (λαμπρός)[88]. C'était l'occasion de juger aussi bien de l'apparence du cheval que de celle du cavalier et il n'était pas besoin pour cela d'indiquer la distance sur laquelle se jouait le concours, car ce n'était pas ce qui comptait. Les décrets pour les organisateurs des Théseia des années suivantes permettent de compléter la liste de ces épreuves à la fois hippiques et militaires, par exemple avec la mention d'un galop sur cheval d'armes en simple aller-retour et réservé aux phylarques (ἵππωι πολεμιστῆι δίαυλον ἐκ τῶν φυλάρχων, *IG* II² 957, l. 71, texte de 157/6 av. J.-C.). L'effort que l'on demandait à ces chevaux paraît avoir été bien moindre que celui qui était exigé de leurs congénères qui devaient participer aux interminables courses de l'hippodrome : ce sont visiblement des galops sur de courtes distances, une ou deux fois la longueur de la piste. Il peut y avoir eu là la volonté de ne pas casser les bêtes par un effort trop violent et soudain auquel elles n'étaient pas habituées[89].

L'organisation de concours hippiques dans le cadre d'armées en campagne et l'intégration d'épreuves à caractère militaire dans les programmes de concours permettaient de contourner un problème qui était celui de la difficulté à faire venir des écuries de course. Les cavaliers assuraient le spectacle tout en s'entraînant. Leur image publique n'avait qu'à y gagner. La conséquence était que, à ces épreuves militaires, les vainqueurs étaient non seulement les propriétaires des chevaux, mais aussi ceux qui les montaient et les conduisaient. En fin de compte, dans ce genre de cadre, les deux faces de la culture équestre grecque se confondaient. Cela donnait à l'hippodrome une allure de manège de cavalerie, comme le fait remarquer Xénophon à propos des épreuves organisées par Agésilas à Éphèse.

SAVOIR ZOOTECHNIQUE ET CONCOURS HIPPIQUES

S'il a pu y avoir des cas, comme celui de Sparte classique et peut-être même de l'ensemble du Péloponnèse pendant une bonne partie de l'époque classique, où la culture équestre locale a été purement tournée vers la course et pratiquement pas vers le cheval d'armes, si on a pu dénoncer le goût des épreuves hippiques comme un gaspillage d'énergie, dans l'ensemble, les deux faces de la culture équestre se complétaient. À Cyrène, le maintien pendant l'époque hellénistique d'une charrerie militaire explique le goût des élites pour les compétitions de char et l'on rencontre des vainqueurs cyrénéens à ce type d'épreuves jusqu'à Éphèse[90]. Magnésie du Méandre, lorsqu'elle fit célébrer pour la première fois les concours des Leukophryéna en 207 av. J.-C., put intégrer des épreuves hippiques au

---

88. Xénophon, *Art équestre* XI 1. L'épreuve d'*hippos lampros* apparaît aussi dans un concours organisé en Moyenne-Égypte sous Ptolémée II : KOENEN 1977, p. 5, 20b, avec commentaire p. 13.

89. La mention récurrente de ces épreuves doit expliquer la notice de Photios, *Lexicon*, *s.v.* «Πολεμιστὴς ἵππος » : οὐχ ὡς ἄν τις οἰηθῆι, ὁ εἰς τοὺς πολέμους ἐπιτήδειος, ἀλλ᾿ ὁ ἐν τοῖς ἀγῶσι σχῆμα φέρων, ὡς εἰς πόλεμον εὐτρεπισμένος· ἦν γὰρ τοιοῦτον ἀγώνισμα.

90. LARONDE 1987, p. 70-71 et 131 ; voir J. et L. ROBERT, *Bull. ép.* 1974, 500, sur la conséquence de ce fait dans les victoires des Cyrénéens à des épreuves de char.

programme (ce que nulle autre cité de la région n'avait tenté) aussi parce qu'elle était dans une région qui avait conservé sa tradition équestre, notamment des cavaleries puissantes dans ses armées civiques[91].

Ce que je voudrais explorer enfin, c'est dans quelle mesure les épreuves hippiques ont pu bénéficier d'une éventuelle accumulation du savoir zootechnique dans l'Antiquité et peut-être l'entraîner[92]. L'accumulation d'un savoir zootechnique en Grèce ne fait aucun doute, même s'il est difficile à mettre en évidence[93]. La recherche n'est guère aidée par une certaine rareté des publications archéozoologiques sur les restes d'équidés trouvés dans le monde grec aux époques historiques. Elles montrent surtout la coexistence d'un assez vaste spectre de types entre deux pôles, les chevaux brévilignes et les chevaux longilignes, mais qui cohabitaient déjà en Égypte au IIe millénaire av. J.-C. Le phénomène semble indiquer que des deux populations, l'une, la bréviligne, était dominante en Europe occidentale, l'autre, la longiligne, en Asie steppique. La Grèce est à la rencontre de ces deux groupes, et c'est sur cette double base qu'elle a pu procéder à une diversification croissante des morphotypes[94]. Récemment, la publication d'un cratère du VIIIe s. av. J.-C. à Érétrie, le cratère aux chevaux noirs, donne une précoce image d'une reproduction contrôlée par les éleveurs eubéens[95]. Par ailleurs, l'époque archaïque a laissé d'autres traces d'efforts pour améliorer les morphotypes domestiques. Un passage des *Deipnosophistes* d'Athénée atteste de l'action du tyran Polycrate de Samos dans ce sens. Les fragments cités par Athénée, et qui remontent au IVe et au IIIe s., concernent des chiens, des chèvres, des moutons et des porcs, tous issus des régions où ils étaient réputés les meilleurs, que le tyran s'est efforcé de faire venir dans sa cité. Rien donc sur les chevaux[96]. Mais la mentalité que tout cela traduit, celle qui consiste à «collectionner le monde»[97], combinée à l'importance du cheval pour les élites archaïques et à la valeur accordée à l'idée d'hérédité des qualités, ne doit guère laisser de doutes sur l'existence d'une tendance continue à améliorer les morphotypes de cette manière. La précoce mention de types équins locaux va aussi dans ce sens. La circulation de reproducteurs, en provenance de régions réputées a été pratiquée par le tyran de Syracuse Denys l'Ancien qui a importé des étalons hénètes pour son haras de course, ce qui a rapidement assis la renommée de cette origine : «Denys, tyran de Sicile, avait fait venir de chez eux les chevaux de concours de son haras, de telle sorte que les Grecs apprirent le nome des élevages de poulains hénètes, et que, de plus, cette race devint chez eux célèbre pour

---

91. Voir Boulay 2014, p. 98-103.

92. Il faudrait sans doute poser la même question à propos de l'hippiatrie gréco-romaine et vérifier si elle a entretenu des liens avec le monde des concours.

93. Pour les animaux de rente, elle apparaît tout aussi difficilement que pour les chevaux, même si l'archéozoologie montre la lente progression en taille des bœufs.

94. Gardeisen 2005b, p. 8 ; voir aussi Gardeisen 2005a, p. 319-321. Sur la cohabitation de ces grands morphotypes dans l'iconographie, voir aussi les remarques faites par Hemingway 2004, p. 107.

95. Simon, Verdan 2014 ; Blaineau 2015, p. 159-160.

96. Athénée XII 540c-e.

97. Duplouy 2006, p. 151.

longtemps » (καὶ Διονύσιος, ὁ τῆς Σικελίας τύραννος ἐντεῦθεν τὸ ἱπποτρόφιον συνεστή-σατο τῶν ἀθλητῶν ἵππων, ὥστε καὶ ὄνομα ἐν τοῖς Ἕλλησι γενέσθαι τῆς Ἑνετικῆς πωλείας καὶ πολὺν χρόνον εὐδοκιμῆσαι τὸ γένος) [98].

C'est aussi dans l'évolution du programme des épreuves hippiques que l'on peut trouver un écho des connaissances des éleveurs et peut-être de leurs attentes. Commençons par un bref épisode et qui a fait long feu. De 500 à 444 av. J.-C., les Olympia ont comporté une épreuve d'attelage de mules, l'épreuve de l'*apéné*, qui semble avoir été sans parallèle ailleurs, si ce n'est peut-être aux Panathénées. Parmi les compétiteurs qui y ont pris part, deux au moins ont obtenu que Pindare célèbre leur victoire. L'un était un aristocrate sicilien, Psaumis de Camarina (*Olympique* V) et l'autre un Arcadien d'origine mais vivant en fait à Syracuse, Agésias de Stymphale (*Olympique* VI[99]). Pour les Olympia de 440, l'épreuve fut supprimée et Pausanias explique que c'est en raison du manque de prestige de la mule : « Quant à la course au char attelé de mules rien d'ancien n'était attaché à cette innovation et aucun éclat ; aux yeux des Éléens, cet animal était de tout temps et absolument frappé de malédiction dans le pays » (Ἀπήνη δὲ οὔτε τῷ ἀνευ-ρήματι οὐδὲν ἀρχαῖον οὔτε εὐπρέπεια αὐτῇ προσῆν, ἐπάρατόν τε Ἠλείοις ἐκ παλαιοῦ καὶ ἀρχὴν γενέσθαι σφίσιν ἐν τῇ χώρᾳ τὸ ζῷον· ἦν γὰρ δὴ ἀπήνη κατὰ τὴν συνωρίδα ἡμιόνους ἀντὶ ἵππων ἔχουσα) [100]. Les raisons de cette tentative sont, en l'état de la documentation, incompréhensibles, mais une coïncidence doit être relevée avec la géographie des régions mulassières en Grèce, où l'Élide et l'Arcadie étaient étroitement associées.

Un autre phénomène frappant dans le programme des concours est l'apparition, au début du IVᵉ s., de la distinction dans les programmes d'épreuves réservées aux chevaux adultes (τέλειοι ou plus rarement ἀδηφάγοι[101]) et d'autres aux poulains (πῶλοι, ἵπποι ἄβολοι[102]). C'était reproduire avec les chevaux le système des épreuves selon les classes d'âges que l'on connaissait déjà avec les athlètes. Grâce à Pausanias, il est aisé de dresser la chronologie de ce mouvement pour les Olympia et les Pythia. Pour les autres concours, la mention de ce type d'épreuves ne peut être introduite qu'approxi-

---

98. Strabon, V 1, 4, C 212 (trad. Fr. Lasserre, *CUF*). Des chevaux hénètes sont aussi mentionnés pour la victoire olympique au quadrige de Léon de Sparte au vᵉ s. av. J.-C. (en 424 ?) : Ebert 1972, nº 28.

99. Voir Nicholson 2005, p. 82-94. N. J. Nicholson (p. 84 notamment) montre de façon convaincante que l'épreuve était choisie par des membres des élites siciliennes qui voulaient laisser les épreuves pour les chevaux aux monarques dirigeants des cités.

100. Pausanias, V 9, 1-2 (trad. A. Jacquemin, *CUF*). Voir aussi Plutarque, *Propos de table* V 2, 675 C, qui mentionne l'*apénê* parmi les épreuves qui ont été supprimées du programme des Olympia.

101. Sur cette catégorie, voir Blaineau 2015, p. 279, n. 92.

102. Sur cette expression, voir *IG* II² 2326, et Blaineau 2015, p. 247 : c'est un cheval qui n'a pas encore perdu ses dents de lait, et qui peut avoir jusqu'à deux ans et demi. Platon, *Lois* VIII 834c, connaît trois catégories de chevaux : les *pôloi aboloi*, les *téleioi* et les intermédiaires (πώλοις τε ἀβόλοις καὶ τελείων τε καὶ ἀβόλων τοῖς μέσοις καὶ αὐτοῖς δὴ τοῖς τέλος ἔχουσι). Aristote, *Histoire des animaux* VI 576b 12-13 : la perte des dents de lait (*boloi*) marque la maturité des chevaux et des mulets (Ἀκμάζει δὲ καὶ ἵππος καὶ ἡμίονος μετὰ τοὺς βόλους). Il paraît cependant possible qu'un *hippos abolos* ne soit pas exactement l'équivalent d'un *pôlos* et que l'on désigne ainsi un sub-adulte.

mativement, grâce aux catalogues agonistiques conservés. Nous en présentons le tableau pour la période antérieure au milieu du IIIe s. av. J.-C. (**tableau 1**). En effet, dans la grande vague de concours qui commence dans les années 220, lorsque les organisateurs décident de mettre des épreuves hippiques au programme, la distinction entre épreuves

DATE	ÉPREUVE	SOURCE
384	création du quadrige de poulains à Olympie	Pausanias, V 8, 10
début du IVe s.	existence de l'attelage de poulain aux Panathénées	ἵππων πωλικῶι ζεύγει, *IG* II^2 2311, frg. B l. 64
378	création du quadrige de poulains à Delphes	Pausanias, X 7, 7
338	création du bige de poulains à Delphes	Pausanias, X 7, 8
329/8	existence de l'attelage de poulains à Orôpos	ζεῦγος πωλικόν, *Ep. Oropou* 520
vers 320	existence du quadrige de poulains au Mont Lycée	πωλικῶι τεθρίππωι, *IG* V 2, 550, l. 9 et 28
314	création du poulain monté à Delphes	Pausanias, X 7, 8
vers 300-290	existence du bige de poulains aux Isthmia et du quadrige de poulains aux Pythia de Sicyone	ἅρματι πωλικῶι, συνωρίδι πωλικᾶι, BLINKENBERG 1941, 68
268	création du bige de poulains à Olympie	Pausanias, V 8, 11
267	épreuve de poulain monté dans les Basileia organisées en Moyenne-Égypte pour des clérouques	ἀβόλωι στάδιον, KOENEN 1977
256	création du poulain monté à Olympie	Pausanias, V 8, 11

Tableau 1 — Les épreuves réservées aux poulains dans le programme des concours avant le milieu du IIIe s. av. J.-C.

pour poulains et épreuves pour chevaux adultes est devenue systématique[103].

Il ressort de cela qu'au IVe s., l'usage d'introduire des épreuves pour les poulains s'est généralisé dans les concours hippiques. Cette mutation suppose qu'alors les élevages sélectionnaient très tôt des animaux uniquement destinés aux courses et dont la durée d'utilisation était sans doute assez brève, tant une surexploitation de leur capacité lorsque leur croissance n'était pas achevée devait abréger leur carrière. Elle reposait aussi sur la mobilisation d'un savoir zootechnique utile pour l'organisation des concours. Lors de l'inscription, il fallait en effet évaluer l'âge de ces poulains et les organisateurs des concours eux-mêmes ou leurs assistants devaient avoir des compétences techniques pour cela[104], notamment la connaissance précise de l'âge par la dentition. Cette ques-

---

103. C'est le cas par exemple aux Érôtideia de Thespies où ces épreuves sont présentes dans un catalogue agonistique de la basse époque hellénistique : ROESCH, *IThespies* 186, rubrique ἐν τῶι ἱππικῶι, l. 21-22 (épreuves κέλητι πωλῶι, συνωρίδι πωλικῆι, ἅρματι πωλικῶι ; on retrouve ces épreuves au programme des Érôtideia à l'époque impériale : ROESCH, *IThespies* 191, 192). Sur ce concours, voir KNOEPFLER 1997.

104. Cela dit, comme pour les classes d'âge des athlètes, il était possible de surclasser des chevaux et de faire courir des poulains dans une épreuve réservée aux chevaux adultes comme cela s'est produit avec Lykinos de Sparte. Manifestement, il est arrivé avec un quadrige ou un bige de poulains et l'une des bêtes a été

tion, et la difficulté à évaluer l'âge des chevaux lorsqu'ils avaient dépassé sept ans, donc lorsque les chevaux ont toute leur dentition adulte, a été souvent évoquée dans les textes anciens sur le cheval, dès Xénophon, et jusqu'aux *Géoponiques*[105]. Ce savoir faisait partie du bagage que tout acheteur expert en chevaux devait posséder avant de se risquer sur un marché[106]. Il ne devait certainement pas être étranger aux organisateurs dès lors que ceux-ci s'étaient spécialisés dans les épreuves hippiques[107].

Un dernier indice du recouvrement entre connaissances zootechniques et pratiques agonistiques apparaît dans le soin que certains éleveurs mettent à faire eux-mêmes participer leurs propres animaux, et pas seulement à les vendre à des clients désireux, comme Alcibiade, d'entrer dans la compétition avec des chevaux achetés pour cela parfois peu de temps avant. Le cas le plus célèbre de ce genre est celui de Damonon de Sparte, qui, dans le courant du Ve s., a remporté un grand nombre de courses locales avec ses propres chevaux, parfois en servant lui-même comme cocher alors même que la compétition à laquelle il participait incluait d'autres chevaux lui appartenant[108]. L'Éléen Kléogénès fils de Silènos a ainsi remporté l'épreuve du *kélès* à Olympie avec un cheval de son propre élevage, peut-être au début du IVe s. av. J.-C.[109]. Dans les deux cas, ces comportements émanent de compétiteurs provenant de régions réputées pour leurs élevages et qui font la démonstration des qualités de leurs animaux dans des concours qui se déroulent près de chez eux. C'est un peu comme si les concours avaient été utilisés par les éleveurs locaux pour faire la démonstration des qualités de leurs animaux. Tout cela traduit tout du moins un lien fort entre le savoir zootechnique et le monde des concours et va aussi dans le sens de la dimension parfois marchande de la fête religieuse dans le monde grec, occasion d'échanges.

CONCLUSION

Ce qui précède est une tentative d'explorer les formes de rapports entre hommes et animaux à l'occasion des épreuves hippiques. Elle a été menée en réfléchissant à la

---

estimée comme faisant partie des adultes. Il a alors fait requalifier l'ensemble comme adulte et a remporté la victoire (Pausanias, VI 2, 2). Cette histoire me pose un problème chronologique puisque les épreuves pour les poulains n'apparaissent qu'au IVe et que l'on fait parfois remonter les victoires de Lykinos au milieu du Ve s. Voir aussi les *hippokathesia* de Rhodes interprétées comme une sorte de foire aux chevaux précédant les épreuves : Arnold 1936, mais cela me semble douteux.

105. Les remarques désabusées face à cette difficulté sont innombrables et suivent une description précise de l'évolution de la dentition des jeunes chevaux : Xénophon, *De l'art équestre* III 1 (mais sans description précise) ; Aristote, *Histoire des animaux* VI 576b 13-14 (ὅταν δὲ πάντας ὦσι βεβληκότες [les *boloi*], οὐ ῥάδιον γνῶναι τὴν ἡλικίαν) ; Varron, *Économie rurale* II 7, 2-3 (*Hoc majores qui sunt, intelligi negant posse*) ; Columelle, VI 29, 5 (*Nec postea quot annorum sit, manifesto comprehendi potest*) ; Pline, *Histoire naturelle* XI 168 ; *Géoponiques* XVI 1, 12-17 (Τούτου δὲ συμβάντος, οὐκέτι ῥάδιον ἐπιγινώσκειν τὰ ἔτη ; voir Georgoudi 1990, p. 144).

106. Voir Blaineau 2015, p. 223-224.

107. Voir, dans ce même volume, l'article de Cl. Sarrazanas p. 243-257 sur les organisateurs des épreuves hippiques.

108. Hodkinson 2000, p. 303-305.

109. Pausanias, VI 1, 4. Voir Kyle 2014, p. 188.

relation entre la pratique des courses hippiques et les élevages équins. L'histoire des concours doit en effet être reliée à son environnement. On l'a déjà largement fait, mais dans des perspectives d'histoire politique et sociale de préférence. Il faut aussi réfléchir à cela en ayant à l'esprit des questions d'ordre économique[110] : dans le cas des épreuves hippiques, on peut assez vite constater que le coût de leur organisation était essentiellement à la charge des compétiteurs, car les équipements que les organisateurs mettaient à leur service étaient, jusqu'à la fin de l'époque hellénistique, bien moins onéreux que les théâtres et les gymnases[111]. Il est nécessaire également de penser l'organisation même des concours hippiques en explorant la façon dont elle intègre le cheval[112]. D'autres ont posé des questions pratiques de cet ordre, par exemple à propos de l'accueil des chevaux autour de l'hippodrome. Il faudrait aller jusqu'à se demander ce que l'on faisait du crottin qui devait s'accumuler en grande quantité[113]. Les organisateurs prévoyaient-ils l'intervention de coprologues, comme ceux qui existaient dans beaucoup de cités ?

Mais puisque l'objectif était aussi d'adopter le point de vue animal, il ne convient pas de terminer avec des effluves d'écurie, mais plutôt de poser la question du devenir des chevaux de concours, une fois leur *akmè* passée. Je suis persuadé que certains chevaux victorieux étaient gardés comme reproducteurs, et c'est ce qui explique que les amateurs d'alors pouvaient, comme le fait encore aujourd'hui un bon turfiste, évoquer les ascendants des champions du moment. D'autres avaient sans doute un plus triste sort, celui de survivre misérablement par exemple en actionnant un moulin et c'était un *topos* bien connu de la fable et de l'épigramme grecque que le cheval qui ruminait le souvenir de ses victoires pythiques et olympiques tout en actionnant une lourde meule[114]. Les plus chanceux avaient l'honneur d'une tombe, comme les juments avec lesquelles Cimon avait remporté trois fois la couronne à Olympie et qui furent ensevelies proches de leur propriétaire, dans la nécropole du faubourg de Koilè[115]. Ce ne fut pas un cas unique d'hippomanie. Enfin, beaucoup des cracks qui ont fait briller les courses hippiques alors ont eu droit à une deuxième vie, sous la forme de statues, souvent près des hippodromes eux-mêmes, comme en témoigne Pausanias dans la description d'Olympie. Le cheval de l'Artémision est le plus beau témoin de cette pratique. C'est là une vraie manifestation d'une culture équestre. Ourasi, lui aussi, le «cheval du siècle», le «roi fainéant» a eu droit à sa statue dans l'hippodrome de Vincennes.

---

110. Voir naturellement LE GUEN 2010, notamment l'introduction de l'éditrice : «Comment parler de l'argent des concours grecs ou "à la grecque"», p. 21-34.

111. Voir sur ce point MATHÉ 2010.

112. On doit remarquer la métonymie fréquente dans le vocabulaire agonistique qui consiste à nommer une épreuve comme étant «pour le cheval», ἵππωι. Les jockeys s'effacent complètement par rapport à leur monture. C'est comme nous qui disons «attention un vélo» quand nous voyons un cycliste arriver.

113. Voir aussi l'*Hymne homérique à Apollon* 257-274, où les courses hippiques sont perçues comme une nuisance sonore qu'il convient d'éloigner du sanctuaire de Delphes.

114. *Anthologie* IX 20, 21, 30.

115. Hérodote mentionne déjà le fait et cite des parallèles. L'information est reprise par Plutarque, dans la *Vie de Caton*, sans doute sur la base de ce qu'il avait lu dans Hérodote.

Samphoras and *Koppatias*.
The brand-name horses of Sikyon and Corinth

Stamatis A. Fritzilas

In 2012 I published and commented upon an Attic black-figure amphora attributed to the Bucci Painter; the unique amphora, known through the Art Market and once in a European private collection, as I proposed, is decorated with scenes showing horses bred in the ancient cities of Corinth and Sikyon.[1] Editorial limitations and the specialized purpose of the volume in which the paper appeared did not permit a detailed consideration into the subject of the representations of the brand-name horses originating in the two NE Peloponnesian neighbouring cities –and, at times, adversaries.[2] Recently I was given the opportunity to do so at the international conference "Hippodromes and the Equestrian Games" held in Athens.[3] Therefore, the present study on the case of the branded horses from Corinth and Sikyon is a sequel to that published four years ago.

KOPPATIAS AND *SAMPHORAS* IN ATTIC VASE-PAINTING

On the front side of the black-figure amphora in question, known only through the Art Market,[4] is a single scene of a warrior's departure in a chariot, depicting a horse branded with the letter koppa (ϙ) as a mark, as well as a pair of Homeric heroes, Hippodamas and Eurylochos. The charioteer Hippodamas leads four horses, and the trace-horse on the right has been identified by the letter Koppa branded on its hindquarters, meaning *koppatias*, a breed of horses known from written sources (**fig. 1**). It is undoubtedly the earliest known representation of this famous horse to date. On the other side of the

---

1. Fritzilas 2012, pp. 39-47.
2. Lolos 2005-2006; Lolos 2011, pp. 15, 62, 80.
3. For this reason, I would like to express my particular gratitude to the co-organisers of the conference, the distinguished Professor P. Valavanis (University of Athens) and Professor J.-Ch. Moretti (University of Lyon), who chose this interesting subject, one that may potentially provide researchers with many novel insights.
4. Christie's, *New York*, 9 December 2005, pp. 98-99, no. 171; Christie's, *New York, Rockefeller Plaza*, 10 June 2010, pp. 48-49, no. 70. J.-D. Cahn, Cahn International AG, BAAF Basel, 5.-10. November 2010.

Fig. 1 — Koppa (ϙ)-bearing horse. Detail of Attic black-figure amphora attributed to the Bucci Painter, ca. 540 BC (Once New York [Christie's] and Basle [Cahn AG]. After J.-D. CAHN, Cahn International AG, BAAF Basel, 5.-10. November 2010 [leaflet cover]).

vase, also depicting a scene of a warrior's departure, there is a noticeable pattern shaped like the letter sigma on the rump of the horse in the middle of the metope; this sigma-bearing horse has been identified as a *samphoras* (**fig. 3b**).[5] Until that time, neither horse brand had been identified through research. The depiction of the initials of two Doric cities on the haunches of the horses on the two metopes of a 6th century BC Attic amphora bears a remarkable correlation with what is known from ancient literary references. Thus, the lexicon *Suda* mentions these two horse brands together: "They used to

5. FRITZILAS 2012, pp. 41 fig. 3, 46-47.

call koppatiae the horses branded with the letter kappa (s.v. koppa), just as they called *samphorae* those horses branded with the letter sigma".[6] There is no doubt that the aforementioned term *samphoras* was created in order to denote the horses from Sikyon branded with the Doric letter san, as opposed to the term *koppatias* that referred to the breed of horses from neighbouring Corinth, branded with the letter koppa (ϙ).[7] Herodotus clearly states that the Ionian letter sigma was called "san" by the Dorians.[8] The pronounciation of the letter sigma (s) as san in Dorian local dialects corresponded much better to a possibly thicker accent. It has been argued that it either derived from the name of the letter šin, which stood for sigma in the Phoenician alphabet, or was invented to imitate the Phoenician letter. The simultaneous use of san and sigma in the same alphabet is very rare.[9] Thus, the branded horse of Sikyon was named *samphoras*, not *sigmaphoros*. Consequently, the letter san of the Dorian alphabet became a symbol of Sikyon's horse-breeding (*hippotrophia*); after all, the coins issued by the city were struck with this letter, which was also used as a shield device by Sikyonian hoplites.[10]

Similarly, the letter koppa, used in the Corinthian and other archaic Doric alphabets to denote a voiceless uvular plosive (the consonant sound of the letter kappa before omicron and upsilon), was found in abbreviated form on coins minted in Corinth, as the city's emblem along with the Pegasus. Gradually, koppa disappeared from Greek alphabets or ceased to be indicated, particularly after the middle of the 6th century BC, when the use of a single kappa (k) became widespread and any difference between the pronunciations of the two related letters had been forgotten.[11]

As no depictions of these branded horses have survived in the art of either Corinth or Sikyon,[12] the scenes painted on Attic vases are of particular significance. Another typical representation of a *koppatias* may be observed in the interior of an Attic red-figure kylix by the Painter of Berlin 2268 in New York.[13] Dating from around 510-500 BC, it places the branded horse of Corinth in a military context, next to a peltast on foot carrying a light crescent-shaped shield (**fig. 2**).

Of more interest, however, are the surviving scenes on Attic vases that place the famous horse of Sikyon in an athletic context. An interesting series of representations of such horses is depicted on a number of 6th and 5th century BC Panathenaic prize

---

6. *Suda*, s.v. "Κοππατίας. κοππατίας ἵππους ἐκάλουν οἷς ἐγκεχάρακται τὸ κ [sc. κόππα] στοιχεῖον, ὡς σαμφόρας τοὺς ἐγκεχαραγμένους τὸ σ. τὸ γάρ σ καὶ τὸ ν χαρασσόμενον σὰν ἔλεγον..."

7. *Suda*, s.v. "σαμφόρας εἶδος ἵππου · ἐγκεχαραγμένα τὸ σ σημεῖον. οἱ δὲ Δωριεῖς τὸ σ σὰν λέγουσι". Hesychius, s.v. "σαμφόρας". WEST 1984, frg. 27 (Ἀνακρεόντεια μέλη): Ἐν ἰσχίοις μὲν ἵπποι / πυρὸς χάραγμ᾽ ἔχουσιν·

8. Herodotus, 1.139: τὸ Δωριέες μὲν σὰν καλέουσι, Ἴωνες δὲ σίγμα.

9. SIGALAS 1974, p. 349.

10. Xenophon, *Historia Graeca* 4.4.10; Photius, *Bibliotheca* 532a, 18. GRIFFIN 1982, p. 30; JEFFERY 1990, p. 142.

11. JEFFERY 1961, pp. 30-34.

12. BUCHHOLZ 2010, p. 41 n. 105.

13. New York, Metropolitan Museum of Art, inv. 06.1021.170 (Rogers Fund, 1906): RICHTER 1936, pp. 21-22 no. 6, pl. 5.

Fig. 2 — Warrior with a brand-name horse (koppatias). Attic red-figure kylix by the Painter of Berlin 2268, about 510-500 BC (New York, Metropolitan Museum of Art, 06.1021.170. Photo: Metropolitan Museum of Art).

amphorae with scenes of chariot racing and horse racing. I believe that the earliest depiction of a *samphoras* is the right-side trace-horse of the quadriga in the chariot race on the Panathenaic prize amphora of Lydos in Florence,[14] since it dates from around 550-540 BC. It was found in Orvieto and is one of the so-called pre-canonical Panathenaic amphorae. The front side is decorated with a scene depicting the victorious quadriga along with the agonistic inscription (ΤΟΝΑΘΕΝΕΘΕΝΑΘΛΟΝ), while the rear of the amphora shows a nude bearded man, obviously the owner of the victorious chariot race, standing in front of

14.   Florence, Museo archeologico etrusco, inv. 97779 ; *ABV* 110.33 ; *Beazley Addenda*² 30 ; Tiverios 1976, pp. 74-75 fig. 66 ; Shapiro 1989, pl. 8A ; Valavanis 1991, p. 65 ; Neils 1992, p. 41 fig. 26 (B) ; Esposito, Tommaso 1993, p. 24 figs. 17-18 ; Bentz 1998, no. 6008, pls. 6, 7.

the statue of Athena in the type of Promachos, offering the goddess a ribbon in thanks for the victory at the Panathenaic Games.[15] Although an interpretation has been offered on the significance of the victor and the owner of the four-horse chariot, until now no one had commented upon the significance of the mark incised on the animal's thighs. The sigma on the rump of Lydos' horse (**fig. 3a**) is depicted in the same way as the one on the sigma-branded horse on the black-figure amphora known through the Art Market (**fig. 3b**). Of course, the letter san is not rendered in the archaic Sikyonian script, as a four-bar sigma (Σ or M) such as those found on the coins of Sikyon, but in the Attic script, in the form with curved bars (ε). Apparently it denotes that the victorious *tethrippon* included one or more of the famous horses of Sikyon, and perhaps this was one of the reasons behind the great victory. In the Homeric epic Menelaus of Sparta took part in the horse races at the funeral games of Patroklos with a chariot drawn by a pair of fast horses, one of which was named Aethe, a mare from Sikyon (*Iliad* 23.293-300).

After Lydos, *samphorae* are depicted on three Panathenaic amphorae and an Attic red-figure dinos by the Berlin Painter (**figs. 3c, 3d, 4, 5**). One of the amphorae, dated 480-470 BC, is in Ferrara and comes from a tomb in Spina.[16] The sigma-brand appears on the draught-horse of the quadriga, while the same letter, rendered in a hasty manner, should also be depicted on the right-side trace-horse as well (**fig. 4**). We do not know whether the other two galloping horses were similar. In the second Panathenaic amphora by the same painter and with an identical motif, once in Melbourne, again it is sigma-shaped incisions that distinguish two *samphorae* horses belonging to the victorious quadriga at the Panathenaic Games' chariot race (**fig. 3c**).[17] Therefore, it could be argued that the aforementioned scenes suggest that horses from Sikyon were drawing the quadriga that won the chariot race at the Panathenaic Games ca. 480 BC. Demosthenes also preserves a testimony relative to these famous horses. One of the accusations levelled against Meidias and his wife by the orator (Demosthenes, *Against Meidias*) was a demonstration of inappropriate arrogance when he drove his wife to the Eleusinian Mysteries in a chariot drawn by "a pair of greys from Sikyon" (ἐπὶ τοῦ λευκοῦ ζεύγους τοῦ ἐκ Σικυῶνος).[18] Furthermore, a sigma-bearing horse is denoted in the horse race depicted on the Panathenaic amphora by the Berlin Painter in Warsaw, dating from

---

15. Valavanis 2009, fig. 1, pl. 23.

16. Ferrara, Museo Nazionale di Spina, inv. T11CVP (9356): *ARV*² 214; *Addenda*² 197; Beazley 1971, 177.2BIS; Berti, Guzzo 1993, p. 154 figs. 123-124; Adani, Bentini 1994, pp. 12-13; Bentz 1998, no. 5072, pls. 62-63.

17. Once in Melbourne, Graham Geddes: Cohen, Shapiro 1995, pp. 2-4 no. 1; Bentz 1998, no. 5078, p. 145 pls. 66-67; Green 2009.

18. Demosthenes, Κατὰ Μειδίου περὶ τοῦ Κονδύλου 21.157: καὶ εἰς μυστήρια τὴν γυναῖκ' ἄγει, κἂν ἄλλοσέ ποι βούληται, ἐπὶ τοῦ λευκοῦ ζεύγους τοῦ ἐκ Σικυῶνος, καὶ τρεῖς ἀκολούθους ἢ τέτταρας αὐτὸς ἔχων διὰ τῆς ἀγορᾶς σοβεῖ, κυμβία καὶ ῥυτὰ καὶ φιάλας ὀνομάζων οὕτως ὥστε τοὺς παριόντας ἀκούειν.

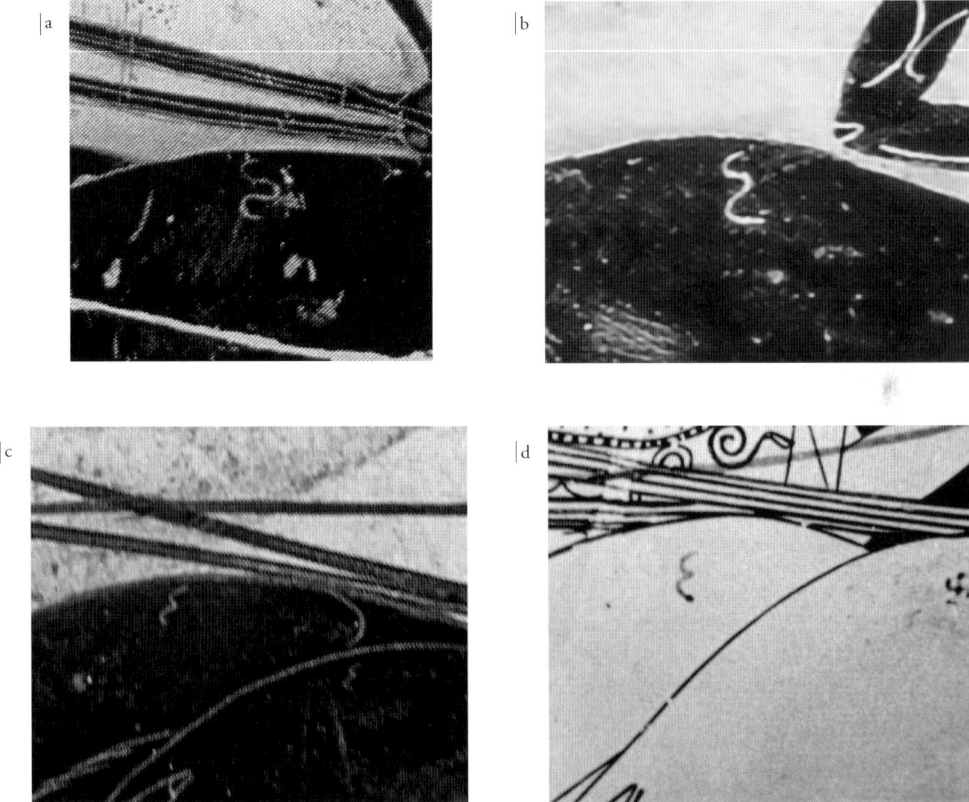

Fig. 3 — **a**. Sigma-bearing horse by Lydos. Panathenaic amphora, 550-540 BC (Florence, Archaeological Museum, 97779. After Bentz 1998, no. 6008, pls 6-7); **b**. Sigma-bearing horse. Detail of Attic black-figure amphora attributed to the Bucci Painter, ca. 540 BC (Once New York [Christie's] and Basle [Cahn AG]. After J.-D. Cahn, Cahn International AG, BAAF Basel, 5.-10. November 2010 [leaflet cover]); **c**. Sigma-bearing horses (samphorae). Panathenaic amphora by the Berlin Painter, ca. 480 BC (Once Melbourne, Graham Geddes. After Bentz 1998, no. 5078, pl. 66); **d**. Sigma-bearing horse (samphoras). Zeus with chariot. Procession of Gods. Attic red-figure dinos by the Berlin Painter. 470 BC (Basel, Antikenmuseum und Sammlung Ludwig, LU39. After Latacz *et al.* 2008, fig. 2 no. 70).

the years around 480 BC (**fig. 5**).[19] In this equestrian game, however, *samphoras* takes second place in the row of horses galloping to the right, while the last horse bears no brand (*asēmos hippos*). With the exception of the sigma on the haunches of the horses taking part in the equestrian games at the Panathenaia, very few brands are depicted throughout the long history of the Panathenaic amphorae from the 6th to the 4th century

19. Warsaw, National Museum, inv. 142346 (from Vulci): *ABV* 408.2; *Beazley Addenda²* 106; *CVA Goluchow, Musée Czartoryski* 15, pl. 12.1; Gerhard 1843, pl. A3-4. Frohner 1897, pp. 78-80; Beazley 1928a, pl. 16.2; Beazley 1928b, pls. 1.1, 2.2; Gardiner E. N. 1930, fig. 206; Beazley 1971, p. 177; Kurtz 1983, p. 79; Kurtz 1989, pl. 16.2; Bentz 1998, no. 5073, pls. 64-65.

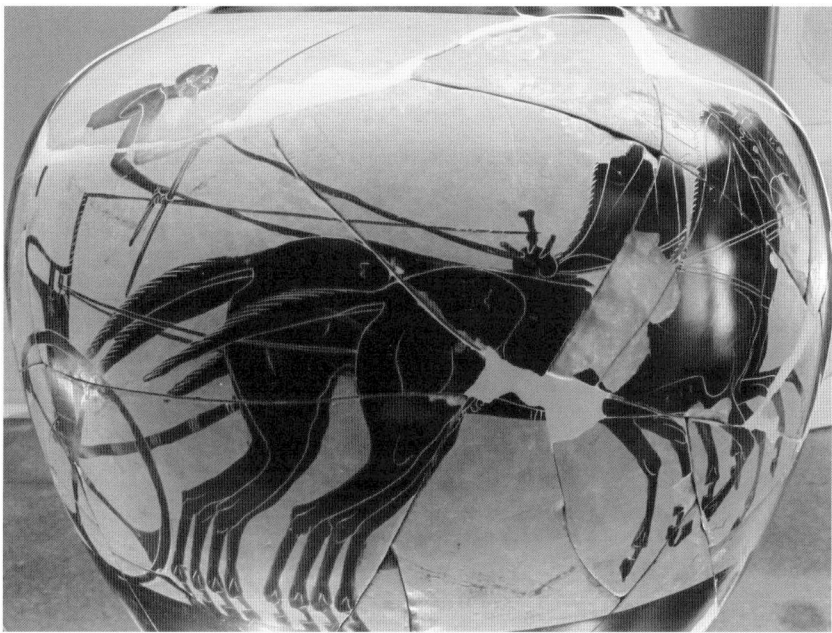

Fig. 4 — Sigma-bearing horses during chariot race at the Panathenaic Games. Panathenaic amphora by the Berlin Painter, ca. 480-470 BC (Ferrara, Museo nazionale di Spina. T11CVP [9356]. Photo: author).

Fig. 5 — Samphoras during horse race. Panathenaic amphora by the Berlin Painter, ca. 480 BC (Warsaw, National Museum, 142346. After BENTZ 1998, no. 5073, pl. 64).

BC. Undoubtedly the important vase-painters who depicted equestrian events on the Panathenaic prize amphorae, as well as other scenes with chariots, drew particular attention to the sigma on the *samphorae*. A *samphoras* is evident in Zeus' four-horse chariot in a scene depicting the Procession of Gods on an Attic red-figure dinos by the Berlin Painter, dating from the first quarter of the 5th century BC (**fig. 3d**).[20] The draught-horse of Zeus' quadriga bears the Attic sigma, rendered in the Athenian red-figure technique, not incised as in the black-figure technique of the Panathenaic amphorae. What is interesting is that the trace-horse next to the draught-horse bears on its hindquarters a swastika, which constitutes an iconographic parallel between it and a similar pattern found in the reverse of coins struck in Corinth. It may very well be that, when koppa became obsolete in other Greek alphabets (such as the Attic, for instance) at the end of the Archaic period, the swastika displayed on the city's coinage replaced it, or was used in parallel with it as a symbol denoting the branded horses of Corinth. Therefore, it is possible that the divine chariot depicted on the Attic dinos by the Berlin Painter comprised both Corinthian and Sikyonian horses.

THE TESTIMONY OF ARISTOPHANES

Apart from the scenes painted on Attic vases of the second half of the 6th and the first half of the 5th century BC, evidence regarding the brand-name horses from Corinth and Sikyon in a racing context may also be found in the comedies of Aristophanes dating from the early years of the last quarter of the 5th century BC, namely his *Nubes* and *Equites*. In the former, a play originally produced in 423 BC at the Great Dionysia, the celebrated comic playwright portrays the protagonist, Strepsiades the farmer, in despair, because thanks to his son, Pheidippides, he has been saddled with huge amounts of debt in order to cover the cost of horse breeding and purchasing lavish race horses. Due to the added weight of the interest he has accrued, he is unable to repay the debt. Strepsiades is shown owing twelve minae, i.e. 1,200 Attic drachmas, to Pasias, since he used borrowed money to buy a horse branded with a koppa (*koppatias*). It is certainly one of the largest sums of money one could spend on a horse in antiquity. Strepsiades, the protagonist of the *Nubes*, soliloquizes on the misfortune that has befallen him and says that he would rather have lost an eye, dashed out with a stone, than buy this extremely costly horse.

At the same time, his son Pheidippides is dreaming of scenes from the world of chariot racing. Pheidippides mumbles in his sleep: "You are acting unfairly, Philon! Drive on your own course"; he then exclaims: "How many courses will the war-char-

20. Basel, Antikenmuseum und Sammlung Ludwig, inv. LU39: Braun 1970, p. 262 fig. 13; Berger, Lullies 1979, pp. 110-111; no. 39, pp. 214-219 figs. 1-4; Brijder *et al.* 1986, p. 137 figs. 4-5; Shapiro 1989, pl. 64B-D; Robertson C. M. 1992, pp. 76-77 figs. 62-63; Schefold 1998, p. 245 fig. 67; Latacz *et al.* 2008, p. 169 fig. 2; p. 338, no. 70. Schlesier, Schwarzmaier 2008, p. 78 fig. 8; Palagia, Wescoat 2010, p. 56 fig. 5.9; Isler-Kerenyi 2014, p. 50 fig. 24A-B.

iots run?" Still sleeping, he goes on to order the groom: "Lead the horse home, after having given him a good rolling". Pheidippides is portrayed as wearing his hair long and leading the privileged life of a carefree Athenian youth enjoying, and constantly dreaming of chariot races (a very expensive aristocratic hobby indeed). The thoughts of what the stable costs and the amount of debt keep Strepsiades awake at night, since he owed an additional three minae, i.e. 300 Attic drachmas, to another lender. This was Amynias,[21] who had lent money to Pheidippides for the purchase of two chariot wheels and a curricle. Despite the fact that Strepsiades is portrayed as an elderly farmer, he had married a wife from an aristocratic family, who wore expensive clothes and perfumes. His wife belongs to the Alcmaeonid family, a niece of Megacles, the 5th century BC son of another Megacles.[22] Because of her lineage, she wanted her son Pheidippides to have a compound name with the word *hippos* (*horse*) added to it, and to drive a chariot as a grown man, wearing a sumptuous chiton like a charioteer,[23] just like her uncle. She used to take this son and fondle him, saying: "When you, being grown up, shall drive your chariot, like Megacles, with a xystis". The play goes on to show a desperate Strepsiades anxious to send his son to the school of Socrates, where he will be taught rhetorical tricks that would allow him to outsmart the lenders with regard to the money Strepsiades owes them. Pheidippides refuses to enroll in a sophists' school, thinking of how the aristocratic youths who were members of the Athenian cavalry will treat him if he receives an education in sophistry.

Then Strepsiades says that he has no wish to spend any more money on the chariot's horses and a *samphoras* is mentioned among them.[24] Pheidippides replies that his uncle Megacles will not suffer him to be without horses.[25] Apparently the latter was either a horse breeder or a horse merchant. During another conversation with the Chorus of Nubes, Strepsiades mentions that his bleak financial situation is mainly due to the koppa-branded horses (*koppatiae*) and the marriage that ruined him.[26] It follows, therefore, that he was the owner not only of the *koppatias* that he bought with money borrowed from Pasias, but of other Corinthian horses as well.[27] Later on, Strepsiades admits that he would rather feed the horses of the quadriga he owns than be unjustly

---

21. Aristophanes, *Nubes* 31: Τρεῖς μναῖ διφρίσκου καὶ τροχοῖν Ἀμεινία.
22. Aristophanes, *Nubes* 46-48: Ἔπειτ᾽ ἔγημα Μεγακλέους τοῦ Μεγακλέους ἀδελφιδῆν ἄγροικος ὢν ἐξ ἄστεως, σεμνήν, τρυφῶσαν, ἐγκεκοισυρωμένην.
23. Aristophanes, *Nubes* 69-70: ὅταν σὺ μέγας ὢν ἅρμ᾽ ἐλαύνῃς πρὸς πόλιν, / ὥσπερ Μεγακλέης, ξυστίδ᾽ ἔχων ἐγὼ δ᾽ ἔφην·
24. Aristophanes, *Nubes* 120-123: Οὐκ ἄρα μὰ τὴν Δήμητρα τῶν γ᾽ ἐμῶν ἔδει οὔτ᾽ αὐτὸς οὔθ᾽ ὁ ζύγιος οὔθ᾽ ὁ σαμφόρας, ἀλλ᾽ ἐξελῶ σ᾽ εἰς κόρακας ἐκ τῆς οἰκίας.
25. Aristophanes, *Nubes* 124-125: Ἀλλ᾽ οὐ περιόψεταί μ᾽ ὁ θεῖος Μεγακλέης ἄνιππον.
26. Aristophanes, *Nubes* 436-439: Δράσω ταῦθ᾽ ὑμῖν πιστεύσας· ἡ γὰρ ἀνάγκη με πιέζει διὰ τοὺς ἵππους τοὺς κοππατίας καὶ τὸν γάμον ὅς μ᾽ ἐπέτριψεν.
27. Aristophanes, *Nubes* 21-24: Δώδεκα μνᾶς Πασίᾳ. Τοῦ δώδεκα μνᾶς Πασίᾳ ; Τί ἐχρησάμην ; Ὅτ᾽ ἐπριάμην τὸν κοππατίαν. Οἴμοι τάλας, εἴθ᾽ ἐξεκόπην πρότερον τὸν ὀφθαλμὸν λίθῳ.

beaten by his son Pheidippides.[28] It is obvious from the descriptions in the play that Strepsiades kept four horses stabled in his house. In other words, his was a household (τεθριπποτρόφος οἰκία) wealthy enough to maintain horses for chariot races, which, as is well known, were costlier than all the rest. At another point in the play, Aristophanes lampoons the Corinthians. In a pun based on the assonance between the two related words, Κορίνθιος (*Corinthian*) and κόρις (*bug*, Lat. *Cimex lectularius*), he makes fun of the Corinthians, who were enemies of Athens at the time and perhaps had been given the moniker *bed bugs* (οἱ κόρεις). Thus, Strepsiades, the main character of Aristophanes' comic play produced in the midst of the Peloponnesian War, is portrayed as being tormented by Corinthians who bite him, sucking his blood and constantly causing him to lose money,[29] while he has no wish to repay his creditors.

First off, he denies having borrowed money from Pasias to buy a *koppatias*, rationalizing his refusal by claiming that he personally hated horses.[30] Apparently the four horses of Pheidippides' chariot were bought in stages and not with money from a single lender. Ultimately, Strepsiades angrily throws the second creditor, Amynias, who had come to ask for his money, out of the house. He snatches Amynias' carriage whip and gives the command for the horses to get a move on, calling him Mr. Sigma-brand.[31] Aristophanes had used the same proverbial hortatory expression the year before (424 BC) in the *Equites*, his first play to win first prize at the Lenaia,[32] when he alluded to an amphibious operation that saw 200 Athenian cavalry under Nicias land on Corinthian territory in 425 BC.[33] What is interesting about Aristophanes' storyline behind the *Nubes* is that, among other things, horse breeding in Athens is portrayed as a very costly affair,[34] especially if the horses came with a hefty price tag, as was the case with Pheidipides' quadriga and its team of horses bought from Corinth and Sikyon, and maintained at a stable in his house. Consequently, it turns out that many Athenians, among other Greeks, had their swift horses from Sikyon and Corinth entered in the horse and chariot races.[35] There is no doubt that Athenians were using Sikyonian horses, as both the archaeological record and the textual sources make clear. After all, the ties between Sikyon and Athens were close. Sicyon, the eponymous hero and second founder of the city, was sometimes considered to be a son of Marathon and brother of Corinthus, while more often a son of Metion

---

28. Aristophanes, *Nubes* 1406-1407: Ἵππευε τοίνυν νὴ Δί', ὡς ἔμοιγε κρεῖττόν ἐστιν ἵππων τρέφειν τέθριππον ἢ τυπτόμενον ἐπιτριβῆναι.

29. Aristophanes, *Nubes* 709-712: Ἀπόλλυμαι δείλαιος. Ἐκ τοῦ σκίμποδος δάκνουσί μ' ἐξέρποντες οἱ Κορίνθιοι, καὶ τὰς πλευρὰς δαρδάπτουσιν καὶ τὴν ψυχὴν ἐκπίνουσιν...

30. Aristophanes, *Nubes* 1226-1227: Τῶν δώδεκα μνῶν, ἃς ἔλαβες ὠνούμενος τὸν ψαρὸν ἵππον.

31. Aristophanes, *Nubes* 1299: Ὕπαγε. Τί μέλλεις ; Οὐκ ἐλᾷς, ὦ **σαμφόρα**.

32. Aristophanes, *Equites* 601-603: εἶτα τὰς κώπας λαβόντες ὥσπερ ἡμεῖς οἱ βροτοὶ / ἐμβαλόντες ἀνεβρύαξαν, "ἱππαπαῖ, τίς ἐμβαλεῖ; / ληπτέον μᾶλλον. τί δρῶμεν; οὐκ ἐλᾷς ὦ **σαμφόρα**.

33. Thucydides, 4.42-44.

34. Golden 1997, esp. p. 337; Étienne 2005 ; Griffith 2006, esp. pp. 200-202.

35. Bell S., Willekes 2014.

and grandson of Erechtheus. Sicyon was invited by king Lamedon, who married an Athenian woman, Pheno, the daughter of Clytius. Sicyon married Zeuxippe, daughter of Lamedon, and when he became king the land was named Sikyonia after him, and the city of Aigiale was renamed Sikyon.[36] It is no coincidence that Cleisthenes, the famous tyrant of Sikyon, who died ca. 565 BC, was the father of Agariste, who married Megacles the Younger of the Alcmaeonid clan and became the mother of Cleisthenes, the reformer of the Athenian constitution.[37] As is well known, the union between the Orthagorid clan of Sikyon[38] and the Alcmaeonid clan of Athens produced a number of illustrious offspring, among them Coesyra (wife of the tyrant Peisistratus),[39] Pericles, and Alcibiades.[40]

ARCHIVES OF THE ATHENIAN CAVALRY

Additional information on the *samphoras* and other eponymous horses marked with a hot iron brand as proof of breed or ownership is found in certain documents of the Athenian cavalry. The body of evidence in question consists of 681 inscribed lead tablets that formed part of the archives of the Athenian cavalry, dating from the middle of the 4th to the 3rd century BC. Some 570 lead tablets were discovered in 1965 down a well in the courtyard of the Dipylon Gate in the Kerameikos quarter of Athens.[41] A further 111 lead tablets were recovered in 1971 from a well situated in front of the Royal Stoa and the Panathenaic Way near the Stoa of the Herms; they probably came from the Hipparcheion (the cavalry headquarters) situated near the NW corner of the Athenian Agora.[42] The Kerameikos and Agora tablets record the owner's name, the colour of the horse, its brand, and an amount expressed in Attic drachmas signifying the value of the horse, which was estimated annually. It is interesting to note that 162 inscribed lead tablets, in other words 30% of the total, contain the term ἄσημος (*unmarked*), indicating that the horse was without either name or brand (**graph 1**). The rest of the horses, i.e. those with brands, were given various names related to heroes, deities, animals, mythical beings, weapons, or objects.[43]

As a typical piece of information provided by the aforementioned documents, let us mention here that δράκων (*snake*) seems to be the most popular brand name given to horses (**graph 2**). However, there are also names of birds, such as eagle, owl, crow, cock, swallow,

---

36. Pausanias, 2.6.5.
37. *LGPN* III A, 6, s.v. "Ἀγαρίστα" (1).
38. *LGPN* III A, 345, s.v. "Ὀρθαγόρας" (9).
39. LAVELLE 1989.
40. SKALET 1975, pp. 15, 47-68. LOLOS 2011, p. 51.
41. BRAUN 1970, pp. 129-269.
42. KROLL 1977.
43. MAEHLER 1996.

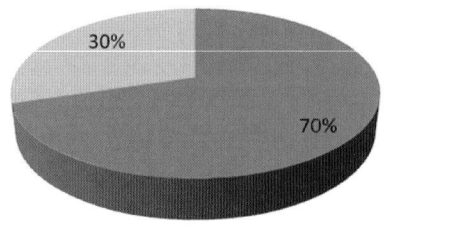

Graph 1 — Horses with brands of the athenian cavalries (graph: author).

quail, and dove, which symbolize the horses' agility, grace, or fighting spirit. Other horses' brands evince the strength, appearance, and skills of various animals, such as lion, lioness, bull, ox, wild boar, and dog. Sometimes the names relate to the story of the legendary winged horse, or are used to liken the animal to heroes or deities: for instance Perseus, Pan, Pegasus, Cerberus, centaur, Triton, Siren, Skylla, Artemis, Pallas (patron deity of Athens), and Nike. With regard to the latter, a Nike brand is visible on the bronze Artemision Horse's right hind thigh, giving us a good idea of what a life-size brand on a horse's hindquarters looked like and how formulaic and simplified those brands actually were (**fig. 6**).[44] On occa-

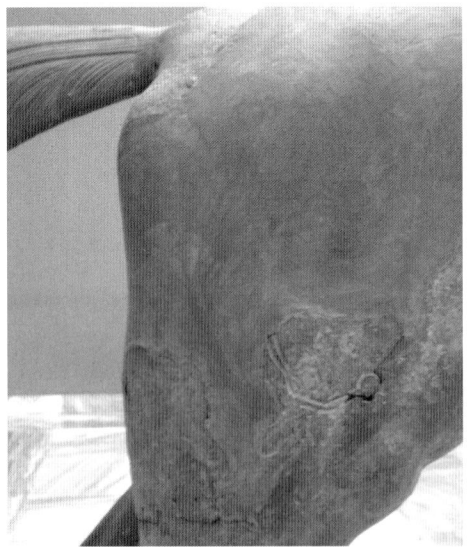

sion, horses were named after objects connected to riding, hunting, war, victories, or divine attributes, e.g. caduceus, thunderbolt, club, bridle, spear, trident, dolphin, rudder, tripod, crown, ivy-leaf, krater, axe, circle, and helmet. There are a few instances of horses' brands that have been linked to specific breeds and horse-breeding regions on the Greek mainland. The rearing and management of horses was a complicated and costly endeavour. The inscribed lead tablets make it clear, however, that some of the horses of the Athenian cavalry, which might be used in chariot races and horse races, at least during the 4th and 3rd centuries BC, also came from Thessaly and Northern Greece. Apart from the case of the *samphoras*, a term which appears either written in full or simply denoted by its initial, the centaur is connected to the horses of Larissa; the axe with those of Pherai during the rule of Alexander, the city's tyrant (369-357 BC); and the caduceus brand to the Macedonian horses

Fig. 6 — Nike brand on the Artemision Horse's right hind thigh. Middle of 2nd century BC. Bronze statue (Athens, National Archaeological Museum. Photo: author).

---

44. HEMINGWAY 2004, pp. 89, 93, 101-103, fig. 59.

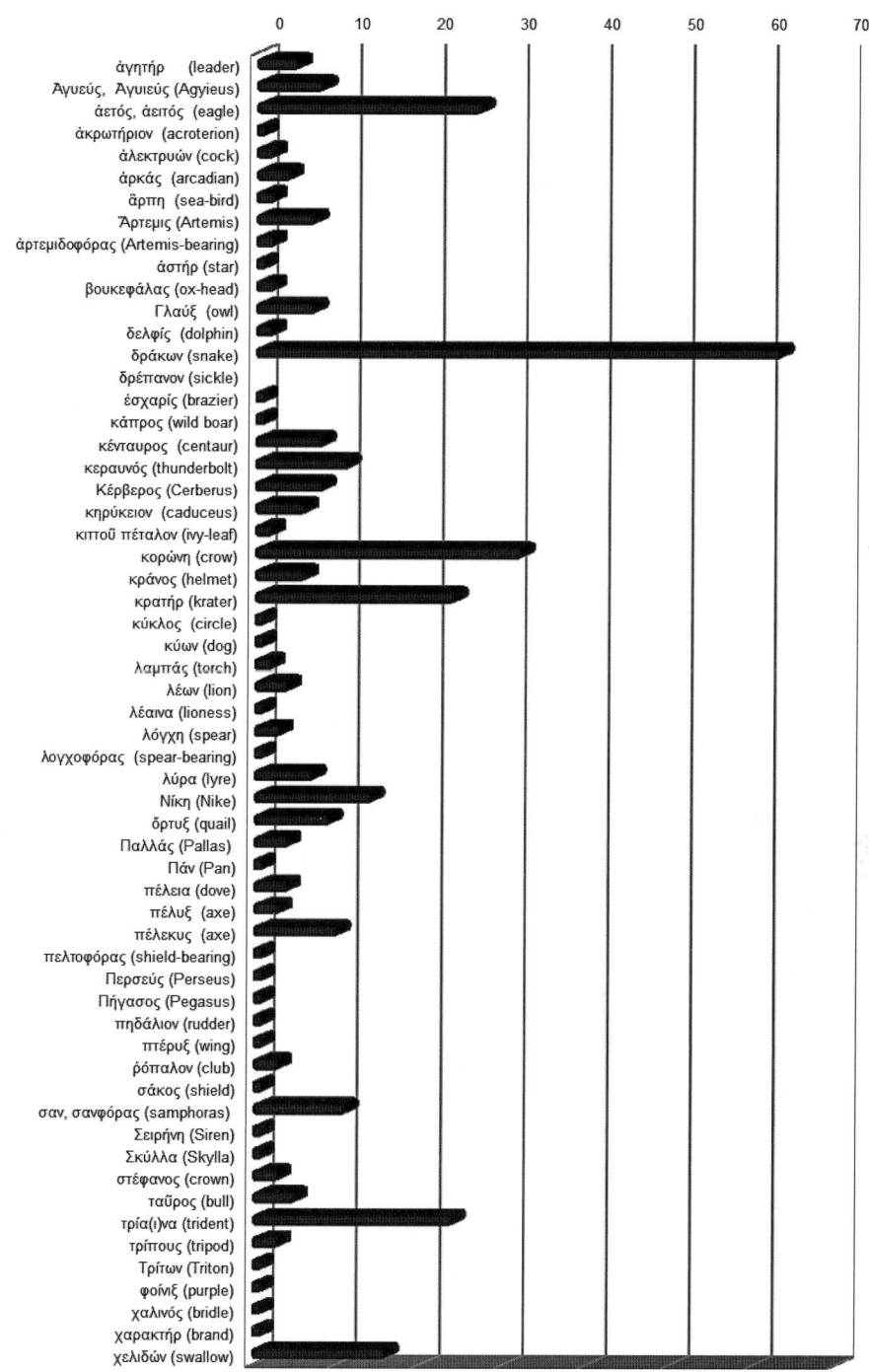

Graph 2 — The names of the horses of the athenian cavalries (graph: author).

during the reigns of King Alexander I (498-454 BC) and Pausanias of Macedon (390-389 BC).[45] Finally, an ox-head brand is more generally linked to Thessaly. Information on this famous breed of Thessalian horses is mentioned by Photius, when he writes about the *samphoras*.[46] Testimonies referring to the Bucephalus are found as early as the 5th century BC, for instance in this fragment from a lost play by Aristophanes: "Don't cry! I'll buy you an ox-head horse".[47] It was such a horse of immeasurable value that accompanied Alexander the Great on his expedition against the Persian Empire. Perhaps no other horse in history was as fortunate in its eponymous ox-head brand, since it shared the fate of its rider.[48] According to Plutarch, Philonicus the Thessalian, a horse merchant, suggested to Philip of Macedon that the latter buy Alexander's famous Boukephalas for the sum of 13 talents. Of course, Bucephalus was not merely a name, but a whole breed of Thessalian horses bearing the βούκρανον, i.e. an ox-head stamped with a hot iron brand on their hindquarters, the trademark of Thessalian stud farms. Thessalian horses called *Boukephalai* (*bull-headed*) are also mentioned twice in Athenian cavalry documents. This view of Greek horse breeds originating in specific regions of the ancient world[49] is also supported by certain other passages scattered throughout ancient literature, including one by Lucian, who refers to the Μῆδος, probably a Persian horse, and the *koppaphoros*, which, as we have seen, denoted the koppa-branded horses of Corinth.[50] Contrary to Sikyon's popular sigma, the letter koppa and the *koppatias* do not appear in the documents preserved in the archives of the Athenian cavalry, apparently because the letter was not retained in the post-Classical alphabets after the official adoption of the Ionic alphabet by the Athenians during the archonship of Eucleides (403 BC): it was used to denote a sound and variations in pronunciation that had ceased to exist by that time. However, since it was the initial letter for the name of Corinth, it was preserved on the city's coins, and perhaps on its horses, even as it was abolished in other local scripts. As early as the Archaic period, both cities of the NE Peloponnese had established the fame of their koppa- and san-bearing horses through great equestrian victories and the dedication of public votive offerings at the venues of the great Panhellenic games. Apart from Pegasus, the winged horse that was tamed by Bellerophon and aided the hero in winning fame in Asia Minor, and the costly koppa-branded horses, Corinth was also home to a number of Olympic victors in equestrian events. Thus, Pheidolas the Corinthian was equestrian victor at the Olympic Games of 512 BC; four years later (508 BC) his son also won at Olympia.[51] It was probably horses from Sikyon that allowed the famous tyrants of

---

45. Kroll 1977, p. 88; Gaebel 2002, p. 20.
46. Photius, *Λέξεων Συναγωγή*, s.v. "σαμφόρας ἵππος· χαρακτῆρα ἔχων ἐνκεκαυμένον σίγμα, ὡς κοππατίας καὶ βουκέφαλος".
47. Aristophanes, frg. 41.42. *Etymologicum Genuinum AB*: βουκέφαλος [...] οὕτως ἐν Θεσσαλίᾳ ἐκαλοῦντο οἱ ἵπποι ἔχοντες ἐγκεκαυμένον βουκράνιον. ὅτι δὲ τῶν Θετταλικῶν ἵππων τινὲς ἐκαλοῦντο βουκέφαλοι· μὴ κλᾶ'· ἐγώ σοι βουκέφαλον ὠνήσομαι.
48. Chandezon 2010.
49. Kroll 1977, pp. 87-88.
50. Lucian, *Adversus Indoctum* 5: ὁ δὲ ἵππον κτήσαιτο Μῆδον ἢ κενταυρίδην ἢ κοππαφόρον.
51. *LGPN* III A, 445, s.v. "Φειδόλας" (2).

the city, Myron[52] and Cleisthenes,[53] to compete at and win the chariot races at Olympia and Delphi.[54] It should be remembered that the tyrant Myron won the four-horse chariot race at the 33rd Olympiad, i.e. in 648 BC. The tyrant Cleisthenes was victorious in 572 BC[55] and ca. 582 BC at Delphi.[56] Finally, Aratus of Sikyon,[57] general of the Achaean League, was proclaimed victor in the four-horse chariot race at the Olympic Games of 232 BC, while he was also connected to a plot hatched to steal the horses belonging to Nicocles, tyrant of Sikyon[58] –he hired a group of men to expel the latter, thus masking his actual purpose.[59]

Finally, Aristophanes and the scenes depicted on Attic pottery, in particular Panathenaic amphorae, attest to the fact that many Athenian aristocrats, especially those belonging to the illustrious Alcmaeonid clan, must have won equestrian races with the renowned horses of Sikyon, ever since Megacles' elder son Alcmaeon sought refuge in the court of the tyrant Cleisthenes. There is no doubt, however, that other Greeks would also have bought the expensive and fast horses of Sikyon and Corinth in order to compete in chariot and horse races, especially during the Archaic and Classical periods.

---

52. *LGPN* III A, 308, s.v. "Μύρων" (3, 4).
53. *LGPN* III A, 245, s.v. "Κλεισθένης" (9).
54. Pausanias, 6.19.2, 10.7.6.
55. Herodotus, 6.126.
56. Pausanias, 10.7.7.
57. *LGPN* III A, 52, s.v. "Ἄρατος" (3).
58. *LGPN* III A, 324, s.v. "Νικοκλῆς" (17).
59. Plutarch, *Aratus* 6.

Heroes and hooves:
Outstanding horses in Posidippus' *Hippika*[*]

Christian MANN

THE COMMEMORATION OF HIPPIC VICTORIES

In ancient Greece, a hippic victory in one of the major festivals brought more fame than almost everything else. Many contributed to the agonistic success, for example the people who looked after the horses and arranged their transport to the festival sites, but the most important three groups were: the horses that ran in the hippodrome; the jockeys respectively the charioteers; and the owners of the horses.

When we have a look at the literary presentation of hippic victories, we notice a clear hierarchy between these three groups. On the lowest level we find the men who rode the horse or drove the chariot. While their skills were decisive for the outcome of the race, they are nearly absent from the memory. According to N. Nicholson, "memorials for victories in horse races are organized around the exclusion of the jockey".[1] This formulation might be too drastic, but what is undoubtedly true is that those who controlled the commemoration of the victory did not care for jockeys and charioteers. The praise is lavish when the owner themselves or their relatives stood in the chariot,[2] but these cases are rare; normally we do not know neither the names nor the social status of jockeys or charioteers.

---

[*]. I am grateful to R. Hübner and S. Scharff for their comments. All dates are BCE unless otherwise noted.

[1]. NICHOLSON 2005, p. 110.

[2]. Carrhotus, relative of king Arcesilas IV of Cyrene (Pindar, *Pythian Odes* 5.49-53); Nicomachus (Pindar, *Isthmian Odes* 2.20-22); Damonon of Sparta (*IG* V 1, 213 = MORETTI L. 1953, no. 16; for this important inscription, see now NAFISSI 2013, with bibliography). Aristocrats who were able to drive a chariot resembled Homer's heroes (*Iliad* 23.262-533; see below). In victory monuments erected in the sanctuaries, charioteers or jockeys are often represented together with the horses and the owner. The most famous example is the charioteer of Delphi, but even in this case his name is not mentioned.

Concerning the commemoration of victories, horses were much better off. We know a couple of race horses by name,[3] and the poets of epinician odes and epigrams regularly praised their deeds on the racecourse, using vocabulary that refers to the world of gods and heroes: Pindar applies the adjective ἀελλόπος, which is an epitheton of Iris in the *Iliad*, to Chromios' horses (*Nemean Odes* 1.6), ἀκαμαντόπους is applied to Theron's horses (*Olympian Odes* 3.3) as well as for the thunder of Zeus (*Olympian Odes* 4.1). It is no surprise that other words of praise for race horses refer to swiftness, like ἀελλοδρόμης (Bacchylides, 5.39), ὠκύπους (Bacchylides, 4.6; EBERT 1972, no. 33) or ὠκύδρομος (EBERT 1972, no. 7).

It is well known, however, that the horses did not have the most prominent place in the commemoration of hippic victories, it was the owner who dominated the scene. Pindar, Bacchylides and the writers of victory epigrams set them in the centre of their poems; that does not come as a surprise if we consider that the owner, not the charioteer, was announced as the victor of the race, and that the owner chose and paid the poets. The function of praising the horses, thus, is easy to decode: beautiful and swift horses are status symbols, in ancient Greece and elsewhere.[4] Massive applause for jockeys and charioteers could detract the attention from the owner of the horses, while the praise of his horses augmented his fame.

Up to this point, there is no historical problem. But in the corpus of agonistic praise poetry, there are some examples of outstanding horses that seem to outshine their masters. In these cases, we need to take a closer look at the texts, trying to decipher the specific function of the hippic praise in each poem. In this article, I will analyze three epigrams in this way. They belong to the "New Posidippus", one of the most fascinating papyrological discoveries of the last decades. It is a collection of 112 poems preserved on a mummy cartonnage. The papyrus was bought by the University of Milan in 1992 and published in a critical edition in 2001.[5] The *communis opinio* attributes the whole collection to Posidippus of Pella, for the very reason that the papyrus contains two poems known before, both works of Posidippus.[6] The poems are organized in ten sections, one of them headlined *Hippika* containing 18 epigrams for victors in horse and chariot races. The most prominent group among the addressees are Ptolemaic queens, six of the poems praise their successes in panhellenic competitions.

---

3.   MAEHLER 1996; cf. CANALI DE ROSSI 2011, p. 105 indice f; CANALI DE ROSSI 2016a, p. 77 indice f.

4.   The locus classicus is VEBLEN 1899, pp. 87-89. For Greece, see Alcibiades' claim that his horses not only enhanced his own fame, but also that of the polis (Thucydides, 6.15f.; cf. MANN 2001, pp. 102-112; PAPAKONSTANTINOU 2003).

5.   BASTIANINI, GALLAZZI 2001 (= editio princeps). See also AUSTIN, BASTIANINI 2002 (= editio minor), and the commentaries: SEIDENSTICKER, STÄHLI, WESSELS 2012; ZANETTO, POZZI, RAMPICHINI 2008. A full bibliography and an updated critical edition is provided by ANGIÒ *et al.* 2016.

6.   There are also scholars who doubt the attribution (e.g. SCHRÖDER 2004), but the arguments do not seem convincing. For the scope of this paper the authorship is not decisive.

Naturally, the *Hippika*, like the whole collection, have attracted the attention of many scholars. The reconstruction of the text has made great progress, while discussions about historical questions have been quite superficial, or rather selective, so far. There is much debate about the identity of Berenice in epigram 78 –Berenice II or Berenice Syra?–,[7] while other aspects have been neglected. Particularly striking is the lack of discussion with regard to the genre of the *Hippika*: they are agonistic epigrams, which means they were written to praise athletic victors, and they should be interpreted with respect to other examples of this genre. Many agonistic epigrams have survived in inscriptions, on papyri and in manuscripts, and due to the marvelous work of J. Ebert, we know very well the standard elements as well as the variety of this genre.

POSIDIPPUS, 73 AB (P. MIL. VOGL. VIII 309, XI 29-32)[8]

> εὐθὺς ἀπὸ γραμμῆς ἐν Ὀλυμπίαι ἔτρεχον οὕτω
> κέντρα καὶ εξ.[±15]μενος,
> ἁδὺ βάρος ταχυ[±12 στ]εφάνωσαν
> θαλλῶι τρυγα. [.........]..[.]. [ο]υ

> *At once from the starting line at Olympia I ran thus*
> *with no need of whip nor thrust (?)*
> *a sweet weight for speed (?) [...] they crowned*
> *Trygaios (?) with an olive branch...*

Despite the lacunae in lines 2-4, the substance of this short epigram is clear: the poet alludes to different phases of the Olympic horse race, beginning with the start and ending with the victory ceremony. The horse is the protagonist as well as the implicit speaker, and with all probability the deictic οὕτω refers to a statue showing the horse at full pelt. M. Dickie has offered a detailed line of argumentation for the case that the poems in the *Hippika* were indeed inscribed on monuments.[9] Other scholars are skeptical and interpret Posidippus' poems as fictitious epigrams; the references to statues, thus, are considered merely as literary play.[10] The burden of proof is on the latter's side, given the fact that none of A. Köhnken's six kinds of fictitious epinician epigrams, developed on the basis of the *Anthologia Palatina*, fits for the *Hippika*.[11] They are indeed much more similar to the agonistic epigrams preserved on stone.

---

7. E.g. CRISCUOLO 2003; BENNETT 2005; CLAYMAN 2012; HUSS 2008.
8. Transl. E. KOSMETATOU.
9. DICKIE 2008, pp. 15-28.
10. FANTUZZI 2005, p. 268.
11. KÖHNKEN 2007. Diplomatic is the statement of SEIDENSTICKER, STÄHLI, WESSELS 2012, pp. 14-15: "Wie viele seiner Epigramme Inschriften waren und wie viele literarische Epigramme, lässt sich natürlich nicht sagen."

The victor himself does not appear until the last line,[12] he is introduced as the passive recipient of the olive branch. So it is the horse who occupies the most prominent position in the monument, both in image and in text. This horse is a real champion, it is praised not only for its speed, but also for a very special commitment: in line 2, the poet mentions κέντρα ("*horse-goads*"). There are different suggestions for the following lacuna,[13] but all scholars agree that there must be some kind of negation in the verse: the horse was *not* incited by the κέντρα and by a second object that is difficult to identify. At first sight, this might seem a trivial statement, but it is not trivial at all if we look at the literary tradition that formed the background for this line.

The first passage we have to take into account comes from Homer. In the middle of the famous chariot race in *Iliad* 23, Apollo tears away Diomedes' goad. As a result, the horses slow down, and Diomedes abandons all hope of winning the race:[14]

> καί νύ κεν ἢ παρέλασσ᾽ ἢ ἀμφήριστον ἔθηκεν,
> εἰ μὴ Τυδέος υἷι κοτέσσατο Φοῖβος Ἀπόλλων,
> ὅς ῥά οἱ ἐκ χειρῶν ἔβαλεν μάστιγα φαεινήν.
> τοῖο δ᾽ ἀπ᾽ ὀφθαλμῶν χύτο δάκρυα χωομένοιο,
> οὕνεκα τὰς μὲν ὅρα ἔτι καὶ πολὺ μᾶλλον ἰούσας,
> οἳ δέ οἱ ἐβλάφθησαν ἄνευ κέντροιο θέοντες.

> *And now would Tydeus' son have passed him by or left the issue in doubt, had not Phoebus Apollo waxed wroth with him and smitten from his hand the shining lash. Then from his eyes ran tears in his wrath for that he saw the mares coursing even far swiftlier still than before, while his own horses were hampered, as running without goad.*

Unlike Diomedes' horses, the hoofed hero in Posidippus 73 has no need of a goad: it runs at full speed even without it. In this respect it is similar to Pherenicus, the famous race horse of Hieron of Syracuse.[15] In Pindar's *Olympian* 1, Pherenicus is said to have run without being spurred:[16]

> ἀλλὰ Δωρίαν ἀπὸ φόρμιγγα πασσάλου
> λάμβαν᾽, εἴ τί τοι Πίσας τε καὶ Φερενίκου χάρις
> νόον ὑπὸ γλυκυτάταις ἔθηκε φροντίσιν,
> ὅτε παρ᾽ Ἀλφεῷ σύτο, δέμας
> ἀκέντητον ἐν δρόμοισι παρέχων,
> κράτει δὲ προσέμιξε δεσπόταν,
> Συρακόσιον ἱπποχάρμαν βασιλῆα.

---

12. According to Canali De Rossi 2016a, pp. 45-46, βάρος in line 3 refers to Trygaios' weight, and he concludes that Trygaios was himself the rider of the horse. But this is unlikely, one would expect a clearer indication to such a rare and brilliant performance (see n. 2). Βάρος should be understood metaphorically instead (Bernardini, Bravi 2002, p. 156).

13. For an overview, see Angiò *et al.* 2016, p. 35.

14. Homer, *Iliad* 23.382-387 (transl. A.T. Murray).

15. For Pherenicus' "career", see Henderson 2011, with bibliography.

16. Pindar, *Olympian Odes* 1.17-23 (transl. D. Arnson Svarlien).

Come, take the Dorian lyre down from its peg, if the splendor of Pisa and of Pherenicus placed your mind under the influence of sweetest thoughts, when that horse ran swiftly beside the Alpheus, not needing to be spurred on in the race, and brought victory to his master, the king of Syracuse who delights in horses.

By using the words δέμας and παρέχων, Pindar adds a sacral element to the horse race: Pherenicus dedicates his strength and speed to his master, it is a kind of sacrifice, or better, self-sacrifice.[17] Hieron of Syracuse, in these lines, remains in the background like the winner in Posidippus, 73.

A scholiast on Pindar has recognized that Pindar underlines Pherenicus' devotion in these verses, and the scholiast has also recognized the difference to Diomedes' horses in *Iliad* 23.[18] It is not too optimistic to assume that Posidippus (and his audience) knew both Homer and Pindar very well, and what we can detect here is the influence of the famous 5th century epinician odes on Hellenistic epigrams.[19] By alluding to Pindar, Posidippus shows his art, but his art is not just a literary play, but carries a strong message about the winner: if the horse runs voluntarily as fast as it can, his master is the recipient not only of an olive branch, but also of an animal's full devotion. In spite of staying in the background, he is the real protagonist of the poem: everything the horse does, it does for him.

POSIDIPPUS, 74 AB (P. MIL. VOGL. VIII 309, XI 33-XII 7)[20]

> ἐν Δελφοῖς ἡ πῶλος ὅτ᾽ ἀντιθέουσα τεθρίπποις
> ἄξον⟨ι⟩ Θεσσαλικῶι κοῦφα συνεξέπεσε
> νεύματι νικήσασα, πολὺς τότε θροῦς ἐλατήρων
> ἦν ἀμφικτύοσιν, Φοῖβ{ε}, ἐν ἀγωνοθέταις·
> ῥάβδους δὲ βραβέες[21] χαμάδις βάλον, ὡς διὰ κλήρου
> νίκης ἡνιόχων οἰσομένων στέφανον·
> ἥδε δὲ δεξιόσειρα χαμαὶ νεύσα[ς᾽ ἀ]κεραίων
> ἐ[κ σ]τηθέων αὐτὴ ῥάβδον ἐφειλκύσα[το,
> ἡ δεινὴ θήλεια μετ᾽ ἄρσεσιν· αἱ δ᾽ ἐβόησ[αν
> φθέγματ[ι] πανδήμωι σύμμιγα μυριάδ[ες
> κε[ίν]ηι κηρῦξαι στέφανον μέγαν· ἐν θορ[ύβωι δὲ
> Καλ[λικ]ράτης δάφνη⟨ν⟩ ἤρατ᾽ ἀνὴρ Σάμιο[ς,

---

17. Cf. Mann 2001, p. 267.

18. *Scholia vetera in Pindari Olympionicas* 1.33a: ἀκέντητον ἐν δρόμοισιν· ἀμάστικτον αὐτῷ τῷ κατὰ φύσιν τάχει τὸ σῶμα κατὰ τὸν ἀγῶνα διαφυλάξας. ἐκ δὲ τούτου τὸ ταχὺ καὶ πρόθυμον τοῦ ἵππου δηλοῖ. καὶ παρὰ τῷ Ὁμήρῳ (Ψ 387)· ἄνευ κέντροιο θέουσαι.

19. An investigation of the epinicians' influence on Posidippus is desperately needed (Hose 2015, p. 283).

20. Transl. E. Kosmetatou.

21. Βραβέες is a suggestion of Janko 2005 (cf. Lapini 2007, p. 283). The papyrus gives βραχέες, either understood as "too few" (Bingen 2002) or "at once" (Bastianini, Gallazzi 2001, pp. 201-202; Bing 2002, p. 250 n. 17).

Θεοῖσι δ' Ἀδ[ε]λφε{ι}οῖς εἰκὼ ἐναργέα τῶν τότ' [ἀγώνω]ν
ἅρ[μα καὶ ἡνί]οχον χάλκεον ὧδ' ἔθετο.

In Delphi when this foal competed in the four-horse race
swiftly it arrived at the finish, racing against a Thessalian chariot,
winning by a nod. Then there was great uproar among the charioteers
before the Amphictyonic judges, Phoebus.
The arbiters cast their staffs to the ground, for by lot
they believed that victory ought to be awarded.
But then the horse on the right side nodded to the ground
with open heart (?), herself the staff she drew up,
an excellent female among males; whereupon the myriads roared
in one commingled voice
to proclaim a great wreath for her; in a crowded assembly then
Callicrates, a man from Samos, the laurel crown won.
And to the Brother-Loving gods he dedicated the lifelike image of that contest
here: the chariot and the charioteer in bronze.

This comparatively long epigram relates the deeds of an amazing filly. In the hippo-drome of Delphi, there was a very tight finish in the ἅρμα πωλικόν, the chariot race with four foals: a Thessalian chariot[22] and that of Callicrates of Samos were nearly equal at the finish, the latter was only a nod ahead. But instead of declaring Callicrates the winner of the race, the *agonothetai* decided it was a tie, thus the winner had to be determined by sortition. The arbiters threw their staffs onto the ground, but the lottery –we do not know how exactly it was intended to work–[23] was interrupted by Callicrates' filly, who picked up a staff with her muzzle. The whole crowd considered that a wondrous sign, and Callicrates' chariot was declared winner of the race.

Callicrates of Samos was one of the most important men in Ptolemaic Egypt,[24] but in this epigram a horse seems to outshine him. While we do not read the name of the owner until line twelve, the filly wins the race even twice: firstly, she was running at the outer right, which meant she held the most important position in the yoke; so it was particularly her speed and skill that made Callicrates' chariot come in first. And secondly, when the arbiters unjustly left the decision to the lot, it was her who decided the matter: in the middle of the uproar and chaos (πολὺς θροῦς) she remained cool and directed the case to the right judgement. It is important to know that, in the world of Greek sport, casting lots was not necessarily seen as exploration of the will of the gods,[25]

---

22. Thessaly was famous for its horses (see below).
23. For sortition with staffs, see GUNDEL 1914.
24. For Callicrates' career, see HAUBEN 1970; BING 2002, pp. 244-246. Posidippus mentions him also in *epigram* 39.
25. For example, a pancratiast from Ephesos prides himself for having won the competition despite his misfortune: he was not an *ephedros* in any round, which means that others had time to recover while he had to fight (EBERT 1972, no. 76A; MORETTI L. 1953, no. 64).

and in this epigram the sortition is based on a wrong decision of the arbiters. It is the action of the filly, instead, that is presented as divine decision. The victory of Callicrates, thus, gets a sacral flavour. It is further worth noting that the poet stresses the role of the audience: the whole crowd shouts in favour of Callicrates, and the decision appears as a kind of plebiscite.

But the function of the horse in this epigram is more specific. It is the female sex of the horse that is stressed by Posidippus: she was the only filly in the yoke, the other three foals were masculine.[26] Why does the poet tell us that? Again, we have to take a look into the *Iliad*: during the chariot race mentioned above, Antilochus incites his stallions. Apart from threatening that Nestor will have them butchered if they do not win a decent prize, he appeals to their masculine honour:[27]

> ἵππους δ' Ἀτρεΐδαο κιχάνετε, μὴ δὲ λίπησθον,
> καρπαλίμως, μὴ σφῶϊν ἐλεγχείην καταχεύῃ
> Αἴθη θῆλυς ἐοῦσα.

> *But the horses of the son of Atreus do ye overtake with speed, and be not outstripped of them, lest shame be shed on you by Aethe that is but a mare.*

Shortly before these lines the epic poet presents the race as a competition between stallions and mares:[28]

> ὦκα δ' ἔπειτα
> αἳ Φηρητιάδαο ποδώκεες ἔκφερον ἵπποι.
> τὰς δὲ μετ' ἐξέφερον Διομήδεος ἄρσενες ἵπποι
> Τρώϊοι.

> *And forthwith the swift-footed mares of the son of Pheres shot to the front, and after them Diomedes' stallions of the breed of Tros.*

With all probability the emphasis on the foal's sex is motivated by the addressee of the poem. As is well known, in the Ptolemaic dynasty women had an important position, and Callicrates' filly seems to reflect this situation. As S. Barbantani has noted, "this mare was a true female of the Ptolemaic species!"[29]

Very important is the reference to the monument at the end of the epigram. Callicrates was not only *nauarchos* and *philos* of Ptolemy II, but also the first eponymous priest of the cult of Alexander and the *theoi adelphoi*, which means the cult of Philadelphos and his sister and wife Arsinoë II.[30] And the dedication of the monument is connected to this office, Callicrates dedicated the statues of horses and charioteer to the *theoi adelphoi*.

---

26. On this aspect, see GUICHARD ROMERO 2004, p. 79.
27. Homer, *Iliad* 23.407-409 (transl. A.T. MURRAY).
28. Homer, *Iliad* 23.375-378 (transl. A.T. MURRAY).
29. BARBANTANI 2012, p. 49.
30. *Hibeh Papyri* 2 199. The cult was introduced in 272/1.

The place of the dedication is not given in the epigram; Delphi is unlikely,[31] probably the monument was erected in Alexandria, but other places are also possible.[32]

Certainly, Posidippus is not an advocate of women's rights when he praises the filly. He skillfully uses literary techniques, especially allusions to well-known passages of the *Iliad*, to connect the race at Delphi to the situation at the court in Alexandria. On the one hand, Callicrates is glorified for his victory and the special circumstances of the jury's judgement. On the other hand, the admiral from Samos is presented as a loyal courtier of the Ptolemies, a courtier who knows his duties. With the dedication of the monument, he connects the performance of his outstanding filly to the *theoi adelphoi*.

POSIDIPPUS, 71 AB (P. MIL. VOGL. VIII 309, XI 21-24)[33]

οὗτος ὁ μουνοκέλης Αἴθων ἐμὸς ἤ[ρατο νίκην
        κἀγὼ τὴν αὐτὴν Πυθιάδα στ[εφόμην 34
δὶς δ' ἀνεκηρύχθην Ἱππόστρ[ατος] ἀθλοφ[όρος τ'] ἦν
        ἵππος ὁμοῦ κἀγώ, πότνια Θεσσαλία.

Aithon, my single horse [won victory]
        and so was I crowned during the same Pythian games;
twice I, Hippostratos, was heralded victor
        my horse, as well as I, o lady Thessaly.

In Posidippus, 74, the Thessalian chariot lost the race, now we are witnessing a Thessalian triumph. The speaker of this epigram is a man called Hippostratus,[35] but the real protagonist is his horse Aithon. This name was very popular, the most famous Aithon is Hector's stallion in the *Iliad*; it is derived from αἴθω and refers both to the colour ("red-brown") and to the character ("hot, fiery") of the animal.[36] Also the female form Aithe was popular.[37]

---

31. In this case, it would not make sense to mention Delphi at the very beginning of the poem.
32. BING 2002, p. 252. See p. 251 for the date of the victory and the monument.
33. Transl. E. KOSMETATOU and B. ACOSTA-HUGHES.
34. Στ[εφόμην, editio princeps; στ[άδιον, editio minor.
35. According to CANALI DE ROSSI 2016a, p. 43, this man has to be identified with Hippostratus from Croton, a runner who won the Olympic stadion race in 564 and 560 (MORETTI L. 1957, nos. 100 and 104). The basis for this hypothesis, however, is weak: there is neither a testimony for a hippic victory of this Hippostratus nor for a Pythian victory, and it is hard to explain why a Thessalian should have commissioned Posidippus to write an epigram for a Crotonate athlete of former times, and not even a famous one like Astylos or Milon.
36. Hector's Aithon is mentioned in Homer, *Iliad* 8.185. For a list of horses called Aithon in Greek mythology, see KNAACK 1893; cf. MAEHLER 1996, pp. 16-17. Posidippus mentions another horse bearing this name (86, l. 3).
37. See above n. 27.

The poem begins with a deictic οὗτος, pointing to the statue of the horse.[38] It is likely that a statue of Hippostratus stood nearby, but we do not find a clear indication in the text. What the poet heavily emphasizes is the connection between owner and horse, by the pronoun ἐμός and twice by κἀγώ. It is obvious that the connection of animal and human winning together is the most important motif of the epigram, but due to the fragmentary preservation of the papyrus, the interpretation faces problems: it is difficult to understand the nature of the owner's victory from the surviving text. The nucleus of the problem is the double victory mentioned in line three; since line two excludes the possibility that one of the two victories was won in another contest, two options are remaining, both causing problems.

Some scholars assume that Hippostratus won two victories at the Pythian Games, one in the *keles*, the other one in a gymnic discipline. C. Austin supplemented the sigma and tau in line 2 to στ[άδιον, therefore assuming that Hippostratus was a sprinter.[39] This sounds like a logical solution, but it does not explain the dominance of the horse in poem and monument, and there is no reference to a statue of a runner. It is further worth mentioning that hippic victories normally followed in a later stage of a man's life than gymnic victories.[40] Another problem of C. Austin's solution is the strange connection of νικάω with the double accusative Πυθιάδα and στάδιον.

Another option is to understand the double victory, of the horse and of the man, as one and the same: the victory in the *keles* is a triumph both for Aithon and for Hippostratus. In this case, στ[εφόμην is a reasonable completion of the controversial word in line 2. It is hard to understand δὶς δ' ἀνεκηρύχθην this way, and it is even harder to explain why the poet emphasizes that the victories were won in the same Pythian Games (τὴν αὐτὴν Πυθιάδα). The translation cited above understands the accusative as relating to the duration of the festival, but this is not convincing. The most probable assumption is that there is something wrong with the text.

But nevertheless the two most important features of the poem are perfectly clear: the dominance of the horse and the "my horse and me" motif. The name of the horse is given in line one, the owner's name not earlier than in line three, and κἀγώ, occurring twice in this short text, concedes the first place (in the tandem of horse and owner) to the horse. The role of Aithon here is quite different from the usual function of horses in victory epigrams: there are many epigrams praising horses, but the standard story is "this horse has performed brilliantly, and it did so for me". This is the way Posidippus

---

38. Cf. *Anthologia Palatina* 6.135 (= Ebert 1972, no. 6, for Pheidolas of Corinth): οὗτος Φειδόλα ἵππος...
39. Austin, Bastianini 2002, 94, followed by Schröder 2004, p. 66. For St. Schröder, both horse and victories are fictitious.
40. Empedocles of Acragas, for example, won a victory in the horse race, while his son Exainetos triumphed in the wrestling competition of the same Olympics (496); cf. Moretti L. 1957, nos. 167 and 170.

presents the relationship between another Aithon and its owner in epigram 86,[41] while here he chooses another narrative, the "my horse and I have won".

In my opinion, the key for the interpretation of the poem is the very end, the invocation of πότνια Θεσσαλία. The valleys of Thessaly encouraged horse breeding, and the fighting power of the Thessalian cavalry was proverbial.[42] and not only on the battlefield, but also in the hippodromes Thessalian horses performed well: as we have seen, beating a Thessalian chariot was considered a memorable achievement, and among the 18 epigrams of Posidippus' *Hippika*, four are devoted to Thessalians.[43] If we have this in mind, we understand the ring-composition of the poem: the deictic οὗτος points to a horse, and the πότνια Θεσσαλία also points to horses.

Recently S. Scharff has demonstrated an important aspect of Thessalian athletics in the Hellenistic period: in the self-representation of Thessalian victors, it was the Thessalian identity that was expressed and strengthened, not the polis identity.[44] If we have this fact in mind, we get closer to an understanding of the extraordinary features in Posidippus, 71: with the exalted apostrophe at the end, the poet relates the victory (or victories) to Thessaly. And since successful horses are symbols for Thessaly, it makes sense to let the man, in this case, step behind his horse.

CONCLUSION

We have had a brief look at three epigrams that share one feature: a horse dominates the scene. How it does this, however, is quite different: one demonstrates its full devotion to its master by running voluntarily in the hippodrome (73); another is an example for females' capability (74); a third one is closely connected to its master in the agonistic success (71). I will end this article by bringing together the reflections on outstanding horses with one of the big questions of epinician poetry, the decades-old debate as to whether or not songs for athletic victors should be interpreted in a literary or a historical context.[45]

The purpose of agonistic epigrams (as well as for the related monuments) is easy to describe: they were intended to fill athletic victories with meaning, to make them appear glorious and worth remembering. That was not an easy task: there were hundreds of agonistic festivals in the Greek world, and all included different disciplines, hippic as well as gymnic and musical, and different age classes. Greek agones produced many

---

41. See also Posidippus, 72.73.83 AB; Ebert 1972, no. 7.38; Bacchylides, 3.3-9.
42. E.g. Herodotus, 7.196; for the Thessalian cavalry, see Spence 1993, pp. 23-25, and Blaineau 2015, pp. 74-81 and passim, with further bibliography.
43. Posidippus, 71.83-85 AB. Only the Ptolemies appear more frequently in this collection.
44. Scharff 2016.
45. Most intensive is this debate with regard to the odes of Pindar and Bacchylides; see e.g. Kurke 1991; Mann 2013; Morgan K. A. 2015, with bibliography.

hundreds of victors every year, and poets were expected to present one victory as more glorious than others or at least as a somehow special performance.

In contrast to epinician odes, myths did not play an important role in agonistic epigrams. Epigrams are short, there is no space for stories about the heroes of the past.[46] But there is space to explain the formal singularity of athletic victories. Cleitomachus of Thebes, for example, is praised for having won three crowns (wrestling, boxing, *pankration*) on the same day.[47] In an epigram that is preserved both on stone and in the *Anthologia Palatina*, Cynisca is extolled as the first woman who triumphed at Olympia.[48] Referring to special circumstances of the victory was another option. For example, poets praise wrestlers who have not fallen during the competition, a fact that underlines their superiority.[49] Or, as noted above, winning despite bad luck could be presented as glorious achievement.[50]

Posidippus' handling of horses should be analyzed in this context. His agonistic epigrams are artful poems, they could only be understood with regard to the intertextual allusions. The poet from Pella adopts motifs from Homer and Pindar and modifies them. His praise of horses is subtle, but it is not *l'art pour l'art*, it is rather related to the purpose of agonistic poetry and the special needs of his commissioners. A full understanding of the epigrams, thus, is only possible if we analyze them both in the Greek literary tradition and with regard to specific historical contexts.

---

46. Very rarely agonistic epigrams allude briefly to myths; see KÖHNKEN 2007, pp. 303-304.
47. *Anthologia Palatina* 9.588 (= EBERT 1972, no. 67), referring to the Isthmian Games.
48. *IvO* 160; *Anthologia Palatina* 13.16 (EBERT 1972, no. 33; MORETTI L. 1953, no. 17). Posidippus refers to Cynisca in an epigram for Berenice (87 AB).
49. E.g. Cleitomachus (see n. 47) or Cleonicus of Miletos (EBERT 1972, no. 65). A wrestler had won a match when his opponent had fallen three times.
50. See above n. 25.

Identification of some winners in the *keles* race in Posidippus' epigrams

Filippo Canali De Rossi

The *Hippikà* section in the Milan Papyrus Vogliano VIII 309[1] contains 18 epigrams (from 71 to 88), some of them very poorly preserved (particularly 80 and 81), celebrating winners in several equestrian competitions in different festivals. In a former study I examined Posidippus' epigrams concerning the four-horse chariot race, and I proposed an identification for the winner celebrated in Posidippus, 77:[2] this time I am going to consider epigrams concerning the race for single horses, with the intent to suggest identifications of some celebrated winners –these suggestions might be disput able, I am afraid, but worth considering. According to my hypothesis these epinician epigrams did not concern contemporary victories (such as those for the Ptolemies), but celebrate historical winners of the past.

POSIDIPPUS' EPIGRAM 83 (P. MIL. VOGL. VIII 309, XIII 15-18)

Θεσσαλὸς ὀξ[ύτατ]α ἵππος Ὀλύμπια μουνοκέλης τρὶς
    νικῶν ἄγ[κειμ]αι μνῆμα ἱερὸν Σκοπάδαις
πρῶτος κ[αὶ μ]όνος οὗτος· ἐλέγχετε, τρὶς γὰρ ἐνίκων
    [ἐπ' Ἀλ]φειῷ, μάρτυρες Ἰαμίδαι.

L. 2: *vel* ἄγ[κειτ]αι.

---

1. P. Mil. Vogl. VIII 309 is a collection of about one hundred epigrams. It is generally ascribed to the poet Posidippus from Pella, since nos. 15 and 65 of the papyrus correspond to epigrams of Posidippus already known (Tzetzes, Historiarum variorum *Chiliades* 7, 660 = Gow, Page 1965, Posidippus no. 20 and *Anthologia Palatina* [16], 119 = Gow, Page 1965, Posidippus no. 18). Criticism about the ascription of the new papyrus to Posidippus has been expressed by Schröder 2004. The edition of the papyrus has been provided by Bastianini, Gallazzi 2001; an edition of all texts now known from Posidippus has been made by Austin, Bastianini 2002. For a collection of essays and English translations of the texts (on which mine are also based) see Gutzwiller 2005.
2. Canali De Rossi 2016b; see Canali De Rossi 2011, p. 79. Criticism about my solution (*Euagoras*) has kindly been expressed in a private conversation by Prof. Chr. Mann during the conference in Athens, because after EY traces of the third letter in the second line do not seem pertinent to an A: an ink spot may however be misleading there.

> *A Thessalian steed, three times winner at Olympia at a great speed in the race for single horses,*
> *[I am dedicated here], sacred to the Scopadae, the first and only. Disprove me, O witnesses*
> *Iamidae! I won three times [- - -] upon the banks of Alpheus.*

In this epigram the speaking voice is probably that of the winning horse: he says he is the first and only one to have won three times in the race for single horses (*keles*: poetically μουνοκέλης, l. 1), and the speaking statue is now a votive offering to the *Scopadae*, the famous Thessalian family, prospering until towards the end of the 5th century BC.[3] But if we check the list of Olympic winners, no single horse or owner is able to boast an *exploit* of having won three times in the race for single horses.

It is worth considering that the agonistic career of a thoroughbred horse today spans in most cases no more than two or three seasons, although it can extend up to seven or eight years, but such long careers are truly an exception: a triple Olympic gain requires indeed an agonistic excellence extended for at least nine years. In this respect (extended agonistic supremacy) the most celebrated horse in Greek antiquity was probably *Pherenikos*, property of *Hiero*, former regent of Gela (since 485 BC) and Syracusan tyrant after the death of his brother Gelon (478-466 BC): *Pherenikos* allegedly won in two successive editions of the *Pythian games* (26th and 27th edition, 482 and 478 BC respectively) and finally, and by a long distance (ἀκέντητος, literally "without being whipped"), also in the tricentennial Olympic Games of 476 BC (76th edition).[4]

It would be strange if a horse more successful than *Pherenikos*, gaining no less than three Olympic victories, had subsequently fallen into total oblivion, and received no mention whatever in the extant sources, such as Pausanias. On the other hand, since it is impossible to integrate Pherenikos' name in the gap at the beginning of the 4th line of this epigram, it is compelling to think of another attribution.

The ancient sources credit indeed three Olympic victories, in a restricted span of time, and all of them in the race for the single horses (*keles*), to the family of the Corinthian *Pheidolas*. The first of these three was the victory gained by the same *Pheidolas*, and it would have been followed immediately by two other victories gained by his sons: it all was supposed to happen at the end of 6th century BC, between 512 (the victory of

---

3. Most of the family was allegedly destroyed in the home's ruin, that took place in 510 BC and was witnessed by the poet Simonides (Cicero, *de Oratore* 2.86.352-353; Quintilian, 11.2.11-15; Valerius Maximus, 1.8.7; Ovid, *Ibis* 513. See now POLTERA 2008, 70-73, T 80). The epinician ode that Simonides composed for *Scopas* is quoted by Plato, *Protagoras* 339 a-b [frg. 5 Bergk[4] = POLTERA 2008, F 260]. Some members of the family however survived, since at the end of the 5th-beginning of the 4th century we find again one *Scopas* who was a contemporary of *Socrates* and of king *Archelaos* of Macedonia (Diogenes Laertius, 2.25) and made the present of a Sicilian necklace to the Persian prince Cyrus (Aelianus, *Varia Historia* 12.1). Other main evidence about the family of the *Scopadae* concerns *Diactorides*, one of *Agariste*'s suitors (Herodotus, 6.127.4) and the drinking attitude of *Scopas* (*Phainias* of *Eresos*, *FHG* II, 298 frg. 15 b = WEHRLI 1957[1], frg. 14, from Athenaeus, 10.51.438 c).
4. On *Pherenikos* see already CANALI DE ROSSI 2016a, pp. 23-25.

Pheidolas) and 508 and 504 BC (the two victories of his sons recorded in an epigram).[5] Against this triplicity of victories in *Pheidolas*' home some objections arise: the first objection is that in Pausania's account of the victory of *Pheidolas*[6] the winner is a female horse named *Aura*: "at the beginning of the race she chanced to throw her rider. But nevertheless she went on running properly, turned round the post, and, when she heard the trumpet, quickened her pace, reached the umpires first, realised that she had won and stopped running. The Eleans proclaimed Pheidolas the winner and allowed him to dedicate a statue of this mare". The feminine sex of the winning horse has however been challenged,[7] on the basis of *Palatine Anthology* 6.135, an epigram credited to Anacreon (therefore a contemporary), where Pheidolas' winning horse is undoubtedly a male horse: οὗτος Φειδόλα ἵππος ἀπ' εὐρυχόροιο Κορίνθου | ἄγκειται Κρονίδαι μνᾶμα ποδῶν ἀρετᾶς ("This horse of Pheidolas from spacious Corinth is dedicated to Zeus in memory of the might of his legs").[8]

To reconcile the male sex of the horse with the name of *Aura* it was proposed to insert the name Οὖρος, meaning "Fair Wind", at the beginning of the first line:[9] Οὖ<ρ>ος Φειδόλα ἵππος ἀπ' εὐρυχόροιο Κορίνθου | ἄγκειται Κρονίδαι μνᾶμα ποδῶν ἀρετᾶς ("Fair Wind, horse of Pheidolas from spacious Corinth, is dedicated to Zeus in memory of the might of his legs").[10]

The second objection is that, although the double victory of *Pheidolas*' sons was mentioned in the following epigram seen and reported by Pausanias[11] in the *Altis* in Olympia –ὠκυδρόμας Λύκος Ἴσθμι' ἅπαξ, δύο δ' ἐνθάδε νίκαις | Φειδώλα παίδων ἐσρεφάνωσε δόμους ("The swift Lykos by one victory at the Isthmus and two here crowned the house of the sons of Pheidolas")– the same Pausanias was able to find only one victory of the sons of *Pheidolas* in the list of Olympic winners, that which occurred in the 68th edition of 508 BC.[12] Therefore modern scholars, understanding that there had been two victories in total for *Pheidolas*' house (the father's and the sons'), introduced a correction in the epigram, a copulative *tau* in the second line, in order to distribute the two victories between *Pheidolas* and his sons: ὠκυδρόμας Λύκος Ἴσθμι' ἅπαξ, δύο δ' ἐνθάδε νίκαις | Φειδώλα παίδων <τ'> ἐστεφάνωσε δόμους ("The swift Lykos by one victory at the Isthmus and two here crowned the house of Pheidolas <and> of the sons"). Be that as it may, the

---

5. Pausanias, 6.13.9-10. MORETTI L. 1957, nos. 147, 152.

6. Pausanias, 6.13.9 (transl. W.H.S. JONES): ἡ δὲ ἵππος ἡ τοῦ Κορινθίου Φειδόλα ... τὸν δὲ ἀναβάτην ἔτι ἀρχομένου τοῦ δρόμου συνέπεσεν ἀποβαλεῖν αὐτήν· καὶ οὐδέν τι ἧσσον θέουσα ἐν κόσμῳ περί τε τὴν νύσσαν ἐπέστρεφε, καὶ ἐπεὶ τῆς σάλπιγγος ἤκουσεν, ἐπετάχυνεν ἐς πλέον τὸν δρόμον, φθάνει τε δὴ ἐπὶ τοὺς Ἑλλανοδίκας ἀφικομένη καὶ νικῶσα ἔγνω καὶ παύεται τοῦ δρόμου. Ἠλεῖοι δὲ ἀνηγόρευσαν ἐπὶ τῇ νίκῃ τὸν Φειδόλαν καὶ ἀναθεῖναί οἱ τὴν ἵππον ταύτην ἐφιᾶσιν.

7. MORETTI L. 1957, no. 147: "l'epigramma inciso sullo zoccolo della statua votiva, attribuito ad Anacreonte in *Anth. Pal.*, VI, 135 [...] parlava chiaramente di un cavallo".

8. Transl. W.R. PATON.

9. EBERT 1972, p. 47: "Die Verlesung ΟΥΤΟΣ aus ΟΥΡΟΣ wäre leicht möglich gewesen".

10. On *Aura* see already CANALI DE ROSSI 2016a, pp. 17-19.

11. Pausanias, 6.13.10.

12. Pausanias, 6.13.10: "But the inscription is at variance with the Elean records of Olympia victors. These records give a victory to the sons of Pheidolas at the sixty-eighth Festival (508 BC) but at no other".

name of the horse, two times winner at Olympia and one time at the Isthmian Games according to the epigram, for a total of three Panhellenic victories, is declared as *Lykos*.[13]

A last objection is that *Pheidolas*, and therefore his sons, are Corinthians, while in Posidippus' epigram (l. 2) the triple victory seems to glorify the Thessalian γένος of the *Scopadae*.[14] One possible explanation would be that the horse was a Thessalian one, and that his statue was put on display as an offering (ἀνάθεμα) in a Thessalian context, maybe a sort of "hall of fame" in a stud.

To sum up: already in antiquity, it seems, there was uncertainty about the exact number of victories gained by Pheidolas' family, as well as about the precise identity of the winning horse(s). Posidippos however may have solved for himself that question in a simplistic way, crediting to one horse all three alleged Olympic victories of the house of Pheidolas. The poet seems to expect that someone will contest this interpretation (three Olympic victories for one horse), therefore in the last two lines he rhetorically challenges the Olympian umpires, the *Iamidae*, to state, if they can, that this is not true: ἐλέγχετε, τρίς γὰρ ἐνίκων [Οὖρος (*vel* Λύκος) ἐπ' Ἀλ]φειῷ, μάρτυρες Ἰαμίδαι.

However tempting, there is a metrical difficulty in restoring the name of *Lykos*, since the first syllable of the name is short; unless a solution for inserting the name of *Lykos* is found, I would not disregard Ebert's conjecture Οὖρος, a male equivalent for *Aura*.

POSIDIPPUS' EPIGRAM 71 (P. MIL. VOGL. VIII 309, XI 21-24)

In this epigram the victory of a horse named Αἴθων is proclaimed, as in the former case, in a Thessalian context, but this time the speaking voice is that of the owner, *Hippostratos*; he was himself winner, in the running contest for men, during the same edition of the Pythian games.

> Οὗτος ὁ μουνοκέλης Αἴθων ἐμὸς ἤ[ρατο νίκην]
> κἀγὼ τὴν αὐτὴν Πυθιάδα στ[άδιον]·
> δὶς δ' ἀνεκηρύχθην Ἱππόστρ[ατος] ἀθλοφ[όρος τ'] ἦν
> ἵππος ὁμοῦ κἀγώ, πότνια Θεσσαλία.

L. 1: ἵ[ππος ἐνίκα], Austin, Bastianini 2002.

---

13. On *Lykos* see already Canali De Rossi 2016a, pp. 19-20.

14. Mention of the γένος of the *Scopadae* is to be found in other poets of the Ptolemaic court in Alexandria: Theocritus, *Idylls* 16.36-39, with scholia: in this passage, too, mention of the *Scopadae* is somehow puzzling, see Gow 1952, II, p. 313: "Since T(heocritus) is addressing his appeal for patronage to Hiero II of Syracuse, it is legitimate to ask why he points his moral with these Thessalian princes"; Callimachus, *Aitia* frg. 64.9-14 Pfeiffer, on which cf. *Suda*, s.v. "Σιμωνίδεω", Adler Σ 441 (vol. IV, p. 362, 1-7). A completely different solution has been in the meantime provided by Scharff 2016 (p. 214 and note 26), as he found in *P. Oxy* XVII, 2082 an Olympic winner of the *keles* from the Thessalian city of Crannon, home of the *Scopadae*, perhaps in 268 BC (Moretti L. 1957, no. 547; Petermandl 2013, p. 132). In this case we should seriously consider that the horse's two other victories were gained in the same Olympic edition (which is supposed to be the 128th), in the four-horsed chariot and in the two-horsed chariot respectively, as all we know is that these races were also won by a Thessalian (Moretti L. 1957, nos. 546 and 548).

> *This mine racehorse, Aethon, g[ained victory], as did I, at the same Pythiad, [in the sprint]; twice I, Hippostr[atus], was proclaimed the winner – the horse and myself as well, O mistress Thessaly.*

That an athlete would also be the owner of horses is well attested in the Laconian inscription of *Damonon*.[15] This time the name of the owner recalls an otherwise renowned (however non Thessalian) athlete: *Hippostratus* from Kroton, twice winner in the sprint at Olympia.[16] In the present case the epigram is willing to associate an equestrian victory gained by his horse in a minor, however Panhellenic, contest, with the major celebration of him as a renowned athlete. Accepting this hypothesis, we should examine the former case: why are these victories being associated with Thessaly? It is my belief that these statues, along with others, where probably set up in a stud in Thessaly, where local breeding of horses was celebrated:[17] renowned foreign owners thus became 'testimonials' of the Thessalian breed.

POSIDIPPUS' EPIGRAM 86 (P. MIL. VOGL. VIII 309, XIII 27-30)

In this series of epideictic epigrams for historical winners of the past[18] we can also consider Posidippus' epigram 86, where the speaking voice of the owner, Εὐβώτας, declares the winning record of another horse Αἴθων.[19] The horse happened to crown *Eubotas* four times as winner in the Nemean Games, and twice in the Pythian Games:

> ['Ίσθμια ἀν]τόμεν[ος] θρασὺς ἔδραμε· καὶ γὰρ ἐνίκα
> ἵππος [ὅ]δ' ἐν Νεμέαι τετράκις οἰοκέλης
> καὖτε [δ]ὶς ἐν Πυθοῖ στάδιον Μ[ε]σσήνιος Αἴθων,
> καὶ ἐ[ς ἕ]τερ' Εὐβώταν ἐστεφά[ά]νωσεν ἐμέ.

L. 1 restored by Ferrari[20] and Lapini.[21] **L. 4** Lapini.

> *Coming forward he ran bold the Isthmia; and at Nemea indeed in the race for single riders this horse was four times victorious, and twice at Pytho as well he won the sprint, Messenian Aithon, and on other occasions he got the crown for me, Eubotas.*

---

15. *IG* V 1, 213 = Moretti L. 1953, no. 16. Cf. Canali De Rossi 2011, pp. 49-51; Nafissi 2013; Canali De Rossi 2016a, pp. 27-29.

16. His victories are referred to the years 564 and 560 BC by Moretti L. 1957, nos. 100, 104. On this epigram see already Canali De Rossi 2016a, pp. 42-43.

17. See Posidippus' epigrams 84 and 85, where also the owners, however, are Thessalian. On Thessalian breeding see, in general, Aston, Kerr 2018. On the name of *Aithon* Scharff 2016, p. 222.

18. Including, possibly, *Euagoras*, Posidippus ep. 77, *Pheidolas*, ep. 83, *Hippostratus*, ep. 71.

19. Same name but not same horse as *Hippostratus*', since its origin is expressly stated as Messenian: in this, like in other professions, a succesful name tends to propagate. On *Eubotas* (*Eubatas*), see already Canali De Rossi 2011, p. 67. On the present epigram, Canali De Rossi 2016a, pp. 50-51.

20. Ferrari 2005, esp. p. 206.

21. Lapini 2007, pp. 288-289.

The name of *Eubotas*, as well as that of *Hippostratus*, is not unknown to the agonistic records: under this name we do know an athlete who, after winning in the sprint race for men at the Olympian Games in 408 BC,[22] gained a second Olympic victory several years later as owner of a four-horse chariot;[23] the epigram of Posidippus however is centred upon hitherto unknown successes repeatedly gained for Eubotas by a horse named *Aithon* in the race for single horses (here called οἰοκέλης, l. 2) and in the lesser Panhellenic games. His horse is Messenian, but the historical *Eubotas*[24] came fron *Cyrenae*:[25] like in the former two epideictic epigrams we must suppose that the horse's provenance was considered to be the most important aspect, probably in relation to the place where the statue stood, possibly also a "hall of fame" in a stud or a court.

CONCLUSION

It seems that in some epigrams of the *Hippikà* section Posidippus quoted, manipulated and completed facts from the history of Greek sport that belonged to a shared heritage. He freely reformulated what was already known and that has, at least in part, also been handed down to our knowledge. I refer to the story of the Spartan *Euagoras* who was already known by Herodotus, that of *Pheidolas* and his sons, those of the sprinters *Hippostratos* of Kroton (known from the list of Iulius Africanus) and *Eubotas* (or *Eubatas*) from Cyrene: this last example is especially relevant, since this athlete was already known (from a variety of authors including Pausanias) as an owner of horses. Likewise the Spartan *Damonon* and his son *Enymakratidas*, attested only epigraphically –but also the Coan *Xenombrotos* and his son *Xenodikos*–[26] competed both in equestrian and athletic contests.

Posidippus reshaped those stories in an epideictic form to be engraved on the basis of horses' statues, some of which had probably been erected in a Thessalian stud (in order to explain references to Thessaly in those epigrams) or in the Peloponnese,[27] as is probably the case concerning the Cyrenaean *Eubotas*. In both cases we may think of horse-breeding studs, embellished by statues of former champions that had grown up on the same spot, each accompanied by a proper epigram.

---

22. Moretti L. 1957, no. 347.
23. In 364 BC according to Moretti L. 1957, no. 421.
24. In other sources *Eubatas*: see Moretti L. 1957, no. 347. This is the variant attested in local inscriptions.
25. Aelianus, *Varia Historia* 10.2, tells a story about *Eubatas* being coveted in Olympia by the courtesan *Lais* and remaining faithful to his wife through an escamotage: it would be more logical to place this episode in the time of his youth, corresponding to his victory in the foot race.
26. These were winners with the single horse and in the boxe among the boys: Pausanias, 6.14.12; Moretti L. 1957, nos. 340, 363.
27. Also a region renowned for horse-breeding; cf. Pausanias, 6.2.1.

Virtual halls of fame.
Imagined communities of equestrian victors in the Hellenistic period*

Sebastian SCHARFF

The Hellenistic period saw the rise of "a new society of victors"[1] consisting of kings and queens, princes and courtiers, women and non-Greeks. Members of the Ptolemaic dynasty in particular, from Ptolemy I to Ptolemy VI, frequently engaged in agonistic activities. However, it were not only the kings themselves who won victory, but also the female members of that dynasty including a "mistress" like Belistiche.[2] The same is true for Ptolemaic courtiers such as Callicrates of Samos, Sosibius, and Polycrates of Argus —Polycrates even financed the agonistic victories of his wife Zeuxo and his three daughters.[3] Outside the Ptolemaic kingdom the Attalids in particular spent a lot of money to make sure that they were successful at Olympia and in the Great Panathenaia at Athens.[4] We also have knowledge of the agonistic engagement of one member of the Seleucid dynasty, probably Alexander Balas.[5] Non-Greeks like the Phoenician *sofet* Diotimus of Sidon won victory at Nemea and even barbarian kings and princes such as Mastanabal son of Masinissa and Mithridates VI Eupator were successful in agonistic contests.[6]

*. The final version of this article has been made possible by a generous stipend from the G. Henkel Stiftung.

1. VAN BREMEN 2007, p. 348; cf. BARBANTANI 2001, p. 78.
2. For the evidence of these victories, see e.g. SCHARFF forthcoming a and REMIJSEN 2009b; for Belistiche, see additionally KOSMETATOU 2004.
3. Callicrates: Posidippus, ep. 74 (BINGEN 2002 and BING 2002-2003), Sosibius: Callimachus, frg. 384 (Pfeiffer), Polycrates: *IG* II² 2313, col. II, ll. 61-62 (cf. *PP* 2172 + 15065); Zeuxo: *IG* II² 2313, col. II, ll. 59-60 (cf. *PP* 17211), Polycrates' daughters: *IG* II² 2313, col. II, ll. 8-9; 2314, col. I, ll. 49-50 (Zeuxo, cf. *PP* 17212); *IG* II² 2313, col. II, ll. 14-15; 2314, col. II, ll. 94-95 (Hermione, cf. *PP* 17209); *IG* II² 2313, col. II, ll. 12-13 (Eucrateia, cf. *PP* 17210).
4. The evidence is collected in SCHARFF forthcoming a; see also SHEAR J. L. 2007.
5. *IG* II² 2317, ll. 36-37, 47-48. The inscription bearing the name of the victor is not well preserved. We only know for sure that the victor was a son of Antiochus IV. Therefore, it is not certain whether it was Antiochus V or Alexander Balas who is mentioned in the victor list. The second possibility is suggested with good reason by TRACY, HABICHT 1991, pp. 218, 233.
6. Diotimus: EBERT 1972, no. 64; Mastanabal: *IG* II² 2316, col. II, ll. 42-44 (cf. ZOUMBAKI 2014, p. 203); Mithridates VI: EVANGELIDIS 1927-1928, no. 12, ll. 8-15. The latter won in four equestrian disciplines

All these victories shared one feature: they were all won in the equestrian disciplines. This observation is not surprising, given the fact that it was the amount of money spent rather than certain physical abilities that mattered most in these disciplines: neither the jockeys nor the charioteers were crowned, but the owners of the horses. This means you basically had to spend enough money to make sure the victory would be yours. Bearing this in mind it comes as no surprise that the "new elites" of the Hellenistic period made good use of such a possibility to demonstrate their excellence. This aspect, however, is quite well known.

What is less well known is the way Hellenistic horse owners wanted their victories to be understood. In what follows I will take a deeper look into this aspect. This article originated as part of a Mannheim project which analyzes the self-presentation of gymnic and equestrian victors of the Hellenistic period.[7] In earlier case studies it was demonstrated that some groups of equestrian victors like the Ptolemies[8] or horse owners from Thessaly[9] shared common motifs in their self-representation. This, however, does not go without saying, since in Greek antiquity a victory was first of all understood as an individual achievement, a product of the personal *arete* of the winner. An example which shows this very clearly is the way the tyrants from 5th-century Sicily had their agonistic victories praised, as Chr. Mann has demonstrated.[10] Some equestrian victors of the Hellenistic period tried to put themselves in a line with former victors, thereby creating a virtual hall of fame, and this practice needs to be explained.

In what follows I will try to address these issues by briefly analyzing the self-presentation of three "groups" of equestrian victors. I understand "groups" as clusters of victorious horse owners who did not only share a common origin, but also common motifs in their self-representation. Starting out with two royal examples, Ptolemaic and Attalid victors,[11] I will then look at equestrian victors from the region of Thessaly. By doing so, I will try to combine the results of two earlier case studies, parts of which will need to be elaborated on again here for the sake of the argument.

---

in an unknown festival in Chios in about the year 86. Dates here and in what follows are to be understood as BC.

7. The project bore the title "The Self-Representation of Hellenistic Athletes – Social, Political and Ethnic Identities" and is funded by the German Research Council (DFG). One aim of this project was to create a database consisting of all Hellenistic athletes who competed in gymnic and equestrian disciplines. The database is now available on http://mafas.geschichte.uni-mannheim.de/athletes/, viewed on November 29, 2018. It constitutes the basis for a monograph I am currently preparing on the subject. The study bears the working title Ἀστῶν πράτιστος. *Studies in the Self-representation of Hellenistic Athletes*.

8. SCHARFF forthcoming a.

9. SCHARFF 2016.

10. MANN 2001, pp. 236-291, and MANN 2013.

11. For the different ways Hellenistic dynasties dealt with athletics, see now the important article of MANN 2018.

THE AGONISTIC SELF-REPRESENTATION OF THE PTOLEMIES: A VICTORIOUS MACEDONIAN DYNASTY

The best documented case is certainly that of the Ptolemies. Since the spectacular discovery of the New Posidippus[12] and its publication in 2002, our evidence for the agonistic activities of this dynasty in the 3rd century has increased remarkably. In the section *Hippika* the "royal poems" for the Ptolemies constitute the largest group. Although members of that dynasty won equestrian victories as long as the dynasty existed and although some of their members always spent a lot of money on good horses and charioteers, it is thanks to the New Posidippus that we are now able to see how the Ptolemies wanted their victories to be understood.

The new epigrams demonstrate one aspect very clearly: the agonistic self-representation of the Ptolemies had a strong dynastic element. It is, for example, in the last verse of ep. 82 that the "victorious house"[13] of Berenice is referred to. The same aspect is true for ep. 78, where the "glories [...] from one house"[14] are highlighted. The idea that the glory of the victory is connected not with the *arete* of an individual person, but with the success of the entire dynasty, is also stressed in ep. 88. The epigram proudly presents the equestrian victor Ptolemy II as part of a community of victorious kings from the same lineage. Obviously, the emphasis here lies on keeping victory in the family. In the words of the poem:[15]

πρῶτο[ι] τρεῖς βαςιλῆες Ὀλύμπια καὶ μόνοι ἁμὲς
    ἅρμαςι νικῶμες κ̣α̣ὶ γονέες καὶ ἐγώ·
εἷς μὲν ἐγὼ̣ [Π]τολεμαίου ὁμώνυμος, ἐ‹κ› Βερενίκας
    υἱ̣[όϲ], Ἐορδαία γέννα, δύω δὲ γονεῖς.

We alone were the first three kings to win at Olympia
    in chariot-racing, my parents (i.e. *Ptolemy I and Berenice I*) *and I* (i.e. *Ptolemy II*).
I am one, of the same name as Ptolemy, and son of Berenice
    of Eordean descent — my parents (the other) two.

It is evident that words for family (γένος, γονεῖς, πάτηρ, μάτηρ, etc.) are omnipresent here.[16] This focus on kinship can be linked to kingship, since family was an important motive in Ptolemy's II claim on legitimacy, as L. Kainz has recently demonstrated.[17]

---

12. Although there have been sporadic attempts to question his authorship (e.g. SCHRÖDER 2004), the poems are generally attributed to Posidippus of Pella, court poet of the Ptolemies (SEIDENSTICKER, STÄHLI, WESSELS 2015, pp. 9, 15).

13. Posidippus, ep. 82.6: ἀθλ̣[οφ]ό̣ρον δῶμα.

14. Posidippus, ep. 78.11: [ἐξ ἑ]νὸϲ οἴκο̣υ̣.

15. Posidippus, ep. 88.1-4 (transl. E. KOSMETATOU, B. ACOSTA-HUGHES).

16. See REMIJSEN, SCHARFF 2015.

17. KAINZ 2016.

The dynastic aspect is referred to in even more detail in ep. 78.[18] On the occasion of an Olympic victory of Berenice Syra or Berenice II[19], all previous Olympic victories of the dynasty are listed. Thus, the glory of Berenice is embedded in a metaphorical "hall of fame". The Olympic victor in the four-horse race, the most prestigious agonistic competition in the whole Greek world, becomes an emblem of the entire dynasty. The charisma of the victory is perpetuated: "and again my father won, a king who took his name from a king."[20] As I have mentioned above, it is shown –by means of comparison with the way in which the Sicilian tyrants of the early 5th century had presented their victories– that this dynastic element did not constitute a natural choice: the epinician odes of their court poet Pindar focused on the personal *arete* of the victor(s), never on the dynasty as a whole.

The epigrams for Ptolemaic victors, however, are not all about the dynastic aspect. Another element is striking: whenever the ethnic identity of a member of the dynasty is evoked, they are presented as Macedonian without any exception. One example for this

---

18. Posidippus, ep. 78:

ε]ἴπατε, πάντες ἀοιδοί, ἐμὸν [κ]λέος, ε[.].[
    γνωστὰ λέγειν, ὅτι μοι δόξ[α
ἅρματι μὲ‹ν› γάρ μοι προπάτω[ρ Πτολεμ]αῖος ἐνίκα
    Πισαίων ἐλάσας ἵππον ἐπὶ στα[δίων,
καὶ μήτηρ Βερενίκη ἐμοῦ πατ[ρός· ἄ]ρ[μ]ατι δ' αὖτ[ις
    νίκην εἷλε πατὴρ ἐ‹κ› βασιλέω[ς] βας[ι]λεὺς
πατρὸς ἔχων ὄνομα· ζευκτ[ὰς δ'] ἐξήρατο πάσας
    Ἀρσινόη νίκας τρεῖς ἑνὸς ἐξ ἀέ[θλου·
π. [±13] γένος ἱερὸν [... γυ]ναικῶν
    κε[±12] παρθένιος [......]ς.
τα[ῦ]τ[α] μὲ[ν.... ἐ]πεῖδεν Ὀλυ[μπ]ία [ἐξ ἑ]νὸς οἴκου
    ἅρμασι καὶ παίδων παῖδας ἀεθλοφόρο[υ]ς·
τεθρίππου δὲ τελείο‹υ› ἀείδετε τὸν Βερ[ε]νίκη[ς
    τῆς βασιλευούσης, ὦ Μακέτα[ι], στέφανον.

Tell of my glory, all you poets, [...] to speak of what is well known, because my fame has an ancient lineage. My ancestor Ptolemy [I] won [an Olympian victory] with his chariot when driving his horse at the stadium at Pisa, and so did my father's [Ptolemy II Euergetes] mother Berenice [I], and again my father won, a king who took his name from a king. Arsinoe won all three chariot races in one contest [...] the holy family of women [...] a maidenly [...] saw these [glories] in chariot racing from one house and the prize-winning children of children. Sing, Macedonians, of the crown Berenice won with her successful chariot. (Transl. M. LEFKOWITZ). Cf. HOSE 2015, pp. 299-303.

19. For the question of which Berenice is meant in ep. 78 see CRISCUOLO 2003, pp. 311-315, 327-331; BENNETT 2005; THOMPSON D. J. 2005, pp. 272-279, and REMIJSEN 2009b, p. 252, who all favor Berenice Syra, the daughter of Ptolemy II, whereas HUSS 2008 argues for Berenice, the daughter-in-law of the same king and wife of Ptolemy III. Since KAMPAKOGLOU 2013, 2016 and CAZZADORI 2016, pp. 327-329, have recently made a strong case on Berenice II being the Berenice praised by Callimachus' *Victoria Berenices*, it is tempting to see Berenice II as the addressee of Posidippus' poem as well (cf. KAINZ 2016, p. 347, n. 39). It is not necessary, however, to give a definitive answer to this question here, since the Ptolemaic style of self-presentation, as it is to be found in Posidippus, does not change either way.

20. Posidippus, ep. 78.6-7.

insisting on Macedonian identity was cited above: the *"Eordean* descent"[21] Ptolemy II claimed for himself refers to no less than the Macedonian origin of the dynasty in the words of a *poeta doctus*; a *poeta doctus* who may also have known that Eordaia was exactly that part of ancient Macedonia where most of the non-royal Macedonian victors came from,[22] which is a region especially connected to agonistic fame. In ep. 82 Berenice the Syrian becomes a "Macedonian […] daughter"[23]; and Berenice I is called "Macedonian Berenice" in ep. 87.[24] This ethnic representation of the Ptolemies was still known to Pausanias in the 2nd century AD, as his description of the history of the Pythian Games demonstrates.[25] It also became part of the visual representation of the dynasty: archaeological research in the area of Greek sculpture has been able to identify a victorious athlete in a group of two pancratiasts as a Ptolemaic king who is stronger than his barbarian opponent.[26] Other Ptolemaic kings seem to be depicted as victorious pentathletes or naked athletes in an unknown discipline running a lap of honor.[27] Clearly, the Ptolemies did not present themselves as kings of Egypt in the agonistic context, but as the legitimate successors of Alexander, who just happened to be residing in Egypt.

In addition to the dynastic and ethnic aspects, the third main element of the Ptolemaic agonistic representation concerns gender: the female members of the Ptolemaic dynasty were integrated into an image of power. These women successfully participated at Olympia and other Panhellenic contests while at the same time entering a competition beyond the limits of space and time: Berenice is thus said to have surpassed Cynisca

---

21. Posidippus, ep. 88.4: Ἐορδαία γέννα.
22. See DAUBNER 2016.
23. Posidippus, ep. 82.3-4: Μακέτην […] παῖδα.
24. Posidippus, ep. 87.1-2: Βερενίκας […] Μακέτας; cf. HOSE 2015, p. 315.
25. Pausanias, 10.7.8: παγκράτιον δ᾽ ἐν παισὶ καὶ συνωρίδα τε πώλων καὶ πῶλον κέλητα πολλοῖς ἔτεσιν ὕστερον κατεδέξαντο Ἠλείων, τὸ μὲν πρώτῃ πυθιάδι ἐπὶ ταῖς ἑξήκοντα, καὶ Ἰολαΐδας ἐνίκα Θηβαῖος· διαλιπόντες δὲ ἀπὸ ταύτης μίαν κέλητι ἔθεσαν δρόμον πώλῳ, ἐνάτῃ δὲ ἐπὶ ταῖς ἑξήκοντα συνωρίδι πωλικῇ, καὶ ἐπὶ μὲν τῷ πώλῳ τῷ κέλητι Λυκόρμας ἀνηγορεύθη Λαρισαῖος, Πτολεμαῖος δὲ ἐπὶ τῇ συνωρίδι Μακεδών· ἔχαιρον γὰρ δὴ Μακεδόνες οἱ ἐν Αἰγύπτῳ καλούμενοι βασιλεῖς, καθάπερ γε ἦσαν. ("The pancratium for boys, a race for a chariot drawn by two foals, and a race for ridden foals, were many years afterwards introduced from Elis. The first was brought in at the sixty-first Pythian Festival, and Iolaidas of Thebes was victorious. At the next Festival but one they held a race for a ridden foal, and at the sixty-ninth Festival a race for a chariot drawn by two foals; the victor proclaimed for the former was Lycormas of Larisa, for the latter Ptolemy the Macedonian. For the kings of Egypt liked to be called Macedonians, as in fact they were.") (Transl. W.H.S. JONES, H.A. ORMEROD).
26. KYRIELEIS 1973 who even identifies the king as Ptolemy V; see also LEHMANN 2012, pp. 198-199 (with further reading).
27. LEHMANN 1988, pp. 290-293; LEHMANN 2012, pp. 199-200 (with figures), who identifies the pentathlete as Ptolemy III, the athlete on his lap of honor as Ptolemy XII. As in the case mentioned in the previous footnote, one does not necessarily have to follow these very precise identifications. What seems undisputable, though, is that the Ptolemies' agonistic self-presentation was not restricted to poetry, but used visual representation as well.

of Sparta's glory, the first female Olympic victor.[28] Ptolemy II even seemed to be more proud of his mother's than his father's agonistic achievements[29]. Thus, the epigram for his victory in the four-horse race at Olympia ends with the words:[30]

> †πρου μέγα πατρὸς εμου† τίθεμαι κλέος, ἀλλ᾽ ὅτι μάτηρ
>   εἷλε γυνὰ νίκαν ἅρματ‹ι›, τοῦτο μέγα.

> *I have added to the great glory of my father, but my mother, a woman, won a victory in the chariot races –this is great.*

THE AGONISTIC REPRESENTATION OF THE ATTALIDS: BROTHERLY LOVE AT A POLITICALLY IMPORTANT PLACE

The Attalids of Pergamon used their agonistic successes to frame their public image in a somewhat different way. Unfortunately, there is no poem on an Attalid ruler in the collection of Posidippus, but at least one victor epigram has survived on stone. Although the surviving evidence is not as impressive as one might wish, it is nevertheless possible to detect some typical Attalid features.[31]

In terms of simple success, the Attalids were not as victorious as their Ptolemaic competitors, but they also took part in horse races and won victories in Panhellenic games. The only surviving Attalid victor epigram is dedicated to a certain Attalus and refers to a victory won in the four-foal race at Olympia probably in the year 276. In verse 11 a certain Philetaerus is mentioned who was the first ruler of the dynasty. According to J. Ebert, the victor of the epigram must be regarded as an adopted son of Philetaerus.[32] He was a nephew of the ruler and was designated to take over the reign from his uncle by means of adoption and marriage to the Seleucid princess Antiochis in 280.[33] Although he was later replaced by his cousin Eumenes I, the Olympic victory of Attalus should be considered a part of a political program to smoothly secure the transition of power within the dynasty.

Equally important is the way the equestrian success is presented here. The last two verses of the poem are of special interest: the fame of the victory comes "to Philetairus and to the houses of Pergamon"[34]. The ruler and his subjects metaphorically build an

---

28. Posidippus, ep. 87.3-4.
29. Posidippus, ep. 88.
30. Posidippus, ep. 88.5-6 (transl. according to E. KOSMETATOU, B. ACOSTA-HUGHES); cf. HOSE 2015, p. 317.
31. See for this aspect SCHARFF forthcoming a (with an overview of all agonistic victories won by members of the Attalid family).
32. EBERT 1972, p. 176.
33. ALLEN 1983, p. 186; KERTÉSZ 2013, p. 821.
34. EBERT 1972, no. 59, vv. 11-12: φήμα δ᾽ εἰς Φιλέταιρον ἀοίδιμος ἦλθε καὶ οἴκους / Περγάμου, Ἀλείωι τ[ε]ισαμένα στεφάνωι.

agonistic community of glory. It is a common element of victor epigrams to refer to the hometown of the victor. What is remarkable here is that the glory of the victory won by a member of the dynasty is transferred onto the ruler.

This, however, is not the key element of the Attalid agonistic self-representation. The answer to the question why the Attalids engaged in agonistic activities certainly has to do with the fact that they were the only dynasty who could present four victorious brothers in the very same event. According to the Panathenaic victor lists of the year 178/7, king Eumenes II was as victorious in an equestrian competition as his three brothers Attalus, Philetaerus and Athenaeus.[35] Unfortunately, there is no surviving epigram for this special occasion, but it is tempting to think about the question of how the four brothers would have wanted their victories to be perceived. They certainly would not have missed the chance to stress that they had all won on the same occasion because the mere fact of four victorious brothers fits very well into an essential part of the creation of the Attalid public image: the unity of the family. We should bear in mind that, according to Plutarch, the same Eumenes II is said to have appeared in public "surrounded by his brothers in the guise of bodyguards"[36]. The image painted here is that of brotherly love. The unity of the family was meant to distinguish the Attalids from their contemporary rulers, such as the Seleucids and Ptolemies, who were endlessly involved in dynastic struggles. The Attalid family, on the contrary, "was always united, no feud ever took place and every member of the family wholeheartedly supported the reigning monarch."[37] This intended public image may also be the reason why we do not find any Attalid queen in the victor lists. As E. Kosmetatou has pointed out "Attalid queens were primarily wives and mothers"[38]. Thus, for an Attalid queen or princess it was in accordance with the family values not to engage in agonistic competition.

One final aspect of the agonistic activities of the Attalids is worth mentioning: it is about Athens. Out of the eight victories of members of the family we know of, a total of seven were won at the Panathenaia. The Attalids tried to strengthen their relationship with the city of Pericles through their equestrian victories. They even adopted an Athenian identity in the Panathenaic victory lists, since the organizers –connecting their name with an Athenian *phyle* named after them– listed the Attalid victors as Athenian

35. *IG* II² 2314, ll. 83-90.
36. KOSMETATOU 2001, p. 168; cf. Plutarch, *Moralia* 480c: Ἀπολλωνίδα γοῦν τὴν Κυζικηνήν, Εὐμένους δὲ τοῦ βασιλέως μητέρα καὶ τριῶν ἄλλων, Ἀττάλου καὶ Φιλεταίρου καὶ Ἀθηναίου, λέγουσι μακαρίζειν ἑαυτὴν ἀεὶ καὶ τοῖς θεοῖς χάριν ἔχειν οὐ διὰ τὸν πλοῦτον οὐδὲ διὰ τὴν ἡγεμονίαν, ἀλλ' ὅτι τοὺς τρεῖς υἱοὺς ἑώρα τὸν πρεσβύτατον δορυφοροῦντας κἀκεῖνον ἐν μέσοις αὐτοῖς δόρατα καὶ ξίφη φοροῦσιν ἀδεῶς διαιτώμενον. ("So they report of Apollonis of Cyzicus, mother of Eumenes and three other sons, Attalus and Philetaerus and Athenaeus, that she always congratulated herself and gave thanks to the gods, not because of wealth or empire, but because she saw her three sons members of the body-guard of the eldest, who passed his days without fear surrounded by brothers with swords and spears in their hands.") (Transl. W.C. HELMBOLD).
37. KOSMETATOU 2001, p. 168.
38. KOSMETATOU 2001, p. 169.

citizens and not as foreigners.[39] Admittedly, the same is true for some Ptolemaic victors. However, being a "Royal Athenian"[40], as J. Shear put it, seems to have been a more important aspect of the Attalid agonistic self-representation than of the Ptolemies' intended public image.

THE AGONISTIC SELF-REPRESENTATION OF THESSALIAN VICTORS: THE FAME OF THE HORSES

Apart from all these royal victors, the old elites in Hellenistic athletics were still in place. Some of them may even have tried to challenge the new victors by having the same poet work for them as the Ptolemaic court: a poet who said at the end of his life that he had a fortune to hand down.[41] Therefore, we may assume that some money had to be spent to get a poem written by him. By making such an investment the old elites took part in a competition which began when the actual contest had just ended. This competition was a virtual one and was centered on the question of whose victory would be imprinted in the memory of generations to come. We have already seen that some (not all) Hellenistic dynasties used their agonistic success to sharpen their public image. In order to be taken seriously, Hellenistic victors from Thessaly developed a unique strategy to make sure that their victories would not be forgotten.[42]

If we look for successful horse owners other than the Ptolemies and Attalids in the third century, we will definitely end up with aristocrats from Thessaly. After the much debated "royal poems" for Ptolemaic victors, epigrams celebrating Thessalian horse owners constitute the second largest group in the *Hippika* of Posidippus.[43] Thessalian horses were successful from the Archaic period,[44] but their victories seem to have reached a certain peak in the first half of the 3rd century, when three Thessalian horse owners celebrated an Olympian victory in the year 268.[45] All in all, we know of no less than nine equestrian victories at Olympia in the first half of the 3rd century.[46] Accordingly,

---

39. See e.g. *SEG* XLI 115, col. I, ll. 37-38.
40. SHEAR J. L. 2007, p. 135.
41. Posidippus, ep. 118.28. In contrast to the epigrams cited above, this poem is not part of the Milan papyrus, but was already known before.
42. For victories of Thessalian athletes in the Hellenistic period, see now in detail SCHARFF 2016.
43. Posidippus, ep. 71; 83-85. DICKIE 2008, pp. 35-36, and HOSE 2015, p. 288, even think of a fifth Thessalian epigram (ep. 72 on a certain Molykos). However, this must remain uncertain, since the *ethnikon* of the winner is not mentioned in the poem.
44. For Thessalian victories in the Archaic and Classical periods see STAMATOPOULOU 2007.
45. *P. Oxy.* XVII 2082.
46. In addition to the three victories recorded in *P. Oxy.* XVII 2082 (Pandion with the single horse in 296, Carterus with the four-horse chariot in 268 and a certain M[…] from Crannon with the single horse in 268), these are Posidippus, ep. 83 (three victories of an unknown horse-owner in the single horse race), ep. 84 (Phylopidas in the single-horse race), ep. 85 (Amyntas in the single-horse race) and Eusebius' Olympic victor list 131. CHRISTESEN, MARTIROSOVA-TORLONE 2006 (Hippocrates in the foal race in 256).

horses from Thessaly constituted an important point of reference in some non-Thessalian victor epigrams.[47] The reasons for this outstanding success can be seen in the excellent conditions for horse-breeding provided by the Thessalian plains as well as in the pride the local aristocrats took in this activity. Thessalian aristocrats cared about their horses a lot. It is not by coincidence that the first attestation for the term ἱππιατρός ("horse doctor") stems from Thessaly. We find it in a Lamian proxeny decree for the veterinary Metrodoros from Pelinna.[48] The honors given to this certain Metrodoros demonstrate his high social rank and therefore also the great importance the people from Lamia attached to his profession.

Let us now turn to the question of how the attested victors from Hellenistic Thessaly wanted their victories to be perceived. The first remarkable aspect is that it is always the entire region of Thessaly Posidippus that poems refer to.[49] The hometown of the victors is never mentioned. The first of the four Thessalian epigrams ends with the emphatic invocation of the personified πότνια Θεσσαλία,[50] whereas the last one explicitly calls Thessaly *patris* (πατρίδα Θεσσαλίαν).[51] Both phrases come at the very end of the epigram, a stressed position in every poem. The same is true for the initial word(s) of an epigram. Therefore, it is not surprising that epigram 83 begins with the word Θεσσαλός referring to the victorious horse of the victor.[52] The reading of epigram 84 is more complicated.[53]

> ...... Ὀλυ]μπιονῖκα, cὺ τὸν ταχὺν ἵππον ἔλουcαc
> ...... ἐν Ἀλ]φειῶι, θεccαλοτυλοcιδα,
> .... μ]έγα δῶμα μεθύcτερον ἐcτεφανώθη
> ....]. ι πρῶται θειότεραι χάριτεc.

You were the first Olympic victor who washed this, your swift horse
in the Alpheios river, Thessalian Phylopidas,
[...] a large hall was later decorated with wreaths
[...] first more divine Graces.

This poem includes a certain reference to Thessaly in the second verse. Some editions give the desperate θεccαλοτυλοcιδα, but I prefer the version of the Θεccαλ⟨ὲ⟩ ‹Φ›υλο‹π›ίδα which has the advantage of actually making sense. As none of the other gaps in the text on the left side of the papyrus are large enough to contain the name of the victor, the last part has to be a misreading of the name and the first part is thus obviously an *ethnikon*.

47. EBERT 1972, no. 59.2; Posidippus, ep. 74.2.
48. *IG* IX 2, 69, with SCARBOROUGH 2015; ἱππιατρός is mentioned in l. 5.
49. For this aspect see SCHARFF 2016.
50. Posidippus, ep. 71.4.
51. Posidippus, ep. 85.4: πατρίδα Θεσσαλίαν.
52. Posidippus, ep. 83.1-2: Θεσσαλὸς ὀξ[ύτα‹θ›]{α} ἵππος Ὀλύμπια μουνοκέλης τρὶς / νικῶν...
53. Posidippus, ep. 84 (transl. E. KOSMETATOU).

As a consequence, there is no doubt that Thessaly is mentioned here in one form or another.

In none of these four epigrams do we hear anything explicit about the *polis* the victors belonged to. Therefore, it is astonishing that all these victors chose to emphasize their regional instead of their local identity. This practice needs to be explained because it is against the conventions of victor epigrams where there is always a strong emphasis on the hometown of the victor.[54] In my opinion, the reason why these victors emphasized their regional identity is to be seen at least in part in the fact that they wanted to take part in a long established tradition of the fame of the well-known Thessalian horses. In ep. 85 Thessaly's παλαιὰ δόξα for (successful) horses is praised.[55] The victor, a certain Amyntas, modestly tells us that he did not put an end to this "ancient fame". By saying so, he stresses that he himself has continued a line of Thessalian successes. Thus, he creates a virtual hall of fame of Thessalian horse owners; or, to be more precise: of Thessalian horses. One could even say that the dynastic aspect of the self-representation of Thessalian victors lies in their horses. It is tempting to interpret these verses as an attempt to learn from royal representation because Thessalian victors also built upon the fame of their agonistic predecessors. This, however, cannot be proven because we have no understanding of the inner chronology of the poems of the New Posidippus. What we can say is that if such an idea had been instilled by the poet, it would have pleased his Thessalian commissioners.

Third-century victors from Thessaly tried to play the big game: not only did they engage in the most prestigious contests, but they also commissioned one of the most famous and expensive poets of their time to make sure that their victories would be remembered in the most important parts of the expanding Hellenistic world. This attitude changed completely in the 2nd and 1st centuries when a Thessalian agonistic culture arose with new disciplines like the so-called "Thessalian triad"[56] or the three-stadion run (*tristadion*),[57] and a focus on local or regional contests emerged. This paper is not the place for a discussion of the motives for that change. What is important for our purpose is that the 3rd-century attitude of equestrian victors from Thessaly is not a natural fact, since their Rhodian peers, to draw a well-documented comparison, behaved differently:

---

54. See e.g. EBERT 1972, p. 21; KÖHNKEN 2007, pp. 295-296, and HOSE 2015, p. 283. However, the connection between a victor and his hometown was so strong in the entire agonistic discourse that the words of the herald's announcement were used by NIELSEN 2004 as evidence to identify a settlement as a *polis*.

55. Posidippus, ep. 85.3-4: καὶ οὐ κατέλυσα παλαιᾶς / δόξας [...] ἵπποις πατρίδα Θεσσαλίαν. ("and I did not make an end of my Thessalian fatherland's ancient fame for horses.") (Transl. E. KOSMETATOU).

56. GRANINGER 2011, p. 81, who means a combination of the three disciplines ταυροθηρία, ἀφιππολαμπάς and ἀφιπποδρομά which are usually mentioned directly after each other in Thessalian victory lists of the 2nd and 1st centuries (e.g. *IG* IX 2, 534, ll. 9-15); see for these disciplines MAVRIDIS *et al.* 2004, pp. 141-146.

57. The *tristadion* is attested for the first time in *SEG* LIV 566 which is dated to 190-170. The *editio princeps* of this inscription is DARMEZIN, TZIAFALIAS 2005.

In the 2nd century, the period of their biggest Olympic success, these victors did not try to build a community of victors, but rather sought to engage in an inner-Rhodian aristocratic competition.[58] This is indicated by the fact that all Hellenistic inscriptions for Rhodian victors are from Rhodes itself.[59] For Rhodian victors the place where they could make good political use of their victory was their hometown.

CONCLUDING REMARKS

To put it in a nutshell, the Ptolemies presented themselves as a victorious, Macedonian dynasty that integrated the female members of the family into an image of power, whereas the Attalids portrayed themselves as a united family of loving brothers. The Thessalian victors, however, wanted to be perceived as caring specialists for the well-being of horses. This article aimed at showing that all these groups shared common motifs in their agonistic self-representation; motifs which exceeded the technical standard motifs inherent in other victor epigrams. In my opinion, some victors of the Hellenistic period developed a new sense of belonging together. This is not equally true for all Hellenistic victors in the equestrian disciplines, but there were certainly victors who tried to build a virtual hall of fame in order to enhance their own glory. Besides this, traditional forms of agonistic self-representation prevailed, too: some equestrian victors still emphasized their personal *arete* in a very conventional way. What is new in the Hellenistic period, however, is that some victors actually tried to build upon the fame of their predecessors. So we may conclude that the Hellenistic period saw not only the rise of "a new society of victors", but also the rise of a new way of agonistic self-representation.

---

58. SCHARFF forthcoming b with a catalogue of all agonistic inscriptions from Rhodes.
59. There is only one very late exception from Olympia which is dated to the 2nd half of the 1st century (*NIvO* 30; cf. SCHARFF forthcoming b, no. 3.j).

VAINQUEURS, DÉDICACES ET POLITIQUE

Concours hippiques et politique : un sport d'élite, entre promotion personnelle et intérêt public

LA TRADITION ARISTOCRATIQUE DES CONCOURS HIPPIQUES

Depuis l'époque homérique[1], posséder, monter et dresser des chevaux, constitue le signe distinctif de l'appartenance à l'élite politique et économique des cités grecques[2]. Aristote remarque que, comme parmi les notables il y a différents niveaux de richesse, l'ἱπποτροφία est le signe distinctif d'une très grande fortune[3]. La mythologie relie les concours hippiques à une concurrence de niveau royal, telle la célèbre course qui décida du sort d'Hippodamie et du Péloponnèse, où le roi Œnomaos fut battu à son propre jeu par Pélops. Les origines des concours olympiques[4], pythiques, néméens et isthmiques[5] sont associées à des compétitions funéraires pour honorer un défunt de haut rang, où les concours hippiques tiennent une place centrale, tels les ἆθλα ἐπὶ Πατρόκλῳ[6] décrits

---

1. Apprendre l'art équestre fait déjà partie de la formation du futur guerrier homérique, un idéal personnifié par le bon Centaure-éducateur du jeune Achille (Homère, *Iliade* XXII 159-161). Hector est appelé par Homère ἱπποδάμοιος, le dompteur des chevaux (SIMON P., VERDAN 2014).

2. La possession de chevaux est un signe de statut aussi bien dans le classement des citoyens d'Athènes par Solon, que dans les régimes oligarchiques comme celui de Chalcis, où la classe dirigeante s'appelle Ἱπποβόται et celle d'Érétrie, ἱππεὶς, étant constituées de grands propriétaires fonciers, éleveurs de chevaux (Strabon, X 1).

3. Aristote, *Politique* IV 1289b.

4. Les concours de chariots ont été introduits assez tôt à Olympie, selon Pausanias (VIII 8, 7 et V 9, 2). Les premiers vainqueurs proviennent de régions connues pour l'élevage de chevaux, le Thébain Pagondas pour la course de chars en 680 et le Thessalien Crauxidas de Crannon en 648 pour la course de chevaux montés (GLUBOK, TAMARIN 1976, p. 41).

5. Ces concours remonteraient aux honneurs funèbres rendus au fils d'Arcas, l'ancêtre éponyme des Arcadiens, Azan (Pausanias, VIII 4, 5).

6. Homère, *Iliade* XXIII 257-652, consacre une longue description aux concours funéraires en l'honneur de Patrocle et aux cinq guerriers, Eumélos, Diomède, Ménélas, Antilochos le fils de Nestor (qui reçoit les conseils experts de son père sur la course des charriots) et le Crétois Mérionès, qui courent eux-mêmes sur des chars à deux chevaux, Achille étant le juge du concours.

par Homère auxquels participent des rois et des fils de rois[7]. Une fois instituées au sein des grands concours, les épreuves de l'hippodrome resteront liées à la culture aristocratique, servant à l'ostentation des richesses, à la confirmation du statut des élites des cités grecques et, par extension, à l'étalage de la puissance politique auprès d'un auditoire panhellénique. Inscrites au sein des stratégies de promotion des grandes familles, les victoires hippiques seront célébrées par le biais aussi des œuvres d'art, statues, épinicies et odes commissionnées pour commémorer les champions, ainsi que par des monuments funéraires[8]. Ces monuments perpétuent la mémoire de l'exploit aux courses à l'hippodrome comme une expression de l'excellence personnelle et familiale du vainqueur, une excellence, mise aussi au service du prestige civique, servant ainsi les prétentions de légitimité du pouvoir politique que les membres des familles des vainqueurs détiennent déjà, ou auquel elles aspirent.

Tyrans, rois, membres des familles grecques les plus illustres comptent parmi ceux qui peuvent se permettre de dresser les meilleurs chevaux et de posséder des chars. Les compétitions hippiques entraînant le risque d'être renversé au cours des manœuvres – comme lors de l'accident fatal décrit par Sophocle dans son *Électre*[9], où Oreste est censé être déchiré au point d'être méconnaissable –, les puissants ont eu assez tôt intérêt à embaucher les meilleurs auriges. Le fait de pouvoir concourir aux épreuves hippiques par personne interposée permet aux propriétaires des chevaux de recevoir les palmes de la victoire, sans être exposés aux dangers de la participation. Cette concurrence exceptionnelle par personne interposée pourrait avoir été le résultat d'accidents tragiques qui ont privé une famille distinguée de membres irremplaçables, mais aussi être interprétée comme une expression de la hiérarchie des clans aristocratiques, qui évitent d'exposer aux dangers de la compétition la tête du groupe. Ainsi, aux concours panhelléniques, l'aurige peut être le propriétaire lui-même[10], mais très souvent c'est un membre de sa famille ou un tiers embauché à cette fin[11]. Ceci permet aussi à des femmes, à qui il est interdit de suivre les concours, d'être couronnées pour des victoires hippiques, dont la fameuse Cyniska, fille et sœur des rois de Sparte[12]. Les concours de l'hippodrome constituent donc une compétition sportive exceptionnelle qui ne présente pas grand nombre des restrictions auxquelles, *de iure* ou *de facto*, font face les autres athlètes, telles les

---

7.   Homère, *Iliade* XXIII 639 ; *Odyssée* XXIV 85. Achille sera à son tour honoré de concours funéraires institués par Thétis. Agamemnon ajoute que c'était l'usage d'honorer ainsi les rois à leur mort. Nestor mentionne la course de charriots aux concours célébrés en l'honneur du roi défunt des Épéens, où il fut battu par des auriges jumeaux avides de prix somptueux.

8.   Papakonstantinou 2014b.

9.   Sophocle, *Électre* 773.

10. Une ode consacrée à Hiéron (Pindare, *Pythiques* II 5), le tyran de Syracuse, laisse entendre que le char était conduit par ses propres mains légères.

11. Ainsi Xénocrate, le frère du tyran d'Acragas Théron, a remporté en 490 la victoire aux concours pythiques, sa *quadriga* était conduite par son fils Thrasybulus, qui emporte encore une victoire en 470 aux concours isthmiques, Pindare, *Isthmiques* II. Voir Harris 1972, p. 176.

12. *IvO* 160 ; *Anthologie Palatine* XIII 16.

restrictions de sexe, d'âge[13] ou d'adresse corporelle, mais laquelle nécessite un investissement économique considérable pour l'achat et l'entraînement des meilleurs chevaux, chars et auriges. La fortune et son rapport avec l'*ethos* agonistique se trouvent donc au centre de la polémique antique qui entoure le prestige des victoires équestres. Les élites aspirent à représenter leur fortune comme mise au service de la communauté lors de leur participation aux compétitions de l'hippodrome et comme source légitime d'une gloire à la fois personnelle et civique. Selon Plutarque, c'est au contraire pour démontrer que le prestige de ces victoires n'était qu'une simple affaire de fortune que le roi Agésilas incita Cyniska à participer aux concours[14] – ce qui pourtant n'a point diminué la gloire de sa sœur, dont l'exemple a été suivi par d'autres femmes[15]. La participation aux compétitions hippiques sert donc à la projection d'une certaine image publique et politique, associant la richesse et le pouvoir à l'idéal agonistique de valeur personnelle traditionnellement lié aux concours sportifs.

Le prestige personnel et familial d'une victoire hippique résonne dans l'histoire rapportée par Hérodote à propos de Clisthène, le tyran de Sicyone, qui perpétue une tradition familiale de victoires hippiques[16]. Lorsqu'il remporte la victoire olympique au quadrige en 576[17], il lance un appel aux meilleurs des Grecs à participer à une autre compétition, cette fois pour obtenir la main de sa fille Agariste et devenir son gendre. Parmi plusieurs prétendants est finalement choisi l'Alcméonide Mégaclès, dont le père et le frère avaient aussi remporté des victoires au quadrige aux concours olympiques et aux Panathénées, lequel deviendra ainsi l'ancêtre de Clisthène, de Périclès et d'Alcibiade. S'adonner aux compétitions de l'hippodrome et y remporter des victoires était donc vu comme un signe distinctif de statut et d'appartenance au cercle très restreint des grandes familles, au sein desquelles les élites recherchaient un époux ou une épouse dignes de leur nom. Remporter des victoires hippiques permettait d'établir ou de renforcer une hiérarchie de statut au sein d'un cercle restreint de personnages de haut rang[18].

L'APPORT POLITIQUE DES VICTOIRES ÉQUESTRES

Les tyrans de Sicile investissent largement dans les compétitions de l'hippodrome et les dédicaces suite aux victoires servant leur ὑστεροφημία[19], dont le fameux aurige

---

13. Sur les sports équestres permettant aux membres des élites de participer aux concours et d'avoir accès aux honneurs de la victoire à un âge bien plus avancé que celui des autres athlètes, voir GOLDEN 1997. Sur leur statut, comparé aussi à celui des jockeys, généralement des esclaves ou des employés, voir GOLDEN 2008, p. 10-19.

14. Plutarque, *Agésilas* 20, 1.

15. Pausanias, III 8, 1-2.

16. Hérodote, VI 126, 2.

17. PAPAKONSTANTINOU 2010.

18. GOLDEN 2008, p. 96.

19. Comme par l'inscription sur une colonne dorique dédiée par Ἀλκμεωνίδης Ἀλκμέωνος dans un concours équestre aux Panathénées (peut-être de 546), MORETTI L. 1953, n° 5.

de Delphes, dédié vers 470 par le tyran de Géla, Polyzalos, pour célébrer la victoire de son char aux concours pythiques de 478 ou 474[20]. Hiéron de Syracuse fait de ses nombreuses participations aux courses panhelléniques de l'hippodrome et de ses victoires aux concours de Delphes et d'Olympie, chantées par Pindare et par Bacchylide, une stratégie de promotion de sa renommée dans tout le monde grec. Les épinicies commandées par les tyrans sont parfois ponctuées de subtiles références politiques, où l'exploitation idéologique des victoires impose l'éloge des vertus de gouverneur et de législateur du vainqueur couronné. Dans l'épinicie[21] consacrée à la victoire équestre de Hiéron en 476, Pindare se sert de l'adjectif θεμιστεῖον, exaltant la qualité de justicier du tyran. Théron d'Acragas, son gendre, vainqueur à la course de chars à Olympie, est qualifié par Pindare d'ὀρθόπολις[22], de « soutien de la cité »[22]. En soulignant qu'« un dieu protecteur, ô Hiéron, veille à l'accomplissement de tes vœux et à ta postérité »[23], Pindare illustre ce lieu commun archaïque qui veut les tyrans porteurs du κῦδος, comme les élus des dieux, une protection divine dont la victoire équestre est la preuve la plus éclatante. La première ode pythique composée en 470 pour la victoire de Hiéron offre aussi l'occasion de célébrer les victoires des Grecs contre les Barbares, à Salamine et Platées mais aussi celles de Hiéron et de Théron contre Carthage et les Étrusques. L'association de la renommée personnelle du vainqueur à la réputation de sa cité se dégage aussi de la *Septième Pythique* dédiée à la victoire du quadrige de l'Alcméonide Mégaclès IV en 486, dans laquelle Pindare fait l'éloge de la superbe cité d'Athènes et de la « renommée qui a porté chez tous les peuples la gloire des citoyens à qui Érechthée dicta ses lois ». La victoire renforce aussi le profil du couronné comme bienfaiteur de sa cité : Pindare vante à deux reprises Psaumis de Camarina, qui remporte la double victoire olympique à la course des chevaux et à la course des chars, en soulignant à propos de sa ville dévastée par les Syracusains, que « C'est à ce mortel généreux que Camarina doit son agrandissement et son lustre, et ces douze autels que sa religion a consacrés aux grands dieux de l'Olympe »[24].

La victoire hippique sert aussi parfois à confirmer le statut et le pouvoir que préserve un exilé de haut rang et même fournit des armes à des négociations politiques. Pindare fait l'éloge d'un descendant de Mégaclès, ostracisé à l'époque d'Athènes, vainqueur au quadrige, en rappelant les huit victoires que sa famille a remportées lors de diverses compétitions[25]. Il demande aussi au tyran de Cyrène Arcésilas, donc l'attelage remporte la victoire aux concours pythiques en 462, qu'il rappelle son ami Damophile, aristocrate exilé à Thèbes[26].

---

20. Valavanis 2004, p. 310.

21. Pindare, *Olympiques* I 10.

22. Pindare, *Olympiques* II 10.

23. Pindare, *Olympiques* I 105.

24. Pindare, *Olympiques* V 8.

25. Pindare, *Pythiques* VII, XI.

26. Dans la *Quatrième* et la *Cinquième Pythique* Pindare fait en outre des allusions aux conflits qui déchiraient Cyrène.

L'incident le plus révélateur de l'exploitation d'une victoire hippique à des fins politiques concerne Cimon, le père de Miltiade. Durant son exil d'Athènes par Pisistrate, Cimon remporte la victoire olympique à la course des quadriges. Lorsqu'il réitère l'exploit à l'Olympiade suivante avec les mêmes chevaux, il permet à Pisistrate d'être désigné vainqueur à sa place, en échange de son retour d'exil[27]. Ce trafic de victoires, non sans précédent dans les annales olympiques, avait de toute évidence fait l'objet d'un arrangement préalable entre les deux hommes, signe distinctif, selon Z. Papakonstantinou[28], de l'exploitation extraordinaire des victoires sportives dans la lutte de pouvoir des élites au VIᵉ s., mais aussi de l'importance et du prestige politique unique qu'une victoire équestre entraîne. Lors de sa troisième victoire olympique, toujours avec les mêmes chevaux[29], Cimon sera assassiné par les fils de Pisistrate (peut-être jaloux de cette série de victoires)[30] puis enterré en face de ses juments à Athènes[31].

La victoire à l'hippodrome constitue le pinacle de l'élitisme aristocratique. Parmi les grands noms qui remportent des victoires olympiques au *tethrippon*, on compte Périandre de Corinthe (fin VIIᵉ s.), Miltiade le fils de Cyspélos d'Athènes et le roi de Sparte Démarate. Les victoires hippiques sont souvent une histoire de tradition familiale, où chaque génération[32] apporte son propre prestige, confirmant le statut inaltéré de la famille. Pour le Syracusain Agésias, la victoire olympique à la course des chars donne l'occasion à Pindare[33] de rappeler la fameuse généalogie de ses ancêtres, les Jamides, fondateurs de Syracuse et prêtres d'Olympie. À Athènes, les grandes familles connues pour leur richesse et leur *hippotrophia*, les Philaïdes par exemple, remportent plusieurs victoires au quadrige[34], toute comme d'autres familles chantées par la cité[35]. Du côté des Alcméonides, plusieurs générations remportent des victoires au *tethrippon* à Olympie

---

27. Papakonstantinou 2013.

28. Papakonstantinou 2013, p. 107.

29. Après avoir remporté aussi trois victoires avec les mêmes chevaux, Évagoras de Sparte érige des statues de ses chevaux à Olympie et leur offre de magnifiques funérailles, Élien, *De la nature des animaux* XII 40 ; Pausanias, VI 10, 8. Moretti L. 1953, nᵒˢ 110,112, 117.

30. Papakonstantinou 2013, p. 107 ; Kyle 1987b, p. 158 ; Raschke 1988b, p. 40 ; Kurke 1991, p. 179-180.

31. Hérodote, VI 103.

32. Plus le concours est prestigieux, plus les hippodromes rassemblent la fleur de la richesse et du pouvoir, ce qui relève le niveau de la compétition. Une inscription de Sparte énumère les victoires de Damonon et de son fils Enymachratidas (milieu du Vᵉ s.), qui est fier d'avoir élevé ses propres chevaux et conduit ses propres chariots, énumérant ses quarante-trois victoires de char et dix-huit de course équestre comme une performance inégalée par sa génération. Pourtant, comme l'a noté Harris 1972, p. 161, n. 109, il ne s'agit pas de concours panhelléniques mais d'obscurs concours locaux du sud du Péloponnèse, ce qui montre que Damonon avait préféré briller en évitant de participer à des compétitions de haut niveau.

33. Pindare, *Olympiques* VI.

34. Les Philaïdes remportent en la personne du demi-frère de Cimon, Miltiade l'ancien, une victoire olympique au quadrige.

35. Plutarque, *Lycurgue* 205c. Voir Davies J. K. 1971, p. XXV-XXVI, sur l'*hippotrophia* comme signe d'appartenance à la classe redevable de liturgies.

au cours de deux siècles[36]. Celles d'Alcibiade[37] en 416 sont devenues légendaires, par leur extravagance et leur splendeur. Il y participe avec sept chars, remportant les trois premières places[38]. Le symbolisme politique de ces victoires est mis en valeur dans le *Discours pour le couple de chevaux* que compose Isocrate pour le fils d'Alcibiade, pour sa défense dans une δίκη βλάβης intentée par Teisias en 397. Ce dernier réclame au fils d'Alcibiade 5 talents, accusant son père d'avoir volé l'équipe de chevaux[39] qu'il avait pour commission d'acheter à Argos, afin de participer à cette course en son nom. La défense d'Alcibiade le jeune est en fait l'éloge de son père et des contributions des Alcméonides à la cité d'Athènes. Les Alcméonides sont présentés comme la personnification de la démocratie athénienne, de sa *paideia*, du courage de ses citoyens et de leur volonté de surpasser tous les Grecs. Vaincre à Olympie au sport le plus célèbre, soutient-t-il, c'est placer sa cité au centre de l'attention du monde grec[40] :

περὶ δὲ τοὺς αὐτοὺς χρόνους ὁρῶν τὴν ἐν Ὀλυμπίᾳ πανήγυριν ὑπὸ πάντων ἀνθρώπων ἀγαπωμένην καὶ θαυμαζομένην, καὶ τοὺς Ἕλληνας ἐπίδειξιν ἐν αὐτῇ ποιουμένους πλούτου καὶ ῥώμης καὶ παιδεύσεως, καὶ τούς τ᾽ ἀθλητὰς ζηλουμένους καὶ τὰς πόλεις ὀνομαστὰς γιγνομένας τὰς τῶν νικώντων, καὶ πρὸς τούτοις ἡγούμενος τὰς μὲν ἐνθάδε λῃτουργίας ὑπὲρ τῶν ἰδίων πρὸς τοὺς πολίτας εἶναι, τὰς δ᾽ εἰς ἐκείνην τὴν πανήγυριν ὑπὲρ τῆς πόλεως εἰς ἅπασαν τὴν Ἑλλάδα γίγνεσθαι...

Vers le même temps, mon père, voyant que la solennité d'Olympie excitait l'enthousiasme du monde entier ; que les Grecs y déployaient avec ostentation leur opulence, leur force et l'élégance de leurs mœurs ; que, d'un autre côté, les athlètes étaient pour les villes un sujet de rivalité, et que celles qui avaient donné le jour aux vainqueurs acquéraient de la célébrité, comprit que les dépenses faites à Athènes au nom des particuliers n'avaient pour témoins que les citoyens de leur ville, tandis que celles qui se faisaient à Olympie au nom d'Athènes fixaient l'attention de toute la Grèce...

Par un tour de manipulation idéologique, Alcibiade émerge donc de sa victoire hippique comme un symbole de l'identité civique et de la suprématie athénienne, une suprématie soutenue par sa fortune personnelle qui surpassa la fortune publique des autres cités. Par ses sept chars, une participation inégalée de la part même des plus grandes cités, par les fonds privés dépensés à l'occasion des concours qui surpassent tous les fonds publics, Alcibiade mit la barre de la gloire si haut, qu'aucun futur compétiteur ne pourrait le surpasser[41]. L'ode composée pour sa victoire par Euripide maintient que

---

36. Sur la tendance de la participation des élites d'Athènes aux concours équestres surtout à partir du VIᵉ s., voir Papakonstantinou 2014b, p. 89-90.
37. Thucydide, VI 16, 1-3 ; Papakonstantinou 2003, p. 173-182.
38. Selon le discours qu'attribue Thucydide (VI 16, 2) à Alcibiade, il a obtenu le premier, le deuxième et le quatrième prix ; d'après un éloge composé par Euripide (Plutarque, *Alcibiabe* XI), il remporta la première, la deuxième et la troisième place.
39. Il s'agissait en fait d'une équipe de quatre chevaux.
40. Isocrate, XVI 32.
41. Isocrate, XVI 34.

cet exploit est le sommet de la noblesse, que μηδεὶς ἄλλος Ἑλλάνων n'a jamais égalé. Démosthène, vers 350, pense aussi que la victoire olympique d'Alcibiade fut un exemple de son patriotisme et de son soutien à la démocratie[42].

LA CRITIQUE DÉMOCRATIQUE ENVERS UN SPORT D'ÉLITE

Tous, à Athènes, ne partagent pourtant pas la même admiration pour les courses hippiques. Dans *Les Nuées*, présentées en 423, quelques années avant la victoire d'Alcibiade, Aristophane met en scène le jeune Pheidippidès, qui rêve d'hippodromes et ruine son père Strepsiadès par sa folie des chevaux, une folie cultivée par sa mère prétentieuse, descendante de la famille de Mégaclès. Ce personnage qui fait allusion à la manie équestre, sinon d'Alcibiade, certainement de la jeunesse dorée d'Athènes qu'il incarne[43], et son effet comique garanti auprès du public posent la question de la perception de ces compétitions auprès du *dèmos* athénien, dans le contexte des valeurs démocratiques[44]. Thucydide, une année après la fameuse victoire olympique d'Alcibiade, en 415, relie la «passion pour les chevaux d'Alcibiade et ses autres prodigalités qui absorbaient – et au-delà – ses revenus»[45] à son désir de conquérir la Sicile pour compenser ses extravagances. Selon Alcibiade, d'autre part, ce que Nikias lui reproche, et à ces ancêtres, «est justement ce qui fait la réputation de [ses] ancêtres et la [sienne] et l'avantage de [sa] patrie». En mettant sept chars sur la ligne de départ, plus qu'aucun particulier avant lui, et en remportant trois victoires, dit-il, il exagéra la puissance d'Athènes auprès des Grecs, qui «s'attendaient à voir cette puissance abattue par la guerre»[46]. Il est de coutume, souligne-t-il, d'honorer de telles victoires, desquelles se dégage une impression de puissance[47]. L'idée principale derrière l'argument d'Alcibiade est qu'une cité dont le citoyen peut se permettre une telle extravagance ne peut qu'être un État prospère et puissant. Mais on voit aussi s'esquisser l'idée qu'Alcibiade se faisait de lui-même en tant que protagoniste de la vie politique athénienne. Alcibiade, qui fut accusé de s'être approprié la vaisselle processionnelle d'Athènes durant les célébrations qui ont suivi ses victoires hippiques à Olympie et d'avoir reçu de somptueux cadeaux[48],

---

42. Démosthène, XXI [145].

43. MOORTON 1998.

44. SPENCE 1993, p. 191-193, 202-211 ; KYLE 1987b, p. 160-161, 167-168. Selon RHODES 1986, la compétition de chariots ne s'offrait pas à l'exploitation politique. DAVIES J. K. 1981, p. 100-103, pense qu'au IVᵉ s. ce genre de dépense n'avait plus une grande importance politique et note que la moitié des noms de vainqueurs aux courses de chars à quatre et à deux chevaux proviennent de trois familles.

45. Thucydide, VI 15.

46. Thucydide, VI 16.

47. PAPAKONSTANTINOU 2003, p. 174 : «This representation of Olympic victory echoes a cliché argument found in late archaic and early classical (sixth to mid fifth centuries) epinician (i.e., victory) poetry that depicts victories won by individuals of aristocratic origin as honorable and beneficial to both the victor and his home city».

48. La cité d'Éphèse offrit à Alcibiade une tente deux fois plus grande que celle de la délégation officielle d'Athènes, celle de Chios du fourrage et des animaux sacrificiels, celle de Lesbos du vin pour les festivités (Andocide, IV 30 ; Plutarque, *Alcibiade* XII 2).

dignes d'un despote, de la part des cités alliées[49], se comporte en fait comme un chef d'État, plutôt que comme le simple citoyen athénien qu'il est.

La question de la perception des victoires hippiques auprès du *dèmos* et de la méfiance, ou pas, des Athéniens envers ce sport d'élite, comme incompatible avec les valeurs démocratiques a fait l'objet d'un débat dès l'Antiquité[50]. Un *ostrakon* isolé reproche à Mégaclès son *hippotrophia*, attestant les sentiments d'envie vis-à-vis de cette activité d'élite[51]. Auprès du grand public, pourtant, le seul nombre des vingt-sept compétitions à l'hippodrome lors des Panathénées suffit à confirmer la popularité des concours hippiques auprès des Athéniens[52]. Le public était certainement conscient de l'investissement économique que représentaient ces compétitions et de l'esprit d'élite qui y était cultivé. Ce qui est plus surprenant est que le fils d'Alcibiade, défendant son père devant un tribunal athénien, donc composé surtout de gens de petite fortune, n'hésite pas à expliquer le choix de son père à Olympie comme un acte d'élitisme tout à fait légitime[53] :

> … ταῦτα διανοηθείς, οὐδενὸς ἀφυέστερος οὐδ᾽ ἀρρωστότερος τῷ σώματι γενόμενος τοὺς μὲν γυμνικοὺς ἀγῶνας ὑπερεῖδεν, εἰδὼς ἐνίους τῶν ἀθλητῶν καὶ κακῶς γεγονότας καὶ μικρὰς πόλεις οἰκοῦντας καὶ ταπεινῶς πεπαιδευμένους, ἱπποτροφεῖν δ᾽ ἐπιχειρήσας, ὃ τῶν εὐδαιμονεστάτων ἔργον ἐστί, φαῦλος δ᾽ οὐδεὶς ἂν ποιήσειεν, οὐ μόνον τοὺς ἀνταγωνιστὰς ἀλλὰ καὶ τοὺς πώποτε νικήσαντας ὑπερεβάλετο.

> … *mon père, dis-je, ayant apprécié ces considérations, bien qu'il ne le cédât à personne pour l'adresse et la force corporelles, dédaigna les luttes de la gymnastique, parce qu'il savait qu'une partie des athlètes étaient des hommes d'une origine obscure, sortis de villes sans importance, et privés d'éducation ; il entreprit d'élever des chevaux, privilège réservé à l'opulence, et auquel ne saurait prétendre un homme d'une situation inférieure ; et non seulement il surpassa ses rivaux, mais tous ceux qui, à une époque quelconque, avaient triomphé dans ces luttes.*

Même si cet argument vise à distinguer Alcibiade du groupe des φαῦλοι et autres personnes de basse extraction, et donc de le présenter comme incapable d'avoir commis

---

49. Il est peut-être significatif que ces dons proviennent de trois cités marquées par la forte empreinte de riches aristocrates, en symbiose à la fin du Vᵉ s. avec des régimes démocratiques. Sur la présence de ces aristocrates au pouvoir à Chios, voir O'NEIL 1978-1979.

50. Des points de vue contre l'*hippotrophia* : Xénophon, *De l'équitation*, I 12 ; Démosthène, XLII 24 ; Platon, *Lois* VII. Sur les sources critiques de la compétition hippique, voir GOLDEN 1997, p. 337-338 ; sur les sources en faveur de celle-ci, GOLDEN 1997, p. 338-340. PAPAKONSTANTINOU 2014b, p. 90-99, soutient que les succès athlétiques et hippiques des grandes familles athéniennes étaient considérés par la plupart des Athéniens comme des contributions légitimes au prestige de la cité et de son image à l'étranger et que, en conséquence, des récits de tels succès étaient intégrés à l'histoire romancée de la famille et au récit, souvent fictif, de ses services publics.

51. SIEWERT 1991, p. 10 ; GOLDEN 1998, p. 268. Mégaclès fut ostracisé avant de remporter, en 486, la victoire hippique aux concours pythiques.

52. Sur les droits des vainqueurs aux épreuves hippiques des Panathénées soulignés dans le décret *IG* I² 77, comme émanant peut-être d'une contestation de leur éligibilité pour la *sitesis* au prytanée, voir MORRISSEY 1978. Sur l'hypothèse que leurs chevaux aient été aussi nourris, voir THOMPSON W. E. 1979.

53. Isocrate, XVI 33.

un crime aussi banal qu'un vol, si élever des chevaux et participer aux courses hippiques était un art mal vu auprès du *dèmos* athénien, une telle stratégie de défense risquait de soulever des sentiments de jalousie et de haine envers le plaideur et sa famille. L'argument donc suppose un public qui admette que les compétitions hippiques sont réservées à un cercle de personnes très fortunées, mais d'une fortune mise au service à la fois de la gloire personnelle et de celle de la cité. En mettant ses richesses au service du public, celui qui finançait un char[54] prétendait servir l'idéal agonistique ; en remportant une victoire au nom de sa cité, il renforçait son caractère public.

La même idée se dégage de l'autre texte qui s'attaque à la victoire légendaire d'Alcibiade, le *Contre Alcibiade* du pseudo-Andocide du début du IVe s. Selon l'auteur inconnu, Diomède, possédant une fortune moyenne, a voulu par sa participation aux concours hippiques à Olympie couronner aussi bien la cité que sa maison, mais fut privé de ses chevaux à cause de l'influence d'Alcibiade auprès des agonothètes[55]. Il dénonce cet acte contre un concitoyen comme une attaque à la démocratie même, digne d'un tyran et d'un démagogue[56]. C'est surtout l'*hybris* du comportement d'Alcibiade avant et après ses victoires, y compris les célébrations et cadeaux reçus, qui est dénoncée. L'auteur déplore que, en dépit de sa corruption, l'honneur d'être nourri au prytanée ait été attribué à Alcibiade. Il rappelle que Cimon et Miltiade, bien que champions olympiques, avaient été portés en justice par leurs concitoyens. Ce n'est donc pas le fait même de participer qui est considéré comme antidémocratique, mais les moyens illicites employés par Alcibiade pour obtenir la victoire, tout en privant un autre citoyen de ses droits. Au centre de la critique se trouve le fait qu'un simple citoyen se montre plus puissant que sa cité, et donc aussi le mélange des rôles privés/publics auquel s'était apparemment adonné Alcibiade avec délectation à Olympie, en se comportant en chef d'État qu'il n'était pas.

Mais au-delà du cas d'Alcibiade[57], qui reste exceptionnel sur plusieurs points, l'*hippotrophia* et la participation aux courses hippiques donnent aussi lieu à des arguments qui apparaissent sous deux formes antithétiques dans des discours et débats judiciaires athéniens concernant d'autres hommes politiques. Les courses hippiques sont d'une part présentées comme un service rendu à la cité par Lysias, dans le discours sur les biens d'Aristophane[58], et par Lycophron dans son discours pour

---

54. Selon KYLE 1987b, p. 101, à Athènes, les évènements hippiques ont un air aristocratique qui prive les hippodromes de fonds de la part de bienfaiteurs ayant des aspirations politiques.
55. [Andocide], IV 26.
56. [Andocide], IV 27.
57. Selon GOLDEN 1997, p. 340, la performance d'Alcibiade à Olympie en 416 aurait été difficile à égaler et sa carrière politique après ça aurait dissuadé le public d'en faire un exemple à suivre, tandis que l'association des *hippeis* à Athènes avec les trente tyrans aurait réduit l'attrait d'une renommée politique fondée sur la compétition hippique.
58. Il y inclut parmi les services de son père envers la cité l'honneur de la proclamation de la cité lors de ses victoires aux courses des chevaux aux Néméa et aux Isthmia, un honneur assuré grâce à son investissement sur de magnifiques chevaux (Lysias, XIX 63).

Hypéride[59]. Elles sont d'autre part dénoncées dans le *Contre Léocrate* de Lycurgue comme un moyen d'avancement personnel, lorsque ceux qui prétendent rendre service à la cité font étalage de leurs richesses[60]. Mais il faut pourtant noter que, dans le cadre d'un procès ou d'un débat politique, on s'attend à ce que toutes sortes d'arguments contre le caractère de l'adversaire soient invoqués ou inventés[61]. Même ces critiques laissent transparaître que la participation aux concours hippiques était généralement perçue comme une manière de mettre sa fortune au service de la cité, en en tirant une gloire légitime, sans que cette participation ne soit un désavantage au sein d'un régime démocratique[62]. Chabrias, Timocrate et Démade, trois hommes politiques athéniens du IVᵉ s., ont gagné des courses de chars aux concours olympiques et pythiques tout en poursuivant une carrière politique[63], sans que ces victoires leurs soient reprochées par leurs adversaires.

POUVOIR ET PRESTIGE DE LA VICTOIRE ÉQUESTRE

Xénophon, grand amateur de chevaux, dans son dialogue imaginaire entre Hiéron de Syracuse et le poète Simonide de Céos, sur les inconvénients de la tyrannie et les avantages d'un bon gouvernement, tout en soulignant que « L'occupation la plus belle et la plus magnifique de toutes, selon l'opinion générale, c'est l'élevage des chevaux pour les courses de chars », fait le point sur les victoires du tyran et leur message politique. Le tyran ferait mieux, dit-il, au lieu de s'approprier la gloire par le nombre d'attelages qu'il envoie aux concours, de souhaiter la gloire d'avoir le plus grand nombre des éleveurs et le plus grand nombre des concurrents venir de son État, de donner priorité au bonheur

---

59. Lycophron pense que le fait d'avoir élevé des chevaux avec un enthousiasme qui dépasse son énergie et ses ressources est signe de bonne citoyenneté (Hypéride, II 16). Sur les implications de l'*hippotrophia*, voir Bugh 1988, p. 23-38.

60. Lycurgue, I 139.

61. Papakonstantinou 2003, p. 176 : « Depending on the occasion and audience athletes, politicians, orators and playwrights strove to present some of the numerous and often conflicting connotations of sport victories as the dominant way of thinking about sport ».

62. D'autre part, l'argument que les victoires sportives en général ne servent en rien le bien public avait déjà été formulé au IVᵉ s., mais il ne faut pas oublier qu'il était adressé bien au-delà du cercle de ceux qui participaient aux concours hippiques. Isocrate, dans l'introduction du *Panégyrique* (1-2), s'étonne que lors des concours on remette les prix en fonction de la force physique des athlètes plutôt qu'en fonction de l'esprit de ceux qui servent l'intérêt général. Sur la critique du sport dans l'Antiquité, voir Papakonstantinou 2014a.

63. Sans que Démosthène n'ait rien à reprocher à Timocrate sur ce point, comme il n'aurait pas manqué de le faire si la participation à ces concours était mal vue et ne leur rapportait aucun avantage. *Contra*, Kyle 1987b, p. 11-17. Pour la critique de ce point de vue, voir Golden 1997, p. 341. L'auteur conclut que le *dèmos* d'Athènes exploitait les ressources équestres de ses riches citoyens à ses propres fins plutôt que d'essayer de les supplanter dans leurs poursuites athlétiques, équestres ou politiques. Sur l'estime populaire générale des sports à Athènes à l'époque classique, malgré un certain scepticisme autour des succès équestres des élites, voir Pritchard 2010.

de la cité plutôt qu'à la satisfaction d'une victoire par l'excellence de son attelage. De plus, il prétend qu'il ne sied même pas à un tyran d'entrer en concurrence avec des particuliers. « Vainqueur, tu ne seras pas admiré, mais envié, parce que tu auras dépouillé un grand nombre de maisons pour fournir à tes dépenses ; vaincu, tu seras le plus ridicule des hommes »[64]. La critique est donc centrée sur le détournement de fortunes individuelles pour la gloire personnelle du tyran, la participation duquel se trouve à contre-courant de celle des simples particuliers qui mettent leur fortune au service de l'intérêt public. D'autre part, pour les citoyens de grande fortune qui réussissaient à prévaloir contre un tyran ou un roi, la victoire comportait aussi un symbolisme moral et politique évident. Seul Alexandre, selon Plutarque, contrairement à son père Philippe qui affichait ses victoires de char sur ses monnaies, répondit à ses amis qui lui demandèrent s'il n'irait pas disputer aux concours le prix de la course : « Je m'y présenterais, leur dit-il, si je devais avoir des rois pour rivaux »[65].

La plupart des tyrans et des rois n'étaient point dissuadés de concourir aux courses hippiques par peur du ridicule d'être battus par de simples citoyens. Les rois de Macédoine, Archélaos et Philippe II – lequel remporta trois victoires olympiques au quadrige –, attachaient à leur participation aux concours une importance précise, celle bien connue de l'identité ethnique grecque[66]. À Athènes, à l'époque hellénistique, les familles royales des Attalides, des Ptolémées[67], et un peu moins des Séleucides, dominent les listes des vainqueurs à l'hippodrome aux Panathénées, en y remportant une quinzaine de victoires, y compris dans les courses ouvertes seulement aux Athéniens. Comme il a été démontré[68], cette participation est la reconnaissance pour les membres des familles royales de leur statut de citoyens d'Athènes, un droit accordé en rétribution pour une aide politique ou militaire. Elle souligne l'importance des concours des Panathénées sur un plan international et le rôle de ces nouveaux citoyens de rang royal, non comme des forces de domination, mais comme partie intrinsèque de la cité. Mithridate VI, passionné de chevaux – qui a d'ailleurs introduit le char à dix chevaux aux courses –, se distingue en conduisant lui-même son char dans des concours hippiques où il remporta plusieurs victoires[69], un fait exceptionnel pour un roi. Plus tard, Néron, après l'avoir critiqué, essaiera de copier son exploit, en conduisant lui-même son char à Olympie, où il fut renversé et abandonna la course, ce qui ne l'empêcha pas de remporter la victoire[70], avant de procéder à la fameuse restauration de la liberté des Grecs.

---

64. Xénophon, *Hiéron* XI.

65. Plutarque, *Alexandre* IV 9.

66. Xydopoulos 2006, p. 100.

67. Une inscription attique de 165 mentionne, parmi d'autres évènements athlétiques, un concours de chars gagné par le fils aîné de Ptolémée V d'Égypte, le futur Ptolémée VI Philométor. Sur l'intérêt des Ptolémées pour le sport dans le but de créer une image de puissance et afin de souligner leur identité grecque, voir Remijsen 2009b.

68. Shear J. L. 2007.

69. Mayor 1986, p. 92.

70. Suétone, *Néron* XXIV.

L'investissement des hommes de pouvoir dans les courses équestres à travers les siècles et leur aspiration à la gloire qu'ils en tiraient étaient proportionnels à l'attrait que ces concours exerçaient auprès des spectateurs[71]. Les courses de l'hippodrome, comme l'atteste leur popularité croissante dans le monde antique pendant plus d'un millénaire, étaient considérées comme le concours le plus brillant des fêtes athlétiques. Pour les élites politiques, les concours hippiques étaient un moyen d'exposer leur statut auprès d'un public large et diversifié et de confirmer leur prestige, dans un tour de force idéologique cultivé au cours des siècles, associant la victoire équestre à la valeur personnelle, même si cette valeur était, depuis l'époque classique, principalement économique. Les moins fortunés des citoyens, loin de dédaigner les sports hippiques, suivaient passionnément les compétitions[72]. Pour le vainqueur d'une course, le tour de triomphe[73] de l'hippodrome était un moment de célébration grisant, un instant de gloire unique, nourrie par les applaudissements des spectateurs. C'est cette dynamique de la foule rassemblée qui fera plus tard des cirques et hippodromes, durant les périodes romaine et byzantine, une annexe du palais impérial, l'endroit par excellence de l'expression des sentiments populaires et un lieu de communication, pour le meilleur ou pour le pire, entre les empereurs et leurs sujets. Déjà dans la Grèce classique, ce rapport entre spectateurs et vainqueurs des concours hippiques se tissait autour des ambitions politiques et du désir de confirmation du prestige de ces derniers. Participer aux concours hippiques coûtait donc une fortune, mais, en offrant un spectacle parmi les plus forts et les plus puissants du monde antique, cet investissement rapportait un capital de gloire investi dans la promotion d'une carrière politique ou servant la légitimation d'un pouvoir déjà détenu.

---

71. Au sujet de l'attitude des spectateurs des concours athlétiques et plus spécialement des sports de combat, voir CROWTHER 1994 et PAPAKONSTANTINOU 2015.

72. Dion Chrysostome, LXXXII ; Xénophon, *Anabase* IV 8, 28.

73. Tel pour le frère de Hiéron à l'Isthme et à Delphes, où son char victorieux parcourut douze fois la carrière (Pindare, *Olympiques* II 87).

Too many horses: A dedication by Alcibiades revisited

Angeliki Kosmopoulou

In 1861, excavations conducted by the Archaeological Society of Athens near the church of Ayios Dimitrios Katiforis in Plaka, a few metres east of the Tower of the Winds, brought to light a marble base[1] incorporated in the so-called Valerian wall that was dismantled at the time.[2] Made of white, medium-grained marble, the rectangular base carries relief decoration on its three preserved faces, while it is estimated that, for reasons of symmetry, the fourth face, heavily weathered as a result of its second use, was also carved. The upper surface bears a rectangular cutting meant for the insertion of a stele.[3] Its unusual, off-centred placement was apparently dictated by the original location and display of the base.[4]

The base's imagery is related to horse breeding and horse racing. The poorly preserved face that is taken to be the front portrays a group of standing male figures, probably nine in all.[5] The surviving figures (third, fourth and fifth figures from left) are grouped together, wearing mantles and standing in quiet poses. The third figure raises his right arm to crown himself.

On the left side, a single race horse is shown in profile. The animal fills the entire relief panel, preventing the full carving of its tail. One assumes that an analogous scene was depicted on the now missing right side.

---

1. Athens National Museum 1464. H. 0.355 m.; max. L. 1.51 m.; W. 0.32 m. On the base, see Kosmopoulou 2002, pp. 180-181 fig. 34; Svoronos 1903, pp. 464-469 figs. 219-221, pl. 67; Kaltsas 2002, p. 136, no. 263; Karouzou 1968, pp. 155-156.
2. On the discovery of the base, see Koumanoudis 1861, p. 20; Svoronos 1903, p. 464. On the Valerian Wall, see Theocharaki 2011, pp. 131-133. This area is associated with the Diogeneion, the Theseion as well as the Gymnasium of Ptolemy. The wall contained architectural members, fragments of sculptures, as well as numerous inscriptions, many of them related to the education of ephebes in the Late Hellenistic and Roman periods.
3. L. 0.84 m.; W. 0.10 m.; d. 0.05 m. For sketches of the base partially showing the cutting at top, see Svoronos 1903, p. 464 fig. 219; 466 fig. 221.
4. Kosmopoulou 2002, p. 180.
5. Illustrated in Svoronos 1903, p. 466 fig. 261.

The back depicts eight horses arranged in two groups of two pairs facing each other, accompanied by their youthful grooms.[6] The first pair, partially preserved, moves to right. A lean groom is visible behind the horses. He is either ready to jump on one of the horses or trying to tame the only animal that does not stay still but raises its foreleg. The second groom stands before the next pair of horses. His right hand touches one of the horses' heads, which is lowered to the ground. Next to him, the third pair of horses advances to the right, following another groom. At his feet, one sees the lowered head of a horse turning opposite him. For reasons of symmetry, a fourth groom may be reconstructed behind it.

In terms of style, the base is characterized by unevenness in the quality of the carving. One notes, for instance, the graceful stance of the horse that lowers its head to drink or graze on the back, which contrasts sharply with the careless lean figures of the grooms. The horses are close to those on the square relief base carved by Bryaxis to commemorate a family victory in the anthippasia.[7] Yet, they find their best parallel on a fragmentary base from the Acropolis, which is occasionally attributed to the same master.[8] On stylistic grounds, the monument is dated to the last quarter of the 5th century BC.[9]

The base apparently supported a dedication by an individual victor in commemoration of a personal success in one or more equestrian events. Reliefs commemorating equestrian victories are well documented in Classical Athens. In addition to them, a number of relief bases dating to the last quarter of the 5th century and the first of the 4th are associated with athletic contests.[10] Yet, this particular base deviates from what is "typical" for relief bases –if one may even use the term "typical" for a class of monuments that were never a mainstream choice for the display of sculptures. First, unlike other examples that represent a single moment in an event, the preparation for it, or its outcome, the base in question combines the preparation and aftermath of an equestrian race: the young grooms taking care of the horses that led the dedicant to the victory; the self-crowning young man standing among his peers; and horse images on the sides. Second, it features an unusually large number of horses –ten in all, if our restoration of the images is correct.

Relief bases remained relatively rare in Greek art. They were occasionally selected as an alternative way of narrating a story, battling the *horror vacui* of a plain marble surface, or providing some sort of a "caption" with words substituted or even strengthened by

6.   Svoronos 1903, fig. 219; Kosmopoulou 2002, fig. 34; Kaltsas 2002, p. 136.
7.   Athens National Museum 1733. See Kosmopoulou 2002, pp. 190-191, Cat. no. 27, fig. 46; Karouzou 1968, pp. 159-160; Tzachou-Alexandri 1989, pp. 320-321, no. 205; Kaltsas 2002, p. 254, no. 530.
8.   Athens, Akropolis Museum 4072. Kosmopoulou 2002, p. 184, no. 21, figs. 39-40, with earlier bibliography.
9.   Cf. Karouzou 1968; Frel, Kingsley 1970, p. 202, no.12.
10.   Kosmopoulou 2002, pp. 65-69.

imagery. And, although they occasionally employed standard themes, they were mostly commissioned to meet specific needs and tastes.

Who dedicated this monument and what for? What stood atop it? The context of an equestrian victory is hard to find, but on the basis of certain elements one is tempted to suggest a connection with the equestrian successes of Alcibiades, who was famous in antiquity for horse breeding and racing.[11]

ALCIBIADES AT THE OLYMPIC GAMES

Both Thucydides and Plutarch mention that in 416 BC Alcibiades, one of the leading political figures of his time, entered the Olympic Games with a record seven chariots in the quadriga, one of the most prestigious Olympic events, and won the first, second and fourth place.[12] His unprecedented success caused a major sensation.[13] Athletic victories, especially in Panhellenic Games, granted the athlete status and influence.[14] They constructed the image of a powerful city and a powerful leader.[15] Athletes who competed acquired fame that could be the starting point for a political career.[16] On the other hand, those already involved in politics used the victory to enhance their popularity.

Alcibiades was by no means an ordinary victor. He was an Olympic victor on a tremendous scale.[17] Yet, his presence in Olympia was not only remembered for the victory *per se*. In the words of Isocrates, "he surpassed not only his fellow competitors, but all previous victors of the event, for he entered chariots that were too many in number, that not even the greatest cities had ever competed with so many and of such quality".[18] His athletic success was accompanied by a tremendous display of wealth that had an impact comparable to that of the actual victory. He set up a magnificent tent, performed grand sacrifices and provided hospitality and a victory feast to a large number of individuals outside the context of the polis. His self-promotion also included commissioning Euripides to write an ode to celebrate the victory, although the playwright did not ordinarily write such poems.[19]

---

11. The base's tentative association with Alcibiades was first introduced by SVORONOS 1903, p. 466.
12. Thucydides, 6.16.2; Athenaeus, 1.3e; Plutarch, *Alcibiades* 11. According to Plutarch, Euripides reported that Alcibiades came in third instead of fourth, but this comment is attributed to Euripidean flattery by DAVIES J. K. 1971, p. 21, and others.
13. On the particular importance of the Olympiad of 416 BC for Alcibiades, see PAPAKONSTANTINOU 2003; GRIBBLE 2012.
14. PAPAKONSTANTINOU 2003, p. 174.
15. On the effect of Panhellenic victories for democratic Athens, see PRITCHARD 2012; STUTTARD 2012. On victories in the Olympic Games as a form of propaganda, see LÄMMER 2010.
16. RHODES 1986, pp. 137-138; KYLE 1987b, pp. 155-168.
17. GRIBBLE 2012, p. 45.
18. Isocrates, 16.32.
19. Plutarch, *Alcibiades* 11, frg. 755; BOWRA 1960.

Thee will I sing, O child of Cleinias;
A fair thing is victory, but fairest is what no other Hellene has achieved,
To run first, and second, and third in the contest of racing-chariots,
And to come off unwearied, and, wreathed with the olive of Zeus,
To furnish theme for herald's proclamation.

The poem pictures Alcibiades at the actual moment of the victory, when he is being crowned with Zeus' olive wreath. It is clear from the sources that he was assisted in his plans by cities of the Athenian alliance, like Ephesos that provided the tent,[20] Lesbos that provided food and wine for the celebrations,[21] Chios that provided fodder for his horses and animals of sacrifice,[22] as well as certain individuals. He is also known to have borrowed the silver and gold vessels of the official Athenian delegation and inappropriately used them as if they were his own, even before they were used by the city.[23] In other words, he splurged –and managed to puzzle and irritate the Athenians.

And then, there were the horses themselves. Up to that time, no individual had ever entered so many horses. Indeed, in a race where the entire Greek world could compete, roughly one fourth of the entries belonged to a single man.[24] As for the cost, it must have been tremendous.[25] It has been estimated that Alcibiades' total property amounted to 100 talents,[26] and he spent 35 talents, namely one third of it, on that single day in the races. Undoubtedly he was supported, by means of loans or donations, by individuals and allies –or else he would soon have found himself in financial trouble.[27]

Evidently, in Olympia Alcibiades staged a performance meant to outbid his rivals, both in Athens and on the Panhellenic level. He wanted to be remembered not only for his athletic prowess, but also for his great expenditure and ambition. And he was successful. The chariot race in Olympia was part of his political strategy –namely an alternative route to fame and public exposure.[28]

Upon his return from Olympia, he used his success at the Games to persuade the assembly to appoint him as leader of the Sicilian Expedition. Thucydides records his speech:[29]

> *More than to others, Athenians, it is up to me to take the lead. And I think that I am worth*
> *it. On the basis of my splendid performance at the Olympic Games, the Greeks assumed*
> *our city to be very powerful and greater than it really is. Custom regards such displays as*
> *honorable, and they cannot be made without leaving behind them an impression of power.*

20. [Andocides], 4.30.
21. Plutarch, *Alcibiades* 12.1.
22. *Ibid.*
23. [Andocides], 4.29.
24. GRIBBLE 2012, p. 55.
25. OSBORNE 1998, pp. 29-30.
26. GRIBBLE 2012, pp. 55-56; DAVIES J. K. 1971, p. 260, n. 18; Andocides, 1.130; Lysias, 19.52.
27. DAVIES 1971, pp. 20-21; GRIBBLE 2012, p. 56.
28. KYLE 1987b, pp. 167-168; KYLE 2007, pp. 72-173.
29. Thucydides, 6.16.2.

And he succeeded, winning an impressive personal victory that also had historical ramifications for Athens.

A CONTROVERSIAL CHARACTER

To be sure, Alcibiades was no ordinary man.[30] He was an extreme, highly controversial character.[31] A darling and an enemy at the same time. Charming and dangerous, he was more than anything else an overly ambitious man who could not be accommodated in the city in any normal way, neither was he expected to subject himself to the conventional rules of the community. Thus, he is remembered for traits as diverse as his mightiness in war and his extravagance, his swiftness and his vanity. The same goes for his conduct, which made him both lead his city to great victories and betray it.

In the year 416 BC, at the time of his victory, Alcibiades was at once at his most loved and most feared. To quote Dionysus in Aristophanes' *Frogs*: "the city longs for him, hates him, but wants to have him".[32] Indeed Alcibiades made no effort to subject himself to the rules or norms of his contemporary society. On the contrary, he deliberately tried to stand out from the crowd and believed that he was on a different level from his fellow citizens.[33] This was also noted by Thucydides who aptly commented that he refused to be "upon equality with the rest".[34]

Indeed, it was a number of elements that set Alcibiades apart from the crowd. And horses were a key element to differentiate him not only from the demos as a whole, but also from his key political opponents.

Alcibiades' Olympic victory was not his first one. We also know of his victory at Nemea, whereas a victory in a chariot race in the Panathenaia of 418 BC is postulated on the basis of the large number of Panathenaic amphoras found among Alcibiades' property and confiscated after he was condemned for mutilating the herms and profaning the Mysteries.[35] Horses were, thus, special to him, not only as a favourite pastime or as a sport, but as a key element in the construction of his public image. Alcibiades used them to increase his visibility in Athenian politics, gain public exposure, secure a distinct political profile for himself and increase support.[36]

---

30. Bibliography on Alcibiades is extensive. A summary on the complexity of his character is presented in ELLIS 1989; GRIBBLE 1999; RHODES 2011.
31. On the controversial elements in Alcibiades' life, see WOHL 2002, p. 142.
32. Aristophanes, *Ranae* 1425.
33. ZUMBRUNNEN 2008, p. 119.
34. Thucydides, 6.16.4.
35. DAVIES J. K. 1971, p. 21; GRIBBLE 2012, p. 47.
36. KYLE 1987b, p. 172.

HORSES AND POLITICAL POWER

His interest in horses apparently began ca. 420 BC. At that time, he married into the hippotrophic family of Callias II, acquired wealth through marriage and entered the Athenian political life.[37] That wealth grew, and it clearly helped him rise to political power and achieve prominence.

Within this context, Alcibiades' participation in the Olympics was apparently pursued as a means to enhance his political profile.[38] It is interesting to note that in the last quarter of the 5th century, horse breeding and horse racing were no longer an indispensable component of Athenian politics.[39] On the contrary, despite its prestige it was rather unpopular with the lower class, thus most politicians backed away from it, preferring to spend money through the official system of liturgies.[40] That is what Nicias, Alcibiades' main opponent, did intensely.[41] Yet, Alcibiades capitalized on horse racing, not only because it allowed him to rapidly build a distinct personal profile at home and abroad, but also because it provided him with a unique element that differentiated him from his key rival, whose prestige was built over the years through more orthodox liturgical spending.[42] *Hippotrophia* provided the field of an expenditure competition where low-born Nicias probably could not follow. Horses were an expensive sport,[43] yet the anticipated outcome was tempting enough to justify the effort.[44] At a time when the relationship between an elite individual like himself and the demos was in a process of renegotiation, Alcibiades realized that it was still useful for a political leader to emphasize the distance that separated him from the demos, by displaying symbols of his wealth, public achievement and elite lifestyle. As a matter of fact, this was the last use of a Panhellenic equestrian victory as a means to retain political power within Athens.[45]

A TASTE FOR EXTRAVAGANCE

Athenaeus, who quotes the earlier historian Satyrus, states that upon his return from Olympia, Alcibiades commemorated his victories by a double *pinax* made by Aglaophon.[46] One of them showed Olympia and Pythia, personifications of the respec-

---

37. Gribble 2012, p. 46.
38. Gribble 2012, p. 49; Kyle 2007, p. 193
39. Gribble 2012, p. 49.
40. On liturgies, see Gribble 2012, p. 49.
41. Plutarch, *Nicias* 3.1-2.
42. Gribble 2012, p. 50.
43. On the cost of purchasing and breeding horses, see Kroll 1977; Hyland 2003, p. 131.
44. On hippotrophia as part of political activity, see Golden 1997; Davies J. K. 1981, p. 100; Hornblower 2008, p. 343.
45. Kyle 1987b, pp. 167-168; Kyle 2007, pp. 172-173.
46. Athenaeus, 12.534B-535E. On the *pinax*, see Robertson M. 1975, pp. 415-416.

tive games, crowning him, and the other showed the seated Nemea, the local goddess of the sanctuary where the Nemean Games were held, holding him on her lap, him looking more beautiful than the female figures. Plutarch in Alcibiades' *Life* states that the artist Aristophon painted Nemea having Alcibiades on her lap.[47] Despite the different names quoted, both sources apparently refer to the same monument. Plutarch also describes the reactions of the Athenians to it: "The people were delighted and flocked to look at the picture. But the elders were offended at it, too. They thought it a sight fit for a tyrant's court and an insult to the laws of Athens". Plutarch aptly provides a political explanation for the offense taken by the elders of Athens. Indeed, Alcibiades' decision to boast a private victory using personifications is the clearest 5th-century example of the public use of art that was privately commissioned.[48]

Pausanias reports that during his time a painting representing a figure identified as Alcibiades and his victory at Nemea existed in the Pinacothece of the Propylaia.[49] He merely states that certain elements in the painting allude to Alcibiades' victory in the Nemean Games. If he refers to the same image, then the painting was certainly on public display at the time of his visit. But even if the painting he saw was that of Alcibiades, the context of its original presentation is not clear.

Did Alcibiades commission an image of himself to commemorate his equestrian victories? The dedication of paintings to commemorate victories is rare compared to other types of dedications; however, we know from the sources that Alcibiades had commissioned the painter Agatharchus to paint his house, thus he was a known lover of painting and affiliated with one of the great masters of his time.[50]

It seems plausible that Alcibiades commissioned the double painted *pinax* and originally placed it in his own house, for himself and his guests to enjoy, or in a temple or sanctuary associated with him and his family, rather than in a civic context. Civic space was reserved for images of gods and heroes, as well as for images related to the city and its victories. Yet, the reactions quoted in Plutarch, which allude to numbers of viewers, make it possible that it was displayed in a non-civic context but was available for public view. The *pinax* was later transferred to the Pinacothece of the Propylaia, when it was turned into a gallery. A personal commemoration of this sort would be fitting with the degree of self-presentation in the surviving speech quoted in Thucydides, as well as with the content of Euripides' *epinikion*.

The image of Alcibiades and Nemea described in the sources has been associated with the image of Aphrodite and Adonis on a hydria of the Medeas Painter dating to 420-410 BC.[51]

---

47. Plutarch, *Alcibiades* 16.7.
48. SMITH 2011, p. 88.
49. Pausanias, 1.22.7. On the significance of this painting, see SCHNEIDER W. J. 1999.
50. ROBERTSON M. 1975, p. 415.
51. SHAPIRO 2009.

On the vase,[52] which was found in a tomb in Populonia, the goddess Aphrodite and her lover Adonis sit in an idyllic landscape. Adonis reclines sensationally into the lap of Aphrodite, whereas Aphrodite caresses his nude torso. Shapiro has suggested that the image was inspired by Aglaophon's painting and comes as close as we may get to an image of Alcibiades drafted in his own time.[53] In both cases, a goddess or personification holds a mortal in a somewhat erotic pose, in a reversal of typical roles. Moreover, the features of the male figure on the vase, such as the long and curly hair, extravagant headband and dreamy look, match Satyrus' comment that Alcibiades' face in the painting was more beautiful than that of any woman.[54] If this association is correct, we can understand why the Athenian elders were scandalized by Aglaophon's painting. The image of Alcibiades crowned by a goddess, as well as the impact of his splurge at Olympia and his famous Oriental-style purple robes, would evoke the fear of his contemporaries that he has tyrannical aspirations.[55]

Could the relief base in the National Museum have supported the painted *pinax* of the sources? To begin with, a connection with Alcibiades is permissible by both date and iconography. The large number of horses displayed and the image of a self-crowning athlete on its damaged long face are in line with both Alcibiades' love for horses and his tendency for self-promotion. The selection of a relief base *per se* is by no means standard practice in Athenian art, and this particular one, with its many horses, is certainly commissioned to meet the taste and needs of an individual keen to showcase his equestrian background and talent. The base's unusual carving on all four faces suggests that it supported a monument that was meant to be visible from more than one side, like the double-faced *pinax* of the sources. Lastly, the off-centre placement of the cutting for the dedication on its top points to a special setting for the original display of the entire monument, possibly selected to provide ample light and a clear view of its decoration, as was often the case with paintings. Moreover, the motif of the self-crowning athlete shown on the base is in line with that of Alcibiades being crowned by Olympias and Pythias on the painted *pinax*, as well as the passage quoted as the epinician hymn.[56]

Would a relief base be employed as a support for a painted *pinax*? Judging by the types of monuments known to have been supported by relief bases, this is certainly not to be excluded. Painted *pinakes* were ordinarily done on pieces of wood, stone or terracotta, whereas the decoration could be rendered in tempera on a surface prepared with white paint or chalk.[57] This base could well have supported a marble *pinax* that was

52. Florence, Museo Nazionale Archeologico 81948. *ARV²* 1312,1; Burn 1987, pls. 22-4; Romualdi 2000; Shapiro 2009, figs. 67-68.

53. Shapiro 2009, p. 239.

54. Shapiro 2009, pp. 239-240.

55. Wohl 2002, p. 140.

56. On the motif of the self-crowning athlete, see Kosmopoulou 2002, p. 68.

57. Pritchett 1956, p. 252.

painted on two sides, taking into consideration the need for proper viewing and, thus, opting for a special off-centred placement of the monument.

If these associations are correct, this weathered relief base may well be part of an original dedication by Alcibiades that testifies to his love of horses, the role of horses for his public image and political career, as well as his determination to leave behind him an impression of power.

Agones hippikoi and votive offerings

Heide Frielinghaus

The topic of this paper interlinks two subjects, the complex characteristics, problems and potentialities of which have been under detailed discussion for quite some time now: *agones hippikoi* as belonging to the most esteemed of the performed contests in many festivals;[1] and the giving of votive offerings as a ritual linked with every possible happening, activity or stage of life.[2] What can be gained by looking especially at offerings that were dedicated with reference to equestrian contests? Or, more precisely, what can be gained by looking not so much at a single dedication but at the custom as a whole?

In the last decades research into the practice of votive offering has made it increasingly clear that the "system" of dedication in the Greek world was neither a homogeneous nor an arbitrary one. Even if it seems –at least from our modern point of view–as if every object imaginable could be dedicated with reference to a wide range of causes, and vice versa every cause could generate a wide range of votive offerings, by sifting the available evidence it becomes obvious that the choice of objects to be dedicated were subject to variation. So, to name but a few examples, the choice could differ with regard to the kind of god or the kind of cult place it was dedicated to, not to mention the region in which the cult place was situated. Or it could differ with regard to the cause it was dedicated to.

From this point several questions arise, for example: which "types" of offerings are connected with equestrian contests? Does the range of dedications show in principle or in detail any difference in comparison with the range of dedications that was given to the gods for other causes? How were the offerings in question treated when given to a sanctuary, for example in their display, the amount of exhibition-time, recycling, deliberate damage or discarding? Are there any differences from the treatment given to dedications for other causes? What is the relative importance of votive offerings related to equestrian contests within the whole spectrum of dedications found in one specific

---

1. See for example Bentz 1998, p. 76 (chariot race); Schäfer 2002, p. 40.
2. See for example Hansen 1996, pp. 257-276.

sanctuary? Are there differences in this respect between those cult places to which *agones hippikoi* were attached, and those without any such attachment? Or, are there differences between the cult places of different gods? And, last but not least, are there diachronic changes discernible in any of this?

Any research into this subject encounters the usual, well known and problem-generating restrictions. To name just three of them:

– Generally, only a very small proportion of votive offerings has been preserved. Furthermore, because of their perishable material some groups of offerings are rarer than others.[3] And finally the different conditions of preservation means that in some places offerings survive in smaller numbers than in others.[4] There is also a profound change in the archaeological and historical record: from Geometric to Archaic times it is mainly the object itself which has been preserved, whereas for the Classic and Hellenistic periods a great deal of our information is derived from literary and epigraphic sources. Therefore, quantities can be compared only very tentatively, and the different levels of information need to be kept in mind.[5]

– Quite often it is difficult to discern a votive offering as such. Implements like tablewares or tools, for example, could have been brought into a sanctuary as votive offerings as well as for use, they could have been lost there or stored there.[6]

– A connection between a dedication and a specific cause can be taken for granted only when there is explicit written evidence. When a respective connection is based only on the "type" of votive offering –either because of (supposed) associations or because of comparable pieces with written evidence– the interpretation might be feasible or even plausible, but the polyvalence of the semantic field every object possesses always has to be considered.

The issues discussed make it clear that many cult places need to be analyzed in detail, one by one, before some of the aforementioned questions can be (tentatively) answered. As this paper refers to work in progress[7] it is only possible to propose a categorization of votive offerings, outlining (some of) the problems in the process, and offering some preliminary observations on the Acropolis of Athens as a cult place closely linked to

---

3. See KYRIELEIS 2006, p. 91.

4. See FRIELINGHAUS 2010, pp. 93-94, for the conspicuous conditions of preservation in Olympia (large number of wells, large-scale dumping) in contrast to the limited possibilities of disposal in the sanctuary of Apollo in Delphi.

5. See SNODGRASS 1989-1990, p. 288; KILIAN-DIRLMEIER 2002, pp. 192-200, esp. 199.

6. See BAITINGER, VÖLLING 2007, pp. 5-8.

7. In a way this paper is complementary to an article dealing with the special features of ship-related votive offerings –FRIELINGHAUS 2017– but it is written from another point of view as it is not focusing on a specific kind of votive-offering dedicated on occasion of a variety of causes but it is dealing with different kinds of votive offering dedicated to a specific cause. Both papers are part of a broader project on Greek votive offerings.

equestrian contests, with regard to at least one festival actually in Athens, and more generally to the lively participation of Athenian citizens at other festivals.[8]

VOTIVE OFFERINGS RELATED TO *AGONES HIPPIKOI*: CATEGORIZATION, CLASSIFICATION AND DETAILS

Looking at the material which is certainly related to equestrian contests I distinguish four categories of votive offerings.[9]

1. A first category could be named *material dedications*. This contains equipment or those (parts of) implements that played a part in the short-term or long-term event which lead to the dedication (*used objects*). Also included are votive offerings imitating the aforementioned equipment or implements with or without regard to their proper size and material (*reproduced objects*).[10] Fundamentally, every newly bought (part of) equipment or implement dedicated into a sanctuary could have been a "reproduction" or a "surrogate" for a used one, but whether this actually had been the case or whether it had been chosen for other motives can only be discerned when there is written evidence.

Evidence for the dedication of used objects in connection with *agones hippikoi* is well established. Pindar, for example, refers to a chariot dedicated by Arcesilaus of Cyrene after his victory at the Pythian Games in 462 BC.[11] Other parts of equipment are mentioned in epigrams collected in the *Anthologia Palatina*.[12] One of them names a certain Charmes who dedicated spurs, whip and comb, as well as parts of his horse's equipment, after winning the race at Isthmia.[13] According to another epigram even

---

8. See n. 48.

9. Most of the examples used here to exemplify the categories are assembled in the following very useful monographs: Rouse 1902; Petermandl 2013. In referring to the exemplifying examples just the ancient sources are given, both monographs are only cited if additional information is drawn from them.

10. The categorization chosen here varies in some aspects to the one proposed in a different context by Snodgrass 1989-1990, pp. 291-292. His distinction between "raw" and "converted" offerings refers to the difference between articles of daily use and specially formed, non-usable objects –at the same time allowing for hybrids or offerings of an "intermediate status" like animal-figurines or bronze tripods– and is very helpful for analyzing the (possible) change in votive practice in general. The starting point for my analysis, however, is a differentiation of "messages" connected with different categories of votive offerings, hence the choosing of compartmentalized and in some points differing divisions. The article on dedications in *ThesCRA* while giving a very useful overview of the principal kinds of occasion which generate dedications (Parker 2004, pp. 279-280) organizes its catalogue mostly by differentiating the main types of dedicated objects; the connection between occasion for dedication and dedicated object is given only a cursory importance, as categories of dedications in relation to athletic contests such as "prizes", "instruments" and "commemorative dedications" are distinguished (Boardman *et al.* 2004, pp. 313-314).

11. Pindar, *Pythian Odes* 5, esp. 34-42. For the contextualization of the Ode, see Sandys 1961, pp. 232-233.

12. Even if (some of) the epigrams should not have been part of an actual dedication they do illustrate what sort of dedication was usual; it seems appropriate, therefore, to use them in this context. See Philipp 2004, n. 122.

13. *Anthologia Palatina* 6.246.

"bloody pricks of the spur" seem to have been dedicated by a certain Stratos at the same place.[14] Beside literary testimonials as these, parts of horse or chariot equipment are recorded at several sanctuaries, either in inventory lists or within the archaeological remains.[15] However, in most cases the actual cause for dedication is not recorded, so they cannot be taken summarily as references to equestrian contests. The dedication may as well have taken place in the context of military activities[16] or in that of horse breeding, to name but two examples. A further, very specific cause for dedication is intimated by Plutarch who maintains that prior to the battle of Salamis, Cimon dedicated "the horse's bridle which he carried in his hands" to Athena "signifying thus that what the city needed then was not knightly prowess but sea-figthers".[17]

Likewise documented in connection with *agones hippikoi* are "reproduced" dedications. The chariot of the Spartan Euagoras mentioned by Pausanias among the dedications in Olympia,[18] was probably the imitation of a chariot and not the genuine article itself, but this cannot be stated with certainty. A certain example of "reproduction", however, can be found in the case of the "not large" chariot dedicated by the Spartan Polypheites, which seems to have been put on the top of a stele-monument.[19] But in this instance it is not absolutely certain that the dedication consisted just of the object (without a person). Fundamentally, not only inanimate material could be "reproduced", but also living beings. Pausanias, for example, saw a bronze horse of moderate size in the Altis of Olympia that had been dedicated by a certain Crocon from Eretria after his victory in the horse race.[20] Examples like these notwithstanding, single bronze or terracotta horses as well as (parts of) chariots found in not inconsiderable numbers in several sanctuaries[21] cannot be linked to equestrian contests without evidence explicitly referring to them since, as indicated above, they possess a polyvalent semantic field.

Examining the incidents the material dedications were generally associated with, it is possible to identify several different types of occasion and within these a wide spectrum of individual causes. Used objects as well as reproduced objects were mainly dedicated in connection with one's trade or profession,[22] after successful

---

14. *Anthologia Palatina* 6.233 (transl. after W.R. Paton).

15. Inventory: for the Acropolis of Athens, for example, see probably *IG* II² 1400, ll. 61-62 (for the hint I thank O. Vizyinou). For further examples see Schäfer 2002, p. 205. Keesling 1995, p. 334. Archaeological remains: for Olympia, for example, see Baitinger, Völling 2007, pp. 154-183.

16. Cf., for example, Pausanias, 10.18.1.

17. Plutarch, *Cimon* 5.2 (transl. after B. Perrin).

18. Pausanias, 6.10.8. Cf. Moretti L. 1957, no. 110.

19. Pausanias, 6.16.6. Cf. Moretti L. 1957, no. 196.

20. Pausanias, 6.14.4. Cf. Moretti L. 1957, no. 177.

21. For early pieces in Olympia, for example, see Heilmeyer 1972; Heilmeyer 1979; Heilmeyer 1994.

22. For the dedication of one's tools, such as fishing equipment or weapons, see samples cited by Rouse 1902, pp. 71-73. For the dedication of one's own products see for example the overlarge strigilis of strigil-maker Dikon: Kotera-Feyer 1993, p. 151 with n. 11. E. Kunze, *AD* 19,3 (1964), pp. 169-170.

undertakings,[23] after rescue from a calamity[24] or to mark the transition from one phase of life to another.[25] Equestrian contests were one of many various occasions, therefore, which led to the consecrating of material dedications. Furthermore, within the broad spectrum of individual causes they are not something special without parallels, but fit in with the specific type celebrating one's success.

Essentially, offerings of this category focus on the material aspects of the cause underlying the dedication. The person of the dedicator, as well as the actual activity or the specific event involved, play no part in the visualization. The allusion to all three is restricted to the inscription only.

2. A second category of dedications might be named as *event-based pictorial votive offerings*. Dedications grouped under this heading can be of the three-dimensional as well as the two-dimensional variety, they can be realized in different materials –as metal, stone or terracotta– and in different sizes. The presence of human figures and in some cases the indication of some sort of "action", gives a hint at the dedicator and/or at the actual activity which led to the dedication. The design of the votive offerings assembled here does show a variety of forms, each emphasizing different aspects and therefore conveying different values.

a. Looking at dedications in connection with equestrian contests we can identify one design that focuses on the activity itself, which can be done in different ways. The most obvious possibility is picturing the process of the race, as done on some *pinakes* from the Athenian Acropolis, for example.[26] As far as we can gather from the fragments, in these cases it is just the activity which is shown, no person is singled out as possibly victorious.

Scenes like those lead to the difficult question of which pictures can be included in this survey. Statues, statuettes, reliefs and *pinakes* found in the context of a sanctuary, with a few exceptions, were obviously made for dedication. As they couldn't be put to any definite use, the message of their design was the reason why they had been dedicated. Less obvious are the function and purpose of the articles of daily use. As has been intimated above, it is quite often doubtful if the object in question was dedicated, if for instance it had been in (profane) use in the sanctuary or lost there.[27] Even if the object in question has been dedicated for sure there remains the question as to whether or not

---

23. Such as captured armour (cf. FRIELINGHAUS 2011, pp. 121, 124) or the old anchor of a safely returned ship (cf. Callimachus, *Aetia* 4 frg. 108: mythical example).

24. For the dedication of freed prisoners' fetters or a cured patient's bandage, for instance, see ROUSE 1902, pp. 224, 233.

25. For the dedication of dolls, girdles, headdresses and such like, previous to marriage, see examples given by ROUSE 1902, p. 249. For the dedication of one's own tools when retiring (which should be distinguished from dedicating tools in the course of one's professional life) see ROUSE 1902, p. 71.

26. KAROGLOU 2010, figs. 81-83.

27. See above n. 6.

it has been dedicated (mainly) because of its function or because of its decoration. This holds true for vases, particularly when the decoration shows different subjects,[28] but the same issue remains when only one subject is depicted.[29] Respective objects can therefore only be considered in a cautious and supplementary way.

Dedications of this design allude to equestrian contests in a rather impersonal way, picturing the activity itself but giving no hint at the dedicator or the specific event. Any form of personalization is confined to the inscription.

b. Fundamentally different is a second design showing –without action or with only slight forms of action– a combination of horse(s), a chariot if applicable, and the person who handles them. The composition can be enhanced by the horse owner or by a god. An example of the more restricted form is the statue of a certain Aisypos, winner of the boys' horse race in Olympia, who was depicted sitting on a horse.[30] Next to him Pausanias saw Aisypos' father Timon, but apparently Timon is named as a winner in his own right in a chariot race; if there was any emphasis on ownership regarding the horse, it is not recorded. An example of the enlarged form is the offering of a certain Cleosthenes from Epidamnos, who, according to Pausanias, dedicated a group consisting of chariot, four horses, the charioteer and himself, after his victory at the 66th Olympiad in 516 BC.[31] Even if parts of the information are considered as doubtful, because of the given date of dedication, the principle is confirmed by later examples. I just mention the case of the Spartan Kyniska who dedicated not only bronze horses in the pronaos of the temple of Zeus, but a statuary group consisting of chariot, charioteer and herself.[32] The human charioteer could be replaced by a Nike as can be shown by the dedication of Cratisthenes from Cyrenaia who won a chariot race in Olympia: according to Pausanias the group consisted of Nike in a chariot and Cratisthenes himself.[33]

Dedications of this design visualize an indication of the actual activity and, by singling out one horse or dyad instead of depicting several homogeneous ones, the victory –both in fairly equal measure. Provided that the owner is depicted as well there is personalization and an allusion to the specific event to boot, ordinarily made concrete by an inscription.[34]

---

28. See an example from the Athenian Acropolis showing a scene with several gods beneath the frieze with a horse race: GRAEF, LANGLOTZ 1925, cat. 732, pl. 47.

29. See an example from the Athenian Acropolis showing just a chariot-race: GRAEF, LANGLOTZ 1925, cat. 1675a, pl. 85.

30. Pausanias, 6.2.8. Cf. MORETTI L. 1957, no. 365.

31. Pausanias, 6.10.6-7. Cf. MORETTI L. 1957, no. 141.

32. Pausanias, 6.1.6. Cf. MORETTI L. 1957, nos. 373, 381.

33. Pausanias, 6.18.1. Cf. MORETTI L. 1957, no. 257.

34. In some cases the dedication is related not only to one but to several specific events, as for instance in the case of the dedication of Pronapes on the Athenian Acropolis (KRUMEICH 1997, p. 113).

c. A third design focuses firmly on the victorious winner. This can be done by reducing the equipment necessary for the activity to a mere indication. An example is the group of the Spartan Polycles who won the chariot race with four horses, not only in Olympia, but also in Delphi, Isthmia and Nemea. Beside the statue of the victor holding a tainia, Pausanias saw two youths, one of them with a wheel in his hand.[35] Another variation gives no indication of equipment at all. This seems indicated by the description of Pausanias when he deals with the statue of the Spartan Anaxandros, who won the chariot race in Olympia and whose statue is characterized as praying. There seems to be no allusion at all to a chariot or horses, other than in the inscription.[36]

Dedications of this design visualize the individual winner himself, while hints on the actual activity, if there are any, serve only as an embellishment. The activity recedes in favour of the person who was (in) the centre of the event.

The event-based pictorial votive offerings, as defined in this paper, have many parallels among dedications related to other causes, but the range and quantity of offerings vary according to the chosen focus. While the stock of activity-focused dedications is comparatively small in range and quantity,[37] provided the compendium is restricted to objects which are definitely dedications, votive offerings visualizing the individual donor –with or without allusion to a specific activity or a specific event– can be found in connection with a fairly wide range of different occasions for dedication.[38]

3. A third category of votive offerings can be composed from the various *prizes*, dedicated either in the sanctuary the contest in question was attached to, or in any other cult place. As a prize very often was rather unspecific it can only be recognized as such through written information. Tripods, for example, are mentioned as prizes for equestrian contests in the *Iliad*.[39] This tradition is mirrored by one of the many objects claimed in later times to be of "heroic" origin: a passage in Athenaeus mentions a tripod in Delphi, apparently with an inscription which declares it as the prize Diomedes won at the chariot race at Patroclos' funeral and dedicated later to the sanctuary.[40] A treasure record in Delos, dated to 364 BC, is another example, which mentions several silver phialae that seem to have been won in a race in the hippodrome.[41]

---

35. Pausanias, 6.1.7. Cf. MORETTI L. 1957, no. 315.
36. Pausanias, 6.1.7. Cf. MORETTI L. 1957, no. 27.
37. Respective depictions are connected mainly with the workaday world: for pictures of craftsmen in the act of doing their job and generally for different persons in the act of working see for example the *pinakes* from Penteskouphia (ZIMMER 1982, pp. 26-32 with figs. 18-22) and Athens (SCHULZE 2004, pp. 37-40). Considerably rarer are depictions of other activities such as fighting (KAROGLOU 2010, cat. 49, 146, 147, 149; EDELMANN 1999, p. 173) or hunting (*Antike Denkmäler* I [1891], Taf. 8,16a-b), for example. Cf. KAROGLOU 2010, p. 65.
38. See for example PARKER 2004, p. 280; VIKELA *et al.* 2004, pp. 284-288.
39. Homer, *Iliad* 23.263-264; 499-513.
40. Athenaeus, 6.232 d.
41. HOMOLLE 1886, esp. p. 462 ll. 30-31.

Panathenaic prize amphorae are identifiable in the archaeological record, though ambiguous in their categorization. Although their prime use was probably as a prize, the oil they contained was of use and value, too, for example in the context of sacrificial meals, as M. Bentz has ascertained.[42] It might be possible, therefore, that at least some of the Amphorae were not dedicated by the victor, who wanted to give a part of his prize to a god, but by someone who had bought the vase and dedicated the oil for use in the sanctuary. In the latter case it was not the allusion to a definite sporting activity nor even the more general allusion to victory which counted, but the use of the material. Having made this observation, however, we should point out with M. Bentz that several cases are known in which the votive inscription on a prize amphora matches the depicted discipline.[43] So there is a good case for believing that at least a part of the prize amphorae in sanctuaries were dedicated by the victors themselves, representing therefore a direct connection to the specific sporting event and –different from most other prizes– even to the sporting discipline.

The spectrum of causes leading to the dedication of something in the line of prizes is considerably smaller than the spectrum connected with the other categories of votive offerings described in this paper. Apart from prizes won in athletic, musical or other forms of contest the closest resemblance to this type of votive offering do show the non-military spoils won in battle. Thus, even if the dedication of prizes is not specific to equestrian contests it is a speciality found in connection with comparably few causes for dedications.

Generally the dedication of a prize emphasized more than any other form of offering the victory itself, since it was the "proof" of having been victorious. On the other hand most prizes did not visualize the event they were received at, as some types of prizes could be won at very different forms of contest. And certainly the prize did not visualize the person who was the winner. The "message" of the design was in most cases of a rather general nature, alluding to victory for the sake of victory. Any specifications had to be given through an inscription.

4. The votive offerings assembled in the fourth category may be characterized as *nonspecific valuables*. Unlike the aforementioned categories, the objects in question are neither prizes nor do they visually refer to the respective activity, performer or event in a distinct way. The latter can only be alluded to by inscription. The capital of a Doric column formerly supporting a bronze bowl or a tripod bowl that was dedicated around the middle of the 6th century BC on the Athenian Acropolis serves as an example.[44] The fragmentary inscription implies the offering was dedicated by two persons, one of them having been victorious in an athletic contest, the other in a chariot race. Even if a bronze bowl (or tripod) might allude to equestrian and athletic victories in a general way,[45] in view of

---

42. BENTZ 1998, p. 105.
43. BENTZ 1998, p. 106.
44. SCHÄFER 2002, p. 300 cat. V 6 with references.
45. See KEFALIDOU 1996, pp. 104-109; SAKOWSKI 1997, esp. pp. 105-106, 218; ROUSE 1902, pp. 149-150, 152.

the fact that two victors in different types of competition are dedicating a single vessel,[46] it is obvious that the object in question cannot have been a prize. Furthermore, since tripods as well as bronze bowls could generally be used as votive offerings on very different occasions, the actual allusion of the vessels to equestrian contests is very uncertain at best.

The dedication of nonspecific, more or less valuable objects is traceable not only in connection with different forms of athletic contests[47] but is a broadly observed custom connected with every occasion for dedication and every individual cause for dedication imaginable. In this instance dedicatory customs in connection with equestrian contests do not show any notable particularities, but fall into line with general procedures.

The dedication of nonspecific valuables primarily accentuates the economic position of the donor, while the activity and specific event which led to the dedication, as well as the winner himself, do not play any part in the visualization and thus have to be extracted from the inscription.

VOTIVE OFFERINGS RELATED TO *AGONES HIPPIKOI*: THE ACROPOLIS OF ATHENS

As M. Schäfer has comprehensively pointed out, equestrian contests enjoyed a high reputation in Athens, especially in the 6th-5th century BC. The range of different hippic competitions and the number of prize amphorae earned through victory in one of the respective contests at the Panathenaic Games was remarkable. Furthermore, Athenians were particularly active in (successfully) competing in equestrian contests outside of Athens.[48] Did this produce any effects on the stock of dedications consecrated in the sanctuary that the Panathenaic Games were attached to?

Sifting the available evidence for the 6th century produces a picture which shows a remarkable number of "hippic dedications" in the widest sense of the word –as equipment,[49] statues of horses and riders,[50] *pinakes* with Athena or other gods in a chariot,[51] or (possibly) vases with respective depictions–[52] but only a rather small number of votive offerings that can be connected with equestrian contests.

Of the material dedications consecrated to the Athenian Acropolis none can be connected to *agones hippikoi* as yet. Event-based pictorial votive offerings with a personal

---

46. For contrast compare dedications such as the one of Polypheites and Kalliteles (see above with n. 19) which consisted of two figures related to two different victories put together on one stele monument.
47. See ROUSE 1902, p. 182 with n. 17.
48. SCHÄFER 2002, esp. pp. 39-42.
49. See n. 15.
50. See SCHÄFER 2002, cat. P 1-33, KP 1-5, IB 1-3, 5-15.
51. See SCHULZE 2004, pp. 25-28. See SCHÄFER 2002, pp. 176-177, for Athena Hippia.
52. See KAROGLOU 2010, p. 56 fig. 4. For the difficulties connected with the classification of vase-paintings see above with nn. 27-29.

focus can be identified only tentatively, and sparsely. The preserved marble and bronze figures of horses and their riders that form a considerable part of the dedicated statuary in the second half of the 6th and the beginning of the 5th century do not feature any proof positive that they had been dedicated by victors in an equestrian contest, while there are indications that several of the figures definitely had not been dedicated to a hippic victory, as they were labelled as aparche or dekate,[53] had been dedicated because of a vow,[54] or were firmly connected with a military context.[55] There is good reason to assume, therefore, that at the very best just a few of these dedications resulted from participation in an equestrian contest.[56] Furthermore, there exists only a small number of votive reliefs that show a hippic topic; of those only two items could be considered as potentially connected with equestrian contests.[57] Little better is the situation with regard to the event-based votive offerings focusing on activity. According to the compendia assembled by K. Karoglou and B. Schulze there are five *pinakes* which are probable candidates.[58] Considering the 133 *pinakes* preserved from this area, the number again seems to be rather small, but note that the pieces mentioned are the only examples of sporting events among this material.[59] While no prize can be verified among the material of the 6th century as yet (cf. **graph 1**) there is at least one dedication discernible in the form of nonspecific valuables.[60]

In the classical period the sparsity of (identifiable) dedications in connection with *agones hippikoi* does not change but the range of identifiable categories as well as the dedication's background are subject to some modifications.

Event-based votive offerings focusing on activity cannot be identified yet, but there are several personalized event-based dedications of varying form. While the votive offering of Pronapes (consisting of Pronapes himself, chariot, chariot-driver and one further person)[61] and that of Isocrates (consisting of a riding boy)[62] give some hints at the underlying activity, the two paintings dedicated by Alcibiades in the Pinacothece of the Athenian Acropolis focus firmly on the victorious winner: one depicts Alcibiades being crowned by the personifications of Olympia and Delphi, the other pictured him seated on the knee

---

53. See SCHÄFER 2002, pp. 142-143 with cat. IB 3, 8, 11 (dekate), 14 (aparche).

54. See SCHÄFER 2002, cat. IB 3, 9, 12.

55. See SCHÄFER 2002, cat. W 3.

56. SCHÄFER 2002, pp. 125-126 and 149, considers cat. P 10, 17, IB 13 and 15 as possible candidates.

57. SCHÄFER 2002, pp. 166-169 with cat. WR 1, 3.

58. KAROGLOU 2010, cat. 37 with fig. 82 (chariot-race), cat. 70 with fig. 81 (chariot-race), cat. 84 with fig. 84 (chariot-race). cat. 89 with fig. 83 (chariot-race). No indication for the connection with a contest gives the depiction of horses on cat. 19 (fig. 80). SCHULZE 2004, p. 58 cat. 100-104.

59. See KAROGLOU 2010, p. 57 table 6.

60. See above with nn. 44-46. There are several dedications of similar type recorded as, for instance, the five examples named by KEESLING 1995, p. 303. But in none of these cases the cause for the dedication is known.

61. See KRUMEICH 1997, pp. 113-114 with cat. A 43. In addition KEESLING 1995, p. 300; 422 lists one further example of a bronze chariot group possibly dedicated in connection with an agonistic victory, but there is no hint of this in the fragmentary inscription (*IG* I³ 752).

62. See SCHÄFER 2002, p. 196.

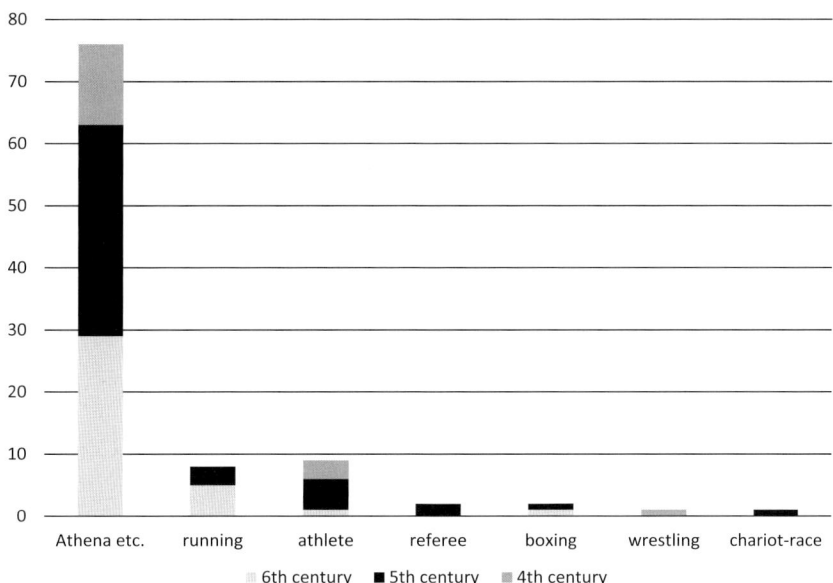

Graph 1 — Prizamphorae from the Akropolis (on basis of: BENTZ 1998).

of Nemea.[63] In the light of his famous victory in Olympia in 416 BC, where his horses won the first, second and fourth place in the chariot race, the painting must have alluded to hippic contests. But the depiction of chariot or horses at least is not mentioned; if they existed their part cannot have been conspicuous.[64] While nonspecific valuables cannot be verified yet, the existence of at least one prize amphora depicting a chariot race makes the dedication of prizes probable. Generally, a look at all archaic and classical prize amphorae from the Acropolis confirms the impression that dedications in connection with equestrian contests are rather scarce on the Athenian Acropolis. Even if the function of prize amphorae in a sanctuary context is ambiguous[65] and even if the bulk of fragments from the Acropolis depict (parts of) Athena, of a column or the like —so we cannot be sure of the theme on the other side of the vase— it is quite telling that there are other disciplines which can be identified a little more often (**graph 1**) and that in other Greek sanctuaries there are more prize amphorae connected with equestrian events.[66]

---

63. Athenaeus, 12.534 d-e. KRUMEICH 1997, cat. A 1-2.

64. A. E. Raubitschek lists another dedication which —if it would indeed show a victor in an equestrian contest— could be a further example of this category only that it takes the form of a statue (A.E. RAUBITSCHEK, *Hesperia* 8 [1939], p. 156 no. 2). But, as KRUMEICH 1997, p. 200 with n. 12, convincingly pointed out, there exists no evidence of the dedication's connection with an equestrian contest. Cf. KEESLING 1995, p. 333.

65. See above with nn. 42-43.

66. Cf. Eleusis: BENTZ 1998, cat. 5.096 (horse-race), 4.402, 4.403 (chariot-race). Samos, Heraion: BENTZ 1998, cat. 6.168, 6.169, 6.170 (chariot-race), 6.171 (horse-race). Sparta, sanctuary of Athena Chalkioikos: BENTZ 1998, cat. 6.097, 6.101, 6.103 (chariot-race).

Attempting to fit these very sketchy observations into a more general picture produces two noteworthy points. First, in Classical times the hippic theme as a whole seems to play a somewhat diminished role in the Acropolis' stock of dedications.[67] Compared to the 6th century, therefore, the contrast between a large number of "hippic dedications" in the broadest sense of the word and the scarcity of votive offerings generated by equestrian contests is less obvious. On the other hand, there is a contrast between the very small numbers of contest-related dedications on the Acropolis and the comparatively greater stock of "hippic" dedications as well as honorary statues in the area of the nearby Agora.[68] So, in Classical times, too, votive offerings connected to equestrian contests seem to have been dedicated to the Athenian Acropolis only in a rather hesitant way.

With all due caution –necessary because of the loss of material and the sparsity of written information– a sketchy picture of a sanctuary emerges in which dedications in connection with equestrian contests play a rather marginal role in Archaic and Classical times, both in number and range, despite the following facts: the Panathenaic Games had an impressive range of hippic contests; the Athenians were busy competing in equestrian sports in Athens and elsewhere; the dedication of "hippic" votive offerings in the broadest sense were quite popular and Athena herself, among others, was venerated as *Hippia*. It remains to be analyzed if there are parallels to this picture among other sanctuaries or if the Acropolis is a special case.

---

67. For "hippic" statuary in Classical times see SCHÄFER 2002, pp. 195-196, 199 with nn. 1145-1146. In addition, there exists a larger number of reliefs of a rider-hero: see SCHÄFER 2002, p. 205. *Pinakes* with "hippic subjects" cannot be identified in Classical times (see SCHULZE 2004, p. 25), the number of vases with respective depictions is negligible (see KAROGLOU 2010, p. 56 fig. 4).

68. For dedications and monuments in the area of the Agora see SCHÄFER 2002, pp. 199-202.

Ἀφιπποδρομά, προσδρομή, ἀφιππολαμπάς et σκοπὸς ἱππέων*

Fernando García Romero

ÉPREUVES ÉQUESTRES MINEURES : ΚΑΛΠΗ, ΑΠΟΒΑΤΗΣ

À côté des épreuves équestres faisant partie du programme des concours panhelléniques et d'une bonne partie des innombrables événements sportifs qui avaient lieu partout dans le monde grec (courses de chars et courses de chevaux montés), les sources écrites et iconographiques documentent d'autres disciplines équestres qui n'ont jamais – ou rarement – eu leur place dans le programme des ἀγῶνες στεφανῖται. Parmi les disciplines des concours olympiques – bien que pendant une courte période, entre 496 et 444 av. J.-C. – se trouve l'épreuve sportive appelée κάλπη, dont le déroulement nous est connu par une brève description de Pausanias (V 9, 1-2)[1] :

> ὅτε δὲ ἐτέθη πρῶτον, Θερσίου μὲν ἀπήνη Θεσσαλοῦ, Παταίκου δὲ Ἀχαιοῦ τῶν ἐκ Δύμης
> ἐνίκησεν ἡ κάλπη. ἦν δὲ ἡ μὲν θήλεια ἵππος, καὶ ἀπ᾽ αὐτῶν ἀποπηδῶντες ἐπὶ τῷ ἐσχάτῳ
> δρόμῳ συνέθεον οἱ ἀναβάται ταῖς ἵπποις εἰλημμένοι τῶν χαλινῶν, καθὰ καὶ ἐς ἐμὲ ἔτι
> οἱ ἀναβάται καλούμενοι· διάφορα δὲ τοῖς ἀναβάταις ἐς τῆς κάλπης τὸν δρόμον τά τε
> σημεῖά ἐστι καὶ ἄρσενές σφισιν ὄντες οἱ ἵπποι.

> *Quand elles ont eu lieu pour la première fois [à Olympie], dans la course de chars de mules Thersias Thessalien avait été vainqueur, et Pataecos de Dymé, en Achaïe, dans la kálpe. La kálpe était une compétition pour les juments ; les cavaliers qui les montaient sautaient à bas vers la fin de la course, et, se passant la bride autour du bras, couraient avec les juments jusqu'au bout de la course, comme le font encore de nos jours ceux qu'on nomme « monteurs » [ἀναβάται], mais la différence entre les « monteurs » et la course de la kálpe tient à ce que dans la première il y a des signes et que les chevaux sont des mâles.*

C'était donc une discipline alliant équitation et athlétisme, puisqu'à la fin de la course le cavalier descendait de sa monture (une jument) et terminait l'épreuve à pied,

---

*. Je remercie Claire Nicolas et Jean-Charles Moretti pour la correction du texte français.
1. Pour l'information fournie par l'iconographie, voir BRAUER 1975 ; MAUL-MANDELARTZ 1990, p. 155-168 et 267-270.

manchant à côté de la jument en la tenant par la bride ; à ce moment-là, la jument marchait au trot, ce qui correspond au sens du mot κάλπη (« trot »)[2].

Pausanias affirme explicitement que la κάλπη ressemblait à la compétition qu'à son époque réalisaient ceux qu'on nommait « monteurs » (ἀναβάται), à la différence que les « monteurs » se servaient de chevaux mâles.

L'action de « démonter » caractérise aussi sans doute les ἀποβάται (« démonteurs ») les plus connus, qui concouraient sur un char et sont mentionnés dans les inscriptions (d'Attique, de Béotie, de Thessalie, d'Asie Mineure et de Naples) et dans quelques textes littéraires et érudits[3], et sur lesquels les sources iconographiques nous fournissent aussi de précieuses informations[4]. Puisque cette discipline hippique a fait l'objet de nombreux et excellents ouvrages[5], nous ne traiterons pas de cette épreuve avec plus de précision. Nous dirons seulement que les spécialistes ont encore quelques doutes sur son exact déroulement, se demandant en particulier si l'ἀποβάτης descendait du char seulement à la fin de la course et terminait l'épreuve à pied, comme semble le décrire Denys d'Halicarnasse, ou bien s'il descendait du char et remontait plusieurs fois au cours de l'épreuve[6], comme on le lit dans les *Anecdota Graeca* de E. Bekker[7]. Quelques spécialistes doutent même qu'elle ait été une discipline différente de celle pratiquée par

2. CHANTRAINE 1968, II, *s.v.* « κάλπη », p. 487. Voir HARRIS 1972, p. 158 ; CANALI DE ROSSI 2011, p. 135 ; PETERMANDL 2013, p. 156 ; GARCÍA ROMERO 1992b.

3. [D.], LXI 23-26 ; Denys d'Halicarnasse, VII 73, 3 (ὅταν γὰρ τέλος αἱ τῶν ἱππέων ἅμιλλαι λάβωνται, ἀποπηδῶντες ἀπὸ τῶν ἁρμάτων οἱ παροχούμενοι τοῖς ἡνιόχοις, οὓς οἱ ποιηταὶ μὲν παραβάτας, Ἀθηναῖοι δὲ καλοῦσιν ἀποβάτας, τὸν σταδιαῖον ἁμιλλῶνται δρόμον αὐτοὶ πρὸς ἀλλήλους) ; Plutarque, *Phocion* XX 1 ; Harpocration, *s.v.* « ἀποβάτης » ; *Souda* α 3250.

4. Voir KYLE 1987b, p. 188 ; *Το Πνεύμα και το Σώμα*, p. 296-299 ; REBER 1999, p. 126-141 ; NEILS, SCHULTZ 2012.

5. REISCH 1894, *s.v.* « ἀποβάτης » ; REED 1990 ; REED 1998, p. 42-55 ; CROWTHER 1991 ; DECKER 1996, *s.v.* « Apobates » ; MÜLLER S. 1996 ; CAMPAGNER 2001 ; GOLDEN 2004, p. 12-13 ; SCHULTZ 2007 ; WEISENHORN 2007, p. 4-6 ; PASTOR 2015, etc. Je n'ai pas pu consulter SZEMETHY 1991. Pour les *essedarii* de l'amphithéâtre romain, qui descendaient armés d'un char conduit par un cocher et combattaient, voir JUNKELMANN 2000, p. 116-119, et MAÑAS 2013, p. 81-83 (je remercie Dr. B. Dimde-Rieger de m'avoir fourni l'information sur les *essedarii*).

6. Outre la bibliographie citée, voir DECKER 1996, col. 848 : « …der A(pobates), bei dem ein Bewaffneter vom fahrenden Wagen absprang, eine Strecke zu laufen hatte und wieder aufsprang (?)… ». Sont enclins à accepter la description des *Anecdota Graeca* : PARKE 1986, p. 43 ; KYLE 1987b, p. 188-189 ; WEILER 1988, p. 204-205 ; CROWTHER 1994, p. 231-233, avec plus de doutes : « Although the version of Dionysius is earlier, and therefore in some ways may be consedered more reliable, he may have confused the *desultor* with the *apobates* » ; MILLER 2004a, p. 143 ; et aussi, en s'appuyant notamment sur les témoignages iconographiques, REBER 1999, p. 135-137 ; NEILS, SCHULTZ 2012, p. 203 ; et ADRYMI-SISMANI *et al.* 2004, p. 69 (j'ai eu accès à ce livre grâce à l'aide du prof. E. Albanidis que je remercie de sa gentillesse).

7. I 426, 30 : ἀποβατῶν ἀγών· οὗτος ὁ ἀγὼν ἤγετο τῇ Ἀθηνᾷ, ἐν ᾧ οἱ ἔμπειροι τοῦ ἐλαύνειν ἅρματα ἅμα θεόντων τῶν ἵππων ἀνέβαινον διὰ τοῦ τροχοῦ ἐπὶ τὸν δίφρον καὶ πάλιν κατέβαινον. καὶ ἦν τὸ ἀγώνισμα ἱππέως ἅμα καὶ πεζοῦ. καλεῖται δέ τις καὶ ἀποβατικὸς ἡνίοχος, ὁ εἰς τοῦτο δηλονότι ἐπιτήδειος τὸ ἀγώνισμα.

les ἀναβάται. En effet, H. A. Harris, I. Weiler et I. Mouratidis[8], semblent considérer que ἀναβάται et ἀποβάται sont des termes qui désignent les participants à la même discipline. À mon avis, cependant, le témoignage de Pausanias mène à la conclusion que les ἀναβάται utilisaient des chevaux mâles, tandis que les ἀποβάται descendaient (et remontaient ?) d'un char conduit par un cocher.

L'ΑΦΙΠΠΟΔΡΟΜΑ THESSALIENNE

Mais nous traiterons surtout d'une autre épreuve peu connue, l'ἀφιπποδρομά[9], pour laquelle a été proposé un déroulement semblabe à celui des disciplines mentionnées, et qui n'est attestée que par des inscriptions de Thessalie, toutes de Larisa et datables au Ier s. av. J.-C.[10] : *IG* IX 2, 527, 528, 531, 534, catalogues des vainqueurs dans des jeux locaux[11] ou aux Éleuthéria panthessaliens[12] ; peut-être aussi *SEG* XIX 424[13].

C'est une opinion bien établie (peut-être unanime ou quasi unanime) que l'épreuve appelée ἀφιπποδρομά consistait à monter et à descendre d'un cheval alors que l'animal continuait à courir : il s'agirait donc d'une compétition semblable à celle de l'ἀναβάτης ou de la κάλπη. Ainsi, M. Golden[14] dans son extraordinaire dictionnaire du sport grec et romain, la décrit comme «"dismounting horse race": the rider dismounted and remounted in the course of the race». Pour un autre grand spécialiste du sport antique, N. Crowther[15], l'ἀφιπποδρομία (*sic*) était «a variation on the *apobates* where the rider dismounted and ran on foot, but used a horse rather than a chariot» – mais aucun des témoignages qu'il cite ne prouve du tout cette affirmation. E. Maul-Mandelartz[16] parle d'une épreuve nommée ἀφιπποδρομός (*sic*) «bei dem die Reiter offenbar nach

---

8. HARRIS 1972, p. 181 ; WEILER 1988, p. 204-205 : «der Apobaten- und Anabatenagon, bei dem von zwei im Wagen befindlichen Personen eine während des Rennens abspringen bzw. aufspringen und weiterlaufen mußte» ; MOURATIDIS 2008, p. 461. E. Bekker proposait de remplacer dans le texte de Pausanias (V 9, 2), ἀναβάται, leçon unanime des manuscrits, par ἀποβάται.

9. La forme ἀφιπποδρομάς de l'entrée de l'article de REISCH 1894, col. 2721, est fausse (même erreur dans ADRYMI-SISMANI *et al.* 2004, p. 69, et dans STAMATOPOULOU 2007, p. 335-336). Et on peut dire la même chose à propos des formes ἀφιπποδρομός (MAUL-MANDELARTZ 1990) et ἀφιπποδρομία (CROWTHER 1991).

10. Toutefois, cette discipline équestre pourrait avoir été disputée depuis bien avant comme compétition traditionnelle de Thessalie ; voir ADRYMI-SISMANI *et al.* 2004, p. 69.

11. Voir ADRYMI-SISMANI *et al.* 2004, p. 71-73, et 123-124.

12. Ces jeux quadriennaux ont eu lieu pour la première fois en 196 av. J.-C., pour commémorer la libération de la Thessalie des Macédoniens. Seuls y participaient les Thessaliens.

13. Deux bases de statues commémoratives. Les éditeurs du *SEG* proposent de lire aux l. 1 et 4 un anthroponyme : Ἱ]ππόδ[αμον (?) et ἀφ' Ἱπποδ[άμου (?). À mon avis, il vaut mieux retenir les restitutions ἀφιπποδ[ρομῆι de J. et L. Robert (dans *REG* 74 [1961], p. 178, n. 365), sauf que je préfère ἀφιπποδ[ρομᾶι au lieu de ἀφιπποδ[ρομῆι, à en juger par le témoignagne des autres inscriptions.

14. GOLDEN 2004, p. 12.

15. CROWTHER 1994, p. 233.

16. MAUL-MANDELARTZ 1990, p. 155.

dem Abspringen eine Strecke mit dem Pferd am Zügel laufen und wahrscheinlich noch einmal aufsitzen mußten». K. J. Gallis, dans son étude sur les jeux de Larisa, affirme qu'il s'agissait de «mounting competitions», et il fait le commentaire suivant[17] :

> more original and particularly popular in horse-beeding places such as Thessaly, Cyrene, Sicily and Southern Italy was the *aphippodroma*. In this complex and dangerous race the rider had to dismount at several points in the course, run alongside the horse without letting go of the reins or losing speed, and mount again.

D'un autre côté, dans le livre sur le sport en Thessalie édité par V. Adrymi-Sismani, nous lisons que[18] :

> ένα από τα πιό συναρπαστικά αγωνίσματα της ρωμαϊκής περιόδου ήταν ο αφιππο-δρομάς [sic] [...] Ο αναβάτης του αλόγου κατά διαστήματα πηδούσε από το άλογο και έτρεχε δίπλα συνεχίζοντας να κρατά τους χαλινούς, ενώ στη συνέχεια χωρίς να χάσει ταχύτητα ίππευε πάλι το ζώο.

Et déjà à la fin du XIXe s., E. Reisch[19] affirmait, mais avec plus de doutes, que l'ἀφιπποδρομάς (*sic*) «offenbar ist an einen Wettkampf von Reitern zu denken, die in einem bestimmten Augenblick vom Pferde springen und die Strecke weit zu Fusse, ihr Tier am Zügel führend, wettlaufen, vielleicht auch noch einmal auf das Pferd aufsitzen müssen.

Donc, c'est une opinion généralisée que l'ἀφιπποδρομά thessalienne était une épreuve équestre qui consistait à descendre d'un cheval (et peut-être à le remonter) alors que l'animal continuait à courir. Mais je me demande quels sont les témoignages qui permettent de parvenir à une telle conclusion. Y a-t-il quelque argument objectif qui nous permette de soutenir cette hypothèse ? Le terme ἀφιπποδρομά est exclusivement attesté dans les inscriptions thessaliennes, qui n'indiquent que le nom de la discipline et le vainqueur. Aucun texte ne décrit l'épreuve. Et je n'ai trouvé aucune référence écrite permettant de relier le mot ἀφιπποδρομά à une compétition dans laquelle les partici-pants montent et descendent des chevaux. Quant aux témoignages iconographiques, certains[20] ont présenté comme preuve en faveur de cette hypothèse le fait que sur quelques monnaies de Larisa et de Phères – surtout du IVe s. av. J.-C. – est représentée

---

17. GALLIS 1988, p. 220. K. J. Gallis suit littéralement la description de la κάλπη qui est faite dans YALOURIS 1982, p. 246, et l'applique directement à l'ἀφιπποδρομά, incluant le catalogue des lieux où N. Yalouris affirme que la κάλπη était disputée (mais l'ἀφιπποδρομά n'apparaît que dans les inscriptions de Larisa).

18. ADRYMI-SISMANI *et al.* 2004, p. 69.

19. REISCH 1894, *s.v.* «ἀφιπποδρομάς». Voir aussi *LSJ, s.v.* : «contest of riders who dismounted while racing»; F. RODRÍGUEZ ADRADOS (éd.), *Diccionario Griego-Español, s.v.* : «competición de jinetes que desmontan durante la carrera». ALBANIDIS 2004, p. 120, décrit l'ἀφιπποδρομά comme une «επίδειξη ιππευτικής ικανότητας».

20. Voir GALLIS 1988, p. 220; ADRYMI-SISMANI *et al.* 2004, p. 69; STAMATOPOULOU 2007, p. 335-336 : «coinage of the fifth and fourth centuries from a number of Thessalian cities, especially Larisa, depicts bull-wrestling games and/or the *aphippodromas* (sic) [...] *Aphippodromas* is depicted on 4th-cent. coins of Larisa and Pherai».

une scène montrant un cavalier qui conduit un cheval par les rênes. Mais je crois qu'il n'y a pas le moindre indice permettant de relier cette scène représentée sur des monnais avec l'épreuve appelée ἀφιπποδρομά ; et, d'une autre part, sur les monnaies de Thessalie, au moins dès le IVᵉ jusqu'au Iᵉʳ s. av. J.-C., nous pouvons voir aussi des représentations de cavaliers au galop[21], et si nous proposions de relier cette scène à l'ἀφιπποδρομά, la restitution du déroulement de cette compétition serait très différente. À partir des inscriptions de Larisa, nous pouvons déduire uniquement que l'ἀφιπποδρομά était une compétition différente de celle de l'ἀποβάτης, puisque cette dernière discipline est mentionnée dans deux des inscriptions qui la citent comme une épreuve distincte de l'ἀφιπποδρομά (*IG* IX 2, 527, l. 11-13 ; et 531, l. 37-39)[22].

Il me semble donc que la reconstruction de l'ἀφιπποδρομά comme une discipline dans laquelle les participants descendaient et remontaient est, en réalité, une idée qui a été transmise traditionnellement sans que la force des arguments sur lesquels se fonde cette hypothèse ait été confirmée.

À mon avis, il y a d'autres possibilités pour la restitutution du déroulement de l'épreuve de l'ἀφιπποδρομά : se demander, par exemple, ce que nous pouvons déduire du terme lui-même, du mot composé ἀφ-ιππο-δρομά et il s'agit, je pense, de la seule donnée objective que nous ayons pour la reconstruction de l'épreuve. Que peut signifier un terme comme ἀφιπποδρομά ?

Comme nous l'avons déjà noté, le mot ἀφιπποδρομά n'est attesté que dans les inscriptions de Larisa. Mais, dans les textes littéraires, nous trouvons d'autres termes composés par le préfixe ἀπο- et un des deux radicaux qui forment le mot ἀφιπποδρομά. En effet, les verbes ἀφ-ιππεύω et ἀφ-ιππάζομαι[23] sont bien attestés au sens de « s'éloigner à cheval » (Xénophon, *Anabase* I 5, 12 ; Diodore de Sicile, II 19, 7[24] ; Strabon, VII 2, 1 ; Plutarque, *Paul-Émile* XIX 2 et *Aratos* XL 4 ; Héliodore, IV 18, 1, et VII 29, 2 ;

---

21. Par exemple, *SNG Cop.* 134, *BMC* 69, de Larisa, *ca* 344-321 av. J.-C.

22. Voir Adrymi-Sismani *et al.* 2004, p. 69, et, pour l'iconographie, p. 120-121. Si, en effet, l'ἀποβάτης est aussi attesté en Thessalie, l'affirmation de Kyle 1987b, p. 188 – selon qui l'ἀποβάτης est « a ceremonial race found only in Attica and Boeotia » – devrait être corrigée.

23. Mavridis *et al.* 2004, p. 141, décrivent l'ἀφιπποδρομά comme « une course à deux chevaux où le concurrent doit sauter de l'un à l'autre ». Il s'agit, en effet, d'une autre possibilité qui a été proposée, peut-être à partir de l'*Iliade* XV 679-684. Mais je pense que pour désigner une telle compétition le terme le plus correct ne serait peut-être pas ἀφιπποδρομά, mais ἀμφιπποδρομά, à en juger par quelques textes (Arrien, *De la Tactique* 2, 3 ; Élien, *Tactica Theoria* 2, 4 ; peut-être Diodore de Sicile, XIX 29, 2, correction de P. Wesseling) qui documentent le terme ἄμφιπποι ou « cavaliers qui mènent en bride un cheval de rechange » pour changer la monture lorsqu'il est nécessaire. Son usage comme terme agonistique n'est cependant pas attesté. Pour les témoignages iconographiques des acrobaties à cheval, voir Maul-Mandelartz 1990, p. 168-172. Pour les *desultores* romaines, voir Thuillier 1996, p. 96.

24. Διόπερ οὐδὲν παθοῦσα δεινὸν ἡ Σεμίραμις ταχέως ἀφίππευσε (« ainsi, sans ressentir rien de grave, Sémiramis s'éloigna-t-elle vite à cheval »). Dans le § 3, au cours de la description de la même bataille, Diodore utilise le verbe προσ-ιππεύω pour décrire une charge à cheval : τὰ γὰρ εἴδωλα πόρρωθεν μὲν ὁμοίαν εἶχε τὴν πρόσοψιν τοῖς ἀληθινοῖς θηρίοις, οἷς συνήθεις ὄντες οἱ τῶν Ἰνδῶν ἵπποι τεθαρρηκότως

Lucien, *Toxaris* 50), signifiant souvent «fuir à cheval» (Diodore de Sicile, II 19, 7 ; Strabon, VII 2, 1). D'un autre côté, le verbe ἀπο-τρέχω/ἀπο-διδράσκω signifie «s'éloigner en courant»[25] (A. Bailly), «run off or away» (*LSJ*) ; et, par conséquent, le nom correspondant ἀπό-δρασις/ἀπο-δρομή signifie «fuite» («running away, escape», *LSJ*). La forme ἀπο-δρομή est très rare ; je l'ai trouvée uniquement dans deux textes : dans Cyrille d'Alexandrie, *De adoratione in spiritu et veritate* 5 (68, 381C éd. Migne), où il signifie «fuite» (ἀσύγγνωστον δὲ μετὰ τοῦτο τὴν ἄγαν ἔχει μικροψυχίαν, καὶ τὴν ἀχάλινον ἀποδρομήν, ἣν ἂν ποιοῖτο τυχὸν εἰς ἐκτόπους ἐπιθυμίας ; l'usage de l'adjectif ἀχάλινος, «sans frein», semble suggérer que Cyrille pense à une métaphorique fuite à cheval) ; et dans le *Periplus Maris Rubri* au sens de «résultat de la fuite ; refuge, abri (d'un bateau)». Par conséquent, si ἀπό-δρασις/ἀπο-δρομή signifie «action de s'éloigner (en courant), fuite», le composé ἀφ-ιππο-δρομή devrait signifier littéralement «action de s'éloigner à cheval, fuite à cheval» (n'oublions pas que le verbe ἀφ-ιππεύω signifie «s'éloigner à cheval»). Que «fuite à cheval» est le sens naturel du composé ἀφ-ιππο-δρομή peut être mis en évidence à partir d'un passage des *Guêpes* d'Aristophane (v. 185). Au cours de l'hilarante scène dans laquelle le vieux Philocléon, imitant parodiquement Ulysse dans la grotte du Cyclope, tente de s'échapper de sa maison accroché au ventre d'un âne, quand il est découvert par son fils, Bdélicléon, et celui-ci lui demande qui il est, Philocléon répond : Ἴθακος Ἀποδρασιππίδου («je suis d'Ithaque, fils de "Fuite-à-cheval"»). Dans l'anthroponyme inventé Ἀπο-δρασ-ιππ-ίδης, nous trouvons exactement le même préfixe et les mêmes deux radicaux que dans le mot ἀφ-ιππο-δρομά, avec l'ajout du suffixe patronymique -ίδης ; et le sens comique du nom est «Je-fuis-à-cheval».

Je pense donc que le sens naturel du mot ἀφ-ιππο-δρομά serait «fuite à cheval». En conséquence, à en juger par le sens littéral du terme, nous devrions en principe penser que l'épreuve appelée ἀφιπποδρομά comprend une fuite à cheval. Ce mot pourrait-il, alors, nommer une compétition consistant dans l'imitation agonistique de poursuites à cheval d'un ennemi fuyant ?

N'oublions pas ce que, dans le domaine de l'équitation, Xénophon (*De l'Équitation* VIII 10) recommande comme une bonne pratique, ἀγαθὴ ἄσκησις :

> *Deux hommes à cheval, d'un commun accord, réalisent l'un une fuite sur son cheval par toutes sortes de terrains et s'exerce dans la retraite en jetant la lance en arrière, et l'autre le poursuit en portant des javelots boulés et en utilisant la lance de la même manière, et, quand celui-là se trouve à portée du javelot, celui-ci décharge les javelots boulés contre l'autre qui fuit, et, quand celui-là se trouve à portée de son coup de lance, celui-ci essaie d'atteindre avec sa lance celui qui est sur le point d'être pris.*

προσίππευον («car les reproductions avaient de loin le même aspect que les bêtes véritables, auxquelles étant accoutumés les chevaux des Indiens, ils chargeaient résolument»).

25. CAMPAGNER 2001, p. 87-88, offre pour ἀποτρέχω le sens «correre in pista» ; nous considérons plus précise l'interprétation de K. J. Dover (*Aristophanes. Clouds* [1968], p. 221) : «run off».

ΑΦΙΠΠΟΔΡΟΜΑ ΕΤ ΠΡΟΣΔΡΟΜΗ

Notre hypothèse peut être renforcée par la dénomination d'une autre compétition équestre, également à fort caractère militaire, presque exclusivement connue par les inscriptions thessaliennes de Larisa[26] : la προσ-δρομή. En effet, dans quelques inscriptions agonistiques de Larisa, dans les catalogues des épreuves et des vainqueurs, est mentionnée une compétition nommée προσδρομή, qui présente en plus trois modalités, deux d'entre elles de caractère équestre (προσδρομὴ ἱππέων et προσδρομὴ συνωρίδων) et la troisième de caractère pédestre (προσδρομὴ πεζῶν). Outre leur présence dans *IG* IX 2, 531, l. 13-17, déjà citée, les προσδρομαί sont mentionnées aussi dans autres trois inscriptions de Larisa : *IG* IX 2, 532, l. 13-16, fin du Ier s. av. J.-C. ; *SEG* LIII 550, l. 10-13, vers 46-31 av. J.-C. ; *SEG* LIV 559, l. 8, IIe s. av. J.-C. (catalogue des vainqueurs aux Éleuthéria[27]).

Dans ce cas, je pense qu'il ne peut y avoir beaucoup de doutes quant à la signification du terme προσδρομή et le type d'exercice agonistique-militaire désigné. Le nom προσ-δρομή et son verbe correspondant προσ-τρέχω sont bien attestés en contexte militaire pour désigner une «charge» offensive contre l'ennemi[28], de sorte qu'en contexte agonistique, les participants aux προσδρομαί devaient réaliser une charge, soit à cheval (προσδρομὴ ἱππέων)[29], soit à pied (προσδρομὴ πεζῶν), soit sur un char tiré par deux chevaux (προσδρομὴ συνωρίδων)[30]. Le terme apparaît dans des contextes militaires, ainsi chez Plutarque, *De la Fortune d'Alexandre* 344a : κεναὶ δ' ἔξωθεν προσδρομαὶ καὶ ἀλαλαγμοὶ Μακεδόνων («Au dehors, les Macédoniens chargeaient et hurlaient : en vain») ; ou Xénophon, *Cyropédie* V 4, 47 : καὶ τοῖς μὲν ἐπὶ μακρὸν πορευομένοις μακραὶ καὶ αἱ ἐπιβοήθειαι, τοῖς δ' ἐκ τοῦ τείχους βραχὺ πρὸς τὸ ἐγγὺς καὶ προσδραμεῖν καὶ πάλιν ἀπελθεῖν. On rencontre aussi le verbe προσιππεύω, «charger à cheval», dans Thucydide, II 79, 6 (οἵ τε ἱππῆς τῶν Χαλκιδέων προσιππεύοντες ᾗ δοκοίη προσέβαλλον [«Les cavaliers chalcidiens donnaient l'assaut également, chargeant où bon leur semblait»][31]) et dans Diodore de Sicile, II 19, 3. Ce dernier passage, déjà mentionné, peut être intéressant pour

---

26. En dehors de Thessalie, j'ai trouvé le terme uniquement dans une inscription éphébique de Chalcis d'Eubée, datée de 212 av. J.-C. (*IG* XII *Suppl.* 646, l. 22 ; voir *RPh* 13 [1939], p. 132) ; l'inscription n'offre aucune information supplémentaire.

27. Voir A. Tziafalias, dans ADRYMI-SISMANI *et al.* 2004, p. 124-125.

28. «*charge*, as a military evolution» (*LSJ*).

29. Le pluriel τῶν ἵππων peut signifier «charge de chevaux» et «charge de chars». Nous trouvons plus probable la première interprétation.

30. GALLIS 1988, p. 227, décrit la προσδρομή comme «an imitation of a military assault involving three successive waves of horsemen, infantry, and chariots drawn by two horses, perhaps representing the three main forms of warfare». Toutefois, l'expression «three successive waves» ne nous semble pas appropriée, parce que, d'une part, à partir des rares témoignages épigraphiques nous ne pouvons pas déduire que les charges étaient immédiatement successives, et, d'autre part, les inscriptions indiquent clairement que c'était une épreuve individuelle et pas collective, contrairement à l'ἀνθιππασία (voir MILLER 2004a, p. 145). K. J. Gallis renvoie à AXENIDIS 1947, p. 41, que nous n'avons pas pu consulter.

31. Προσβάλλω se trouve aussi dans Aristophane, *Les Thesmophories* 615 ; Hérodote, III 155 ; Thucydide, I 49 et II 19 ; cf. προσέρχομαι dans Xénophon, *Cyropédie* VI 2, 16 : πρὸς τοὺς ἱππέας προσέρχονται.

le sujet que nous traitons ici, étant donné que, dans le récit d'un même combat, Diodore utilise le verbe προσ-ιππεύω pour indiquer une προσ-δρομή, une charge de la cavalerie en situation d'attaque (voir le texte dans la n. 24), et le verbe ἀφ-ιππεύω pour faire référence à l'ἀφ-ιππο-δρομή, la fuite à cheval de la reine Semiramis (διόπερ οὐδὲν παθοῦσα δεινὸν ἡ Σεμίραμις ταχέως ἀφίππευσε). Nous croyons donc possible que dans les compétitions équestres de la Thessalie la προσ-δρομὴ τῶν ἱππέων et l'ἀφ-ιππο-δρομά aient été conçues comme des disciplines complémentaires, dans lesquelles les cavaliers participants devaient montrer leurs compétences respectivement en chargeant contre l'ennemi (προσ-δρομή) et en poursuivant l'ennemi fuyant[32] (ἀπο-δρομή).

Or, précisément, tant la poursuite de l'ennemi fuyant que la charge offensive de cavalerie faisaient partie, comme la longue description de Xénophon l'indique clairement, d'un autre exercice sportif et militaire, beaucoup mieux connu et étudié[33], et bien attesté par l'épigraphie, en particulier en Attique[34], depuis le milieu du IVe s. av. J.-C. : l'épreuve appelée ἀνθιππασία, une compétition par équipes consistant dans des manœuvres de cavalerie mettant aux prises deux escadrons d'éphébes[35]. Sur cette discipline, outre les informations fournies par des inscriptions – qui confirment, par exemple, que l'ἀνθιππασία était incluse dans les Panathénées et les Olympieia d'Athènes –, nous avons également des témoignages iconographiques[36], des références chez les lexicographes[37],

---

32. Probablement mieux qu'interpréter que les participants simulaient une fuite à cheval.

33. MARTIN 1887, p. 196-199 ; REISCH 1894, col. 2378-2379 ; MORETTI L. 1953, p. 67 ; PATRUCCO 1972, p. 381 ; VANDERPOOL 1974 ; PARKE 1986, p. 144-145 ; KYLE 1987b, p. 189-190 ; BUGH 1988, p. 59-60 ; MAUL-MANDELARTZ 1990, p. 192-200 et 278-280 ; REED 1990, p. 56-59 ; GOLDEN 2004, p. 10-11 : « "riding opposite", a competitive equestrian display (perhaps a mock cavalry battle) which at Athens involved two squads, each made up of contingents from five of the city's civic tribes. It was part of the Panathenaea and Olympieia from at least the fourth century. Outside Athens, it may be attested (as *hippasia*) at Lebadeia in Boeotia » ; WEISENHORN 2007, p. 6 ; GOETTE 2007, p. 117-118 et 120-121 ; KYLE 2014. À propos de la relation avec le *Lusus Troiae* romain (*Énéide* V 545-602), voir DIEM 1942, p. 22, et FUCHS 1990 ; aussi THUILLIER 1996, p. 93-94, et GOLDEN 2004, p. 98.

34. *IG* II² 379, 1612, 3079, 3130 ; *SEG* XLV 85, 145 ; E. B. Harrison, *Agora* I 5326 (voir W. K. PRITCHETT, « Greek inscriptions », *Hesperia* 9 [1940], p. 111-112, n° 21 ; A. G. WOODHEAD, *Inscriptions: The Decrees*, *The Athenian Agora* XVI [1997], n° 203). Voir aussi ἱππασία dans *IG* VII 3087 (Lébadée).

35. Les inscriptions et le témoignage des lexicographes montrent sans équivoque que, au moins au IVe s. av. J.-C., l'exercice était devenu une compétition dans laquelle s'affrontaient les escadrons de cavalerie des différentes φυλαί, occasion pour les jeunes gens de montrer aux citoyens les acquis obtenus pendant leur éphébie.

36. Voir VANDERPOOL 1974 ; *Το Πνεύμα και το Σώμα*, p. 320-321, avec le commentaire sur la base de Bryaxis, Musée archéologique national d'Athènes, 11733 ; et p. 335-336, avec le commentaire sur le relief de la φυλή Léontis, musée de l'Agora, I 7167 ; sur d'autres représentations possibles de l'épreuve, voir *Το Πνεύμα και το Σώμα*, p. 200, 204, 300. MAGGI 2011 a proposé d'identifier la représentation équestre de la frise sud de la cella du Parthénon avec l'*anthippasia*.

37. Hésychius, α 5143 : ἀνθιππασίᾳ· τῶν ἱππέων ἄσκησις, καὶ ἀγῶνες αὐτῶν ; *Souda* α 2524 : ὁ ἱππικὸς ἀγών (= *Anecdota Graeca*, L. Bachmann 97, 27) ; *Anecdota Graeca* I 404, 2, E. Bekker : ἵππων ἅμιλλα, ἱππικὸς ἀγών. Comme curiosité, dans la version grecque du programme de l'inthronisation du roi Othon Ier de Grèce (23 mai 1835), conservée au musée d'Histoire nationale d'Athènes (ancien parlement), est mentionée (point 17) une épreuve appelée ἀνθιππασία, qui correspond à l'allemand

et surtout la description qu'offre Xénophon dans le *Maître de cavalerie* III 11-12 (voir aussi I 20 et peut-être III 2[38]). Au cours de sa description, comme nous l'avons déjà dit, Xénophon parle tant de manœuvres d'attaque que de poursuite de l'ennemi fuyant :

Καλὸν δ᾽, ἐπεὶ αἱ φυλαὶ ἐν τῇ ἀνθιππασίᾳ <u>φεύγουσί τε ἀλλήλας καὶ διώκουσι ταχέως</u>, ὅταν οἱ ἵππαρχοι ἡγῶνται ταῖς πέντε φυλαῖς, ἑκατέρας διελαύνειν τὰς φυλὰς δι᾽ ἀλλήλων. Ταύτης γὰρ τῆς θέας τό τε ἀντιμετώπους <u>προσελαύνειν</u> ἀλλήλοις γοργόν, τό τε διελάσαντας τὸν ἱππόδρομον ἀντίους πάλιν στῆναι ἀλλήλοις σεμνόν, καὶ τὸ ὑπὸ σάλπιγγος αὖ τὸ δεύτερον θᾶττον ἐπελαύνειν καλόν. Στάντας δὲ ἤδη τὸ τρίτον αὖ ὑπὸ τῆς σάλπιγγος χρὴ τάχιστα ἀλλήλοις ἐπελαύνειν, καὶ διελάσαντας εἰς κατάλυσιν ἤδη ἐπὶ φάλαγγος ἅπαντας καταστάντας, ὥσπερ εἰώθατε, πρὸς τὴν βουλὴν προσελαύνειν.

C'est beau quand au cours de l'anthippasia <u>les tribus s'échappent et se poursuivent les unes les autres</u> rapidement, quand les hipparques commandent leurs cinq tribus, afin que chaque escadron formé par cinq tribus passe à travers l'autre. Car dans ce spectacle la manière dont ils <u>avancent</u> de front les uns contre les autres est formidable, magnifique celle dont, après avoir traversé l'hippodrome, ils s'arrêtent de nouveau les uns face aux autres, et belle encore celle dont, au son de la trompette, d'un autre côté, ils font <u>une deuxième charge</u> plus rapide. Alors ils s'arrêtent déjà pour la troisième fois au son de la trompette et <u>doivent charger</u> très rapidement les uns contre les autres, et après s'être tous élancés à travers et placés déjà en ligne de combat pour terminer, s'avancent vers le Conseil.

Peut être que dans les jeux équestres thessaliens étaient disputées aussi des compétitions de charge et de poursuite, mais pas comme des épreuves par équipes, puisque la προσδρομή et l'ἀφιπποδρομά thessaliennes étaient des compétitions individuelles, où un vainqueur unique était proclamé.

ΑΦΙΠΠΟΛΑΜΠΑΣ ΕΤ ΣΚΟΠΟΣ ΙΠΠΕΩΝ

Dans les inscriptions agonistiques de Thessalie sont aussi mentionnées d'autres épreuves hippiques, qui ne présentent pas de problèmes d'identification. L'ἀφιππολαμπάς[39] était une course pendant laquelle les cavaliers portaient des torches probablement passées de l'un à l'autre, constituant ainsi une version équestre des λαμπαδηδρομίαι pédestres. Le terme ἀφιππολαμπάς apparaît seulement dans des inscriptions de Thessalie en rapport avec les Éleuthéria et autres concours locaux (*IG* IX 2, 528, l. 18-19 ; 531, l. 18 ; 532, l. 17-18 ; 534, l. 11-13 ; *SEG* LIII 550, l. 14 ; *SEG* LIV 559, l. 6-7), mais le plus

---

«Wettrennen zu Pferde» et au français «course de chevaux» (je remercie le prof. W. Decker de m'avoir fourni cette information).

38. VANDERPOOL 1974, je crois à juste titre, est contre la possibilité d'identifier avec l'*anthippasia* l'exhibition de cavalerie décrite par Xénophon dans le *Maître de cavalerie* III 2 ; voir aussi AJOOTIAN 1998, p. 12, n. 40.

39. REISCH 1894, col. 2721 ; PATRUCCO 1972, p. 382 ; YALOURIS 1982, p. 251 ; GALLIS 1988, p. 220 ; GOLDEN 2004, p. 12. Pour les représentations iconographiques, voir MAUL-MANDELARTZ 1990, p. 185-192.

probable est qu'il s'agit d'une compétition similaire à celle qui, pour les Théseia d'Athènes (et peut-être aussi dans les Panathénées), était appelée dans les inscriptions attiques ἡ λαμπὰς τῶν ἱππέων (*IG* II² 958, l. 67, milieu du IIᵉ s. av. J.-C.)[40]. Au témoignage des inscriptions s'ajoute celui de la numismatique – une compétition qui pourrait répondre aux caractéristiques auxquelles on s'attendrait dans une épreuve ainsi nommée est représentée sur les monnaies de Tarente du IIIᵉ s. av. J.-C, selon E. Reisch –, et surtout l'allusion que Platon, au début de la *République* (I 328a), fait aux cultes nouvellement inaugurés qui sont célébrés au Pirée en l'honneur de la déesse Thrace Bendis. Ces cultes comprenaient une nouveauté notable : une course équestre aux torches (λαμπὰς ἀφ᾽ ἵππων), dont les participants se passaient le témoin, les torches, en courant montés sur leurs chevaux.

Dans les inscriptions de Thessalie (*IG* IX 2, 527 et 531) est mentionnée aussi une épreuve appelée σκοπός, qui présente une modalité hippique (σκοπὸς ἱππέων, l. 16-17 et l. 43-44 respectivement) et une modalité pédestre (σκοπὸς πεζῶν, l. 18-19 et l. 40-41 respectivement). Il s'agit, évidemment, de disciplines à caractère militaire, au cours desquelles les participants devaient frapper une cible en lançant une arme. Quelle était cette arme ? Étant donné que dans ces mêmes inscriptions est mentionnée une autre épreuve appelée τόξον, « arc » (respectivement l. 14-15 et l. 42), il semble logique de supposer que les participants à la discipline nommée σκοπὸς ἱππέων étaient des cavaliers équipés d'une lance qu'ils jetaient sur une cible, comme bon nombre de témoignages iconographiques de l'époque classique le montrent (Londres, British Museum GR 1903.2-17.1 ; Athènes, Musée archéologique national 1631)[41]. L'existence de compétitions similaires au cours des Panathénées est confirmée par les inscriptions[42].

---

40. Voir aussi *IG* II² 960, un catalogue des vainqueurs aux Théseia d'Athènes de l'année 142-141 av. J.-C. ; après les références à la λαμπάς des παῖδες, des ἔφηβοι et des νεανίσκοι, il est ajouté peut-être dans les lignes 33-34 : [τῆι λαμπάδι τῶν Ταρ]αντίνων· / [- - - - - - Πα]νδιονίδος φυλῆς. Voir aussi, dans un contexte similaire, *IG* II² 961, l. 33-34 (140 av. J.-C., également en rapport avec les Théseia d'Athènes) ; *IG* II² 2317, l. 17-18 (162-161 av. J.-C., en rapport avec les Panathénées : [ἐκ τῶν ἱππέ]ων λαμπάδι ; cf. *SEG* XXXXI 118, 17, douteux). Ταραντῖνοι était la dénomination d'un type de cavaliers qualifiés (Hésychius, τ 3176) ; voir Patrucco 1972, p. 382. E. Reisch pensait aussi à la possibilité de corriger dans Athénée, XII 536ᵉ, ὑπολαμπάδων en ἱππολαμπάδων, ce qui serait le témoignage de l'existence de compétitions similaires à Alexandrie, au temps de Ptolémée II.

41. Yalouris 1982, fig. 105 ; Maul-Mandelartz 1990, p. 175-185 et 273-275 ; *To Πνεύμα και το Σώμα*, p. 202-205. Dans ce dernier livre, R. Proskinitopoulou fait le commentaire suivant (p. 202) : « Ο "ἔφιππος στοχαστικός ακοντισμός" […] καθιερώθηκε ως αγώνισμα στα Παναθήναια στα τέλη του 5ου αι. π.Χ. Ως άθλημα, όμως, το είδος αυτό του ακοντισμού είχε μεγάλη σπουδαιότητα και σ' άλλες γιορτές, όπως στα Ηραία του Άργους, όπου στο νικητή δινόταν ως βραβείο, μαζί μ' ένα στεφάνι μυρτιάς, και η ασπίδα που είχε αποτελέσει το στόχο ». Cependant, nous n'avons trouvé aucun témoignage confirmant l'affirmation (qui vient de Wagner ; cf. Maul-Mandelartz 1990, p. 175-176) que le lancé de javelot faisait partie du programme des Héraia d'Argos.

42. *IG* II² 2311, 68. Voir Reisch 1894, col. 1185 ; Patrucco 1972, p. 187 ; Parke 1986, p. 36 ; Kyle 1987b, p. 186-187 ; Golden 2004, p. 125. Voir Gardiner E. N. 1910, p. 237-238. Platon (*Ménon* 93d) note que Thémistocle « fit de Cléophante, son fils, un excellent cavalier. Il est certain que ce Cléophante savait se tenir debout sur son cheval, lancer le javelot dans cette position, exécuter enfin une foule d'autres tours de force qu'il avait appris de son père ». Voir aussi Xénophon, *De l'Équitation* 8, 10 ; 12, 13.

Contrairement à l'épreuve de σκοπός, il n'est pas spécifié si l'épreuve du tir à l'arc (τόξον) est une discipline pédestre ou équestre[43]. Cependant, sa présence dans les deux inscriptions de Larisa parmi des disciplines équestres (*IG* IX 2, 527 est particulièrement clair sur ce point) permet raisonnablement de supposer qu'elle pourrait être une épreuve hippique. Outre les archers à pied, faisaient partie des armées grecques des archers à cheval, appelés ἀφιπποτοξόται par Diodore de Sicile, XIX 29, et Plutarque, *Apophtegmes de rois et de généraux* 197d (voir également Thucydide, II 13, 8 ; Lysias, XV 6 ; et aussi Hérodote, IV 46 et IX 94 ; Aristophane, *Les Oiseaux* 1179)[44]. Platon ne veut pas non plus priver de ces soldats son état idéal, de sorte qu'il inclue le tir à l'arc à cheval dans la formation des jeunes des deux sexes, sous la supervision d'un « archer crétois », qui doit les instruire dans la manipulation de l'arme avec les deux bras (*Lois* VIII 834d). Platon parle de « rivalité et compétition » (ἔρις καὶ ἀγωνία) entre les jeunes gens qui pratiquent cet exercice, de sorte que sa présence au concours agonistiques éphébiques n'est pas étrange.

---

43. GALLIS 1988, p. 227, parle de « archery competitions, with separate events for men on foot and on horseback », sans fournir de preuves en faveur de cette hypothèse.
44. REISCH 1894, col. 2721-2722.

Ἑρμῆς Ἵππιος. Hermes and his association with horses [*]

Martin Schäfer

It is well known that Hermes, besides his other responsibilities, was associated with agricultural life,[1] mostly with pastoral activity. It is thus no surprise that he also had animals under his jurisdiction.[2] Less evident in written sources is his relationship with horses, in contrast to that with flocks and wild animals. Poseidon Hippios and Athena Hippia are generally recognised as the pre-eminent patrons of horses and riders.[3]

In consequence, and for that reason, attention has not yet been given to any great degree to researching the special link between Hermes and horses,[4] even though it is specifically recognisable in Athens.

In written sources, the responsibility of Hermes for horses is not very evident and frequently appears to be incidental. Thus in the *Homeric hymn to Hermes* (567-568)

[*]. For their assistance I would like to thank most warmly U. Visyinou, M. Lipka, K. Papoutsis, V. Antoniadis, J. Heiden, St. Fritzilas, N. Malagardi, A. Kouveli and especially E. Vikela for the translation of the text into Greek. I am also grateful to N. Wardle for the translation of the text into English.

[1]. See Eitrem 1913, cols. 757-759, 775-776.

[2]. Scherer 1886-1890, cols. 2377-2379; Eitrem 1913, cols. 757-759, 775-776; Chittenden 1947; Herter 1976, pp. 224-225, 239; Vernant 1983, p. 152; Simon E. 1998, pp. 258-259; Burkert 2011, pp. 243-244. Chittenden's view (Chittenden 1947), that Hermes functioned as a "master of animals" in the early period (following by Siebert 1990, p. 380), has usually rightly been rejected by research: e.g. Herter 1976, p. 225; Simon E. 1998, p. 259 and n. 10; cautiously Thomsen 2011, p. 274.

[3]. For Poseidon Hippios see Graf 1985, pp. 171-172; Mylonopoulos 2003, esp. pp. 365-369, 381-382, 398, 405-406, 412, 438, 439; Nadal 2005; Mikalson 2005, pp. 33-34, 46, 57, 119; Burkert 2011, pp. 215-217; Meyer 2017, p. 303. For the association of Poseidon Hippios with the Athenian cavalry and relevant scenes in Attic vase-painting see Nadal 2005, pp. 115-124. For Poseidon Hippios in iconography see also Manakidou 1994, p. 151; Schäfer 2002, p. 73 n. 423; pp. 130-131 and nn. 728-729; p. 133 and n. 748; pp. 135-136; pp. 156-157 and nn. 915-917; p. 181 and n. 1044; pp. 202, 205 and n. 1182; pp. 212, 222; Meyer 2017, pp. 400-402, 404-405. For Athena Hippia see Mikalson 2005; Nadal 2005, p. 113 and n. 28 (bibliography); Meyer 2017, p. 303. For Athena Hippia in Attic art see Schäfer 2002, pp. 58, 156-157, 165, 176-177, 205 and n. 1181; pp. 212, 216-217, 222; Vlassopoulou 2003, pp. 36, 37-38, 44-50, 68-71; Meyer 2017, pp. 174, 401-402.

[4]. An exception is Siebert 1990, pp. 380-381, who notes this relationship, in reference to scenes of the god with horses harnessed to chariots; see also Alexandridou 2011, p. 19.

Apollo mentions that Zeus gave his son Hermes authority over different types of animals, and in addition to this the care of horses and mules.[5]

In the *Homeric hymn to Demeter* (375-388) Hermes, who is characterised as Ἀργειφόντης,[6] acts as a charioteer. He transports Persephone in Hades' chariot (πολυση-μάντωρ Ἀιδονεύς) drawn by immortal horses and he guides them swiftly over the sea and the rivers, the verdant gorges and the mountain peaks, parting the strong winds to reach the temple of Demeter, where the goddess awaits them.[7]

Already in the *Iliad* (24.440-442 and 690-691)[8] Hermes harnesses horses, as well as mules, to Priam's chariot and directs them. He is further characterised as a προπο-μπός, a guide (*Iliad* 24.461). According to the passage, which in the *Great Etymological Dictionary* is attributed to the Ἆθλα ἐπὶ Πελίαι by Stesichorus, an Archaic poet from Sicily, Hermes gave the Dioscuri the horses Phlogeus and Harpagos, the swiftest children of the Harpy Podarge, for their chariot, while Hera, whose epithet *Hippia* denoted a special relationship with horses, gave them the horses Xanthos and Kyllaros.[9]

In *Isthmian* I (ll. 60-63) Pindar praises the victory of Herodotus of Thebes in a chariot race and names Hermes Agonios (lord of the games) as the sponsor of his numerous victories.[10]

According, therefore, to literary sources Hermes was particularly associated with chariots and with draft horses. This can also be inferred from another myth, which connects him with Olympia. According to a version preserved in later authors,[11] Hermes was the father of Myrtilos, the charioteer who helped Pelops to win the hand of Hippodameia, the daughter of Oenomaus.[12]

This myth tangibly echoes the god's relationship with horses as well as the reference to a cult in his honour, as confirmed in various places. Thus, at the starting line of the hippodrome at Olympia, Pausanias (5.15.5) mentions, amongst other altars, one dedicated to Hermes. In any case, while for the other deities, Poseidon, Ares, Hera and Athena, to whom there were also altars, he gives the epithets Hippios or Hippia

---

5. Ed. WEST 2003, p. 158. See also the comments in VERGADOS 2013, pp. 578-579.
6. For this epithet see SCHERER 1886-1890, cols. 2384-2386; BRUCHMANN 1893, s.v. "Ἀργειφόντης" pp. 104-105; KARAYORGA-STATHAKOPOULOU 2002, pp. 240-242; FAULKNER 2008, p. 194.
7. Ed. WEST 2003, p. 62.
8. SIEBERT 1990, p. 287. Homer, *Iliad* 24.442: ... ἐν δ' ἔπνευσ' ἵπποισι καὶ ἡμιόνοις μένος ἠύ (ed. MURRAY 1999, p. 594). – Homer, *Iliad* 24.690-691: τοῖσιν δ' Ἑρμείας ζεῦξ' ἵππους ἡμιόνους τε, / ῥίμφα δ' ἄρ' αὐτὸς ἔλαυνε κατὰ στρατόν... (ed. MURRAY 1999, p. 614).
9. DAVIES M., FINGLASS 2014, p. 99 no. 2a. Based on the restored reading by BERGK 1914, p. 205 (Stesichorus fr. 1 D).
10. RACE 1997, p. 140. For Hermes Agonios/Enagonios at Athens see RÜCKERT 1998, pp. 135-139.
11. Commentary on Apollonius Rhodius, 1.752 (WENDEL 1935, p. 65 [752-58 a]), and Hyginus, *Fabulae* 224.5 (MARSHALL P. K. 1993, p. 174). – In the *Homeric Hymn to Aphrodite* (210-213), in agreement with OLSON 2012, pp. 240-241 (comments on ll. 210-211 and 212-214), he perceives also a responsibility for chariot horses.
12. GRAF 1985, p. 272. On Myrtilos see HEINZE 2000, col. 606.

(Pausanias, 5.15.5-6), the same does not apply to Hermes.[13] However, this epithet is evidenced in the city of Erythrai: Hermes Hippios is mentioned in a sacred calendar from the first half of the 2nd century BC, where the sacrifices of animals for the different cults are catalogued:[14]

```
        [Ἑκάτηι?,] χοίρου η′. τετ[άρτηι·]
          vacat          Ἀπόλλωνι Ἀπ[ο-]
        [τρο]παίωι, Ἑρμεῖ ⟨Ἱ⟩ππίωι, γ[αλα-]
        [θη]νῶν δύο ις′· Ποσειδῶν[ι]
   4    Ἱππίωι, τελείου κδ′· Ἡρα-
        κλεῖ Καλλινίκωι, Ποσειδῶ-
        νι Ἀσφαλείωι, Ἀπόλλωνι, Ἀρ-
        τέμιδι τοῖς ἐν τῶι πυλῶνι,
   8    τελείων τεσσάρων ρ′.
        [π]έμπτηι· Ἡρακλεῖ, Ἀρετῆι, Ἀ-
        [φρ]οδίτηι Στρατείαι, τελεί-
        [ων] τριῶν οβ′. ἕκτημι· Ῥώμηι, τε-
   12   [λ]είου κδ′, κοινόν. ἑβδόμηι·
```

Hermes Hippios is mentioned on the fourth day of the sacred calendar, l. 2, between Apollo Apotropaios and Poseidon Hippios. To Hermes, as to Apollo, a lamb (γαλαθηνόν) is sacrificed. The main sacrifice, however, of a sheep (τέλειον), which was three times more expensive, belongs to Poseidon. The joint reference to Poseidon Hippios and Hermes Hippios, as well as the fact that on the fourth day of every month they generally made a sacrifice to Hermes,[15] led Fr. Graf to suggest that an equestrian race followed, a festival for riders, during which the lord of the horses, Poseidon, and the god of games, Hermes, were jointly honoured. Apollo Apotropaios complements them, and by warding off evil, offered protection during the dangerous competition.[16] At the same time, Hermes appears elsewhere in the same inscription as Agoraios (l. 92). So far, however, the god has not been given the epithet Hippios in any other testimony.[17]

---

13. Since the deities, who had altars in the hippodrome, were frequently associated with horses –e.g. the Dioscuri (Pausanias, 5.15.5-6)–, this special role could here also have been attributed to Hermes. Thus some suggest (see GROPENGIESSER 1988, p. 125; MYLONOPOULOS 2003, p. 139), that the altar of Artemis at the hippodrome, to which Pausanias, 5.15.6-7, refers, was the same as an altar of Roman Imperial date, which was found to the south of the "Villa of Nero" and bears an inscription to Artemis Hippia or Hippike.

14. *IK* II, pp. 347-350 no. 207 (between 189 and ca. 150 BC) pl. 38; see also WILAMOWITZ-MOELLENDORFF 1909, pp. 48-56 no. 12; SOKOLOWSKI 1955, pp. 74-79 no. 26; GRAF 1985, pp. 171-173; HERMARY *et al.* 2004, p. 91 no. 252.

15. GRAF 1985, p. 171; *IK* II 348 (birthday of Hermes).

16. GRAF 1985, pp. 172, 271.

17. GRAF 1985, p. 172.

It is also known from Erythrai that Hermes was worshipped as Πύλιος Ἁρματεύς, which has been interpreted as the charioteer of a synoris. The reference is provided by an inscription dating between 300 and 260 BC, which relates to a sale of priesthoods.[18]

This role of Hermes in relation to horses is also evident in other places, especially in Athens, as will be shown below.

THE WORSHIP OF HERMES IN THE ANCIENT AGORA OF ATHENS

The relationship of Hermes with horses is evident especially in the centre of Athens, specifically the northwest side of the Agora, where through this aspect of his identity he played a role, since there is a proliferation here of monuments associated with the cavalry (**fig. 1**). In the Classical and Hellenistic periods this area, between the Stoa Poikile and the Royal Stoa, was named by ancient authors, and also in inscriptions, *the herms*; i.e. it was called οἱ Ἑρμαῖ. As is well known, it was here that private citizens and officials set up many herms, after their introduction in large numbers throughout Attica by the tyrant Hipparchos around 520 BC, an event to which Harpocration refers s.v. "Ἑρμαῖ".[19]

Amongst the votive hermaic stele of Attica, the existence of herms in the north western area of the Agora is of great significance, not only on account of the great number of them, but also because several of them mark political-historical events. The best known are those of the three generals, including Cimon, which were erected to mark the victory over the Persians at Eion in 476/5 BC.[20] The herms were for public display and marked the principal entrances. In the area of the Agora particularly, according to J. Camp, they were intended to denote, with the greatest possible emphasis, the main thoroughfare into the public areas, i.e. the Panathenaic Way with its starting point at the Dipylon gate. According to B. Rückert they were "simultaneously markers of the integrity of the political order" and of "special political interest". They defined the Agora with its "central institutions of the democratic state […] and symbolised the power of the state and of the democracy".[21] This role is supported by the fact that not far from them, i.e. further to the south, but still in the northern area of the Agora, was the Altar of the 12 gods, established by Peisistratus the Younger in 522/1 BC, which represented the actual centre of Athens: from this point were measured all the distances by means of the herms that had been erected by Hipparchus, starting from the centre of every deme[22].

---

18. *IK* II 324 in no. 201 (d, l. 31) pl. 32.
19. Harpocration, s.v. "Ἑρμαῖ" (Wycherley 1957, pp. 105-106 no. 305); see also *Suda*, s.v. "Ἑρμαῖ". For the area of the herms and relevant written sources see Harrison 1965, pp. 108-114; Osanna 1999, pp. 492-493; R. Di Cesare, in *Topografia di Atene* 3, 2, pp. 945-949.
20. Aeschines, 3.183; Plutarch, *Cimon* 7.3-5; 8.1 (Wycherley 1957, pp. 103-105 no. 301; p. 107 no. 309); Di Cesare 2012, pp. 142-143, 147.
21. Rückert 1998, pp. 94-95. "The herms" were included among the sanctuaries of the Agora: see Rückert 1998, p. 105.
22. Herter 1976, p. 208. For the altar see also R. Di Cesare, in *Topografia di Atene* 3, 2, pp. 1051-1055.

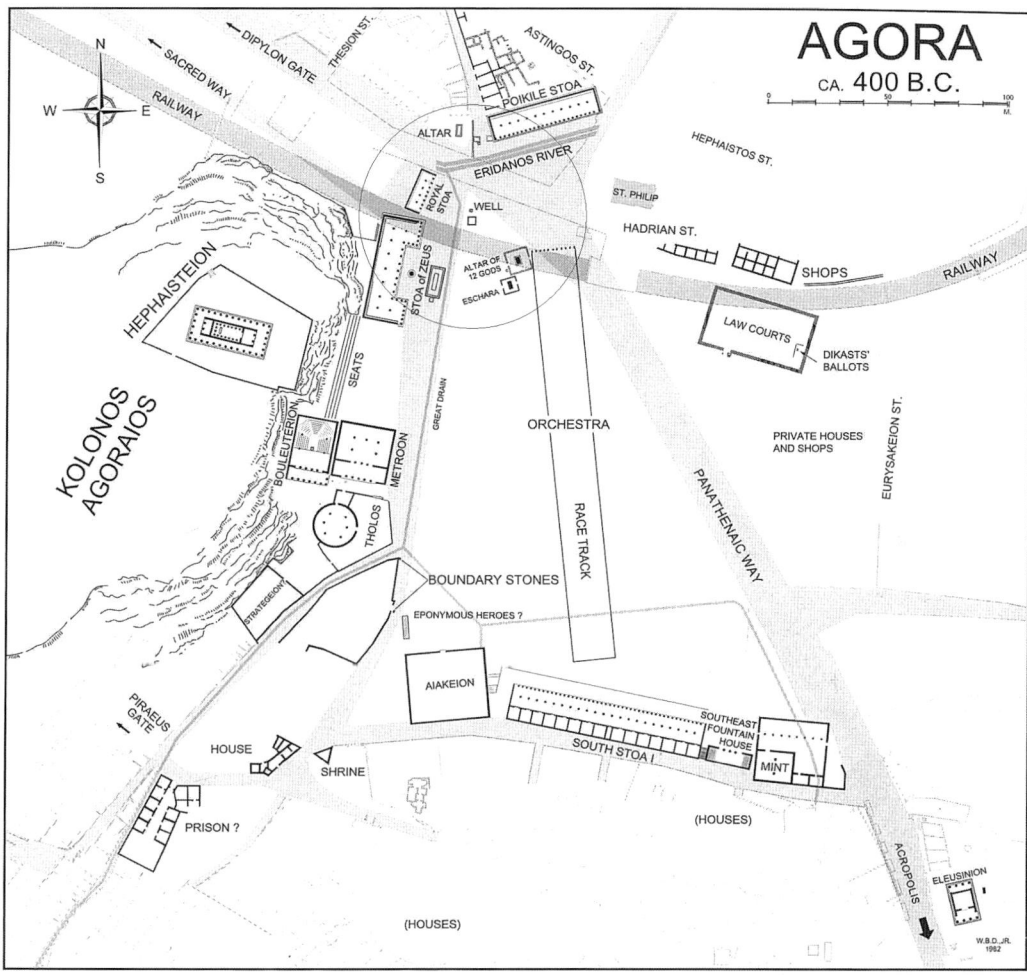

Fig. 1 — Athens, northwest side of the Ancient Agora, ca. 400 BC (reproduced from CAMP 2010, fig. 4, courtesy of the Agora Excavations, American School of Classical Studies at Athens).

According to written sources and archaeological finds the north western area of the Agora was closely associated with the Athenian cavalry. According to Athenaeus (9.402f.) and the description by the poet Mnesimachos in his work Ἱπποτρόφος, it was here that the Phylarchs and the new recruits frequently practiced mounting and dismounting their horses[23]. From this passage it follows that it was here that the basic training of the new cavalry recruits took place; therefore, it was the exercise area for the cavalry. According to Xenophon's Ἱππαρχικός (3.2-4), during processions the cavalry had to ride in a circle around the sanctuaries and statues of the Agora with the herms as a starting and finishing point, and then, grouped by tribe, ride at a fast gallop to the Eleusinion,

---

23. WYCHERLEY 1957, p. 105 no. 303.

in order that both gods and mortals should rejoice.[24] Athenaeus (4.64 [167]) mentions that, according to Hegesandros (2nd century BC), Demetrios, grandson of Demetrios of Phaleron, when he was the Hipparch responsible for the Panathenaia, set up a wooden platform for his hetaira Aristagora, so that she could have perhaps a good view of the cavalry display.

The honorific decrees of the cavalry and its officers were erected at least from the early Hellenistic period in the Stoa of the Herms, which is mentioned for the first time by Antiphon in 425 BC, or a little earlier, according to Harpocration s.v. "Ἑρμαῖ", but which has not yet been discovered.[25]

The Stoa of the Herms, whether located west of the building which has been generally identified as the Stoa Poikile, or –as several scholars believe– is the same building[26] or even the Stoa Basileios,[27] must have been situated in the northwest corner of the Agora. The Hipparcheion must also have been located here, since, among other finds, lead tablets from the archive of the cavalry, which will be mentioned further below, were discovered across the wider area.[28] In any case, the area in the north west of the Agora, as Camp demonstrated, "was the focal point of activity for the Athenian cavalry within the city"[29] and was at the same time its place of display. This is reflected in the accumulation of finds which relate to the cavalry in the area between the Royal Stoa and the Stoa Poikile. Thus many votive offerings that are associated with victories in the Anthippasia came to light,[30] but also other finds which are related to the cavalry.[31] Numerous inscribed Classical and Hellenistic stelai from the same area are the honorific or dedicatory stelai of Hipparchs and Phylarchs, on which it is frequently mentioned that they were erected εἰς τὴν στοὰν τῶν Ἑρμῶν or πρὸς τοῖς Ἑρμαῖς.[32]

---

24. Rückert 1998, pp. 88, 122-123.
25. For the Stoa of the Herms (also called the "Thracian Stoa") see Wycherley 1957, pp. 104-105 (no. 301); Harrison 1965, pp. 108-111, 114; Osanna 1999; Camp 2010, p. 82; Di Cesare 2012, p. 140 n. 22; pp. 141-148 figs. 1-2; p. 160; R. Di Cesare, in *Topografia di Atene* 3, 2, pp. 947, 956-959. The stoa must have been built before 476/5 BC, the year in which the herms of Cimon were erected: Osanna 1999, p. 491; see also Di Cesare 2012, pp. 142-143, who believes obviously that this monument group of three herms was the occasion of its construction. It is likely that the stoa was built after other herms had already been erected in the area (Harrison 1965, p. 110), a practice which had already begun earlier in the Late Archaic period (Osanna 1999, p. 494). For the herms from the Agora see Harrison 1965, pp. 108-134; Siebert 1990, pp. 295-297, 374-378; Rückert 1998, pp. 87-89, 92-111; Camp 2010, pp. 80-83 figs. 49-50; Kossatz-Deissmann 2005, pp. 397-398; R. Di Cesare, in *Topografia di Atene* 3, 2, p. 945 fig. 563 a-b.
26. E.g. Di Cesare 2012, pp. 141, 144-147 fig. 1; R. Di Cesare, in *Topografia di Atene* 3, 2, pp. 947, 952, 958. For the date of the "Stoa Poikile" see Camp 2010, pp. 96-97 (475-460 BC).
27. Robertson N. 1999, pp. 171-172.
28. For the Hipparcheion see Habicht 1961, pp. 138-141; F. Longo, in *Topografia di Atene* 3, 2, pp. 875, 882; R. Di Cesare, in *Topografia di Atene* 3, 2, pp. 947, 959-960, 989.
29. Camp 1998, p. 38.
30. Camp 2010, p. 108; Tillios 2010, pp. 55-58, 63, 64, 87.
31. See Camp 1998, pp. 31-38; Tillios 2010, pp. 53-54, 64; R. Di Cesare, in *Topografia di Atene* 3, 2, pp. 945-947.
32. See R. Di Cesare, in *Topografia di Atene* 3, 2, p. 947.

According to Pausanias (1.15.1) there was a bronze statue of Hermes Agoraios[33] in the same area, not far from the Stoa Poikile, as well as a monument marking the victory of the Athenian cavalry over Pleistarchos, brother of Cassander. The configuration of the gate to the west and its direct relation to (according to the prevailing view) the so-called Stoa Poikile in the north corner of the Agora, suggests it could be the gate with which several scholars associate the remains of a gilded statue of a horseman.[34]

The literary sources cited above, as well as the density of relevant finds in the north-west corner of the Agora, make it clear —as Chr. Habicht observes— that "there were close ties between the herms and the cavalry, as well as its officers".[35] It is possible to suggest that here Hermes was worshipped by members of the cavalry[36], which can be demonstrated from the following: Pseudo-Plutarch (*Vit. dec. orat.* 844b [*Dem.*]) states that Kallistratos, son of Empedos, who had served in the cavalry as Hipparch, dedicated the altar in honour of Hermes Agoraios. This donor has been identified as the hipparch Kallistratos, son of Empedos, who died heroically during the Sicilian expedition.[37]

Other direct evidence for the worship of Hermes by the officers of the cavalry is provided by two dedications made by Phylarchs from the 3rd century BC, which at the same time testify that this link was not confined to the area of the Agora. One consists of a tall marble stele, which, according to its inscription, was dedicated to Hermes by the Phylarch Thebaios, son of Lysiades of the deme of Alopeke. It was found in secondary use during excavations in the Academy of Plato close to Lenormant Street.[38]

In relation to this find we should recall the reference made by Xenophon (Ἱππαρχικός 3.1), that cavalry parades did not take place only at the Lykeion, at Phaleron and in the

33. See also Lucianus JTr. 33. For Hermes Agoraios in Athens see PERVANOGLU 1868; SCHERER 1886-1890, cols. 2348, 2397-2398; WYCHERLEY 1957, pp. 102-103 nos. 296-300 (written sources); HARRISON 1965, pp. 109, 112; SIEBERT 1990, pp. 376-377; OSANNA 1992; OSANNA 1999, pp. 495, 499, 500; KANSTEINER 2014. – Several scholars believe that the statue —even if it was bronze— took the form of a hermaic stele (e.g. RÜCKERT 1998, p. 105), similar to the Hermes Agoraios in Pharai (Pausanias, 7.22.2); in contrast HARRISON 1965, p. 112 and n. 34, argues persuasively for a sculpture in the round (as also WYCHERLEY 1957, p. 103 no. 299; SIEBERT 1990, p. 376; OSANNA 1999, p. 495). RÜCKERT 1998, pp. 106-109, suggests that Hermes Agoraios and Aphrodite were worshipped together in the north western area of the Agora and interprets the late Archaic altar, which was found west of the Stoa Poikile (SHEAR T. L. 1984, pp. 24-33, 37-40 figs. 13-16 pll. 6-7, 8a) as an altar at which both Hermes and Aphrodite were worshipped. OSANNA 1992, pp. 218-221; OSANNA 1999, pp. 499, 500, proposes that this altar was for Hermes Agoraios and that the area around it was his sacred space, i.e. his sanctuary.

34. See CAMP 1986, pp. 164-165 figs. 135-138; GAWLINSKI 2014, p. 155 fig. 94, who interprets it as a statue of Demetrios Poliorketes (see, however, R. DI CESARE, in *Topografia di Atene* 3, 2, pp. 1075, 1076 Abb. 658). WINTER 2006, p. 40, argues against the interpretation as the gate mentioned by Pausanias, but for two separate statue bases; see also DI CESARE 2012, p. 146 and n. 57.

35. HABICHT 1961, pp. 136, 138. RÜCKERT 1998, pp. 122-123, stresses that cavalry parades were particularly closely tied to the herms in the Agora and to the cult of the herms.

36. See recently also MIKALSON 2016, p. 223.

37. OSANNA 1992, p. 220; RÜCKERT 1998, p. 107 n. 366; OSANNA 1999, p. 495.

38. 3rd Ephorate, inventory no. M 3118: *IG* II/III³ 4, 1, 327 pl. 46.

hippodrome, but also at the Academy. These parades had to be as splendid as possible, the responsibility for which was amongst the other duties of the Hipparch.

Another dedication, probably the base of an hermaic stele in Hymettan marble, made to Hermes by the Phylarch of the Leontidas tribe, who was possibly called Euxitheos, was found west of the Daphni monastery.[39] This offering could demonstrate that herms held a special significance for officers in the cavalry or cavalrymen in general.

In this context, the lead tablets dating from the 4th to the 3rd centuries BC from the archive of the cavalry in the Hipparcheion should be mentioned. These were found in a well in the north-west area of the Agora, and in another near the Dipylon gate.[40] They were used for the valuation of the horses of the cavalry and they were determined on the basis of the condition, i.e. the value (for possible compensation) in money, which the city would loan to each newly mustered rider. On the front was inscribed the name of the owner of the horse, on the back the colour and the brand of the horse, usually in the form of an inscribed symbol or a letter, as well as its current monetary value. An example of such a tablet is that of Hierokleides from the well near the Dipylon gate, on which besides the name ΙΕΡΟΚΛΙ on the front, is the term Π]ΥΡΡΟΣ, i.e. the colour chestnut or red, and ΚΗΡΥΚ:[ΕΙΟΝ], as well as the price Η (**fig. 2**)[41]. It is interesting that on several tablets the abbreviated term for a caduceus is used as the brand. Some symbols

Fig. 2 — Lead tablet of Hierokleides from the well near the Dipylon gate, Athens, Kerameikos (reproduced from Braun 1970, pl. 85, 7; photographer: J. Höfer, courtesy of the German Archaeological Institute at Athens).

39. Traill 1986, p. 81 n. 7, pl. 6; *IG* II/III[3] 4, 1, 328 pl. 46. According to J.S. Traill the deme of the Phylarch was Kettos.
40. Braun 1970; Kroll 1977; Camp 1998, p. 37 fig. 51 a-b. Two were found in recent excavations in the well of the round bathhouse in the Kerameikos (information kindly provided by J. Stroszeck).
41. Braun 1970, p. 217 no. 240 fig. 6; p. 258 Z 18 pl. 85, 7.

relate to deities also associated with riding, such as the trident of Poseidon Hippios, others depict deities such as Nikai or heads of Athena, presumably indicating Athena Hippia. At the same time there are also symbols which denote deities or heroes with no direct relation to the equestrian sphere, such as a lightning bolt, a lyre, a helmet, a club, animals such as lions or birds.[42] It is generally believed that these symbols were used to denote the provenance or breeding of the horse, rather than its owner.[43]

On Attic vases, in scenes from a little later than the middle of the 6th century to the early 4th century BC, the caduceus appears on horses, and is one of the most popular horse brands.[44] K. Braun suggests that "the caduceus extolls the speed and reliability" of a particular horse,[45] and that in the iconography of Attic vases it "formed the most recognisable symbol of greatest ability in combination with the best breeding".[46] The caduceus appears on horses depicted on black figure and

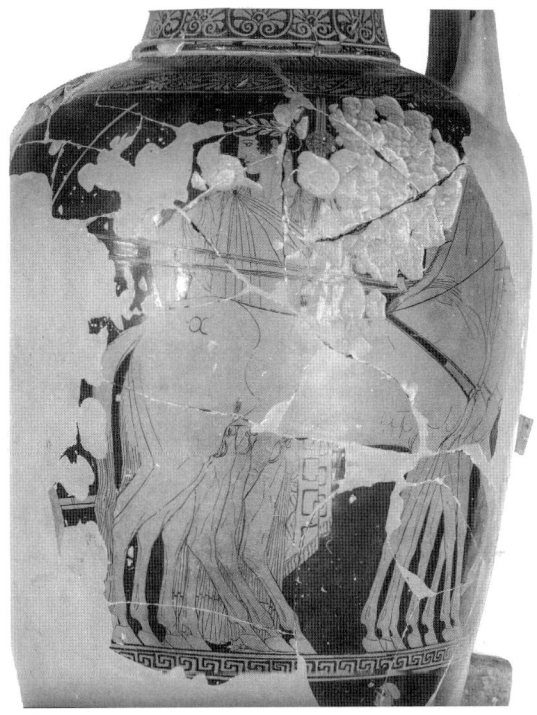

Fig. 3 — Loutrophoros by the Persephone Painter, Acropolis Museum Na 57 Aa 1154 (DAI Inst. Neg. 1983/ 555, photographer: G. Hellner; photo courtesy of the German Archaeological Institute at Athens and the Acropolis Museum).

red figure vases, such as the scene on the fragmentary loutrophoros by the Persephone Painter, from ca. 450 BC, with the four-horse wedding chariot of Herakles and Hebe, accompanied by Apollo and, obviously, Hermes in front of the horses. The caduceus symbol is depicted horizontally on the rump of the lead horse (**fig. 3**).[47]

From the evidence set out above it is clear that the Attic cavalry, especially its officers, Phylarchs and Hipparchs, had a special relationship with Hermes, obviously a cultic one

---

42. See Braun 1970, pp. 256-267.
43. Kroll 1977, pp. 86, 88; Braun 1970, p. 259 (Z 18), 266. For other interpretations see Braun 1970, pp. 265-267; Maul-Mandelartz 1990, pp. 109, 127 with n. 518.
44. Braun 1970, pp. 258-259 Z 18; 267. For the brand in general see Kroll 1977, pp. 86-88 and St. Fritzilas in this volume, pp. 307-321.
45. Braun 1970, p. 265. The speed of the horse is also symbolised according to Borgeaud 1988, p. 135.
46. Braun 1970, p. 267.
47. Acropolis Museum NA 57 Aa 1154: *ARV*² 1013, 12; Tsoni-Kyrkou 1988, pp. 226-230, pll. 41-43 (brand: pll. 41, 3; 42); Laurens 1988, p. 461 no. 35; C. Isler-Kerényi, *Gnomon* 70 (1998), p. 446 n. 19.

also. Furthermore, the Hipparchs took part in the equestrian games in honour of the god: an honorific decree for a Hipparch from 187/6 BC mentions the Hermaia, during which equestrian games were also celebrated.[48]

PERSONAL NAMES WHICH REFERENCE CULT

References which are associated with Hermes and the cavalry also come from Attic prosopography. For example, formed in the same way as the name Ποσείδιππος is Ἕρμιππος, which occurs at least from the 5th century BC up to the late Hellenistic period. About 20 individuals with this name are known and more than 40 with the name Ποσείδιππος,[49] which demonstrates the stronger influence of Poseidon in the equestrian world. The name Ἕρμιππος is found in other areas of Greece, particularly in Ionia.[50]

HERMES WITH HORSES IN ATTIC ART

The relationship between Hermes, horses and chariots is also demonstrated in Archaic and Classical Attic art, as will be shown below.

The presence of Hermes on the Parthenon is of special significance, because he appears on the monument in a prominent position. On the west pediment the god is represented beside Athena's chariot, which is led by Nike, balancing the figure of the messenger Iris who is to be found beside Poseidon's chariot.[51] Hermes is shown, therefore, alongside the principal deities of the pedimental composition, who both –in the competition for the patronage of Attica– reflect by their manner of representation their bond with horses, something which clearly also applies to Hermes. The association of Hermes and Athena comes as no surprise since he had long been worshipped alongside the goddess: an ancient wooden statue of him was located in the temple of Athena Polias on the Acropolis.[52]

---

48. *IG* II² 895, l. 5 = *IG* II/III³ 1281, l. 40; see also HABICHT 1961, p. 140. For the Hermaia see EITREM 1913, cols. 787, 742; RÜCKERT 1998, pp. 132-135, 272 nos. 11-16; ANEZIRI 2012, p. 88.
49. *LGPN* 2, s.v. "Ἕρμιππος", p. 158. – *LGPN* 2, s.v. "Ποσείδιππος", p. 377. For names which are compounds of the word ἵππος see DUBOIS 2000.
50. *LGPN* 5A, s.v. "Ἕρμιππος", p. 165. For compounds including a divine name in general see PARKER 2000.
51. Figure H (British Museum + Acropolis Museum 5676): DESPINIS 1982, pp. 7-8 no. 1.8; p. 9 pll. 7-11; DESPINIS 1984, p. 294; vol. 2 pl. 39, 1-5; SIEBERT 1990, p. 324 no. 451; p. 380; CHOREMI-SPETSIERI 2004, p. 142 fig. 100.
52. Pausanias, 1.27.1. ZANKER 1965, p. 69; SIEBERT 1990, p. 295 no. 8 a. – On the theme generally of the frequent representation of Hermes with Athena in Attic vase-painting see ZANKER 1965, p. 65 (for related scenes see ZANKER 1965, pp. 65-70; SIEBERT 1990, pp. 342-343 nos. 665-687 and passim). – The god also appears with Athena on clay plaques of the late Archaic period, in one case in an iconographically equivalent manner with the goddess, namely in a cult scene, in front of a temple: ZANKER 1965, p. 65; KAROGLOU 2010, pp. 20, 82 no. 59 fig. 46. Several plaques from the Acropolis show Hermes in front of

The god appears also in front of a chariot of the local heroes, Echelos and Iasile, on the main side of a double-sided relief from Neo Faliro, which was, according to the accompanying inscriptions on both sides, dedicated to him (and to the Nymphs).[53] This scene is of particular importance as the relief was found in the Sanctuary of Kephisos in Neo Faliro, close to the site of the hippodrome.[54] Thus Hermes, who appears only on one side of the double-sided relief, emphasises iconographically his special relationship with the hippodrome and local equestrian games and particularly with chariot races, a relationship which already appears in scenes on Attic black figure vases.[55] The Nymphs, along with other, mostly local deities are part of a more static scene on the reverse.[56]

Vase painting is the richest source of scenes of Hermes with horses. In general Hermes is rarely absent from scenes of chariots with Athena and other gods on black figure vases.[57]. His presence is easily explained at first glance by his role as the one who leads the chariot, the procession etc. (προπομπός).[58]

In a scene on a black figure hydria in the Archaeological Museum in Madrid, ca. 530 (fig. 4),[59] the god is depicted –something which occurs rarely– at the moment of stepping into a chariot: he is equipped with his *petasos*, *nebris*,[60] winged boots, sword[61] and long staff[62], but without the caduceus, while a female figure holding a spear –perhaps Athena– stands near the chariot and in front, opposite the chariot, is a seated warrior, possibly Ares.

Athena's chariot: KAROGLOU 2010, pp. 21, 87 no. 78 fig. 48; pp. 90-91 no. 92 fig. 169. Other plaques from the Acropolis with Hermes: e.g. KAROGLOU 2010, pp. 79-80 no. 51 fig. 50; p. 94 no. 105 fig. 73; pp. 94-95 no. 106 fig. 53; p. 68 no. 7 fig. 61a; p. 70 no. 12 fig. 62; p. 71 no. 17 fig. 63. – For Hermes on the Acropolis see recently GAGLIANO 2014; KOKKINOU 2014, esp. pp. 246-248, 250-251, 253-254.

53. Athens, National Archaeological Museum 1783: WULFMEIER 2005, pp. 61-63, 128-131 WR 19; DESPINIS 2013, pp. 155-167 figs. 96 (side A), 97 (side B), 98-106; VIKELA 2015, p. 87 and n. 599; p. 195, 210 AR 19 (side B); p. 223 R 21 (side A) pl. 27 (side B).

54. See the statement by A. Matthaiou in this volume pp. 64-67. For the location of the sanctuary see also VIKELA 2015, p. 9 n. 51.

55. See MANAKIDOU 1994, p. 169.

56. See VIKELA 2015, p. 87 pl. 27.

57. MANAKIDOU 1994, p. 142 n. 150; p. 158 nos. 48-54; p. 159 nos. 56-62; pp. 165, 166; MALAGARDIS 2014, pp. 165, 167 fig. 1 b, pl. 5; p. 168 figs. 3-4; p. 169 fig. 6 a; p. 170. For Hermes in Geometric and Archaic Attic art see ALEXANDRIDOU 2011, pp. 15-26.

58. SIEBERT 1990, pp. 287, 322-324 nos. 409-451, believes implausibly, that the Hermes *propompos* acted in specific farewell scenes –in which he stood before the horses– as a groom. For Hermes in chariot scenes see MANAKIDOU 1994, pp. 151, 165-166, 169.

59. Madrid, Museo Arqueologico Nacional 10919: *ABV*, p. 247, 92; *Addenda²*, p. 64; *CVA Madrid, Musée Archéologique National* 1, III HE, p. 4 pll. 8, 1; 9, 1-2; MOMMSEN 1975, pp. 51, 106-107 no. 90 pl. 98; MANAKIDOU 1994, p. 157 no. 34 pl. 31 a; MUTH 2008, p. 461 Abb. 336.

60. For Hermes' nebris see HARDEN 2015, pp. 263-266, 268.

61. SCHERER 1886-1890, col. 2402, believes that the sword generally represents his identity as a god of contest and battle.

62. See EITREM 1913, col. 760.

Fig. 4 — Hydria, Madrid, Museo Arqueológico Nacional 10919
(photographer: Á. Martínez Levas; photo 10919-ID006 courtesy of
the Museo Arqueológico Nacional, Madrid).

In contrast with the many scenes of Hermes beside a chariot, it is relatively rare in
vase painting for him to be depicted close to a single or ridden horse. These representa-
tions can be classified into three different categories:

    – 1. Scenes of Hermes and horsemen or horses on their own.

    – 2. Scenes with one or more hermaic stelai and horsemen.

    – 3. Vases with several decorative zones, in one of which, at least, is depicted one
(or several) horsemen, while in another Hermes is depicted without horsemen present.

An example of the first category, with Hermes beside horsemen or horses without
their riders, is the scene on the back of a black figure neck-amphora from the antiquities
market, dated to around 530 BC (**fig. 5a, b**).[63] It depicts a young, beardless male figure
on the left, behind a horse who holds the reins of the animal in his left hand (**fig. 5a**).
He wears a *chlamys*, *petasos* and winged boots: despite the two spears in his left hand in
addition to the reins, he can obviously be identified as Hermes. To the right is a naked
youth, perhaps the rider who is receiving the horse, and a boy wearing a himation. On
the front of the vase is a scene with the rape of Dianeira by Nessos in the presence of
Herakles, the other principal divine patron of athletes, apart from Hermes.

On a black figure oinochoe of the "Keyside Class" in Leiden from 520-510 BC
(**fig. 6**)[64] we again see a single horse which Hermes on the left, who turns back towards

63. *Auktion 51 (Basel, Münzen und Medaillen AG)*, 14.-15. März 1975, no. 126 pl. 24; MOORE 1971, p. 98
    no. 666; BÖHR 1982, p. 65 n. 229 pl. 190.

64. Leiden, Rijksmuseum van Oudheden PC 62 (from Vulci, Ex Canino 314): *ABV*, p. 426, 3; *Addenda²*,
    p. 110; *CVA Leiden, Rijksmuseum van Oudheden 2. Attic Black-Figured Vases*, III H, pp. 30-31 pll. 78,
    1. 3; 79, 3.

Fig. 5 a, b — Neck amphora, antiquities market (reproduced from *Auktion 51, Basel, Münzen und Medaillen AG, 14.-15. März 1975*, no. 126, pl. 24).

Fig. 6 — Oinochoe of the Keyside Class, Leiden, Rijksmuseum van Oudheden PC 62 (photo courtesy of the Rijksmuseum van Oudheden, Leiden, NL).

the horse, holds by the reins. He wears winged boots and holds two spears. To the right, in the opposite pose to the figure of the god, and similar in appearance, is perhaps the owner of the horse. The god is also differentiated from him by the round brooch on his chest which fastens his chlamys.

On the rear side of a neck-amphora in the Louvre, the work of the Affecter Painter, from about twenty years earlier,[65] Hermes is depicted in front of a mounted horseman and also a riderless horse. In this composition are depicted on the left a figure wearing a himation, an approaching hoplite –for whom, hypothetically, the second horse was destined– and Poseidon with fish and trident. In the centre is a bearded horseman wearing a short chiton and carrying two spears. To the right and facing right is Hermes with his winged boots and caduceus, turned, however, back towards the horseman. On the right edge and facing left is a himation-wearing figure carrying a spear.

A white-ground black figure oinochoe of the "Sèvres Class", dating to 500-490 BC, in the Capitoline Museum,[66] can be considered an example of the second category (scenes with one or more hermaic stelai and one or more horsemen). In front of an ithyphallic hermaic stele, moving towards the right, is a young, naked horseman with two spears, accompanied by a dog. The inscription is impossible to make out. In several scenes with herms in vase painting, a specific topographical reference can be inferred, as in the indication of the area of the Herms in the Ancient Agora, especially when there is more than one hermaic stele in the same scene.[67] In this example, with only a single hermaic stele, the reference is completely theoretical.

An early example of the third category, vases on which Hermes is depicted in one zone and a scene of horsemen in another, is provided by a Siana cup, ca. 560 BC, by the Taras Painter in the National Archaeological Museum in Athens.[68] While young horsemen galloping to the left are depicted on the two outer faces, in the interior of the cup is Hermes with winged boots and holding his caduceus in his left hand, running in the same direction. The speed and power[69] of Hermes known from mythology (a typical passage is mentioned above from the *Homeric hymn* to Demeter) appears here to equate to the parallel momentum of the horsemen.

The decorative theme of a Panathenaic amphora in the British Museum in London, is associated with equestrian games and is perhaps the work of the Swing Painter

65. Paris, Louvre F 19 (formerly the Campana Collection): *ABV*, pp. 241, 28; *Addenda²*, p. 61; Mommsen 1975, pp. 60-63, 89 no. 18 pl. 26 B; *CVA Paris Louvre* 3, III H e, pp. 10, 11 pll. 12, 1. 4. 7; 13, 1; Rodríguez Pérez 2010, p. 5 pl. 1, 3.

66. Roma, Musei Capitolini 51: *CVA Musei Capitolini di Roma* 1, III J pl. 44, 1-2; *ABV*, p. 525, 10; Beazley 1971, p. 263; Zanker 1965, p. 97; Siebert 1990, p. 305 no. 160 pl. 215.

67. Rückert 1998, pp. 199-202, see also Kossatz-Deissmann 2005, p. 398. A group of three herms usually represent the herms of Cimon: Rückert 1998, pp. 199-200.

68. Athens, National Archaeological Museum inv. 530 (from Corinth): *ABV*, p. 54, 57 (C Painter); *CVA Athènes - Musée National* 3, p. 21 pl. 10, 1-4; Kaltsas 1988, p. 118 no. 36 with fig.

69. Scherer 1886-1890, cols. 2367-2368; Eitrem 1913, col. 778; Harden 2015, p. 265 and n. 22.

(J.D. Beazley) or the circle of the Princeton Painter (E. Böhr), dating to around 530 BC.[70] On the front (A) Hermes is depicted facing right with his left hand raised in greeting, while towards the left is Athena, and a bearded figure with a long robe and staff (or spear), which either represents Zeus or Dysneiketos, the owner of the winning horse, who is named on the other side (B).[71] The composition on side B consists of a naked young man with a tripod who holds in his extended left hand a wreath, clearly another sign of victory, a young horseman in a short chiton, and in front a bearded figure with a long robe. To the right of the last figure is the inscription Δυ(σ)νεικέτ(ο)υ ἵπ(π)ος νικᾶι,[72] perhaps indicating a herald or Dysneiketos himself. Although it is doubted by some scholars, it is very likely that this scene relates to a victory in the Panathenaia.[73]

Hermes then, is frequently depicted in scenes with chariots, in contrast to scenes where there are individual horses or horsemen, where he appears rarely. This fact is not, however, an argument against his responsibility for cavalry, because the same applies to Poseidon Hippios: he is only rarely depicted in Attic vase painting with a ridden horse, which, in most cases, he is riding himself.[74]

CONCLUSIONS

The literary sources clearly refer to a special relationship between Hermes and horses, where on most occasions he is either associated with a chariot or acts as charioteer.

Hermes with the epithet Ἵππιος is testified to only once, namely in Ionia at Erythrai, during the Hellenistic period. There is no testimony in Athens for the cult of the god with this epithet, although in his role as lord of horses and horsemen, it appears that he was worshipped by members of the cavalry in particular. This is documented not only by the votive offerings and finds in the north-west area of the Agora, an area known as *the Herms*, but also at other places outside the city. It should not escape our notice that obviously until now no equestrian victory dedication from the Agora mentions Hermes explicitly as the recipient.[75] Therefore, no one should automatically assign all the relevant monuments to him.[76] The main reason for setting up those monuments in this area must, therefore, not necessarily be sought in a cult of Hermes, but perhaps relates to

---

70. London BM 1849.11-22.1 (B 144, from Vulci): *ABV*, p. 307, 59; *Addenda²*, p. 82; *CVA British Museum* 1, III H e, p. 4 pl. 6, 2 a-b; Böhr 1982, p. 110 no. P 4 pll. 170-171; Valavanis 2009, pp. 298, 301 fig. 5.

71. E.g. Zanker 1965, p. 69; Shapiro 1989, p. 32 pl. 12 a. Interpretation as Zeus: see Kefalidou 1996, p. 226 I2 pl. 8; cf. also Valavanis 2009, p. 303 n. 16.

72. Immerwahr H. R. 1990, p. 57 no. 298 pl. 15, 70.

73. Shapiro 1989, p. 32; Valavanis 2009, p. 301.

74. Nadal 2005, p. 112 figs. 1; 2 a; p. 124 fig. 9; p. 124 fig. 10 a-b (Apulian). Stating the opposite: Manakidou 1994, p. 151.

75. See also Tillios 2010, p. 64.

76. Tillios 2010, p. 64, believes that monuments for victory in the Anthippasia, a contest which was held at the Olympieia and at the Panathenaia, could have been dedicated to Zeus and Athena.

the prominent position of this space. There is only one direct testimony for the worship of Hermes in the north western area of the Agora by members of the cavalry, and it specifically relates to the dedication of an altar in the 5th century BC by the Hipparch Kallistratos, in front of the statue of Hermes Agoraios. Consequently, the references in Xenophon (Ἱππαρχικός 1.1-2; 3.1), to the Hipparch's devotional duties, sacrifices to the gods, must also have been directed to Hermes, since they were celebrated at the altar of Hermes Agoraios.

Additional information concerning the responsibility of the god, particularly over horses and their riders, comes from the names and the scenes primarily on black figure vases. Inscriptions and other archaeological evidence shows that in Attica Hermes also had a connection with equestrian games, particularly chariot races. As Ἐναγώνιος or Ἀγώνιος he was the patron not only of athletic but also equestrian games.

Even though the references to horses spread beyond Attica to other regions such as Ionia, one should not consider Hermes as the sole "master" of the horse. He should much rather be classed as one amongst other deities responsible for the equestrian world, including, especially in Athens, the most important deities Poseidon Hippios and Athena Hippia.

BIBLIOGRAPHIE

Abréviations

ABV	J. D. Beazley, *Attic Black-Figure Vase-Painters* (1956).
ADC	Chankowski 2008.
Addenda²	Th. H. Carpenter, *Beazley Addenda. Additional References to ABV, ARV² & Paralipomena²* (1989).
ARV²	J. D. Beazley, *Attic Red-Figure Vase-Painters²* (1963).
BRGA	I. Pernin, *Les baux ruraux en Grèce ancienne, corpus épigraphique et étude*, TMO 66 (2014).
Bull. ép.	*Bulletin épigraphique*, dans *Revue des Études Grecques* (1888–).
Choix d'inscriptions de Delphes	A. Jacquemin, D. Mulliez, G. Rougemont, *Choix d'inscriptions de Delphes, traduites et commentées*, Études Épigraphiques 5 (2012).
CID	*Corpus des inscriptions de Delphes*.
CID I	G. Rougemont, *Lois sacrées et règlements religieux* (1977).
CID II	J. Bousquet, *Les comptes du quatrième et du troisième siècle* (1989).
CID IV	Fr. Lefèvre, *Documents amphictioniques* (2002).
CMS II, 8	M. A. V. Gill, W. Müller, I. Pini, N. Platon, *Iraklion, Archäologisches Museum, Teil 8. Die Siegelabdrücke von Knossos, unter Einbeziehung von Funden aus anderen Museen.*
CTH	*Catalogues des textes hittites.*
CVA Cabinet des médailles 2	S. Lambrino, *Corpus Vasorum Antiquorum, France, Paris, Bibliothèque nationale (Cabinet des médailles)*, 2.
Drachmann I, II, III	A. B. Drachmann, *Scholia vetera in Pindari carmina*, 3 vol. (1903-1927).
EAD	*Exploration archéologique de Délos.*
Ep. Oropou	V. Petrakos, *Οι επιγραφές του Ωρωπού* (1997).
FD III 5	E. Bourguet, *Fouilles de Delphes* III. *Épigraphie* 5. *Les comptes du IVᵉ siècle* (1932).
FHG IV	C. R. Müller, *Fragmenta Historicorum Graecorum* IV (1851).
IEleusis	K. Clinton, *Eleusis, the Inscriptions on Stone Documents of the Sanctuary of the Two Goddesses and Public Documents of the Deme* I, Βιβλιοθήκη τῆς ἐν Ἀθήναις Ἀρχαιολογικῆς Ἑταιρείας 236 (2005).
IEph.	H. Wankel, *Die Inschriften von Ephesos* (1979).
IGASMG II²	R. Arena, *Iscrizioni greche arcaiche di Sicilia e Magna Grecia. Iscrizioni di Sicilia* II². *Iscrizioni di Gela e Agrigento* (1992).
IK II	H. Engelmann, R. Merkelbach, *Die Inschriften von Erythrai und Klazomenai* II *(Nr. 201-536), Inschriften griechischer Städte aus Kleinasien* 2 (1973).

IKaunos	C. Marek, *Die Inschriften von Kaunos, Vestigia* 55 (2006).
IMagn.	O. Kern, *Die Inschriften von Magnesia am Maeander* (1900).
IOSPE	B. Latysev, *Inscriptiones antiquae orae septentrionalis Ponti Euxini graecae et latinae* (1885-1901).
IPergamon	M. Fränkel, *Die Inschriften von Pergamon* I. *Bis zum Ende der Königszeit* (1890).
IPriene	F. Hiller von Gaertringen, *Inschriften von Priene* (1906).
IvO	W. Dittenberger, K. Purgold, *Die Inschriften von Olympia* (1896).
KBo	*Keilschrifttexte aus Boghazköi.*
LSJ	H. G. Liddell, R. Scott, H. S. Jones, *A Greek-English Lexicon.*
MAMA	*Monumenta Asiae Minoris Antiqua* (1928–).
McCabe, *Teos*	D. McCabe, *Teos Inscriptions. Texts and List* (1991).
Medinet Habu II	H. H. Nelson *et al.*, *Medinet Habu* II. *Later Historical Records of Ramses III, The University of Chicago. Oriental Institute Publications* 9 (1932).
Nouveau choix d'inscriptions grecques	*Nouveau choix d'inscriptions grecques. Textes, traductions et commentaires, avec un complément bibliographique par Georges Rougemont et Denis Rousset* (2005).
PP	W. Peremans, E. Van't Dack *et al.*, *Prosopographia ptolemaica*, 9 vol. (1950-1981).
Roesch, *IThespies*	P. Roesch, *Les inscriptions de Thespies* (2007), en ligne. URL: https://www.hisoma.mom.fr/production-scientifique/les-inscriptions-de-thespies, consulté le 23 novembre 2018.
TAM	*Tituli Asiae Minoris* (1901–).
Topografia di Atene 1	E. Greco (dir.), *Topografia di Atene: sviluppo urbano e monumenti dalle origini al III secolo d.C.* 1. *Acropoli-Areopago-Tra Acropoli e Pnice* (2010).
Topografia di Atene 3, 2	E. Greco (dir.), *Topografia di Atene: Sviluppo urbano e monumenti dalle origini al III secolo d.C.* 3. *Quartieri a nord e a nord-est dell'Acropoli e Agora del Ceramico* 2. *Agora del Ceramico, Studi di Archeologia e di Topografia di Atene e dell'Attica* 1 (2014).

Bibliographie

ADAK, TÜNER ÖNEN, ŞAHIN 2005   M. ADAK, N. TÜNER ÖNEN, S. ŞAHIN, « Neue Inschriften aus Phaselis I », *Gephyra* 2, p. 1-20.

ADANI, BENTINI 1994   G. ADANI, J. BENTINI (éds), *Atlante dei Beni Culturali dell'Emilia Romagna*.

ADRYMI-SISMANI *et al.* 2004   V. ADRYMI-SISMANI *et al.*, Αγώνες και αθλήματα στην αρχαία Θεσσαλία.

AGER 1996   S. AGER, *Interstate Arbitration in the Greek World 337-90 B.C.*

AIGNER, MAURITSCH-BEIN, PETERMANDL 2002   Th. AIGNER, B. MAURITSCH-BEIN, W. PETERMANDL, *Laufen. Texte, Übersetzungen, Kommentar, Quellendokumentation zur Gymnastik und Agonistik im Altertum* 7.

AJOOTIAN 1998   A. AJOOTIAN, « A Day at the Races: The Tyrannicides in the Fifth-Century Agora », dans K. J. HARTWICK, M. C. STURGEON (éds), *Stephanos. Studies in Honor of B. Sismondo Ridgway*, p. 1-13.

ALBANIDIS 1995   E. ALBANIDIS, Άθληση στη Θράκη κατά τους Ελληνιστικούς και Ρωμαϊκούς Χρόνους (διδ. διατριβή).

ALBANIDIS 2004   E. ALBANIDIS, Ιστορία της άθλησης στον Αρχαίο Ελληνικό κόσμο.

ALDRETE 2014   G. S. ALDRETE, « Material Evidence for Roman Spectacle and Sport », dans CHRISTESEN, KYLE 2014, p. 438-450.

ALEXANDRIDOU 2011   A. ALEXANDRIDOU, « Hermes in Attic Early Black-Figured Vase-Painting: Reflections of Contemporary Attica », *BABesch* 86, p. 15-26.

ALLEN 1983   R. E. ALLEN, *The Attalid Kingdom. A Constitutional History*.

AMANDRY 1984   P. AMANDRY, « Marmara », dans *L'antre corycien* II, *BCH Suppl.* IX, p. 427-452.

AMOURETTI 1986   M.-Cl. AMOURETTI, *Le pain et l'huile dans la Grèce antique. De l'araire au moulin*.

ANDERSON 1961   J. K. ANDERSON, *Ancient Greek Horsemanship*.

ANEZIRI 2012   S. ANEZIRI, *ThesCRA* VIII, *s.v.* « 4.e. Institutionen. Die Institutionen der griechischen Welt », p. 87-94.

ANGIÒ *et al.* 2016   Fr. ANGIÒ, M. CUYPERS, B. ACOSTA-HUGHES, E. KOSMETATOU, *New Poems Attributed to Posidippus. A Text in Progress, Edited and Periodically Updated*. Version 13, Center for Hellenic Studies 2016, en ligne. URL: http://chs.harvard.edu/CHS/article/display/1343, consulté le 05 novembre 2018.

ANTHONY 2007   D. W. ANTHONY, *The Horse, the Wheel and Language. How Bronze-Age Riders from the Eurasian Steppes Shaped the Modern World*.

ANTIKAS 2004

Th. G. ANTIKAS, *Olympica Hippica. Horses, Man and Women in the Ancient Olympics.*

ANTIKAS 2005

Th. G. ANTIKAS, « The Honor to Be Buried with Horses from Mycenaean Nemea to Macedonian Vergina », dans GARDEISEN 2005a, p. 143-151.

ANTONACCIO 2007

C. M. ANTONACCIO, « Elite Mobility in the West », dans HORNBLOWER, MORGAN C. 2007, p. 265-285.

ANTONIADIS à paraître

V. ANTONIADIS, « Αυτοί που έμειναν πίσω: Ταφές στη Δήλο πριν και μετά την Κάθαρση του 426/5 π.Χ. », dans *Το Αρχαιολογικό Έργο στις Κυκλάδες, Διεθνές Επιστημονικό Συνέδριο, 22-26 Νοεμβρίου 2017.*

APPEL 1992

W. APPEL, « *Akonitos* (zu Hedylos, *Anthol.Pal.* XI 123 und Quintus Smyrnaeus IV 319) », *ZPE* 94, p. 221-223.

ARAVANTINOS 2004

V. ARAVANTINOS, « Burial Larnax », dans N. KALTSAS (éd.), *Agon, National Archaeological Museum, 15 July – 31 October 2004*, p. 122-123.

ARDAILLON, CONVERT 1902

É. ARDAILLON, H. CONVERT, *Carte archéologique de l'île de Délos (1893-1894), BEFAR, Appendice* I.

ARNOLD 1936

I. R. ARNOLD, « Festivals of Rhodes », *AJA* 40, p. 432-436.

ARNOTT 1983

W. G. ARNOTT, « Tension, Frustration and Surprise: A Study of Theatrical Techniques in some Scenes of Euripides' *Orestes* », *Antichthon* 17, p. 13-28.

ASTON, KERR 2018

E. ASTON, J. KERR, « Battlefield and Racetrack: The Role of Horses in Thessalian Society », *Historia* 67, p. 2-35.

AUDOLLENT 1904

A. M. H. AUDOLLENT, *Defixionum tabellae quotquot innotuerunt, tam in Graecis Orientis quam in totius Occidentis partibus praeter Atticas in Corpore Inscriptionum Atticarum editas.*

AUPERT 1979

P. AUPERT, *Le stade, FD* II.

AUSTIN, BASTIANINI 2002

C. AUSTIN, G. BASTIANINI (éds), *Posidippi Pellaei quae supersunt omnia.*

AXENIDIS 1947

Th. AXENIDIS, *Οἱ ἀρχαῖοι Θεσσαλικοί ἀγῶνες καὶ ἡ πολιτιστική των σημασία.*

BADOUD, FINCKER, MORETTI J.-Ch. 2015-2016

N. BADOUD, M. FINCKER, J.-Ch. MORETTI, « Les monuments érigés à Délos et à Athènes en l'honneur de Ménodôros, pancratiaste et lutteur », *BCH* 139-140.1, p. 345-416.

BAITINGER 2013

H. BAITINGER, « Sizilisch-unteritalische Funde in griechischen Heiligtümern. Ein Beitrag zu den Votivsitten in Griechenland in spätgeometrischer und archaischer Zeit », *JRGZ* 60, p. 153-296.

BAITINGER, VÖLLING 2007

H. BAITINGER, Th. VÖLLING, *Werkzeug und Gerät aus Olympia, Olympische Forschungen* 32.

BARATAY 2012

E. BARATAY, *Le point de vue animal, une autre version de l'histoire.*

BARBANTANI 2001

S. BARBANTANI, *Φάτις νικηφόρος. Frammenti di elegia encomiastica nell'età delle Guerre Galatiche, Supplementum Hellenisticum* 958, 969.

BARBANTANI 2012

S. BARBANTANI, « Hellenistic Epinician », dans P. AGÓCS, Chr. CAREY, R. RAWLES (éds), *Receiving the komos: Ancient & Modern Receptions of the Victory Ode*, p. 37-55.

BARTHÉLÉMY 1788

J.-J. BARTHÉLÉMY, *Voyage du jeune Anacharsis en Grèce dans le milieu du quatrième siècle avant l'ère vulgaire.*

BASTIANINI, GALLAZZI 2001	G. BASTIANINI, Cl. GALLAZZI (avec la collaboration de C. AUSTIN), *Papiri dell' Università degli Studi di Milano* VIII. *Posidippo di Pella. Epigrammi (P.Mil.Vogl. VIII 309)*.
BCH Chron. 1921	«Chronique des fouilles et découvertes archéologiques dans l'Orient hellénique (novembre 1920-novembre 1921)», *BCH* 45, p. 487-568.
BEAN 1953	G. E. BEAN, «Notes and Inscriptions from Caunos», *JHS* 73, p. 10-35.
BEAZLEY 1928a	J. D. BEAZLEY, *Attic Black-Figure: A Sketch*.
BEAZLEY 1928b	J. D. BEAZLEY, *Greek Vases in Poland*.
BEAZLEY 1971	J. D. BEAZLEY, *Paralipomena. Additions to 'Attic Black-Figure Vase-Painters' and 'Attic Red-Figure Vase-Painters'* ².
BELL D. J. 1989	D. J. BELL, «The Horse Race (κέλης) in Ancient Greece from the Pre-Classical Period to the First Century B.C.», *Stadion* 15, p. 167-190.
BELL D. J. 1990	D. J. BELL, «Some Neglected Passages on the Study of the hysplex in the Hippodrome», *Philologus* 134, p. 313-319.
BELL M. 1995	M. BELL, «The Motya Charioteer and Pindar's *Isthmian* 2», *MAAR* 40, p. 1-42.
BELL S. 2014	S. BELL, «Roman Chariot Racing», dans CHRISTESEN, KYLE 2014, p. 492-504.
BELL S., WILLEKES 2014	S. BELL, C. WILLEKES, «Horse Racing and Chariot Racing», dans G. L. CAMPBELL (éd.), *The Oxford Handbook of Animals in Classical Thought and Life*, p. 478- 490.
BENASSAI 2001a	R. BENASSAI, «La tomba delle Bighe a Tarquinia. Immagine di un aristocratico tarquiniese di V sec. A.C.», dans A. BARBET (éd.), *La peinture funéraire antique, IVᵉ siècle av. J.-C. – IVᵉ siècle ap. J.-C., Actes du VIIᵉ colloque international pour la peinture murale antique (AIPMA), 6-10 octobre 1998 Saint-Romain-en-Gal*, p. 243-247 et pl. 49-50.
BENASSAI 2001b	R. BENASSAI, «Per una lettura del programma figurativo della Tomba delle Bighe di Tarquinia», *Orizzonti* 2, p. 51-62.
BENNETT 2005	Chr. BENNETT, «Arsinoe and Berenice at the Olympics», *ZPE* 154, p. 91-96.
BENTZ 1998	M. BENTZ, *Panathenäische Preisamphoren: eine athenische Vasengattung und ihre Funktion vom 6.-4.Jh. v.Chr.*
BENZI 1999	M. BENZI, «Riti di passagio sulla larnax dalla tomba 22 di Tanagra?», dans V. LA ROSA, D. PALERMO, L. VAGNETTI (éds), Επί πόντον πλαζόμενοι. *Simposio italiano di Studi Egei dedicato a Luigi Bernabò e Giovanni Pugliese Carratelli, Roma, 18-20 febbraio 1998*, p. 215-233.
BERGER, LULLIES 1979	E. BERGER, R. LULLIES (éds), *Antike Kunstwerke aus der Sammlung Ludwig* 1. *Frühe Tonsarkophage und Vasen*.
BERGK 1914	Th. BERGK, *Poetae Lyrici Graeci* III. *Poetae Melici* ⁴.
BERNARDINI, BRAVI 2002	P. BERNARDINI, L. BRAVI, «Note di lettura al nuovo Posidippo», *QUCC* 70, p. 147-163.
BERTI, GUZZO 1993	F. BERTI, P. G. GUZZO (éds), *Spina, Storia di una citta tra Greci ed Etruschi*.

BESCHI 2002	L. BESCHI, «Culti stranieri e fondazioni private nell'Attica classica: Alcuni casi», *ASAA* 80, 1, p. 29-36.
BEULÉ 1855	Ch. E. BEULÉ, *Études sur le Péloponnèse*.
BILES 2006	Z. P. BILES, «Aeschylus' Afterlife: Reperformance by Decree in 5th C. Athens?», *Illinois Classical Studies* 31/2, p. 206-242.
BILIĆ 2009	T. BILIĆ, «The Myth of Alpheus and Arethusa and Open-Sea Voyages on the Mediterranean. Stellar Navigation in Antiquity», *IJNA* 38.1, p. 116-132.
BING 2002-2003	P. BING, «Posidippus' and the Admiral Kallikrates of Samos in the Milan Epigramms», *GRBS* 43, p. 243-266.
BINGEN 2002	J. BINGEN, «La victoire pythique de Callicratès de Samos (Posidippe, P. Mil. Vogl. VIII 309, XI.33-XII.7)», *CE* 77, p. 185-190.
BIROT 1959	P. BIROT, «Géomorphologie de la région de Delphes», *BCH* 83.1, p. 258-274.
BLAINEAU 2015	A. BLAINEAU, *Le cheval de guerre en Grèce ancienne*.
BLINKENBERG 1941	Chr. BLINKENBERG, *Lindos* II. *Inscriptions*.
BLOUET 1833, 1838	A. BLOUET, *Expédition scientifique de Morée, ordonnée par le gouvernement français, architecture, sculptures, inscriptions et vues du Péloponèse, des Cyclades et de l'Attique mesurées, dessinées, recueillies et publiées par Abel Blouet* et al., II, III.
BLÜMEL 1987	W. BLÜMEL, *Die aiolischen Dialekte*.
BOARDMAN *et al.* 2004	J. BOARDMAN *et al.*, *ThesCRA* I, *s.v.* «Dedications», p. 267-318.
BODNAR 1960	E. W. BODNAR, *Cyriacus of Ancona and Athens, Collection Latomus* 43.
BÖHR 1982	E. BÖHR, *Der Schaukelmaler, Kerameus* 4.
BOL 1984	R. BOL, *Das Statuenprogramm des Herodes-Atticus-Nymphäums, Olympische Forschungen* 15.
BOMMELAER 2015	J.-Fr. BOMMELAER, *Guide de Delphes. Le site*².
BORGEAUD 1988	Ph. BORGEAUD, *The Cult of Pan in Ancient Greece*.
BOSCH 1967	E. BOSCH, *Quellen zur Geschichte der Stadt Ankara im Altertum*.
BOTTI 1951	G. BOTTI, «Il carro del sogno», *Aegyptus* 31, p. 192-198.
BOUCHON 2007	R. BOUCHON, «Les "porteurs de toge" de Larissa», *Topoi* 15, p. 251-284.
BOUCHON 2016	R. BOUCHON, «Les Thessaliens et le culte des empereurs de Rome : tradition, intégration, polycentrisme et jeu d'échelles», dans A. KOLB, M. VITALE (éds), *Kaiserkult in den Provinzen des römischen Reiches – Organisation, Kommunikation und Repräsentation*, p. 285-308.
BOUCHON 2017	R. BOUCHON, «La famille des Cocceii de Larissa», dans *Dynamiques sociales dans la Grèce romaine: le rôle de la mobilité sociale, Actes du colloque international d'Athènes, organisé conjointement par le KERA et l'EFA, 30 et 31 mai 2014, Mélétèmata* 74, p. 241-262.
BOULAY 2014	Th. BOULAY, *Arès dans la cité. Les poleis et la guerre dans l'Asie Mineure hellénistique*.

Bousquet 1959	J. Bousquet, «Inscriptions de Delphes», *BCH* 83, p. 146-192.
Bousquet 1992	J. Bousquet, «Deux épigrammes grecques (Delphes, Ambracie)», *BCH* 116, p. 585-606.
Bowra 1960	C. M. Bowra, «Euripides' Epinician for Alcibiades», *Historia* 9, p. 68-79.
Brauer 1975	G. Brauer, «The kalpe. An Agonistic Reference on Several Greek Coins?», *Society for Ancient Numismatics* 6, p. 6-7.
Braun 1970	K. Braun, «Der Dipylon-Brunnen B$_1$. Die Funde», *MDAI(A)* 85, p. 197-269.
Brein 1978	F. Brein, «Die Leibesübungen im alten Griechenland», dans H. Ueberhorst (éd.), *Geschichte der Leibesübungen* 2, p. 82-167.
Brélaz, Andriomenou, Ducrey 2007	C. Brélaz, A. Andriomenou, P. Ducrey, «Les premiers comptes du sanctuaire d'Apollon délien à Délion et le concours pan-béotien des *Delia*», *BCH* 131.1, p. 235-308.
Brelich 1969	A. Brelich, *Paides e partheni*.
Brenne 1994	St. Brenne, «Ostraka and the Process of Ostrakophoria», dans W. D. E. Coulson *et al.* (éds), *The Archaeology of Athens and Attica Under the Democracy*, p. 13-24.
Brenne 2002	St. Brenne, «Die Ostraka (487-CA 416 v. Chr.) als Testimonien (T 1)», dans P. Siewert (éd.), *Ostrakismos-testimonien* I. *Die Zeugnisse antiker Autoren, der Inschriften und Ostraka über das athenische Scherbengericht aus vorhellenistischer Zeit (487-322 v. Chr.)*, p. 36-166.
Brijder *et al.* 1986	H. Brijder *et al.* (éds), *Enthousiasmos, Essays on Greek and Related Pottery Presented to M. Hemelrijk*.
Brodersen 1990	K. Brodersen, «Zur Datierung der ersten Pythien», *ZPE* 82, p. 25-31.
Broneer 1939	O. Broneer, «An Official Rescript from Corinth», *Hesperia* 8, p. 181-190.
Broneer 1973	O. Broneer, *Isthmia* II. *Topography and Architecture*.
Bruchmann 1893	C. F. H. Bruchmann, *Epitheta deorum quae apud poetas graecos leguntur*, W. H. Roscher (éd.), *Ausführliches Lexikon der griechischen und römischen Mythologie Suppl.* 1.
Bruneau 1970	Ph. Bruneau, *Recherches sur les cultes de Délos à l'époque hellénistique et à l'époque impériale*, *BEFAR* 217.
Bruneau 1979	Ph. Bruneau, «Deliaca III, 31. Les jardins urbains de Délos», *BCH* 103, p. 89-99 (repris dans *BCH Suppl.* 47 [2006], p. 479-489).
Bruneau 1995	Ph. Bruneau, «Deliaca X, 69. Le point sur l'hippodrome», *BCH* 119, p. 35-41 (repris dans *BCH Suppl.* 47 [2006], p. 915-921).
Bruneau, Ducat 1965	Ph. Bruneau, J. Ducat, *Guide de Délos*.
Bruneau, Ducat 2005	Ph. Bruneau, J. Ducat, *Guide de Délos*⁴.
Brunet 1990a	M. Brunet, «Contribution à l'histoire rurale de Délos aux époques classique et hellénistique», *BCH* 114, p. 669-682.

BRUNET 1990b M. BRUNET, «Terrasses de cultures antiques : l'exemple de Délos, Cyclades», *Méditerranée* 3-4, p. 5-11.

BRUNET 1999 M. BRUNET, «Le paysage agraire de Délos dans l'Antiquité», *JSav* janv.-juin, p. 1-50.

BRUNET 2001 M. BRUNET, «Le courtil et le paradis», dans J.-P. BRUN, Ph. JOCKEY (éds), *Techniques et sociétés en Méditerranée*, p. 157-168.

BUCHHOLZ 2010 H.-G. BUCHHOLZ, *Kriegswesen 3. Ergänzungen und Zusammenfassung, Archaeologia Homerica.*

BUGH 1988 Gl. R. BUGH, *The Horsemen of Athens.*

BUNDY 1962 E. L. BUNDY, *Studia Pindarica* I. *The Eleventh Olympian Ode, University of California Studies in Classical Philology* 18.1, *Studia Pindarica* II. *The First Isthmian Ode, University of California Studies in Classical Philology* 18.2.

BURKERT 1973 W. BURKERT, «Von Amenophis II. zur Bogenprobe des Odysseus», *Grazer Beiträge* 1, p. 69-78.

BURKERT 2011 W. BURKERT, *Griechische Religion der archaischen und klassischen Epoche*[2], *Die Religionen der Menschheit* 15.

BURMEISTER, ENDLICH, KLOOS 2004 St. BURMEISTER, C. ENDLICH, E. KLOOS (éds), *Rad und Wagen. Der Ursprung einer Innovation. Wagen im Vorderen Orient und Europa, Archäologische Mitteilungen aus Nordwestdeutschland Beiheft* 40.

BURN 1987 L. BURN, *The Meidias Painter.*

BURSIAN 1862 C. BURSIAN, *Geographie von Griechenland* I.

BUTZ 1994 P. BUTZ, «The Double Publication of a Sacred Prohibition on Delos: *ID* 68, A and B», *BCH* 118, p. 69-98.

CALLMER 1948 Ch. CALLMER, *Les recherches de A. F. Sturtzenbecker à Delphes et dans les environs, en 1784, Opuscula Archaeologica* 5.

CAMERON 1976 A. CAMERON, *Circus Factions. Blues and Greens at Rome and Byzantium.*

CAMP 1986 J. M. CAMP, *The Athenian Agora: Excavations in the Heart of Classical Athens.*

CAMP 1998 J. McK. CAMP II, *Horses and Horsemanship in the Athenian Agora, Picture Book* 24.

CAMP 2010 J. McK. CAMP II, *The Athenian Agora. Site Guide*[5].

CAMPAGNER 2001 R. CAMPAGNER, *Lessico agonistico di Aristofane, s.v.* «ἀποβαίνω», p. 84.

CANALI DE ROSSI 2011 F. CANALI DE ROSSI, *Hippiká. Corse di cavalli e di carri in Grecia, Etruria e Roma* I. *La gara delle quadrighe nel mondo greco, Nikephoros Suppl.* 18.

CANALI DE ROSSI 2016a F. CANALI DE ROSSI, *Hippiká. Corse di cavalli e di carri in Grecia, Etruria e Roma* II, *Nikephoros Suppl.* 22.

CANALI DE ROSSI 2016b F. CANALI DE ROSSI, «Addizione di alcuni vincitori olimpici al catalogo degli Olympionikai: il caso di Euagoras», *Nikephoros* 26, p. 99-108.

CASSON 1959 L. CASSON, *The Ancient Mariners. Seafarers and Seafighters of the Mediterranean in Ancient Times.*

Cavvadias 1891   P. Cavvadias, *Fouilles d'Épidaure.*

Cavvadias 1893   P. Cavvadias, «Ἀνάγλυφον ἀναθηματικὸν Ἑρμῇ καὶ Νύμφαις», *AEph*, p. 129-146.

Cavvadias 1896-1897   P. Cavvadias, «Ἔκθεσις των πεπραγμένων της Εταιρείας κατά το έτος 1896», *PAAH*, p. 2-37.

Cavvadias 1900   P. Cavvadias, *Το ιερόν του Ασκληπιού εν Επιδαύρω και η θεραπεία των ασθενών.*

Cazzadori 2016   L. Cazzadori, «Callimachus on *Agones* and Athletes», dans Mann, Remijsen, Scharff 2016, p. 315-330.

Chabrol, Desruelles 2013   A. Chabrol, St. Desruelles, *Rapport de mission sur la géomorphologie et l'hydrologie du site de Delphes*, École française d'Athènes.

Chamoux 1955   Fr. Chamoux, *L'aurige de Delphes*, FD IV 5.

Chandezon 2000   Chr. Chandezon, «Foires et panégyries dans le monde grec classique et hellénistique», *REG* 113, p. 70-100 (repris dans P. Brûlé, J. Ouhlen, Fr. Prost [éds], *Économie et société en Grèce antique [478-88 av. J.-C.]* [2007], p. 274-276).

Chandezon 2003   Chr. Chandezon, *L'élevage en Grèce (fin Vᵉ-fin Iᵉʳ s. a.C.). L'apport des sources épigraphiques*, Scripta antiqua 5.

Chandezon 2010   Chr. Chandezon, «Bucéphale et Alexandre. Histoire, imaginaire et images de rois et de chevaux», dans A. Gardeisen, E. Furet, N. Boulbes (éds), *Histoire d'équidés, des textes, des images et des os, Actes du colloque organisé par l'UMR 5140 du CNRS, Montpellier, 13-14 mars, 2008, Monographies d'archéologie méditerranéenne hors-série* 4, p. 177-196.

Chandezon 2014   Chr. Chandezon, «L'hippotrophia et la boutrophia, deux liturgies dans les cités hellénistiques», dans Cl. Balandier, Chr. Chandezon (éds), *Institutions, sociétés et cultes de la Méditerranée antique. Mélanges d'histoire ancienne rassemblés en l'honneur de Claude Vial*, p. 29-50.

Chandler 1817   R. Chandler, *Travels in Asia Minor and Greece*³.

Chaniotis 1995a   A. Chaniotis, «Sich selbst feiern? Städtischen Feste des Hellenismus im Spannungfelds von Religion und Politik», dans M. Wörrle, P. Zanker (éds), *Stadtbild und Bürgerbild im Hellenismus*, p. 147-172.

Chaniotis 1995b   A. Chaniotis, «Problems of "Pastoralism" and "Transhumance"», dans *Classical and Hellenistic Crete, Orbis Terrarum* 1, p. 39-89.

Chaniotis 1997   A. Chaniotis, «Theatricality Beyond the Theater. Staging the Public Life in the Hellenistic World», *Pallas* 47, p. 219-259.

Chankowski 2005   A. Chankowski, « Processions et cérémonies d'accueil : une image de la cité de la basse époque hellénistique ? », dans P. Fröhlich, Chr. Muller (éds), *Citoyenneté et participation à la basse époque hellénistique. Actes de la table ronde des 22 et 23 mai 2004, Paris, BNF*, p. 185-206.

Chankowski 2008   V. Chankowski, *Athènes et Délos à l'époque classique : recherches sur l'administration du sanctuaire d'Apollon délien*, BEFAR 331.

Charami 2011   A. Charami, «Fêtes et concours au gymnase de Tanagra dans une inscription d'époque impériale trouvée à Délion (Béotie)», *CRAI*, p. 853-873.

CHANTRAINE 1968 — P. CHANTRAINE, *Dictionnaire étymologique de la langue grecque.*

CHENAVARD 1849 — A. M. CHENAVARD, *Voyage en Grèce et dans le Levant.*

CHITTENDEN 1947 — J. CHITTENDEN, « The Master of Animals », *Hesperia* 16, p. 89-114.

CHOREMI-SPETSIERI 2004 — A. CHOREMI-SPETSIERI, *The Sculptures of the Parthenon. Acropolis – British Museum – Louvre.*

CHOURMOUZIADES 2009 — N. CHOURMOUZIADES, *Εὐριπίδου Ἠλέκτρα΄.*

CHRISTESEN 2007 — P. CHRISTESEN, *Olympic Victor Lists and Ancient Greek History.*

CHRISTESEN, KYLE 2014 — P. CHRISTESEN, D. G. KYLE (éds), *A Companion to Sport and Spectacle in Greek and Roman Antiquity.*

CHRISTESEN, MARTIROSOVA-TORLONE 2006 — P. CHRISTESEN, Z. MARTIROSOVA-TORLONE, « The Olympic Victor List of Eusebius: Background, Text, and Translation », *Traditio* 61, p. 31-93.

CLAUDI, STEINMETZ, HACKESCHMIDT 2014 — K. CLAUDI, A.-K. STEINMETZ, A. HACKESCHMIDT, *Wasserversorgung in der Pferdehaltung. Fachartikel Kuratorium für Technik und Bauwesen in der Landwirtschaft.*

CLAYMAN 2012 — D. L. CLAYMAN, « Did Any Berenike Attend the Isthmian Games? A Literary Perspective on Posidippus 82 AB », *ZPE* 182, p. 121-130.

CLINTON 1992 — K. CLINTON, *Myth and Cult: The Iconography of the Eleusinian Mysteries. The Martin P. Nilsson Lectures on Greek Religion, Delivered 19-21 November 1990 at the Swedish Institute at Athens.*

CLINTON 2008 — K. CLINTON, *Eleusis, the Inscriptions on Stone Documents of the Sanctuary of the Two Goddesses and Public Documents of the Deme* II, Βιβλιοθήκη τῆς ἐν Ἀθήναις Ἀρχαιολογικῆς Ἑταιρείας 259.

COCKERELL 1903 — Ch. COCKERELL, *Travels in Southern Europe and the Levant, 1810-1817: The Journal of C.R. Cockerell, ed. by His Son Samuel Pepys Cockerell.*

COHEN, SHAPIRO 1995 — B. COHEN, H. A. SHAPIRO (éds), *Mother City and Colony.*

COLINE 1981 — J. COLINE, *Cyriaque d'Ancône. Le voyageur, le marchand, l'humaniste.*

COMTE DE LABORDE 1854 — COMTE DE LABORDE, *Athènes aux XVᵉ, XVIᵉ et XVIIᵉ siècles.*

CORMACK 1977 — J. M. R. CORMACK, « The Gymnasiarchal Law of Beroia », dans *Ancient Macedonia* II, Institute of Balkan Studies 155, p. 139-150.

CRISCUOLO 2003 — L. CRISCUOLO, « Agoni e politica alla corte di Alessandria. Riflessioni su alcuni epigrammi di Posidippo », *Chiron* 33, p. 311-333.

CROUWEL 1981 — J. H. CROUWEL, *Chariots and Other Means of Land Transport in Bronze Age Greece, Allard Pearson Series* 3.

CROWTHER 1991 — N. B. CROWTHER, « The Apobates Reconsidered (Demosthenes lxi 23-29) », *JHS* 111, p. 174-176 (= *Athletika. Studies on the Olympic Games and Greek Athletics* [2004], p. 345-347).

CROWTHER 1993 — N. B. CROWTHER, « More on "dromos" as a Technical Term in Greek Sport », *Nikephoros* 6, p. 33-37.

CROWTHER 1994 — N. B. CROWTHER, « Reflections on Greek Equestrian Events: Violence and Spectator Attitudes », *Nikephoros* 7, p. 121-133 (= *Athletika. Studies on the Olympic Games and Greek Athletics* [2004], p. 235-236).

CROWTHER 1995 — N. B. CROWTHER, « Greek Equestrian Events in the Late Republic and

Early Empire: Africanus and the Olympic Victory Lists», *Nikephoros* 8, p. 111-123.

CROWTHER 1996   N. B. CROWTHER, «Athlete and State: Qualifying for the Olympic Games in Ancient Greece», *JSH* 23, p. 34-43.

CROWTHER 1997   N. B. CROWTHER, «"*Sed quis custodiet ipsos custodes*". The Impartiality of the Olympic Judges and the Case of Leon of Ambracia», *Nikephoros* 10, p. 149-160 (= *Athletika. Studies on the Olympic Games and Greek Athletics* [2004], p. 71-81).

CROWTHER 1999   N. B. CROWTHER, «The Finish in the Greek Foot-Race», *Nikephoros* 12, p. 131-142 (= *Athletika. Studies on the Olympic Games and Greek Athletics* [2004], p. 203-213).

CROWTHER 2001   N. B. CROWTHER, «Victories Without Competition in the Greek Games», *Nikephoros* 14, p. 29-44 (= *Athletika. Studies on the Olympic Games and Greek Athletics* [2004], p. 281-295).

CROWTHER, FRASS 1998   N. B. CROWTHER, M. FRASS, «Flogging as a Punishment in the Ancient Games», *Nikephoros* 11, p. 51-82.

CRUMMY 2008   Ph. CRUMMY, «The Roman Circus at Colchester», dans J. NELIS-CLÉMENT, J.-M. RODDAZ (éds), *Le cirque romain et son image*, p. 213-234.

CURTIUS 1851   E. CURTIUS, *Peloponnesos* 1.

CURTIUS, ADLER 1882   E. CURTIUS, F. ADLER, *Olympia und Umgebung*.

DAGRON 2000   G. DAGRON, «L'organisation et le développement des courses d'après le Livre des Cérémonies», *Travaux et Mémoires du Centre de Recherche d'Histoire et de Civilisation de Byzance* 13, p. 1-200.

DAGRON 2011   G. DAGRON, *L'hippodrome de Constantinople. Jeux, peuple et politique*.

DAKARI, VOKOTOPOULOU, CHRISTIDI 2013   S. DAKARI, I. VOKOTOPOULOU, A. Ph. CHRISTIDI, *Τα χρηστήρια ελάσματα της Δωδώνης των ανασκαφών του Δ. Ευαγγελίδη*.

DALY 1939   L. W. DALY, «An Inscribed Doric Capital from the Argive Heraion», *Hesperia* 8, p. 165-169.

DARMEZIN, TZIAFALIAS 2005   L. DARMEZIN, A. TZIAFALIAS, «Deux inscriptions inédites de Pélinna (Thessalie)», *AncW* 36, p. 54-75.

DASSIOS 1992   Ph. DASSIOS, «Συμβολή στην τοπογραφία της αρχαίας Φωκίδας», *Φωκικά Χρονικά* Δ', p. 18-95.

DASSIOS 2018   Ph. DASSIOS, «Για την Κρίσα ξανά», dans M. Ph. PAPAKONSTANTINOU, Ch. KRITZAS, I. TOURATSOGLOU (éds), *Πύρρα. Μελέτες για την αρχαιολογία στην Κεντρική Ελλάδα προς τιμήν της Φανουρίας Δακορώνια*, p. 283-302.

DAUBNER 2016   Fr. DAUBNER, «Agone im hellenistischen Nordgriechenland», dans MANN, REMIJSEN, SCHARFF 2016, p. 231-245.

DAVERIO ROCCHI 1988   G. DAVERIO ROCCHI, *Frontiera e Confini nella Grecia antica*.

DAVERIO ROCCHI 1989   G. DAVERIO ROCCHI, «La hiera chora di Apollo, la piana di Cirra e I confine di Delfi», dans M.-M. MACTOUX, E. GENY (éds), *Mélanges P. Lévêque* I, p. 117-125.

Davidson 1952   G. R. Davidson, *Minor Objects*, Corinth XII.

Davies J. K. 1971   J. K. Davies, *Athenian Propertied Families 600–300 B.C.*

Davies J. K. 1981   J. K. Davies, *Wealth and the Power of Wealth in Classical Athens.*

Davies M., Finglass 2014   M. Davies, P. J. Finglass, *Stesichorus. The Poems*, Cambridge Classical Texts and Commentaries 54.

Davis 2009   G. H. Davis, « Geology of the Sanctuary of Zeus, Mt. Lykaion, Southern Peloponnesos, Greece, and Field Guide », *Journal of the Virtual Explorer* 33.

De Boer, Hale 2000   J. Z. De Boer, J. R. Hale, « The Geological Origins of the Oracle at Delphi, Greece », dans B. McGuire *et al.* (éds), *The Archaeology of Geological Catastrophes, Geological Society of London, Special Publication* 171, p. 399-412.

Decker 1977   W. Decker, « Zur Bogenprobe des Odysseus », *Kölner Beitraege zur Sportwissenschaft* 6, p. 149-153.

Decker 1982-1983   W. Decker, « Zur mykenischen Herkunft des griechischen Totenagons », *Stadion* 8/9, p. 1-24.

Decker 1990   W. Decker, « The Record of the Ritual », dans J. M. Carter, A. Krüger (éds), *Ritual and Record. Sports Records and Quantification in Pre-Modern Societies*, p. 21-30.

Decker 1992a   W. Decker, « Zum Wagenrennen in Olympia – Probleme der Forschung », dans W. Coulson, H. Kyrieleis (éds), *Proceedings of an International Symposium of the Olympic Games, 5-9 September 1988*, p. 129-139.

Decker 1992b   W. Decker, « Altägyptische Sportstätten », dans I. Gamer-Wallert, W. Helck (éds), *Gegengabe. Festschrift für Emma Brunner-Traut*, p. 61-72.

Decker 1995   W. Decker, *Sport in der griechischen Antike. Vom minoischen Wettkampf bis zu den Olympischen Spielen.*

Decker 1996   W. Decker, *DNP* I, *s.v.* « Apobates », col. 848.

Decker 1997   W. Decker, « Zur Vorbereitung und Organisation griechischer Agone », *Nikephoros* 10, p. 77-102.

Decker 2006   W. Decker, *Pharao und Sport.*

Decker 2012a   W. Decker, *Sport am Nil. Texte aus drei Jahrtausenden ägyptischer Geschichte.*

Decker 2012b   W. Decker, « The Horse and Cart in the Ancient Orient and Ancient Egypt », dans A. Amendt, Ch. Wacker (éds), *Horse Games – Horse Sports. From Traditional Oriental Games to Modern and Olympic Sport, Publication of the Qatar Olympic & Sports Museum* 1, p. 19-42.

Decker 2012c   W. Decker, « Sport in Minoan Greece and the Mycenean World », dans W. Petermandl, Ch. Ulf (éds), *Youths, Sports, Olympic Games, Nikephoros Special Issue*, p. 41-51.

Decker 2012d   W. Decker, *Sport in der griechischen Antike. Vom minoischen Wettkampf bis zu den Olympischen Spielen.*

Decker 2014   W. Decker, *Antike Spitzensportler. Athleten-biographien aus dem Alten Orient, Ägypten und Griechenland.*

DECKER, HERB 1994   W. DECKER, M. HERB, *Bildatlas zum Sport im Alten Ägypten. Corpus der bildlichen Quellen zu Leibesübungen, Spiel, Jagd, Tanz und verwandten Themen, Handbuch der Orientalistik* I 14, 1-2.

DELEBECQUE 1951   É. DELEBECQUE, *Le cheval dans l'* Iliade, *suivi d'un lexique du cheval chez Homère et d'un essai sur le cheval pré-homérique.*

DEMAKOPOULOU 2006   K. DEMAKOPOULOU (éd.), *The Aidonia Treasure. Seals and Jewellery of the Aegean Late Bronze Age. Hellenic Antiquities Museum, Melbourne, 9 November 1998 – 28 February 1999*[2].

DEMAKOPOULOU, KONSOLA 1981   K. DEMAKOPOULOU, D. KONSOLA, *Archäologisches Museum Theben.*

DENNISTON 1939   J. D. DENNISTON, *Euripides: 'Electra'.*

DER MANUELIAN 1987   P. DER MANUELIAN, *Studies in the Reign of Amenophis II, Hildesheimer Ägyptologische Beiträge* 26.

DESPINIS 1982   G. DESPINIS, Παρθενώνεια, Βιβλιοθήκη της εν Αθήναις Αρχαιολογικής Εταιρείας 97.

DESPINIS 1984   G. DESPINIS, «Neue Fragmente von Parthenonskulpturen und Bemerkungen zur Rekonstruktion des Parthenon-Ostgiebels», dans E. BERGER (éd.), *Parthenon-Kongreß Basel, Referate und Berichte, 4.-8. April 1982* 1, p. 293-302.

DESPINIS 2013   G. DESPINIS, Μικρές μελέτες για ανάγλυφα. Συγκολλήσεις και συσχετισμοί θραυσμάτων, νέες παρατηρήσεις και ερμηνείες.

DI CESARE 2012   R. DI CESARE, «Studio storico-topografico di un brano aristofaneo (Ecclesiazuse, 681-686)», *ASAA* 90, ser. III, 12, p. 137-166.

DICKIE 2008   M. W. DICKIE, «The Ἱππικά of Posidippus», dans Fr. CAIRNS (éd.), *Papers of the Langford Latin Seminar* 13, *Greek and Roman Poetry, Greek and Roman Historiography*, p. 13-54.

DIEM 1942   C. DIEM, *Das Trojanische Reiterspiel.*

DIERAUER 1977   U. DIERAUER, *Tier und Mensch im Denken der Antike.*

DIEULEVEUX, MALAS, MARNAY 2015   V. DIEULEVEUX, J. P. MALAS, L. MARNAY, «Eau et abreuvement», *Les Haras nationaux* (juillet), article en ligne. URL: http://www.haras-nationaux.fr/index.php?id=6045, consulté le 08 octobre 2018.

DODGE 2008   H. DODGE, «Circuses in the Roman East: A Reappraisal», dans J. NELIS-CLÉMENT, J.-M. RODDAZ (éds) *Le cirque romain et son image*, p. 133-146.

DODGE 2014   H. DODGE, «Venues for Spectacle and Sport (Other than Amphitheaters) in the Roman World», dans CHRISTESEN, KYLE 2014, p. 561-577.

DODWELL 1819   E. DODWELL, *A Classical and Topographical Tour Through Greece.*

DOUKELLIS 1998   P. DOUKELLIS, «Versants pierreux et champs de culture à Céos», dans L. MENDONI, A. MAZARAKIS-AINIAN (éds), Κέα-Κύθνος: ιστορία και αρχαιολογία: πρακτικά του Διεθνούς Συμποσίου, Κέα-Κύθνος, 22-25 Ιουνίου 1994, *Mélétèmata* 27, p. 309-330.

DOW 1937   S. DOW, «Athenian Decrees of 216–212 B.C.», *HSPh* 48, p. 105-126.

DUBOIS 2000   L. DUBOIS, «Hippolytos and Lysippos: Remarks on Some Compounds in Ἱππο-, -ιππος», dans HORNBLOWER, MATTHEWS 2000, p. 41-52.

Duchesne, Bayet 1876	L. Duchesne, Ch. Bayet, *Mémoire sur une mission scientifique au Mont Athos*.
Duplouy 2006	A. Duplouy, *Le prestige des élites. Recherches sur les modes de reconnaissance sociale en Grèce entre les Xe et Ve siècles avant J.-C.*
Duplouy 2007	A. Duplouy, «Compte-rendu de N. J. Nicholson, *Aristocracy and Athletics in Archaic and Classical Greece* (2005)», *L'Antiquité Classique* 76, p. 495-497.
Easterling 1985	P. E. Easterling, «Anachronism in Greek Tragedy», *The Journal of Hellenic Studies* 105, p. 1-10.
Ebert 1972	J. Ebert, *Griechische Epigramme auf Sieger an gymnischen und hippischen Agonen*, Sächsischen Akademie der Wissenschaften zu Leipzig, Philologisch-Historische Klasse, Abhandlungen 63.2.
Ebert 1989	J. Ebert, «Neues zum Hippodrom und zu den hippischen Konkurrenzen in Olympia», *Nikephoros* 2, p. 89-107.
Ebert 1990	J. Ebert, «Zum Epigramm für Dexandros aus dem Epizephyrischen Lokroi», *ZPE* 82, p. 49-56.
Ebert 1991a	J. Ebert, «Eine Textverderbnis bei Pindar, *Pyth.* 5.49», *QUCC* 38, p. 25-30.
Ebert 1991b	J. Ebert, «Neues zum Olympischen Hippodromos», dans A. D. Rizakis (éd.), *Αρχαία Αχαΐα και Ηλεία. Ανακοινώσεις κατά το πρώτο διεθνές συμπόσιο, Αθήνα 19-21 Μαΐου 1989*, p. 99-103.
Ebert 1997a	J. Ebert, «Neues zum Hippodrom und den hippischen Konkurrenzen in Olympia», dans Ebert 1997d, p. 336-356 (= *Nikephoros* 2 [1989], p. 89-107).
Ebert 1997b	J. Ebert, «Eine Textverderbnis bei Pinar, Pyth. 5,49», dans Ebert 1997d, p. 23-28 (= *QUCC* n.s. 38 [vol. 67] [1991/2], p. 5-30).
Ebert 1997c	J. Ebert, «Das Epigramm für Dexandros aus den epizephyrischen Lokroi», dans Ebert 1997d, p. 124.
Ebert 1997d	J. Ebert, *Agonismata. Kleine philologische Schriften zur Literatur, Geschichte und Kultur der Antike*.
Edel 1979	E. Edel, «Bemerkungen zu den Schießsporttexten der Könige der 18. Dynastie», *Studien zur Altägyptischen Kultur* 7, p. 23-39.
Edel 1997	E. Edel, *Der Vertrag zwischen Ramses II. von Ägypten und Hattušili von Hatti*, Veröffentlichungen der Deutschen Orient-Gesellschaft 95.
Edelmann 1999	M. Edelmann, *Menschen auf griechischen Weihreliefs*.
Eder, Nagel 2006	Ch. Eder, W. Nagel, «Grundzüge der Streitwagenbewegung zwischen Tiefeurasien, Südwestasien und Ägäis», *Altorientalische Forschungen* 33, p. 42-93.
Egan 1983	R. B. Egan, «On the Relevance of Orestes in Pindar's *Eleventh Pythian*», *Phoenix* 37, p. 189-200.
Eitrem 1913	S. Eitrem, *RE* VIII 1, *s.v.* «Hermes», col. 738-792.
Ellis 1989	W. M. Ellis, *Alcibiades*.

ESPOSITO, TOMMASO 1993   A. M. ESPOSITO, G. TOMMASO (éds), *Museo Archeologico Nazionale di Firenze, Vasi Attici.*

ÉTIENNE 2005   R. ÉTIENNE, «*Hippotrophia*. Aspects sociaux de l'élevage des chevaux en Grèce», dans GARDEISEN 2005a, p. 243-248.

ÉTIENNE 2010   R. ÉTIENNE, «Bons et mauvais chevaux dans l'Antiquité gréco-romaine», dans A. GARDEISEN, E. FURET, N. BOULBES (éds), *Histoire d'équidés. Des textes, des images et des os, Actes du colloque organisé par l'UMR 5140 du CNRS, Montpellier, 13-14 mars, 2008, Monographies d'archéologie méditerranéenne hors-série* 4, p. 197-209.

ÉTIENNE 2011   R. ÉTIENNE, «Ténos – Délos : réflexions sur quelques problèmes d'histoire et d'archéologie», dans O. PALAGIA, H. R. GOETTE (éds), *Sailing to Classical Greece: Papers on Greek Art, Archaeology and Epigraphy Presented to Petros Themelis*, p. 14-22.

EVANGELIDIS 1927-1928   D. EVANGELIDIS, «Ἐπιγραφαὶ ἐκ Χίου», *AD* 11, p. 23-33.

FANTUZZI 2005   M. FANTUZZI, «Posidippus at Court: The Contribution of the Ἱππικά of P. Mil. Vogl. VIII 309 to the Ideology of Ptolemaic Kingship», dans GUTZWILLER 2005, p. 249-268.

FARAGUNA 1992   M. FARAGUNA, *Atene nell'età di Alessandro. Problemi politici, economici, finanziari, Atti della Academia Nazionale dei Lincei. Memorie, serie* IX. II.2.

FAULKNER 2008   A. FAULKNER, *The Homeric Hymn to Aphrodite. Introduction, Text, and Commentary.*

FELSCH-KLOTZ 2009   A. FELSCH-KLOTZ, *Frühe Reisende in Phokis und Lokris.*

FERRARI 2005   F. FERRARI, «Per il testo di Posidippo», *MD* 54, p. 185-212.

FERRY 2015   B. FERRY, «Coup de chaleur», *Les Haras nationaux* (août), article en ligne. URL: http://www.haras-nationaux.fr/index.php?id=9363, consulté le 08 octobre 2018.

FIEDLER 1840   K. G. FIEDLER, *Reise durch alle Theile des Königreiches Griechenland.*

FINCKER, MORETTI J.-Ch. 2007   M. FINCKER, J.-Ch. MORETTI, «Le barrage du réservoir de l'Inopos à Délos», *BCH* 131, p. 187-228.

FINGLASS 2007a   P. J. FINGLASS, *Sophocles: 'Electra'.*

FINGLASS 2007b   P. J. FINGLASS, *Pindar: 'Pythian Eleven'.*

FORBES 1957   R. J. FORBES, «Hydraulic Engineering and Sanitation», dans Ch. SINGER, E. J. HOLMYARD, A. R. HALL, Tr. I. WILLIAM (éds), *A History of Technology* II. *The Mediterranean Civilization and the Middle Ages*[2], p. 663-694.

FORICHON 2012   S. FORICHON, « *Furor circensis* : étude des émotions et des expressions corporelles des spectateurs lors d'une course de chars », *Nikephoros* 25, p. 159-203.

FORICHON 2015   S. FORICHON, *Les spectateurs du cirque à Rome (du I*[er] *siècle a.C. au VI*[e] *siècle p.C.) : passion, émotions et politique*, Thèse inédite, université Bordeaux Montaigne.

FORTENBAUGH, SCHÜTRUMPF 2000   W. W. FORTENBAUGH, E. SCHÜTRUMPF (éds), *Demetrius of Phalerum Text, Translation, and Discussion.*

FORTUNATO 2008   G. FORTUNATO, «L'esilio di Alcmeonide (Erodoto, 1.64.3)», *Athenaeum* 96, p. 327-333.

FOUGÈRES 1898   G. FOUGÈRES, *Mantinée et l'Arcadie orientale*.

FRAENKEL 1950   E. D. M. FRAENKEL, *Aeschylus: 'Agamemnon'*, 3 vol.

FRANCO 2014   Cr. FRANCO, *Shameless. The Canine and the Feminine in Ancient Greece*.

FRÄNKEL 1877   M. FRÄNKEL, «Inschriften aus Olympia», *Archäologische Zeitung* XXXV, p. 43-49.

FREL, KINGSLEY 1970   J. FREL, B. KINGSLEY, «Three Attic Sculpture Workshops of the Early Fourth Century», *GRBS* 11, p. 197-218.

FRESA 1969   A. FRESA, *La navigazione astronomica per la Magna Grecia*, Annali dell'Istituto Universitario navale Napoli 38.

FRIELINGHAUS 2010   H. FRIELINGHAUS, «Waffenweihungen in Delphi und Olympia – ein Vergleich», dans H. FRIELINGHAUS, J. STROSZECK (éds), *Neue Forschungen zu griechischen Städten und Heiligtümern. Festschrift für Burkhardt Wesenberg zum 65. Geburtstag, Beiträge zur Archäologie Griechenlands* 1, p. 93-104.

FRIELINGHAUS 2011   H. FRIELINGHAUS, *Die Helme von Olympia. Ein Beispiel für Waffenweihungen in griechischen Heiligtümern*.

FRIELINGHAUS 2017   H. FRIELINGHAUS, «Schiffe im Votivkontext», dans H. FRIELINGHAUS, Th. SCHMIDTS, V. TSAMAKDA (éds), *Schiffe und ihr Kontext – Darstellungen, Modelle, Bestandteile von der Bronzezeit bis zum Ende des Byzantinischen Reiches, Byzanz zwischen Orient und Okzident* 5, p. 23-37.

FRITZILAS 2012   St. FRITZILAS, «Ομηρικά Παραλειπόμενα: Η αναχώρηση του Ιπποδάμαντος και του Ευρύλοχου», dans E. KEPHALIDOU, S. TSIAFAKI (éds), *Κεραμέως Παῖδες. Τιμητικός Τόμος για τον Καθηγητή Μιχάλη Τιβέριο*, p. 39-47.

FRÖHLICH 2004   P. FRÖHLICH, *Les cités grecques et le contrôle des magistrats (IVᵉ-Iᵉʳ siècle avant J.-C.), Hautes études du monde gréco-romain* 33.

FROHNER 1897   W. FROHNER, *Collections du château de Gołuchow*.

FUCHS 1990   H. FUCHS, *Lusus Troiae*, Thèse de doctorat, université de Cologne.

FURTWÄNGLER 1890   A. FURTWÄNGLER, *Olympia: die Ergebnisse der von dem Deutschen Reich veranstalteten Ausgrabung 4. Die Bronzen und die übrigen kleineren Funde von Olympia*.

GAEBEL 2002   R. GAEBEL, *Cavalry Operations in the Ancient Greek World*.

GAGLIANO 2014   E. GAGLIANO, «Hermes Propylaios (e le Charites) sull'Acropoli di Atene», *ASAA* 92, s. III 14, p. 33-67.

GAITZSCH 2011   T. GAITZSCH, *Das Pferd bei den Indogermanen. Sprachliche, kulturelle und archäologische Aspekte, Kulturwissenschaft* 29.

GALLIS 1988   K. J. GALLIS, «The Games in Ancient Larisa. An Example of Provincial Olympic Games», dans RASCHKE 1988a, p. 217-235.

GARCÍA ROMERO 1992a   F. GARCÍA ROMERO, *Los Juegos olimpicos y el deporte en Grecia*.

García Romero 1992b	F. García Romero, «Sobre algunos términos del léxico del deporte: pruebas hípicas menores», *CFC(G)* 2, p. 187-193.
García Romero 2006	F. García Romero, «Violencia de los espectadores en el deporte griego antiguo», *CFC(G)* 16, p. 139-156.
Gardeisen 2005a	A. Gardeisen (éd.), *Les équidés dans le monde méditerranéen antique, Actes du colloque organisé par l'École française d'Athènes, le Centre Camille Jullian, et l'UMR 5140 du CNRS, Athènes, 26-28 novembre 2003*.
Gardeisen 2005b	A. Gardeisen, «Les équidés dans le monde méditerranéen antique. Colloque international, Athènes, 26-28 novembre 2003», dans Gardeisen 2005a, p. 7-10.
Gardiner E. N. 1910	E. N. Gardiner, *Greek Athletic Sports and Festivals* (repr. Dubuque, 1970).
Gardiner E. N. 1930	E. N. Gardiner, *Athletics in the Ancient World*.
Gardiner A. H. 1960	A. H. Gardiner, *The Kadesh Inscriptions of Ramesses II*.
Gärtner 2006	T. Gärtner, «Kritische Bemerkungen zu Gedichten des mailänder Epigrammpapyrus und zum 'alten Poseidipp'», *ZPE* 156, p. 75-98.
Garvie 1986	A. F. Garvie, *Aeschylus: 'Choephori'*.
Gauthier 1985	P. Gauthier, *Les cités grecques et leurs bienfaiteurs : IVe-Ier siècle av. J.-C.*, *BCH Suppl.* 12.
Gauthier 1993	Ph. Gauthier, «Notes sur le rôle du gymnase dans les cités hellénistiques», dans M. Woerrle, P. Zanker (éds), *Stadtbild und Buergerbild im Hellenismus, Kolloquium*, p. 1-11.
Gauthier, Hatzopoulos 1993	Ph. Gauthier, M. Hatzopoulos, *La loi gymnasiarchique de Béroia*, *Mélétèmata* 16.
Gawlinski 2012	L. Gawlinski, *The Sacred Law of Andania. A New Text with Commentary*, *Sozomena. Studies in the Recovery of Ancient Texts* 11.
Gawlinski 2014	L. Gawlinski, *The Athenian Agora: Museum Guide*⁵.
Gebhard 2002	E. Gebhard, «The Beginnings of Panhellenic Games at the Isthmus», dans H. Kyrieleis (éd.), *Olympia 1875-2000: 125 Jahre Deutsche Ausgrabungen*, p. 221-237.
Gebhard 2013	E. Gebhard, «Pausanias at the Isthmian Sanctuary», dans K. Kissas, W.-D. Niemeier (éds), *The Corinthia and the Northeast Peloponnese*, p. 263-274.
Gell 1819	W. Gell, *The Itinerary of Greece Containing One Hundred Routes*.
Gentili *et al.* 1995	B. Gentili, P. Angeli Bernardini, E. Cingano, P. Giannini, *Pindaro. Le Pitiche*.
Georgoudi 1990	St. Georgoudi, *Des chevaux et des bœufs dans le monde grec*.
Gerbelius 1545	N. Gerbelius, *Nicolai Gerbelii in Descriptionem Graeciae Sophiani*.
Gerhard 1843	E. Gerhard, *Etruskische und kampanische Vasenbilder*.
German 2007	S. C. German, «Politics and Bronze Age Origins of Olympic Practices», dans G. P. Schaus, St. R. Wenn (éds), *Onward the Olympics. Historical Perspectives on the Olympic Games*, *Publications of the Canadian Institute in Greece* 5, p. 15-25.

GIANGIULIO 1993   M. GIANGIULIO, «Le città di Magna Grecia e Olimpia in età arcaica. Aspetti della documentazione e della problematica storica», dans A. MASTROCINQUE (éd.), *I grandi santuari della Grecia e l'Occidente. Atti del secondo incontro trentino, Trento 12 marzo 1991*, p. 94-118.

GIANNOPOULOS 1930   N. GIANNOPOULOS, «Συμβολαὶ εἰς τὴν ἱστορίαν τῶν Ἰουδαϊκῶν παροικιῶν ἐν τῇ ἀνατολικῇ ἠπειρωτικῇ Ἑλλάδι», *Ἐπετηρὶς Ἐταιρείας Βυζαντινῶν Σπουδῶν* 7, p. 253-263.

GLUBOK, TAMARIN 1976   Sh. GLUBOK, A. TAMARIN, *Olympic Games in Ancient Greece.*

GOETTE 2007   H. R. GOETTE, «"Choregic" or Victory Monuments of the Tribal Panathenaic Contests», dans PALAGIA, CHOREMI-SPETSIERI 2007, p. 117-126.

GOLDEN 1997   M. GOLDEN, «Equestrian Competition in Ancient Greece: Difference, Dissent, Democracy», *Phoenix* 51, p. 327-344.

GOLDEN 1998   M. GOLDEN, *Sport and Society in Ancient Greece.*

GOLDEN 2004   M. GOLDEN, *Sport in the Ancient World from A to Z.*

GOLDEN 2008   M. GOLDEN, *Greek Sport and Social Status, Fordyce W. Mitchel Memorial Lecture Series.*

GOMME *et al.* 1970   A. W. GOMME *et al., A Historical Commentary on Thucydides.*

GÖTTLICHER 2006   A. GÖTTLICHER, *Seefahrt in der Antike. Das Schiffswesen bei Herodot.*

GOW 1952   A. S. F. GOW, *Theocritus.*

GOW, PAGE 1965   A. S. F. GOW, D. L. PAGE, *The Greek Anthology. Hellenistic Epigrams* I-II.

GRAEF, LANGLOTZ 1925   B. GRAEF, E. LANGLOTZ, *Die antiken Vasen von der Akropolis zu Athen* I.

GRAEVE 1981   M.-C. DE GRAEVE, *The Ships of the Ancient Near East.*

GRAF 1985   Fr. GRAF, *Nordionische Kulte. Religionsgeschichtliche und epigraphische Untersuchungen zu den Kulten von Chios, Erythrai, Klazomenai und Phokaia, Bibliotheca Helvetica Romana* 21.

GRANINGER 2011   D. GRANINGER, *Cult and* Koinon *in Hellenistic Thessaly.*

GREEN 2009   J. R. GREEN, *The Logie Collection: A Catalogue of the James Logie Memorial Collection of Classical Antiquities at the University of Canterbury, Christchurch.*

GRIBBLE 1999   D. GRIBBLE, *Alcibiades and Athens: A Study in Literary Presentation.*

GRIBBLE 2012   D. GRIBBLE, «Alcibiades at the Olympics: Performance, Politics and Civic Ideology», *CQ* 62, p. 45-71.

GRIFFITH 2006   M. GRIFFITH, «Horsepower and Donkeywork: Equids and the Greek Imagination», *CPh* 101, p. 185-246.

GRIFFIN 1982   A. GRIFFIN, *Sikyon.*

GROPENGIESSER 1988   H. GROPENGIESSER, «Two Altars of Artemis at Olympia», dans R. HÄGG, N. MARINATOS, G. C. NORDQUIST (éds), *Early Greek Cult Practice, Proceedings of the Fifth International Symposium at the Swedish Institute at Athens, 26-29 June 1986*, p. 125-126.

GUICHARD ROMERO 2004   L. A. GUICHARD ROMERO, «Notes on Posidippus 74 AB (P. Mil. Vogl. VIII 309, XI 33-XII 7)», *ZPE* 148, p. 77-80.

GUNDEL 1914   W. GUNDEL, *RE* I A 1, *s.v.* «Ῥαβδομαντεία», col. 13-18.

GUTTMANN 1986   A. GUTTMANN, *Sport Spectators from Antiquity to the Renaissance*.

GUTZWILLER 2005   K. GUTZWILLER (éd.), *The New Posidippus. A Hellenistic Poetry Book*.

HAARMANN 2016   H. HAARMANN, *Auf den Spuren der Indoeuropäer. Von den neolithischen Steppennomaden bis zu den frühen Hochkulturen*.

HABICHT 1961   Chr. HABICHT, «Neue Inschriften aus dem Kerameikos», *MDAI(A)* 76, p. 127-148.

HABICHT 1985   Chr. HABICHT, *Pausanias und seine Beschreibung Griechenlands*.

HABICHT 1991   Chr. HABICHT, «Zu den Epimeleten von Delos 167-88», *Hermes* 119, p. 195-216.

HABICHT 2006   Chr. HABICHT, *Athènes hellénistique : histoire de la cité d'Alexandre le Grand à Marc Antoine*[2] (éd. revue et augmentée).

HAIDER 1988   P. W. HAIDER, «Trainingsanlagen im Alten Ägypten?», *Nikephoros* 1, p. 1-28.

HALL 1957   A. R. HALL, «Military Technology», dans Ch. SINGER, E. J. HOLMYARD, A. R. HALL, Tr. I. WILLIAM (éds), *A History of Technology* II. *The Mediterranean Civilization and the Middle Ages*[2], p. 695-730.

HANSEN 1996   S. HANSEN, «Weihegaben zwischen System und Lebenswelt», dans H.-J. GEHRKE, A. MÜLLER (éds), *Vergangenheit und Lebenswelt. Soziale Kommunikation, Traditionsbildung und historisches Bewusstsein*, Script Oralia 90, p. 257-276.

HANSEN, ALGREEN-USSING, FREDERIKSEN 2017   E. HANSEN, G. ALGREEN-USSING, R. FREDERIKSEN, «A Short-Cut to Delphi. Indication of a Vehicle Track from a Stone Quarry to the Sanctuary of Apollo at Delphi», dans *Proceedings of the Danish Institute at Athens*, p. 209-264.

HARDEN 2015   A. HARDEN, «The Archaic Iconography of the Animal-Skin Garment», dans C. LANG-AUINGER, E. TRINKL (éds), *ΦΥΤΑ ΚΑΙ ΖΩΙΑ: Pflanzen und Tiere auf griechischen Vasen, Akten des internationalen Symposiums an der Universität Graz, 26.-28. September 2013*, CVA Österreich Beiheft 2, p. 261-270.

HARRIS 1968   H. A. HARRIS, «The Starting-Gate for Chariots at Olympia», *G&R* 15, p. 113-126.

HARRIS 1972   H. A. HARRIS, *Sport in Greece and Rome*.

HARRISON 1965   E. B. HARRISON, *Archaic and Archaistic Sculpture*, *The Athenian Agora* XI.

HASPELS 1971   C. H. E. HASPELS, *The Highlands of Phrygia. Sites and Monuments*.

HATZOPOULOS 1996   M. HATZOPOULOS, *Macedonians Institutions Under the Kings*, Mélétèmata 22.

HAUBEN 1970   H. HAUBEN, *Callicrates of Samos. A Contribution to the Study of the Ptolemaic Admiralty*.

HEILMEYER 1972   W. D. HEILMEYER, *Frühe olympische Tonfiguren*, Olympische Forschungen 7.

HEILMEYER 1979	W. D. HEILMEYER, *Frühe olympische Bronzefiguren, Olympische Forschungen* 12.
HEILMEYER 1994	W. D. HEILMEYER, « Frühe olympische Bronzefiguren – die Wagenvotive », *Bericht über die Ausgrabungen in Olympia* IX, p. 172-208.
HEINZE 2000	Th. HEINZE, *DNP* 8, *s.v.* « Myrtilos 1 », col. 606.
HELLMANN 1992a	M.-Chr. HELLMANN, *Recherches sur le vocabulaire de l'architecture grecque, d'après les inscriptions de Délos, BEFAR* 278.
HELLMANN 1992b	M.-Chr. HELLMANN, « Voyageurs et fouilleurs à Delphes », dans *La redécouverte de Delphes*, p. 14-54.
HELLY 1970	Br. HELLY, « Bouleversements et remise en ordre de sanctuaires », *Mnemosyne*, p. 250-296.
HELLY 1995	Br. HELLY, *L'État thessalien*.
HELLY 2000	Br. HELLY, « Chapiteaux et consoles inscrits: deux exemples thessaliens », dans *Το Έργο των Εφορειών Αρχαιοτήτων και Νεωτέρων Μνημείων του ΥΠΠΟ στη Θεσσαλία και την ευρύτερη περιοχή της (1900-1998)*, p. 151-160.
HELLY 2013	Br. HELLY, *Géographie et histoire des Magnètes de Thessalie*.
HEMINGWAY 2004	S. HEMINGWAY, *The Horse and Jockey from Artemision: A Bronze Equestrian Monument of the Hellenistic Period*.
HENDERSON 2011	W. J. HENDERSON, « A Race-Horse Called Pherenikos », *Akroterion* 56, p. 21-30.
HERMARY *et al.* 2004	A. HERMARY *et al.*, *ThesCRA* I, *s.v.* « 2.a. Sacrifices. Les sacrifices dans le monde grec », p. 59-134.
HEROLD 1999	A. HEROLD, *Streitwagentechnologie in der Ramses-Stadt. Bronze an Pferd und Wagen, Forschungen in der Ramses-Stadt. Die Grabungen des Pelizaeus-Museums Hildesheim in Qantir – Piramesse 2*.
HEROLD 2001	A. HEROLD, « Von Pferdeställen und Wagenteilen. Neuigkeiten über Pferd und Wagen aus der Deltaresidenz Ramses' II », *Achse, Rad und Wagen* 9, p. 5-17.
HEROLD 2004	A. HEROLD, « Funde und Funktionen – Streitwagentechnologie im Alten Ägypten », dans BURMEISTER, ENDLICH, KLOOS 2004, p. 123-142.
HEROLD 2006	A. HEROLD, *Streiwagentechnologie in der Ramses-Stadt. Knäufe, Knöpfe und Scheiben, Forschungen in der Ramses-Stadt. Die Grabungen des Pelizaeus. Museums Hildesheim in Qantir – Piramesse 3*.
HERTER 1976	H. HERTER, « Hermes. Ursprung und Wesen eines griechischen Gottes », *RhM* N.F. 119, p. 193-241.
HEURGON 1961	J. HEURGON, « Les tribunes des spectateurs dans les peintures étrusques », *BSAF*, p. 179-183 et pl. 10-11.
HINZ 1961	W. HINZ, *Zarathustra*.
HÖCKER 1998	Chr. HÖCKER, *DNP* 5, *s.v.* « Hippodromos », col. 583-584.

HODKINSON 1999	S. HODKINSON, «An Agonistic Culture? Athletic Competition in Archaic and Classical Spartan Society», dans A. POWELL, S. HODKINSON (éds), *Sparta: New Perspectives*, p. 147-187.
HODKINSON 2000	S. HODKINSON, *Property and Wealth in Classical Sparta*.
HOFMANN 1989	U. HOFMANN, *Fuhrwesen und Pferdehaltung im Alten Ägypten*.
HOMOLLE 1886	Th. HOMOLLE, «Inventaires des temples déliens en l'année 364», *BCH* 10, p. 461-475.
HOMOLLE 1890	Th. HOMOLLE, «Comptes & inventaires des temples déliens en l'année 279», *BCH* 14, p. 389-511.
HOMOLLE 1892	Th. HOMOLLE, *DS* II/1, *s.v.* «Delia», p. 55-60.
HORN 1995	V. HORN, *Das Pferd im Alten Orient. Das Streitwagenpferd der Frühzeit in seiner Umwelt, im Training und im Vergleich zum neuzeitlichen Distanz-, Reit- und Fahrpferd, Documenta Hippologica*.
HORNBLOWER 1997	S. HORNBLOWER, *A Commentary on Thucydides* I. *Books I-III*.
HORNBLOWER 2004	S. HORNBLOWER, *Thucydides and Pindar. Historical Narrative and the World of Epinikian Poetry*.
HORNBLOWER 2008	S. HORNBLOWER, *A Commentary on Thucydides* III. *Books 5.25-8.109*.
HORNBLOWER, MATTHEWS 2000	S. HORNBLOWER, E. MATTHEWS (éds), *Greek Personal Names: Their Value as Evidence, Proceedings of the British Academy* 104.
HORNBLOWER, MORGAN C. 2007	S. HORNBLOWER, C. MORGAN (éds), *Pindar's Poetry, Patrons and Festivals. From Archaic Greece to the Roman Empire*.
HORNIG 1999	K. HORNIG, «Großtiertransporte zu Wasser im antiken Vorderasien und Nordafrika», *Skyllis* 2.1, p. 16-26.
HOSE 2015	M. HOSE, «Hippika (71-88)», dans SEIDENSTICKER, STAEHLI, WESSELS 2015, p. 283-317.
HOWE 2008	T. HOWE, *Pastoral Politics: Animals, Agriculture and Society in Ancient Greece*.
HUGHES 1820	T. S. HUGHES, *Travels in Sicily, Greece and Albania*.
HUMPHREY 1986	J. H. HUMPHREY, *Roman Circuses. Arenas for Chariot Racing*.
HUMPHREYS 2004	S. C. HUMPHREYS, *The Strangeness of Gods*.
HUSS 2008	W. HUSS, «Die Tochter Berenike oder die Schwiegertochter Berenike? Bemerkungen zu einigen Epigrammen des Poseidippos von Pella», *ZPE* 165, p. 55-57.
HUTCHINSON 2001	G. O. HUTCHINSON, *Greek Lyric Poetry. A Commentary on Selected Larger Pieces*.
HUTTER-BRAUNSAR 2008	S. HUTTER-BRAUNSAR, «Sport bei den Hethitern», dans P. MAURITSCH, W. PETERMANDL, R. ROLLINGER, Ch. ULF, I. HUBER (éds), *Antike Lebenswelten Konstanz – Wandel – Wirkungsmacht. Festschrift für Ingomar Weiler zum 70. Geburtstag*, p. 25-37.
HYLAND 1990	A. HYLAND, *Equus. The Horse in the Roman World*.
HYLAND 2003	A. HYLAND, *The Horse in the Ancient World*.

IMMERWAHR S. A. 1990   S. A. IMMERWAHR, *Aegean Painting in the Bronze Age*.

IMMERWAHR H. R. 1990   H. R. IMMERWAHR, *Attic Script: a Survey*.

IRIGOIN 1952   J. IRIGOIN, *Histoire du texte de Pindare*.

ISLER-KERENYI 2014   C. ISLER-KERENYI, *Dionysos in Classical Athens. An Understanding Through Images*.

JACQUEMIN 1999   A. JACQUEMIN, *Offrandes monumentales à Delphes*, BEFAR 304.

JACQUEMIN 2014   A. JACQUEMIN, « Delphes et Claros », dans J.-Ch. MORETTI, L. RABATEL (éds), *Le sanctuaire de Claros et son oracle*, p. 227-235.

JANKO 2005   R. JANKO, « On First Looking into the New Posidippus (Ep. 64, 74 and 87 Austin-Bastianini) », dans A. KOLDE, A. LUKINOVICH, A. L. REY (éds), *Κορυφαίῳ ἀνδρί. Mélanges offerts à André Hurst*, p. 125-132.

JEFFERY 1961   L. JEFFERY, *The Local Scripts of Archaic Greece*.

JEFFERY 1990   L. H. JEFFERY, *The Local Scripts of Archaic Greece: A Study of the Origin of the Greek Alphabet and Its Development from the Eighth to the Fifth Centuries B.C.*² (éd. révisée avec un complément par A.W. JOHNSTON).

JOHNSTON 2007   A. W. JOHNSTON, « Panathenaic Amphorae, Again », *ZPE* 161, p. 101-104.

JORDAN, SPAWFORTH 1982   D. R. JORDAN, A. J. S. SPAWFORTH, « A New Document from the Isthmian Games », *Hesperia* 51, p. 65-68.

JORDAN 2002   D. JORDAN, « A Curse on Charioteers and Horses at Rome », *ZPE* 141, p. 141-147.

JUDEICH 1931   W. JUDEICH, *Topographie von Athen*².

JUNKELMANN 1990   M. JUNKELMANN, *Die Reiter Roms* I. *Reise, Jagd, Triumph und Circusrennen*.

JUNKELMANN 1998   M. JUNKELMANN, *Die Reiter Roms* I. *Reise, Jagd, Triumph und Circusrennen*³.

JUNKELMANN 2000   M. JUNKELMANN, *Das Spiel mit dem Tod. So kämpften Roms Gladiatoren*.

JÜTHNER 1909   J. JÜTHNER, *Philostratos über Gymnastik*.

JÜTHNER 1942   J. JÜTHNER, « Akoniton – akoniti », *Glotta* 29, p. 73-77.

KAHWAGI-JANHO 2012   H. KAHWAGI-JANHO, *L'hippodrome romain de Tyr. Étude d'architecture et d'archéologie*.

KAINZ 2016   L. KAINZ, « "We are the Best, we are One, and we are Greeks!" Reflections on the Ptolemies' Participation in the *Agones* », dans MANN, REMIJSEN, SCHARFF 2016, p. 331-353.

KALTSAS 1988   N. KALTSAS, dans J. SWEENEY, T. CURRY, Y. TZEDAKIS (éds), *The Human Figure in Early Greek Art*, Exhibition National Gallery of Art Washington *31 January - 12 June 1988*, p. 118-119.

KALTSAS 2002   N. KALTSAS, *Sculpture in the National Archaeological Museum, Athens*.

KAMMENHUBER 1961   A. KAMMENHUBER, *Hippologia Hethitica*.

KAMPAKOGLOU 2013   A. KAMPAKOGLOU, « Victory, Mythology and the Poetics of Intercultural Praise in Callimachus' *Victoria Berenices* », *Trends in Classics* 5, p. 111-143.

KAMPAKOGLOU 2016   A. KAMPAKOGLOU, «Danaus βουγενής: Greco-Egyptian Mythology and Ptolemaic Kingship», *GRBS* 56, p. 111-139.

KAMPHUES *et al.* 2004   J. KAMPHUES, M. COENEN, E. KIENZLE, J. PALLAUF, O. SIMON, J. ZENTEK, *Supplemente zu Vorlesungen und Übungen in der Tierernährung.*

KANSTEINER 2014   S. KANSTEINER, dans S. KANSTEINER *et al.* (éds), *Der Neue Overbeck. Die antiken Schriftquellen zu den bildenden Künsten der Griechen* 1, p. 523-524, nᵒˢ 611-613.

KARAYORGA-STATHAKOPOULOU 2002   Th. KARAYORGA-STATHAKOPOULOU, «Τυρὸν ἀργιφόνταν», dans L. TZEDAKI-APOSTOLAKI (éd.), *Σῆμα Μενελάου Παρλαμά*, p. 231-242.

KAROGLOU 2010   K. KAROGLOU, *Attic Pinakes. Votive Images in Clay*, BAR International Series 2104.

KAROUZOU 1968   S. KAROUZOU, *National Archaeological Museum. Collection of Sculpture: A Catalogue.*

KARVONIS 2010   P. KARVONIS, «Les installations commerciales dans la ville de Délos à l'époque hellénistique», *BCH* 132, p. 153-219.

KASPRZYK, VENDRIES 2012   D. KASPRZYK, Chr. VENDRIES, *Spectacles et désordre à Alexandrie. Dion de Pruse, Discours aux Alexandrins.*

KEESLING 1995   C. M. KEESLING, *Monumental Private Votive Dedications on the Athenian Acropolis ca 600-400 B.C.*, Ph.D., University of Michigan.

KEFALIDOU 1996   E. KEFALIDOU, *Νικητής. Εικονογραφική μελέτη του αρχαίου ελληνικού αθλητισμού.*

KEMP 1977   B. J. KEMP, «A Building of Amenophis III at Kōm el-'Abd», *JEA* 63, p. 71-82.

KENT 1939   J. H. KENT, «Notes on the Delian Farm Accounts», *BCH* 63, p. 232-245.

KENT 1948   J. H. KENT, «The Temple Estates of Delos, Rheeia, and Mykonos», *Heperia* 17, p. 243-338.

KERTÉSZ 2013   I. KERTÉSZ, «The Role of Hellenistic Pergamon in the Ancient and Modern Olympic Movement», dans P. MAURITSCH, Chr. ULF (éds), *Kultur(en) – Formen des Alltäglichen in der Antike. Festschrift für Ingomar Weiler zum 75. Geburtstag* II, p. 817-827.

KILIAN 1980   K. KILIAN, «Zur Darstellung eines Wagenrennens aus spätmykenischer Zeit», *MDAI(A)* 95, p. 21-31.

KILIAN-DIRLMEIER 2002   I. KILIAN-DIRLMEIER, *Kleinfunde aus dem Athena Itonia-Heiligtum bei Philia (Thessalien)*, Römisch-Germanisches Zentralmuseum, Monographien 48.

KLUIVER 2003   J. KLUIVER, *The Tyrrhenian Group of Black-Figure Vases, from the Athenian Kerameikos to the Tombs of South Etruria.*

KNAACK 1893   G. KNAACK, *RE* I 1, *s.v.* «Aithon», col. 1106-1107.

KNAUTH 1976   W. KNAUTH, «Die sportlichen Qualifikationen der altiranischen Fürsten», *Stadion* 2, p. 1-89.

KNAUTH, NADJMABADI 1975   W. KNAUTH, S. NADJMABADI, *Das altiranische Fürstenideal von Xenophon bis Ferdousi. Nach den antiken und einheimischen Quellen dargestellt.*

KNOEPFLER 1988   D. KNOEPFLER, « L'intitulé oublié d'un compte des naopes béotiens », dans
                          D. KNOEPFLER (éd.), *Comptes et inventaires dans la cité grecque. Actes du
                          colloque international d'épigraphie tenu à Neuchâtel du 23 au 26 septembre
                          1986 en l'honneur de Jacques Tréheux*, p. 263-294.

KNOEPFLER 1997   D. KNOEPFLER, « *Cupido ille propter quem Thespiae visuntur*. Une mésa-
                          venture insoupçonnée de l'Éros de Praxitèle et l'institution du concours
                          des *Erôtideia* », dans D. KNOEPFLER (éd.), *Nomen latinum. Mélanges de
                          langue, de littérature et de civilisation latines offerts au professeur André
                          Schneider à l'occasion de son départ à la retraite*, p. 17-39.

KNOEPFLER 2011   D. KNOEPFLER, « Les agonothètes de la confédération d'Athéna Ilias. Une
                          interprétation nouvelle des données épigraphiques et ses conséquences
                          pour la chronologie des émissions monétaires du *koinon* », *Studi Ellenis-
                          tici* 24, p. 33-62.

KOCH 2003   A. KOCH, « Die Rekonstruktion des Streitwagens bei den Indoariern im
                          Zeitalter des Rigveda (ca. 1500 – 1000 v. Chr.) », dans R. DITTMANN,
                          Ch. EDER, B. JACOBS (éds), *Altertumswissenschaften im Dialog. Festschrift
                          für Wolfram Nagel zur Vollendung seines 809. Lebensjahres, Alter Orient
                          und Altes Testament* 306, p. 345-367.

KOENEN 1977   L. KOENEN, *Eine agonistische Inschrift aus Ägypten und frühptolemäische
                          Königsfeste*.

KÖHNKEN 2007   A. KÖHNKEN, « Epinician Epigram », dans P. BING, J. St. BRUSS (éds),
                          Brill's Companion to Hellenistic Epigram, p. 295-312.

KOKKINOU 2014   L. KOKKINOU, « Hermes and the Athenian Acropolis: Hermes Enagonios
                          (?) on a Red-figure Miniature Amphora of Panathenaic Shape by the
                          Bulas Group », dans A. AVRAMIDOU, D. DEMETRIOU (éds), *Approaching
                          the Ancient Artifact: Representation, Narrative, and Function. A Festschrift
                          in Honor of H. Alan Shapiro*, p. 243-254.

KOSMETATOU 2001   E. KOSMETATOU, « The Attalids of Pergamon », dans A. ERSKINE (éd.),
                          A Companion to the Hellenistic World, p. 159-174.

KOSMETATOU 2004   E. KOSMETATOU, « Bilistiche and the Quasi-Institutional Status of Ptole-
                          maic Royal Mistress », *APF* 50, p. 18-36.

KOSMOPOULOU 2002   A. KOSMOPOULOU, *The Iconography of Sculptured Statue Bases in the
                          Archaic and Classical Periods*.

KOSSATZ-DEISSMANN 2005   A. KOSSATZ-DEISSMANN, *ThesCRA* IV, *s.v.* « 1.b. Darstellungen von Kul-
                          torten », p. 363-408.

KOTERA-FEYER 1993   E. KOTERA-FEYER, *Die Strigilis*.

KOUMANOUDIS 1861   S. A. KOUMANOUDIS, Γενική Συνέλευσις των Μελών της Εν Αθήναις
                          Αρχαιολογικής Εταιρείας.

KOUROUNIOTIS 1904   K. KOUROUNIOTIS, « Ανασκαφή Λυκαίου », *AEph*, p. 153-214.

KOUROUNIOTIS 1909   K. KOUROUNIOTIS, « Ανασκαφή Λυκαίου », *PAAH*, p. 185-200.

KRANIS *et al.* 2012   H. KRANIS, E. SKOURTSOS, L. GOULIOTIS, S. LOZIOS, « Structural Set-
                          ting and Upper Quaternary Landscape Evolution at Delphi, Central
                          Greece », *Geophysical Research Abstracts 14, EGU General Assembly 2012*,
                          p. 48-46.

KRAUSE 1835	J. H. KRAUSE, *Theagenes oder wissenschaftliche Darstellung der Gymnastik, Agonistik und Festspiele der Hellenen.*
KRITZAS 2006	Ch. KRITZAS, « Nouvelles inscriptions d'Argos: les archives des comptes du trésor sacré (IVᵉ siècle av. J.-C.) », *CRAI* 150 (1), p. 397-434.
KRITZAS 2013	Ch. KRITZAS, «Οι νέοι χαλκοί ενεπίγραφοι πίνακες από το Άργος. II. Πρόδρομη ανακοίνωση», dans D. MULLIEZ (avec la collab. d'A. BANAKA-DIMAKI) (éds), *Sur les pas de Wilhelm Vollgraff: Cent ans d'activités archéologiques à Argos, Actes du colloque international organisé par la IVᵉ EPKA et l'École française d'Athènes, 25-28 septembre 2003, Recherches franco-helléniques* 4, p. 275-301.
KRITZAS 2018	Ch. KRITZAS, «Επιγραφικές ενδείξεις για την ιππάφεσιν του ιπποδρόμου των Δελφών», dans M.-Ph. PAPAKONSTANDINOU, Ch. KRITZAS, I. TOU-RATSOGLOU (éds), *Πύρρα. Μελέτες για την αρχαιολογία στην Κεντρική Ελλάδα προς τιμήν της Φανουρίας Δακορώνια,* p. 249-263.
KROLL 1977	J. H. KROLL, «An Archive of the Athenian Cavalry», *Hesperia* 46, p. 83-140.
KRUMEICH 1997	R. KRUMEICH, *Bildnisse griechischer Herrscher und Staatsmänner im 5.Jh. v.Chr.*
KUNZE 1964	E. KUNZE, «Ausgrabungen in Olympia 1963/64», *AD* 19, p. 165-173.
KÜPER 2003	S. KÜPER, *Die geschichtliche Entwicklung des Flugtransports bei Pferden (1924-2000).*
KURKE 1991	K. KURKE, *The Traffic in Praise. Pindar and the Poetics of Social Economy.*
KURTZ 1983	D. C. KURTZ, *The Berlin Painter.*
KURTZ 1989	D. C. KURTZ (éd.), *Greek Vases, Lectures by J.D. Beazley.*
KYLE 1987a	D. KYLE, «Spectators and Crowds in Sport History: A Critical Analysis of Allen Guttmann's Sports Spectators», *Journal of Sport History* 14, 2, p. 209-214.
KYLE 1987b	D. G. KYLE, *Athletics in Ancient Athens* (rééd. 1993).
KYLE 1992	D. G. KYLE, «The Panathenaic Games: Sacred and Civic Athletics», dans J. NEILS, *Goddess and Polis. The Panathenaic festival in Ancient Athens,* p. 77-101.
KYLE 2007	D. G. KYLE, *Sport and Spectacle in the Ancient World.*
KYLE 2014	D. G. KYLE, «Sport, Society, and Politics in Athens», dans CHRISTESEN, KYLE 2014, p. 159-165.
KYRIELEIS 1973	H. KYRIELEIS, «ΚΑΘΑΠΕΡ ΕΡΜΗΣ ΚΑΙ ΩΡΟΣ», *Antike Plastik* 12, p. 133-147.
KYRIELEIS 2006	H. KYRIELEIS, *Anfänge und Frühzeit des Heiligtums von Olympia. Die Ausgrabungen am Pelopion 1987-1996, Olympische Forschungen* 31.
KYRIELEIS 2011	H. KYRIELEIS, *Olympia. Archäologie eines Heiligtums.*
LA GENIÈRE 1995	J. DE LA GENIÈRE, «Quand le peintre Sophilos signait ses œuvres», *Monuments et mémoires de la Fondation Eugène Piot* 74, p. 35-43.
LALONDE, LANGDON, WALBANK 1991	G. V. LALONDE, M. K. LANGDON, M. B. WALBANK, *Inscriptions: Horoi, Poletai Records, and Leases of Public Lands, The Athenian Agora* XIX.

LAMBERT 1997   St. D. LAMBERT, « The Attic Genos Salaminioi and the Island of Salamis », *ZPE* 119, p. 85-106.

LAMBERT 2005   St. D. LAMBERT, « Athenian Laws and Decrees 352/1-322/1: Religious Regulations », *ZPE* 154, p. 125-159.

LÄMMER 1987   M. LÄMMER, « Spectators and Their Behaviour at Contests in Ancient Greece », dans J. A. MANGAN (éd.), *Proceedings of the HISPA International Congress, 1-5 juillet 1985*, p. 18-22.

LÄMMER 2010   M. LÄMMER, « The So-Called Olympic Peace in Ancient Greece », dans L. KÖNIG (éd.), *Greek Athletics*, p. 36-60.

LANDSTRÖM 1974   B. LANDSTRÖM, *Die Schiffe der Pharaonen*.

LANGDON 2010   M. LANGDON, « Attic Salt. A Survey of Ancient Salt Production in Attica », dans H. LOHMANN, T. MATTERN (éds), *Attika. Archaeologie einer 'zentralen' Kulturlandschaft*, p. 161-166.

LAPINI 2007   W. LAPINI, *Capitoli su Posidippo*.

LARONDE 1987   A. LARONDE, *Cyrène et la Libye hellénistique. Libykai Historiai*.

LASER 1987   St. LASER, *Sport und Spiel, Archaeologica Homerica* T.

LATACZ *et al.* 2008   J. LATACZ *et al.*, *Homer, Der Mythos von Troia in Dichtung und Kunst*.

LAURENS 1988   A.-F. LAURENS, *LIMC* IV 1, *s.v.* « Hebe I », p. 458-464.

LAVELLE 1989   B. M. LAVELLE, « Koisyra and Megakles, the Son of Hippokrates », *GRBS* 30, p. 503-513.

LAZARIDI 1984   K. LAZARIDI, « Ανασκαφές και έρευνες στην Αμφίπολη », *PAAH*, p. 33-39.

LAZARIDI 1990   K. LAZARIDI, « Το Γυμνάσιο της Αμφίπολης », dans *Μνήμη Δ. Λαζαρίδη: Πόλις και Χώρα στην Αρχαία Μακεδονία και Θράκη, Πρακτικά Αρχαιολογικού Συνεδρίου, Καβάλα 9-11 Μαΐου 1986*, p. 241-259.

LAZARIDOU 2015   K. D. LAZARIDOU, « Ἐφηβαρχικὸς νόμος ἀπὸ τὴν Αμφίπολη », *AEph* 154, p. 1-45.

LEAKE 1830   W. M. LEAKE, *Travels in Morea. With a Map and Plans* I.

LEAKE 1835   W. M. LEAKE, *Travels in Northern Greece*.

LEE 1986   H. M. LEE, « Pindar, *Olympian* 3, 33-34: "The Twelve-Turned terma" and the Length of the Four-Horse Chariot Race », *AJPh* 107 (2), p. 162-174.

LEE 2001   H. M. LEE, *The Program and Schedule of the Ancient Olympic Games, Nikephoros Beihefte* 6.

LEFÈVRE 1998   Fr. LEFÈVRE, *L'Amphictionie pyléo-delphique : histoire et institutions*.

LE GUEN 2001   Br. LE GUEN, *Les associations de technites dionysiaques à l'époque hellénistique*, 2 vol.

LE GUEN 2010   Br. LE GUEN (éd.), *L'argent dans les concours du monde grec*.

LE GUEN 2014   Br. LE GUEN, « Theatre, Religion, and Politics at Alexander's Travelling Royal Court », dans E. CSAPO, H. R. GOETTE, J. R. GREEN, P. WILSON (éds), *Greek Theatre in the Fourth Century BC*, p. 249-274.

LEHMANN 1988   St. LEHMANN, « Ptolemaios III. Euergetes als Pankratiast und Pentathlos », dans K. Gschwantler (éd.), *Griechische und römische Statuetten und Großbronzen. Akten der 9. Internationalen Tagung über antike Bronzen*, p. 290-301.

Lehmann 2012 — St. Lehmann, « Sieger-Binden im agonistischen und monarchischen Kontext », dans A. Lichtenberger *et al.* (éds), *Das Diadem der hellenistischen Herrscher. Übernahme, Transformation oder Neuschöpfung eines Herrschaftszeichens? Kolloquium vom 30. – 31. Januar 2009 in Münster*, p. 181-208.

Lemerle 1935 — P. Lemerle, « Chronique des fouilles et découvertes archéologiques dans l'Orient hellénique en 1934 », *BCH* 59, p. 234-309.

Lemerle 1937 — P. Lemerle, « Chronique des fouilles et découvertes archéologiques en Grèce, 1937 », *BCH* 61, p. 441-476.

Le Meur 2015 — N. Le Meur, « Sens et emplois des termes φύσις et φυά chez Pindare », *Études platoniciennes* 12 (*Platon et la physis*), p. 1-25, article en ligne, consulté le 10 octobre 2018, http://etudesplatoniciennes.revues.org/711).

Lerat 1952 — L. Lerat, *Les Locriens de l'Ouest.*

Letzner 2009 — W. Letzner, *Der römische Circus. Massenunterhaltung im römischen Reich.*

Lhôte 2006 — É. Lhôte, *Les lamelles oraculaires de Dodone*, Hautes Études du monde gréco-romain 36.

Liberman 2004 — G. Liberman, *Pindare*, Pythiques.

Linton 1856 — W. Linton, *The Scenery of Greece and Its Islands.*

Littauer, Crouwel 1979 — M. A. Littauer, J. H. Crouwel, *Wheeled Vehicles and Ridden Animals in the Ancient Near East*, Handbuch der Orientalistik VII, I, 2 B 1.

Littauer, Crouwel 1985 — M. A. Littauer, J. H. Crouwel, *Chariots and Related Equipment from the Tomb of Tut'ankhamūn, Tut'ankhamūn's Tomb Series* VIII.

Livieratou 2010 — A. Livieratou, « Phokis and East Lokris in the Light of Interregional Contacts at the Transition from the Late Bronze to the Early Iron Age », dans M. Iakovou (éd.), *Cyprus and the Aegean in the Early Iron Age. The Legacy of Nicolas Coldstream*, p. 77-128.

Lolos 2005-2006 — Y. Lolos, « Οι σχέσεις Κορίνθου και Σικυώνος ανά τους αιώνες », *Πελοποννησιακά ΚΗ*, p. 97-117.

Lolos 2011 — Y. Lolos, *Land of Sikyon: Archaeology and History of a Greek City-State*, Hesperia Suppl. 29.

Londey 2015 — P. Londey, « Making up Delphic History. The 1ˢᵗ Sacred War revisited », *Chiron* 45, p. 221-238.

Luce 2008 — J.-M. Luce, *À la frontière du profane et du sacré. Fouilles de l'aire du pilier des Rhodiens (1990-1992)*, FD II.

Luce 2011 — J.-M. Luce, « La Phocide à l'âge du Fer », dans A. Mazarakis-Ainian (éd.), *The 'Dark Ages' Revisited. Acts of a Symposium in Memory of W.D. Coulson*, p. 349-365.

Luschey 1939 — H. Luschey, *Die Phiale.*

Mackinnon 2014 — M. Mackinnon, « Pets », dans G. L. Campbell (éd.), *The Oxford Handbook of Animals in Classical Thought and Life*, p. 269-281.

MAEHLER 1996 H. MAEHLER, «Griechische Pferde und ihre Namen», dans R. FABER, B. SEIDENSTICKER (éds), *Worte, Bilder, Töne: Studien zur Antike und Antikerezeption, B. Kytzler zu ehren*, p. 15-22.

MAGGI 2011 V. MAGGI, «La cavalcata degli hippeis sul freggio sud della cella del Partenone. Uno spaccato sulle ipotesi interpretative», *Incidenza dell'Antico. Dialoghi di Storia Greca* 9, p. 169-191.

MALAGARDIS 2014 N. MALAGARDIS, «Fragments de discours "lydéen": Lydos et les siens sur l'Acropole», dans P. VALAVANIS, E. MANAKIDOU (éds), *ΕΓΡΑΦΣΕΝ ΚΑΙ ΕΠΟΙΕΣΕΝ. Μελέτες κεραμικής και εικονογραφίας προς τιμήν του καθηγητή Μιχάλη Τιβερίου*, p. 163-179.

MALAMA, GARDEISEN 2005 P. MALAMA, A. GARDEISEN, «Inhumations d'équidés dans la nécropole orientale d'Amphipolis, Grèce», dans GARDEISEN 2005a, p. 161-181.

MALLWITZ 1967 A. MALLWITZ, «Das Stadion», dans *Bericht über die Ausgrabungen in Olympia* VIII, p. 16-82.

MALLWITZ 1988 A. MALLWITZ, «Cult and Competition Locations at Olympia», dans RASCHKE 1988a, p. 79-109.

MANAKIDOU 1994 E. P. MANAKIDOU, *Παραστάσεις με άρματα (8ος-5ος αι. π.Χ.). Παρατηρήσεις στην εικονογραφία τους.*

MAÑAS 2013 A. MAÑAS, *Gladiadores. El gran espectáculo de Roma.*

MANIERI 2009a A. MANIERI, *Agoni poetico-musicali nella Grecia antica 1. Beozia.*

MANIERI 2009b A. MANIERI, «Ľεἰσαγωγεύς degli antichi agoni», *Nikephoros* 22, p. 103-128.

MANN 2001 Chr. MANN, *Athlet und Polis im archaischen und frühklassischen Griechenland.*

MANN 2013 Chr. MANN, «The Victorious Tyrant: Hieron of Syracuse in the Epinicia of Pindar and Bacchylides», dans N. LURAGHI (éd.), *The Splendors and Miseries of Ruling Alone. Encounters with Monarchy from Archaic Greece to the Hellenistic Mediterranean*, p. 25-48.

MANN 2018 Chr. MANN, «Könige, Poleis und Athleten in hellenistischer Zeit», *Klio* 100, p. 447-479.

MANN, REMIJSEN, SCHARFF 2016 Chr. MANN, S. REMIJSEN, S. SCHARFF (éds), *Athletics in the Hellenistic World.*

MANSFELD 2013 G. MANSFELD, *Der Held auf dem Wagen. Archäologische Belege zur technischen Entwicklung des Wagens*, 2 vol.

MARCH 2001 J. MARCH, *Sophocles: 'Electra'.*

MARIOLAKOS, FOUNTOULIS, KRANIS 1997 I. MARIOLAKOS, I. FOUNTOULIS, H. KRANIS, «Delphi», dans I. MARIOLAKOS, I. FOUNTOULIS, H. KRANIS (éds), *Introduction to the Geology of Sterea Hellas, Hellenic Territory: Current Geodynamic Regime, Neotectonics of Corinthiakos, Gulf, Delphi, Minyan Ancient Flood Prevention Works. In Boat and Field Trip Guide of the 7th International Symposium Engineering Geology and the Environment IAEG*, p. 32-35.

MARSCHNER 2011 U. MARSCHNER (éd.), *Handbuch Tiertransporte. Vollzugshinweise zur Verordnung (EG) Nr. 1/2005 des Rates vom 22. Dezember 2004 über den Schutz von Tieren beim Transport und damit zusammenhängenden Vorgängen und zur Tierschutztransportverordnung vom 11.2.2009.*

Marshall P. K. 1993   P. K. Marshall, *Hygini Fabulae*.

Marshall C. W. 2006   C. W. Marshall, «How to Write a Messenger Speech (Sophocles, *Electra* 680-763)», dans J. Davidson, F. Muecke, P. Wilson (éds), *Greek Drama* III. *Essays in Honour of Kevin Lee*, p. 203-221.

Martin 1887   A. Martin, *Les cavaliers athéniens*.

Marzahn 2007   J. Marzahn, «Pferdetraining nach Keilschrifttexten», dans Wieczorek, Tellenbach 2007, p. 45-50.

Masson E. 1967   E. Masson, *Recherches sur les plus anciens emprunts sémitiques en grec*.

Masson O. 1967   O. Masson, «Une série de sobriquets grecs : les noms Κιβᾶς, Κίβις, etc.», *REG* 80, p. 27-30.

Mathé 2010   V. Mathé, «Coût et financement des stades et des hippodromes», dans Le Guen 2010, p. 189-223.

Maul-Mandelartz 1990   E. Maul-Mandelartz, *Griechische Reiterdarstellungen in agonistischem Zusammenhang*, European University Studies Series 38, Archaeology 32.

Mavridis *et al.* 2004   G. Mavridis, F. Fillipou, St. Rokka, E. Varsami, «Jeux dans la ville antique de Larissa: un exemple de jeux régionaux dans l'Antiquité», *Sport History Review* 35, p. 138-150.

Mayor 2009   A. Mayor, *The Poison King. The Life and Legend of Mithridates, Rome's Deadliest Enemy*.

McInerney 1999   J. McInerney, *The Folds of Parnassos. Land and Ethnicity in Ancient Phokis*.

McInerney 2010   J. McInerney, *The Cattle of the Sun: Cows and Culture in the World of the Ancient Greeks*.

Mentzer, Romano, Voyatzis 2017   S. Mentzer, D. G. Romano, M. E. Voyatzis, «Highlights of the Micromorphological Analyses of the Upper and Lower Sanctuaries at Mt. Lykaion, Greece», dans *Archaeological Research and New Technologies, 1-3 October 2014, University of the Peloponnese, Kalamata, Greece*.

Merkelbach 1971   R. Merkelbach, «Epigramm aus Sidon», *ZPE* 7, p. 274.

Meyer 2017   M. Meyer, *Athena, Göttin von Athen. Kult und Mythos auf der Akropolis bis in klassische Zeit*, Wiener Forschungen zur Archäologie 16.

Migeotte 2010   L. Migeotte, «Le financement des concours dans les cités hellénistiques: essai de typologie», dans Le Guen 2010, p. 127-146.

Mikalson 2005   J. D. Mikalson, *Ancient Greek Religion*.

Mikalson 2016   J. D. Mikalson, *New Aspects of Religion in Ancient Athens. Honors, Authorities, Esthetics, and Society*, Religion in the Graeco-Roman World 183.

Miller 1978   St. G. Miller, «The Date of the First Pythiad», *California Studies in Classical Antiquity* 11, p. 127-158.

Miller 1980   St. G. Miller, «Turns and Lanes in the Ancient Stadium», *AJA* 84, p. 159-166.

Miller 1999   St. G. Miller, «Appendix: The Rebirth of the Hysplex at Nemea», dans Valavanis 1999, p. 145-173.

Miller 2002   St. Miller, «The Shrine of Opheltes and the Earliest Stadium of Nemea», dans H. Kyrieleis (éd.), *Olympia 1875–2000. 125 Jahre Deutsche Ausgrabungen*, p. 239-250.

MILLER 2003   St. MILLER, «The Organization and Functioning of the Olympic Games», dans D. PHILIPS, D. PRITCHARD (éds), *Sport and Festival in the Ancient Greek World*, p. 1-40.

MILLER 2004a   St. G. MILLER, *Ancient Greek Athletics*.

MILLER 2004b   St. G. MILLER, *Nemea. A Guide to the Site and Museum*.

MILLER 2015   St. G. MILLER, «Excavations at Nemea, 1997-2001», *Hesperia* 84, p. 277-353.

MITCHELL, FRENCH 2012   St. MITCHELL, D. FRENCH, *The Greek and Roman Inscriptions of Ankara (Ancyra)*.

MOINIER, WELLER 2015   B. MOINIER, O. WELLER, *Le sel dans l'Antiquité. Ou les cristaux d'Aphrodite*.

MOMMSEN 1975   H. MOMMSEN, *Der Affecter*, Kerameus 1.

MOORE 1971   M. B. MOORE, *Horses on Black-figured Greek Vases of the Archaic Period: ca. 620-480 B.C.*, Ph.D., New York University.

MOORTON 1998   R. MOORTON, «Aristophanes on Alcibiades», *GRBS* 29, p. 345-359.

MORETTI J.-Ch. 1990   J.-Ch. MORETTI, «Les courses de chars dans l'Orient grec», dans Chr. LANDES (dir.), *Le cirque et les courses de chars. Rome-Byzance*, p. 21-32.

MORETTI J.-Ch. 2001   J.-Ch. MORETTI, «Le stade et les xystes de Délos», dans J.-Y. MARC, J.-Ch. MORETTI (éds), *Constructions publiques et programmes édilitaires en Grèce entre le IIᵉ s. av. J.-C. et le Iᵉʳ s. ap. J.-C.*, BCH Suppl. 39, p. 349-370.

MORETTI J.-Ch. 2010   J.-Ch. MORETTI, «Le coût et le financement des théâtres grecs», dans LE GUEN 2010, p. 147-187.

MORETTI J.-Ch. *et al.* 2015   J.-Ch. MORETTI, L. FADIN, M. FINCKER, V. PICARD, *Atlas, EAD* XLIII.

MORETTI L. 1953   L. MORETTI, *Iscrizioni agonistiche greche*, Studi pubblicati dall'Istituto italiano per la storia antica 12.

MORETTI L. 1957   L. MORETTI, *Olympionikai, I Vincitori negli Antichi Agoni Olimpici*.

MORETTI L. 1979   L. MORETTI, «Epigraphica», *RF* 107, p. 290-300.

MORGAN C. 2007   C. MORGAN, «Debating Patronage: The Cases of Argos and Corinth», dans HORNBLOWER, MORGAN C. 2007, p. 213-263.

MORGAN K. A. 2015   K. A. MORGAN, *Pindar and the Construction of Syracusan Monarchy in the Fifth Century B.C.*

MORRISSEY 1978   E. J. MORRISSEY, «Victors in the Prytaneion Decree (*IG* I² 77)», *GRBS* 19, p. 121-125.

MOST 1985   G. W. MOST, *The Measures of Praise. Structure and Function in Pindar's Second Pythian and Seventh Nemean Odes*.

MOURATIDIS 2008   I. MOURATIDIS, Ιστορία φυσικής αγωγής και αθλητισμού του Αρχαίου Κόσμου.

MÜLLER S. 1996   S. MÜLLER, «"Herrlicher Ruhm im Sport oder Krieg". Der Apobates und die Funktion des Sports in der griechischen Polis», *Nikephoros* 9, p. 41-69.

MÜLLER W. 2001   W. MÜLLER, *Künstlerlexikon der Antike* 1, *s.v.* «Agnaptos», p. 14.

MULLIEZ 2013   D. MULLIEZ, «Οι πυθικοί αγώνες. Οι μαρτυρίες των επιγραφών», dans

R. Kolonia (éd.), *Αρχαία θέατρα της Στερεάς Ελλάδας*, p. 147-153.

Mure 1842 — W. Mure, *Journal of a Tour in Greece and the Ionian Islands.*

Murray 1999 — A. T. Murray, *Homer Iliad, Books 13-24* (éd. révisée par W. F. Wyatt).

Muth 2008 — S. Muth, *Gewalt im Bild. Das Phänomen der medialen Gewalt im Athen des 6. und 5. Jahrhunderts v. Chr.*, Image & Context 1.

Mylonopoulos 2003 — J. Mylonopoulos, *Πελοπόννησος οἰκητήριον Ποσειδῶνος. Heiligtümer und Kulte des Poseidon auf der Peloponnes*, Kernos Suppl. 13.

Myrick 1993 — L. D. Myrick, « The Way up and down: Tracehorse and Turning Imagery in the Orestes Plays », *The Classical Journal* 89, p. 131-148.

Nadal 2005 — É. Nadal, « Poséidon Hippios, les chevaux et les cavaliers à travers la céramique », dans Gardeisen 2005a, p. 111-135.

Nafissi 2012 — M. Nafissi, « Olympia und seine Beziehungen in den Westen », dans W.-D. Heilmeyer, N. Kaltsas, H.-J. Gehrke, G. E. Hatzi, S. Bocher (éds), *Mythos Olympia. Kult und Spiele. Exhibition catalog Berlin*, p. 94-95.

Nafissi 2013 — M. Nafissi, « La stele di Damonon (*IG* V 1, 213 = Moretti *IAG* 16), gli Hecatombaia (Strabo 8, 4, 11) e il sistema festivo della Laconia d'epoca classica », *Aristonothos* 8, p. 105-174.

Naso 2006 — A. Naso, « Etruschi (e Italici) nei santuari greci », dans A. Naso (éd.), *Stranieri e non cittadini nei santuari Greci. Atti del convegno internazionale, Udine 20.-22. November 2013*, Studi udinesi sul mondo antico 2, p. 325-358.

Neils 1992 — J. Neils (éd.), *Goddess and Polis. The Panathenaic Festival in Ancient Athens.*

Neils, Schultz 2012 — J. Neils, P. Schultz, « Erechtheus and the Apobates Race on the Parthenon Frieze (North XI-XII) », *AJA* 116, p. 195-207.

Nicholson 2003 — N. J. Nicholson, « Aristocratic Victory Memorials and the Absent charioteer », dans C. Dougherty, L. Kurke (éds), *The Cultures Within Ancient Greek Culture: Contact, Conflict, Collaboration*, p. 101-128.

Nicholson 2005 — N. J. Nicholson, *Aristocracy and Athletics in Archaic and Classical Greece.*

Nielsen 2004 — Th. H. Nielsen, « Victors in Panhellenic Games as Evidence for *Polis* Identity », dans M. H. Hansen, Th. H. Nielsen (éds), *An Inventory of Archaic and Classical* Poleis. *An Investigation Conducted by the Copenhagen Polis Centre for the Danish National Research Foundation*, p. 107-110.

Nissen 1886 — H. Nissen, « Metrologie », dans *Einleitende und Hilfsdisziplinen, Handbuch der klassischen Altertumswissenschaft* I, p. 663-709.

Ober 1989 — J. Ober, *Mass and Elite in Democratic Athens. Rhetoric, Ideology, and the Power of the People.*

Oetjen 2000 — R. Oetjen, « War Demetrios von Phaleron, der Jüngere, Kommissar des Königs Antigonos II. Gonatas in Athen? », *ZPE* 131, p. 111-117.

Oikonomou 2010 — S. Oikonomou, *Ποθούντες Άμφισσαν. Η αρχαία Άμφισσα στα πλαίσια της Δυτικής Λοκρίδας.*

OLSON 2012   S. D. OLSON, *The Homeric Hymn to Aphrodite and Related Texts. Text, Translation and Commentary*, Texte und Kommentare 39.

O'NEIL 1978-1979   J. L. O'NEIL, « The Constitution of Chios in the Fifth Century BC », *Talanta* 10-11, p. 66-73.

ORLANDOS 1962   A. ORLANDOS, « Ανασκαφή Μεσσήνης », *PAAH*, p. 99-118.

OSANNA 1992   M. OSANNA, « Il culto di Hermes Agoraios ad Atene », *Ostraka* 1.2, p. 215-222.

OSANNA 1999   M. OSANNA, « Le 'Erme', Hermes e la Stoa 'delle Erme' », *Ostraka* 8.2, p. 491-501.

OSBORNE 1998   R. OSBORNE, « Sculpted Men of Athens: Masculinity and Power in the Field of Vision », dans L. FOXHALL, J. SALMON (éds), *Thinking Men: Masculinity and Self Representation in the Classical Tradition*, p. 23-42.

OSTRASZ 1989   A. A. OSTRASZ, « The Hippodrome of Gerasa: A Report of Excavations and Research, 1982-1987 », dans *Jerash Archaeological Project 1984-1988* II, *Syria* 66, fasc. 1-4, p. 51-77.

PALAGIA, CHOREMI-SPETSIERI 2007   O. PALAGIA, A. CHOREMI-SPETSIERI (éds), *The Panathenaic Games*.

PALAGIA, WESCOAT 2010   O. PALAGIA, B. D. WESCOAT (éds), *Samothracian Connections, Essays in Honour of James R. McCredie*.

PALIOUNGAS 2002   Th. PALIOUNGAS, *Η Λάρισα κατά την Τουρκοκρατία (1423-1881)* I.

PALIOUNGAS 2007   Th. PALIOUNGAS, *Η Λάρισα κατά την Τουρκοκρατεία (1423-1881)* II.

PAPACHATZIS 1980   N. PAPACHATZIS, *Παυσανίου Ελλάδος Περιήγησις, Βιβλία 7-8, Αχαϊκά και Αρκαδικά*.

PAPACHATZIS 1981   N. PAPACHATZIS, *Παυσανίου Ελλάδος Περιήγησις, Βιβλία 9-10, Βοιωτικά-Φωκικά*.

PAPAGEORGIOU-VENETAS 1981   A. PAPAGEORGIOU-VENETAS, *Délos. Recherches urbaines sur une ville antique*.

PAPAKONSTANTINOU 2002   Z. PAPAKONSTANTINOU, « Prizes in Early Archaic Greek Sport », *Nikephoros* 15, p. 51-67.

PAPAKONSTANTINOU 2003   Z. PAPAKONSTANTINOU, « Alcibiades in Olympia: Olympic Ideology, Sport and Social Conflict in Classical Athens », *Journal of Sport History* 30.2, p. 173-182.

PAPAKONSTANTINOU 2010   Z. PAPAKONSTANTINOU, « Agariste's Suitors: Sport, Feasting and Elite Politics in Sixth-Century BC Greece », *Nikephoros* 23, p. 71-93.

PAPAKONSTANTINOU 2013   Z. PAPAKONSTANTINOU, « Cimon the Elder, Peisistratus and the tethrippon Olympic Victory of 532 BCE », *Journal of Ancient History* 2, p. 99-118.

PAPAKONSTANTINOU 2014a   Z. PAPAKONSTANTINOU, « Ancient Critics of Greek Sport », dans CHRISTESEN, KYLE 2014, p. 320-331.

PAPAKONSTANTINOU 2014b   Z. PAPAKONSTANTINOU, « Sport, Victory, Commemoration and Elite Identities in Archaic and Early Classical Athens », *C&M* 65, p. 87-126.

PAPAKONSTANTINOU 2015   Z. PAPAKONSTANTINOU, « Spectator-Athlete Interaction in Ancient Greek Athletics », dans B. TAKMER, E. N. AKDOĞU ARCA, N. GÖKALP Özdil. (éds), *Vir doctus anatolicus. Studies in Memory of Sencer Şahin*, p. 797-805.

Papakonstantinou 2016	Z. Papakonstantinou, « The Hellenistic Agonothesia: Finances, Ideology, Identities », dans Mann, Remijsen, Scharff 2016, p. 95-111.
Papalas 1986	A. J. Papalas, « Sport Spectators in Ancient Greece », dans *Paper Delivered at the Fourteenth Annual Meeting of NASSH*, p. 6-7.
Papalexandrou 2005	N. Papalexandrou, *The Visual Poetics of Power: Youths and Tripods in Early Greece*.
Parke 1986	H. W. Parke, *Festivals of the Athenians*.
Parker 1996	R. Parker, *Athenian Religion. A History*.
Parker 2000	R. Parker, « Theophoric Names and the History of Greek Religion », dans Hornblower, Matthews 2000, p. 53-79.
Parker 2004	R. Parker, *ThesCRA* I, *s.v.* « Occasions for Dedication », p. 278-280.
Parlama, Stampolidis 2000	L. Parlama, N. Stampolidis (éds), *The City Beneath the City*.
Pastor 2015	H. F. Pastor, *Léxico agonístico en los oradores áticos, s.v.* « ἀποβαίνειν », p. 123-126.
Patrucco 1972	R. Patrucco, *Lo sport nella Grecia antica*.
Pavlogiannis 2000	O. Pavlogiannis, *Η εξέλιξη των γυμναστικών και των αθλητικών ιδεών στα ελληνιστικά και στα αυτοκρατορικά χρόνια* (διδ. διατριβή).
Payne 1962	H. Payne, *Perachora, the Sanctuaries of Hera Akraia and Limenia: Excavations of the British School of Archaeology at Athens, 1930-1933: Pottery, Ivories, Scarabs and Other Objects from the Votive Deposit of Hera Limenia*.
Péchoux 1977	P.-Y. Péchoux, « Nouvelles remarques sur les versants Quaternaires du secteur de Delphes », *Revue de Géographie Physique et de Géologie Dynamique* 19, p. 83-92.
Peek 1969	W. Peek, *Inschriften aus dem Asklepieion von Epidauros, Abhandlungen der Sächsischen Akademie der Wissenschaften* 60.
Pernin 2014	I. Pernin, *Les baux ruraux en Grèce ancienne, corpus épigraphique et étude, TMO* 66.
Perrier 2013	A. Perrier, « Το στάδιο των Δελφών », dans R. Kolonia (éd.), *Αρχαία θέατρα της Στερεάς Ελλάδας*, p. 155-163.
Perrin 1994	É. Perrin, « Héracleidès le Crétois à Athènes : les plaisirs du tourisme culturel », *REG* 107, p. 192-202.
Perrot à paraître	S. Perrot, *Musiques et musiciens à Delphes, de l'époque archaïque à l'Antiquité tardive*.
Pervanoglu 1868	P. Pervanoglu, « Hermes Agoraios », *AZ* 26, p. 75-76.
Petanidou 1997	Th. Petanidou, *Salt: Salt in European History and Civilization*.
Petermandl 2011	W. Petermandl, « Zur Länge der griechischen Pferderennbahn », dans J. Court, A. Mueller, Chr. Wacker (éds), *Jahrbuch 2009 der Deutschen Gesellschaft für Geschichte des Sportwissenschaft e.V.*, p. 37-49.
Petermandl 2012	W. Petermandl, « Equestrian Events in Ancient Olympia – The Sources », dans A. Amendt, Chr. Wacker (éds), *Horse Games – Horse Sports. From Traditional Oriental Games to Modern and Olympic Sport*, p. 133-142.

PETERMANDL 2013   W. PETERMANDL, *Olympischer Pferdesport im Altertum. Die schriftlichen Quellen*.

PETRITAKI 2009   M. PETRITAKI, «Προσπάθεια ανασύνθεσης του αρχαιολογικού τοπίου στην ευρύτερη περιοχή του Πειραιά βάσει των νέων ανασκαφικών δεδομένων», dans V. VASILOPOULOU, St. KATSAROU-TZEVELEKI (éds), *Από τα Μεσόγεια στον Αργοσαρωνικό, Μαρκόπουλο Μεσογαίας*, p. 451-480.

PETTERSEN 1992   M. PETTERSEN, *Cults of Apollo at Sparta: The Hyakinthia, the Gymnopaidiai and the Karneia*.

PHILIPP 1994   H. PHILIPP, «Olympia, die Peloponnes und die Westgriechen», *JdI* 109, p. 77-92.

PHILIPP 2004   H. PHILIPP, *Archaische Silhouettenbleche und Schildzeichen in Olympia*, *Olympische Forschungen* 30.

PICCARDI 2000   L. PICCARDI, «Active Faulting at Delphi: Seismotectonic Remarks and a Hypothesis for the Geological Environment of a Myth», *Geology* 28, p. 651-654.

PICCARDI *et al.* 2008   L. PICCARDI, C. MONTI, O. VASELLI, F. TASSI, K. GAKI-PAPANASTASSIOU, D. PAPANASTASSIOU, «Scent of a Myth: Tectonics, Geochemistry and Geomythology at Delphi (Greece)», *Journal of the Geological Society* 165, p. 5-18.

PIERROS 2003   N. PIERROS, «Τὰ ἱππικὰ ἀγωνίσματα στὴν ἀρχαία Ἑλλάδα καὶ εἰδικώτερα στὴν ἀρχαία Ὀλυμπία», dans *Πελοποννησιακὰ Παραρτήματα* 25. *Πρακτικὰ τοῦ Ἑκτάκτου Πνευματικοῦ Ἠλειακοῦ Συμποσίου 2001*, p. 317-384.

PLASSART 1912   A. PLASSART, «Fouilles de Délos exécutées aux frais de M. le duc de Loubat. Inscriptions du Gymnase (1910-1911)», *BCH* 36, p. 387-435.

PLATH 1994   R. PLATH, *Der Streitwagen und seine Teile im frühen Griechenland. Sprachliche Untersuchungen zu den mykenischen Texten und zum homerischen Epos*, Erlanger Beiträge zur Sprache, Literatur und Kunst 76.

PLEKET 2014   H. W. PLEKET, «Inscriptions as Evidence for Greek Sports», dans CHRISTENSEN, KYLE 2014, p. 98-111.

POCIELLO 1998   Chr. POCIELLO, «Sur la dramaturgie des jeux de combat», *Communications* 67, p. 149-164.

POCIELLO 2005   Chr. POCIELLO, *Les cultures sportives. Pratiques, représentations et mythes sportifs* (1ʳᵉ éd. 1995).

POCOCKE 1754   R. POCOCKE, *A Description of the East and some other Countries* II.

PODHAJSKY 2001   A. PODHAJSKY, *Meine Lehrmeister die Pferde*.

PODLECKI 1992   A. J. PODLECKI, *Aeschylus: 'Eumenides'*.

POLIAKOFF 1980   M. POLIAKOFF, «The Third Fall in the *Oresteia*», *The American Journal of Philology* 101, p. 251-259.

POLTERA 2008   O. POLTERA, *Simonides lyricus. Testimonia und Fragmente*.

PORATH 1995   Y. PORATH, «Herod's 'Amphitheatre' at Caesarea: A Multi-Purpose Entertainment Building», dans J. H. HUMPHREY (éd.), *The Roman and Byzantine Near East: Some Recent Archaeological Research*, *JRA Suppl.* 14, p. 15-27.

POTRATZ 1938	J. A. POTRATZ, *Das Pferd in der Frühzeit*, Ph.D., University of Leipzig.
POUILLOUX 1977	J. POUILLOUX, « Travaux à Delphes à l'occasion des Pythia. Les comptes de Dion 247/6 ? », dans *Études delphiques*, BCH Suppl. IV, p. 103-123.
POUILLOUX, ROESCH, MARCILLET-JAUBERT 1987	J. POUILLOUX, P. ROESCH, J. MARCILLET-JAUBERT, *Salamine de Chypre* XIII. *Testimonia Salaminia 2. Corpus épigraphique*.
PRÊTRE 2014	Cl. PRÊTRE, « L'offrande dans les inventaires de Délos : objet rituel ou sacré », *Revue de l'histoire des religions* 231, p. 539-557.
PRITCHARD 2010	D. M. PRITCHARD, « Sport, War and Democracy in Classical Athens », dans Z. PAPAKONSTANTINOU (éd.), *Sport in the Cultures of the Ancient World, New Perspectives*, p. 64-97.
PRITCHARD 2012	D. M. PRITCHARD, « Public Honors for Panhellenic Sporting Victors in Democratic Athens », *Nikephoros* 25, p. 209-220.
PRITCHARD 2013	D. M. PRITCHARD, *Sport, Democracy and War in Classical Athens*.
PRITCHETT 1956	W. K. PRITCHETT, « The Attic Stelai, Part II », *Hesperia* 25, p. 178-328.
PRONTERA 1996	F. PRONTERA, « Maritime Communications », dans G. PUGLIESE CARRATELLI (éd.), *The Western Greeks Exhibition Catalog Venice*, p. 201-208.
PROTT, ZIEHEN 1987	I. D. PROTT, I. ZIEHEN, Leges Graecorum Sacrae: *The Sacred Laws of the Greek Cities collected from the Inscriptions²*.
PUECH 2002	B. PUECH, *Orateurs et sophistes grecs dans les inscriptions d'époque impériale*.
PUGLIESE CARRATELLI 1939-1940	G. PUGLIESE CARRATELLI, « Per la storia delle associazioni in Rodi antiqua », *ASAA* 17-18, n.s. 1-2, p. 147-200.
PUGLIESE CARRATELLI 1955-1956	G. PUGLIESE CARRATELLI, « Nuovo supplemento epigrafico rodio », *ASAA* 33-34, n.s. 17-18, p. 157-181.
PUHVEL 1988	J. PUHVEL, « Hittite Athletics as Prefigurations of Ancient Greek Games », dans RASCHKE 1988a, p. 26-31.
QUASS 1993	F. QUASS, *Die Honoratiorenschicht in den Städten des griechischen Ostens*.
RACE 1997	W. H. RACE, *Pindar* II. *Nemean Odes, Isthmian Odes, Fragments*.
RADT 1985	S. RADT, *Tragicorum Graecorum Fragmenta: Aeschylus* 3.
RAMSAY 1918	W. M. RAMSAY, « The Utilisation of Old Epigraphic Copies », *JHS* 38, p. 124-192.
RAPTOPOULOS 2007	S. RAPTOPOULOS, Μια νέα αρχαιολογική θέση στον Προφήτη Ηλία Χρισσού.
RAPTOPOULOS 2009	S. RAPTOPOULOS, « Η μνημειακή τοπογραφία της Δυτικής Λοκρίδος μετά τις νεώτερες ανακαλύψεις », Τετράμηνα 82-87, p. 6137-6155.
RASCHKE 1988a	W. J. RASCHKE (éd.), *The Archaeology of the Olympics. The Olympics and Other Festivals in Antiquity*.
RASCHKE 1988b	W. J. RASCHKE, « Images of Victory: Some New Considerations of Athletic Monuments », dans RASCHKE 1988a, p. 38-54.
RAUBITSCHEK 1949	A. E. RAUBITSCHEK, *Dedications from the Athenian Acropolis*.
RAULWING 2000	P. RAULWING, *Horses, Chariots and Indo-Europeans. Foundations and*

Methods of Chariotry Research from the Viewpoint of Comparative Indo-European Linguistics, Archaeolingua Series Minor 13.

RAULWING, MEYER 2004   P. RAULWING, H. MEYER, « Der Kikkuli-Text. Hippologische und methodenkritische Überlegungen zum Training von Streitwagenpferden im Alten Orient », dans BURMEISTER, ENDLICH, KLOOS 2004, p. 491-506.

RAULWING, SCHMITT 1998   P. RAULWING, R. SCHMITT, « Zur etymologischen Beurteilung der Berufsbezeichnung *assussani* des Pferdetrainers Kikkuli von Mittani », dans P. ANREITER, L. BARTOSIEWICZ, E. JEREM, W. MEID (éds), *Man and the Animal World. Studies in Archaeozoology, Archaeology, Anthropology and Palaeolinguistics in memoriam Sándor Bökönyi, Archaeolingua, Main Series* 8, p. 675-706.

REBER 1999   K. REBER, « Apobaten auf einem geometrischen Amphorenhals », *AK* 42, p. 126-141.

REED 1990   N. B. REED, « A Chariot Race for Athens' Finest: The Apobates Contest Reexamined », *JSH* 17, p. 306-317.

REED 1998   N. B. REED, *More than Just a Game: The Military Nature of Greek Athletic Contests.*

REGER 1994   G. REGER, *Regionalism and Change in the Economy of Independent Delos, 314-167 B.C.*

REISCH 1894   E. REISCH, *RE* I 2, *s.v.* « ἀκόντιον », col. 1183-1185 ; « ἀναβάτης », col. 2014-2015 ; « ἀνθιππασία », col. 2378-2379 ; « ἀποβάτης », col. 2814-2817 ; « ἀφιπποδρομάς », col. 2721 ; « ἀφιππολαμπάς », col. 2721 ; « ἀφιπποτοξόται », col. 2721-2722.

REMIJSEN 2009a   S. REMIJSEN, « The *alytarches*, an Olympic *agonothetes* », *Nikephoros* 22, p. 129-144.

REMIJSEN 2009b   S. REMIJSEN, « Challenged by Egyptians: Greek Sport in the Third Century BC », *The International Journal of the History of Sport* 26, 2, p. 246-271 (= S. REMIJSEN, dans Z. PAPAKONSTANTINOU [éd.], *Sport in the Cultures of the Ancient World, New Perspectives* [2010], p. 98-123).

REMIJSEN 2015   S. REMIJSEN, *The End of Greek Athletics in Late Antiquity.*

REMIJSEN, SCHARFF 2015   S. REMIJSEN, S. SCHARFF, « The Expression of Identities in Hellenistic Victor Epigrams », dans Th. F. SCANLON (éd.), *Greek Poetry and Sport, Classics@* 13, en ligne. URL: http://chs.harvard.edu/CHS/ article/ display/6059, consulté le 07 novembre 2018.

REYNOLDS, MASSON O. 1976   J. REYNOLDS, O. MASSON, « Une inscription éphébique de Ptolémaïs (Cyrénaïque) », *ZPE* 20, p. 87-100.

RHODES 1986   P. J. RHODES, « Political Activity in Classical Athens », *JHS* 106, p. 132-144.

RHODES 2011   P. J. RHODES, *Alcibiades: Athenian Playboy, General and Traitor.*

RHODES, OSBORNE 2003   P. J. RHODES, R. OSBORNE, *Greek Historical Inscriptions, 404 – 323 B.C.*

RICHTER 1936   G. M. A. RICHTER, *Red-Figured Athenian Vases in the Metropolitan Museum of Art.*

RIEGER 1999   B. RIEGER, « Die Capitolia des Kaisers Domitian », *Nikephoros* 12, p. 171-203.

RIEGER 2004   B. RIEGER, *Von der Linie (γραμμή) zur Hysplex. Startvorrichtungen in den panhellenischen Stadien Griechenlands*, Nikephoros Beihefte 9.

ROBERT F. 1953   F. ROBERT, « Le sanctuaire de l'Archégète Anios à Délos », *RA* 41, janvier-juin, p. 8-40.

ROBERT J. et L. 1977   J. et L. ROBERT, « Une fête de la paix à Athènes au IVᵉ siècle », *AEph*, p. 211-216.

ROBERT L. 1929   L. ROBERT, « Études d'épigraphie grecque », *RPh* 55, p. 122-158 (= *OMS* II, p. 1088-1124).

ROBERT L. 1939   L. ROBERT, « Hellenica », *RPh*, p. 97-217 (= *OMS* II, p. 1250-1370).

ROBERT L. 1940   L. ROBERT, « ΑΜΦΙΘΑΛΗΣ », dans *Athenian Studies Presented to William Scott Ferguson*, HSPh Suppl. I, p. 509-519 (= *OMS* I, p. 633-643).

ROBERT L. 1960   L. ROBERT, *Hellenica* XI-XII. *Recueil d'épigraphie, de numismatique et d'antiquités grecques*.

ROBERT L. 1963   L. ROBERT, *Noms indigènes*.

ROBERT L. 1966   L. ROBERT, « Deux inscriptions agonistiques de Rhodes », *AEph*, p. 108-118.

ROBERT L. 1968   L. ROBERT, « Les épigrammes satiriques de Lucillius sur les athlètes. Parodie et réalités », *Entretiens sur l'Antiquité classique* XIV. *Fondation Hardt, L'épigramme grecque*, p. 181-295.

ROBERT L. 1978   L. ROBERT, « Catalogue agonistique des Romaia de Xanthos », *RA*, p. 277-290 (= *OMS* VII, p. 681-694).

ROBERT L. 1982   L. ROBERT, « Une vision de Perpétue martyre à Carthage en 203 », *CRAI*, p. 228-276.

ROBERT L. 1987   L. ROBERT, *Documents d'Asie Mineure*, BEFAR 239 bis.

ROBERTSON C. M. 1992   C. M. ROBERTSON, *The Art of Vase-Painting in Classical Athens*.

ROBERTSON M. 1975   M. ROBERTSON, *A History of Greek Art* 1.

ROBERTSON N. 1999   N. ROBERTSON, « The Stoa of the Herms », *ZPE* 127, p. 167-172.

ROCHE 2008   D. ROCHE, *La culture équestre occidentale, XVIᵉ-XIXᵉ siècle : l'ombre du cheval* I. *Le cheval moteur : essai sur l'utilité équestre*.

ROCHE 2011   D. ROCHE, *La culture équestre occidentale, XVIᵉ-XIXᵉ siècle : l'ombre du cheval* II. *La gloire et la puissance. Essai sur la distinction équestre*.

RODRÍGUEZ PÉREZ 2010   D. RODRÍGUEZ PÉREZ, « Contextualizing Symbols: "The Eagle and the Snake" in the Ancient Greek World », *Boreas* 33, p. 1-18.

ROISMAN, LUSCHNIG 2011   H. M. ROISMAN, C. A. E. LUSCHNIG, *Euripides' 'Electra': A Commentary*.

ROLLEY 1990   Cl. ROLLEY, « En regardant l'aurige », *BCH* 114, p. 285-297.

ROLLINGER 1994   R. ROLLINGER, « Aspekte des Sports im Alten Sumer. Sportliche Betätigung und Herrschaftsideologie im Wechselspiel », *Nikephoros* 7, p. 7-64.

ROLLINGER 2011   R. ROLLINGER, *Reallexikon der Assyriologie und Vorderasiatischen Altertumskunde* 13, 1./2. Lfg., *s.v.* « Sport und Spiel », p. 6-16.

ROMANO 1981   D. G. ROMANO, *The Stadia of the Peloponnesos*, Ph.D., University of Pennsylvania.

ROMANO 1993   D. G. ROMANO, *Athletics and Mathematics in Archaic Corinth: The Origins of the Greek Stadion.*

ROMANO 2005a   D. G. ROMANO, «A New Topographical and Architectural Survey of the Sanctuary of Zeus at Mt. Lykaion», dans E. ØSTBY (éd.), *Ancient Arcadia, Papers from the Third International Seminar on Ancient Arcadia Held at the Norwegian Institute at Athens, 7-10 May, 2002*, p. 381-396.

ROMANO 2005b   D. G. ROMANO, «A Roman Circus in Corinth», *Hesperia* 74, p. 585-611.

ROMANO 2007   D. G. ROMANO, «Judges and Judging at the Ancient Olympic Games», dans G. P. SCHAUS, S. R. WENN (éds), *Onwards to the Olympics. Historical Perspectives on the Olympic Games*, p. 95-113.

ROMANO 2014   D. G. ROMANO, «Athletic Festivals in the Northern Peloponnese and Central Greece», dans CHRISTESEN, KYLE 2014, p. 176-191.

ROMANO 2016   D. G. ROMANO, «Athletics: Stadia, Gymnasia, Palaistrai, and Hippodromes», dans M. MILES (éd.), *A Companion to Greek Architecture*, p. 314-326.

ROMANO, DAVIS, ROMANO 2012 I. B. ROMANO, G. H. DAVIS, D. G. ROMANO, «The Monument Landscape and Associated Geology at the Sanctuary of Zeus on Mt. Lykaion», dans P. PENSABENE, E. GASPARINI (éds), *Interdisciplinary Studies on Ancient Stone, ASMOSIA X, Proceedings of the Tenth International Conference of ASMOSIA Association for the Study of Marble & Other Stones in Antiquity, Rome, 21-26, May 2012*, p. 429-436.

ROMANO, VOYATZIS 2010 D. G. ROMANO, M. E. VOYATZIS, «Excavating at the Birthplace of Zeus», *Expedition* 52, p. 9-21.

ROMANO, VOYATZIS 2014 D. G. ROMANO, M. E. VOYATZIS, «Mt. Lykaion Excavation and Survey Project, Part 1. The Upper Sanctuary: Preliminary Report 2004-2010», *Hesperia* 83, p. 569-652.

ROMANO, VOYATZIS 2015 D. G. ROMANO, M. E. VOYATZIS, «Mt. Lykaion Excavation and Survey Project, Part 2: The Lower Sanctuary», *Hesperia* 84, p. 207-276.

ROMUALDI 2000   A. ROMUALDI, «La tomba delle hydriae di Meidias», *Ostraka* 9, p. 351-371.

ROTROFF 2015   S. ROTROFF, «Appendix II: The Pottery from Trench N», dans ROMANO, VOYATZIS 2015, p. 269-273.

ROUBINEAU 2016a   J.-M. ROUBINEAU, *Milon de Crotone ou l'invention du sport.*

ROUBINEAU 2016b   J.-M. ROUBINEAU, «Quand l'important était de gagner : indignité de la défaite et stratégies athlétiques en Grèce ancienne», *RBPh* 94, p. 5-26.

ROUBINEAU à paraître   J.-M. ROUBINEAU, «Le mauvais athlète : sources comiques et indignité sportive en Grèce ancienne», dans Chr. BADEL, H. FERNOUX (éds), *Honneurs et dignités dans les sociétés urbaines, de l'Antiquité à l'époque médiévale.*

ROUECHÉ 1993   Ch. ROUECHÉ, *Performers and Partisans at Aphrodisias in the Roman and Late Roman Periods. A Study Based on Inscriptions from the Current Excavations at Aphrodisias in Caria.*

ROUGEMONT 1983   G. ROUGEMONT, «Le pâturage d'été de Trachis, Sophocle, *Trachiniennes*, v. 188», *RPhil.* 57, p. 285-289.

ROUSE 1902	W. H. D. ROUSE, *Greek Votive Offerings. An Essay in the History of Greek Religion.*
ROUSSEL 1941	P. ROUSSEL, « Sur quelques inscriptions attiques », *RA*, p. 209-232.
ROUSSEL 1987	P. ROUSSEL, *Délos colonie athénienne*, *BEFAR* 111 (1916) (réimpression augmentée de compléments bibliographiques et de concordances épigraphiques par Ph. BRUNEAU, M.-Th. COUILLOUD-LE DINAHET, R. ÉTIENNE).
ROUSSET 1994	D. ROUSSET, « Les frontières des cités grecques. Premières réflexions à partir du recueil des documents épigraphiques », *Cahiers du Centre G. Glotz* 5, p. 97-126.
ROUSSET 1996	D. ROUSSET, « Territoire de Delphes et terre d'Apollon », dans *L'espace grec. Cent cinquante ans de fouilles de l'École française d'Athènes*, p. 45-49.
ROUSSET 2002a	D. ROUSSET, *Le territoire de Delphes et la terre d'Apollon.*
ROUSSET 2002b	D. ROUSSET, « Terres sacrées, terres publiques et terres privées à Delphes », *CRAI* 146, p. 215-241.
ROUSSET 2004	D. ROUSSET, « West Lokris », dans M. H. HANSEN, Th. H. NIELSEN (éds), *An Inventory of Archaic and Classical Poleis. An Investigation Conducted by the Copenhagen Polis Centre for the Danish National Research Foundation*, p. 391-398.
ROUSSET 2014	D. ROUSSET, « La stèle des Géléontes au sanctuaire de Claros. La souscription et les acquisitions immobilières d'une subdivision civique de Colophon », *JSav*, p. 3-97.
ROUSSET 2017	D. ROUSSET, « Considérations sur la loi éphébarchique d'Amphipolis », *REA* 119, p. 49-84.
ROY 2007	J. ROY, « The Urban Layout of Megalopolis in Its Civic and Urban Context », dans *Building Communities: House, Settlement and Society in the Aegean and Beyond*, *ABSA* 15, p. 289-295.
RÜCKERT 1998	B. RÜCKERT, *Die Herme im öffentlichen und privaten Leben der Griechen. Untersuchungen zur Funktion der griechischen Herme als Grenzmal, Inschriftenträger und Kultbild des Hermes*, Theorie und Forschung 563, Religionswissenschaften 4.
SAÏD, TRÉDÉ 1984	S. SAÏD, M. TRÉDÉ, « L'Éloge de la cité du vainqueur dans les épinicies de Pindare », *Ktema* 9, p. 161-170.
SAÏTAS 2001	G. SAÏTAS, « Τόποι και τρόποι συλλογής αλατιού στη Μέσα και την Έξω Μάνη », dans Πρακτικά 8ου Τριημέρου Εργασίας Το ελληνικό αλάτι, ΠΤΙ ΕΤΒΑ, Μυτιλήνη, 5-7 Νοεμβρίου 1998, p. 254-294.
SAKOWSKI 1997	A. SAKOWSKI, *Darstellungen von Dreifußkesseln in der griechischen Kunst bis zum Beginn der Klassischen Zeit.*
SALOMON 2000	J.-N. SALOMON, *Précis de karstologie.*
SALVIAT, VATIN 1971	Fr. SALVIAT, Cl. VATIN, *Inscriptions de Grèce centrale.*
SANDYS 1961	J. SANDYS, *The Odes of Pindar.*
SARRAZANAS 2015	Cl. SARRAZANAS, *Agonothésie, athlothésie et chorégie à Athènes. Organisation et organisateurs des concours civiques aux époques hellénistique et impé-*

riale, 3 vol., Thèse de doctorat, université Paul-Valéry de Montpellier (publication en préparation).

SARRIS 2014   A. SARRIS, «Appendix I: Geophysical Prospection», dans ROMANO, VOYATZIS 2014, p. 635-637.

SCARBOROUGH 2015   M. V. SCARBOROUGH, «A New Edition of *IG* IX 2, 69», *ZPE* 193, p. 166-171.

SCHÄFER 2002   M. SCHÄFER, *Zwischen Adelsethos und Demokratie. Archäologische Quellen zu den Hippeis im archaischen und klassischen Athen, Quellen und Forschungen zur Antiken Welt 37.*

SCHÄFER 2005   M. SCHÄFER, «The Greek Cavalry in the Archaic Period. A Matter for Review», dans GARDEISEN 2005a, p. 233-242.

SCHARFF 2016   S. SCHARFF, «Das Pferd Aithon, die Skopaden und die πατρὶς Θεσσαλία. Zur Selbstdarstellung hippischer Sieger aus Thessalien im Hellenismus», dans MANN, REMIJSEN, SCHARFF 2016, p. 209-229.

SCHARFF à paraître a   S. SCHARFF, «Victorious Kings. Hellenistic Rulers and Agonistic Success», dans M. MUNN (éd.) *Hellenistic Monarchies in the Mediterranean World.*

SCHARFF à paraître b   S. SCHARFF, «Die Selbstdarstellung rhodischer Athleten im Hellenismus. Politische und soziale Identitäten», *Nikephoros.*

SCHEFOLD 1998   K. SCHEFOLD, *Der religiose Gehalt der antiken Kunst und die Offenbarung.*

SCHERER 1886-1890   Chr. SCHERER, «Hermes», dans W. H. ROSCHER (éd.), *Ausführliches Lexikon der griechischen und römischen Mythologie* I 2, col. 2342-2432.

SCHILBACH 1992   J. SCHILBACH, «Olympia, Die Entwicklungsphasen des Stadions», dans W. COULSON, H. KYRIELEIS (éds), *Proceedings of an International Symposium of the Olympic Games, 5-9 September 1988*, p. 33-37, pl. 14-21.

SCHLESIER, SCHWARZMAIER 2008   R. SCHLESIER, A. SCHWARZMAIER (éds), *Dionysos, Verwandlung und Ekstase.*

SCHMÖLDER-VEIT 2004   A. SCHMÖLDER-VEIT, «Wagenrennen», dans R. WÜNSCHE, F. KNAUSS (éds), *Lockender Lorbeer. Sport und Spiele in der Antike. Ausstellungskatalog der Staatlichen Antikensammlung München.*

SCHNEIDER K. 1913   K. SCHNEIDER, *RE* VIII, *s.v.* «Hippodromos», col. 1735-1745.

SCHNEIDER W. J. 1999   W. J. SCHNEIDER, «Eine Polemik Polemons in den Propyläen. Ein Votivgemälde des Alkibiades – Kontext und Rezeption», *Klio* 8, p. 18-44.

SCHÖNE 1987   H. SCHÖNE, «Neue Angaben über den Hippodrom zu Olympia», *JDAI* 12, p. 150-160.

SCHRADER *et al.* 2009   L. SCHRADER, B. BÜNGER, M. MARAHRENS, I. MÜLLER-ARNKE, Ch. OTTO, D. SCHÄFFER, F. ZERBE, *Verhalten von Pferden. Fachartikel Kuratorium für Technik und Bauwesen in der Landwirtschaft.*

SCHRAKAMP 2015   I. SCHRAKAMP, «Kampf- und Streitwagen in Vorderasien», dans H. MELLER, M. SCHEFZIK (éds), *Krieg. Eine archäologische Spurensuche. Begleitband zur Sonderausstellung Halle*, p. 225-228.

SCHRÖDER 2004   St. SCHRÖDER, «Skeptische Überlegungen zum Mailänder Epigrammpapyrus», *ZPE* 148, p. 29-73.

Schultz 2007	P. Schultz, « The Iconography of the Athenian Apobates Race: Origins, Meanings, Transformation », dans Palagia, Choremi-Spetsieri 2007, p. 59-72.
Schulze 2004	B. Schulze, *Die Votivtafeln der archaischen und klassischen Zeit von der Akropolis*.
Schürmann 1991	A. Schürmann, *Griechische Mechanik und antike Gesellschaft*.
Schweigert 1938	E. Schweigert, « Inscriptions from the North Slope of the Acropolis », *Hesperia* 7, p. 264-310.
Scott 2014	M. Scott, « The Social Life of Greek Athletic Facilities (Other than Stadia) », dans Christesen, Kyle 2014, p. 295-308.
Sebrier 1977	M. Sebrier, *Tectonique récente d'une transversale à l'Arc égéen*, Thèse de doctorat, université de Paris XI.
Seidensticker, Stähli, Wessels 2012	B. Seidensticker, A. Stähli, A. Wessels (éds), *Poseidippos: die neuen Epigramme. P. Mil. Vogl. 309*.
Seidensticker, Stähli, Wessels 2015	B. Seidensticker, A. Stähli, A. Wessels, « Einleitung », dans B. Seidensticker, A. Stähli, A. Wessels (éds), *Der Neue Poseidipp. Text – Übersetzung – Kommentar*, p. 9-17.
Senff 2012	R. Senff, « Olympia – Geschichte eines Heiligtums », *AW* 4, p. 10-19.
Sève 1993	M. Sève, « Les concours d'Épidaure », *REG* 106, p. 303-328.
Shapiro 1989	H. A. Shapiro, *Art and Cult Under the Tyrants in Athens*.
Shapiro 2009	H. A. Shapiro, « Alcibiades. The Politics of Personal Style », dans O. Palagia (éd.), *Art in Athens During the Peloponnesian War*, p. 236-263.
Shear T. L. 1971	T. L. Shear Jr., « The Athenian Agora: Excavations of 1970 », *Hesperia* 40, p. 241-279.
Shear T. L. 1984	T. L. Shear Jr., « The Athenian Agora: Excavations of 1980-1982 », *Hesperia* 53, p. 1-57.
Shear J. L. 2003	J. L. Shear, « Prizes from Athens: The List of Panathenaic Prizes and the Sacred Oil », *ZPE* 142, p. 87-108.
Shear J. L. 2007	J. L. Shear, « Royal Athenians: The Ptolemies and Attalids at the Panathenaia », dans Palagia, Choremi-Spetsieri 2007, p. 135-145.
Siebert 1990	G. Siebert, *LIMC* V 1, *s.v.* « Hermès », p. 285-387.
Siewert 1991	P. Siewert, « Accuse contro i "candidati" all'ostracismo per la loro condotta politica e morale », dans M. Sordi (éd.), *L'immagine dell'uomo politico: vita pubblica e morale nell'antichità*, Contributi dell'Istituto di storia antica 17, p. 3-14.
Siewert 2000	P. Siewert, « Due iscrizioni giuridiche della città di Elide », *MEP* III 3, p. 19-37.
Siewert, Taeubner 2013	P. Siewert, H. Taeubner (éds), *Neue Inschriften von Olympia. Die ab 1896 veröffentlichten Texte*, Tyche Sonderheft 7.
Sigalas 1974	A. Sigalas, Ιστορία της ελληνικής γραφής².
Simon E. 1998	E. Simon, *Die Götter der Griechen*⁴.

Simon P., Verdan 2014	P. Simon, S. Verdan, « *Hippotrophia* : chevaux et élites eubéennes à la période géométrique », *AK* 57, p. 3-24.
Simopoulos 1975	K. Simopoulos, Ξένοι περιηγητές στην Ελλάδα.
Singer 1983	I. Singer, *The Hittite KI.LAM Festival*, Studien zu den Boğazköy-Texten 27.
Sinn 2004	U. Sinn, *Das antike Olympia. Götter, Spiel und Kunst* [2].
Skalet 1975	C. H. Skalet, Αρχαία Σικυών και Σικυώνια προσωπογραφία (trad. N. K. Charlafti).
Skorda 2003	D. Skorda, « Η αρχαιολογική έρευνα στην περιοχή της Ιτέας και του Γαλαξειδίου », dans P. Themelis, R. Stathaki-Koumari (éds), *To Γαλαξείδι από την Αρχαιότητα έως σήμερα*, p. 1-9.
Smith 2011	A. C. Smith, *Polis and Personification in Classical Athenian Art*.
Snodgrass 1989-1990	A. Snodgrass, « The Economics of Dedication at Greek Sanctuaries », *Scienze dell'Antichità* 3-4, p. 287-294.
Sokolowski 1955	Fr. Sokolowski, *Lois sacrées de l'Asie Mineure, Travaux et Mémoires* 9.
Sokolowski 1969	Fr. Sokolowski, *Les lois sacrées des cités grecques, Supplément*.
Solez 2012	K. Solez, « Troy as Turning-Post: Chariot-Racing as a Metaphor for High Stakes, Power Politics, and the Threat of Death in the *Iliad* and Aeschylus' *Agamemnon* », *Nikephoros* 25, p. 7-17.
Sommerstein 2008	A. H. Sommerstein, *Aeschylus: 'Oresteia' ('Agamemnon', 'Choephori', 'Eumenides')*.
Sosin 2004	J. D. Sosin, « An Endowed Peace », *MH* 61, p. 2-8.
Spence 1993	I. G. Spence, *The Cavalry of Classical Greece: A Social and Military History with Particular Reference to Athens*.
Spyridakis 1967	St. Spyridakis, « Circus Factions in Sixth Century Crete », *GRBS* 8, p. 249-250.
Stackelberg 1834	O. M. von Stackelberg, *La Grèce. Vues pittoresques et topographiques*.
Stählin 1924	Fr. Stählin, *Das Hellenische Thessalien*.
Staïs 1909	V. Staïs, « Ἀναθηματικὸν ἀνάγλυφον ἐκ Φαλήρου », *AEph*, p. 239-264.
Stamatopoulou 2007	M. Stamatopoulou, « Thessalian Aristocracy and Society in the Age of Epinikian », dans Hornblower, Morgan C. 2007, p. 309-341.
Starke 1995	F. Starke, *Ausbildung und Training von Streitwagenpferden. Eine hippologisch orientierte Interpretation des Kikkuli-Textes*, Studien zu den Boğazköy-Texten 41.
Stenersen 1875	L. B. Stenersen, *En Reise i Graekenland*.
Stork, Ophuijsen, Dorandi 2000	P. Stork, J. M. van Ophuijsen, T. Dorandi, « Demetrius of Phalerum: The Sources, Text an Translation », dans Fortenbaugh, Schütrumpf 2000, p. 1-310.
Strasser 2015	J.-Y. Strasser, « Inscriptions agonistiques de Rhodes », *Philia* 1, p. 57-76.
Stuart 1762	J. Stuart, *The Antiquities of Athens, Measured and Delineated by James Stuart and Nicholas Revett, Painters and Architects*.

STUTTARD 2012   D. STUTTARD, *Power Games. Ritual and Rivalry at the Ancient Greek Olympics*.

SUTTON 1987   D. F. SUTTON, « The Theatrical Families of Athens », *The American Journal of Philology* 108, p. 9-26.

SVORONOS 1903   I. N. SVORONOS, *Το εν Αθήναις Αρχαιολογικόν Μουσείον*.

SWIFT 2010   L. A. SWIFT, *The Hidden Chorus: Echoes of Genre in Tragic Lyric*.

SZEMETHY 1991   H. SZEMETHY, *Der Apobatenagon. Eine philologisch-epigraphisch-archäologische Studie*, Thèse inédite, université de Vienne.

SZEMLER 1991   G. J. SZEMLER, « The Isthmus Corridor During the Dark and Archaic Ages », dans E. W. KASE *et al.* (éds), *The Great Isthmus Corridor Route* I, p. 74-104.

TAITA 2012   J. TAITA, *Olympias Verkehrsverbindungen zum Meer. Landungsplätze bei Pheia und am Alpheios*, Olympia Bericht 13, p. 342-396.

TERRIER 1864   L. TERRIER, *Mémoire sur l'île de Délos*, manuscrit inédit, archives de l'EFA cote « Carnets de fouille, De 1 ».

THEMELIS 1988   P. THEMELIS, « Ανασκαφή Μεσσήνης », *PAAH*, p. 43-79.

THEMELIS 1990   P. THEMELIS, « Ανασκαφή Μεσσήνης », *PAAH*, p. 65-103.

THEMELIS 1993   P. THEMELIS, « Ανασκαφή Μεσσήνης », *PAAH*, p. 48-72.

THEMELIS 1996   P. THEMELIS, « Ανασκαφή Μεσσήνης », *PAAH*, p. 139-171.

THEMELIS 1998-1999   P. THEMELIS, « Die Statuenfunde aus dem Gymnasion von Messene », *Nürnberger Blätter zur Archäologie* 15, p. 59-84.

THEMELIS 2000   P. THEMELIS, « Ανασκαφή Μεσσήνης », *PAAH*, p. 75-105.

THEMELIS 2001a   P. THEMELIS, « Roman Messene: The Gymnasium », dans O. SALOMIES (éd.), *The Greek East in the Roman Context. Proceedings of a Colloquium Organized by the Finnish Institute at Athens May 21 and 22, 1999*, p. 119-126.

THEMELIS 2001b   P. THEMELIS, « Μεσσήνιοι αθλητές », dans A. DELIVORRIAS, G. DESPINIS, A. ZARKADAS (éds), *Έπαινος Luigi Beschi*, Μουσείο Μπενάκη, 7° Παράρτημα, p. 141-149.

THEMELIS 2002   P. THEMELIS, « Ανασκαφή Μεσσήνης », *PAAH*, p. 21-55.

THEMELIS 2007   P. THEMELIS, « Τα Κάρνεια και η Ανδανία », dans E. SIMANTONI-BOURNIA, A. A. LAIMOU, L. G. MENDONI, N. KOUROU (éds), *Αμύμονα έργα*, τιμητικός τόμος για τον καθηγητή Βασίλη Κ. Λαμπρινουδάκη, p. 509-528.

THEOCHARAKI 2011   A. M. THEOCHARAKI, « The Ancient Circuit Wall of Athens: Its Changing Course and the Phases of Construction », *Hesperia* 80, p. 71-156.

THOMAS 1995   R. THOMAS, « The Place of the Poet in Archaic Society », dans A. POWELL (éd.), *The Greek World*, p. 105-129.

THOMPSON Ch. 1752   Ch. THOMPSON, *The Travels of the late Charles Thompson*.

THOMPSON W. E. 1979   W. E. THOMPSON, « More on the Prytaneion Decree », *GRBS* 20, p. 325-329.

THOMPSON D. J. 2005   D. J. THOMPSON, « Posidippus, Poet of the Ptolemies », dans K. GUTZWILLER (éd.), *The New Posidippus. A Hellenistic Poetry Book*, p. 269-283.

THOMSEN 2011   A. THOMSEN, *Die Wirkung der Götter. Bilder mit Flügelfiguren auf griechischen Vasen des 6. und 5. Jahrhunderts v. Chr.*, Image & Context 9.

THUILLIER 1996   J.-P. THUILLIER, *Le sport dans la Rome antique.*

THUILLIER 2001   J.-P. THUILLIER, « Peintures funéraires et jeux étrusques. L'exemple de la tombe des Olympiades à Tarquinia », dans A. BARBET (éd.), *La peinture funéraire antique, IVᵉ siècle av. J.-C. – IVᵉ siècle ap. J.-C., Actes du VIIᵉ colloque international pour la peinture murale antique (AIPMA), 6-10 octobre 1998 Saint-Romain-en-Gal*, p. 15-19.

THUILLIER 2012   J.-P. THUILLIER, « L'organisation des *ludi circenses* : les quatre factions », dans K. COLEMAN, J. NELIS-CLÉMENT (éds), *L'organisation des spectacles dans le monde romain, Entretiens sur l'Antiquité classique* LVIII, p. 173-213.

TILLIOS 2010   A. TILLIOS, *Die Funktion und Bedeutung der Reiter- und Pferdeführerdarstellungen auf attischen Grab- und Weihreliefs des 5. und 4. Jhs. v. Chr.*, BAR International Series 2137.

TIVERIOS 1976   M. TIVERIOS, *Ο Λυδός και το έργο του.*

Το Πνεύμα και το Σώμα   O. TZACHOU-ALEXANDRI (éd.), *Το Πνεύμα και το Σώμα. Οι αθλητικοί αγώνες στην αρχαία Ελλάδα* (1989) (= TZACHOU-ALEXANDRI 1989).

TOURNEFORT 1717   J. Pitton de TOURNEFORT, *Relation d'un voyage du Levant fait par ordre du Roy: contenant l'histoire ancienne et moderne de plusieurs isles de l'Archipel, de Constantinople, des côtes de la mer Noire, de l'Arménie, de la Géorgie, des frontières de Perse et de l'Asie mineure....* I.

TOYNBEE 1973   J. M. C. TOYNBEE, *Animals in Human Life and Art.*

TRACY 1991   St. V. TRACY, « The Panathenaic Festival and Games: An Epigraphic Inquiry », *Nikephoros* 4, p. 133-153.

TRACY 1994   St. V. TRACY, « Hands in Greek Epigraphy – Demetrius of Phalerum », dans J. M. FOSSEY (éd.), *Boeotia antiqua IV. Proceedings of the 7th International Congress on Boiotian Antiquities Boiotian and Other Epigraphy*, p. 151-161.

TRACY 1995   St. V. TRACY, *Athenian Democracy in Transition Attic Letter-Cutters of 340 to 290 B.C.*

TRACY 2000   St. V. TRACY, « Demetrius of Phalerum: Who Was he and Who Was he not », dans FORTENBAUGH, SCHÜTRUMPF 2000, p. 331-345.

TRACY, HABICHT 1991   St. V. TRACY, Chr. HABICHT, « New and Old Panathenaic Victor Lists », dans Chr. HABICHT, *Athen in hellenistischer Zeit. Gesammelte Aufsätze*, p. 73-139 (= *Hesperia* 60, p. 187-236).

TRAILL 1975   J. S. TRAILL, *The Political Organization of Attica, Hesperia Suppl.* 14.

TRAILL 1986   J. S. TRAILL, *Demos and Trittys. Epigraphical and Topographical Studies in the Organization of Attica.*

TRAVLOS 1988   J. TRAVLOS, *Bildlexicon zur Topographie des Antiken Attika.*

TRÉHEUX 1946   J. TRÉHEUX, « Ortygie », *BCH* 70, p. 560-576.

TRÉHEUX, CHARNEUX 1998   J. TRÉHEUX, P. CHARNEUX, « Décret des Athéniens de Délos en l'honneur d'un épimélète de l'île », *BCH* 122, p. 239-276.

TREMEL 2004   J. TREMEL, *Magica agonistica. Fluchtafeln im antiken Sport*, Nikephoros Beiheft 10.

TSONI-KYRKOU 1988   M. TSONI-KYRKOU, « Λουτροφόρος ερυθρόμορφη. Εικονογραφικές παρατηρήσεις », dans A. NINOU, E. KYPRAIOU (éds), *Πρακτικά του XII Διεθνούς Συνεδρίου Κλασικής Αρχαιολογίας Αθήνα 4-10 Σεπτεμβρίου 1983* 2, p. 225-230.

TSOUKLIDOU 2003   D. TSOUKLIDOU, « A New White-Ground Panathenaic Amphora », *MDAI(A)* 118, p. 383-395.

TUPLIN 2005   C. J. TUPLIN, « Delian Imperialism », *Archaiognosia* 13, p. 11-68.

TZACHOU-ALEXANDRI 1989   O. TZACHOU-ALEXANDRI, *Mind and Body. Athletic Contests in Ancient Greece. National Archaeological Museum, 15th May 1989 – 15 January 1990* (= *Το Πνεύμα και το Σώμα*).

TZIAFALIAS 1994   A. TZIAFALIAS, « Δεκάπεντε χρόνια ἀνασκαφῶν στην ἀρχαία Λάρισα », dans *La Thessalie. Quinze années de recherches archéologiques, 1975-1990, Actes du colloque Lyon 17-22 avril 1990* II, p. 153-178.

TZIAFALIAS, GARCIA RAMON, HELLY 2008   A. TZIAFALIAS, J. L. GARCIA RAMON, Br. HELLY, « Inscriptions inédites de Mopsion : décrets et dédicaces en dialecte thessalien », dans *Φωνής χαρακτήρ εθνικός*, *Mélétèmata* 52, p. 63-103.

TZIAFALIAS, HELLY 2006   A. TZIAFALIAS, Br. HELLY, « Deux décrets inédits de Larisa », *BCH* 128-129, p. 377-420.

TZIAFALIAS, HELLY 2013   A. TZIAFALIAS, Br. HELLY, « Décrets inédits de Larisa organisant la vente de terres publiques attribuées aux cavaliers », *Topoi* 18, p. 135-249.

ULRICHS 1840a   H. N. ULRICHS, *Über die Städte Crissa und Cirrha*, Abhandlungen der Bayerischen Akademie der Wissenschaften, Philosophisch-Philologische und Historische Klasse 3.1.

ULRICHS 1840b   H. N. ULRICHS, *Reisen und Forschungen in Griechenland*.

VALAVANIS 1990   P. VALAVANIS, « La proclamation des vainqueurs aux Panathénées. À propos d'amphores panathénaïques de Praisos », *BCH* 114, p. 325-359.

VALAVANIS 1991   P. VALAVANIS, *Παναθηναϊκοί αμφορείς από την Ερέτρια*.

VALAVANIS 1999   P. VALAVANIS, *Hysplex. The Starting Mechanism in Ancient Stadia. A Contribution to Ancient Greek Technology*, University of California Publications, Classical Studies 36.

VALAVANIS 2004   P. VALAVANIS, *Ιερά και Αγώνες στην Αρχαία Ελλάδα. Ολυμπία – Δελφοί – Ισθμία – Νεμέα – Αθήνα* (= P. VALAVANIS, *Games and Sanctuaries in Ancient Greece. Olympia, Delphi, Isthmia, Nemea, Athens*).

VALAVANIS 2009   P. VALAVANIS, « Mortals Facing the Goddess: Thoughts on the Panathenaic Amphora of Lydos in Florence and some Pseudo-Panathenaic Vases », dans J. H. OAKLEY, O. PALAGIA (éds), *Athenian Potters and Painters* II, p. 297-305.

VALAVANIS 2017   P. VALAVANIS, « Topographical Indications for the Site of the Hippodrome of Delphi. A Preliminary Presentation », *BCH* 141.2, p. 623-644.

VALAVANIS 2019   P. VALAVANIS, « Tombs in Hippodromes and Stadiums », dans H. FRIELINGHAUS, J. STROSZECK, P. VALAVANIS (éds), *Griechische Nekropolen. Neue Forschungen und Funde*, p. 323-336.

VALKANIOTIS 2009	S. VALKANIOTIS, *Correlation Between Neotectonic Structures and Seismicity in the Broader Area of Gulf of Corinth (Central Greece)*, Ph.D., Aristotle University of Thessaloniki.
VALKANIOTIS, PAPATHANASSIOU, PAVLIDES 2011	S. VALKANIOTIS, G. PAPATHANASSIOU, S. PAVLIDES, «Active Faulting and Earthquake-Induced Slope Failures in Archaeological Sites: Case Study of Delphi, Greece», dans C. GRÜTZNER, R. PÉREZ-LÓPEZ, T. FERNÁNDEZ-STEEGER, I. PAPANIKOLAOU, K. REICHERTER, P. G. SILVA, A. VÖTT (éds), *Earthquake Geology and Archaeology: Science, Society and Critical facilities. 2nd INQUA-IGCP 567 International Workshop, Corinth (Greece) 19-24 September 2011*, p. 255-258.
VALLOIS 1944	R. VALLOIS, *L'architecture hellénique et hellénistique à Délos jusqu'à l'éviction des Déliens (166 av. J.-C.)*. Première partie, *Les monuments*, BEFAR 157.1.
VALLOIS 1953	R. VALLOIS, *Les constructions antiques de Délos: documents*, BEFAR 157bis.
VALLOIS 1966	R. VALLOIS, *L'architecture hellénique et hellénistique à Délos jusqu'à l'éviction des Déliens (166 av. J.-C.)*. Deuxième partie, 1, *Grammaire historique de l'architecture délienne*, BEFAR 157.2.
VAN BREMEN 2007	R. VAN BREMEN, «The Entire House is Full of Crowns: Hellenistic *Agones* and the Commemoration of Victory», dans HORNBLOWER, MORGAN C. 2007, p. 345-375.
VANDERPOOL 1974	E. VANDERPOOL, «Victories in the *anthippasia*», *Hesperia* 43, p. 311-313.
VAN RENGEN 1984	W. VAN RENGEN, «Deux défixions contre les bleus à Apamée (VI⁰ s. apr. J.-C.)», dans J. BALTY (éd.), *Apamée de Syrie. Bilan des recherches archéologiques, 1973-1979. Aspects de l'architecture domestique d'Apamée. Actes du colloque tenu à Bruxelles les 29, 30 et 31 mai 1980*, p. 213-233.
VEBLEN 1899	Th. VEBLEN, *The Theory of the Leisure Class*.
VENDRIES 2015	Chr. VENDRIES, «Regard sur les spectacles à Alexandrie. Le comportement du public à travers le discours de Dion de Pruse (Or. 32)», *Topoi* 20, p. 109-142.
VERDAN 2015	S. VERDAN, «Représentation du cheval en Grèce antique : les cavaliers sur la frise du Parthénon», dans B. ANDERMATTEN, A. PARAVICINI BAGLIANI, E. PIBIRI (éds), *Le cheval dans la culture médiévale*, p. 33-47.
VERGADOS 2013	A. VERGADOS, *The Homeric Hymn to Hermes. Introduction, Text and Commentary*, *Texte und Kommentare* 41.
VERNANT 1983	J.-P. VERNANT, *Myth and Thought Among the Greeks*.
VIAL 1984	Cl. VIAL, *Délos indépendante*, BCH Suppl. 10.
VIAL 2014	Cl. VIAL, «À propos des concours de l'Orient méditerranéen à l'époque hellénistique», dans Cl. BALANDIER, Chr. CHANDEZON (éds), *Institutions, sociétés et cultes de la Méditerranée antique. Mélanges d'histoire ancienne rassemblés en l'honneur de Claude Vial*, p. 239-253.
VIGNERON 1968	J. VIGNERON, *Le cheval dans l'Antiquité gréco-romaine : des guerres médiques aux grandes invasions, contribution à l'histoire des techniques*, 2 vol.
VIKELA 2015	E. VIKELA, *Apollon, Artemis, Leto: Eine Untersuchung zur Typologie, Ikonographie und Hermeneutik der drei Gottheiten auf griechischen Weihreliefs*, Athenaia 7.

VIKELA *et al.* 2004   E. VIKELA *et al.*, *ThesCRA* I, *s.v.* « Representations of the Donor or Family, Priests, etc. », p. 284-288.

VISCHER 1857   W. VISCHER, *Erinnerungen und Eindrücke aus Griechenland.*

VLASSOPOULOU 2003   Chr. VLASSOPOULOU, *Αττικοί ανάγλυφοι πίνακες της αρχαϊκής εποχής, Δημοσιεύματα του Αρχαιολογικού Δελτίου 79.*

VOLLKOMMER 2001   R. VOLLKOMMER (éd.), *Künstlerlexikon der Antike.*

VOUTIRAS 2011   E. VOUTIRAS, « Φροντίσματα: Το ανάγλυφο της Ξενοκράτειας και το ιερό του Κηφισού στο Νέο Φάληρο », dans A. DELIVORRIAS, G. DESPINIS, A. ZARKADAS (éds), *Ἔπαινος Luigi Beschi*, p. 49-57.

WACHTER 1995   R. WACHTER, « Lakonish asskoniktei », *MH* 52, p. 155-169.

WACHTER 2001   R. WACHTER, *Non-Attic Greek Vase Inscriptions.*

WACKER 2008   Chr. WACKER, « Neue Forschungen zur Pferderennbahn im antiken Olympia: Das Hippodrom », dans S. EBERS (éd.), *Pferd und Olympia. Von der Antike bis Hongkong 2008*, p. 14-18.

WACKER 2012   Chr. WACKER, « The Organization of the Equestrian Games in Ancient Olympia », dans A. AMENDT, Chr. WACKER (éds), *Horse Games – Horse Sports. From Traditional Oriental Games to Modern and Olympic Sport*, p. 125-131.

WALBANK 1982   M. B. WALBANK, « Regulations for an Athenian Festival », dans *Studies in Attic Epigraphy, History and Topography Presented to Eugene Vanderpool, Hesperia Suppl.* 19, p. 173-182.

WALTER 1911   O. WALTER, « Inschriften aus dem argivischen Heraion », *ÖJh* 14, Beibl., col. 139-150.

WEHRLI 1957   F. WEHRLI, *Die Schule des Aristoteles* IX.

WEIL 1967   R. WEIL (avec la collab. de J. DE ROMILLY), *Thucydide, La guerre du Péloponnèse : Livre III, CUF.*

WEILER 1988   I. WEILER, *Der Sport bei den Völkern der Alten Welt.*

WEISENHORN 2007   M. WEISENHORN, « Die hippischen Agone », *Forum Archaeologiae* 42, p. 1-9, en ligne. URL: https://homepage.univie.ac.at/elisabeth.trinkl/forum/forum0307/42hippo.htm, consulté le 16/11/2015.

WEILER 1988   I. WEILER, *Der Sport bei den Völkern der Alten Welt. Eine Einführung²*.

WENDEL 1935   C. WENDEL, *Scholia in Apollonium Rhodium Vetera.*

WESCHER 1869   C. WESCHER, *Études sur le monument bilingue de Delphes, Mémoires présentés par divers savants à l'Académie des Inscriptions et Belles Lettres* 8-1.

WEST 1984   M. L. WEST (éd.), *Carmina Anacreontea.*

WEST 2003   M. L. WEST, *Homeric Hymns, Homeric Apocrypha, Lives of Homer.*

WHELER 1682   G. WHELER, *A Journey into Greece by George Wheler in Company of Dr. Spon of Lyons.*

WIECZOREK, TELLENBACH 2007   A. WIECZOREK, M. TELLENBACH (éds), *Pferdestärken. Das Pferd bewegt die Menschheit. Begleitband zur Sonderausstellung „Pferdestärken – Das Pferd bewegt die Menschheit" in den Reiss-Engelhorn-Museen vom 21. April bis zum 19. August 2007, Publikationen der Reiss-Engelhorn-Museen 23.*

WIEGARTZ 1984   H. WIEGARTZ, « Zur Startanlage im Hippodrom von Olympia », *Boreas* 7, p. 41-78.

WILAMOWITZ-MOELLENDORFF 1909   U. VON WILAMOWITZ-MOELLENDORFF, *Nordionische Steine.*

WILAMOWITZ-MOELLENDORFF 1922   U. VON WILAMOWITZ-MOELLENDORFF, *Pindaros.*

WILKINSON 2013   C. L. WILKINSON, *The Lyric of Ibycus: Introduction, Text and Commentary.*

WINDISCH 1893   E. WINDISCH, « Eine vedische Wettfahrt? RV. II, 31 », dans E. KUHN (éd.), *Festgruss an Rudolf von Roth zum Doktorjubiläum 24. August 1893 von seinen Freunden und Schülern*, p. 139-144.

WINTER 2006   F. E. WINTER, *Studies in Hellenistic Architecture*, Phoenix Suppl. 42.

WHITEHEAD 2000   D. WHITEHEAD, *Hypereides: The Forensic Speeches. Introduction, Translation and Commentary.*

WOHL 2002   V. WOHL, *Love Among the Ruins. The Erotics of Democracy in Classical Athens.*

WOODWARD 1956   A. M. WOODWARD, « Notes on Some Attic Decrees (Continued) », *BSA* 51, p. 1-8.

WORDSWORTH 1836   Ch. WORDSWORTH, *Greece, Pictorial Descriptive and Historical.*

WULFMEIER 2005   J.-Ch. WULFMEIER, *Griechische Doppelreliefs.*

WYCHERLEY 1957   R. E. WYCHERLEY, *Literary and Epigraphical Testimonia*, *The Athenian Agora* III.

XYDOPOULOS 2006   I. K. XYDOPOULOS, Κοινωνικές και πολιτιστικές σχέσεις των Μακεδόνων και των άλλων Ελλήνων. Συμβολή στην έρευνα της γραμματειακής και επιγραφικής παράδοσης για την Αρχαία Μακεδονία.

YALOURIS 1982   N. YALOURIS, *The Olympic Games in Ancient Greece.*

ZACHOU-KONTOGIANNI 2003   M. E. ZACHOU-KONTOGIANNI, « Κέφαλος Ἱππολόχου Λαρισαῖος Ἄρξας », *Egnatia* 7, p. 9-28.

ZAHLHASS 2007   G. ZAHLHASS, « Urartu und die Reiternomaden », dans WIECZOREK, TELLENBACH 2007, p. 65-69.

ZALESKI 2014   J. ZALESKI, « Religion and Roman Spectacle », dans CHRISTESEN, KYLE 2014, p. 590-602.

ZANETTO, POZZI, RAMPICHINI 2008   G. ZANETTO, S. POZZI, F. RAMPICHINI, *Posidippo. Epigrammi.*

ZANKER 1965   P. ZANKER, *Wandel der Hermesgestalt in der attischen Vasenmalerei*, Antiquitas Reihe 3, Abhandlungen zur Vor- und Frühgeschichte, zur Klassischen und Provinzial-Römischen Archäologie und zur Geschichte des Altertums 2.

ZIMMER 1982   G. ZIMMER, *Antike Werkstattbilder.*

ZIMMER, BAIRAMI 2008   G. ZIMMER, K. BAIRAMI, Ροδιακά εργαστήρια χαλκοπλαστικής, Ρόδος II.

ZOUMBAKI 2014   S. ZOUMBAKI, « Römer und die griechischen Agone: Einstellung und Teilnahme », dans K. HARTER-UIBOPUU, Th. KRUSE (éds), *Sport und Recht in der Antike. Beiträge zum 2. Wiener Kolloquium zur Antiken Rechtsgeschichte 27.-28.10.2011*, p. 195-216.

ZUMBRUNNEN 2008   J. ZUMBRUNNEN, *Silence and Democracy: Athenian Politics in Thucydides' History.*

Index

L'index concerne les lieux, les concours, les textes et les mots grecs en rapport avec les hippodromes et les courses hippiques. Il est divisé en six sections : I. Lieux où sont attestés des hippodromes ; II. Concours où sont attestés des épreuves hippiques ; III. Textes littéraires ; IV. Textes épigraphiques ; V. Codex et papyrus ; VI. Mots grecs.

III. Textes littéraires

IV. Textes épigraphiques

V. Codex et papyrus

VI. Mots grecs

Résumés

Wolfgang Decker, **Documents of horse- and chariot-racing before the Greek** *agones*, p. 1.

Horse and chariot racing were popular events in the Greek agones for almost a thousand years. They were not invented by the Greeks but came into existence through the popularity of the two-wheel chariot in the ancient East and ancient Egypt. Evidence of the sporting use of horses and carriages around the middle of the 2nd millenium is known from the Hittites; a training plan for horses in the name of the horse trainer Kikkuli has been preserved. In ancient Egypt some original chariots belonging to kings have been excavated (tomb of Tut'ankhamun, 14th century BC). Pharaohs demonstrated their athletic expertise in archery by shooting at targets while riding chariots with fast horses (Sphinx stela of Amenophis II). In Greece one finds representations of early examples of chariot racing in the Minoan and Mycenean periods, where the custom of chariot racing during funeral games begun (larnax of Tanagra). The first academically proven evidence of a representation of chariot racing dates from a Mycenean amphora of Tiryns (13th century BC).

David Gilman Romano, **The hippodrome and the equestrian contests at the sanctuary of Zeus on Mt. Lykaion Arcadia**, p. 27.

The Sanctuary of Zeus on Mt. Lykaion in Arcadia was well known as the site of the Lykaia, athletic and equestrian contests held in honour of Zeus; there is epigraphical, literary and archaeological evidence for the existence of the festival. The site was excavated in the late 19th and early 20th centuries by K. Kontopoulos and K. Kourouniotis of the Archaeological Society of Athens, and work at the site resumed in 2004, as a synergasia between the University of Arizona and the Greek Archaeological Service, under the auspices of the American School of Classical Studies at Athens, and known as the Mt. Lykaion Excavation and Survey Project, http://lykaionexcavation.org. Two late 4th century BC victor inscriptions, *IG* V 2 549 and 550, found at the site by Kourouniotis, tell us a great deal about the nature of the athletic and equestrian contests. The inscriptions give us the list of the events that include 3 boys events, 9 men's athletic events and 4 equestrian events. In addition, Kourouniotis found archaeological evidence for both the stadium and the hippodrome in the mountain meadow 200 m below the altar of Zeus, including stone starting blocks from the stadium and stone turning posts from the hippodrome. Evidence from the current work of the Mt. Lykaion Excavation and Survey Project demonstrates that the dromos of the stadium and the hippodrome existed on two parallel terraces, at different elevations. The dimensions of the hippodrome are 250 m long and 50 m wide and are similar in dimension to early examples of the Roman circus of the Augustan period. There is some archaeological evidence to suggest the existence of a proto-stadium near the southern peak of Mt. Lykaion, 40 m below the altar of Zeus. This would support the idea that before the stadium and hippodrome were created in the lower mountain meadow, the athletic contests were held near the temenos and altar. Such events may also have included early equestrian contests at the southern peak of the mountain.

Βασίλης Λαμπρινουδακης, Ευάγγελος Καζολιας, **Αναζήτηση των ιχνών του ιπποδρόμου του Ασκληπιείου της Επιδαύρου**, p. 45.

Από το τέλος του 19ου αιώνα ένας όρος ιπποδρόμου από την Επίδαυρο, μια επιγραφή από την Ολυμπία που αναφέρει αγώνα πώλων στην Επίδαυρο, καθώς και λείψανα χαμηλών ανδήρων στην πεδινή περιοχή νοτιοδυτικά των κεντρικών κτιρίων του Ασκληπιείου που εντοπίσθηκαν από τον Καββαδία αποτελούσαν σαφείς μαρτυρίες για την ύπαρξη ιπποδρόμου στην περιοχή του ιερού. Έκτοτε δεν υπήρξε ενδιαφέρον και φροντίδα για τα διάσπαρτα στο πεδίο λείψανα του ιπποδρόμου. Το 2010 και το 2013 οι συγγραφείς διεξήγαγαν έρευνα επανεντοπισμού, περαιτέρω διερεύνησης και τεκμηρίωσής τους. Αποδείχθηκε ότι σώζονται σε χαμηλό επίπεδο οι δύο τοίχοι πού όριζαν τις μακρές πλευρές του ιπποδρόμου, από το μήκος των οποίων και την απόσταση μεταξύ τους προκύπτει ότι ο στίβος του ιπποδρόμου είχε μήκος περί τα 300 μ. και πλάτος 118 μ. με ελαφρή κλίση από τα ανατολικά προς τα δυτικά. Με βεβαιότητα τεκμηριώνεται η λειτουργία του από το τέλος του 5ου μέχρι το τέλος του 3ου π.Χ. αιώνα.

Ἄγγελος Π. Ματθαιου, **Ὁ Ἱππόδρομος τῶν Ἀθηνῶν**, p. 61.

Ἐξετάζονται οἱ σχετικὲς μὲ τὸν ἱππόδρομο τῶν Ἀθηνῶν ἐπιγραφικὲς καὶ φιλολογικὲς μαρτυρίες, ἄμεσες ἢ ἔμμεσες. Προτείνεται ὅτι ὁ ἱππόδρομος θὰ ἐγειτνίαζε πρὸς τὸ ἱερὸ τοῦ τετρακώμου Ἡρακλείου. Τὴν θέση τοῦ ἱεροῦ στὴν περιοχὴ Βάρη-Καμίνια τοῦ Πειραιῶς καὶ ἀκριβέστερα παρὰ τὸ ἐκκλησίδιο τῆς Ζωοδόχου Πηγῆς καθορίζουν ἐπιγραφὲς ἀφορῶσες στὴν λατρεία τοῦ Ἡρακλέους πού βρέθηκαν ἐκεῖ κυριώτατα στὰ τέλη τῆς δεκαετίας 1920-1930.

Jean-Charles Moretti, **L'hippodrome de Délos et ses usages**, p. 69.

Délos s'est équipé d'un hippodrome en 426 pour recevoir les épreuves hippiques des Dèlia réorganisés par les Athéniens. L'édifice situé entre le gymnase de l'époque classique et l'Archégèsion occupait un terrain dont la longueur avec la zone de départ ne dépassait pas les 300 m et la largeur les 95 m. Le monument comportait probablement un puits, mais était dépourvu d'installations pérennes pour les spectateurs. Dès 367/6, au moins, l'hippodrome fut mis en location avec sa zone de départ et un jardin qui était attenant à la piste. À la fin du IVᵉ s. on y cultivait l'orge. Au milieu du IIIᵉ et au début du IIᵉ s., on y élevait des moutons. Une ferme était alors associée au domaine. Ses vestiges, qui ont peut-être été retrouvés, l'abandon de la célébration des Dèlia après 314 et l'absence d'attestation de courses hippiques au programme du concours restauré après 167 laissent penser qu'après 314 l'hippodrome ne fut plus qu'un bien-fonds d'Apollon loué pour la culture et l'élevage.

Πέτρος Γ. ΘΕΜΕΛΗΣ, **Ιππικοί αγώνες στην αρχαία Μεσσήνη**, p. 91.

Η επιγραφική μαρτυρία έχει αξιοποιηθεί εκτενώς στις μελέτες για τον αρχαίο ελληνικό αθλητισμό προκειμένου να διερευνηθεί ποικιλία θεμάτων, κυρίως ζητήματα σχετικά με την διοργάνωση και την διεξαγωγή των αγώνων, τα πρόσωπα των νικητών και τα έπαθλα. Σε μικρότερο βαθμό έχει χρησιμοποιηθεί για την διερεύνηση της κοινωνικής αντίληψης για τον αθλητισμό και τους αθλητές, καθώς και ευρύτερα της πολιτικής δομής στις αρχαίες κοινωνίες. Σε αυτό το άρθρο θα παρουσιαστούν οι ρητές αναφορές σε εγκαταστάσεις ιπποδρόμων και στην συνέχεια θα περιγραφεί συνοπτικά το διαθέσιμο επιγραφικό υλικό προκειμένου να προβληθεί ο πολυδιάστατος χαρακτήρας του και οι επακόλουθες δυνατότητες για την κατανόηση της ένταξης των ιππικών αγώνων στην κοινωνική και πολιτική ζωή των πόλεων.

Bruno HELLY, **Le « camp de l'hipparque » à Larisa : chevaux d'armes, chevaux de courses et concours hippiques pour les Thessaliens**, p. 99.

On connaît par les sources littéraires de l'Antiquité la réputation de la cavalerie thessalienne, qui était constituée par le rassemblement de tout ou partie des contingents que les cités membres de l'État thessalien avaient la charge de lui fournir. Pour faire face à cette obligation, les cités devaient organiser les unités de cavaliers sélectionnés parmi les citoyens, choisir leurs commandants, les hipparques, assurer leur préparation et leur entraînement et disposer de lieux appropriés pour les exercices et manœuvres. Une inscription de Larisa nous apprend qu'un tel lieu existait sous le nom de « camp de l'hipparque », qu'il nous est possible de localiser au sud de la ville. On trouvait là, en bordure de la route de Crannon et d'un petit cours d'eau, un espace approprié pour un hippodrome. Mais son utilisation n'était pas seulement consacrée à des fins militaires, cet espace devenait tout naturellement le lieu des concours, au cours desquels on pouvait distinguer les meilleurs cavaliers et les meilleures montures. Dans ces compétitions, on pouvait distinguer les produits des élevages de riches propriétaires, qui en tiraient gloire et réputation.

Ουρανία ΒΙΖΥΗΝΟΥ, **Η επιγραφική μαρτυρία για τους ιπποδρόμους και τους ιππικούς αγώνες**, p. 119.

Το άρθρο βασίζεται σε συλλογή 350 επιγραφών που χρονολογούνται από τον 6ο αι. π.Χ. έως τον 7ο μ.Χ. Στα κείμενα αυτά έχουν βρεθεί δεκαεπτά αναφορές σε ιπποδρόμους διαφορετικών πόλεων, καθώς και αναφορές σε ιππικούς αγώνες ειδικού σκοπού, παραδείγματος χάριν προς τιμήν του αυτοκράτορα Τιβερίου. Ακολουθεί συνοπτική παρουσίαση των διαφόρων κατηγοριών επιγραφών ώστε να αναδειχθεί η συμβολή τους στις γνώσεις μας για τα ιππικά αγωνίσματα. Μέσω αναφορών σε συγκεκριμένα μνημεία αποκαλύπτεται επίσης ο ρόλος και ο αντίκτυπος των ιπποδρομιών στον κοινωνικό και τον πολιτικό βίο.

Werner PETERMANDL, **On the length of the Greek hippodrome**, p. 133.

A thorough re-examination of an 11th/12th century codex from the Seraglio, which contains a text most probably deriving from the ancient period, leads us to the conclusion that the author of this text was of the opinion that the hippodrome in Olympia had an total length of 4 *stadia*. This conclusion is supported by other hints given in ancient sources that indicate a length of 4 *stadia* for the Greek hippodrome.

Although it remains an open question, whether this was a standardised measurement for all Greek – or at least the Panhellenic – horse-racecourses, it is apparent that 4 *stadia* is certainly a measurement that should be given serious consideration.

Barbara Dimde, Catharina Flämig, **The *aphesis* of the Olympic hippodrome: Dimensions, design, technology**, p. 145.

The appearance and location of the ancient hippodrome of Olympia poses many unsolved riddles to this day. Even the most recent and extensive geomagnetic and archaeological investigations have not managed to locate the racecourse, once the largest monument of ancient Olympia. Theories about the starting-gate (*aphesis*) of the Olympic hippodrome have mainly been based on the description of Pausanias who visited the site around the middle of the 2nd century AD. A reconstruction of the mechanism at work has never, however, been undertaken, due to both the alleged lack of detail in Pausanias' description and the lack of archaeological data with regard to hippodromes in general.

This article proposes a reconstruction of the entire apparatus with components that may have degraded through exposure to the elements (wood, ropes/chains) and semi-precious parts (bronze dolphin/eagle).

Μυρτώ Λιτσα, **Αναζητώντας τον ιππόδρομο των Δελφών: μαρτυρίες σε περιηγητικά κείμενα (15[ος]-19[ος] αι.)**, p. 167.

Στο άρθρο εξετάζονται οι πρώτες προσπάθειες των ευρωπαίων περιηγητών και των παλαιών ερευνητών να εντοπίσουν τον δελφικό ιππόδρομο. Ο μόνος γνωστός ευρωπαίος επισκέπτης στους Δελφούς πριν από τον 17ο αιώνα ήταν ο Κυριακός Αγκωνίτης, ο οποίος στο έργο του συγχέει τα κατάλοιπα του σταδίου με τον ιππόδρομο. Από τον 17ο αιώνα και εξής οι ευρωπαίοι ταξιδιώτες στους Δελφούς αυξήθηκαν και προσπάθησαν να ανακαλύψουν εκ νέου τα μνημεία, στα οποία αναφέρονται οι αρχαίοι συγγραφείς, κυρίως ο Παυσανίας. Όσον αφορά ειδικώς στον ιππόδρομο, η πλειονότητα φαίνεται ότι απλώς αναπαράγει τις πληροφορίες που παρέχονται στο κείμενο του αρχαίου συγγραφέα. Ορισμένοι όμως, όπως οι William Gell, William Martin Leake, Heirich Ulrichs και William Linton διενήργησαν αυτοψία στο χώρο και πρότειναν συγκεκριμένες περιοχές στην πεδιάδα της Κρίσσας, ως κατάλληλες θέσεις για το μνημείο. Οι προτάσεις τους εξαρτώνταν από ποικίλους παράγοντες, με κυριότερους το δρομολόγιο τους, το χρόνο που μπόρεσαν να αφιερώσουν στην έρευνα και, το σημαντικότερο, την ειδικότητά τους, η οποία καθόρισε τη μεθοδολογία τους. Οι απόπειρές τους ήταν η αρχή μιας μακράς ερευνητικής πορείας, η οποία συνεχίζεται μέχρι και τις μέρες μας.

Amélie Perrier, Antoine Chabrol, **Recherches historiques et géomorphologiques sur la localisation de l'hippodrome de Delphes**, p. 179.

L'emplacement exact de l'hippodrome de Delphes est depuis peu fortement débattu. Il est vrai que l'imprécision des sources littéraires, associée à des paysages qui ont fortement changé depuis plus de 2000 ans n'ont toujours pas permis sa localisation. Dans cet article, une double approche originale fondée sur l'étude approfondie de ces fragments littéraires et épigraphiques ainsi que sur une étude géomorphologique de terrain nous a permis de mettre en évidence une zone susceptible d'avoir accueilli les courses hippiques dans l'Antiquité. Située au bas du versant sud du sanctuaire et légèrement au-dessus de la plaine, sa surface plane au sol est d'environ 11 hectares. L'argument topographique ne suffisant pas pour proposer une hypothèse sérieuse, différents critères indispensables à l'établissement d'un hippodrome ont été ici discutés et confrontés aux dynamiques environnementales locales : dimensions de la piste, présence ou non d'eau à proximité, accessibilité et distance au sanctuaire et enfin possibilité d'aménager cet espace pour les spectateurs.

Πάνος Βαλαβανης, **Ο ιππόδρομος, το αρχαϊκό στάδιο και τα δυτικά όρια της ιεράς χώρας των Δελφών**, p. 197.

Η νέα πρόταση για την τοποθέτηση του ιπποδρόμου των Δελφών στη θέση Γωνιά, 1 χλμ. Β. της Ιτέας, ανανέωσε το ενδιαφέρον για τη γενικότερη μελέτη των αρχαίων ελληνικών ιπποδρόμων. Αρχικά παρουσιάζονται εν περιλήψει όλα τα δεδομένα που οδήγησαν στην ταύτιση, δηλ. τα γεωμορφολογικά χαρακτηριστικά της θέσης, καθώς και τα φιλολογικά, επιγραφικά και αρχαιολογικά δεδομένα για το μνημείο. Κατόπιν, δίνεται ιδιαίτερο βάρος σε δύο ζητήματα: Πρώτον, στη θέση του αρχαϊκού σταδίου των Δελφών, που σύμφωνα με τις πηγές βρισκόταν κι αυτό στην πεδιάδα και προτείνεται συνύπαρξη των δύο αθλητικών εγκαταστάσεων είτε σε παραλληλία είτε σε μορφή ιπποσταδίου, μιας αρχιτεκτονικής μορφής γνωστής από τους Ρωμαϊκούς χρόνους στην Ανατ. Μεσόγειο. Επίσης, με βάση τη φρασεολογία των δελφικών επιγραφών της προετοιμασίας των χώρων για τη γιορτή των Πυθίων, προτείνεται νέα χρονολογία μετακίνησης του σταδίου στη νέα του θέση μετά το τέλος του γ΄ ιερού πολέμου, ταυτοχρόνως με την ολοκλήρωση του νέου ναού του Απόλλωνος και τη δημιουργία των αθλητικών εγκαταστάσεων στο Γυμνάσιο.
Δεύτερον, θίγεται το ζήτημα των δυτικών ορίων της ιεράς χώρας προς την Λοκρίδα και προτείνεται, με βάση τις επιγραφές των ορίων, ότι το τέλος του δυτικού ορίου θα μπορούσε να βρίσκεται στον όρμο Λαρνάκια, δυτικότερα της Ιτέας. Η θέση αυτή υπήρξε στα νεώτερα χρόνια τόπος συλλογής άλατος και θα μπορούσε να ταυτίζεται με τον *τόπον αλείας* που αναφέρουν οι επιγραφές. Έτσι, μπορεί να περιληφθεί στην ιερά χώρα και το οροπέδιο μεταξύ Ιτέας και Σερνικακίου, σημερινός χώρος άσκησης κτηνοτροφίας και ιδανικός τόπος για τη βόσκηση των ιερών ζώων του θεού, όπως γινόταν και στο οροπέδιο της Δεσφίνας.

Nadine Le Meur, **Les odes hippiques de Pindare**, p. 219.

Les odes de Pindare consacrées à des victoires hippiques représentent plus du tiers des épinicies conservées de ce poète. Si elles contiennent un vocabulaire riche et varié en lien avec chevaux et chars, elles ne procurent que très peu d'informations sur le déroulement des épreuves équestres. Les rares détails qu'elles fournissent doivent être interprétés avec précaution, à la lumière des codes génériques de l'épinicie : la fonction principale de ces chants consiste en effet à célébrer les vainqueurs, qui sont aussi les commanditaires des odes et appartiennent à un milieu social restreint, riche et puissant.

Bien que le vainqueur officiel soit rarement la personne qui a physiquement participé à l'épreuve, il est surprenant de constater que les odes hippiques ne présentent pas de spécificité particulière par rapport aux autres épinicies. Aurige et jockey y sont rarement mentionnés, mais ce silence ne doit pas s'expliquer comme une exclusion délibérée, liée à une crainte des puissants de perdre une part de leur prestige. Les conventions poétiques de l'épinicie, qui ne fait aucun cas des circonstances de la victoire, justifient parfaitement cette singularité.

Nikos MANOUSAKIS, **The stray charioteer: Athletic connotations in the shaping of tragic Orestes**, p. 233.

In 5th century tragedy Agamemnon's son Orestes is conceived as an athlete in various forms: a frenzied charioteer as well as a horse racer, a wrestler, and a runner. In the present paper I discuss how Sophocles and Euripides used, expanded and re-modelled Aeschylus' athletic conception of Orestes.

Clément SARRAZANAS, **Organisateurs de concours et épreuves hippiques**, p. 243.

Cette contribution s'intéresse au rôle des organisateurs de concours civiques dans le cadre spécifique des compétitions hippiques. Une première partie vise à établir les responsabilités et l'action concrète des agonothètes dans la préparation et le déroulement du volet équestre des concours ; celles-ci ne différaient pas fondamentalement des autres types de compétitions. Une seconde partie montre en revanche que, contrairement aux compétitions artistiques ou athlétiques, les épreuves hippiques ne permettaient guère à un agonothète de déployer des générosités de type évergétique, ni donc d'en retirer les bénéfices d'image et de prestige qui accompagnaient habituellement l'exercice de cette fonction.

Sandra ZIPPRICH, **Logistics and requirements for overseas participants in the Olympic Games: The example of Sicily**, p. 259.

Taking as an example the participants from Sicily, this article examines the logistical requirements for transporting race horses via across the sea to the Olympic Games. Aspects to take into account are the provision of food and water as well as the boxes in which the animals were shipped. Examples for the transportation of large animals can be found throughout history, and modern examples show that horses meant for serious sport can cover extensive distances via sea transport if certain essential requirements are met.

To reach the sanctuary of Zeus in Olympia, the horses would have been shipped via sea route to one of the harbours close by and then would have continued either up the river Alpheios or by road. All in all the distance could be covered in less than a week. With the right preparation, and sufficient time for the animals to adapt to their new surroundings, participants from Sicily would not expect any particular disadvantages connected to their means of transport.

Jean-Manuel ROUBINEAU, **Spectacle hippique et spectacle gymnique en Grèce ancienne :
approche comparée et effet Carpentier**, p. 269.

Cette contribution vise à comparer le comportement des spectateurs des concours hippiques et
gymniques, à la fois du point de vue des relations entre les spectateurs et les juges, et du point de
vue des ressorts du soutien accordé par les spectateurs aux concurrents. On verra notamment que
le processus d'identification des spectateurs aux concurrents est complexe et ne peut être réduit
à la seule logique patriotique. Indifféremment d'une telle logique, le choix des spectateurs des
concours hippiques comme gymniques peut résulter d'un ressort, propre au drame agonistique,
et connu, en sociologie du sport, sous le nom d'effet Carpentier.

Christophe CHANDEZON, **Le cheval de course : invention zootechnique ou création culturelle ?**,
p. 285.

L'histoire des hippodromes et des épreuves hippiques implique aussi celle des chevaux dont on
mesure mieux l'importance depuis que se sont développées l'histoire des animaux et l'approche
anthropozoologique. Cette subjectivité animale est évidente pour les Grecs qui font des chevaux
des acteurs essentiels de la victoire hippique qu'il convient de célébrer pour cela. Il y a là en
même temps un moyen d'analyser les cultures équestres des Grecs, pour reprendre un vocabu-
laire emprunté à Daniel Roche. Se pose la question de l'articulation entre une culture équestre
tournée vers la guerre et une autre plutôt agnostique. Faut-il les opposer ? Les chevaux sont-ils
fondamentalement différents selon les usages qu'on en fait durant l'Antiquité grecque ? Il apparaît
à l'analyse que de multiples échanges se produisent entre ces deux formes de culture équestre.
Les armées organisent des concours (*Iliade*, *Anabase*, expédition d'Alexandre) et envoient aussi
parfois des détachements de cavalerie participer aux épreuves hippiques de concours qui ne sont
pas militaires au départ. En même temps, il y a aussi parfois des signes d'une perception négative
de la culture équestre agnostique vue comme se développant au détriment de l'intérêt collectif.
Cela n'a pas empêché que progressivement, on mette en place des types équins spécialisés pour les
courses : le cheval de course (*hippos athlètês*) finit par nettement se distinguer du cheval d'armes
(*hippos polemistêrios*).

Stamatis A. FRITZILAS, *Samphoras* and *Koppatias*. **The brand-name horses of Sikyon and
Corinth**, p. 307.

This study examines the archaeological data concerning famous branded horses of the ancient
Greek world. More specifically, the symbols and representations of the brand-name horses origi-
nating in the two NE Peloponnesian neighboring cities are examined. This paper presents written
sources and surviving depictions of the *Koppatias* horse branded with the letter Koppa (ϙ), from
the city of Corinth, and of the *Samphoras* branded with the Doric letter sigma (Σ), from Sikyon.
The article brings together for the first time references to ancient sources and surviving depictions
of those horses on Attic vases, mainly Samphorae on Panathenaic amphorae. Apart from the
scenes painted on Attic vases of the second half of the 6th and the first half of the 5th century BC,

evidence regarding the brand-name horses from Corinth and Sikyon may also be found in the comedies of Aristophanes dating from the early years of the last quarter of the 5th century BC, namely his *Clouds* and *Knights*. Finally, the symbols of these expensive racing horses in ancient Greece are associated with the coinage of these cities and the archives of the Athenian cavalry.

Christian MANN, **Heroes and hooves: Outstanding horses in Posidippus' *Hippika***, p. 323.

When hippic victors presented their agonistic success in epinicia and victory epigrams, the horses usually got their share of the praise: poets call them "swift" or "prize-bringing", but mostly without any reference to the circumstances of the victory or to the actual performance of the horses. In some cases, however, the hippic praise is more specific; that is, when the poets describe particular qualities of the horses or memorable situations in the race. On the surface, such presentations of hoofed heroes seem to detract the reader's attention from the victor, but a more careful reading shows the poetic techniques, for example intertextual references to Homer and Pindar in Posidippus' *Hippika*: praising the horses is a method of praising the victor, examples include the horse that runs without being whipped (Posidippus, 73 AB), the filly that wins the same race twice (Posidippus, 74 AB), and the "my horse and me" motif in Posidippus, 71 AB.

Filippo CANALI DE ROSSI, **Identification of some winners in the *keles* race in Posidippus' epigrams**, p. 335.

Through an examination of epigrams concerning the race for single horses in the *Hippikà* section of the Milan Papyrus Vogliano VIII 309, the author develops the hypothesis that these epinician epigrams did not celebrate contemporary victories (such as those for the Ptolemies), but instead, historical winners of the past. It seems that in doing so Posidippus recycled facts from the history of Greek sport that already belonged to a shared knowledge, like the multiple victories of the Spartan Euagoras, or those of the Corinthian Pheidolas and his sons. Combined victories (equestrian and athletic) of popular figures such as Hippostratus from Croton and Eubatas from Cyrenae were also poetically reshaped. It is possible that these epigrams stood on the bases of horses' statues, with some in a Thessalian stud.

Sebastian SCHARFF, **Virtual halls of fame. Imagined communities of equestrian victors in the Hellenistic period**, p. 341.

This article applies a comparative approach to the study of the self-representation of different communities of equestrian victors in the Hellenistic age. Three case studies of Ptolemaic, Attalid and Thessalian victors are examined. They reveal that each of the three groups shared common motifs in their self-representation: whereas members of the Ptolemaic family created the picture of a victorious dynasty integrating the female members of their family into an image of power, Attalid victors focused on the motif of fraternal unity. Successful horse owners from third-century

Thessaly stressed their regional identity and the fame of their horses. This way, all three groups created virtual halls of fame to ensure that their victories would be well-remembered.

Athina DIMOPOULOU, **Concours hippiques et politique : un sport d'élite, entre promotion personnelle et intérêt public**, p. 355.

Les concours à l'hippodrome sont depuis les temps homériques liés à la culture aristocratique. Ils servent à la confirmation du statut des élites des cités grecques et de leur puissance auprès d'un auditoire panhellénique. Inscrites au sein des stratégies de promotion des grandes familles, les victoires équestres cultivent un profil politique d'excellence des vainqueurs et la légitimité de leur prétention au pouvoir. Un idéal entretenu au cours de plusieurs siècles assimile la victoire équestre à la valeur personnelle, même si ces victoires étaient surtout le produit d'un investissement économique sur les meilleurs chevaux, chars et auriges. La légitimité de la gloire acquise au moyen de sa fortune était représentée, au sein du débat qui entoure la valeur de ces distinctions équestres, comme portant service à l'intérêt public, en renforçant le prestige de sa cité.

Angeliki KOSMOPOULOU, **Too many horses: A dedication by Alcibiades revisited**, p. 367.

An Attic relief base in the National Archaeological Museum represents an unusually large number of horses, some accompanied by young grooms. The base was originally meant for a stele, possibly a votive dedication associated with one or more equestrian victories. The iconography, date and the fact that it was apparently decorated on all four sides have occasionally led to the association of the base with a now lost double painted pinax by Aglaophon, dedicated by Alkibiades to celebrate his famous equestrian victories of 416 BC in the Olympic Games, Nemea and Pythia. If this association is valid, the base is part of one of the most controversial dedications of the Athenian statesman –and the only surviving original from the many monuments he commissioned. Using this monument as a starting point, this paper explores Alkibiades' love for horses and prowess in horseracing as key components for the construction of his public image and his rise to political power.

Heide FRIELINGHAUS, *Agones hippikoi* **and votive offerings**, p. 377.

This paper offers a survey of votive offerings related to equestrian contests. After discussing several biases that the research must take into account, four categories of dedications and implied "messages" are differentiated: material dedications (used and reproduced objects); event-based pictorial votive offerings; prizes; and non-specific valuables. Next, we ask the question, how far did a sanctuary's connection with equestrian contests produce an effect on the stock of dedications. The Athenian Acropolis is used as a case study. Although equestrian contests enjoyed a high reputation within the Panathenaic games in honor of Athena Polias –cf. the range of different hippic competitions and the number of prize amphorae earned through victory in the respective contests– dedications in connection with equestrian competitions played a rather marginal role in the 6th/5th century BC: in the 6th century a remarkable quantity and a rather broad spectrum of hippic dedications can be observed on the Acropolis, but apparently only few of them have been related to equestrian contests, whereas in the 5th century not only is the number of votive offerings connected with hippic competitions sparse, but even the hippic theme in general seems to play a diminished role within the dedications.

Fernando García Romero, Ἀφιπποδρομά, προσδρομή, ἀφιππολαμπάς et σκοπὸς ἱππέων, p. 389.

Cette contribution offre une étude et reconstruction des compétitions équestres appelées ἀφιπποδρομά, προσδρομή, ἀφιππολαμπάς et σκοπὸς ἱππέων, documentées par des inscriptions de Thessalie. Je propose notamment une nouvelle hypothèse pour la reconstruction de l'épreuve d'ἀφιπποδρομά, attestée uniquement par des inscriptions de Larisa datables au Iᵉʳ s. av. J.-C. Ce terme pourrait nommer une compétition consistant dans l'imitation agonistique de poursuites à cheval d'un ennemi fuyant, tandis que dans l'épreuve appelée προσδρομή les cavaliers participants devaient montrer leurs compétences en chargeant contre l'ennemi. Ces compétitions étaient individuelles et non par équipes comme l'ἀνθιππασία attique.

Martin Schäfer, Ἑρμῆς Ἵππιος. **Hermes and his association with horses**, p. 401.

Among the lesser known characteristics of the god Hermes is that of protector of horses and horsemen, a particular feature that is evident in some written, mostly literary sources. However, in an inscription of the 2nd century BC, a sacred calendar of the city of Erythrai, the god is mentioned with the epithet Ἵππιος. In the same city he is also known as Ἁρματεύς, i.e. charioteer of a war or race chariot.
Numerous representations of chariots accompanied by Hermes are known on Athenian black and red figure vases. In these, Hermes is usually interpreted as the escort-conductor (Προπομπός) of the chariot. He is depicted less often with ridden horses but is sometimes unequivocally associated with equestrian contests as lord of the games (Ἐναγώνιος). Although it seems that Hermes with the epithet Ἵππιος is so far only known from the Ionian city of Erythrai, some representations of Attic art, mostly on vases, but also on the west pediment of the Parthenon, as well as other evidence, such as the personal name Ἕρμιππος, may document a wider association with horses –beyond racing– for Athens. Literary and epigraphic sources demonstrate that in the Classical and Hellenistic periods Hermes was of particular importance to the Athenian cavalry, and especially to its commanders and officers. This is reflected in the northwest corner of the Agora of Athens, the area known as Ἑρμαῖ, which, according to finds and written evidence, was directly related to the cavalry. In this area evidence of the worship of this god can be found at the altar of Hermes Agoraios.

Liste des auteurs

Filippo CANALI DE ROSSI, Lycée classique Dante Alighieri (Rome)

Antoine CHABROL, Université Paris 1 Panthéon-Sorbonne

Christophe CHANDEZON, Université Montpellier III, EA 4424 CRISES

Wolfgang DECKER, Université allemande du sport de Cologne, Institut d'histoire du sport

Barbara DIMDE, chercheuse indépendante

Athina DIMOPOULOU, Université nationale et capodistrienne d'Athènes, Faculté de droit

Catharina FLÄMIG, chercheuse indépendante

Heide FRIELINGHAUS, Université Johannes Gutenberg (Mayence)

Stamatis A. FRITZILAS, Éphorie des Antiquités de Messénie

Fernando GARCÍA ROMERO, Université Complutense (Madrid)

Bruno HELLY, CNRS, Maison de l'Orient et de la Méditerranée, HiSoMA (Lyon)

Ευάγγελος ΚΑΖΟΛΙΑΣ, Comité de préservation des monuments d'Épidaure

Angeliki KOSMOPOULOU, Fondation A. C. Laskaridis (Athènes)

Βασίλης ΛΑΜΠΡΙΝΟΥΔΑΚΗΣ, Université nationale et capodistrienne d'Athènes, Comité de préservation des monuments d'Épidaure

Nadine LE MEUR, Université Paris-Nanterre, UMR 7041 ArScAn

Μυρτώ ΛΙΤΣΑ, chercheuse indépendante

Christian MANN, Université de Mannheim, Institut d'histoire ancienne

Nikos MANOUSAKIS, Université nationale et capodistrienne d'Athènes, Centre de littérature grecque et latine de l'Académie d'Athènes

Ἄγγελος Π. ΜΑΤΘΑΙΟΥ, Société grecque d'épigraphie (Athènes)

Jean-Charles MORETTI, IRAA, CNRS, Université Lyon 2, Maison de l'Orient et de la Méditerranée, AMU, UPPA

Amélie PERRIER, Université d'Orléans, UMR 5060 IRAMAT

Werner PETERMANDL, Université de Graz, Institut d'histoire ancienne et Antiquités classiques

David Gilman ROMANO, Université de l'Arizona, École d'Anthropologie (Tucson)

Jean-Manuel ROUBINEAU, Université Rennes 2, Université libre de Bruxelles

Clément SARRAZANAS, Université de Picardie Jules Verne, EA 4284 TRAME (Amiens)

Martin SCHÄFER, Société archéologique d'Athènes

Sebastian SCHARFF, Université de Mannheim, Institut d'histoire

Πέτρος Γ. ΘΕΜΕΛΗΣ, Société d'études archéologiques messéniennes

Πάνος ΒΑΛΑΒΑΝΗΣ, Université nationale et capodistrienne d'Athènes

Ουρανία ΒΙΖΥΗΝΟΥ, Société archéologique d'Athènes

Sandra ZIPPRICH, Université de Marburg, Institut archéologique allemand d'Athènes

Table des matières

Achevé d'imprimer
en décembre 2019
par Corlet Imprimeur
14110 Condé-sur-Noireau

Dépôt légal : premier trimestre 2020
N° d'imprimeur : 2003.0304
Imprimé en France